KB039114

이민법제론

Immigration Legislation Theory

우영옥

박영사

머 리 말

21세기는 글로컬(Global＋local) 사회라고 불릴 만큼 '**이민**'이 중요한 국제적 현상으로 인식되고 있습니다. 유엔인구기금(UNFPA) 2022년 보고서에 따르면 세계 총인구수는 79억 5,400만 명으로 중국(14억 4,850만 명), 인도(14억 660만 명), 미국(3억 3,480만 명) 순이며, 대한민국은 29위(5,130만 명)로 나타났습니다.

우리나라는 저출생·고령화 현상이 지속되는 가운데 0~14세 인구 구성 비율이 12%로 세계평균 25%의 절반에도 미치지 못하는 최하위 수준이며, 2022년 0.7명에서 2024년엔 0.6명의 출산율로 전망되고 있습니다. 반면에 65세 이상 인구비율은 17%로 세계평균 10%보다 높으며, 출생 시 평균 기대수명은 세계평균 73.5세보다 약 10년이나 긴 83세로 세계 12위를 차지하고 있습니다.

IOM(2022)의 세계이주보고서에 따르면 전 세계 국제이주자는 2022년 약 2억 8,100만 명으로 세계인구 대비 3.6%를 넘어서고 있습니다. 이들 중 여성 이주자는 48%(약 1억 3,500만 명), 19세 이하 아동·청소년은 14.6%(약 4,100만 명)입니다. 또한, 전체 이주자 중 이주노동자는 1억 6,900만 명(60%)이며, 난민은 2,640만 명(0.09%)으로 점점 증가추세입니다. 우리나라도 예외는 아닙니다. 2007년 출입국외국인 100만 명, 2016년 200만 명을 돌파하고, 2023년 현재 약 9천만 명의 출·입국과 체류외국인 234만 명을 초과하며, 또한 점차 증가할 것으로 전망됩니다. 이러한 외국인의 유입속도는 선진이민 국가에서는 찾아보기 힘든 사례로 단기간 압축적인 현상이라고 할 수 있습니다.

2000년대 초 국민과 외국인의 출입국이 빈번하던 시기, 국민은 기술습득과 자격증취득 후 해외전문인력으로 유출되는 이민(emigration)이 증가하였고, 외국인의 국내 유입 이민(immigration)뿐만 아니라, 중국계 한국인과 고려인(CIS)들이 경기 안산, 서울 구로구 지역 등 점차 체류가 늘어나면서 한국어와 한국문화이해 교육을 위한 지역전문가의 중요성이 강조되었습니다. 무엇보다 점점 증가하는 다문화가정과 중도입국자녀에 관한 한국 사회적응 및 언어교육 그리고 형성된 다문화가족 간 소통문제 등 문제해결을 위한 체계적인 지원과 국내 이민현장에서 사회통합을 위해 활동할 수 있는 전문가 양성의 필요성이 크게 대두되었습니다.

대한민국은 세계사에서 유례없는 빠른 경제성장과 IT강국으로서 다변화를 이루어 온 경제환경을 이룬 국가입니다. 이러한 경제성장은 외국인으로부터 'Korea Dream'을 꿈꾸게 하였으며, 단순히 '사람의 이동'이라는 이민자의 유입뿐만 아니라 중장기적인 국가의 정치·경제·사회·문화 등 다양한 영역에서 광범위한 영향을 주고 있다는 것입니다. 이민정책은 국경관리뿐만 아니라 국가의 미래와 인적자원확보 및 사회환경변화를 좌우하는 중요한 '국가 핵심정책'이 되고 있습니다.

국내·외 이민 사회로의 변화배경에 힘입어 법무부 『출입국관리법』 제39조제3항, 「출입국관리법시행령」 제51조(전문인력의 양성 등), 「출입국관리법시행규칙」 제53조의2제2항제2호 가목 및 별표 2, 「다문화사회전문가 인정요건 및 이수 과목」에 따라 전국 각 대학에서 전문가 양성을 위한 학과를 개설하였습니다.

2023년 9월 현재 전국 63개 대학(원)에서 '다문화사회 전문가 인정' 관련 과목 중 필수과목인 "이민법제론(Immigration Legislation Theory)"은 다문화사회 전문가 양성과정을 수강하는 학습자들 다수가 법학을 전공한 분이 아니며, 전일제 학습자가 아님을 고려하여 수업에 활용될 강의교재를 목표로 집필하게 되었습니다. 이민사회의 모법인 헌법을 바탕으로 개별 이민법 10개의 법률을 행정학적 관점에서 법률제정 배경, 법조문 구성과 정의, 법 주요 내용 및 관리행정 등 범주화하여 핵심 내용을 쉽게 이해할 수 있도록 법률, 시행령, 시행규칙, 고시 등 행정실무의 연계성으로 정리하여 출간하게 되었습니다.

"이민법제론(Immigration Legislation Theory)"은 이민법·정책 분야에 쉽게 접근하도록 하여 학제 간 연구를 활성화할 수 있는 기초자료로 활용되고자 하며, '다문화사회전문가', '이민자(외국인) 관련 업무담당자', '이민정책연구자', '이민 사회 강사' 등이 널리 공유함으로써 이민현장적용 실용학문으로서의 발전에 소중한 밑거름이 되기를 희망합니다.

책이 출간되기까지 책 내용에 깊이를 더하기 위해 한국행정학회, 한국이민정책학회,

한국이민학회, 한국이민행정학회, 한국이민법학회 학술세미나를 통해 아낌없는 조언과 자문해주신 소중한 분들께 감사의 말씀을 드립니다. 특히, 법제론을 씀에 법적, 정책적, 행정적 실무내용을 논하고, 지지하여 감수까지 해주신 법무부 차용호 부이사관님께 감사드립니다. 이민현장에서의 통일과 이민에 관한 법적 연구에 제언해주신 민주평화통일자문회의 석동현 처장님, 한국의 시대적 이민역사교실의 김원숙 대표님, 현장적용 이민정책을 논하여주신 제주한라대학교 김도균 교수님 진심으로 감사합니다. 또한, 법제 이론서의 질적 관리를 위해 아낌없는 조언과 의견을 주신 성결대 임형백 교수님께 감사드립니다. 본 책이 출판될 수 있도록 지원해주신 박영사 안종만 대표님과 박부하 대리님, 편집의 사윤지 선생님의 수고에 감사의 마음을 전합니다. 앞서 2022년 4월 출간된 『저출산·초고령사회 한국이민정책론』과 함께 『이민법제론』을 읽으면서 이민법과 정책에 있어 다양한 이민자의 변화 모습을 상상하면서 확인할 수 있는 즐거움을 공유할 수 있기를 기대합니다.

2024년 2월

우 영 옥

차   례

제 I 부   이민법 개론

제Ⅱ부 개별 이민법

제 I 부

이민법 개론

移民法 槪論

Introduction to Immigration Law

제 I 부 이민법 개론

移民法 概論

Introduction to Immigration Law

국제관계의 변화는 국경을 넘어 이동하는 인구로 인해 자본의 이동뿐만 아니라 다양한 사회변화와 발전이 이루어지고 있다. 특히, 인구의 이동은 이민자의 체류로 상호영향을 받는 문화의 다양성이 두드러지고, 국민과 이민자 간 공존과 사회통합을 위한 새로운 규정이 필요하게 된다. 이러한 규정은 국가와 국가, 개인과 사회를 아우르는 법률의 집합체로 나타나게 된다. 국가와 국가 간 국경관리, 개인의 국적, 사회적응 및 처우에 관한 대상별, 상황별 적용규정을 우리는 이민법이라고 한다. 이민법을 이해하고 적용하기 위해서는 우선 법에 관한 기본적인 내용을 이해하여야 한다.

제 I 부 이민법 개론에서는 우선, 법이란 무엇이며, 어떠한 특징을 지니고 있는지, 법의 기능과 유형을 알아본다. 또한, 어떠한 방법으로 법을 해석하고 적용해야 하는지 법적 추론을 위한 방법을 통해 이민법에 관한 기초이론을 다루면서 이민법의 형성과 전개, 이민법의 법원 및 체계를 설명하고자 한다. 행정학적 관점에서 이민법의 특성과 적용 범위, 이해관계자 및 법적 지위와 기본권 등을 살펴봄으로써 지역에서 일어날 수 있는 다양한 이민 현상에 대해 법적 인식과 이해의 폭을 넓힐 수 있도록 이민법에 관한 일반적인 내용을 담고 있다.

제1장
법에 관한 일반 이론

Ⅰ. 법의 모습과 특징

법은 과연 무엇이고, 어떻게 제정되었으며, 어떠한 대상과 상황에 적합한 법인지 법에 대한 기본적인 이해가 필요하다. 법은 어떠한 위치에 있으며, 어떤 모습으로 우리 곁에 있는지, 우리가 알고 있는 법과 법의 특성에 대해 살펴보자. 우리는 법으로부터 무엇을 기대할 수 있는가? 그것은 법이 행복한 삶을 추구할 수 있는 자유와 권리를 보장해 줄 것과 사회의 현상과 관계에 대해 안전하고, 공정한 삶을 제공받는 것이다. 그러나 법은 따뜻한 삶을 영위할 수 있도록 사회환경을 조성해주는 긍정적인 모습이기도 하지만, 반면에 사람과 생활 속에서 갈등발생으로 인해 사회분열과 집단행동 등 부정적인 모습을 보이기도 한다.

사람들이 다양한 생각을 가지고 함께 어울려 살아가는 사회에서 법은 '정당성'과 '강제성'이란 요소가 충돌하는 양면성을 보여주고 있다. 즉, 다양한 실정법들의 적용을 통해 법 그 이상의 무엇인가를 담고 있는 측면에서의 '정당성'과 절차적 공정성에 따라 제정된 법률의 내용을 지켜야 하고 그 법을 따르지 않거나 못하는 경우 발동되는 '강제성'을 보인다(이상영·김도균, 2022:2-3).

우리는 법이라고 하면 법과 정의의 여신인 디케(Dike)를 떠올릴 것이다. 디케(Dike)는 오른손에 칼을, 왼손에 저울을 들고 두 눈이 가려진 채 서 있는 모습이다. 두 눈을 가린

것은 공정성(公正性)을, 저울은 수많은 갈등 속에 있는 이해관계 간의 균형(均衡)을, 마지막으로 칼은 법안에서 집행력을 발휘하는 강제성(强制性)의 의미를 내포하고 있다. 이렇듯 법의 모습은 이해관계 속에서 균형과 강제 간에 공정성을 유지하고자 하는 이성적 접근에 따라 변화되어 왔다고 볼 수 있다.

현대사회에서의 법은 사회생활과 인간관계 경험을 통해 알 수 있듯 국가의 강제규범이다. 우리가 법에 관한 전문적인 지식이 없더라도 강제성이 없는 법을 생각하기는 어렵듯이 강제성은 법의 핵심요소라 할 수 있다. 존 오스틴(John Austin)은 법에 대해 '국가의 명령이며, 조직화된 강제력에 의해 뒷받침되는 규범'이라고 하였다. 이러한 입장을 토대로, 법개념을 정의하면, '균형과 공정성을 갖춘 법은 개인의 안녕과 사회질서를 유지하고, 사람들 간 협력관계의 균형과 배분을 규율하기 위한 규범적 체계로서 강제성의 효력을 발휘할 수 있도록 뒷받침한다.'라고 할 수 있다(이상영 · 김도균, 2022:3).

여기서 논의되고 있는 규범(規範, rule; norm)은 사람들 간 상호작용의 행위에 대해 강제성에 관한 것이다. 인간의 주변 상황에 따라 생성되는 다양한 행위는 '~하여도 된다(허용적).', '~은 하여야 한다(요구·명령 등 지시적).', '~해서는 안 된다(금지).' 등의 방식으로 표현될 수 있다. 선택적 행위의 표현은 토론이나 판단, 결정과 행동 등의 영역에서 표현될 때 규범은 사람들 간의 상호작용을 제외하고는 그 어떤 상황에서도 논할 수 없을 것이다(이상영 · 김도균, 2022:4).

규범은 규범을 논하는 자와 규범에 따르는 자 사이에서 정당화의 과정이 진행되고 있는 점에서 규범을 논하는 자의 타당한 근거제시를 요구하는 인간의 정신적 활동인 실천적 이성(practical reason)이 작동됨을 알 수 있다. 실천적 이성에 대한 지속적인 활동은 마침내 규범의 원리와 이상을 추구하게 될 것이며, 그 과정에서 개개인에 대한 존중과 인정을 바탕으로 규범의 원리가 작동된다(이상영·김도균, 2022:5).

학자들은 한 인간이 다양한 상황과 환경에서 태어나며, 때론 불평등하게 또는 공정하지 못하게 살아감에도 불구하고 본질적인 가치는 동등하다는 점을 강조하면서 '모든 인간은 평등하다.'는 인간의 존엄성 원리에 근거하여 규범의 실천적 이성을 논증하고자 하였다(이상영·김도균, 2022:3). 법에 있어 '인간의 존엄성'은 법의 '정의 규범'을 구체화하며, 실천적 이성을 추구하는 데 중요한 원리임을 알 수 있다.

법의 정당성과 강제성은 실천적 이성의 요소를 제외해서는 법규범이라 논할 수 없으며, 실천적 이성의 요소는 무엇보다 '인간의 존엄성' 원리와 맥락을 바탕으로 인간과 사회와 법의 관계를 정당성, 강제성을 고려하여 설명할 수 있다. 물론 이 외에도 법에 관한 모습을 다양한 관점으로 접근할 수 있다. 인간의 존엄성 원리는 인간관계 속에서 상호작용에 따른 법질서의 근본을 이루는 원리이며, 가치의 규범이라 할 수 있다.

한국은 오랜 역사 속에서도 이민자를 찾아볼 수 있으며, 다양한 정책을 통해 이민의 사회성을 나타내고 있다. 최근 더욱더 두드러진 이민역사를 쓰고, 이민 국가로 발돋움하려고 한다. 이러한 시점에서 이민과 관련한 법은 사회적으로 강한 집단의 관점과 이해관계가 반영될 수도 있고, 법규범이 꾀하는 바가 왜곡될 수도 있을 것이다. 그러한 상황에도 이민법은 법의 특성에 따른 법규범 원리를 최대한 실현하려고 할 것이다.

따라서 이민법은 돌발적이고 급변하는 이민 사회에서 다양하게 변화하고 적응하려는 모습을 볼 수 있다. 법의 기본적인 이해를 통해 다변적이고 돌발적인 이민 사회에 대처하고자 태동하여 발전해 온 이민법을 둘러싼 논쟁, 법의 발전 가능성 및 이민역사의 한 영역이 될 수 있다는 점에서 법을 열어보고자 한다.

II. 법규범의 기능과 유형

1. 법규범의 기능

우리는 앞에서 법규범에 관해 논하였다. 법규범의 표현에 따르면 '~하여야 한다(지시적).', '~하여도 된다(허용적).', '~해서는 안 된다(금지적).' 등의 용어로 조문 내용 표현하고 있다. 이렇듯 마땅히 행하는 것 또는 그렇게 되어야 하는 문장형식을 갖는 법규범은 다음과 같은 기능이 있다.

첫째, 법규범은 행위지도·조정기능을 한다. 개개인의 행위를 지도하고 조정할 수 있
으며, 일정한 행위를 할 동기를 발생시키고, 인간관계에서 상호 간의 일정한
행위를 규정함으로써 조정기능을 한다.

둘째, 법규범은 행위평가기능을 한다. 인간이 타인의 지시에 따르는 행위에 대해 긍
정적, 부정적 평가를 함으로써 일정한 행위에 대한 평가기능을 한다.

셋째, 법규범은 행위집행기능을 한다. 특정한 개인이 특정한 행위를 하는 것에 따라
요청·금지·허용 등은 특정한 개인에 대한 개별법규범으로 법원의 판결이나
행정청의 결정에 많이 나타난다. 반면에 일반법규범은 일반을 대상으로 의회에
서 제정된 성문법규범에서 나타난다.

2. 법규범의 유형

법규범은 법해석의 대상이 되는 조건적 일반법규범이라고 볼 수 있으며, 법적용 결과
는 개별법규범을 지니게 된다. 이렇듯 법규범은 '누구든지 어떠한 요건(조건), 요소 등의
충족에 따라 법적 효과가 발생한다.'란 조건적 일반법규범의 형식을 볼 수 있다(이상영·김
도균, 2022:38). 조건적 일반법규범에는 다음과 같은 유형으로 나타난다.

첫째, 행위(行爲) 유형이다. 특정한 행위를 의식적으로 하거나 하지 않도록 하는 요
청·금지·허용하는 내용이다. 대표적으로 『헌법』, 『재한외국인 처우 기본법』
을 들 수 있다.

둘째, 제재(制裁) 유형이다. 특정한 행위를 하면 그 결과를 법적 효과로 결부시키는
내용이다. 대표적으로 『국적법』, 『출입국관리법』을 들 수 있다.

셋째, 정책(政策) 유형이다. 특정한 정책의 목적을 달성하기 위해 일정한 조건들이 충
족된다면 적절한 수단(조치)을 취해야 하는 내용으로 이민과 관련 법규범들은
대체로 여기에 해당한다. 예를 들면, 『외국인고용법』, 『난민법』, 『출입국관리
법』, 『재외동포법』, 『다문화가족법』 등을 들 수 있다.

넷째, 위임(委任) 유형이다. 특정한 개인들에게 일정한 법률행위에 대해 형성된 권한
을 부여하는 내용이다. 이는 수권(授權)유형이라고도 하며, 법규범의 조문 속에
서 나타난다. 예를 들면, 법무부장관이 지방출입국·외국인관서의 장 또는 지
방자치단체의 장 등에게 어떠한 상황 또는 행위에 관련된 권한을 위임하는 경
우이다.

또한, 법규범의 유형을 조건적 일반법규범과는 달리 내용과 형식에 있어 '신의성실의

원칙', '사정변경의 원칙', '법치주의 원칙' 등과 같이 구성요건이나 법률 효과가 명확하게 명시되지는 않지만, 법규범으로 인정되는 게 있다(이상영·김도균, 2022:38). 명확하게 정해진 구성요건을 충족하였다면 반드시 그에 적합한 법적 효과가 발생하며, 구성요건이 충족되지 않았다면 법적 효과는 발생하지 않는 특성을 갖는 법규범을 연상한다. 헌법 제6조는 '헌법에 따라 체결·공포된 조약과 일반적으로 승인된 국제법규는 국내법과 같은 효력을 갖는다.'라고 규정하고 있다. 이 규범은 외국인과 관련된 국제법규는 국내법과 같은 효력을 가지므로 구성요건과 법률적 효과가 명확하게 규정되어 있으므로 이를 '확정적 법규범'이라고 할 수 있다. 반면에 구성요건이나 법률적 효과가 최대한 실현되길 바라는 형식을 가지는 '법원리 규범'이 있다. 이렇듯 '확정적 법규범'과 '법원리 규범' 유형으로 구분할 수 있다.

[표 1] 확정적 법규범 유형과 법원리 규범 유형 예

확정적 법규범 유형	헌법에 의하여 체결·공포된 조약과 일반적으로 승인된 국제법규는 국내법과 같은 효력을 갖는다 (헌법 제6조). 외국인이 대한민국으로 입국하려 할 때 입국목적이 체류자격에 부합되거나 체류 기간이 명확히 정해야 있어야 한다(출입국관리법 제12조 제3항).
법원리 규범 유형	모든 국민은 인간으로서의 존엄과 가치를 가지며, 행복을 추구할 권리를 가진다. 국가는 개인이 가지는 불가침의 기본적 인권을 확인하고 이를 보장할 의무를 진다(헌법 제10조). 국가 및 지방자치단체는 재한외국인 또는 그 자녀에 대한 불합리한 차별 방지 및 인권 옹호를 위 한 교육·홍보 그밖에 필요한 조치를 한다(외국인처우법 제10조).

자료: 이상영·김도균(2022), '법철학', pp.39－44 참고 작성.

Ⅲ. 법의 해석과 적용

법규범에 있어 확정적 법규범과 법원리 규범에 대한 이해를 바탕으로 법규범의 해석을 어떻게 해야 하는지 또는 어떠한 법적 추론을 통해 해당 사안에 관해 적합한 적용을 할 것인지에 대해 설명하고자 한다.

법의 해석이란 해당 사안에 관해 해결을 위해 올바른 법적 판단을 할 수 있는지 적용해야 할 법규범의 의미를 파악하는 것이다. 법의 적용이란 법해석을 통해 파악하게 된 법규범을 해당 사안에 구체적으로 대입하여 법적 결정인 판결 및 행정력을 발휘하기 위한 결정 그리고 실정법상 해결책을 찾는 과정이다. 이러한 법의 해석과 적용과정이 적합한지 옳고 그름을 밝히는 것은 법의 추론이다(이상영·김도균, 2022:229). 따라서 법적 추론에서의 중요한 부분을 차지하고 있는 법해석과 적용, 법해석 방법, 적용순서 등을 살펴보고자 한다.

1. 법적 추론을 위한 법해석과 적용

법해석이란 법규범을 해당 사안에 적용하여 그 사안에 적합한 개별법적 판단을 도출해 내기 위해서 법규범에 담겨 있는 용어, 즉 법률의 법규정의미가 이해되도록 그 뜻을 부여하는 것이다. 이는 법적 추론과 동일시되기도 하지만 이러한 추론은 법적용을 위한 실천적 해석이라고 할 수 있다. 이는 상시 법규범을 염두에 두고 해당 사안에 대해 어떻게 결정하고 적용할 것인지를, 즉 행정기관이 행정결정을 내리거나, 입법자가 법을 제정하거나, 변호사가 법적 변론을 하거나, 일반 시민들도 법적 의미를 추론하기 때문이다. 법적 추론은 다음 네 가지 기본요소들이 서로 모순이 없고 조화를 이루고 있을 때 해당 사안에 내린 법적 결정이나 판단과정이 타당하고, 그 결정을 뒷받침할 근거가 제시될 경우 그 법적 추론은 정당하다고 평가할 수 있다. 법적 추론의 기본요소는 다음과 같다(이상영 · 김도균, 2022:231).

① 법적관계: 해당 사안이 법적으로 의미있는 사실관계
② 배경사실: 해결해야 할 사안의 배경을 이루는 사회적 사실
③ 법규범: 해당 사안과 관련한 공식적인 법규범들
④ 가치와 원리: 한 사회에서 널리 통용되는 도덕적 가치나 정치원리

2. 법해석의 방법과 적용

법률언어를 해석하는 데 다양한 기준이 있겠지만 법해석을 위해 법률가들은 문언(文言)해석, 체계적(體系的)해석, 역사적(歷史的)해석, 목적론적(目的論的)해석 등과 같은 방법을 사용해 왔다. 우리나라 법원의 법해석은 법존재 이유와 목표, 법해석의 목표와 원칙, 목적적 법해석의 필요와 한계 등을 사용한다고 한다. 각각의 법해석 방법의 의미와 적용 순서를 살펴보고자 한다. 아래 판례는 헌법재판소 입장으로 법해석에 대한 중요한 의미를 부여하고 있다.

[우리나라 법원의 해석방법에 대한 헌법재판소의 입장]
　　"헌법규정은 우리 법질서에 내재하는 근본가치들 및 법이념들에 비추어서 해석되어야 하되(헌재 1989.9.8. 88헌가6), 법문언이 간직하고 있는 의미를 넘어서는 안 된다는 '문의적(問議的) 한계'와 입법자의 명백한 의사를 헛되게 하여서는 안 된다는 '법목적에 따른 한계' 내에서 이루어져야 한다(헌재 1989.7.14. 88헌가5 등)."[1]

---

1) 국회의원선거법 제33조, 제34조의 위헌심판제청[헌재 전원재판부 1989.9.8. 88헌가6]; 사회보호법 제5조의 위헌심판제청[헌재 1989.7.14. 88헌가5].

(1) 법해석의 방법

법해석의 방법으로는 문언(文言)해석, 체계적(體系的)해석, 역사적(歷史的)해석, 목적론적(目的論的)해석 등을 설명하고자 한다(이상영·김도균, 2022:239-242).

첫째, 문언(文言)해석은 사전적 의미나 일상적 언어의 의미에 따라 법률 언어를 해석하는 방법으로 기본적으로 그 문언을 바탕으로 법률해석을 원칙으로 하는 방법이다. 문언해석을 중시하는 경우 문언의 가능한 의미를 넘어서는 법해석 태도를 비판하기도 한다.

둘째, 체계적(體系的)해석은 통일된 법질서라는 관점을 바탕으로 해석되어야 할 법규범이 놓여 있는 법체계상의 위치와 맥락에서 비교하여 법률 언어를 해석하는 방법이다. 즉, 법규정의 의미만을 파악하는 것이 아니라 다른 법규정 또는 전체 법질서와의 관련성에서 법조항 전체를 유기적·체계적으로 종합하여 판단해서 의미를 파악하는 것이다.

셋째, 역사적(歷史的)해석은 법규범을 입법자가 제정할 당시 해석되어야 할 법률 언어를 입법자의 실제 의사와 목적을 고찰하여 해석하는 방법으로 주관적 해석이라고도 한다. 역사적해석에 사용되는 방법은 입법의 연혁조사, 입법당시 학설이나 판례검토 등 입법자의 의사를 추적하는 데 입법자의 의사를 하나의 법해석 기준으로 고려한다는 견해는 해당 사안에 대해 누구를 입법자로 볼 것인가 하는 문제점을 안고 있다고 한다.

넷째, 목적론적(目的論的)해석은 법규범이 규율하는 객관적으로 인정되는 법규의 목적에 따라 법률 언어를 해석하는 방법이다. 이는 객관성과 타당성을 인정하는 합리적 목적을 확정하기 위해 다른 유사한 법규정의 목적 또는 일반적 법원리를 고려할 수 있으며, 경제적 효율성의 원리도 해석의 기준이 된다. 이러한 목적론적해석에 있어 목적의 확정에는 해석자의 가치판단에 따라 자의적인 결정, 즉 같은 법 또는 같은 법규정에 대해 입법취지나 목적을 다르게 파악할 가능성은 절대적이기 때문에 목적론적해석에 대한 위험은 늘 존재한다고 한다.

(2) 해석기준에 따른 적용

법학자들은 법적 추론을 위해 네 가지 기본요소를 바탕으로 해석방법에 따라 적용 관계가 성립한다고 하였다. 우리가 어떠한 사안에 대한 해결책을 모색하더라도 순서에 따라 추론하고자 한다. 즉, 법과의 관계성, 사실관계, 법규범과 가치원리 등을 고려한다. 이러한 추론 과정에 있어 법규범을 대입하여 해석할 경우 우선 문언적 의미를 해석할 것이고, 그를 바탕으로 체계적인 분석을 하며, 입법자의 입법 목적에 따른 역사적해석을 해야할 것이다. 이러한 해석의 절차를 고려해도 법률적 그 의미를 결정할 수 없는 경우 법률의 객관적 목적에 견주어 해석하려고 한다. 즉, 첫째, 문언해석과정을 통해, 둘째, 체계적해석, 셋째, 역사적해석을 보완하기 위해 마지막으로 목적론적해석을 한다는 것이다. 이러한 해석의 과정은 법치주의 원리 및 법률기속원칙[2]에 바탕으로 두고 있다(이상영·김도균, 2022:242-243). 그러나 법률해석에 있어서 이러한 순서에 따라 해석을 한다기보다는 해석과정마다 복합적인 사고가 필요하고 요구된다고 할 수 있다.

따라서 법률에 따라 목적론적해석이 작동되며, 실질적 가치판단 및 사실적 근거들을 고려하여 판단할 수밖에 없는 것이 법률해석이기에 꼭 문헌해석, 체계적해석, 역사적해석, 목적론적해석 순의 규칙영역 안에서 해당 사안에 따라 적절하게 사용하는 것이 필요하다고 할 것이다.

Ⅳ. 세계화에 따른 법의 초국가화

세계화란 교통과 통신의 발달로 인해 국가 간 문화적 교류가 증가하면서 다양한 세계 각국의 문화가 혼합되어 문화적 다양성과 보편성이 확대되어 가는 현상을 의미한다. 이러한 세계화는 세계 경제의 통합화, 의사 소통망의 전 지구화 및 긴밀한 상호작용의 심화 등으로 특정한 삶의 방식이나 규칙이 전 지구적 차원에서 나타나는 현상이다.

세계화는 법에 어떠한 영향을 주었을까? 법은 국가의 존립과 국가경영을 위하여 법이 형성되고, 해당 사안에 적용하며, 적합하게 시행되어 국가의 권위를 지키며, 나아가 국민의 안위를 위해 법이 곧 국가를 대변한다고 할 수 있다. 그러나 국가 간의 빈번한 교류와 인구의 이동은 국가 간 또는 개인 간의 새로운 법이 형성되고, 해당 법효력이 발생하여 국가별 또는 국가 간 그 법의 적용이 이루어지고 있다(이상영·김도균, 2022: 379-380). 이러한 현상은 특정한 규칙의 법규범이 인정되는 것으로 이를 '법의 세계화', '법의 초국가화'라고 할 수 있다.

법의 세계화 또는 초국가화가 형성된 까닭은 개인 간 또는 국가 간, 즉 거래 당사자들의 자유계약 등 국제이주와 교류에 그 바탕으로 두고 있다. UN, ILO와 같은 국제기구 등 특정한 초국가적 단체들의 규약, 즉 법적 기술들이 국가법에 근거하지 않고 세계적인 통념을 바탕으로 적용되기 때문이다. 무엇보다 국가 간 당사자들의 거래, 지적재산, 자연

---

2) 법률기속(法律羈束)의 원칙이란 어떠한 법규범을 해석하는 데 있어 법률에 따라 이루어져야 한다는 원칙을 말한다.

환경 보호, 난민, 아동의 권리, 초국가적 범죄규제와 연계 등의 영역에서는 국내법에 국한되지 않고 국제적으로 인정되는 지침들을 바탕으로 적용되는 현상이 확대되고 있다. '자유무역협정(FTA)', '형사사법 공조와 범죄인 인도조약', '아동권리협약', '난민의 지위에 관한 협약' 등은 법의 세계화 또는 초국가화 현상에 따른 법규범의 예라고 할 수 있다.

법의 세계화 또는 초국가화 현상에 따른 국가 간 법의 개념을 제창한 미국의 국제법학자 필립 제섭(Philip Jessup)은 '단일국가의 주권영역을 넘어 상황들이나 어떠한 행위들을 규제하는 게 초국가적 법'이라 하였으며(이상영·김도균, 2022:380), 대표적으로 국제사법, 국제공조법, 국제공법 및 여타 다른 규범도 포함된다.

교통과 통신의 발달과 산업의 다변화는 인구이동의 급증과 함께 국가 간의 교류 또한 다양한 변화를 초래하였으며, 그로 인한 국제관계에서 초국가적 법이 형성되었다. 주로 인구이동에 따른 인권문제, 개인 간, 국가 간, 기업 간의 교역으로 이루어진 상거래뿐 아니라 과학기술과 산업발달에 따른 환경문제 등을 해결하기 위한 국제적 규범이 필요하였다. 이렇게 형성된 국제적 규범은 곧 국가법규범의 영역을 벗어나 국가 간 또는 다국가 간의 규범으로 적용되었다.

이민법과 제도는 초국가적 영역에서 제정되고, 시행되는 국제법규범의 한 영역이라 볼 수 있다. '세계는 지구촌'이란 말이 있다. 세계 속의 각 국가는 하나의 지역으로 구분될 수 있다는 말로서 전 지구적 상호작용으로 세계주의(cosmopolitanism)가 형성되어 간다는 것을 알 수 있다(이상영·김도균, 2022:388). 세계주의는 인종적 편견이나 국가적 이기심 또는 종교적 차별을 배제하고, 개인이 국가와 민족을 초월함으로써 인류 전체의 복지를 증진하고자 한다. 또한, 자신을 세계 사회의 일원으로 서로 평등하게 사랑하며, 살아야 한다는 사해동포주의(四海同胞主義) 이념을 내포하고 있다. 일례로 'UN(국제연합)', '국경 없는 의사회', 'UNHCR(유엔난민기구)' 등은 세계화로 인한 국제사회에서의 초국가적 법규범의 성장을 이루어내고, 국가별 헌법상의 기본권을 넘어 전 지구적인 권리라는 점에서 구체적으로 발전되어 법에 관한 의식전환이 이루어질 수 있다.

따라서 세계화로 인한 법의 초국가화는 인류 공통의 보편적 유산을 보호하는 이념적 인식을 바탕으로 개인에서 국가로, 국가에서 국가 간으로, 국가 간에서 전 인류로 확대되어 가는 법의 탄력적 대응 및 공존의 방법에서 적용되어 활용되는 것이라고 할 수 있다.

우리는 이민법에 대해 어떠한 시각으로 바라보고 있는가. 브레텔(Caroline B. Brettell)과 홀리필드(Hames F. Hollifield)는 이민법에 대해 세 가지 관점을 제시하고 있다. 첫째, 법 속의 이민법(the law on the books), 둘째, 이민현장 속의 이민법(the law in action), 셋째, 이민에 대한 사람들의 인식 속의 이민법(the law in their minds)으로 구분하고 있다. 이러한 관점은 이민법이 제정된 법 속 규범과 이민현장에서 실제로 적용하는 데는 서로 다른 부분이 많으며, 인식 속의 규범은 이민환경과 이민자 및 다양한 이해관계자 간 법 적용이 상이할 수 있기 때문이다(Brettell & Hollifield, 2003:190; 차용호, 2015:14). 즉, 이민법을 바라보는 시각의 차이는 이민법을 제정, 집행, 평가 그리고 환류된 법의 개정 및 보완하는 데 많은 영향을 미치고 있다.

따라서 대한민국의 법적 기반에 따라 이민법을 바라보는 시각을 정치환경, 사회문화적 환경 등 이민환경 측면에서 살펴보고, 이를 바탕으로 이민법에 접근하는 방법을 서술하고자 한다.

제1절   대한민국의 이민법 환경

우리의 건국이념인 '홍익인간(弘益人間)'은 이민에 관한 의미를 내포하고 있다고 할 수 있다. 즉, '널리 인간을 이롭게 한다.'란 의미에서 자연의 섭리에 따르고자 하는 의미와 어느 한 국가의 국민만이 아닌 인간(자연인)을 이롭게 한다는 의미는 이미 세계 속의 한국, 세계인에 대한 포용의 자세로 해석될 수 있다. 헌법에 관해 구체적인 내용은 후술하겠지만 헌법전문에는 건국이념을 바탕으로 이민에 대한 수용적 태도를 담고 있다고 할 수 있다.

어느 나라든 국가운영의 기본법, 즉 헌법을 가지지 않은 나라는 없을 것이다. 헌법은 국가구성요소인 사회를 구성하는 모든 사람의 능력과 개성이 최대한 발휘될 수 있는 정의로운 사회질서와 행복을 추구할 수 있는 평화로운 사회환경을 확립하고 보장하기 위한 울타리라고 할 수 있다.

『헌법』은 국가 존립에 필요한 국민, 영토, 주권 등 세 가지 요소를 중요시 여기며, 규범화하고 있기에 국가 존립뿐만 아니라 국가운영에 꼭 필요한 요소이기 때문이다. 다만, 국가로서 여러 가지 사회현상의 문제를 역사적이고 경험적·체계적으로 접근하여 문제를 해결하려는 국가론과는 다르다(허영, 2022:3). 헌법은 국가의 일정한 규범 안에서 가치를 실현하고자 한다. 하지만 이러한 헌법도 시대의 변천과 역사의 발전 및 국가 간의 관계환경에 따라 새롭게 형성되는 가치관과 변화에 대응하고, 사회구성원의 성장과 사회통합을 이루도록 그에 상응하는 규범과 정치적 추진력이 필요하다.

우리나라는 선진이민 국가보다 매우 짧은 이민역사를 가지고 있다. 이러한 짧은 이민역사에도 불구하고 급변하는 국제정세와 인구이동에 따라 다양한 정책을 시의적절하게 수립하고 추진함에 긍정 또는 부정적 인식이 발생하고 있다. 이로 인해 이해관계자들 간의 갈등과 정부에 대한 정책불신 및 이민자와의 공존에 대한 국민의 부정적 인식이 존재할 수밖에 없다. 그러나 교통과 통신의 발달은 전 세계인을 지구촌의 구성원으로서 국경을 초월한 자유로운 이동으로 인해 이민자에 대한 수용국가에서는 국가법, 즉 헌법 안에서 그에 대응할 수 있는 이민법의 필요성이 강조되었다. 이는 이민법을 통해 이민자와의 공존에 관한 국민의 인식 및 정책뿐만 아니라 이민에 관한 다양한 관점에서 변화하는 현실에 적합한 이민법을 연구의 대상으로 삼아야 한다.

I. 정치환경과 이민법

국가마다 역사적, 지정학적, 정치·경제·사회적 현상은 복합적이며, 다변적으로 내재하여 발현되고 있다. 이러한 현상 중에서도 정치적 요소는 이민정책 추진에 있어 국가운영에 큰 비중을 차지하고 있으며, 국가운영 그 자체가 사회통합을 향한 하나의 과정으로 비추어지고 있다. 국가운영의 한 영역인 이민정책을 추진함에 정치 현상이 다양해지고 차지하는 비중이 크면 클수록 일정한 틀 속에서 규범적으로 주도되고 규제되어야 할 필요성이 있다(허영, 2022:4). 반면에 규범적 규제가 없다면 정치 만능의 풍토가 조성되고 '힘'의 논리가 작용해서 국민과 이민자 간 사회통합의 바탕이 되는 이민법의 실현과 사회통합을 기대하기는 어려워진다(허영, 2022:5). 여기서 '힘'이라고 하는 것은 이민과 관련된 이해관계자가 이민자와의 사회통합을 배제한 자기 목적적인 힘의 작용을 의미한다.

국가는 국민과 이민자 간 사회통합을 이루고 긍정적인 공존의 방향으로 나아갈 수 있도록 이민의 정치환경을 규범화하기 위하여 당위적인 방법과 이론제시가 필요하다(허영, 2022:5). 이것이 이민법의 과제라고 할 수 있다. 즉, 헌법을 바탕으로 이루어지고 있는 이민법이 정치 현상인 '힘'의 논리에서 벗어나 국민과 이민자 간 긍정적인 공존의 방법과 제도를 추구함으로써 이민법에서 추구하는 진정한 사회통합의 목적을 달성할 수 있어야 한다.

Ⅱ. 사회환경과 이민법

국가는 사회구성원 개개인의 능력과 개성이 최대한 발휘될 수 있도록 정의로운 사회질서를 유지하고, 자유와 평화를 보장할 수 있는 사회환경을 조성해야 한다. 이는 국가가 사회의 조직된 활동단위라고 할 수 있다. 그러므로 국가는 사회가 사회구성원을 위한 기능을 유지하도록 필요한 규범이 필요하다. 또한, 사회가 필요로 하는 갈등조정, 사회통합 및 새로운 사회형성 기능을 수행하기 위해 일정한 권력조직을 갖게 되지만, 국가는 이러한 기능을 통해 효율적인 성과를 거두기 위해서는 국가가 강제력을 발휘하기보다는 사회 내에서 자발적이며 수용적인 태도가 뒷받침되어야 한다(허영, 2022:5).

이러한 사회 내에서의 자발적이며 수용적인 태도는 국가의 이민정책 결정에 대한 사회의 적극적인 참여가 보장되고, 실현될 때에 가장 효과적으로 나타날 수 있을 것이다(허영, 2022:6). 국가는 이민정책 결정에 관심을 보이는 다양한 이해관계자들에게 과감한 개방으로 참여의식을 높여주고, 이를 통해 국가시책에 대한 사회 내에서의 공감대 형성에 노력해야 한다. 이는 사회 내에서의 공감대 형성이 뒷받침되지 않는 국가시책은 사회를 위한 그 어떤 노력을 투여해도 효율적인 성과를 내기가 어렵기 때문이다. 다만, 국가시책의 사회적 공감대를 형성하기 위하여 갈등조정, 사회통합 및 새로운 사회형성 기능을 어떻게 모색하고 구축해 나갈 것인가는 이민정책을 집행하는 반복되는 의제라고 할 수 있다.

이처럼 국가와 사회의 관계는 결코 일방적인 관계가 될 수 없으며, 투입과 산출의 균형적인 모델이 될 수밖에 없다(허영, 2022:6). 국제이주 현상과 국내 이민 현상은 국제사회의 자율활동의 영역으로 볼 수 있다. 그러므로 이민법은 국민과 이민자의 적극적인 참여와 공감대를 바탕으로 합리적이고, 균형적인 상호관계를 형성할 수 있도록 하는 것이 가장 핵심적인 과제라고 볼 수 있다.

제2절 이민법의 접근방법

이민 현상에 따른 문제와 해결과제가 분명하다고 해도 이민법의 본질과 기능에 대한 이해는 이민법에 접근하는 방법에 따라 다르게 적용될 수 있다. 즉, 이민법의 법규범에 대해 해석적 또는 기능적으로 접근하느냐, 아니면 경험적으로 접근하느냐에 따라 이민법을 바라보는 시각이 달라질 수 있다. 이민법의 본질을 파악하고 올바른 해결방법을 찾기 위해서 어떠한 접근방법을 사용하는가는 매우 중요하며, 어느 하나만의 해석방법이 옳다고도 볼 수 없기에 접근방법에 있어 신중함이 요구된다. 이민 현상의 문제해결을 위해 이민법을 해석적, 기능적, 경험적 접근방법을 살펴보자.

I. 해석적 접근방법

이민법을 해석적으로 접근한다는 것은 이민법의 중심과제 또는 규범을 해석적으로만 이해하는 것을 의미한다. 이민법을 다른 법률규범 사이에서 규범의 구조 내지는 기능적 차이를 배제하면서 4단계 해석기술, 즉 역사적해석, 문리적해석, 논리적해석, 체계적해석[3]을 이민법에 그대로 적용하려는 접근방법이다.

이민법접근에 있어서 이민법이 만들어지게 된 역사적·정치적인 상황 또는 이민법제정의 권력의 정당성 내지는 이민법 내용의 당위성에 대한 철학적·역사적·정치적·사회적 접근보다는 현실적으로 존재하는 이민법의 규범 내용을 프리드리히 칼 폰 사비니(Friedrich Carl von Savigny, 이하, 사비니)가 정립한 네 가지 해석기술을 통해서 찾아내는 데 주안점을 두게 된다. 이민법이 바로 앞서 언급한 법실증주의적 이민법에 대한 시각이 바

---

3) 프리드리히 칼 폰 사비니(Friedrich Carl von Savigny)의 법해석적 접근: 사비니는 기존의 법률해석론, 즉 문법적, 논리적 해석의 이원적 범주에서 벗어나 자신만의 법률해석방법론 체계를 정립하려고 노력하였다. 그의 저서 "현대 로마법 체계(System des heutigen Römischen Rechts)" 중 제1권 제4장은 법률해석론을 다루고 있다. 여기서 사비니는 개별적 법률의 해석과 전체 법원(법률 외 관습법 등 포괄적 표현)들에 대한 해석을 구별한다. 사비니는 법이란 근본적으로 실정법으로서 법개념에 대한 실증적 이해와 이에 기초한 법원으로서의 실정법이다. 이는 실증주의적 법개념과는 차이가 있다. 사비니가 말하는 실정법은 인륜, 학문으로서의 법 및 민족정신 등과 분리되어 파악될 수 없다고 보았다. 민족정신은 결코 경험적 현상이나 한 집단 내의 우연적인 의견일치를 말하는 것이 아니고, 법창조를 위한 보이지 않는 공동체의 힘을 의미한다. 법률해석을 문리적, 논리적, 역사적 체계적 요소를 토대로 문언 중심의 해석, 체계적해석, 역사적해석 그리고 목적론적해석의 형태로 발전되었다는 것이 현재 일반적인 설명이다.

로 이 해석적 접근방법의 대표적인 산물이다(허영, 2022:7-8).

이민법을 해석적 방법으로 접근하는 것은 그 규범의 구조적인 측면에서 다른 법률규범과는 다른 다양한 특징을 가지고 있을 뿐 아니라 기능적 측면에서도 분쟁 해결의 기술적인 기능보다는 국가시책 운영에 관한 정치적 기능과 사회통합 기능이 특히 강하기 때문에 사비니가 사법(私法) 규범을 바탕으로 정립한 해석학 기법을 그대로 이민법에 적용하기에는 큰 무리가 있다(허영, 2022:8).

또한, 해석적 접근방법은 이민법의 연구대상을 '이민법제정'에만 국한함으로써 이민법제정의 권력 정당성과 그 한계 내지는 사회통합의 당위적인 가치 등 이민법의 철학적, 사회적, 행정적, 정치적 부분이 배제되는 학문적 편협성을 띠게 된다. 모든 이민문제에 대한 해결책을 이민법 조문 속에서만 찾으려는 것은 자칫 이민법의 기능을 무시한 규범 만능주의로 흐를 위험성이 있으므로 법실증주의 관점으로만 이민법에 접근하는 것은 부적절하다고 볼 수 있다.

Ⅱ. 기능적 접근방법

기능적으로 접근하는 이민법은 이민법이 가지는 기능적 측면을 이해하려는 것을 의미한다. 즉, 이민법 규범에 대한 기계적이고 획일적인 해석보다는 이민법 규범에 따라 표현되는 공감대적 가치의 사회통합기능을 더욱 중요시함으로써 이민법 규범과 이민 사회 현실 사이의 간격을 좁혀 나가는 방법을 모색하는 데 그 주안점을 주는 접근방법이다.

이민법을 기능 중심으로 접근한다는 것은 현실적으로 존재하는 이민법을 단순히 근본적인 규범 성격을 갖는 정태적이고 자기 목적적인 존재형식이 아닌 어떤 목적을 달성하고 실현하기 위해 만들어진 기능적이고 수단적인 존재형식으로 이해하는 데서부터 출발한다. 따라서 이민법에 따라 추구하는 목적이 무엇이고 이민법을 통해서 실현하고자 하는 것이 무엇인가를 바르게 인식하는 일이 기능 중심의 이민법에서는 매우 중요하며, 이러한 기능적 접근방법에는 의지적, 가치적 접근에 따라 달라질 수 있다(허영, 2022:9).

우선 의지적 접근방법은 헌법의 기능과 목적을 헌법 제정권자의 정치적 결단에 따라 이루어진다고 보는 접근방법으로 결단주의헌법관(決斷主義憲法觀)이라 할 수 있다(허영, 2022:9, 14-15). '결단주의헌법관'을 이민법에 적용해보면, 이민법이 제정된 궁극적인 목적을 실현하는 것으로 무엇보다 이민법제정권자의 입헌 의지 속에 담겨 있는 정치적인 의도를 실현하기에 적합한 제도와 절차연구에 그 초점을 맞춰야 한다고 강조하는 방법이 될 수 있다. 이는 이민법제정권자의 '정치적인' 결단에 따라 이민법제정권자가 갖는 입헌 의지가 모든 이민법 문제를 풀어주는 접근방법이라고 할 수 있다.

다음으로 가치적 접근방법은 헌법학에서 사회공동체의 구성원 모두가 수용할 수 있는 공감대(동의, concurrence)⁴⁾ 가치를 실현함으로써 사회통합을 발전시킬 수 있는 제도적인 메커니즘의 연구가 더욱 중요하다고 강조하는 방법이다. 이러한 접근방법을 이민법에 적용한다면 이민법의 기능이나 목적을 공감하는 가치의 실현을 사회통합이라는 가치지향적으로 이해하려는 입장에서 이민법은 바로 사회통합의 지표가 되는 동시에 그 가치를 실현할 수 있는 실효성 있는 제도를 마련하고 운용하는 일이야말로 이민법의 가장 중요한 기능이다. 이러한 접근방법을 '통합과정론적' 접근방법이라고 할 수 있다(허영, 2022:9, 17-18).

기능적 접근방법은 '있는 이민법'을 해석하는 정태적 연구가 아닌 '있어야 하는 이민법'을 추구하는 동태적인 연구를 중요시한다는 데 차이가 있다(허영, 2022:10). 이러한 접근방법은 이민법이 다양한 학문영역과의 연계성 및 융·복합적으로 확대되는 경향이 그 이유이다. 오늘날 급변하는 국제이주상황에서, 국민주권의 이념이 강조되는 현대민주국가에서 국민의 정치적 합의와 공감대 가치를 존중할 수 있는 기능적 접근방법은 민주적인 사고와도 조화되는 방법이라 할 수 있다. 다만 이민법을 가치 중심으로 접근하여 사회통합이라는 당위적 목표에 너무 집착한 나머지 정치적, 사회적 공감대의 가치에 대한 본질적인 연구를 배제할 수 있는 현상사고를 주의해야 한다.

따라서 이민이란 사회현상에 관한 이민법 접근방법은 무엇보다 다양성에 대한 인식을 바탕으로 한 가치 중심의 기능적 접근방법이 가장 효과적이지만(허영, 2022:10), 정치적 결단 및 법실증주의 해석적 접근방법을 접목하여 이민법 접근방법을 통해 실효성 있는 접근방법을 모색해 나가야 한다.

Ⅲ. 경험적 접근방법

이민법을 경험적으로 접근한다는 것은 선진이민 국가에서 성립되고 제정되어 운용되고 있는 이민법을 분석하여 가장 한국적인 이민법의 모델을 찾아내려는 접근방법이다(허영, 2022:11). 즉, 어느 나라, 어떤 유형의 이민법이 해당 국가의 역사적·정치적·경제적·문화적 상황에서 어떻게 성립되고 제정되고 운용되고 있는지 또는 그 운용과정에서 나타나는 문제점을 경험적으로 비교·분석해봄으로써 특정한 사회환경에 가장 적합한 이민법의 모델을 찾아볼 수 있는 비교법적 접근방법이다.

---

4) 공감대(共感帶)란 다른 사람의 감정, 의견, 주장 따위에 대해 자신도 동일하게 느끼는 부분을 의미하는데, 영어로 표현하면 대체로 agreement(협정, 합의, 동의, 승낙)를 사용하지만, 본서에서는 consent(권위 있는 사람에 의한 동의, 허락), assent(찬성, 승인)보다 더 가깝다고 판단한 concurrence(동의, 의견일치)를 사용한다.

경험적 접근방법은 선진이민 국가뿐만 아니라 이민법을 운용하고 있는 국가의 이민법 운용상황을 관찰할 수 있는 이론적 근거가 된다. 이민법은 해당 국가의 국내 사정에 따라 그 세부적인 내용이 다르지만, 권력 통제의 기본구조나 이민법이 추구하는 기본 이념에는 큰 차이가 없다. 다른 나라의 이민법에 관한 내용분석은 한국이민 사회에 가장 적합한 이민법에 차용되어 조문개발·활용될 수 있다는 시사점을 얻을 수 있다.

경험적 접근방법은 각 나라의 이민법이 형성된 역사성과 토착성 및 정치환경을 고려하지 않은 경향이 있다는 한계점을 들 수 있다(허영, 2022:11-12). 이는 국가별 이민법은 국가형성에 따른 그 사회공동체 의식과 정치성향 그리고 사회구조 및 경제환경뿐만 아니라 그 나라의 개별법이 갖는 상황을 논하기는 어렵기 때문이다. 이민법이 국가별로 유사한 제도라고 하더라도 그것이 기능하고 실현되는 양태가 나라마다 다를 수밖에 없기에 국가 구조가 가장 직접적인 이유가 될 수 있다. 예를 들면 우리나라에 적합한 이상적인 이민법의 모델을 찾았다고 하더라도 사회현상과 대상 및 국민의 인식에 따라 이민법의 제도와 운용에 다르게 나타날 수도 있기에 일반적인 접근방법으로는 한계가 있다. 또한, 경험적 접근방법은 사회과학 중에서도 정치학, 경제학, 행정학, 사회학 등에서는 널리 통용되는 방법이지만, 규범의 학문인 '이민법'에서도 그대로 통용될 수 있는지에 대한 의문이 제기될 수 있다. 이러한 점이 이민법접근의 한계로 들 수 있다.

따라서 이민법접근에 있어 이민 사회에서 나타나는 현상 그 자체와 현상분석뿐만 아니라 이민자와 국민과의 공존 및 사회통합을 이룰 수 있도록 어느 하나의 접근방법을 택하는 것보다 경험적, 기능적, 해석적 접근방법을 통용하여 이민법에 접근해야 할 것이다.

제3장

이민법에 관한 일반 이론

제1절 이민법의 개요

I. 이민법의 개념

이민법의 개념은 사람들의 이동, 즉 이주와 이민에 관한 개념이해부터 시작해보자. 우리가 알고 있는 '이주(移住)'와 '이민(移民)'의 사전적 의미는 어떠한 차이를 보일까. 첫째, '이주(移住)'는 지역에서 지역으로 거주지를 옮기어 머무르는 것을 의미한다. 둘째, '이민(移民)'은 국경을 넘나드는 이주 또는 그런 행동하는 사람을 포함하는 의미이다. 그렇다면 '이주(移住)'는 이동하여 거주하는 거처, 즉 집(住)에 주안점을 두었다면, '이민(移民)'은 국경을 초월하여 이동하는 일(業)과 사람(民) 중심의 의미를 내포한다. 또한, '이민(移民)'은 국가 간의 경계, 즉 국경을 중심으로 '국외로 나가는 이민(emigration)', '국내로 들어오는 이민(immigration)'으로 구분할 수 있다. 즉, '이민(移民)'을 순환 이민(循環移民)[5] 또는 영주(永住) 및 귀화(歸化) 등 정치·사회적 공동체의 새로운 구성원 신분을 취득하여 정주(定住)하는 과정에서 수반되는 정치·경제·사회·문화를 포함하는 의미를 지닌다.

교통과 통신의 발달은 경제발전과 사회연결망이 구축되었고, 국가 간 관계변화는 물적·금전적 자본의 이동과 함께 국경을 초월한 인간의 이동은 빈번하게 일어나고 있다.

---

5) 순환이민(循環移民, circular migration)이란 한 국가가 고급기술과 투자 및 노동자 등이 자유로운 경제활동과 노동력을 제공할 수 있도록 체류 기간을 장기 또는 단기로 제한하며, 교체해가는 이민정책 영역 중 하나의 수단이라 할 수 있다.

국경을 넘는 이동은 단순 방문뿐만 아니라 취업, 유학, 결혼 등 다양한 체류자격의 이민자가 생겨나는 사회변화를 도모하게 되었다. 우리는 이러한 사회변화를 이민 사회현상이라고 하며, 사회와 구성원의 변화에 따른 이민정책을 수립하고, 그에 따른 적법한 이민 관련 규범이 형성되어 발전하게 되었다. 이러한 규범을 '이민, 이민자 및 이민 과정에 관한 법', 즉 이민법이라 한다. 따라서 '이민법'은 국민뿐만 아니라 외국인의 출입국과 체류, 귀화 등 국민과 이민자 간의 공존과 사회통합을 위한 정책을 수립·시행할 수 있도록 근거를 마련하는 법령이라고 할 수 있다.

II. 이민법의 특성

이민법은 국가의 역사적 발전 단계, 국내·외 다양한 경제 상황 및 사회변화에 영향을 받는다. 또한, 국가 간 외교적 관계와 이민제도 수립과정에서 공식·비공식적 참여자의 정책수행 능력의 전문성 수준 등에 따라서도 다르게 적용된다. 이민법은 무엇보다 인구이동에 따른 국내 이민 현상을 주 내용으로 담고 있으며, 다음과 같은 특성이 있다.

첫째, 법적용에 따른 대상의 특성이 있다(한태희, 2019:16). 대상은 장·단기 체류 외국인, 국내 외국인근로자, 국민과 결혼한 결혼이민자와 그 자녀 또는 중도입국 청소년, 동포, 난민 등 외국인과 이민자로 구분할 수 있다.

둘째, 국제관계에 따른 법적용의무를 부담하는 특성이 있다(한태희, 2019:16). 외국인의 법적 지위는 국가 간 상호주의를 원칙적으로 하며, 유엔헌장, 국제인권협약, 난민협약, 파리 기후협약, 이주노동자권리협약 등 국제협력을 위한 국제적 협약을 통하여 가입국에 일정한 의무를 부담해야 하는 특성이 있다.

셋째, 국가의 주권행사로서 이민정책을 수행하기 위해 적용되는 분야의 특성이 있다(한태희, 2019:16). 즉, 국경관리 조정과 통제기능, 국민과 이민자 간 사회통합기능 등이다. 이러한 기능을 수행하기 위해 적용 분야에 대해서는 대부분 시행령과 시행규칙에 위임되어 명시하였으며, 변화하는 이민 현상에 따른 대응력을 가지고 있다.

III. 이민법의 현황

우리나라는 이민법에 관한 역사를 논할 때 19세기 후반 연해주와 만주(김환학, 2016: 162), 20세기 초에는 하와이와 멕시코 에네켄 농장으로(정재각, 2010:33) 대규모 해외 이주로부터 설명한다.

　이민에 관한 법의 형성은 1948년 국가성립과 동시에 국민의 요건을 정하는 범위를 확정해야 했기에, 헌법이 제정되면서 재외동포에 관해서는 국적법률주의 입장에 따른 국적법을 제정하게 되었다. 이후 국가의 기틀을 세우고 경제발전에 주안점을 둔 시기로 외국인의 인적교류는 미비하였기에 제한적인 여권발급업무가 주를 이루었다. 이에 출입국관리 업무수행을 위한 법적 근거인 1949년 『외국인의 입국·출국과 등록에 관한 법률』이 최초 단일 법률로 제정되었다. 이듬해 1950년 외국인의 출입국과 체류 절차규정을 위한 대통령령 제285호 시행령이 공포되었으나, 국민의 출입국절차를 규정하지 않았다(김원숙, 2012:2).

　1960년대는 국제결혼 또는 가족 초청 등 미주대륙으로 영주이민이 붐을 이루었다. 또한, 독일의 광부와 간호사 송출 등 당시 내국인의 인력수출 등 해외 이주 현상에 따라 재외동포가 시대적으로 형성되었으며 1962년 해외이주법이 제정되었다(김환학, 2016:162). 이후 국민과 외국인의 국경관리를 위해 1963년 출입국관리법이 제정되면서 출입국 관련 행정업무가 시작되었다(김원숙, 2012:2). 이렇듯 우리나라는 국내로의 이민역사가 오래되지 않았으며, 외국인의 유입 규모도 크지 않았다.

　1980년대 후반부터 한국의 경제성장과 산업구조의 변화는 노동력의 수요공급에 어려움이 나타났고, 첨단산업과 3D산업의 인력난을 해소하기 위한 인적자원의 유입이 본격적으로 시작되면서 이민법이 하나둘씩 제정되었다. 또한, 1986년 아시안게임, 1988년 올림픽대회 등 국제행사를 치르면서 외국인의 국내유입과 다양한 형태의 체류로 이어졌다. 이렇듯 급격하게 변화되는 사회현상에서 국민과 이민자에 관한 법적 지위뿐만 아니라 이민자에 대한 개별 쟁점에 대한 법적 대응을 넘어 법체계의 근본적인 변화가 요구되었다(김환학, 2016:163-164).

　법적 대응을 넘어 법체계의 근본적인 요구는 급변하는 국내외 이민 현상에 따라 현실의 문제를 해결하기 위하여 부처별로 제정하기에 이르렀다. 부처별로 제정된 이민법은 한국의 역사적, 지정학적, 문화적 배경을 고려하지 못하였고, 이민에 관한 근본 철학을 배제한 채 체계성, 일관성 및 부처 간 연계성과 탄력성 등이 미흡하다는 비판과 함께 오늘날 미래 대한민국 이민정책을 위한 총괄적 '이민기본법'의 필요성이 대두되고 있다.

　따라서 상황적 필요성에 따라 제정된 이민법을 시기적으로 살펴보면, 1948년 『헌법』과 『국적법』, 1963년 『출입국관리법』, 1997년 『북한이탈주민의 보호 및 정착지원에 관한 법률』, 1999년 『재외동포의 출입국과 법적 지위에 관한 법률』, 2003년 『외국인근로자의 고용 등에 관한 법률』, 2007년 『재한외국인 처우 기본법』, 2008년 『다문화가족지원법』, 2012년 『난민법』이 제정되었다. 또한, 2023년 6월 5일 외교부 외청인 "재외동포청" 설립을 앞두고 2023년 5월 9일 『재외동포기본법』이 제정되었으며, 2023년 11월 10일 시행한다. 특히, 본서에서 다루고자 한 『북한이탈주민의 보호 및 정착지원에 관한 법률』은 북한을 이탈한 주민이 중국, 러시아 또는 제3의 국가를 통해 국내로 유입되거나 외국국적을 취득한 후 대한민국으로 입국하여 재정착하는 사례가 발생하고 있다는 점에서 고려해야 할 법률이라고 판단되었다. 각 법률의 구체적인 내용은 제Ⅱ부 개별 이민법에서 서술하도록 한다.

Ⅳ. 이민법의 적용 범위 및 이해관계

이민법은 이민자를 수용할 수 있는 사회통합역량 제고, 지역사회 잠재적 구성원으로서 성장할 수 있도록 지원하는 법과 제도의 뒷받침을 위해 형성된다. 이민법이 적용되는 대상은 '이민자', 즉 국내 거주 외국인과 배우자 및 자녀 그리고 외국인을 고용한 사업자, 외국국적동포, 유학생 등과 그들을 둘러싼 이해관계자이다. 또한, 이민자가 체류 생활 동안 일어날 수 있는 상황에 따라 형성되는 이해관계로 인해 이민자의 법적 지위와 이민자에게 인정되는 기본권 등이다. 이민법의 적용 범위와 이해관계에 대해 구체적으로 살펴보자.

1. 이민법의 적용 범위

이민법의 적용 범위는 이민자의 인적 대상과 이민자의 체류 활동 범위로 나눌 수 있다. 이민자의 인적 대상 범위는 '이민자', '외국인'에 대한 개념이해부터 논의될 수 있다. 또한, '이민자'는 국내에 거주하는 외국인을 의미하며, 국내 체류 동포(외국국적동포 포함), 국제결혼을 통해 형성된 결혼이민자와 그 자녀(외국국적 및 중도입국 자녀 포함), 외국인근로자, 유학생, 난민 등 외국인 본인과 그와 관련된 가족, 친지들을 의미한다.

이민자 중 대한민국 국적을 취득하여도 안정적인 정주를 위해 3년 동안 외국인의 자격을 유지하여 지원의 대상이 되기도 하며(외국인처우법 제15조),[6] 이민자의 유형은 국내 체류자격에 따라 법을 달리 적용한다. 이민자의 인적 대상 범위와 이민자의 유형은 다음과 같다.

---

6) 『재한외국인 처우 기본법』 제15조(국적취득 후 사회적응)에 의거 동법 제12조 제1항, 즉 국가 및 지방자치단체는 결혼이민자에 대한 국어교육, 대한민국의 제도·문화에 대한 교육, 결혼이민자의 자녀에 대한 보육 및 교육지원, 의료지원 등을 통하여 결혼이민자와 그 자녀가 대한민국 사회에 빨리 적응하도록 시책의 혜택을 받을 수 있다.

(1) 인적 대상 범위
1) 이민자 개념

'이민자'란 '국민'과 '외국인'개념을 구별하여 이해한다면 '이민자' 개념에 대해 쉽게 이해할 수 있다. 우선 '국민'에 대한 개념은 『헌법』 제2조 제1항, 즉 "대한민국의 국민이 되는 요건은 법률로 정한다."라고 규정되어 있다. 해당 법률은 『국적법』이며, 국민이 되는 요건을 제2조부터 제9조에서 명시하고 있다. 국민이 되는 요건은 '출생(제2조)', '인지(제3조)', '귀화(제4조)', '일반귀화(제5조)', '간이귀화(제6조)', '특별귀화(제7조)', '수반 취득(제8조)', '국적회복(제9조)' 등 개인의 특이상황에 따라 국적을 취득함으로써 국민이 된다. 우리나라는 혈통주의(속인주의)를 기본원칙으로 국적을 법률로써 규정하는 국적법정주의(國籍法定主義)를 채택하고 있으며, 출생지주의(속지주의)를 포함하여 적용하고 있다. 국적법정주의는 2001년 국적법을 개정하면서 20세 미만인 자로 확대하여 시행하게 되었다(허영, 2022:202).

[헌재 2000.8.31. 97헌가12(헌법불합치결정)]

"부모양계혈통주의를 채택한 1997년 국적법 제7조 제1항이 모계출생자에 대한 국적취득의 특례를 법시행 당시 10세 미만인 자에 한정해서 적용하게 한 것은 평등원칙에 위배된다."[7]

또한, 『출입국관리법』에서 사용되는 국민은 '대한민국의 국민'을 의미하며(제2조 제1호), 우리나라의 국적을 가진 사람을 총칭하는 법적 개념이다(허영, 2022:254). 이러한 국민은 국가를 구성하는 요소이며, 헌법 제정 권력의 주체로서 국가권력의 원천으로 국가의 근본 활동단위이다(차용호, 2015:33; 허영, 2022:730).

다음으로 '외국인'에 관한 개념은 법률의 특성에 따라 다르게 정의하고 있다. 우선 『출입국관리법』은 '대한민국 국적을 가지지 아니한 사람(제2조 제2호)'을 의미하고 있다. 『재한외국인 처우 기본법』은 '외국인'을 "재한외국인"으로 지칭하며, 그 의미를 '대한민국의 국적을 가지지 아니한 자로서 대한민국에 거주할 목적을 가지고 합법적으로 체류하고 있는 자(제2조 제1호)'로 규정하고 있다. 이렇듯 '국적'에 따라 국민과 외국인으로 구별되듯이 '외국국적 소지자', 장기체류가 합법적인 '영주자(F−5)', 어느 국가의 국적을 가지고 있지 않은 '무국적자' 등은 외국인이다. 이러한 외국인에게는 거주 국가의 모든 법령에 대한 자발적 복종 의무를 요구하되, 체류나 정착하는 동안 일시적으로 적용된다(D. Weissbrodt,

---

7) 헌재 2000.8.31. 97헌가12 결정에 따라 국적법정주의 적용을 20세 미만자로 확대하도록 2001.12.29. 국적법을 개정했다.

2003:323; 차용호, 2015:34).

　　외국인에 대한 개념을 정의한 다른 법률은 『선박 및 해상구조물에 대한 위해행위의 처벌 등에 관한 법률』 제2조 제6항, 『국제수형자이송법』 제2조 제5항, 『해양과학조사법』 제2조 제2항 가호, 『외국인투자 촉진법』 제2조 제1항, 『경제자유구역의 지정 및 운영에 관한 법률』 제2조 제3항 등 외국국적 또는 국민이 영주권을 가진 경우에도 외국인으로 정의하고 있다(차용호, 2015:35 – 36).

　　국민과 외국인에 관한 개념에서 살펴본바 외국인이란 용어는 법률 또는 판례 등에서 사용되나 '이민자'란 개념은 우리 현행법상 별도로 정의하지 않고 있다.

　　국제연합(UN)에서는 '국경을 넘어 국적국에서 다른 국가로 이동하여 거주지를 옮겨 3개월 이상 체류하고자 하는 자'라고 한다. 이러한 이민자를 체류지에서 체류할 기간에 따라 크게 두 가지로 나눌 수 있다. 3개월 이상 12개월 이내의 체류할 경우를 '단기체류이민자'라 하며, 3개월 미만의 체류자격을 가진 단순 방문자, 관광객, 친·인척 방문자 등은 이민자의 범위에 포함되지 않는다(차용호, 2015:31). 이와는 달리 12개월 이상 체류할 경우는 '장기체류이민자'라고 하며 장기체류이민자는 자신의 이주목적에 적합한 체류자격을 부여받고, 정주하거나 자신의 의도에 따라 영주, 귀화자격을 취득한 자로 세분화할 수 있다.

　　'이민자'와 유사한 개념에는 '이주자(移住者, migrant)' 또는 '이주민(移住民, emigrant, immigrant)'이 있다. 이주자는 외국으로 가는 이주민(emigrant)과 외국에서 들어오는 이주민(immigrant)을 포함하는 용어이다. '이주민'은 이민에 관한 법률에서 사용되는 공용어는 아니지만, 국내 여러 법령 등에서 국내에서 지역을 바꿔 이동하는 사람으로 명시한다(황필규, 2010:1; 차용호, 2015:36). 이 책에서 사용되는 '이민자'는 외국에서 들어오는 이주민(immigrant)을 의미한다.

　　따라서 '이민자'란 용어는 대한민국 국적을 취득하지 않은 외국인으로 관련 정책이나 다양한 프로그램의 대상, 즉 유학생, 결혼이민자와 그 자녀, 외국국적동포 등 포괄적으로 지칭하는 넓은 의미로 사용되고 있다.

2) 이민자의 유형

　　이민자의 유형에는 국내 체류 동포(외국국적동포 포함), 국제결혼을 통해 형성된 가족의 결혼이민자와 그 자녀(외국국적, 중도입국 자녀 포함), 외국인노동자, 유학생, 난민 등으로 구분할 수 있다(석동현 외, 2022:188 – 213).

　　첫째, 동포의 경우 국내 체류자와 재외동포로 구분할 수 있으며, 국내 체류 동포 중 가장 많은 분포를 보이는 중국 국적 동포와 러시아 등 구소련동포인 고려인뿐만 아니라 다양한 국적의 동포뿐만 아니라 해외에 거주하고 있는 재외동포가 있다.
둘째, 결혼이민자와 그 자녀다. 결혼이민자는 국민과의 국제결혼을 통해 가족이 된 자와 그들의 국내출생 또는 외국국적 자녀 등 중도입국 자녀를 포함한다.
셋째, 외국인노동자가 있다. 노동자의 경우 『출입국관리법』의 체류자격에 따라 노동력을 제공하고 임금을 받는 전문인력, 비전문인력, 주재원 등이며, 결혼이민자도 포함한다. 특히, 『외국인근로자의 고용 등에 관한 법률』이 제정되면서 대한민국의 국적을 가지지 아니한 외국인이 국내 기업 또는 사업장에서 임금을 목적으로 근로를 제공하고 있거나 제공하려는 자로 정의하고 있다(외국인고용법 제2조).
넷째, 유학생은 『고등교육법』 제34조의7(외국인 학생의 선발 등)에 따라 선발된다. 유학생은 학습활동 기간이 장기적이면서 교육받는 동안 언어, 습관 등 문화적 이해도가 높아지기에 향후 대한민국의 인적자원일 뿐만 아니라 지역사회 구성원으로서 성장할 수 있는 요소가 높아지고 있어 이들에 대한 유입은 가장 중요하다고 볼 수 있다.
다섯째, 난민은 이민자와 달리 별도의 법령에 따라 정의되고 있다. 즉, '인종, 종교, 국적, 특정 사회집단의 구성원인 신분 또는 정치적 견해를 이유로 박해를 받을 수 있다고 인정할 충분한 근거가 있는 공포로 인하여 국적국의 보호를 받을 수 없거나 보호받기를 원하지 아니하는 외국인 또는 그러한 공포로 인하여 대한민국에 입국하기 전에 거주한 국가(상주국)로 돌아갈 수 없거나 돌아가기를 원하지 아니하는 무국적자인 외국인(난민법 제2조 제1호)'을 의미한다. 2012년 제정된 난민법은 난민 지위를 인정받은 '난민'은 물론 '난민인정을 신청한 사람', '인도적체류자' 등이 해당한다.

이렇듯 외국인의 특성에 따라 개별법이 제정되어 있으나 넓은 의미에서 모두 이민자 유형에 포함할 수 있다. 각 이민자 유형에 대한 구체적인 법적 내용은 제Ⅱ부 개별 이민법에서 상세히 다루고 있으므로 관련 부분을 참조한다.

(2) 체류 활동 범위
이민자의 유형에 따른 체류 활동 범위는 다음과 같은 요건에 따라 구분할 수 있다. 외국인이 어떠한 목적을 갖고 국경을 넘어 국내에 체류하느냐, 즉 공적인 업무수행, 경제적 동기, 가족 구성 및 결합, 국가 간 문화예술 교류, 신변 보호 등에 따라 관광, 방문, 취업, 교육, 결혼, 투자, 문화교류, 가족결합, 영주 또는 국적취득, 인도적 차원의 수용 등으로 구분할 수 있다. 이로 인해 단기 또는 장기체류가 이루어지며, 활동상황에 따라 또는 대상에 따라 체류 기간도 다르게 적용된다.

체류 활동 범위는 부여받은 체류자격에 따른 해당 사람 또는 활동내용을 규정하고 있으며, 1회에 부여할 수 있는 체류 기간에 대해 상한을 두고 있으며, 구체적인 체류 활동 범위를 살펴보면 다음과 같다.

[표 2] 체류자격에 따른 활동범위 및 체류기간

체류자격	해당사람 또는 활동범위	체류기간
A 계열: 외교, 공무, 국가 간 협정에 따라 체류하는 사람		
A-1(외교)	대한민국 정부가 접수한 외국 정부의 외교사절단 또는 영사기관의 구성원, 조약 또는 국제관행에 따라 외교사절과 동등한 특권과 면제를 받은 자와 그 가족	재임기간
A-2(공무)	대한민국 정부가 승인한 외국 정부 또는 국제기구의 공무 수행자와 그 가족	공무수행기간
A-3(협정)	SOFA, Fulbright협정에 의하여 외국인등록이 면제되거나 이를 면제할 필요가 있다고 인정되는 자와 그 가족 - 활동 범위: 한국에서 강의·연구, 원어민 영어보조교사(ETA), 국제교육행정가 연수 등 지원	신분존속기간 협정상 체류기간
B 계열: 사증면제협정, 상호주의 등에 따라 입국이 허용된 사람		
B-1(사증면제)	대한민국과 사증면제협정을 체결한 국가의 국민으로 협정상의 체류 활동	3개월 이내 (연장 불가)
B-2(관광통과)	관광통과 등의 목적으로 사증 없이 입국하는 사람(법무부 장관이 그 대상을 정함)	
C 계열: 90일 이내 일시 체류목적으로 입국하는 사람		
C-1(일시취재)	일시적인 취재 또는 보도활동을 하는 사람	90일 이내 (연장 불가)
C-3(단기방문)	관광, 상용, 방문 등의 목적으로 단기간 체류하는 사람	
C-4(단기취업)	단기간 취업·영리활동을 하는 사람 - 활동 범위: 광고, 패션모델, 강의, 연구, 기술지도 등	
D 계열: 교육, 문화, 투자 관련 활동을 위해 체류하는 사람		
D-1(문화예술)	수익을 목적으로 하지 않는 학술, 문화·예술활동을 하는 사람 대한민국의 고유문화, 예술에 관한 전문연구 또는 전문가의 지도를 받으려는 사람 포함	2년 (연장 가능)
D-2(유학)	전문대학 이상의 교육기관 및 학술연구기관 등에서 정규 교육을 받거나 특정의 연구를 하고자 하는 사람 - 세부 약호: D21(전문학사과정 유학), D22(학사), D23(석사), D24(박사), D25(연구), D26(교환학생), D27(일·학습연계), D28(단기유학)	
D-3(기술연수)	국내 산업체에서 연수를 받으려는 해외 법인 생산직 근로자	
D-4(일반연수)	대학부설 어학원, 사설 교육기관 등에서 연수를 받는 사람	
D-5(취재)	국내에 주재하면서 취재 또는 보도활동을 하는 사람	
D-6(종교)	외국의 종교단체 등에서 파견되어 종교 활동을 하는 사람	
D-7(주재)	외국의 공공기관, 단체 또는 기업 등으로부터 국내 지점 등에 파견된 필수 인력	3년 (연장 가능)

D-8(기업투자)	『외국인투자 촉진법』에 따른 외투기업의 필수전문인력 및 벤처기업·기술창업자	5년 (연장 가능)	
D-9(무역경영)	회사설립 및 경영, 무역 또는 수입기계 등의 설치·산업설비 제작 등을 위해 파견되어 근무하는 사람	2년 (연장 가능)	
D-10(구직)	취업을 위한 구직활동, 기술창업 준비 또는 요건을 갖춘 기업에서 첨단기술 분야 인턴활동을 하는 사람	6개월 (첨단기술인턴: 1년)(연장 가능)	
E 계열: 전문분야, 비전문분야 취업 활동을 위해 체류하는 사람			
E-1(교수)	전문대학 이상의 교육기관 등에서 교육 등에 근무하는 사람	5년	연장 가능
E-2(회화)	외국어전문학원 등에서 회화지도에 근무하는 사람	2년	
E-3(연구)	자연과학 또는 산업상 고도기술 분야의 연구원	5년	
E-4(기술지도)	산업상 특수한 분야 등에 속하는 기술을 보유한 사람		
E-5(전문직업)	법률, 회계, 의료 등 전문분야에 근무하는 사람		
E-6(예술흥행)	수익을 목적으로 예술활동, 연예, 운동경기 등 활동을 하는 사람	2년	
E-7(특정활동)	특정분야에서 전문, 준전문, 일반기능, 숙련기능인력으로 근무하는 사람	3년	
E-8(계절근로)	농작물 재배·수확 및 원시 가공 분야, 수산물 원시 가공 분야에서 취업 활동을 하려는 사람	8월	연장 불가
E-9(비전문취업)	『외국인근로자의 고용 등에 관한 법률』에 따라 16개 송출국가 국민으로서 제조업, 농축산업, 어업, 건설업, 서비스업 등 단순노무분야에서 근무하는 사람	3년	연장 가능
E-10(선원취업)	선원근로계약을 체결하여 내항선원 등으로 근무하는 사람		
H-2(방문취업)	18세 이상 7개 국적의 동포(중국, 우즈베키스탄, 키르기스스탄, 카자흐스탄, 우크라이나, 타지키스탄, 투르크메니스탄)로서 모국 방문 또는 46개 업종에 취업하려는 사람		
F 계열: 가족동반, 거주, 동포, 영주, 결혼이민 자격으로 체류하는 사람			
F-1(방문동거)	친척방문, 가족 동거 등의 목적으로 체류하는 사람	2년 (취업 불가)	
F-2(거주)	생활근거가 국내에 있는 장기체류자, 난민인정자 또는 일정요건을 갖춘 투자자	5년 (취업 일부제한)	
F-3(동반)	문화예술(D-1)부터 특정활동(E-7) 자격까지의 배우자 또는 미성년자녀	동반기간 (취업 불가)	
F-4(재외동포)	『재외동포법』 제2조 제2호에 해당하는 외국국적동포	3년 (단순 노무 불가)	
F-5(영주)	국내 영주할 목적으로 체류 중인 사람으로 국민에 준하는 대우를 받음	영구 (취업제한 없음)	
F-6(결혼)	대한민국 국민과 혼인한 사람	3년 (취업제한 없음)	
기타: 협정에 의한 취업, 인도적 사유로 체류하는 사람			
H-1(관광취업)	관광취업(working holiday) 협정 등이 체결된 국가의 국민	협정상 기간 (연장 불가)	
G-1(기타)	산재, 질병·사고 치료, 임신·출산, 난민신청자 등 인도적 고려가 필요한 사람	1년 (연장 가능)	

자료: 법무부 출입국외국인정책본부(2022), '비자 내비게이터', pp.5-7.

위에서 보듯 체류계열의 특성을 바탕으로 체류자격을 세분화하여 대상과 상황에 따른 체류 활동의 범위와 체류 기간을 규정하고 있다.

2. 이민법의 이해관계

이민법의 대상이 되는 외국인은 국경을 초월하는 그 자체가 개인적인 사건이었으나 오늘날 정치·경제·사회문화적 조건에 따라 일어나는 국제적인 현상과 밀접한 관련성을 갖는다. 이에 따라 단순한 국경관리에 따른 체류질서 유지를 넘어 이민자를 수용하는 사회통합의 영역까지 확대되고 있다. 이는 단순히 이민자를 수용하는 사회의 소극적인 측면 보다 이들의 인권보호, 사회적 차별금지, 법질서 준수 및 국민과의 공존과 경제·문화적 국익증대 등 사회통합을 통한 적극적인 측면을 기대하게 된다.

이러한 이해관계를 국내 이민 현상뿐만 아니라 국제관계를 고려하여 세계화, 지구촌이라는 관점에서 보아야 할 것이다. 즉, 유입되는 이민자에 대해 '머무를 것인가(Stay), 또는(or) 돌아갈 것인가(Leave)'란 관점에서 이민자에 대한 전반적인 사회통합을 국민과 함께 확대되어야 한다는 것을 의미한다. 이민법을 둘러싼 이해관계의 환경은 [그림 1]과 같이 나타낼 수 있다.

[그림 1] 이민법을 둘러싼 이해관계 환경

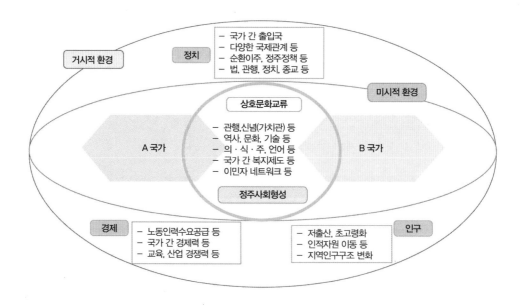

V. 이민자의 법적 지위 및 기본권

1. 이민자의 법적 지위

우리나라는 외국인의 지위를 『헌법』에 명시하고 있다. 즉, '헌법에 따라 체결·공포된 조약과 일반적으로 승인된 국제법규는 국내법과 같은 효력을 가진다(헌법 제6조 제1항).'에 따라 모든 외국인은 특정 국가로부터 입국하게 되면 우리나라의 법적 범위 내 지위를 가지게 된다. 이는 외국인의 법적 지위가 국제법과 조약에 따라 보장된다고 할 수 있다. 그러나 외국인에 관한 구체적인 범주가 명시되어야 하고, 외국인의 지위를 어디서부터 어디까지 부여해야 하는지에 대한 논의가 필요하다. 『헌법』을 근거로 제정된 개별 이민법은 체류 상황과 유형에 따라 국제규범에 따른 지위를 인정하고 있으므로 국내에서의 법적용과 법해석에서도 법의 초국가화 경향에 따라야 할 것이다(박진완, 2008:9-10).

이러한 논조를 바탕으로 『헌법』 제6조 제1항의 규정 내용을 살펴보면, 이민자의 법적 지위에 관한 판단에 있어 재판규범이 될 수 있으며, 국제법에 대한 존중주의를 내포하고 있다. 그러나 조약이나 국제법규가 국내법에 우선하는 것은 아니라는 것을 아래 판례를 통해 알 수 있다(신우철, 2003:88).

> [헌재 2001.4.26. 99헌가13]
> "시민적·정치적 권리에 관한 국제규약 제11조의 국내법적 효력이 문제가 된 사건에서 국제법 존중주의는 조약이나 국제법규가 국내법(헌법·법률)에 우선한다는 의미는 아니다."

> [대법원 2005.5.13. 2005초기189]
> "헌법 제6조 제1항의 국제법 존중주의는 우리나라가 가입한 조약과 일반적으로 승인된 국제법규가 국내법과 같은 효력을 가진다는 것으로서 조약이나 국제법규가 국내법에 우선한다는 것이 아닐뿐더러, -중략- 국제법 존중주의에 입각한다 하더라도 시민적 및 정치적 권리에 관한 국제규약 제11조의 규정에 배치되는 것이 아니므로 부정수표단속법 제2조 제2항의 규정이 헌법 제6조 제1항의 국제법 존중주의에 위반된다고 할 수 없다."

또한, 『헌법』 제6조 제2항 '외국인은 국제법과 조약이 정하는 바에 의하여 그 지위가 보장된다.'에 관해 국가 상호주의에 따른 국제적 인권 기준에 관해 보편화와 표준화가 진행되고 있으므로 이민자의 법적용과 균형 있는 법적 지위에 대한 해석이 있어야 할 것이다(황근수, 2009:210; 김환학, 2015:46-47).

2. 이민자에게 인정되는 기본권

이민자에게 인정되는 기본권을 우리는 『헌법』 제2장(국민의 권리와 의무)에서 살펴볼 수 있다. 제2장(국민의 권리와 의무)에서는 기본권을 '국민'이 가질 수 있는 당연한 권리로 규정하고 있지만, 외국인 또한 기본권의 주체가 될 수 있으며, '인간의 권리' 범위 내에서 인정되므로 국내 체류자격과 관계없이 개별적인 주체성에서 결정된다고 할 수 있다(정종섭, 2014:324; 성낙인, 2015:341, 915; 최윤철, 2015:48; 한수웅, 2015:388). 기본권에 관련한 헌법 판례는 [헌재 2001.11.29. 99헌마494: 평등원칙을 근거로 한 관련 규정], [헌재 2007.8.30. 2004헌마670: 자유권적 기본권보장과 밀접한 관련을 가지는 사회권], [헌재 2011.9.29. 2007헌마1083: 외국인근로자의 고용 등에 관한 법률 제25조 제4항], [헌재 2012.8.23. 2008헌마430: 긴급보호 및 보호명령 집행행위 등], [헌재 2014.8.28. 2013헌마359: 의료법 제27조 등] 등에서 살펴볼 수 있다. 이처럼 헌법상 외국인의 기본권은 '인간의 존엄과 행복추구권', '평등권', '사회권', '정치권', '청구권' 등 다섯 가지로 구분할 수 있다.

(1) 인간의 존엄과 행복추구권

'인간의 존엄성과 행복추구권'에 관해 『대한민국헌법』 제2장(국민의 권리와 의무) 제10조에서는 '모든 국민은 인간으로서 존엄과 가치를 가지며 행복을 추구할 권리를 가진다.'고 규정하고 있으며, '국가는 개인이 가지는 불가침의 기본적 인권을 확인하고 이를 보장할 의무를 진다.'라고 명시하고 있다. 이러한 법문을 바탕으로 헌법재판소에서도 모든 인간에게 해당하는 가치이며 권리로서 외국인도 이에 따른 주체가 될 수 있다고 보아야 함을 밝히고 있다(이철우 외, 2015:50). 이는 국민과 외국인을 구별하지 않고 인간이면 모두에게 보장되는 권리인 '인간의 존엄성', '행복추구권', '교육권', '생명권', '신체의 자유', '문화예술 등 표현의 자유' 등 대부분 인권적 측면에서 자유권에 대한 실정법 형태인 것을 확인한 것이다(한수웅, 2015:390). 대표적인 자유권으로는 '신체의 자유', '구제청구권', '거주이전의 자유', '직업선택의 자유', '재산권' 등 이해가 쉽도록 판례를 통해 살펴보고자 한다.

우선, '신체의 자유'의 경우 미등록외국인(이하, 불법체류자8))에 관한 판례를 들 수 있다. 출입국관리법이 정하고 있는 불법체류외국인에 대한 긴급보호 및 보호명령은 적법절차에 위반되지 않는다는 반면에, 재판관의 반대의견도 있다(이철우 외 김환학분, 2015: 50-51).

---

8) 불법체류자란 용어에 대해 우리는 법과 관련성이 깊은 부처는 '불법체류자'로, 인권과 관련성이 깊은 부처는 '미등록외국인' 등으로 불리고 있으나, 이 책에서는 법을 기반으로 다루고 있으므로 경우에 따라 '불법체류자', '불법체류외국인'이란 용어를 사용한다.

　　"적법절차 원칙에서 도출되는 가장 중요한 절차적 요청 중의 하나가, 당사자에게 적절한 고지를 행할 것과 당사자에게 의견 및 자료 제출의 기회를 부여하는 것인데, 구체적으로 어떠한 절차가 어느 정도로 필요한지는 규율되는 사항의 성질, 관련 당사자의 사익, 절차의 이행으로 제고될 가치, 국가작용의 효율성, 절차에 소요되는 비용, 불복의 기회 등 다양한 요소들을 형량하여 개별적으로 판단하여야 한다. 불법체류외국인에 대한 강제퇴거의 집행은 국외로의 강제추방을 의미하는 것으로, 그로 인해 강제퇴거의 대상자는 일거에 국내에 있는 모든 인적, 물적 관계로부터 단절되고 생활의 기반을 상실하게 된다. 그리고 국내에 체류하였던 기간이 길면 길수록 강제퇴거가 그 대상자에게 미치는 충격과 불이익은 커질 수밖에 없다. 그러므로 구체적인 사정에 따라서는 비록 불법체류자로서 강제퇴거의 대상자라고 하더라도 강제퇴거의 집행을 정지하거나 상당기간 그 집행을 유예할 필요가 있는 경우도 있을 수 있다. 출입국관리법이 강제퇴거명령을 받고 출국한 자에 대해 출입국관리법이 강제퇴거명령을 받고 출국한 자에 대해 5년 동안 입국을 금지하고 있다는 점을 고려하면(제11조 제1항 제6호) 더욱 그러하다. 이러한 점에서 강제퇴거의 집행에 있어서는 그 대상자가 자신의 현재 상황과 강제퇴거로 인해 발생할 문제들에 관하여 구체적으로 의견을 진술하고 자료를 제출할 청문의 기회가 실질적이고도 충분히 보장되어야 한다(재판관 송두환, 이정미 의견)."

　　'신체의 자유'의 다른 하나는 '인신보호'에 관한 사례이다. 헌법재판소는 출입국관리법상 외국인의 강제퇴거 사유에 관해 형사절차상의 인신구속 또는 행정상의 인신구속과는 목적과 성격이 다르다는 점에서 출입국관리법에 따라 보호된 자들에 대한 신체의 자유를 침해하지 않는다고 보았다(이철우 외 김환학분, 2015:51).

　　"출입국관리법상 보호에 대하여 행정소송을 통한 구제의 길이 열려 있어 전반적인 법체계를 통하여 당사자가 체포·구속의 당부를 사법부에 의해 판단받을 수 있는 기회가 보장되어 있고, 출입국관리법이 보호의 목적상 한계 및 시간적 한계를 준수하기 위한 엄격한 행정소송이나 집행정지신청이 가지고 있는 한계를 충분히 보완하고 있으며, 이러한 입법자의 판단이 현저하게 자의적이라거나 재량범위를 벗어난 것이라고 볼 수도 없는 이상, 심판대상조항이 헌법 제12조 제6항의 요청을 외면한 것으로서 신체의 자유를 침해하는 것이라고 할 수 없다."

　　인신보호와 관련해서 난민신청을 한 외국인의 사례는 난민신청을 한 외국인이 공항에서 입국허가가 불허된 후 공항 내 송환대기실에서 머무르면서 구제청구권을 행사한 사례이다. 즉, '신체의 자유'는 인간의 권리이며, 대한민국 영토 내에 있는 외국인 역시 '국민으로서 주체성이 명시된 신체의 자유에 대해 주체가 된다고 봄이 타당하다.'는 결정을 하였다. 이는 『헌법』을 바탕으로 『인신보호법』이 제정되었으므로 인신보호법상 구제청구권이 외국인에 대해 배제된다고 볼 헌법상 아무런 근거가 없고 헌법에 근거한 인신보호법의 해석·적용에 있어 외국인을 배제하는 것은 위헌적 해석이라고 하였다(이철우 외 김환학분, 2015:52).

[인천지방법원 2014.4.30. 2014인라4]
"인천공항에서 난민인정을 신청한 수단 국적 외국인이 출입국관리법에 따른 입국불허처분이 있은 뒤 공항 내 송환대기실로 인도되어 난민인정심사불회부결정 취소소송을 제기하였음에도 약 5개월간 외부로 출입이 금지된 상태로 머무르게 되자 인천공항출입국관리사무소 및 인천공항 항공사운영협의회를 상대로 인신보호법상 구제청구를 한 사안에서, 청구인은 인신보호법에 따른 구제청구권을 가지고, 수용자들의 청구인에 대한 계속적인 수용은 위법하다는 이유로 수용자들에 대하여 청구인의 수용을 즉시 해제할 것을 명하기로 한 인신보호법 제13조 제1항 사례"

두 번째로 '거주이전의 자유'에 관한 것이다. 외국인의 자유권 중에서 외국인은 입국허가를 받아서 입국할 수 있으며, 일정 기간, 즉 91일 이상 체류하는 경우는 반드시 외국인등록을 통해 등록증을 발급받아야 하며, 체류지를 이동·변경할 경우 반드시 전입신고를 하여야 한다. 이를 두고 거주이전의 자유가 인정되지 않는다고 보는데, 국민도 국내에서 거주지를 이동할 경우 전입신고를 하게 되어 있다. 국경을 넘어온 상황임을 고려한다면 체류자격을 부여받고 그에 따른 체류 기간에 적법하고 안전한 활동 후 순환 귀국을 원칙으로 하며, 불법적 체류에 대한 것은 엄격하게 제한되고 있다.

[헌재 2008.6.26. 2007헌마1366(여권의 사용제한 등에 관한 고시 위헌확인)]
"아프가니스탄 등 전쟁 또는 테러위험이 있는 해외 위난지역에서 여권사용을 제한하거나 방문 또는 체류를 금지한 외교통상부 고시가 청구인들의 거주·이전의 자유를 침해하는 것인지에 대해: -중략- 헌법 제14조 제1항은 "모든 국민은 거주·이전의 자유를 가진다."고 규정하고 있고, 이러한 거주·이전의 자유에는 국내에서의 거주·이전의 자유뿐 아니라 국외 이주의 자유, 해외여행의 자유 및 귀국의 자유가 포함되는바, 아프가니스탄 등 일정한 국가로의 이주, 해외여행 등을 제한하는 이 사건 고시로 인하여 청구인들의 거주·이전의 자유가 일부 제한된 점은 인정된다."

제
Ⅰ
부

이
민
법
개
론

[헌재 2014.6.26. 2011헌마502(국적법 제10조 제1항 등 위헌확인)]

　　"대한민국 국민이 자진하여 외국국적을 취득한 경우 대한민국 국적을 상실하도록 한 국적법(2008. 3. 14. 법률 제8892호로 개정된 것) 제15조 제1항이 과잉금지원칙에 위배되어 청구인의 거주·이전의 자유 및 행복추구권을 침해하는지 여부(소극)에 대해: 국적에 관한 사항은 당해 국가가 역사적 전통과 정치·경제·사회·문화 등 제반사정을 고려하여 결정할 문제인바, 자발적으로 외국국적을 취득한 자에게 대한민국 국적도 함께 보유할 수 있게 허용한다면, 출입국·체류관리가 어려워질 수 있고, 각 나라에서 권리만 행사하고 병역·납세와 같은 의무는 기피하는 등 복수국적을 악용할 우려가 있으며, 복수국적자로 인하여 외교적 보호권이 중첩되는 등의 문제가 발생할 여지도 있다. 한편, 국적법은 예외적으로 복수국적을 허용함과 동시에, 대한민국 국민이었던 외국인에 대해서는 국적회복허가라는 별도의 용이한 절차를 통해 국적을 회복시켜주는 조항들을 두고 있다. 따라서 국적법 제15조 제1항이 대한민국 국민인 청구인의 거주·이전의 자유 및 행복추구권을 침해한다고 볼 수 없다."

　　세 번째는 '직업선택의 자유'에 대한 것이다. 직업선택의 경우 인간의 존엄 및 행복추구권과 깊은 관련성이 있는 가장 기본적인 권리이지만 외국인에게는 제한적으로나마 인정된다(이철우 외 김환학분, 2015:52-53). 이는 외국인은 자신의 노동력을 합법적으로 취업하여 제공할 수 있으며, 노동조합설립은 가능하지만, 정치적인 목적의 집회·결사의 자유는 원칙적으로 인정되지 않는다.

[헌재 2011.9.29. 2007헌마1083(외국인근로자의 고용 등에 관한 법률 제25조 제4항 위헌확인 등, 기각)]

　　"직업의 자유 중 이 사건에서 문제되는 직장선택의 자유는 인간의 존엄과 가치 및 행복추구권과도 밀접한 관련을 가지는 만큼 단순히 국민의 권리가 아닌 인간의 권리로 보아야 할 것이므로 외국인도 제한적으로라도 직장선택의 자유를 향유할 수 있다고 보아야 한다. 청구인들이 이미 적법하게 고용허가를 받아 적법하게 우리나라에 입국하여 우리나라에서 일정한 생활관계를 형성, 유지하는 등, 우리 사회에서 정당한 노동인력으로서의 지위를 부여받은 상황임을 전제로 하는 이상, 이 사건 청구인들에게 직장선택의 자유에 대한 기본권 주체성을 인정할 수 있다 할 것이다."

　　이러한 판례는 직업의 자유가 국가의 경제 상황과 노동시장의 수요공급 및 국가자격제도 정책에 따라 법률로써 제한할 수 있는 국민의 권리에 해당한다는 결정하고 있다(이철우 외 김환학분, 2015:52). 이는 외국인의 직업선택의 자유는 제한적으로 허용되는 것이지 헌법상 기본권에서 유래된 게 아니라고 명시하고 있다.

[헌재 2014.4.28. 2013헌마359(의료법 제27조 등 위헌확인)]

"직업의 자유는 국가자격제도정책과 국가의 경제상황에 따라 법률에 의하여 제한할 수 있는 국민의 권리에 해당된다. 국가정책에 따라 정부의 허가를 받은 외국인은 정부가 허가한 범위 내에서 소득활동을 할 수 있는 것이므로, 외국인이 국내에서 누리는 직업의 자유는 법률에 따른 정부의 허가에 의해 비로소 발생하는 권리이다. —후략—"

네 번째는 재산을 보유할 수 있는 자유, 즉 '재산권'에 관한 것이다. 『외국인투자 촉진법(외국인투자법)』에 따라 외국인이 국내에서 주택구입, 기업설립 및 참여, 주식거래, 지식재산권, 산업재산권 등 다양한 재산권을 행사할 수 있다. 이 법은 외국인의 투자를 보호 등(제3조), 외국인투자의 자유화 등(제4조)을 위해 외국인투자 촉진시책의 수립 등(제4조의2)을 통해 다양한 방법으로 지원·관리한다. 이는 국민의 재산권이 인정되고 그 권한의 행사에 있어서 사회적, 법적 제한이 있듯이 외국인 역시 재산권 행사에 있어 법률에 따른 제한이 있다.

(2) 평등권(平等權)

국제법에서의 평등권은 각 국가가 차별 없이 평등한 권리와 의무에 대한 권리라고 한다. 『헌법』 제11조는 '모든 국민은 법 앞에 평등하다. 누구든지 성별·종교 또는 사회적 신분에 의하여 정치적·경제적·사회적·문화적 생활의 모든 영역에 있어서 차별을 받지 아니한다(제1항).'는 차별금지조항을 두고 있으나 국적에 대해 구체적인 표현은 있지 않다. 『외국인근로자의 고용 등에 관한 법률』에 의거 인력정책의 집행 시 국민의 노동자 우선 고용규정이 외국인의 직업선택에서 차별과 불평등논쟁에 대해 다음과 같은 판례는 평등권을 침해했다고 볼 수 없다고 하였다(이철우 외 김환학분, 2015:54).

[헌재 2014.8.28. 2013헌마359(의료법 제27조 등 위헌확인)]

"직업의 자유는 국가자격제도정책과 국가의 경제 상황에 따라 법률에 의해 제한할 수 있는 국민의 권리에 해당한다. 국가정책에 따라 정부의 허가를 받은 외국인은 정부가 허가한 범위 내에서 소득활동을 할 수 있는 것이므로, 외국인이 국내에서 누리는 직업의 자유는 법률에 따른 정부의 허가에 의해 비로소 발생하는 권리이다. 따라서 외국인인 청구인에게는 그 기본권 주체성이 인정되지 아니하며, 자격제도 자체를 다툴 수 있는 기본권 주체성이 인정되지 아니하는 이상 국가자격제도에 관련된 평등권에 관하여 따로 기본권 주체성을 인정할 수 없다."

그러나 헌법의 원론적인 평등권에는 침해가 없지만, 국민과 외국인의 노동력제공은 근로기준법에 따라 대우하고 있다. 단순히 외국인이라는 이유로 노동현장에서 임금체계,

근무환경 등에서의 차별과 불평등이 발생한다면 이는 평등권을 근거로 헌법소원을 통해 다툴 여지가 있다.

(3) 사회권(社會權)

국민의 사회권이라고 하는 것은 국가에서 생활하는 데 필요한 사회적 보장정책을 요구할 수 있는 권리를 의미하며, 건강하게 생활할 권리(헌법 제10조), 교육받을 권리(헌법 제31조), 노동을 제공(헌법 제32조)하거나 단결할 권리(헌법 제33조) 등이 있다. 사회권은 자국 내에서 의무와 권리를 행사하는 국민이 그 주체가 될 수 있으며, 주체가 되는 국민을 대상으로 국가가 사회적 기본권에 관하여 적극적인 실천 의지를 통해 사회권의 실현이 가능하다.

사회권의 실현은 해당 사회공동체의 구성원 개개인이 어느 정도의 부담을 전제하고 있다는 점이다(전광석, 2010:114). 그렇다면 이주하여 온 사람, 즉 체류국의 사회공동체에 새롭게 유입된 외국인도 사회권에 주체가 될 수 있는가? 이 질문에 대해 '그렇다', '아니다'로 답하기에는 매우 어려운 점이 있다. 왜냐하면, 귀화자의 경우 새로이 대한민국의 국민이 된 자로서 당연히 사회권의 주체가 되지만 영주자의 경우 장기체류를 통해 지역사회 구성원으로서 역할과 기능을 하기 때문이다. 헌법에서는 사회권에 관해 주체자, 즉 국민에 대한 기본적인 권리와 의무의 방향은 정하였으나, 국민 외 외국인에 관한 내용뿐만 아니라 사회권의 실천방법을 구체적으로 제시하지 못하고 있으며, 사회권의 실현은 입법자에게 있다는 점을 알 수 있다(이철우 외 김환학분, 2015:55).

판례나 학설은 사회권에 관해 인간의 존엄성을 바탕으로 인간다운 삶에 직접적이고 실현 가능한 경우에는 외국인도 사회권의 주체가 될 수 있다고 인정하고 있다(이철우 외 김환학분, 2015:55; 한수웅, 2015:391). 이 점에서 외국인, 즉 이민자가 지역사회 공동체의 구성원으로서 국민과 같이 사회적 부담을 전제하고, 입법을 통해 사회적 기본권의 적용 범위를 외국인의 개별 특성에 따라 구체화할 수 있다면 사회권의 주체가 될 수 있다고 본다. 이는 사회권의 실현을 위해서는 입법자의 입법 추진을 통해서 가능하다는 특징이 있기 때문이다.

(4) 정치권(政治權)

이민자의 정치적 권리라는 것은 투표할 수 있는 권리 또는 공직을 수행할 수 있는 권리로서 정부의 정책수립과 집행에 직·간접적으로 참여할 수 있는 권한을 의미하며, 선거권(투표할 권리), 피선거권(선거에서 선출될 권리) 및 공무담임권(정부 기관에서 특정 기능을 수행할 권리), 병역 참여 등 국민주권의 원리에 의해 국민에게 유보되는 기본권을 말한다. 이러한 정치적 권리를 헌법은 외국인, 즉 이민자에게는 인정하지 않고 있으며, 정당가입 및 설립도 이민자에게는 인정되지 않는다. 이와 관련된 구체적인 내용은 국제법규 및 하위 법률 등에 위임하고 있다.

구체적으로 살펴보면, 『출입국관리법』은 '대한민국에 체류하는 외국인은 이 법 또는 다른 법률에서 정하는 경우를 제외하고는 정치 활동을 해서는 안 된다(제17조 제2항).'라고 하였으며, 『정당법』에서도 정당 활동 금지를 위해 '대한민국 국민이 아닌 자는 당원이 될 수 없다(제22조 제2항).'라고 규정하고 있다.

『공직선거법』에 따르면 출입국관리법 제10조에 따른 영주자격 취득일 후 3년이 경과 한 외국인으로서 같은 법 제34조에 따라 해당 지방자치단체의 외국인등록대장에 올라 있는 외국인은 그 지역에서 지방자치단체의 의회의원 및 장에 대한 선거권을 부여하고 있다(제15조 제2항 제3호). 또한, 이민자는 국가안보와 국익과 관련된 보안·기밀 분야를 제외하고는 각 기관에서 국가공무원 또는 지방공무원에 임용될 수 있으나, 복수국적자의 경우 외교 및 국가 간 이해관계와 관련된 정책 수립 및 집행 등의 영역에서는 임용이 제한될 수 있다.[9]

(5) 청구권(請求權)

청구권이란 특정한 대상에 대하여 일정한 행위를 요구할 수 있는 권리를 의미하며, 어떠한 권리나 의무가 발생하였거나 변경, 소멸 또는 내용, 범위 등 실체적인 권리를 실현 하기 위한 권리로서 반드시 보장되어야 한다. 실체적인 권리를 실현하기 위한 법률관계를 규정하기 위해서는 적법절차에 따른 각종 기본권, 재판을 받을 권리, 변호인을 선정하여 조력을 받을 권리, 청원권 등 헌법, 민법, 형법, 상법 등을 통해 이민자에게도 구체적이고 실체적인 내용이 인정된다(이철우 외 김환학분, 2015:56; 한수웅, 2015:387). 이러한 청구권이 있음에도 불구하고 헌법재판소는 불법체류자들이 강제퇴거명령에 대한 취소소송과 집행 정지신청에 관해 서울출입국관리소장의 강제퇴거명령을 집행한 것에 대해 재판청구권과 변호인의 조력을 받을 권리를 침해하지 않았다는 결정을 한 판례를 살펴보면 다음과 같다(이철우 외 김환학분, 2015:57).

[헌재 2012.8.23. 2008헌마430(긴급보호 및 보호명령 집행행위 등 위헌확인, 기각)]
"청구인들이 침해받았다고 주장하고 있는 신체의 자유, 주거의 자유, 변호인의 조력을 받을 권리, 재판청구권 등은 성질상 인간의 권리에 해당한다고 볼 수 있으므로, 위 기본권들에 관하여는 청구인들의 기본권 주체성이 인정된다. 헌법 제12조 제4항 본문은 '누구든지 체포 또는 구속을 당한 때에는 즉시 변호인의 조력을 받을 권리를 가진다.'라고 규정하고 있는바, 이

---

9) 『국가공무원법』 제26조의3 제1항 각호, 『지방공무원법』 제25조의2 제2항 각호 참조.

와 같은 변호인의 조력을 받을 권리는 형사절차에서 피의자 또는 피고인의 방어권 보장을 위한 것으로서 출입국관리법상 보호 또는 강제퇴거의 절차에도 적용된다고 보기는 어렵다. 다만 출입국관리법은 출입국관리공무원이 강제퇴거 대상 용의자를 보호한 때에는 국내에 있는 그의 법적대리인 · 배우자 · 직계존속 · 형제자매 · 가족 · 변호인 또는 용의자가 지정하는 자에게 3일 이내에 보호의 일시 · 장소 및 이유를 서면으로 통지하여야 한다고 규정하고 있으므로 (법 제54조 본문), 출입국관리공무원에게는 출입국관리법에 의한 '변호인에 대한 통지의무'가 있다. 그런데 청구인들이 제출한 자료에 의하더라도(강제퇴거명령 · 보호에 대한 이의신청서), 청구인들이 2008.5.2. 긴급보호 된 후 바로 다음날인 2008.5.3. 변호사 장서연과 접견한 사실이 인정되는바, 이에 비추어 볼 때, 피청구인이 출입국관리법에 의한 '변호인에 대한 통지의무'를 위반하였다고 볼 수 없다."

이와는 달리 난민의 경우 『난민협약』과 『난민법』에 따라 난민지위를 인정받기 위해 변호사를 선임하여 조력을 받을 권리, 통역인을 요청할 수 있는 권리, 난민 면접조서의 열람과 복사의 권리 등 난민 또는 난민신청자에게 인정되는 청구권이 있다. 난민에 관한 구체적인 내용은 제Ⅱ부 개별 이민법의 제9장 난민법을 참조하기 바란다.

제2절 이민법의 형성과 시대적 전개

이민과 관련한 법은 자본과 사람의 이동을 통해 국가 간의 탈경계 현상이 두드러지면서 초국가화가 형성되어 왔다. 한국은 1980년대 이후 경제발전과 국제관계의 변화에 따른 외국인의 급속한 유입 현상에 따라 실정법인 외국인의 출입국관리법 이외에 결혼이민자, 외국인근로자, 동포 유입, 난민 등 대상과 이주목적에 따라 개별법이 제정되었다.

초창기 외국인의 국내 체류질서를 위한 법이었다면 최근에는 외국인과 국민, 즉 지역민과의 사회통합에 초점을 둔 법으로 전개되고 있다. 또한, 외국인에 관한 다양한 이해관계에 있어 국민과의 연계성을 고려한 상호보완적인 관점에서 상생과 공존 및 인권의 개념이 강조된 법의 변화가 요구되고 있다. 이러한 이민법의 변화는 손님으로서의 외국인이 아닌 미래지향적 정주인 또는 잠재적 국민으로 편입될 수 있는 외국인이라는 점에서 급변하는 국제이주 사회에서 탄력적인 실정법이 필요하다는 것을 이해할 수 있다.

Ⅰ. 이민법의 형성

우리나라의 급속한 경제성장은 국제사회에서의 관계변화에도 영향을 미쳤다. 국내

산업구조가 변화하면서 인력의 수요공급에 따른 외국인의 유입은 급격히 증가하고 이들의 체류 기간도 장기화하였다. 이에 따른 외국인에 대한 미래지향적 관점에서 상황과 대상에 관한 적합한 이민법의 마련은 중요시 여겨졌다. 급변하고 돌발적인 이민현상에 대응하기 위한 법의 영역으로는 외국인의 입국과 출국, 체류자격에 따른 정주 및 영주 그리고 귀화와 국적취득 등이다. 이를 바탕으로 외국인과 국민 및 지역민과의 사회통합 또한 법의 영역에 포함된다.

1948년에 제정된 국민과 외국인을 구분하는 『국적법』과 1963년에 제정된 외국인에 대한 국가권력을 정한 『출입국관리법』이 우리나라의 이민법 형성의 근간이 된다고 할 수 있다. 더불어 역사적 배경과 사회·경제적 필요성에 따라 형성된 법률로는 1997년에 제정된 『북한이탈주민의 보호 및 정착지원에 관한 법(약칭, 북한이탈주민법)』, 1999년에 제정된 『재외동포의 출입국과 법적 지위에 관한 법률(약칭, 재외동포법)』, 2004년 『외국인근로자의 고용 등에 관한 법률(약칭, 외국인고용법)』, 2007년 『재한외국인 처우 기본법(약칭, 외국인처우법)』, 2008년 『다문화가족지원법(약칭, 다문화가족법)』 등이 있다. 또한, 국제적 위상에 걸맞도록 국제인권에 대한 책임분담을 위해 2013년 『난민법』을 제정하였다. 최근 2023년 5월 9일에 제정된 『재외동포기본법』은 재외동포청이 설립되면서 기능적, 체계적, 종합적으로 재외동포정책을 추진할 수 있도록 법조문이 구성되었으며, 2023년 11월 10일에 시행되었다. 기존의 여러 법률에서 외국인(이민자)의 지위를 특별히 규정하거나, 일정한 자격 또는 투자에 대한 요건을 제시하거나, 국제사회 이주환경의 변화에 따라 또는 외국인(이민자)의 국내 장기체류로 발생 되는 다양한 현상에 따라 법조문이 새로이 형성되거나, 개정된다. 이렇듯 법은 살아 움직이는 유기체라 할 수 있다.

Ⅱ. 대한민국 이민법의 시대적 전개

1. 이승만·윤보선 정부: 1948~1962년

1948년 대한민국 정부 수립을 국내·외에 선포할 당시 외국인의 출입국과 등록업무는 외무부 의전과에서 관장하였다. 이 시대에는 국내외적 출입국이 가능한 대상, 즉 여권 발급은 정부관계자, 외교관 등 지극히 한정되었던 시기이며, 외무부 공무원이 주재하지 않은 항구에서는 세관공무원이 출입국관리 업무를 대행하였다. 이후 1948년 7월 17일 『헌법』이 제정된 이후 대한민국 국민의 요건은 법률에 위임하였으며,[10] 이에 따라 『국적

---

10) 법률에 위임하는 것을 '국적법정주의' 또는 '국적법률주의'라고 하며, 법에 따라 정책과 제도 따위를 만들거나 시행해야 한다는 원칙에서 따라 국적에 관해 법으로 제정하여 법률적 효력을 부여하고 그 근거에 따라야 하는 것을 말한다.

법』이 제정되어 국민이 되는 요건에 대해 이민법적 관점에서 다양한 유형을 제시하고 있다. 1949년 11월 17일 최초로 단일 이민법률인『외국인의 입국·출국과 등록에 관한 법률』이 제정되어 공포되었고, 1950년에 대통령령 제285호로 동법시행령이 공포되었다. 이 법률은 외국인의 출입국관리 업무와 체류 절차를 규정한 것이며, 당시 국민의 출입국은 수요가 매우 적은 상태여서 여권 업무가 주로 시행되었다(김원숙, 2012).

초기『외국인의 입국·출국과 등록에 관한 법률』은 14개의 조문만으로 구성되어 있으며, 주요 내용을 살펴보면 다음과 같다.

첫째, 외교관은 동법 적용에서 제외하도록 하고, 모든 외국인이 대한민국에 입국하기 위해서는 유효한 여권 또는 여권을 대신할 만한 증명서와 30만환[11] 이상을 지참해야 한다.

둘째, 입국 시 대한민국의 이익에 배반하는 행동할 우려가 있는 사람 등에 대해 포괄적으로 입국을 금한다.

셋째, 대한민국에 30일 이상 체류하거나, 체류 기간을 연장할 경우 외국인은 외무부장관(현 외교부장관)의 거주 또는 연장허가를 받아야 한다.

넷째, 거주 허가를 받은 외국인은 거주지역의 장에게 거주 등록을 해야 한다.

다섯째, 출국할 경우 외무부장관의 출국허가를 받아야 한다.

여섯째, 위 법을 위반하여 입국한 자 등에 대해 내무부장관(현 행정안전부장관)은 외무부장관과 협의하여 강제 출국을 시킬 수 있다.

이후 뚜렷한 법률의 제·개정 등 변동이 없었으며, 1955년 외국인등록에 관한 사무를 외무부 의전과에서 관장하다 1961년 외무부 직제 개정으로 여권과에서 사증에 관한 직무분장이 명문화되고, 법무부로 업무가 이관되었다. 또한, 이 시기에는 8.15 해방에 따른 주권 회복과 미군정기간 및 6.25 전쟁 등 민족적 격동을 겪은 상황은 이민법과 행정의 발전을 도모하지 못하였다.

2. 박정희 정부: 1963~1979년

1961년 외무부에서 관장하던 출입국관리업무가 법무부로 이관되면서 내외국인에 대한 출입국심사와 외국인의 체류 관리조정 등 독자적인 행정영역이 확보되고 국가이익과

---

11) 1960년 100환은 현재 화폐의 10원에 해당한다. 화폐가치로 환산할 경우 1940년 쌀값을 기준지표로 2005년까지를 환산한 결과 쌀 80kg 1가마의 가격 22.68원(圓)이며 현재가치로 152,347원에 해당한다. 이를 토대로 1950년대 지참금을 환산한다면 300,000환×22.68원=6,804,000원으로 추산해 볼 수 있다.

안전을 추구하는 단계로 발전하기 시작하였다. 이와 더불어 1963년 3월 5일 『출입국관리법』이 제정·공포되면서 이민법의 근거가 마련되었다. 이 시기는 경제부흥을 위한 다양한 정책이 활성화되고 국가 간의 무역교역 및 인구의 이동도 늘어나기 시작하였다. 정부는 '호혜평등(互惠平等)' 원칙에 따라 다른 국가에 문호를 개방할 것과 우리나라와 이념과 체제를 달리하는 국가들에게도 문호를 개방할 것을 촉구하는 상호교류 시대를 전개하게 되었다.

이 시기에는 『출입국관리법』에 관한 두 가지 특이한 사건이 있었는데, 하나는 국내 체류 화교(이하, 화교), 다른 하나는 미국인 선교사에 대한 강제퇴거에 관한 것이다. 우선 화교는 냉전 시대를 거쳐오면서 중국과의 교류 단절로 이어진 현실에서 국내에 체류하고 있으며, 그들의 2, 3세대는 중국인도, 한국인도 아닌 모호한 정체성을 지닌 화교·화인으로 거주하고 있다. 1960년대 초에는 외국인에 대한 폐쇄적인 정책을 시행하던 시기로 중국과의 교류가 단절된 상황에서 화교·화인의 경우 1949년 최초의 단일 법률로 제정된 『외국인의 입국·출국과 등록에 관한 법률』은 1962년 『외국인토지소유금지법』, 1970년 『외국인토지취득 및 관리에 관한 법』 등의 법률을 통해 외국인의 재산보유 및 현금보유량 등에 제약을 두어 외국인에 대한 개방적 정책을 시행하지 못했던 시기이다. 화교의 강제퇴거명령취소 청구소송사건은 『출입국관리법』 제정 이후 처음 있는 사건으로 강제퇴거 결정에 있어서 보다 신중해야 할 행정기관의 역할이 요구됨으로써 이 사건은 영주권자인 화교에 대한 법적 지위를 강화하는 결과로 나타났다.

두 번째 미국인 선교사는 선교사가 체류 목적인 선교의 범위에서 벗어나 정치 활동을 하였다는 이유로 선교사에 대한 최초의 강제퇴거 사건이다. 이 사건을 통해 1977년 12월 31일 『출입국관리법』에는 외국인의 정치활동금지 조항(제17조)[12]이 신설되었으며, 이 조항은 활동 금지에 대한 포괄적인 내용을 담고 있어 향후 구체적인 금지내용을 명시하는 등 신중하고 미래지향적 조항 내용이 필요하다고 할 수 있다.

3. 최규하·전두환 정부: 1979~1988년

이 시대는 "민족화합민주통일방안"이란 슬로건을 바탕으로 공산권 지역에 거주하는 동포들에게 대한민국의 문호를 개방할 것을 강조하였다. 1983년 『출입국관리법』을 개정하여 출입국절차를 간소화하고, 체류관리제도를 합리적으로 개선하였다. 이는 1986년 아시안게임 등 국제행사를 치른 후 급증하는 외국인들의 유입에 따른 제도적 장치를 마련하고자 하였다.

---

12) 『출입국관리법』 제17조(외국인의 체류 및 활동범위) 제2항, 제3항.

4. 노태우 정부: 1988~1993년

노태우 정부에서는 한반도의 평화체제와 통일여건을 조성하기 위해 구소련, 중국, 동구권국가 등 북방의 사회주의 국가와의 관계개선을 위한 북방정책을 추진한 시기다. 이러한 정책흐름에 따라 1990년 8월 『남북교류협력에 관한 법률』이 제정되었고, 1991년 9월 남북한이 동시에 유엔에 가입하였다. 또한, "남북 간 화해와 불가침 및 교류협력에 관한 합의서"가 체결된 해이기도 하다. 이를 바탕으로 1992년 『출입국관리법』이 개정되어 남북왕래자에 대한 출입국절차에 관한 규정[13]을 신설하였다.

앞서 1988년 서울올림픽대회 이후 국내 기초산업의 단순 기능인력이 국내에 산업기술연수를 받으려는 사례가 빈번히 발생함에 따라 정부는 인력공급확대방안으로 외국인력 활용을 모색하였다. 이에 1991년 10월 법무부훈령 제255호, 제294호인 「외국인산업기술연수사증 발급 등에 관한 업무처리지침」 및 「외국인산업기술연수사증 발급 등에 관한 업무처리지침 시행세칙」을 각각 제정·시행하였다. 이 훈령은 향후 『외국인근로자의 고용 등에 관한 법률』의 근간이 되었다고 볼 수 있다.

5. 김영삼 정부: 1993~1998년

김영삼 정부는 문민정부라 칭하며, 국가경쟁력의 강화와 세계화를 추진하는 시기였다. 1992년 12월부터 국제연합(UN)에 기탁한 "난민의 지위에 관한 의정서"가 효력을 발휘함으로써 의무에 대응하는 난민인정에 관한 절차를 마련해야 하는 시점이었다. 1993년 12월 『출입국관리법』을 개정[14]하여 난민인정제도를 도입하고 국제사회에서의 역할과 기능을 할 수 있는 기반을 갖추게 되었다. 이와 더불어 급증하는 국민과 외국인의 출입국심사 간소화를 위해 1995년 여권자동판독시스템(MRP: Machine Readable Passport)을 도입하였다.

6. 김대중 정부: 1998~2003년

김대중 정부는 IMF를 극복하고, 남북교류 및 협력을 지속하고자 햇볕정책을 추진하였으며, 남녀평등과 외국인의 인권보장에 관한 인식이 대두되었다. 무엇보다 국내 노동시장의 조건을 고려한 외국인력정책을 수립하고, 신규 산업연수생제도를 연수취업제도로 전환하는 정책의 변화를 보였다. 이때 불법체류자(미등록외국인)[15]가 급증하게 되어 자진출

---

13) 『출입국관리법』 제93조(남북한 왕래 등의 절차)

14) 『출입국관리법』 제16조의2(난민 임시상륙허가), 제8장의3. 난민여행증명서 발급 등(개정 2010.5.14., 2012. 2.10., 2021.8.17.), 제76조의5부터 제76조의8까지 해당.

15) 본 글에서는 체류자격에 따른 체류 기간을 초과하여 체류한 사람 또는 승인된 체류자격이 아닌 다른 업종에 취업하여 체류하고 있는 외국인에 대한 명칭을 불법체류자(법적 용어), 미등록외국인(인권적 용어)으로 혼용하여 사용하기로 한다.

국을 유도하거나 단속을 강화하는 시기이기도 하다. 이에 정부는 1998년 「출입국관리법 시행령」을 개정하여 연수취업제도를 통해 외국인력도입을 결정하였다.

이 시기 남북교류협력 사업이 진행됨에 1993년 3월 「출입국관리 시행령」을 개정하여 판문점을 출·입국항으로 지정하였고, 2002년 육로를 이용한 금강산관광 및 경의선과 동해선 철도를 연결하는 도로공사를 시작하였다. 이는 국경관리체제 확립이 필요한 시점으로 긴장의 연속선인 군사분계선을 화합과 상생의 국제이주 연결의 장으로서 설계해야 할 시점이었다. 한편, 1992년 중국의 개혁개방정책과 한·중수교를 통해 중국에 거주하던 동포들이 '코리안드림'을 꿈꾸며 한국으로 이주하게 되었다. 더불어 1990년대 중반 북한의 경제와 식량난이 가속화되면서 탈북자가 급격히 증가하였으며, 이들은 중국, 러시아, 동남아시아(미얀마, 베트남 등), 몽골 등지에서 불법으로 체류한 상태였다. 이들 국가는 증가하는 탈북민의 단속과 송환조치 시 인권유린 사례가 드러났으며, 여성의 경우 매매혼, 인신매매, 폭력 등에 시달리고 있어 대책 마련이 절실한 상황이었다.

이에 따라 정부는 재외동포에 대한 국내 출입국 및 체류 시 편의를 도모하기 위해 1999년 『재외동포의 출입국과 법적 지위에 관한 법률(약칭, 재외동포법)』을 제정하였다. 이 당시는 중국과 구소련동포는 대상에서 제외되었다. 그러나 당시 국내 체류 동포 중 불법체류자 대부분이 중국계 동포가 차지하고 있어 이에 대한 법적 대응뿐만 아니라 대한민국 정부 수립 이전과 이후 재외동포에 대한 법적 근거가 요구되는 시점이었다.

7. 노무현 정부: 2003~2008년

노무현 정부는 외국인에 관해 통제와 관리 중심에서 외국인의 처우개선 및 인권옹호에 중점을 두며, 사회통합을 위해 국민의 관심과 적극적인 참여를 모색하는 정책적전환을 도모하였다. 이는 부처별로 추진되는 단편적 정책을 종합적이고 체계적인 외국인 정책, 즉 이민정책의 기반을 구축하는 시기로 볼 수 있다. 이때 다문화사회를 형성하고자 정책적 기조를 바탕으로 결혼이민자, 혼혈인 등 정책대상자에 대한 다양성을 포괄하는 사회통합 지원을 제시하였다. 이러한 정책의 흐름에 따라 2003년 외국인정책의 심의·조정기구인 '외국인정책위원회'를 설치하였으며, 2006년 5월 대통령이 주재한 제1차 외국인정책회의에서 외국인정책의 법적 근거 마련 및 외국인정책 총괄기구 설치추진에 따라 2007년 7월 『재한외국인 처우 기본법』이 제정되었다. 이 법은 재한외국인의 처우뿐만 아니라 국민과 외국인이 함께 살아가는 환경조성 등에 관한 내용을 담고 있다. 이에 앞서 연수취업제도로 유입되는 외국인근로자의 사회·경제적 안정성 및 인권침해 등의 예방과 문제해결을 위해 2003년 8월 『외국인근로자의 고용 등에 관한 법률』을 제정·공포하여 1년의 시행기간을 거쳐 마침내 2004년 8월부터 합법적인 '단순기능인력'제도를 실시하였다. 2007년

1월 산업기술연수제가 고용허가제로 일원화되고, 3월 방문취업제가 도입되면서 중국계 동포들도 합법적으로 국내에 취업할 수 있는 법적 근거가 되었다.

한편, 1990년대부터 2005년까지 해마다 한국인 남성과 외국인 여성의 국제결혼이 증가하여 결혼이민자 가족이 급증하였다. 대규모 속성으로 진행되는 국제결혼중개시스템은 인권침해 문제뿐만 아니라 결혼이민자의 한국 사회와 가족관계의 부적응 및 자녀 양육 그리고 결혼이민자 중 여성들의 경제적 어려움 등 다양한 문제가 발생하였다. 이에 정부는 2004년 말 '여성 결혼이민자 가정' 실태조사, 2005년 5월 '외국인 이주여성 자녀의 인권실태 및 차별 개선 추진', 2006년 4월 '여성결혼이민자 및 혼혈인 · 이주자 사회통합지원'정책을 확정하였다. 이에 정부는 단일민족이라는 시대적 안목의 변화를 도모하고, 외국인정책에 대한 인식개선과 다민족, 다문화적 정체성을 구성하여 다양성의 존중되는 공존의 시점에 대응하는 법적 근거를 마련하였다.

8. 이명박 정부: 2008~2013년

정부는 외국인 정책 및 다문화가족에 관한 관심과 정책적 지원이 본격화하였으며, 국민과 외국인이 함께 살아가는 환경을 적극적으로 조성하는 시기라고 할 수 있다. 일례로 정부는 『재한외국인 처우 기본법』에 따라 국민과 재한외국인 간 서로의 문화와 전통을 존중하면서 함께 살아가는 사회환경을 조성하기 위한 하나의 정책으로 2008년부터 매년 5월 20일을 '세계인의 날(Together Day)'을 정하여 기념행사를 개최하기로 하였다. 정부는 다문화사회에 대한 방향성과 외국인 관련 정책의 중요성을 기념사를 통해 강조하고 있다.

[세계인의 날 기념사: 2008.5.20.]

"지금은 세계인들이 한 울타리 안에서 생활하는 지구촌 시대입니다. 세계 197개국의 국민이 우리의 산업현장과 교육, 스포츠를 비롯한 거의 모든 분야에서 활동하고 있습니다. 더 나아가 우리 국민과 결혼하여 가정을 꾸리고 있는 결혼이민자분들도 11만 명에 이르고 있으며, 이들 가정의 자녀들도 1만여 명으로 급속히 증가하는 추세입니다. 이처럼 많은 외국인이 우리의 이웃으로, 가족으로, 대한민국의 사회구성원으로서 당당히 그 역할을 하고 있습니다. ─중략─ 대한민국 정부는 외국인과 우리 국민이 아무런 차이 없이 서로의 문화를 이해하고 존중하면서 살아가는 아름다운 공동체를 만들기 위해 최선을 다하고 있습니다. 지난해 제정된 『재한외국인 처우 기본법』을 비롯하여 이와 관련한 많은 법과 제도를 개선하고 있습니다. 또한, 재한외국인 여러분이 우리 사회에 잘 적응하여 생활하는 것은 물론, 성숙한 구성원으로서 여러분의 능력을 충분히 발휘할 수 있도록 지원하고자 합니다. 특히, 이민자 2세를 포함한 다문화가족의 정착 지원과 복지 서비스 확충, 교육사업 등의 정책을 추진하는 데 더 노력을 기울이겠습니다. 재한외국인 여러분께서도 우리 사회의 똑같은 구성원으로서 법과 질서를 지키며 사회적 책무를 다해주기 바랍니다. −중략− 대한민국을 세계와 함께 하는 성숙한 세계국가로 만들기 위해서는 우리 것에 대한 자긍심과 함께 다른 문화에 대한 이해와 포용도 중요합니다. 다양한 언어와 문화를 가진 외국인들은 바로 우리나라의 소중한 인적자원입니다. 국제화 시대에는 문화의 다양성이 곧 경쟁력이자 국가발전의 동력이기에 외국인들의 가슴에 남는 따뜻한 나라, 믿음직한 친구의 나라가 될 수 있도록 서로 다른 생각과 문화가 소통하는 열린 사회를 만들어나갑시다."라는 내용을 담고 있다.

1990년대 지속적인 인구의 도시 집중화는 농어촌 국제결혼 프로젝트를 추진하게 되었으며, 혼인기회를 제공함으로써 결혼이민이 증가하였다. 그러나 상대방에 관한 정보 왜곡, 입국 후 경제적·사회문화 적응, 가족관계, 자녀 양육과 교육의 어려움 등 많은 문제를 유발하였다. 이러한 문제를 해결하고 결혼이민자(다문화가족)에 대한 정책적 지원을 위해 2008년 3월 『다문화가족지원법』이 제정되었다. 더불어 12월 외국인정책위원회를 개최하여 『재한외국인 처우 기본법』에 따라 5년마다 수립하는 외국인정책에 관해 '개방을 통한 국가경쟁력 강화', '인권이 존중되는 성숙한 다문화사회로의 발전', '법과 원칙에 따른 체류질서 확립' 등의 기본방향으로 하는 "제1차 외국인정책 기본계획"은 다음과 같다.

[표 3] 제1차 외국인정책 기본계획 개요

구분	내용
기간	2008~2012년
과제	4대 정책목표, 169개 세부추진과제
비전	외국인과 함께 하는 세계 일류국가
정책목표	1. 적극적인 이민 허용을 통한 국가경쟁력 강화 2. 질 높은 사회통합 3. 질서 있는 이민행정 구현 4. 외국인 인권옹호
중점과제	1-1. 우수인재 유치를 통한 성장동력 확보 1-2. 국민경제의 균형발전을 위한 인력 도입 1-3. 외국인에게 편리한 생활환경 조성 2-1. 다문화에 대한 이해 증진 2-2. 결혼이민자의 안정적 정착 2-3. 이민자 자녀의 건강한 성장환경 조성 2-4. 동포의 역량 발휘를 위한 환경 조성 3-1. 외국인 체류질서 확립 3-2. 국가안보 차원의 국경관리 및 외국인정보관리 3-3. 건전한 국민확보를 위한 국적업무 수행 4-1. 외국인 차별 방지 및 권익보호 4-2. 보호 과정의 외국인 인권보장 4-3. 선진적 난민인정, 지원시스템 구축

자료: 출입국외국인정책본부(2008), 제1차 외국인정책 기본계획, p.13.

이듬해인 2009년 사회통합위원회가 출범하면서 외국인·결혼이민자를 포함한 10가지 프로젝트를 선정하여 법무부, 여성가족부, 고용노동부 등 관계부처와의 협업을 통해 다문화사회 통합프로그램을 추진하였다. 같은 해 9월 안산 다문화 국제포럼에서는 단일민족주의와 순혈주의의 패러다임이 바뀌어야 한다는 기조를 바탕으로 국제화와 문화적 포용이 국가경쟁력이라는 시대적 인식의 변화를 강조하게 되었다.

무엇보다 1993년 '난민의 지위에 관한 협약(약칭: 난민협약)'따라 『출입국관리법』에 난민인정제도를 규정하였으나 난민인정절차뿐만 아니라 난민신청자와 난민으로 인정된 자의 처우에 대해 2013년 『난민법』을 제정하여 다양한 문제점을 해결할 수 있도록 구체적인 법규정을 마련하였다.

9. 박근혜 정부: 2013~2016년

이 시대는 제2차 외국인정책의 기본계획을 수립하고 외국인의 자립과 통합을 고려한 정책을 바탕으로 이민자의 책임과 자립을 강조한 시기였다. 무엇보다 사회통합프로그램을 체계화하였으며, 결혼이민자들의 경제적 자립역량을 키우기 위해 '취업성공패키지', '내일배움카드', '결혼이민여성의 인턴제', '결혼이민자 농업·농촌정착교육' 등 다양한 취업지원 프로그램 운영하였다. 제2차 외국인정책 기본계획은 개방, 통합, 인권, 안전, 협력의 정책목표를 중심으로 146개 세부추진과제를 제시하였다.

[표 4] 제2차 외국인정책 기본계획 개요

구분	내용
기간	2013~2017년
과제	5대 정책목표 146개 세부추진과제
비전	세계인과 더불어 성장하는 활기찬 대한민국
정책목표	1. (개방) 경제활성화 지원과 인재유치 2. (통합) 대한민국의 공동가치가 존중되는 사회통합 3. (인권) 차별방지와 문화다양성 존중 4. (안전) 국민과 외국인이 안전한 사회구현 5. (협력) 국제사회와의 공동발전
중점과제	1-1. 내수 활성화 기여 외래관광객 유치 1-2. 국가와 기업이 필요한 해외 인적자원 확보 1-3. 미래 성장동력 확충을 위한 유학생 유치 1-4. 지역 균형발전을 촉진하는 외국인 투자 유치 2-1. 자립과 통합을 고려한 국적 및 영주제도 개선 2-2. 체계적인 이민자 사회통합프로그램 운영 2-3. 국제결혼 피해방지 및 결혼이민자 정착 지원 2-4. 이민배경자녀의 건강한 성장환경 조성 2-5. 이민자 사회통합을 위한 인프라 구축

3-1. 이민자 인권존중 및 차별방지 제도화
3-2. 다양한 문화에 대한 사회적 관용성 확대
3-3. 국민과 이민자가 소통하는 글로벌 환경조성
4-1. 안전하고 신뢰받는 국경관리
4-2. 질서 위반 외국인에 대한 실효적 체류관리
4-3. 불법체류 단속의 패러다임 다변화
4-4. 외국인에 대한 종합적인 정보관리 역량 제고
5-1. 이민자 출신국, 국제기구 등과의 국제협력 강화
5-2. 국가 위상에 부합하는 난민정책 추진
5-3. 동포사회와의 교류 협력 확산

자료: 출입국외국인정책본부(2012), 제2차 외국인정책 기본계획, p.22.

또한, 우수인재유치 또는 비전문인력의 공급은 국가와 다양한 산업에서 필요한 인적자원을 확보할 수 있으며, 많은 외국인 관광객을 유치하기 위해 환승관광제도 및 출입국 심사를 위한 서비스를 고도화하였다. 특히, 무비자 입국이 가능한 제주도는 지역 내수시장과 국가 경제 활성화에 영향을 주었으며, 투자이민제도를 통해 5년간의 투자유치 시 영주자격을 부여하는 제도를 확대하는 등 적극적인 외국인 유입정책을 펼쳤다. 한국어 능력과 한국 사회에 대한 이해를 바탕으로 다양한 대학에서 공부하고 있는 유학생유치 확대정책은 잠재적으로 한국의 사회구성원이 될 수 있으며, 귀국하더라도 국적국에 기여할 수 있는 인재를 양성하는 측면에서 매우 긍정적인 정책을 시도하였다.

이외 2015년 재정착난민을 수용함으로써 국제사회의 책임감을 보여주는 역할을 하였다. 재정착난민은 3년간 30명을 받아들여 한국에서 안정적으로 정착할 수 있도록 하였으며, 이후 대한민국으로 정착을 희망하는 난민에 대해 정부는 2015년 12월 22명, 2016년 11월 34명, 2017년 30명 등 총 86명을 안착시켰다. 재정착난민은 출입국외국인지원센터에서 6개월간 생활하면서 한국어 능력과 취업교육을 받고 이후 관련 단체들의 지원과 보호를 바탕으로 한국 생활에 적응할 수 있도록 하였다.

10. 문재인 정부: 2017~2022년

정부는 제3차 외국인정책 기본계획을 수립하여 미래지향적 거버넌스를 표방하면서 국민과 이민자 간 상호협력과 통합을 강조하였다. 국민의 인식개선을 위해 이민자에 대한 권리와 의무를 존중하며, 타문화에 대한 이해를 바탕으로 중앙정부와 지방정부의 협치 및 민·관·학의 연결망을 중심으로 정책의 협치를 강화하려고 한 시기이다. 외국인에 대한 인권과 상생을 기본적인 화두로 국제적 수준에 부합하는 정책과 추진을 시도하였다. 제3차 외국인정책 기본계획은 상생, 통합, 안전, 인권, 협력의 정책목표와 166개의 세부과제를 추진하였다.

[표 5] 제3차 외국인정책 기본계획 개요

구분	내용
기간	2018~2022년
과제	5대 정책목표 166개 세부추진과제
비전	국민 공감! 인권과 다양성이 존중되는 안전한 대한민국
정책목표	1. (상생) 국민이 공감하는 질서있는 개방 2. (통합) 이민자의 자립과 참여로 통합되는 사회 3. (안전) 국민과 이민자가 함께 만들어가는 안전한 사회 4. (인권) 인권과 다양성이 존중되는 정의로운 사회 5. (협력) 협력에 바탕한 미래 지향적 거버넌스
중점과제	1-1. 우수인재 유치 및 성장지원 강화 1-2. 성장동력 확보를 위한 취업이민자 유치, 활용 1-3. 관광객 및 투자자 등 유치를 통한 경제 활성화 1-4. 유입 체계 고도화 및 체류·국적 제도 개선 2-1. 이민단계별 정착 지원 및 사회통합 촉진 2-2. 이민배경 자녀 역량 강화 2-3. 이민자 사회통합을 위한 복지지원 내실화 2-4. 이민자의 지역사회 참여 확대 3-1. 안전하고 신속한 국경관리 체계 구축 3-2. 체류외국인 관리 체계 선진화 4-1. 이민자 인권보호 체계 강화 4-2. 여성·아동 등 취약 이민자 인권증진 4-3. 문화다양성 증진 및 수용성 제고 4-4. 동포와 함께 공존·발전하는 환경 조성 4-5. 국제사회가 공감하는 선진 난민정책 추진 5-1. 이민관련 국제협력 증진 5-2. 중앙부처·지자체·시민사회 협력 강화 5-3. 이민정책 및 연구기반 구축

자료: 출입국외국인정책본부(2018), 제3차 외국인정책 기본계획, p.25.

특히, 불법체류자 문제해결과 체류질서를 위해 외국인의 자진 출국제도가 시행되었다. 이 시기 코로나-19로 인한 국경의 폐쇄는 대한민국뿐만 아니라 전 세계 감염병 확산을 막는 정책이 되었으며, 외국인근로자가 귀국하지 못하거나 귀국하였다가 한국으로 입국하지 못하면서 업종에 따라 인력난이 심화되었다. 귀국하지 못한 외국인들의 장기체류로 인한 불법이 발생하자 정부는 체류 연장을 한시적으로 지원하며, 인력난이 어려운 상황에서 해당 업종에 계속 취업할 수 있는 정책을 시행하기도 하였다. 정책의 국제적 변화와 돌발적인 현장의 이민업무에 대응하기 위해 지역별 거주 외국인의 수를 고려하여 기존의 출입국·외국인관리소 중 몇몇 곳은 출입국·외국인청으로 승격되었다.

제3절 이민법의 법원(法源) 및 체계(體系)

I. 성문법과 불문법의 이해

법원(法源)은 일반적으로 법의 존재 또는 효력과 인식의 근거를 말한다. 돌발적이고 급변하는 이주 사회에서 생성된 이민법은 역사가 짧고 가변적이어서 이민정책을 수행하는 현대사회에서는 고유의 관습이나 판례만으로는 행정상 곤란할 것이다. 따라서 이민법은 다양한 법규가 범람하는 현상에 대응하고, 법률의 모순과 이민법이 미치지 못하는 범위를 방지하고자 하는 체계적 관점으로 보아야 할 것이다. 이민법은 어느 한 영역만을 구성할 수 없는 특수성을 지니고 있기에 아직은 통일된 법이 아니다. 이민법을 구성하는 법원은 『헌법』을 바탕으로 외국인과 관련된 사람, 상황 등 이해관계를 해결할 수 있는 다양한 관계 법률이 있다. 따라서 이민법이라고 지칭하는 것은 『출입국관리법』, 『국적법』, 『난민법』 등 외국인 또는 이민자 및 이민상황을 대상으로 하는 다수의 개별 법률로 이루어진 관념적인 법규의 총체를 의미한다.

이민법의 법원은 성문법과 불문법으로 구분할 수 있다. 성문법원은 글자로 기록된 법원을 의미하며, 『헌법』, 『법률』, 『국제법』, 『국제조약』『행정입법』 및 「행정규칙」 등을 들 수 있다. 이민법은 국가 주권과 외국인 간의 권리와 의무관계를 주된 내용으로 함으로써 국민과 외국인 또는 이민자의 법적 지위를 명확하게 할 필요가 있어 성문법원을 원칙으로 한다. 불문법원은 글자로 기록되지 않은 법원을 의미하며, 관습법과 판례법을 들 수 있다. 성문법원이 원칙인 대한민국에서의 불문법원은 성문법원이 없는 경우에 보충적으로 적용된다(홍정선, 2011:13). 성문법원과 불문법원에 대해 구체적으로 살펴보면 다음과 같다.

II. 이민법의 성문법원

이민법의 성문법원에는 『헌법』, 『국제법』, 『법률』, 『행정법』, 『행정절차법』, 『지방자치법규』 등이 있으며, 각 성문법원의 구체적인 내용은 다음과 같다.

1. 대한민국헌법

『헌법』은 대한민국 최고의 법규로서 모든 법의 체계적 기초가 된다. 『헌법』은 이민법의 직접적인 근거 규정을 두고 있지 아니한다. 『헌법』에서 "외국인은 국제법과 조약이 정하는 바에 의하여 그 지위가 보장된다(제6조 제2항)."라고 규정하고 있다. 또한, 대한민국 국적취득과 관련된 법원으로는 『헌법』에서 "대한민국의 국민이 되는 요건은 법으로 정한다(제2조 제1항)."고 규정하고 있다.

이러한 법원을 바탕으로 하위법인『국적법』을 제정하여 대한민국의 국민이 되기 위한 국적취득에 관한 요건, 지위, 절차 등을 규정하고 있다.『국적법』제정은 헌법의 가치와 지향점을 바탕으로 외국인의 법적 지위에 관하여 특별한 법률적 지위를 가진다. 이와 더불어 한국에서의 활동 범위 및 삶에 따라 근로자의 권리(제33조), 혼인의 자유와 가족의 보호(제36조) 등 인간의 삶에 있어 기본적인 권리와 규범을 적용한다.

2. 국제법규 · 국제조약

우리나라는 정부 수립 이래 다른 나라들과 경제·사회·문화·군사 등 다양한 분야에 걸쳐 조약을 체결해 왔다. 정부 수립 후 2022년 12월까지 우리나라가 체결·발효한 조약은 총 3,470건(양자 2,737건, 다자 733건)이다. 이 중 1960년 이전 13년간 발효된 조약은 102건(양자 66건, 다자 36건)에 불과하다. 반면에 2011~2022년까지 12년간 발효된 조약은 723건(양자 604건, 다자 119건)으로 2000년대 들어 조약체결 건수가 급격히 증가하는 추세를 보인다. 특이한 점은 일반 국민의 생활과 관련된 조약의 체결 건수가 증가 추세에 있다는 점이다. 특히 자유무역협정(FTA), 이중과세방지협정, 사회보장협정, 투자보장협정, 형사사법 공조와 범죄인 인도조약 등은 경제·사회·사법 등 제반 분야에 있어 우리 국민의 이익을 증진하고 사법 분야의 공조를 강화할 것으로 보인다.[16]

『헌법』은 "헌법에 의하여 체결·공포된 조약과 일반적으로 승인된 국제법규는 국내법과 같은 효력을 가진다(제6조 제1항)."라고 명시하고 있다. 여기서 말하는 조약은 '국제조약'이며, 국가 간에 서면의 형식으로 체결된 명시적인 합의로 국가 또는 기타 국제법 주체 상호 간 그 효과가 법적 구속력이 있는 것을 의미한다(이한기, 1983:318; 차용호, 2015:24). 국제조약의 명칭은 조약의 대상 간, 성격상 또는 상황에 따라 다양하게 사용되고 있다. 예를 들면, 협정(agreement), 의정서(protocol), 헌장(charter), 규약(covenant), 규정(statute), 양해각서(memorandum of understanding), 기관 간 약정(agency-to-agency arrangement) 등이다.

[표 6] 국제조약의 유형과 내용

구분	내용
조약 (Treaty)	– 개념: 가장 격식을 따지는 정식 문서로 당사국 간 정치적, 외교적 기본 관계나 지위에 관한 포괄적인 합의를 기록하는 데 사용됨 – 형태: 평화, 동맹, 중립, 우호, 방위, 영토조약 등 – 동의: 국회 비준동의 – 체결 주체: 주로 국가

---

16) 외교부(www.mofa.go.kr), '우리나라의 조약체결 활동 및 현황', 검색일(2023.5.6.).

헌장(Charter, Constitution) 규정(Statute), 규약(Covenant)	- 개념: 국제기구 구성 또는 특정제도 규율의 국제적합의에 사용됨 　예) 시민적 및 정치적 권리에 관한 국제규약, 경제적·사회적·문화적 권리에 관한 국제규약 등
협정 (Agreement)	- 개념: 정치적인 요소가 포함되지 않은 전문적, 기술적인 주제에 관하여 조정하기가 어렵지 않은 사안에 대한 합의에 주로 사용됨 - 형태: 가장 일반적으로 사용되는 양자조약 형태 　예) 대한민국과 인도공화국 간의 포괄적 경제동반자 협정, 투자보장협정, 무역협정, 문화협정 등 - 체결 주체: 주로 정부
협약 (Convention)	- 개념: 양자조약의 경우 특정분야 또는 기술적인 사항에 관한 입법적 성격의 합의에 많이 사용되며, '조약협약'의 경우와 같이 특정분야를 정의하고 자세히 설명하는 데 사용됨 　국제기구의 주관하에 개최된 회의에서 체결되는 조약의 경우 사용됨 　예) 아동권리 협약, 인종차별 철폐협약, 난민의 지위에 관한 협약, 무국적자의 감소에 관한 협약 등 - 체결 주체: 주로 국가
의정서 (Protocol)	- 개념: 기본적인 문서에 대한 개정이나 보충적인 성격을 띠는 조약에 사용되며, 최근에는 전문적인 성격의 다자조약도 많이 사용됨 　예) 난민의정서, 오존층 파괴물질에 관한 몬트리올 의정서
양해각서 (Memorandum of Understanding)	- 개념: 이민 합의된 내용 또는 조약 본문에 사용된 용어의 개념들을 명확히 하기 위해 당사자 간 외교교섭의 결과 상호 양해된 사항을 확인 기록하는 데 주로 사용되나 최근에는 독자적인 전문적, 기술적 내용의 합의 사항에도 많이 사용됨 - 유사용어: 합의각서(Memorandum of Agreement), 약정(Arrangement), 합의의사록(Agreed Minutes), 잠정약정(Provisional Agreement, Modus Vivendi), 의정서(Act), 최종의정서(Final Act), 일반의정서(General Act) 등의 용어 사용됨 　유사용어의 사용은 국제관행상의 차이로서 명칭과 관계없이 그 내용상 조약법 협약의 양국 간 합의를 구성하는 넓은 범주의 조약에 해당되는 경우에는 조약으로서 동등한 효력을 가짐
기관 간 약정 (Agency−to−Agency Arrangement)	- 개념: 국가 또는 정부 간에 체결되는 조약 또는 협정이 아닌 정부기관 간에 체결되는 약정을 의미함 - 유형: ① 국가 또는 정부 간 체결된 모(母)조약을 시행하기 위한 경우 　② 모(母)조약의 근거없이 소관업무에 관한 기술적 협력 사항을 규정하는 경우

자료: 외교부(www.mofa.go.kr), '조약의 정의와 유형', 검색일(2023.5.6.).

　　국제조약 또는 국제법규는 국제사회에서 그 규범성이 승인된 것으로 국제법질서를 존중하는 원칙을 채택하고 있으며, 국경을 넘나드는 이민과 밀접한 관련성이 있으므로 이민법의 법원에 해당하는 관습법이다(김동희, 2010:45). 이러한 국제법규로는 여러 국가 사이에서 규율의 통일성을 갖기 위한 경우와 국가 간의 규율을 정하는 경우가 있다.

　　우선 여러 나라 간 법적 구속력을 가진 1965년 『모든 형태의 인종차별 철폐에 관한 국제협약(International Convention on the Elimination of All Forms of Racial Discrimination)』

은 1978년에 비준되어 공포되었다. 또한, 1966년 『시민적 및 정치적 권리에 관한 국제규약(International Covenant on Civil and Political Rights)』과 『경제적·사회적·문화적 권리에 관한 국제규약(International Covenant on Economic, Social and Cultural Rights)』은 1990년에 비준되어 공포되었다.

이러한 규약은 세계인권선언을 바탕으로 보편적 인권에 관한 포괄적인 내용을 담고 있는 국제인권법이다. 이 외에도 특정한 집단 또는 대상 및 주제와 관련한 협약으로는 『아동의 권리에 관한 협약』, 『헤이그 국제아동탈취협약』, 『인종차별철폐협약』, 『난민의 지위에 관한 협약』, 『여성차별철폐협약』, 『고문방지협약』, 『무국적자의 지위에 관한 협약』, 『제111호 고용 및 직업상의 차별에 관한 협약』, 『제19호 노동자의 재해보상에 대한 내·외국인노동자의 동등한 대우에 관한 협약』 등이 있으며 우리나라는 이미 가입하였다.

경제 현상과 노동력, 즉 인적자원 활용과 밀접한 관련이 있는 『이주노동자권리협약』과 체류 기간을 초과하였거나, 그들로부터 태어난 자녀와 난민 등 무국적이 된 이민자에 관한 『무국적자의 감소에 관한 협약』 등은 가입이 되어 있지 아니한다. 두 나라 간의 협약을 맺은 사례로는 대한민국과 인도공화국 양국 간에 맺은 협정으로 2012년 3월 25일에 발효된 『대한민국 정부와 인도공화국 정부 간의 사증 절차 간소화에 관한 협정』이 있다. 또한, 국제기구와 정부 간에 맺은 사례는 2009년 6월 30일에 체결한 『대한민국 정부와 국제이주기구 간의 국제이주기구 이민정책연구원 설립에 관한 협정』이 있다(이철우 외 김환학분, 2015:35; 차용호, 2015:25). 구체적인 국제조약과 국제법규의 가입내용은 아래와 같다.

[표 7] 국제조약·국제법규 가입 및 내용

명칭	번호	형태	제정일 발효일	당사국 수
아동의 권리에 관한 협약	제1072호	다자조약	1991.12.20 1991.12.23	193
헤이그 국제아동탈취협약 이행에 관한 법률 (약칭, 헤이그아동탈취법)	제11529호	법률	2012.12.11 2013.3.1	–
모든 형태의 인종차별 철폐에 관한 국제협약 (약칭, 인종차별철폐협약)	제667호	다자조약	1979.1.4 1979.1.6	144
난민의 지위에 관한 협약	제1166호	다자조약	1992.12.3 1993.3.3	126
무국적자의 지위에 관한 협약	제100호	다자조약	1962.9.8 1962.11.20	–
무국적의 감소에 관한 협약	미가입		1961.8.30 1975.12.13	17
여성에 대한 모든 형태의 차별철폐에 관한 협약 선택	제1828호	다자조약	1983.5.26	130

의정서 (약칭, 여성차별철폐협약)			2000.12.22	
고문 및 그 밖의 잔혹한, 비인도적인 또는 굴욕적인 대우나 처벌의 방지에 관한 협약 (약칭, 고문방지협약)	제1272호	다자조약	1987.6.26 1995.2.8	86
국제연합 초국가적 조직범죄 방지협약을 보충하는 육상, 해상 및 항공을 통한 이주자의 불법이민 방지를 위한 의정서	제2260호	국제연합 (UN)	2015.11.25 2015.12.5	–
고용 및 직업상의 차별에 관한 협약(ILO협약 제111호)	제1499호	다자조약	1960.6.15 1999.12.20	–
모든 이주노동자 및 그 가족의 권리에 관한 국제협약 (약칭, 이주노동자권리협약)	미가입		1990.12.18 2003.7.1	20
대한민국 정부와 인도공화국 정부간의 사증절차 간소화에 관한 협정	제2088호	인도	2012.3.25 2012.3.25	–
대한민국 정부와 국제이주기구 간의 국제이주기구 이민정책연구원 설립에 관한 협정	제1958호	국제기구	2009.7.3	–
대한민국 정부와 국제이주기구 간의 국제이주기구 이민정책연구원 설립 및 운영에 관한 협정	제2196호	국제이주 기구	2014.7.16	–

자료: 국가법령정보센터(www.law.go.kr), '조약', 검색일(2023.5.6.).

3. 법률

법률이란 정부 또는 국회의 입법발의에 따라 국회가 입법절차를 거쳐 제정하거나 개정된 법률 또는 법을 의미한다. 법률은 이민법의 법원 중에서 가장 중요한 위치를 차지한다. 이민법은 외국인 또는 국민의 출입국, 외국인의 등록, 외국인의 추방, 외국인의 고용, 귀화, 사회통합 등의 내용을 담고 있다.

이민과 관련성이 깊은 법률로는 『출입국관리법』, 『여권법』, 『국적법』, 『외국인근로자의 고용 등에 관한 법률』, 『선원법』, 『재외동포의 출입국과 법적 지위에 관한 법률』, 『재한외국인 처우 기본법』, 『다문화가족지원법』, 『건강가정기본법』, 『결혼중개업의 관리에 관한 법률』, 『난민법』, 『외국인투자 촉진법』, 『세법』, 『고등교육법』, 『근로기준법』 등이 있다. 이러한 법률은 외국인의 특성, 지위, 분야별 자격요건에 따라 적용하고 있다.

(1) 외국인의 특성에 따른 적용 법률

이주가 시작되는 단계부터 적용되는 『출입국관리법』, 『국적법』을 바탕으로 외국인의 특성에 따라 적용되는 법률에는 대한민국에 체류하고 있는 외국인의 전반적인 활동에 관한 법률인 『재한외국인 처우 기본법』, 국내·외 동포(외국국적동포 포함)의 국경관리와 국내 활동에 관한 법률인 『재외동포의 출입국과 법적 지위에 관한 법률』, 국제결혼을 통해 형성된 다양한 가족지원에 관한 법률인 『다문화가족지원법』, 외국인의 국내 취업 활동에 관한 법률인 『외국인근로자의 고용 등에 관한 법률』, 외국인이 자국의 특이상황에 따라 신변의 위험으로부터 보호와 지원에 관한 법률인 『난민법』이 있다.

(2) 외국인의 지위에 따른 적용 법률

외국인의 지위는 영주 또는 국적을 취득한 경우, 국민과 결혼한 경우, 과거 대한민국의 독립을 위해 활동한 독립운동가 및 국가유공자와 그의 자녀에게 부여된다. 외국인의 지위 부여는 외국국적동포와 외국인 모두 적용대상이기는 하지만, 지방자치단체의 임기제 공무직 진출 및 지방선거를 할 수 있는 참정권을 인정하고 있다.

관련한 법률로는 『건강가정기본법(제34조의2)』, 『국가공무원법(제26조의3)』, 『지방공무원법(제25조의2)』, 『국가유공자 등 예우 및 지원에 관한 법률』, 『독립유공자예우에 관한 법률』, 『지방자치법(제15조 제1항)』, 『공직선거법(제15조 제2항)』, 『결혼중개업의 관리에 관한 법률(결혼중개업법)』 등이며, 특히 결혼중개업법의 경우 건전한 국제결혼의 풍토를 조성하고 이용자의 피해를 예방하기 위한 지도와 관리·감독을 위한 규제의 법률이다.

(3) 외국인의 자격요건에 따른 적용 법률

외국인이 대한민국 내에서 다양한 활동을 하기 위해서는 그에 적합한 자격요건을 갖추어야 한다. 우선 특별한 요건, 즉 교수, 연구자, 선원, 투자가 등 자격을 갖춘 외국인의 경우 국내 거주에 관해 직접적인 관련성이 없어도 해당 개별법인 『벤처기업육성에 관한 특별조치법(제9조 제1항)』, 『자본시장과 금융투자업에 관한 법률(제9조 제16항)』, 『외국인투자 촉진법(약칭, 외국인투자법)』과 『고등교육법』, 『선원법』 등은 간접적인 법원이 되고 있다. 다음으로 이민자, 즉 외국인이 취업 활동을 위해 체류자격을 얻어 입국한 경우와 영주자격을 취득한 후 취업 활동을 하는 경우 『근로기준법』, 『고용보험법』, 『세법』 등은 간접적인 법원으로 이러한 법률들은 국민에게도 적용된다.

4. 행정입법

행정입법이란 일반적이고 추상적인 법률규정을 법조의 형식에 따라 행정기관에 의해 구체화하고 보완하여 정립하는 것을 말한다(김환학, 2016:175). 행정입법에는 법규의 성질을 가지는 법규명령과 법규로서의 성질을 가지지 않는 행정규칙(업무처리지침)이 있다(문현철, 2020:213).

법규명령은 행정기관이 정립하는 행정의 조직과 작용에 관해 불특정 다수를 규율대상으로, 되풀이하여 적용되는 법규로서의 성질을 가진다. 또한, 그 효력이 행정기관 내부뿐만 아니라 대외적 구속력, 즉 국민과 외국인에게도 그 효력이 미친다는 것이다(문현철,

2020:214). 법규명령의 종류는 위임명령과 집행명령으로 구별하며, 발령권의 주체에 따라 대통령령, 총리령, 부령 등으로 구분된다(문현철, 2020:215). 대통령령은 실무상 시행령이라 하고, 부령은 실무상 시행규칙이라고 하며, 헌법과 법률 다음으로 시행령은 단계적 법적 효력을 지닌다(차용호, 2015:26).

　　행정규칙(업무처리지침)이란 행정의 조직과 활동에 관한 사항을 정한 것을 의미하며, 행정조직 내부에서 상급기관(상급자)이 소속기관(하급자)의 행정운영에 있어 법집행, 재량권 행사 등의 조직과 활동을 자세히 규율할 목적의 규범으로 법규의 성질은 가지지 않는다(문현철, 2020:225).

　　이민법 관련 행정조직의 업무처리지침에는 법무부 훈령, 고용노동부 훈령, 법무부 예규, 법무부 지침, 문화체육관광부 지침, 법무부 고시, 중소기업청 고시 등이 있다. 특히, 행정규칙은 법원으로 인정되지는 않지만, 외국인 및 이민자와 관련된 사안에 있어 행정조직의 업무처리지침(행정규칙)은 영향력을 미치고 있어 사안에 관해 법관이 판단의 근거로 삼고 있으므로 사실상 법원이라고 볼 수 있으며(차용호 2015:26), 예를 들면 다음과 같다.

[표 8] 부처별 이민자 관련 행정규칙(예)

행정조직	훈령	예규	고시
고용노동부	- 외국인근로자 권익보호협의회 운영규정		
문화체육관광부		- 중국 단체관광객 유치 전담 여행사 업무 시행지침	
법무부	- 온라인 사증발급 및 사증 추천인에 관한 업무처리지침 - 공익사업 투자 이민 유치기관 지정 및 관리 등에 관한 규정 - 출입국사법 고발규정 - 난민위원회 운영세칙 - 외국인보호규칙 시행세칙 - 보호외국인 급식관리규정 - 투자이민협의회 규정 - 외국인 종합안내센터 설치 및 운영에 관한 규정 - 사회통합 프로그램 다문화사회 전문가 인정기준 등에 관한 규정	- 명예국민증 수여에 관한 규정 - 국적업무처리지침 - 사회통합프로그램 기본소양 평가관리 규정 - 사증발급편람 - 난민인정 심사, 처우, 체류지침 - 사회통합프로그램 운영지침	- 국제결혼 안내프로그램 이수대상 및 운영사항 - 체류자격 외 활동 허가 등의 신청 및 수령의 대리에 관한 규정 - 부동산 투자이민제 대상 지역 지정절차 고시 - 출입국관리법 시행령 별표1의 제27호 거주(F-2)의 체류자격 '차'목에 해당하는 부동산의 투자지역, 투자대상, 투자금액 등에 관한 기준 고시
중소기업청			- 외국 전문인력 도입 지원 사업 운영요령

자료: 차용호(2015), 『한국이민법』, 법문사, p.26.

위 법규명령 또는 행정규칙은 국회가 제정한 법률에 따라 행정권이 발동될 것을 요구한다. 그러나 다음과 같은 이유로 국회는 기본적인 사항만 정하되 행정입법을 위한 세부적인 사항은 각 행정기관이 정하도록 한다(문현철, 2020:213).

첫째, 오늘날 행정의 다변성과 전문화로 인하여 전문적, 기술적 사항에 관해 실제로 행정을 담당하고 있는 행정기관의 입법 활동이 능률적이다.
둘째, 입법대상의 다양성은 입법에 많은 시간이 소용되는 국회에 의해서는 대응하기 어렵다.
셋째, 정치적 중립이 요구되는 사항에 관해서는 행정부가 객관적으로 규율할 수 있다.
넷째, 지역별, 분야별 특수한 사정을 고려하는 것은 법률의 일반적인 규정으로는 곤란하다.
다섯째, 법률의 규정은 비상사태에 적절히 대처하기에는 어려운 경우가 많다.

또한, 법규명령과 행정규칙은 일반적·추상적 규율이라는 점은 같으나 형식, 법적 근거, 권력적기초, 성질, 존재형식 등에서는 차이를 보인다.

[표 9] 법규명령과 행정규칙의 비교

구 분	법규명령	행정규칙
형 식	대통령령·총리령·부령 등	훈령·고시·예규·일일명령
법적근거	① 위임명령: 상위법령의 특별권한 필요 ② 집행명령: 특별권한 불필요	특별권한(수권) 불필요: 행정권의 당연한 권능으로 제정
권력적기초	일반권력관계	특별권력관계
성 질	법규성 있음 – 행정기관, 국민, 외국인 구속	법규성 없음 – 행정기관 내부적 규율에 그침
존재형식	조문형식	조문형식, 구두로도 가능
규정내용	국민, 외국인의 권리·의무창설	기관 조직, 재량행사 지침, 규범해석
구속력	내·외부 구속력	원칙적으로 내부 구속력
효력발생	공포 필요	공포 불필요
소 멸	폐지, 부관[17]의 성취, 근거법령의 소멸	자유로이 변경·폐지
위반의 효과	위법한 행위로 무효·취소 가능	적법한 행위로 위반행위의 효력에는 영향이 없음(단, 징계의 사유가 됨)
재판규범성	인정	불인정
한 계	법률유보의 원칙·법률우위의 원칙 적용	법률우위의 원칙만 적용

자료: 문현철(2020), 『행정법』, 박영사, pp.225－226.

---

17) 부관(附款)이란 법률행위에 따라 생기는 효과를 제한하기 위하여 법률행위의 당사자가 덧붙이는 조건이나 기한 따위의 제한을 말한다(표준국어대사전 발췌).

따라서 법규명령과 행정규칙(업무처리지침)은 대외적 법적 효력에 관해 큰 차이를 보이지만 법집행과정, 즉 이민정책을 추진하는 데 있어 시행령 또는 시행규칙이 사실상 영향력이 큰 기준이 되므로 이를 법원에 포함할 것인지가 쟁점이 되고 있다(이희정, 2014:5; 차용호, 2015:26).

5. 행정절차법

『출입국관리법』의 경우 국민과 외국인의 출입국 및 외국인의 체류 관리를 하나의 행정작용을 통해 그 목적을 달성하고자 한다. 이러한 행정작용과정에서 부당하거나 위법할 경우 외국인의 권익을 보호받을 수 있는 수단으로는 사전적 행정절차와 이의신청, 행정소송, 행정심판 등의 사후적 절차가 있다(이철우 외, 2015:223). 국민과 외국인의 출입국에 관한 요건과 절차 및 효과에 관한 내용은 『출입국관리법』의 규정에 따르지만, 행정작용은 일반적으로 행정절차법, 행정소송법, 행정심판법이 적용된다. 본서에서는 행정절차에 대한 개념, 기능, 내용과 행정절차법에 대해 간략하게 살펴본다.

(1) 행정절차의 개념

행정절차란 행정기관이 공무집행, 즉 공익실현에 필요한 대책을 세워 행함에 있어서 거치는 절차를 의미한다. 행정절차는 관점과 입법례에 따라 다르게 해석되고 있으며 다음과 같은 차이가 있다. 우선 광의의 행정절차는 행정과정에 있어 거치게 되는 모든 절차를 의미한다. 예를 들면, 발령절차(명령, 처분), 의무이행확보절차(강제, 벌) 등이다. 협의의 행정절차는 행정기관이 하는 행정작용의 사전절차를 의미한다. 이는 행정에 관한 공권력을 행사하며, 행정기관이 1차 결정을 내려야 하는 일련의 교섭 과정을 의미한다(문현철, 2020:101).

행정절차에는 내부절차와 외부절차가 있다. 내부절차란 행정조직 내부에서 이루어지는 절차를 의미하며, 적정하고 신중한 행정작용 결정을 내릴 수 있다. 예를 들면 관계부처(서) 간 협의, 자문기관의 자문, 의결기관의 의결, 감독청의 승인 등을 들 수 있다. 외부절차는 이해관계자, 즉 행정절차의 대상자인 국민, 외국인, 기관 등을 상대로 행정작용을 함에 있어 거치는 절차를 의미한다. 외부절차는 대상자, 즉 국민과 외국인 및 해당 기관의 권익 보호와 민주적 행정을 도모할 수 있다. 행정절차라고 하면 일반적으로 협의의 의미와 외부절차를 말한다.

(2) 행정절차의 기능

행정절차는 행정관청 이외의 행정청이 행하는 절차뿐만 아니라 입법 또는 사법절차와도 구별된다. 행정절차는 행정상 행정행위뿐만 아니라 행정입법, 행정지도 및 행정상의 계약도 포함된다. 행정절차는 다음과 같은 기능이 있다(문현철, 2020:102-103).

첫째, 민주적 행정을 도모할 수 있다. 행정작용의 대상인 국민, 외국인, 기관은 행정 결정 과정의 주체자로서 행정과정에서 적극적인 참여를 통해 행정절차의 민주화와 결정에 정당성을 확보하게 한다.

둘째, 행정의 법치주의를 보장할 수 있다. 행정절차의 법제화는 행정의 투명성과 예측 가능성을 부여하고 행정권의 남용을 방지하는 역할을 한다.

셋째, 행정작용의 적정성을 확보할 수 있다. 행정절차는 행정처분 결정에 앞서 미리 통지하여 그에 관한 참고자료 또는 의견을 제시하도록 함으로써 사실관계의 정확한 파악이나 관계 법령의 해석과 작용에 있어 행정작용의 적법성과 공정성을 확보할 수 있게 한다.

넷째, 행정의 능률성 확보가 가능하다. 행정절차는 어느 하나의 간접 사실로 주요 사실을 추정하는 과정에서 능률성이 저하되는 것으로 볼 수 있다. 그러나 이해관계자를 행정 결정 과정에 참여시킴으로써 불필요한 저항을 최소화할 수 있으므로 행정의 능률화를 높일 수 있다.

다섯째, 사법적 기능을 보완할 수 있다. 행정절차는 행정작용의 적정성을 확보함으로써 행정 결정 과정에서 발생 가능한 분쟁을 사전에 방지하는 사전적 권리구제 기능을 수행하므로 법원의 부담완화 역할을 한다.

(3) 행정절차의 내용

행정절차는 국가마다 그 내용을 달리 적용하나 기본적으로 '사전통지', '청문', '기록 열람', '처분(결정) 이유제시(이유 부기)' 등이다. 구체적으로 살펴보면 다음과 같다.

첫째, '사전통지'는 행정기관의 행정 결정 전에 이해관계자에게 관련 사안에 대한 결정내용·이유 및 그에 관한 청문 일시와 장소 등을 알려주는 행위를 말한다(행정절차법 제21조). 사전통지는 청문의 전제조건으로서 기능하며 청문 시 의견진술, 권리 주장, 자료제출 등을 준비할 수 있도록 한다.

둘째, '청문'은 이해당사자의 자유·권리를 제한·침해하는 행정처분 전에 자신의 의견을 진술하고 자신에게 유리한 증거를 제출하게 함으로써 상대방으로부터 자신을 방어할 수 있게 하는 절차를 말하며, 의견 청취라 한다(행정절차법 제22조). 이러한 청문은 청문 절차의 엄격성과 대상, 반론의 기회부여 여부, 공개 여부 등에 따라 구분할 수 있다.

셋째, '기록열람'은 청문 절차의 실질성을 확보하는 기능으로서 처분의 상대방 등이 해당 사안을 행정관청이 보유하고 있는 문서 등 기록을 열람하는 것을 말한다. 당사자 등은 청문통지가 있는 날부터 끝날 때까지 해당 사안의 조사결과 및 처분과 관련되는 문서를 열람 또는 복사요청을 할 수 있으며, 행정청은 다른 법령에 따라 공개가 제한된 경우를 제외하고는 그 요청을 거부할 수 없다(행정절차법 제37조 제1항).

넷째, '처분(결정)의 이유제시'는 행정청이 처분(결정)할 때에는 법적, 사실적 이유를 구체적으로 명시하여 제시하여야 하는 것을 말한다(행정절차법 제23조). 처분(결정)의 이유를 제시하는 것은 자의적 처분(결정)을 방지하고, 불복의 근거를 제공하며, 처분(결정)내용을 긍정하고 이해시키는 설득의 기능을 가진다.

[표 10] 행정절차의 내용

기준	유형	내용
청문절차 엄격성	공식적	– 엄격한 사법절차에 따라 청문주재자의 중립적 주제 아래 당사자 간 구술에 의한 공격과 방어가 행하여지는 과정을 거쳐 그 결과는 상당한 구속력이 인정되는 절차
	비공식적	– 엄격한 사법절차에 의하지 아니하고 상대방의 의견 또는 주장과 증거를 제출받는 절차(행정절차법상의 의견제출)
	공청회	– 행정작용에 관해 당사자 또는 전문지식과 경험을 가진 자 및 기타 일반인으로부터 널리 의견을 수렴하는 행정청의 공개적 토론 절차
반론기회	진술형	– 단순히 의견진술 및 자료제출을 하는 경우
	사실심사형	– 상대방의 주장 또는 증거에 반하여 반박 및 반대증거 등을 제출하는 등 서로 실질적 공방을 행하는 경우
공개	공개	– 청문주재자, 당사자, 일반인도 시청할 수 있는 청문
	비공개	– 주재자, 당사자, 이해관계자만 참여하는 청문

자료: 문현철(2020), 『행정법』, 박영사, pp.105-106.

이러한 행정절차는 『헌법』 제12조 제1항의 적법절차 조항을 근거로,

"헌법 제12조 ① 모든 국민은 신체의 자유를 가진다. 누구든지 법률에 의하지 아니하고는 체포·구속·압수·수색 또는 심문을 받지 아니하며, 법률과 적법절차에 의하지 아니하고는 처벌·보안처분 또는 강제노역을 받지 않는다."

1996년 12월 31일 제정·공포되어 1998년 1월 1일 발효된 『행정절차법』에 따라 기타 개별 법률에서도 행정작용에 관한 절차를 규정하고 있다(문현철, 2020:104).

[헌재 1992.12.24. 92헌가8(형사소송법 제331조 단서 규정에 대한 위헌심판)]

　　"형사소송법 제331조(무죄등선고와 구속영장의 효력) 단서규정이 영장주의와 적법절차의 원리에 위배되고 과잉금지의 원칙에 위배되어 헌법에 위반되는지 여부: 헌법상 적법절차 조항은 형사사법작용은 물론 행정작용의 근거 규정이 된다고 본다."

　　『행정절차법』은 처분절차, 신고절차, 행정상 입법예고·행정예고절차 및 행정지도절차는 규정하고 있으나 행정계획 확정절차 등 계획절차는 규정하지 않는다.

　　『행정절차법』의 성격은 첫째, 행정절차에 관한 일반법으로서 개별 법률에 규정이 없는 사항은 행정절차법으로 보충적 역할을 한다. 둘째, 절차법적 요소와 실체법적 요소로 규정하며, 처분의 정정과 행정지도 일부를 들 수 있다(문현철, 2020:107). 『행정절차법』의 목적은 행정절차에 관한 공통적인 사항을 규정하여 국민의 행정참여를 도모함으로써 행정의 공정성, 투명성 및 신뢰성을 확보하고 국민의 권익을 보호한다(행정절차법 제1조). 『행정절차법』의 적용 범위는 처분, 신고, 행정상 입법예고, 행정예고 및 행정지도의 절차에 관해 다른 법률에 특별한 규정이 있는 경우를 제외[18]하고는 이 법이 정하는 바에 의한다고 규정하고 있다(행정절차법 제3조). 행정절차상의 당사자에 대한 개념을 정리하면 '당사자등'이란 행정청의 처분에 대하여 직접 그 상대가 되는 당사자와 행정청이 직권 또는 신청에 의하여 행정절차에 참여하게 한 이해관계인을 말한다(행정절차법 제2조 제4호). 이해관계인은 행정청이 행정절차에 참여한 자만을 의미한다.

　　공익은 적법한 절차의 준수를 통하여 행정작용[19]이 실행되며, 마침내 공익이 실현되는 민주국가의 모습을 갖추게 된다. 행정입법 또는 정책추진과정에서의 행정의 형태를 이해하기 위해서는 행정절차에 대한 이해가 전제되어야 한다. 특히, 공무 수행 과정에서 공익실현을 위해 해당 공무원이 행정절차를 준수해야 하는 이해는 매우 중요하다.

---

18) 행정절차법의 적용 제외사항은 동법 제3조 제2항에 따라 다음과 같이 규정하고 있다. ① 국회 또는 지방의 회의 의결을 거치거나 동의 또는 승인을 얻어 행하는 사항, ② 법원 또는 군사법원의 재판에 의하거나 그 집행으로 행하는 사항, ③ 헌법재판소의 심판을 거쳐 행하는 사항, ④ 각급 선거관리위원회의 의결을 거쳐 행하는 사항, ⑤ 감사원이 감사위원회의의 결정을 거쳐 행하는 사항, ⑥ 형사·행형 및 보안처분 관계법령에 의하여 행하는 사항, ⑦ 국가안전보장·국방·외교 또는 통일에 관한 사항 중 행정절차를 거칠 경우 국가의 중대한 이익을 현저히 해할 우려가 있는 사항, ⑧ 심사청구·해양안전심판·조세심판·특허심판·행정심판 기타 불복절차에 의한 사항, ⑨ 병역법에 의한 징집·소집, 외국인의 출입국·난민인정·귀화, 공무원 인사관계법령에 의한 징계 기타 처분 또는 이해조정을 목적으로 법령에 의한 알선·조정·중재·재정 기타 처분 등 당해 행정작용의 성질상 행정절차를 거치기 곤란하거나 불필요하다고 인정되는 사항과 행정절차에 준하는 절차를 거친 사항으로서 대통령령으로 정하는 사항.

19) 행정작용이란 행정 주체가 행정 목적의 실현을 위하여 행하는 일체의 작용을 말하며, 법률에서의 효과를 발생시키지 않는 작용과 법률에서의 일정한 효과를 발생시키는 법적 작용이 있다.

6. 지방자치법규

지방자치단체는 지역에 거주하는 외국인, 결혼이민자(다문화가족), 외국인노동자, 유학생, 외국국적동포 등을 대상으로 다양한 정책적 지원을 위해 해당 지역에 적합한 조례가 제정되어 있다(김환학, 2016:176). 이때 조례를 제정하기 위해 다양한 전문가가 참여하는 위원회가 구성되어 있으며, 적은 인원이지만 이민자 관련 단체 또는 지역에 거주하는 외국인 등이 참여하고 있다.

현실적으로 국민과의 형평성, 차별 및 갈등 해결 등을 위해서는 정책집행에 많은 어려움이 있다. 조례제정을 통해 가장 많은 정책집행을 하는 영역은 교육과 생활복지지원 및 지역민과의 사회통합정책에 주안점을 두고 있다. 이 외에도 외국인 투자유치 및 생활 외국인의 거주를 유치하기 위한 다양한 서비스 지원체계를 담은 조례를 제정하기도 한다. 외국인 관련 자치조례는 지역별 특성에 적합하게 제정·시행되고 있다.

[표 11] 지역별 외국인 관련 자치조례(예)

지역	내용	번호
		시행일
경기도 가평군	- 명칭: 가평군 거주외국인 지원 조례 - 목적: 가평군에 거주하는 외국인들의 지역사회 적응과 생활편익 향상을 도모하고 자립생활에 필요한 행정적 지원방안을 마련함으로써 지역사회의 일원으로 정착할 수 있도록 하는 것임 - 구성: 제1장~제3장, 총 18조, 부칙	제2676호
		2018.4.11
강원특별자치도 강릉시	- 명칭: 강릉시 외국인주민 및 다문화가족 지원조례 - 목적: 강릉시에 거주하는 외국인주민 및 다문화가족의 안정적인 가정생활 영위 및 자립생활에 필요한 행정적 지원방안을 마련함으로써 이들이 지역사회의 일원으로 정착할 수 있도록 하는 것임 - 구성: 제1장~제2장, 총 25조, 부칙	제1599호
		2023.4.12
인천광역시 강화군	- 명칭: 강화군 외국인투자 촉진 조례 - 목적: 『외국인투자 촉진법』 및 같은 법 시행령에서 위임된 사항과 외국인투자기업의 지원에 관한 사항을 규정하여 강화군 관내에 외국인투자유치를 촉진하는 것임 - 구성: 제1장~제4장 총 19조, 부칙	제2085호
		2012.6.7

자료: 국가법령정보센터(www.law.go.kr), 검색일(2023.5.6.).

Ⅲ. 이민법의 불문법원

이민법의 불문법원은 성문법원이 없는 경우 보충적으로 적용되며, 불문법원으로는 관습법과 판례법을 들 수 있다.

1. 관습법

『관습법』이란 행정의 영역에 있어서 일정한 사실 또는 관행이 오랜 시간 동안 반복되고, 국민 또는 외국인들이 법으로써 인식되거나 법의 효력에 대한 확신을 기초로 규범적으로서 인식된 것을 의미한다(홍정선, 2023:19). 관습법에 관해 복잡하고 다양한 행정의 모든 영역에서 성문법규의 완전한 준비가 어려우므로 관습법 등의 법원성을 인정해야 한다는 통설과 판례의 견해를 볼 수 있다(문현철, 2020:29).

행정의 현상은 획일성, 평등성, 유동성, 강행성, 대량성 등의 이유로 장기간에 걸친 관행이나 법적 확신의 형성은 쉽지 않으며, 특히 질서 행정의 영역인 명령, 강제 등에서 국내 관습법의 사례는 매우 드문 편이다(문현철, 2020:29-30). 이러한 관습법의 효력은 성문법과 대비하여 성문법이 없는 경우에만 보충적 효력만 인정하거나 성문법을 개방하거나 닫을 수 있는 탄력적 효력을 갖는다(문현철, 2020:30). 관습법에 관한 판례의 예를 들면 다음과 같다.

> [대법원 1983.6.14. 80다3231(관습법과 사실인 관습의 구별)]
> "관습법이란 사회의 거듭된 관행으로 생성한 사회생활규범이 사회의 법적 확신과 인식에 의하여 법적 규범으로 승인·강행되기에 이르는 것을 말하고, 사실인 관습은 사회의 관행에 의하여 발생한 사회생활규범인 점에서 관습법과 같으나 사회의 법적 확신이나 인식에 의하여 법적 규범으로서 승인된 정도에 이르지 않은 것을 말하는바, 관습법은 바로 법원으로서 법령과 같은 효력을 갖는 관습으로서 법령에 저촉되지 않는 한 법칙으로서 효력이 있는 것이며, 이에 반하여 사실인 관습은 법령으로서 효력이 없는 단순한 관행으로서 법률행위의 당사자 의사를 보충함에 그치는 것이다."

관습법은 국제관습법이 포함되며, 이민과 관련된 국제조약과 법규는 성문화되기도 한다. 우리나라는 이민과 관련된 관습법을 찾아보기 쉽지 않으나 반면에 대표적인 국제관습법은 다음과 같다(차용호, 2015:27-28).

① 국민은 어떠한 경우라 할지라도 그가 가진 국적국으로 귀국할 수 있는 절대적 권리를 가진다. 더불어 국민에 대한 강제퇴거를 금지하고 있다.
② 국가 고유의 주권 행위인 외국인에 대한 사증발급 행위는 국내문제 불간섭의 원칙이 적용된다.
③ 국가의 영토적 주권 행위로부터 나오는 외국인의 입국금지 권한은 바람직하지 않은 외국인의 입국을 금지할 수 있다.
④ 외국인에 대한 출·입국심사는 신분확인 및 국내 체류 상황 등 사실을 확인하기

위한 것이다.

⑤ 한 사람의 외국인은 1가지 종류의 체류자격 부여가 원칙이다.

⑥ 외국인은 국적국이 아닌 다른 국가에 입국하기 위하여는 입국허가를 받아야 하며, 또한 장기간 체류를 위해서는 별도의 허가를 받아야 한다.

⑦ 외국인이 체류하는 국가의 국민이 되는 요건·신분 또는 자격을 취득하는 이민의 문제는 국가의 전속적 국내관할권 또는 국내문제에 해당하고, 개인이 특정한 국가의 국적을 취득할 수 있는 권리 또는 국적을 변경하거나 다른 국적을 추가하여 취득할 권리는 인정되지 않는다.

⑧ 외국인이 다른 국가에 귀화할 때에 그 국가는 귀화자의 명단을 그 외국인의 과거 국적국에 통보할 의무가 없다.

⑨ 난민인정자와 인도적체류자 및 난민신청자는 박해받을 위험이 있는 국가로 본인의 의사에 반하여 강제로 송환되지 아니한다.

위와 같은 국제관습법의 내용은 국가 간 규범성에 대한 인식의 차이와 학자 간 해석의 대립 및 한계로 나타날 수 있다.

2. 판례법

『판례법』이란 법원이 어떠한 소송사건에 관하여 과거의 판결한 전례가 법원으로 인정되는 경우에 판례의 형태로 존재하는 법을 말한다(문현철, 2020:30). 즉, 유사한 사건으로 동일한 취지의 판결 또는 원칙이 오랫동안 계속되어 국민 또는 외국인 등이 이와 같은 판결 또는 법적 원칙에 대한 확신을 가질 때에 적용되는 판결이라고 할 수 있다. '판결'은 일반적으로 법원의 재판 결과를 말하고, 헌법재판소의 재판을 '결정'이라고 하며, 이 두 과정, 즉 재판과 결정에 의하여 누적되어 성립한 판결을 판례라고 한다(차용호, 2015:14).

『판례법』의 법원에 있어 영미법계 국가에서는 법원이 인정되고 있으나, 대륙법계 국가에서는 부정되고 있다. 우리나라의 경우는 판례법의 법원은 인정하나 판례는 부정하고 있다(문현철, 2020:30). 이렇듯 외국인 또는 이민자의 출입국·사증·체류·국적·통합 등에 관한 판례는 일반적으로 법원의 성격에는 부합되지 않지만 유사한 내용의 판례가 반복될 경우 『판례법』으로 성립될 가능성이 있다고 볼 수 있다.

Ⅳ. 제정 시기별 이민법 및 추진체계

대한민국은 현재 외국인 또는 이민자에 관한 통합법은 없으며, 여러 개별 법률로서 다양한 이민 현상과 대상에 적용하고 있다. 그러나 개별 이민법으로는 국내·외 현상과 그 대상을 둘러싸고 있는 모든 이민상황을 모두 관리하기에는 매우 어려운 부분이 있다. 개별 이민법은 정책의 대상별로 특화되어 이민 관련 사회문제를 국가가 주도적 해결을 위해 문제 주변의 이해관계를 조정하는 조직과 법적 정당성을 필요로 하는 정책 수단으로 기능하고 있다.

대표적으로 『출입국관리법』, 『국적법』, 『재한외국인 처우 기본법』과 『다문화가족지원법』 및 『재외동포의 출입국과 법적 지위에 관한 법률』, 『외국인근로자의 고용 등에 관한 법률』 등이다. 국민과 외국인의 국경관리법인 『출입국관리법』을 제외하고 법률에 있어 『재한외국인 처우 기본법』이 다문화가족, 재외동포, 외국인근로자 등으로 포괄할 수 있는 법적 내용을 담고 있어야 하지만 대상에 대한 제한적인 법조문으로 인하여 개별법에서 그 해당 구체화하고 있다.

이민법을 추진하는 데 있어 핵심은 국경관리, 즉 체류자격과 국적을 기준으로 운영되고 있다. 그러나 법을 바탕으로 어느 하나의 부처에서 정책을 추진할 수 있는 것은 아니다. 각 법률은 부처 정책대상별, 상황별 기본적인 방안을 제시하고 있으나 국제이주사회의 특성, 즉 급변하고 돌발적인 상황 및 대상의 다양한 사례 등은 서로 다른 법률로서 해당 사안에 적용하는 데는 한계가 있다.

이민법의 상위 모법인 『헌법』과 하위 모법의 성격을 가진 『재한외국인 처우 기본법』, 『국적법』, 『출입국관리법』, 『재외동포의 출입국과 법적 지위에 관한 법률』, 『외국인근로자의 고용 등에 관한 법률』, 『다문화가족지원법』, 『북한이탈주민의 보호 및 정착지원에 관한 법』, 『난민법』, 『재외동포기본법』 등 제정 시기별 개별 이민법은 [그림 2]와 같다.

[그림 2] 제정 시기별 이민법

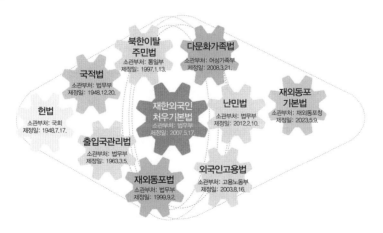

또한, 이민법을 근거로 정책을 추진하는 체계는 법무부 출입국외국인정책본부(간사)를 중심으로 중앙정부 각 부처와 지방정부 및 지역자치단체 등 [그림 3]과 같은 연결망으로 구축되어 정책을 추진한다.

[그림 3] 이민법 추진체계

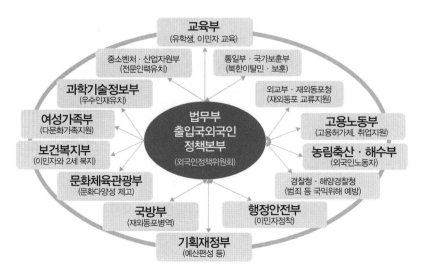

따라서 각 법률의 특성과 모법의 성격을 가지고 있는 『재한외국인 처우 기본법』을 바탕으로 정비한 "이민기본법" 제정은 국민과 외국인의 공존 및 사회통합 관련 정책추진을 위해 무엇보다 중요하다고 할 수 있다.

제Ⅱ부

개별 이민법

個別 移民法

Individual Immigration Law

제Ⅱ부 개별 이민법
個別 移民法
Individual Immigration Law

현재 통용되고 있는 이민법은 크게 10가지로 구분할 수 있으며, 이민법의 모법의 성격을 가진 헌법과 탈북민에 관한 법령도 포함한다. 탈북민을 논하는 의미는 최근 국경을 넘어 국적을 변경하고, 한국으로 다시 유입되는 경우가 늘어나고 있어 이들에 관한 연구가 필요하기 때문이다. 이민과 관련된 개별법은 『대한민국헌법』, 『국적법』, 『출입국관리법』, 『북한이탈주민의 보호 및 정착지원에 관한 법률』, 『재외동포의 출입국과 법적 지위에 관한 법률』, 『외국인근로자의 고용 등에 관한 법률』, 『재한외국인 처우 기본법』, 『다문화가족지원법』, 『난민법』 및 최근 발표된 『재외동포기본법』 등 제정 연도순으로 살펴본다. 제Ⅱ부의 학습 내용은 우리나라 법에 대한 기초적 이해를 바탕으로 외국인에 관한 각각의 이민법에 대해 제정 단계부터 구체적으로 설명한다. 법조문의 구성, 즉 총칙, 주요 법 내용, 해당 법 관리행정 등 영역별로 구분하여 법집행 시 조문에 따른 시행령(대통령령)과 시행규칙(법무부령) 및 행정고시(법무부 고시) 등의 내용을 연계하여 쉽게 이해할 수 있으며, 현장의 문제해결에 적용하는 데 길라잡이 역할을 할 수 있도록 구성하였다. 따라서 학습방법은 해당 법의 조문과 시행령, 시행규칙, 행정고시 등의 연계성을 고려하여 내용을 쉽게 이해할 수 있도록 하였다.

제1장

대한민국헌법
大韓民國憲法

대한민국헌법

헌법	제1호	헌법	제10호	소관부처
제정일	1948.07.17	개정일(전부개정)	1987.10.29	국회
시행일	1948.07.17	시행일	1988.02.25	

『대한민국헌법(이하, 헌법)』을 이해하는 것은 급변하는 국제이주 사회에서 한국으로 이주하는 외국인에 대해 안전하고 더불어 살아가는 사회를 형성하겠다는 정책을 수립하고자 하는 데 있다. 외국인과 국민이 바람직하고 함께 성장하는 사회를 만드는 것이 이민정책의 목적이다. 이러한 목적달성을 위해서 이민정책의 대상인 외국인에 관해 법적 처우에 대한 이해가 필요하며, 외국인의 법적 지위에 관한 법해석의 기준이 되는 헌법의 이해는 이민법을 이해할 수 있는 가장 근본이 되는 활동이다. 대한민국의 헌법은 국제이주 사회에서 일시적 또는 영구적으로 사회구성원이 되고자 하는 외국인의 유입에 관해 어떠한 법적 의미를 지니고 있는지 헌법상 이민 관련 내용을 살펴본다.

I. 헌법의 전문(前文)

헌법은 1948년 7월 17일 제정되어 대한민국 정부 수립의 기초가 되었으며, 이후 8차 개정을 거쳐 1987년 10월 29일 공포, 1988년 2월 25일부터 시행되고 있다. 헌법은 국민의 기본권 및 국가 전반적인 통치구조 등의 내용을 담고 있다. 아래와 같은 헌법 전문의 내용은 대한민국의 뿌리와 근본적인 국가의 인본주의 사상을 찾아볼 수 있다.

[전문(前文)]

"유구한 역사와 전통에 빛나는 우리 대한국민은 3.1운동으로 건립된 대한민국 임시정부의 법통과 불의에 항거한 4.19민주이념을 계승하고, 조국의 민주개혁과 평화적 통일의 사명에 입각하여 정의·인도와 동포애로써 민족의 단결을 공고히 하고, 모든 사회적 폐습과 불의를 타파하며, 자율과 조화를 바탕으로 자유민주적 기본질서를 더욱 확고히 하여 정치·경제·사회·문화의 모든 영역에 있어서 각인의 기회를 균등히 하고, 능력을 최고도로 발휘하게 하며, 자유와 권리에 따르는 책임과 의무를 완수하게 하여 안으로는 국민생활의 균등한 향상을 기하고 밖으로는 항구적인 세계평화와 인류공영에 이바지함으로써 우리들과 우리들의 자손의 안전과 자유와 행복을 영원히 확보할 것을 다짐하면서 1948년 7월 12일 제정되고 8차에 걸쳐 개정된 헌법을 이제 국회의 의결을 거쳐 국민투표에 의하여 개정한다."

Ⅱ. 헌법에서의 이민관련 조문 구성

헌법은 제10장 제2절 제4관 제130조로 구성되어 있다. 제1장(총강)과 제2장(국민의 권리와 의무)은 국민, 재외동포, 외국인에 대한 기본권이 명시되어 있으며, 제3장(국회)부터 제10장(헌법개정)까지는 국가의 전반적인 통치구조에 관한 내용이다. 헌법의 각 조문은 국민을 우선하여 자세히 명시하고 있지만, 외국인 또는 재외동포에 관한 내용도 담고 있다. 헌법의 제1장(총강), 제2장(국민의 권리와 의무)의 구체적인 조문은 다음과 같다.

[표 12] 외국인, 재외동포관련 헌법 조문[1] 내용

구분	조항 내용
제1장 (총강)	제1조 국호, 국민주권 제2조 국민의 요건, 재외동포보호 제3조 영토 제4조 평화통일정책 제5조 침략전쟁의 부인, 국군의 사명과 정치적 중립성 제6조 조약과 국제법규의 효력, 외국인의 법적 지위 제7조 공무원의 지위, 책임, 신분, 정치적 중립성 제8조 정당 제9조 문화의 계승, 발달, 창달
제2장 (국민의	제10조 기본적 인권의 보장 제11조 평등권, 특수계급제도의 부인, 영전의 효력

---

1) 헌법의 각 장, 절, 관의 자세한 내용은 부록 참조.

권리와 의무)	제12조 신체의 자유, 자백의 증거능력 제13조 형벌불소급, 일사부재리, 소급입법금지, 연좌제 금지 제14조 거주·이전의 자유 제15조 직업선택의 자유 제16조 주거의 자유 제17조 사생활의 자유 제18조 통신의 자유 제19조 양심의 자유 제20조 종교의 자유 제21조 언론·출판·집회·결사의 자유 제22조 학문과 예술의 자유 제23조 재산권의 보장과 제한 제24조 선거권 제25조 공무담임권 제26조 청원권 제27조 재판을 받을 권리, 무죄의 추정, 진술권 제28조 형사보상 제29조 국가·공공단체의 배상책임 제30조 국가구조를 받을 권리 제31조 교육을 받을 권리·의무, 평생교육의 진흥 제32조 근로의 권리·의무, 최저임금제, 여자와 연소자의 보호, 국가유공자 등에 대한 기회 　　　우선 제33조 근로자의 단결권 등 제34조 사회 제35조 환경권, 주택개발정책 제36조 혼인과 가족생활, 모성과 국민보건의 보호 제37조 국민의 자유와 권리의 존중, 제한 제38조 납세의 의무 제39조 국방의 의무

자료: 국가법령정보센터(www.law.go.kr), 검색일(2023.7.1.).

헌법의 조항을 살펴보면서 '헌법이 외국인에게도 동일하게 적용될 수 있는가'란 의구심을 가질 수 있다. 답을 하자면 '모든 상황에서 그렇지는 않다.'이다. 즉, 헌법상의 권리를 대한민국 국민과 동일하게 누릴 수는 없다. 이는 외국인이 대한민국으로 이주하는 시점부터 체류하는 동안 법적 지위에 따라 다르게 적용될 수 있으며, 외국인의 헌법상 권리는 국경을 넘는 입국 시점과 입국 후 체류 시점에 따라 구분되기 때문이다.

1. 국경을 넘는 입국 시점

『헌법』 제1장 제1조 '대한민국의 주권은 국민에게 있고 모든 권력은 국민으로부터 나온다.'를 보면 외국인은 대한민국에 입국할 당시 헌법상의 권리가 없으며, 모든 주권과 권력은 국민에게 있으므로 외국인은 해당되지 않는다는 것을 알 수 있다. 또한, 제2장 제14조의 내용을 보면 '모든 국민은 거주·이전의 자유를 가진다.'고 하며, 이 조항은 외국인의 경우 입국의 자유가 보장되지 않고 있으므로 원칙적으로 헌법에서 외국인에 대해 법적 용이 되지 않는다고 볼 수 있다. 반면에 외국인의 법적 지위를 명시한 조항이 있다. 『헌법』 제6조 '① 헌법에 의하여 체결·공포된 조약과 일반적으로 승인된 국제법규는 국내법과 같은 효력을 가진다. ② 외국인은 국제법과 조약이 정하는 바에 의하여 그 지위가 보장된다.' 그러나 이 조항은 외국인이 국민과 다른 헌법적 지위를 가졌다는 것으로 볼 수 있다.

한편, 1967년 특정한 외국인의 입국을 보장하고 허용한 조약, 즉 『대한민국과 아메리카합중국 간의 상호방위조약 제4조에 의한 시설과 구역 및 대한민국에서의 합중국 군대의 지위에 관한 협정(SOFA)』이 있다.[2] 이 조약 제8조(출입국) 제2항은 다음과 같은 내용을 규정하고 있다. '합중국은 군대의 구성원은 여권 및 사증에 관한 대한민국 법령의 적용으로부터 면제된다. 또한, 구성원, 군속(군무원) 및 그들의 가족은 외국인의 등록 및 관리에 관한 대한민국 법령의 적용으로부터 면제된다.'라고 규정하고 있으나 대한민국 영역 안에서 영구적 거소 또는 주소를 요구할 권리를 취득하는 것으로 인정되지 않고 있다.

헌법 제2장(국민의 권리와 의무)은 국민에 국한하여 규정이 명시되어 있으나, 제12조 제1항부터 제7항에 해당하는 규정에서 국경을 넘는 입국 시점의 외국인에 관해 국민과 동일한 보장이 되는 판례는 국경을 넘는 입국 시점의 외국인에게 헌법상 신체의 자유가 보장됨을 확인시켜준 판시라 할 수 있다.

[대법원 2014.8.25. 2014인마5(인신보호해제결정에 대한 재항고)]

"신체의 자유는 모든 인간에게 주체성이 인정되는 기본권이고, 인신보호법은 인신의 자유를 부당하게 제한당하고 있는 개인에 대한 신속한 구제절차를 마련하기 위하여 제정된 법률이므로, 대한민국 입국이 불허된 결과 대한민국 공항에 머무르고 있는 외국인에게도 인신보호법상의 구제청구권은 인정된다. 또한, 대한민국 입국이 불허된 외국인이라 하더라도 외부와 출입이 통제되는 한정된 공간에 장기간 머무르도록 강제하는 것은 법률상 근거 없이 인신의 자유를 제한하는 것으로서 인신보호법이 구제대상으로 삼고 있는 위법한 수용에 해당한다."

반면에 중국 국적 여성이 중국에서 대한민국 국민과 결혼은 하였으나 입국하지 않은 상태에서 결혼이민(F-6) 사증발급을 4차례나 요구하자 사증발급을 거부한 예이다. 이 경우는 결혼이민(F-6) 사증을 요구한 여성이 실질적으로 한국에 거주하지 않고 '가족부양

---

2) 1954년 11월 18일에 제정·발효된 『대한민국과 미합중국간의 상호방위조약』 제4조 "상호 간 합의에 따라 미합중국의 육군해군과 공군을 대한민국의 영토 내와 그 부근에 배비(配備)하는 권리를 대한민국은 이를 허여하고 미합중국은 이를 수락한다."에 의한 1967년 「대한민국과 아메리카합중국 간의 상호방위조약 제4조에 의한 시설과 구역 및 대한민국에서의 합중국 군대의 지위에 관한 협정(SOFA)」.

능력 결여' 등의 이유로 모두 거부한 판시라 할 수 있다.

[대법원 2018.5.15. 2014두42506]

"결혼이민(F−6) 체류자격을 '국민의 배우자'[(가)목], '국민과 혼인관계(사실상의 혼인관계를 포함한다)에서 출생한 자녀를 양육하고 있는 부 또는 모로서 법무부장관이 인정하는 사람'[(나)목], '국민인 배우자와 혼인한 상태로 국내에 체류하던 중 그 배우자의 사망이나 실종, 그 밖에 자신에게 책임이 없는 사유로 정상적인 혼인관계를 유지할 수 없는 사람으로서 법무부장관이 인정하는 사람'[(다)목]이라고 규정하고 있다(제28의4호). −중략− 사증발급 거부처분을 다투는 외국인은, 아직 대한민국에 입국하지 않은 상태에서 대한민국에 입국하게 해달라고 주장하는 것으로, 대한민국과의 실질적 관련성 내지 대한민국에서 법적으로 보호가치 있는 이해관계를 형성한 경우는 아니어서, 해당 처분의 취소를 구할 법률상 이익을 인정하여야 할 법정책적 필요성도 크지 않다. −중략− 중화인민공화국(이하 '중국'이라 한다) 출입경관리법 제36조 등은 외국인이 사증발급 거부 등 출입국 관련 제반 결정에 대하여 불복하지 못하도록 명문의 규정을 두고 있으므로, 국제법의 상호주의원칙상 대한민국이 중국 국적자에게 우리 출입국관리 행정청의 사증발급 거부에 대하여 행정소송 제기를 허용할 책무를 부담한다고 볼 수는 없다. 이와 같은 사증발급의 법적 성질, 출입국관리법의 입법 목적, 사증발급 신청인의 대한민국과의 실질적 관련성, 상호주의원칙 등을 고려하면, 우리 출입국관리법의 해석상 외국인에게는 사증발급 거부처분의 취소를 구할 법률상 이익이 인정되지 않는다고 봄이 타당하다."

2. 입국 후 체류 시점

외국인이 대한민국으로 입국한 후 단기 또는 장기체류할 경우 『헌법』 제6조 제1항과 제2항에 따라 법률적 지배를 받는다. 이는 상호주의 원칙에 따라 외국인의 법적 지위를 보장하는 것이 국제적인 관례이지만 상호주의 원칙뿐만 아니라 대한민국의 헌법상 기본권에 대해서도 다양한 관련 법령[3]에서 체류 외국인에게 적용되고 있다.

『헌법』에서 정하는 기본권, 즉 제2장(국민의 권리와 의무)의 내용을 살펴보면 모든 기본권에 있어 '인간으로서의 권리'에 해당하는 기본권은 외국인에게도 인정된다. 물론 외국인들이 법률에서 많은 부분 기본권에 제한을 받고 있으나 사회권인 지방선거에 참여할 수 있는 참정권(자격을 취득한 경우), 언론·출판·집회·결사 등 자유권에 해당하는 기본권도 일부 인정되고 있다. 또한, 다른 어떠한 기본권의 보장을 요구하는 수단으로서의 청구권이 인정되고 있다(이종혁, 2014:522−523; 한태희, 2019:28). 기본권을 인정하는 판례는 다음

---

3) 『출입국관리법』, 『재한외국인처우기본법』, 『외국인근로자의 고용 등에 관한 법률』, 『다문화가족법』 등이 해당된다.

과 같이 찾아볼 수 있다.

[헌재 전원재판부 2011.11.29. 99헌마494(재외동포의 출입국과 법적지위에 관한 법률 제2조 제2호 위헌확인)]

  "우리 재판소는, −중략− '국민', 국민과 유사한 지위에 있는 '외국인'은 기본권의 주체가 될 수 있다. 판시하여(헌재 1994.12.29. 93헌마120, 판례집 6−2, 477, 480) 원칙적으로 외국인의 기본권 주체성을 인정하였다. 인간의 존엄과 가치, 행복추구권은 대체로 '인간의 권리'로서 외국인도 주체가 될 수 있다고 보아야 하고, 평등권도 인간의 권리로서 참정권 등에 대한 성질상의 제한 및 상호주의에 따른 제한이 있을 수 있을 뿐이다."

  위 판시내용은 외국인도 국민과 유사한 지위에 있기에 체류하는 동안 국내법을 적용받을 수 있다는 것으로 해석할 수 있다. 그러나 외국인이 기본권의 주체가 될 수 있더라도 '국민(주권자)', '국가의 구성원'으로서 누리는 기본권, 즉 입국할 권리와 참정권(대통령, 국회의원 선거) 등은 인정되지 않는다(전상현, 2014:601−605).

  한편 외국인근로자의 사업장 변경 제한에 대해 『외국인근로자의 고용 등에 관한 법률』 제25조 제4항 등 위헌확인 등의 판례를 살펴보면 『헌법』 제6조 제2항에 관한 해석에 있어 양면성을 볼 수 있으므로, 외국인의 법적 지위에 관해 명확하고 현실에 적합한 의미로 정의하여 개정할 필요가 있다. 이러한 논점을 확인할 수 있는 판결의 결정내용 중 반대(각하)로 판시한 내용을 살펴보면 다음과 같다.

[헌재 2011.9.29. 2007헌마1083, 2009헌마230, 2009헌마352 병합(김종대 재판관)]

  "기본권의 주체를 '모든 국민'으로 명시한 우리 헌법의 문언, 기본권 주체에서 외국인을 제외하면서 외국인에 대해서는 국제법과 국제조약으로 법적지위를 보장하기로 결단한 우리 헌법의 제정사적 배경, 국가와 헌법 그리고 기본권과의 근본적인 관계, 헌법상 기본권의 주체는 헌법상 기본적 의무의 주체와 동일해야 한다는 점, 외국인의 지위에 관한 헌법상 상호주의 원칙, 청구인이 주장하는 기본권의 내용이 인간으로서의 권리인지, 국민으로서의 권리인지 검토하여 기본권 주체성 인정 여부를 결정하는 것은 구별기준이 불명확하고 판단 순서가 역행되어 헌법재판 실무처리 관점에서도 부당한 점, 외국인에 대해서는 국제법이나 조약 등에 의하여 충분히 그 지위를 보장할 수 있는 점에 비추어 보면 모든 기본권에 대하여 외국인의 기본권 주체성을 부정함이 타당하다. 다만, 외국인이라도 우리나라에 입국하여 상당기간 거주해 오면서 대한민국 국민과 같은 생활을 계속해 온 자라면 사실상 국민으로 취급해 예외적으로 기본권 주체성을 인정할 여지는 있다고 본다. 그렇다면 외국인인 이 사건 청구인들에 대하여는 기본권 주체성을 인정할 수 없으므로, 헌법소원심판청구의 당사자능력을 인정할 수 없고, 따라서 이 사건 심판청구는 부적법하다."

　이렇듯 헌법의 해석에 있어서 양면성은 1987년 법 개정 당시 외국인의 빈번한 출입국과 체류 외국인의 정주화가 많이 이루어지지 않았기 때문에 급변하는 국제이주 사회에서 현행『헌법』은 다양한 이민자와 그에 따른 상황에 대응할 수 있는 자세하고 적절한 내용을 담지 못한 것으로 볼 수 있다.

　『헌법』제2조와 제6조를 살펴보면, 외국인에 관한 지지와 국가 간 협조 등 상호주의에 입각한 내용이라 할 수 있다. 무엇보다 국민과 재외동포의 안전과 행복한 삶의 질 제고 및 문화국가로서 민족문화의 창달과 계승·발전을 위한 수단의 의미를 내포한다고 볼 수 있다. 따라서 대한민국의 변화하는 다양한 민족문화성향을 인식하고, 지속발전이 가능하도록 보다 개방적, 포괄적이며, 적극적인 개정이 이루어져서 시대에 부합되는『헌법』이 되도록 하여야 할 것이다.

제2장

국적법

國籍法

국적법

법률	제16호	법률	제18978호	소관부처
제정일	1948.12.20	개정일(일부개정)	2022.09.15	법무부 (국적과)
시행일	1948.12.20	시행일	2022.10.01	

『국적법』은 대한민국의 국민이 되는 요건을 정함을 목적으로 한다(제1조). 이는 『헌법』 제2조 제1항에서 "대한민국의 국민이 되는 요건은 법률로 정한다."고 규정함으로써 국적법정주의를 채택하고 있으며, 국가성립의 3대 요소인 국민, 영토, 통치구조가 정립됨으로써 1948년 7월 『헌법』 제정 후 12월에 『국적법』이 제정되었다.

Ⅰ. 국적에 관한 일반 이론

1. 국적의 기능(機能) 및 법원(法源)

(1) 국적의 기능

국적(nationality)이란 우선 사전적 의미를 살펴보면 '어느 한 나라의 사회구성원이 되는 자격' 또는 '해당 국가의 국민 즉 사회구성원이 되기 위해 얻는 자격'을 의미한다. 학자들은 국적의 개념에 대해 '어떤 개인을 특정한 국가에 귀속시키는 법적인 유대'이며, 국제법의 원칙에 따라 해당 국가가 국내법으로 부여한 법적 인연이라 한다. 국적은 자국의 관할권이 미치는 영역 내에서 법령과 제도를 운용함에 자국민과 해당 국가 구성원에 속하지 않는 사람을 구별하기 위한 기준이 되기도 한다. 즉, 해당 국가의 국적을 가진 자는 국민(nation)이거나 국민이 될 자격을 갖춘 사람이며, 반면 그 해당 국가의 국적이 아닌 다른 국가의 국적을 가졌거나 그 어떤 국적을 가지지 않은 자는 외국인(foreigner)이라고 한다(석동현, 2011:15). 이러한 국적은 크게 국제법적 기능과 국내법적 기능을 가지고 있으며, 구체적으로 살펴보면 다음과 같다.

1) 국제법적 기능

국제법적 기능에는 재외동포보호권(Right to protect overseas nationals) 또는 외교적 보호권(Right to diplomatic protection) 기능과 자국민 수인의무(受認義務) 및 외국인 수인거절권(受認拒絕權) 기능이 있다.

우선, 재외동포보호권(Right to protect overseas nationals) 또는 외교적 보호권(Right to diplomatic protection) 기능이다. 국가는 국민이 자국의 영토가 아닌 공간, 즉 다른 국가에서 체류하는 경우 자국민이 체류국으로부터 부당한 대우를 받거나, 불법적으로 권리를 침해받으면 국제법에 따라 또는 외교적 교섭을 통해 자국민에 대한 보호 또는 구제 등 적절한 조치를 체류국 정부로부터 요구할 수 있는 권리를 가지는 것을 말한다. 외교적 보호권은 국제법상 승인되는 대인 관할권(代人 管轄權)[4]을 기초로 해당 국가의 국내법 규정과 관계없이 국제법과 국제사회의 관행에 의해 승인된 권리이다. 자국민을 위해 국제사회에서 외교적 보호권을 행사하기 위해서는 다음과 같은 요건을 갖추어야 한다.

① 보호권 대상자가 불법행위로 인해 손해를 입은 때로부터 외교적 보호권에 따른 최종 판결이 있을 때까지 외교적 보호권을 주장하는 국가의 국적을 보유하고 있어야 한다.
② 보호권 대상자 국적은 국제법상 인정되는 유효한 국적이어야 한다.
③ 체류국의 국내적 구제절차가 완료된 이후라야 한다.[5]

---

4) 남을 대신하여 특정한 사건에 대하여 법원이 처리할 수 있는 권한, 즉 국민을 대신하여 국제법상 외교적 교섭 또는 국제법에 따라 자국민을 보호 또는 구제 등 적절한 조치를 요구할 수 있는 권리를 의미한다.
5) 석동현(2011), 『국적법』, 법문사, p.26 각주 24번 재인용 "국제사법재판소는 국가의 외교적 보호권 행사에 있어서 국내적 구제절차 완료를 요구하는 이유는 불법행위가 발생한 국가에서 자국의 법과 자국이 가지고 있는 방법에 따라 구제할 기회를 준다는 데 그 목적이 있다고 판시한 바 있다(ICJ Reports, 1959, p.27). 이외 개인이 외국의 영토에 들어가는 것은 그 국가의 법을 따르겠다는 의사표시로 볼 수 있고 다른 국가의 입장을 존중하여 국제분쟁으로 번지는 걸 막아야 하며, 피해 내용에 대한 조사는 발생지에서 이루어지는 것이 좋다는 인식으로 보는 견해가 있다(柳炳華 · 朴魯馨 · 朴基甲(2000), 국제법 II, pp. 431−432; 李漢基(2010), 국제법강의, p.589)."

이렇듯 국적은 재외동포보호권(Right to protect overseas nationals) 또는 외교적 보호권(Right to diplomatic protection) 행사의 근거 또는 대인 관할권의 기준이 된다.

재외동포의 외교적 보호권에 관해 『헌법』 제2조 제2항은 '국가는 법률이 정하는 바에 의하여 재외동포를 보호할 의무를 진다.'라고 규정하고 있다. 또한, 동법 제10조 내용 중 '국가는 개인이 가지는 불가침의 기본적 인권을 확인하고 이를 보장할 의무를 진다.'라고 되어 있다. 이는 재외동포에 대한 국가의 보호 의무를 명시하며, 재외동포의 외교적 보호에 대한 기본권 보장의 규범적 특성을 나타낸 것이라 볼 수 있다.

두 번째는 자국민 수인의무(受認義務) 및 외국인 수인거절권(受認拒絕權) 기능이다. 수인의무(受認義務)란 모든 국가는 자국민이 다른 국가에서 입국 또는 체류가 거절되면 자국에 받아들일 의무가 있으며, 어떠한 이유로든 자국민이 추방을 당한 경우에도 그 자국민을 받아야 한다는 것을 말한다(석동현, 2011:27). 또한, 외국인 수인거절권(受認拒絕權)이란 국내법이 정한 사유 또는 주권적 재량으로 입국 또는 비자발급 불허 및 국내 체류 중인 외국인에 대해서 강제퇴거를 명할 수 있는 것을 말한다(석동현, 2011:27－28). 이러한 자국민 수인의무(受認義務) 및 외국인 수인거절권(受認拒絕權) 기능은 국제사회에서 국제법이 인정하는 각 국가의 고유권리이며, 보편적 원칙이다.

2) 국내법적 기능

『헌법』을 비롯한 각종 국내법은 국민을 대상으로 법조문이 구성되어 있으며, 국민이 가지는 권리와 의무를 규율하고 있다. 그러나 국가 간 인구이동의 다변화로 인해 다수의 국가는 국제조약 및 국제법규에 대해 자국의 국내법과 동일효력을 인정하고 있다. 이는 자국에 체류하고 있는 외국인에 대해 기본적인 인권과 사법권에 관한 법률상 지위를 인정하는 것이다(석동현, 2011:28).

나라별 국내상황에 따라 차이가 있겠지만, 내국인과 외국인의 출입국과 체류, 참정권, 취업·투자·재산보유 등 경제활동에 따른 해당 법률은 차별적으로 관련될 수밖에 없다(석동현, 2011:28). 이런 점에서 우리나라의 『헌법』 제6조는 국제조약과 국제법규의 국내법과 같은 효력을 가지며(제1항), 외국인은 국제법과 조약이 정하는 바에 의하여 그 지위가 보장된다(제2항)는 내용을 규정한다.

따라서 국적은 국제사법상의 법률관계에 적용될 준거법(準據法)을 정하는 데 기준이 되는 가장 중요한 요소이며, 우리나라의 경우 국적을 통해 본국법을 준거법으로 정하며 당사자의 국적에 따라 결정하게 된다.

(2) 국적의 법원

국적을 결정하는 기준이 되거나 그 기준에 영향을 미치는 법적 근거를 국적의 법원이라고 한다. 국적을 취득하거나 상실할 경우 각국의 성문법 또는 불문법에 따라 결정하게 되지만 조약, 선언, 의정서 등 국제법에 따라 정해지기도 한다. 국적을 결정하는 법원은 국내적 법원과 국제적 법원으로 구분할 수 있다(석동현, 2011:30).

우선, 국내적 법원은 『헌법』 제2조 제1항 '대한민국의 국민이 되는 요건은 법률로 정한다.'라고 법률에 위임하고 있다. 이러한 대한민국 국민이 되는 요건을 정한 법률이 『국적법』이다.

두 번째, 국제적 법원으로는 국적에 관해 최초로 명시한 1930년 4월 12일 국제연맹의 국제법적 편찬위원회가 헤이그에서 채택한 '국적법의 저촉에 관련된 약간의 문제에 관한 협약(Convention on Certain Questions relating to the Conflict of Nationality Laws, 일명 헤이그 협약)'이다. 「헤이그 협약」은 국제사회가 국적의 저촉을 최대한 줄이고, 국적의 저촉으로 인해 초래되는 다양한 문제에 효율적으로 대응하고자 하였다(석동현, 2011:31).

국적에 관한 중요한 국제적 법원은 「헤이그 협약」 외에도 UN이 채택한 '세계인권선언(Universal Declaration of Human Rights, 1948)', '무국적자의 지위에 관한 협약(Convention relating to the Status of Stateless Person, 1954)', '무국적자 감소에 관한 조약(Convention on the Reduction of Statelessness, 1961)', '기혼여성의 국적에 관한 조약(Convention on the Nationality of Married Women, 1957)', '국제인권규약(International Covenant on Human Rights, 1966)', '난민의 지위에 관한 협약(Convention relating to the Status of Refugees, 1951)', '난민지위에 관한 의정서(Protocol relating to the Status of Refugees, 1967)', '시민적·정치적 권리에 관한 국제규약(International Covenant on Civil and Political Rights; B규약, 1966)', '여성차별 철폐협약(Convention on the Elimination of All Forms of Discrimination against Women, 1979)', '아동의 권리에 관한 협약(Convention on the Rights of the Child, 1989)' 등 국적취득에 관한 내용을 담고 있어 국적에 관한 국제적 법원이라 할 수 있다.

2. 국적의 결정 및 저촉

(1) 국적의 결정

국적을 부여하거나 거절 등에 관한 결정은 각 국가의 고유 권한이며, 영토주권(territorial sovereignty)의 속성을 가지고 있다. 그러므로 국가마다 역사와 문화, 정치 등 국적취득과 상실의 배경이 달라 모든 국가에 일반적이고, 동일하게 적용되는 국제법 원칙은 존재하기 어렵다. 따라서 국제법에서의 국적취득과 상실에 관한 결정은 해당 국가의 국내법 관할 영역으로 운영되고 있다.

그러나 국적취득과 상실에 관하여 각 국가가 독자적으로 결정기준을 운영함으로써 야기될 수 있는 국적저촉의 문제를 해결하고자 국제조약 등 끊임없는 국제적 협력을 해 왔다. 이러한 국제적 협력을 바탕으로 두 가지의 원칙, 즉 국가에 의해 국적을 결정하게 되는 '국적유일의 원칙'과 개인의 의사결정을 존중하여 후천적으로 국적을 결정하게 되는 '국적자유의 원칙'이 형성하게 되었으며, 구체적으로 살펴보면 다음과 같다.

1) 국적유일의 원칙

국적유일의 원칙은 사람을 무국적상태에 처하게 해서는 안 되며, 반드시 국적을 가지되 하나의 국적을 가져야 한다는 원칙을 의미한다. 이러한 원칙은 1895년 만국국제법학회가 '모든 사람은 반드시 국적을 가지는 한편 누구도 2개의 국적을 가져서는 안 된다.'라는 국적유일의 원칙을 영국 케임브리지에서 최초로 선언한 후 시작되었다. 국적유일의 원칙은 대부분 국가에서 수용하고 있으며, 일종의 강제부여에 기초한 것이다. 이는 선천적 무국적자의 발생을 막기 위해 혈통주의와 출생지주의 형태가 복합적으로 적용되어 출생과 동시에 자국민이 되는 자를 결정하는 기준으로 운영하고 있다.

이렇듯 국가에 의해 결정되는 국적은 선천적 국적과 후천적 국적으로 구분할 수 있다. 먼저 선천적 국적은 출생과 동시에 취득하게 되는 생래적(生來的) 또는 근원적 국적으로 출생 시 부모의 국적에 따라 결정되는 것을 의미한다. 국적입법례는 선천적으로 자국의 국민 또는 시민이 되는 자의 기준을 정하되 혈통주의(屬人主義, nationality principle)와 출생지주의(屬地主義, territorial principle)로 크게 분류할 수 있으며(석동현, 2011:35), 우리나라는 혈통주의를 원칙으로 하고 있다(허영, 2020:202).

첫째, 혈통주의(屬人主義, nationality principle)는 부모의 국적을 기준으로 그 자녀의 국적을 결정하는 주의이다. 혈통주의는 부의 국적을 기준으로 삼는 부계혈통주의와 부모 중 어느 일방이라도 자국민이면 그의 자녀에 대해 자국 국적을 부여하는 부모양계혈통주의로 분류할 수 있으며, 우리나라는 현재 부모양계혈통주의를 채택하고 있다.

[헌재 2000.8.31. 97헌가12]
"부모양계혈통주의를 채택한 1997년 국적법 제7조 제1항이 모계출생자에 대한 국적취득의 특례를 법시행 당시 10세 미만인 자에 한정해서 적용하게 된 것은 평등원칙에 위배된다는 헌법불합치결정에 따라 그 적용을 20세 미만인 자로 확대하도록 국적법을 개정했다."

혈통이 국적의 부여기준으로 채택되는 것은 부적절하다는 의견에도 불구하고 입법정책으로서 자국민의 자녀는 법적으로나 사실상으로나 자국의 사회와 가족의 구성원이 된다는 점에서 자국민으로 인정해주는 게 합리적이라는 가치평가가 있다. 이러한 헌재의 헌법불합치결정에 따라 외국인 부와 한국인 모 사이에 태어난 자녀는 모의 성과 본을 따를 수 있고 모의 호적에 입적하도록 하고 있다(법 부칙 제8조, 2001.12.19; 허영, 2020:202).

둘째, 출생지주의(屬地主義, territorial principle)는 중세시대 영지 내 출생한 자를 영지의 부속물로 보고, 거주하게 됨에 따라 국적을 부여하고 영지 내 국민으로서 의무를 부담시킨다는 사상에서 발생한 것이다(석동현, 2011:39). 국적을 결정하는 원리는 어느 국가 등 그 국가의 영토 내에서 출생한 자 모두 자국민의 자격을 부여하는 것이다. 출생지주의는 아동이 자국의 영토 내에서 출생한 것인지가 중요할 뿐 부모의 국적, 혈통 외 그 어떤 것도 문제가 되지 않는다. 오늘날 빈번한 국제적 이동에 따른 이민 등에 의해 유입 또는 정주한 외국인의 출생 자녀에게도 자국민과 동일한 법적 지위를 부여함으로써 정착과 융화를 촉진하는 기능을 가진다. 또한, 인구감소시대 세계 속에서 가장 낮은 출생률을 보이는 우리나라도 인적자원정책으로 출생지주의 원칙을 적극적으로 고려해야 할 것이다.

그러나 각국은 혈통주의나 출생지주의 중 어느 한 가지를 주로 채용하면서 상황에 따라 다른 하나를 병용하는 측면도 있다. 예를 들면 우리나라는 근본적으로 혈통주의를 채택하고 있지만, 국내에서 태어난 아동의 부모가 분명하지 않을 경우는 대한민국의 국적을 부여하고 있다.

또한, 국적유일의 원칙은 복수국적자의 발생을 막기 위한 정책적 억제규정을 두고 있다. 예를 들면, 자진 또는 부모로 인하여 외국의 국적을 취득한 자국민의 경우나 외국인이 체류국의 국적을 취득(귀화)한 경우는 자신이 보유하고 있는 국적 또는 시민권 어느 하나를 포기하도록 요구하는 것이 절대다수의 국가에서 나타나는 경향이다. 우리나라도 여기에 해당한다.

2) 국적자유의 원칙

국적자유의 원칙은 국적취득과 상실에 관해 국제적 협력은 개인이 자유롭게 국적을 선택할 수 있는 권리를 보장하고 실천해 온 결과, 개인의 국적취득과 상실은 자유로운 의사를 통해 결정할 수 있도록 보장해주어야 한다는 원칙을 의미한다. 국적유일의 원칙에 반해 국적자유의 원칙은 복수국적인 자국민의 국적변경, 이민, 외국인의 귀화, 국제결혼 등 후천적 사유로 발생하며, 국적선택은 당사자 본인의 자유의사로 결정되고 있다.

국적선택에 있어 개인의 자유의사 결정을 존중하는 만큼 대부분 국가는 다른 나라의 국적을 취득하지 않고, 해당 국가의 국적에 대한 포기를 허용하지 않는다. 만약 국민이 자국의 국적을 포기하려 하는 경우 병역, 납세의무, 사법적 진행 등의 이유로 국적 포기를 허가하지 않을 수도 있다. 또한, 외국인이 체류국의 국적취득을 원하는 경우 체류국 내에 주소를 두어야 하며, 해당 국가에 대한 충성 선서 등 일정한 요건을 갖추는 것을 요구한다. 예를 들어 복수국적자가 국내에 체류할 경우 외국국적을 사용하지 않겠다는 불행사서약서를 제시함으로써 다양한 사법적 사각지대의 혼란을 예방할 수도 있다.

국적자유의 원칙은 기존에 어떤 국가의 국적을 가진 자가 국적을 변동하는 과정에서 후천적으로 국적 결정하기도 한다. 이를 후천적 국적의 결정이라고 하며 국적의 변동에는 크게 귀화와 혼인과 입양 및 국적회복(또는 국적 재취득) 등이 있다. 귀화는 자신의 의지에 따라 외국국적을 취득하는 경우이며, 혼인과 입양은 국제사법적 신분행위의 법률적 효과로 해당 국가의 국적을 취득하게 되는 경우이다. 국적회복(또는 국적 재취득)은 출생 당시 취득했던 국적을 상실했거나 다른 국적을 취득한 후 원래 취득했던 국적으로 변동하거나 국적을 재취득하는 경우이다. 예를 들면, 혼인의 경우 우리나라 국민과 혼인한 외국인이 간이귀화요건을 갖추어 대한민국 국적을 취득하며, 입양의 경우 국민이 미성년 외국인을 인지한 경우 대한민국 국적을 취득한다. 또한, 국적회복(국적 재취득)의 경우는 대한민국으로 재입국을 통해 정주하고 있는 고려인 1세대와 그들의 자녀, 과거 독립운동가의 자녀 등을 들 수 있다.

(2) 국적의 저촉(國籍抵觸, conflict of nationality)

국적의 저촉이란 한 사람이 동시에 둘 이상, 즉 복수 또는 다중국적을 가지고 있거나 무국적인 경우를 의미한다. 국적을 복수 또는 다중국적을 가지고 있는 경우는 적극적 저촉이라 하며, 무국적인 경우는 소극적 저촉이라 한다(석동현, 2011:44). 이러한 저촉은 국제사회에서 국적 결정에 관해 국가별로 국내법 관할범위로 국적의 결정기준을 다르게 규정하는 데에서 발생하며, 적극적 저촉과 소극적 저촉에 관해 살펴보면 다음과 같다.

적극적 저촉은 선천적으로 복수국적자가 생기는 경우와 후천적으로 복수국적자가 되는 경우가 있다. 선천적 복수국적자는 혈통주의 국가의 국민이 출생지주의 국가에서 자녀를 출산할 경우와 국적이 다른 사람 간 국제결혼을 통해 출생한 자녀의 경우이다. 후천적 복수국적자는 국민과 결혼한 외국인에 대해 결혼한 외국인의 국적을 보유하고 별도로 배우자의 국적을 가질 수 있게 됨으로써 결혼한 외국인이 배우자의 국적을 취득하더라도 이를 자국의 국적상실 사유로 인정하지 않으면 두 나라의 국적을 모두 가지는, 즉 복수국적자가 된다.

소극적 저촉은 혈통주의 국가에서 자녀를 출산하였으나 본국법의 규정상 부모가 국적을 취득하지 못하게 된 경우와 전쟁과 자연환경으로 인해 국가운영체제가 무너져 국가가 분리되었거나 없어진 경우이다. 이외에도 자신이 체류하는 국가에서 취득한 체류자격이 위법한 상태로 자녀를 출생한 경우 그 자녀는 무국적이 될 수 있다.

Ⅱ. 국적법의 조문 구성 및 정의

1. 국적법의 조문 구성

『국적법』의 법조문은 총 제27조로 되어 있으며, 크게 4가지 유형, 즉 '목적', '국적취득', '복수국적', '국적상실', '국적법관리행정' 등과 같이 구분할 수 있다.

[표 13] 국적법의 조문 내용

구분	조문 내용	
목적	제1조	목적
국적취득	제2조	출생에 의한 국적취득
	제3조	인지에 의한 국적취득
	제4조	귀화에 의한 국적취득
	제5조	일반귀화 요건
	제6조	간이귀화 요건
	제7조	특별귀화 요건
	제8조	수반 취득
	제9조	국적회복에 의한 국적취득
	제11조	국적의 재취득
	제20조	국적 판정
복수국적	제10조	국적 취득자의 외국국적 포기 의무
	제11조의2	복수국적자의 법적 지위 등
	제12조	복수국적자의 국적선택의무
	제14조의3	복수국적자에 대한 국적선택명령
	제14조의5	복수국적자에 관한 통보의무 등
국적상실	제14조의4	대한민국 국적의 상실결정
	제15조	외국국적취득에 따른 국적상실
	제16조	국적상실자의 처리
	제18조	국적상실자의 권리 변동
국적법 관리행정	제13조	대한민국 국적의 선택절차
	제14조	대한민국 국적의 이탈 요건 및 절차
	제14조의2	대한민국 국적의 이탈에 관한 특례
	제17조	관보 고시
	제19조	법정대리인이 하는 신고 등
	제22조	국적심의위원회
	제23조	위원회의 구성 및 운영
	제27조	벌칙 적용에서의 공무원 의제
	제25조	관계기관 등의 협조
	제26조	권한의 위임
	제21조	허가 등의 취소
	제24조	수수료

2. 정의

국적(nationality)이란 '어떤 개인이 어느 한 나라의 사회구성원이 되는 자격으로 국민이 되거나 국민이 될 자격을 갖추는 데 기준이 되는 개념'이라 정의할 수 있다. 우리나라 법제는 국민과 국적자가 일치하지만, 그렇지 않은 국가도 있다. 예를 들면, 미국에 딸린 영토, 즉 속령에서 출생한 자는 미국의 국적자가 되어 국가통제와 지배 안에 속하지만, 헌법이 부여하는 시민권은 누리지 못한다. 이에 미국은 시민권이란 용어를 널리 사용하고 있다(이철우, 2015:256).

Ⅲ. 국적취득

국적취득은 대한민국의 국민이 되기 위하여 요건을 갖춘 경우에만 가능하다. 그 요건이라는 것은 출생 등에 의해 이미 대한민국 국적을 취득한 대한민국 국민이거나, 귀화 등으로 대한민국 국적을 취득할 수 있는 요건을 갖춘 외국인 등 모두에게 적용된다. 국적취득 방법으로는 출생을 통해 취득하게 되는 것과 정해진 요건에 적합함을 판단하여 취득할 수 있는 것으로 구분할 수 있다.

첫째, 부 또는 모가 대한민국의 국적을 가지고 있는 국민의 자녀는 출생과 동시에 부모의 국적에 따라 출생에 따라 국적을 취득할 수 있다. 이를 혈통주의 또는 속인주의(屬人主義)라 한다. 또한, 부모가 모두 분명하지 않거나 국적 없이 대한민국에서 출생한 경우, 즉 어떤 나라의 영토 내에서 태어난 사람은 그 출생지의 국적을 취득하는 출생지주의 또는 속지주의(屬地主義)라고 한다. 국적을 취득할 수 있는 유형은 출생에 따라 나누어진다.

[표 14] 선천적(출생)으로 취득할 수 있는 국적유형

유형	세부유형	내용	조항 및 관련 법률
선천적 (출생)	속인주의 (혈통주의)	• 출생과 동시에 대한민국 국적을 취득하는 경우 – 출생 당시 부 또는 모가 대한민국 국민인 자 – 출생하기 전에 부(父)가 사망한 경우 그 사망 당시에 부(父)가 대한민국 국민이었던 자의 자녀	제2조 제1항
	속지주의 (출생지주의)	• 부모 또는 국적 없이 대한민국에서 출생한 경우 – 부모가 모두 분명하지 않은 경우나 국적이 없는 경우이며 대한민국에서 출생한 자 – 대한민국에서 발견된 기아(棄兒)는 대한민국에서 출생한 것으로 추정하여 국적취득이 가능함	제2조 제1항 제3호, 제2항

둘째, 정해진 요건, 즉 후천적으로 취득하는 경우는 대한민국의 국민이 아닌 자(외국인)로서 대한민국 국민인 부 또는 모에 의해 자녀에 대한 법률상 친자관계가 형성되는 인지(認知)에 의한 국적취득이 있다. 또한, 대한민국 국적을 취득한 사실이 없는 외국인은 법무부장관의 귀화허가(歸化許可)를 통해 대한민국 국적을 취득할 수 있는 귀화(歸化)에 의한 취득이다. 특히, 귀화에 의한 국적취득은 일반귀화, 간이귀화, 특별귀화로 세분화할 수 있다.

① '일반귀화'는 외국인으로서 영주자격과 5년 이상 계속해서 대한민국에 주소가 있어야 하며 생계유지 능력, 한국어 능력 및 한국 사회풍습에 대한 기본소양 및 국가 안전 보장·질서유지 또는 공공복리에 대한 법무부장관의 인정 등이 있어야 한다.
② '간이귀화'는 외국인으로서 3년 이상 계속해서 대한민국에 주소가 있거나, 부 또는 모가 대한민국 국민이었던 자 또는 국민의 양자(養子), 국민의 배우자와 자녀 등 국적을 취득할 수 있는 요건을 갖춘 경우이다.
③ '특별귀화'는 대한민국에 주소가 있으며, 특별한 공로가 있거나 특정 분야에 우수한 능력을 보유하여 국익에 기여할 것으로 인정되는 사람 등 정해진 요건을 갖추게 되면 국적을 취득할 수 있다.

[표 15] 정해진 요건으로 취득할 수 있는 국적유형

유형	세부 유형	내용	조항 및 관련 법률
후천적 (정해진 요건)	인지 (認知)	- 외국인으로서 출생 당시 대한민국의 국민인 부(父) 또는 모(母)에 의해 인지되고, 대한민국의 『민법』상 미성년의 요건을 갖추면 법무부장관에게 신고함으로써 대한민국 국적을 취득함 - 신고절차와 그 외 필요한 사항은 대통령령으로 함	법 제3조 『가족관계의 등록 등에 관한 법률』, 『민법』
	귀화 (歸化)	공통 - 외국인은 요건을 갖춰 법무부장관의 귀화허가(歸化許可)를 받아야 함 - 귀화요건을 심사(일반, 간이, 특별)한 후 그 요건을 갖춘 사람에게만 귀화 허가 - 귀화허가자: 국민선서, 귀화증서를 수여받을 때 대한민국 국적 취득(국민선서는 연령, 신체적·정신적 장애 등으로 이해나 표현이 어려운 경우 면제함) - 귀화허가를 받은 사람에 대해 국민선서 및 귀화증 수여 등은 지방출입국·외국인관서의 장이 대행할 수 있음	법 제4조 (시행령 제3조 부터 제4조의6)
		일반 귀화 요건 ㉠ 5년 이상 계속 대한민국에 주소가 있을 것 ㉡ 대한민국에서 체류가능한 영주(F-5)자격 있을 것 ㉢ 대한민국의 『민법』상 성년일 것 ㉣ 법무부령이 정하는 품행 단정의 요건을 갖출 것	법 제5조 (시행규칙 제5조의2)

			㉤ 자신 또는 가족 등에 의한 생계유지 능력 ㉥ 한국어 능력과 한국 사회풍습이해 등 기본소양 ㉦ 국가안전보장 · 질서유지 또는 공공복리를 해치지 않는다고 법무부장관이 인정할 것	
		간이 귀화 요건	• 3년 이상 계속 대한민국에 주소가 있는 사람 ① 부 또는 모가 대한민국의 국민이었던 사람 ② 대한민국에서 출생한 사람으로서 부 또는 모가 대한민국에서 출생한 사람 ③ 대한민국 국민의 양자(養子)로서 입양 당시 대한민국의 『민법』 • 배우자가 대한민국의 국민인 외국인 ① 혼인한 상태로 2년 이상 계속 주소가 있는 사람 ② 혼인 3년이 지나 혼인한 상태로 1년 이상 거주 ③ 혼인+거주 중 배우자의 사망, 실종 또는 그 밖에 자신에게 책임이 없는 사유로 정상적인 혼인생활 유지가 어려운 사람 중 거주기간을 채우고, 법무부장관이 인정한 사람 ④ 혼인상태에서 출생한 미성년자녀를 양육하고 있거나 양육할 사람으로서 거주기간을 채우고 법무부장관이 인정한 사람	법 제6조 『민법』
		특별 귀화 요건	• 대한민국에 주소가 있으며, ① 부 또는 모가 대한민국의 국민인 사람(단, 양자로 성년이 된 후에 입양된 사람은 제외함) * 중도입국자녀의 경우: 외국인 모(母)가 귀화하여 한국국적을 보유하였다면 특별귀화 가능 ② 대한민국에 특별한 공로가 있는 사람 ③ 과학 · 경제 · 문화 · 체육 등 특정 분야 매우 우수한 능력 보유자로 국익에 기여할 것이 인정된 사람 - 이에 해당하는 사람을 정하는 기준 및 절차는 대통령령으로 함	법 제7조 (시행령 제6조) 『독립유공자예우에 관한 법률』, 『국가유공자 등 예우 및 지원에 관한 법률』

이러한 정해진 요건에 따른 국적취득에 있어 귀화신청인이 귀화요건을 갖추었다고 하더라도 '귀화를 허가할 것인지에 관한 법무부장관의 재량권'은 대법원판결을 통해 국적부여에 대한 의미와 재량권의 타당성을 이해할 수 있다.

[대법원 2010.10.28. 2010두6469(귀화허가신청불허가처분취소, 법무부장관의 귀화허가에 관한 재량권)]

"국적법 제4조 제1항은 "외국인은 법무부장관의 귀화허가를 받아 대한민국의 국적을 취득할 수 있다."라고 규정하고, 그 제2항은 "법무부장관은 귀화요건을 갖추었는지를 심사한 후 그 요건을 갖춘 자에게만 귀화를 허가한다."라고 정하고 있다. 국적은 국민의 자격을 결정짓는 것이고, 이를 취득한 사람은 국가의 주권자가 되는 동시에 국가의 속인적 통치권의 대상이 되므로, 귀화허가는 외국인에게 대한민국 국적을 부여함으로써 국민으로서의 법적 지위를 포괄적으로 설정하는 행위에 해당한다. 한편, 국적법 등 관계 법령 어디에도 외국인에게 대한민국의 국적을 취득할 권리를 부여하였다고 볼 만한 규정이 없다. 이와 같은 귀화허가의 근거 규정의 형식과 문언, 귀화허가의 내용과 특성 등을 고려해 보면, 법무부장관은 귀화신청인이 귀화요건을 갖추었다 하더라도 귀화를 허가할 것인지 여부에 관하여 재량권을 가진다고 보는 것이 타당하다."

그 밖의 정해진 요건으로 대한민국의 국적을 취득하는 경우 『민법』에 따라 미성년 자녀가 부모의 귀화허가에 따른 수반취득(隨伴取得), 국적회복, 재취득 및 국적 판정 등이 있다.

[표 16] 그 밖의 정해진 요건으로 취득할 수 있는 국적유형

유형	세부 유형	내용	조항 및 관련 법률
후천적 (그 밖의 정해진 요건)	수반 취득	- 외국인의 자(子)로서 『민법』상 미성년인 사람(중도입국자녀 포함)은 부 또는 모가 귀화허가를 신청할 때 함께 국적취득 신청이 가능하며, 국적을 취득한 때에 함께 국적취득을 함 - 함께 신청하지 않을 경우: 수반취득이 어렵고, 특별귀화요건(제7조 제1항 제1호)에 따른 국적취득절차를 밟아야 함 - 신청절차와 필요한 사항은 대통령령으로 정함	법 제8조 (시행령 제7조)
	국적 회복	- 대한민국 국민이었던 외국인은 법무부장관의 국적회복허가(國籍回復許可)를 받아 국적취득 - 국적회복허가자: 법무부장관 앞에서 국민선서, 국적회복증서 수여(단, 연령, 신체적·정신적 장애 등으로 표현할 수 없다고 인정되는 사람에게는 국민선서 면제) - 신청절차, 심사, 국민선서 및 국적회복증서 수여와 그 대행 등에 관하여 필요한 사항은 대통령령으로 정함 • 국적회복 불허가(不許可)에 해당하는 자 - 국가나 사회에 위해(危害)를 끼친 사실이 있는 자 - 품행이 단정하지 못한 자 - 병역을 기피할 목적으로 대한민국 국적을 상실·이탈한 자 - 국가안전보장·질서유지 또는 공공복리를 위해 법무부장관이 국적회복을 허가하는 것이 적당하지 않다고 인정한 자	법 제9조 (시행령 제8조부터 제10조, 제25조, 제25조의2)
	재취득	- 대한민국 국적을 상실한 후 1년 안에 해당 외국국적을 포기하고 법무부장관에게 신고함으로써 국적 재취득 가능 - 국적의 재취득 신고절차 등은 대통령령으로 정함	법 제11조 (시행령 제15조, 제25조, 제25조의2)
	국적 판정	- 대한민국 국적의 취득 또는 보유 여부가 분명하지 아니한 자에 대하여 이를 심사하여 확인함 • 판정을 위한 심사 내용 ① 혈통관계 ② 국외이주 경위 ③ 대한민국 국적 취득 여부 ④ 대한민국 국적을 취득한 후 스스로 외국국적을 취득함으로써 대한민국 국적을 상실한 사실이 있는지 여부 - 심사 및 판정의 절차와 필요한 사항은 대통령령으로 정함	법 제20조 (시행령 제23조, 제24조) 『가족관계의 등록 등에 관 한 법률』

국적회복 불허가 사유로 정한 다양한 요건 중 '품행이 단정하지 못한 자'에 관한 의미와 이에 해당하는지 판단하는 방법에 대해 대법원의 판결은 구체적 명시로 설명하고 있다.

[대법원 2017.12.22. 2017두59420(국적회복불허처분취소, 품행이 단정하지 못한 자의 의미 및 판단 방법)]

"품행이 단정하지 못한 자"란 '국적회복 신청자를 다시 대한민국의 구성원으로 받아들이는 데 지장이 없을 정도의 품성과 행실을 갖추지 못한 자'를 의미하고, 이는 국적회복 신청자의 성별, 나이, 가족, 직업, 경력, 범죄전력 등 여러 사정을 종합적으로 고려하여 판단하여야 한다. 특히 범죄전력과 관련하여서는 단순히 범죄를 저지른 사실의 유무뿐만 아니라 범행의 내용, 처벌의 정도, 범죄 당시 및 범죄 후의 사정, 범죄일로부터 처분할 때까지의 기간 등 여러 사정을 종합적으로 고려하여야 한다.

Ⅳ. 복수국적

대한민국의 국적법은 단일국적을 원칙으로 하며, 1996년까지는 부계혈통주의를 유지하였으나, 1997년 12월 국적법이 개정되면서 부모양계혈통주의로 바뀌게 되었다. 더불어 다양하고 급변하는 국제이주는 출생이나 그 밖의 상황에 따라 대한민국 국적과 외국국적을 함께 가지게 된 사람, 즉 복수국적자가 증가함으로써 2010년 법 개정을 통해 제한적으로 복수국적을 인정하게 되었다.

1. 복수국적자의 개념

복수국적자란 첫째, 외국국적불행사 서약을 한 자, 둘째, 외국국적을 취득하게 된 후 6개월 내 법무부장관에게 대한민국 국적을 보유할 의사를 신고한 자, 셋째, 법무부장관에게 외국국적불행사 서약을 하고 대한민국 국적을 재취득한 자 또는 외국국적을 재취득한 후 외국국적불행사 서약을 한 자, 넷째, 만 20세가 되기 전에 복수국적자가 된 자는 만22세가 되기 전 또는 만 20세가 된 후 복수국적자가 된 자는 그 시점부터 2년 내 외국국적불행사 서약을 한 자를 말한다(시행령 제16조). 이러한 복수국적자에 대한 법적 지위는 대한민국의 법령을 적용함에 대한민국 국민으로만 처우하며, 관계 법령에 따라 외국국적을 보유한 상태에서 직무수행을 할 수 없는 분야에 종사하려면 외국국적을 포기해야 한다(제11조의2 제2항).

2. 복수국적자의 유형

　복수국적은 제한적으로 허용하고 있는데, 제한적이란 대한민국에 체류하면서 어느 하나의 국적을 선택해야만 하는 것을 의미한다. 복수국적을 가진 외국인이 한국 국적을 취득할 경우 외국국적을 포기해야 하는 의무가 있으며(제10조), 대한민국의 국민이 자진하여 외국국적을 취득한 경우 그 취득한 때에 대한민국 국적을 상실하게 되는 법적인 규제가 따른다(제15조). 특히,『국적법』제10조 제1항 '외국국적을 포기해야 하는 의무'에 관해 참정권, 입국의 자유, 재산권, 행복추구권에 대해 기본권 주체성 또는 기본권 침해가능성 요건의 위배 여부에 관한 심판청구가 있었으나 아래 판결문은 의무의 타당성을 알 수 있는 판결이다.

> [헌재 2014.6.26. 2011헌마502(국적법 제10조 제1항 등 위헌확인, 외국국적 포기 의무)]
> 　"참정권과 입국의 자유에 대한 외국인의 기본권주체성이 인정되지 않고, 외국인이 대한민국 국적을 취득하면서 자신의 외국국적을 포기한다 하더라도 이로 인하여 재산권 행사가 직접 제한되지 않으며, 외국인이 복수국적을 누릴 자유가 우리 헌법상 행복추구권에 의하여 보호되는 기본권이라고 보기 어려우므로, 외국인의 기본권주체성 내지 기본권침해가능성을 인정할 수 없다. 국적에 관한 사항은 당해 국가가 역사적 전통과 정치·경제·사회·문화 등 제반사정을 고려하여 결정할 문제인바, 자발적으로 외국국적을 취득한 자에게 대한민국 국적도 함께 보유할 수 있게 허용한다면, 출입국·체류관리가 어려워질 수 있고, 각 나라에서 권리만 행사하고 병역·납세와 같은 의무는 기피하는 등 복수국적을 악용할 우려가 있으며, 복수국적자로 인하여 외교적 보호권이 중첩되는 등의 문제가 발생할 여지도 있다. 한편, 국적법은 예외적으로 복수국적을 허용함과 동시에, 대한민국 국민이었던 외국인에 대해서는 국적회복허가라는 별도의 용이한 절차를 통해 국적을 회복시켜주는 조항들을 두고 있다. 따라서 국적법 제15조 제1항이 대한민국 국민인 청구인의 거주·이전의 자유 및 행복추구권을 침해한다고 볼 수 없다."

　제한적으로 복수국적을 허용하는 것과는 달리 국민 또는 외국인의 상황과 자신의 선택에 따라 예외적으로 복수국적이 허용하기도 한다. 예를 들면 출생 시 거주 국가의 국적법에 따라 복수국적자가 되는 경우, 대한민국 국민으로 출생한 후 다른 나라로 귀화하여 외국국적을 취득한 경우, 외국인이 귀화 또는 국적회복 등을 통해 대한민국 국적을 취득함으로써 자신의 선택에 따라 복수국적자가 되는 경우이다. 이렇듯 출생국의 국적법 또는 외국인의 상황 및 자신의 선택에 따라 취득하며 유형별로 구분할 수 있다.

[표 17] 복수국적자의 유형

구분		내용	조항 및 관련 법률
출생국의 국적법에 따라		• 한국은 부 또는 모의 국적을 취득하는 양계혈통주의 • 한국＋자녀 출생국이 출생지주의 경우 예) 미국, 캐나다, 아르헨티나, 브라질 등 중남미일대 • 한국＋자녀 출생국이 혈통주의 경우 예) 독일, 일본, 중국, 프랑스 등 • 복수국적자가 대한민국에 체류할 때 연령과 병역법에 따라 일정 기간 안에 국적선택의 의무가 있으며, 대한민국 국적을 선택할 경우 외국국적을 포기한다는 외국국적불행사 서약을 해야 함	법 제12조, 제13조 제1항 『병역법』
외국인의 상황에 따라		– 결혼: 외국인과의 혼인으로 그 배우자 국적을 취득한 경우	법 제15조 제2항, 제13조 제1항
		– 입양: 외국인에게 입양되어 그 양부모 국적을 취득한 경우	
		– 인지: 외국인 부모에게 인지되어 그 부모의 국적을 취득한 경우	
		– 대한민국 국적을 상실한 자의 배우자나 미성년자녀로서 그 외국의 법률에 따라 그 외국국적을 취득하게 된 경우	
		• 외국국적을 취득 후 6개월 내 법무부장관에게 대한민국 국적을 보유할 의사가 있다는 뜻을 신고하면 대한민국 국적상실이 아닌 복수국적자가 됨	
자신의 선택에 따라	간이 귀화자	– 혼인상태로 2년 이상 거주한 결혼이민자	법 제6조
		– 혼인 후 3년경과 혼인상태로 1년 이상 거주한 결혼이민자	
	특별 귀화자	– 대한민국에 특별한 공로가 있는 자	법 제7조
		– 특정 분야 우수 능력자로 국익에 기여할 것이 인정되는 자	
	국적 회복자	– 특별공로 및 우수능력자로 법무부장관이 인정하는 자	법 제10조
		– 성년이 되기 전 입양된 후 외국국적을 취득하고 외국에서 계속 거주하다 허가를 받은 자	
		– 외국에서 거주하다 영주할 목적으로 만65세 이후 입국한 자	
		– 본인의 뜻에도 불구하고 외국의 법률 및 제도로 인하여 외국국적 포기 의무를 이행하기 어려운 자로서 대통령령으로 정하는 자	시행령 제13조

3. 복수국적자의 국적선택의무

우리나라『국적법』은 단일국적을 원칙으로 하고 있으므로 복수국적자는 국적을 선택해야만 하는 의무가 있고, 이행 기간 내에 선택해야 한다(제12조). 기간 내 하지 않는 경우 법무부장관으로부터 국적선택명령을 받게 된다(제14조의2).

복수국적자는 연령과『병역법』에 따라 국적을 선택한다. 구체적으로 살펴보면 다음과 같다.

첫째, 연령에 따른 국적선택은 만20세를 기준으로 이전과 이후 복수국적자가 된 경우가 선택이행 기간이 다르다. 만20세 이전에 복수국적자가 된 자는 만22세가 되기 전까지 선택해야 하며, 만20세 이후 복수국적자가 된 경우 그때부터 2년 이내 하나의 국적을 선택해야 한다. 이때 외국국적불행사 서약을 한 복수국적자는 국적선택 의무대상자에 해당하지 않는다(제12조 제1항).

둘째, 『병역법』에 의한 국적선택은 병역준비역에 편입된 때부터 3개월 이내, 즉 만18세 1월 1일부터 3월 31일까지 하나의 국적을 선택해야 한다. 또는 전시근로역 편입, 병역면제처분, 현역·상근예비역·보충역·대체역으로 복무를 마치거나 마친 것으로 보는 경우 2년 이내 하나의 국적을 선택한다(제12조 제2항). 병역의무의 이행과 관련해서 직계존속이 외국에서 영주할 목적 없이 체류한 상태에서 출생한 자(원정출산자 포함)는 병역이 해결된 경우에만 국적이탈이 가능하다(제12조 제3항).

4. 복수국적자에 대한 국적선택명령과 통보의무 등

복수국적자에 대해 법무부장관은 정한 기간 내에 국적을 선택하지 아니한 자에게 1년 내 하나의 국적을 선택할 것을 명하며, 외국국적을 행사하지 않겠다는 서약을 한 자가 그 뜻에 현저히 반하는 행위를 한 경우 6개월 내 하나의 국적을 선택할 것을 명할 수 있다. 국적선택의 명령을 받은 자는 대한민국 국적을 선택할 경우 외국국적을 포기해야 하며, 국적선택의 명령을 받고도 이를 따지 않는 자는 그 기간이 지난 때에 대한민국 국적을 상실한다(제14조의3).

여기서 언급한 국적선택의 절차는 국적선택명령서를 본인에게 직접교부하거나 등기우편으로 송부하여야 하며, 반면에 직접교부 또는 등기송부가 어려운 경우 『민법』 제779조에 따른 가족이나 사실상 부양자에게 교부 또는 송부한다. 또한, 소재불명 등으로 교부 또는 송부가 어려운 경우에는 관보에 공고하며, 공고일부터 14일이 지난 때에 그 효력이 발생한다(시행령 제18조의4).

다음으로 외국국적불행사 서약에 현저히 반하는 행위는 첫째, 반복하여 외국 여권으로 대한민국에 출·입국한 경우, 둘째, 외국국적을 행사할 목적으로 외국인등록 또는 거소신고를 한 경우, 셋째, 정당한 사유 없이 대한민국에서 외국 여권 등을 이용하여 국가·지방자치단체, 공공기관, 공공단체 또는 교육기관 등에 대하여 외국인으로서 권리를 행사하거나 행사하려고 한 경우이다(시행령 제18조의4).

이러한 복수국적자에 관해 공무원은 그 직무상 복수국적자 여부를 확인할 필요가 있는 경우에는 당사자에게 질문하거나 필요한 자료의 제출을 요청할 수 있으며, 지체없이 법무부장관에게 그 사실을 통보해야 한다(제14조의5).

V. 국적상실

1. 대한민국 국적상실

국적상실은 하나의 국적, 즉 대한민국 영토 내에서 출생하여 대한민국 국적을 가진 사람은 국적 포기 또는 강제로 상실시킬 수 없다. 국적상실은 복수국적자에 대해, 즉 대한민국 국적을 보유함에 부적합하다고 인정되고, 청문을 거쳐 결정할 수 있다(제14조의4). 국적상실을 결정하는 사유는 첫째, 국가안보, 외교관계 및 국민경제 등에 있어서 대한민국의 국익에 반하는 행위를 하는 경우이다.

둘째, 대한민국의 사회질서 유지에 상당한 지장을 초래하는 행위로서 대통령령으로 정한다. 대통령령을 정한 경우는 『형법』, 『성폭력범죄의 처벌 등에 관한 특례법』, 『마약류관리에 관한 법률』, 『특정범죄 가중처벌 등에 관한 법률』, 『폭력행위 등 처벌에 관한 법률』, 『보건범죄단속에 관한 특별조치법』 등을 위반한 죄로 법무부령으로 정하며(시행규칙 제12조의4), 7년 이상의 징역 또는 금고형이 확정된 경우이다(시행령 제18조의5).

2. 외국국적취득에 따른 국적상실

외국국적취득에 따른 국적상실은 대한민국 국민으로서 자진하여 외국국적을 취득한 자로 그 국적을 취득한 때에 대한민국 국적을 상실한다(제15조 제1항). 또한, 외국국적을 취득한 때부터 6개월 이내에 대한민국 국적을 보유하겠다는 의사를 신고하지 않는 경우나, 외국국적의 취득일을 알 수 없는 경우는 그가 사용하는 외국 여권의 최초 발급일에 국적을 취득한 것으로 추정·소급(遡及)하여 국적을 상실한 것으로 본다(제15조 제2항). 6개월 이내 신고를 하지 않아 국적이 상실한 경우를 구체적으로 살펴보면 다음과 같다.

첫째, 외국인과의 혼인으로 그 배우자의 국적을 취득하게 된 자이다.
둘째, 외국인에게 입양되어 그 양부모의 국적을 취득하게 된 자이다.
셋째, 외국인이 부모에게 인지되어 그 부모의 국적을 취득하게 된 자이다.
넷째, 대한민국 국적을 상실하게 된 자의 배우자나 미성년의 자녀로서 그 외국의 법률에 따라 함께 외국국적을 취득하게 된 자이다.

3. 국적상실자의 처리 및 권리 변동

대한민국 국적을 상실한 자는 법무부장관에게 국적상실 신고를 해야 하며, 공무원은 그 직무상 대한민국 국적을 상실한 자를 발견하거나 국적상실의 신고나 통보를 받으면 가족관계등록 관서와 주민등록관서에 법무부장관은 통보하여 국적상실자를 처리해야 한다(제16조).

또한, 국적상실자의 권리 변동, 즉 국적을 상실한 때부터 대한민국의 국민만이 누릴 수 있는 권리를 누릴 수 없으며, 대한민국 국민이었을 때 취득한 것으로서 권리·재산 및 법률상의 지위 등을 타인에게 양도(讓渡)할 수 있는 것은 그 권리와 관련된 법령에서 따로 정한 바가 없으면 3년 내 대한민국의 국민에게 양도하여야 한다(제18조).

앞서 『국적법』에 따라 국적의 중요성과 복수국적자의 개념 등을 이해할 수 있었으며, 국적의 생성, 유지, 상실되는 경우를 이해하면서 이러한 과정이 이루어지는 절차에 따른 관리행정에 대해 구체적인 내용을 살펴본다.

Ⅵ. 국적법의 관리행정

국적이 생성되거나 취득할 경우, 복수국적을 보유할 경우 및 국적을 상실한 경우에 해당하는 자는 그에 적합한 절차에 따라 신고해야 하며, 관리자는 통보, 명령, 고시 등을 통해 인지할 수 있도록 해야 한다. 이러한 국적 관리행정에 대해 구체적으로 살펴보자.

1. 대한민국 국적의 선택 절차

복수국적자로서 국적선택 의무기간(제12조)에 외국국적을 포기하거나 외국국적불행사 서약을 하고 대한민국 국적을 선택한다는 뜻을 신고할 수 있다(제13조 제1항). 직계존속이 외국에서 영주할 목적 없이 체류한 상태에서 출생한 자가 병역의무 이행 관련하여 2년 이내 신고할 수 있다(제13조 제2항), 이와는 달리 출생 당시 모(母)가 자녀에게 외국국적을 취득하게 할 목적(원정출산자)이 인정되는 자는 외국국적을 포기한 경우에만 대한민국 국적선택을 신고할 수 있다(제13조 제3항). 규정에 따른 신고의 수리(受理)요건, 절차는 다음과 같다.

[표 18] 대한민국 국적선택 신고 및 절차

구분	내용	조항 및 관련 법률
국적선택 신고관련 서류	- 가족관계기록사항에 관한 증명서 - 외국국적포기(상실) 증명서, 외국국적불행사 서약서 - 외국국적을 취득한 사유 및 연월일을 증명한 서류와 외국여권 사본 - 병역해당자는 관련 서류 - 원정출생자에 해당하지 않는 사실을 증명하는 서류	시행령 제17조 시행규칙 제11조
외국에 주소가 있는 자	- 국적취득 신고서, 국적회복허가 신청서, 국적포기증명서 등, 외국국적 불행사 서약서, 국적보유신고서, 국적상실 신고서 등 재외공관장에게 제출하고 이를 외교부장관을 거쳐 법무부장관에게 송부 ➔ 접수 후 그	시행령 제25조

신고절차	사실을 외교부장관 ➔ 재외공관의 장에게 통보	
신청 또는 신고의 방법·절차	– 대한민국 국적신청, 신고는 본인(15세 이상인 경우로 한정)이 직접 해야 하며, 국적상실의 신고는 본인의 배우자 또는 4촌 이내의 친족 등 법정대리인 등이 대신할 수 있음 – 본인이 아닌 경우 관계를 증명하는 서류 첨부: 대리인의 성명·주소 및 신청자 또는 신고자와의 관계	시행령 제25조의2

2. 대한민국 국적의 이탈요건과 절차 및 특례

복수국적자로서 외국국적을 선택하려는 자는 외국에 주소가 있는 경우에만 주소지 관할 재외공관의 장을 거쳐 법무부장관에게 대한민국 국적을 이탈한다는 뜻을 신고할 수 있으며, 『병역법』 제8조에 관련해서는 3개월 이내 또는 2년 이내 또는 해당 사유가 발생한 때부터만 신고할 수 있다(제14조 제1항). 국적이탈을 신고한 자는 해당 신고를 법무부장관이 수리한 때에 대한민국 국적을 상실하며(제14조 제2항), 대한민국 국적의 이탈신고절차와 특례는 다음과 같다.

[표 19] 대한민국 국적의 이탈신고 절차 및 특례

구분	내용	조항 및 관련 법률
이탈신고 절차 및 내용	– 절차: 국적이탈 신고서, 가족관계기록사항에 관한 증명서, 외국국적 취득·보유 사실 증명서 등을 작성하여 주소지 관할 재외공관의 장에게 제출 ➔ 법무부장관에게 송부 ➔ 국적이탈 요건을 갖춘 경우만 수리 ➔ 수리 시 재외공관의 장을 거쳐 본인에게 고지 ➔ 등록기준지 가족관계등록관서의 장에게 통보 ➔ 관보 고시 – 등록기준지 가족관계등록관서의 장에게 통보하는 내용: 국적이탈자의 성명, 생년월일, 성별, 등록기준지, 국적이탈의 원인 및 연월일, 외국국적 – 법무부장관은 국적이탈자가 이미 대한민국 여권을 발급받았을 때 외교부장관에게 서류 내용과 여권번호를 통보함	법 제14조 시행령 제18조
국적 이탈에 관한 특례	● 요건: – 외국에서 출생한 사람으로 출생 이후 계속하여 외국에 주된 생활근거가 있는 자 – 6세 미만의 아동일 때 외국으로 이주한 후 계속하여 외국에 주된 생활 근거가 있는 자 – 병역준비역에 편입된 때부터 3개월 이내에 국적이탈을 신고하지 못한 정당한 사유가 있는 자 ● 이탈 허가 시 고려사항 – 복수국적자의 출생지 및 복수국적 취득경위 – 복수국적자의 주소지 및 주된 거주지가 외국인지 여부 – 대한민국 입국 횟수 및 체류 목적·기간 – 대한민국 국민만이 누릴 수 있는 권리행사 여부 – 복수국적자로서 외국에서의 직업선택에 상당한 제한 또는 불이익이 있는지 여부 – 병역의무 이행의 공평성과 조화되는지 여부	법 제14조의2

3. 관보 고시 및 법정대리인이 하는 신고 등

법무부장관은 대한민국 국적의 취득과 상실에 관한 사항 발생 시 그 뜻을 관보에 고시해야 하며(제17조), 관보에 고시할 사항은 첫째, 인지에 의한 국적취득신고 수리한 내용과 신고수리일, 둘째, 귀화허가 신청자가 국적을 취득한 내용과 국적취득일, 셋째, 국적회복허가 신청자가 국적을 취득한 내용과 국적취득일, 넷째, 국적재취득 신고에 의한 국적취득 신고를 수리한 내용과 신고수리일, 다섯째, 국적이탈 신고를 수리한 내용과 신고수리일, 여섯째, 국적 상실자에 대하여 국적상실을 처리한 내용, 국적상실의 원인 및 국적상실 연월일, 일곱째, 국적판정 신청에 대하여 국적 보유자로 판정한 내용 및 국적 보유 판정일이다(시행령 제26조).『국적법』에 규정된 신청이나 신고와 관련하여 그 신청이나 신고를 하려는 자가 15세 미만이면 법정대리인이 대신하여 신청과 신고를 할 수 있다(제19조).

4. 국적심의위원회와 위원회 구성 및 운영

법무부장관은 국적에 관해 심의하기 위해 국적심의위원회를 둔다. 심의 내용은 특별귀화 허가, 대한민국 국적의 이탈 허가, 대한민국 국적의 상실 결정 및 그 밖에 국적업무와 관련하여 법무부장관이 요청하는 사항이다. 이러한 내용을 허가 또는 결정을 위해 위원회의 심의를 거쳐야 하며, 요건을 충족하지 못하는 명백한 경우는 심의하지 않는다. 위원회는 심의 내용을 효과적으로 심의하는 데 필요하다고 인정하는 경우 관계 행정기관의 장에게 자료제출 또는 의견제시를 요청하거나 관계인을 출석시켜 의견을 들을 수 있다(제22조).

국적심의위원회는 위원장 1명을 포함 30명 이내로 구성한다. 위원장은 법무부차관이며, 위원은 첫째, 법무부 소속 고위공무원단에 속하는 공무원으로서 법무부장관이 지명하는 사람 1명이다. 둘째, 대통령령으로 정하는 관계 행정기관(시행령 제28조의2), 즉 국가정보원, 과학기술정보통신부, 외교부, 문화체육관광부, 병무청, 그 밖에 법무부장관이 위원회 심의 사항과 관련하여 필요하다고 인정하는 중앙행정기관의 국장급 또는 이에 상당하는 공무원 중 법무부장관이 지명한 사람이다. 셋째, 국적 업무와 관련하여 학식과 경험이 풍부한 사람으로서 법무부장관이 위촉하는 사람이다.

공무원을 제외한 위촉위원의 임기는 2년이고, 한번만 연임할 수 있으나 임기 중 결원이 생겨 새로 위촉하는 위원은 전임위원의 남은 임기 기간으로 한다. 위원회의 회의는 안건별로 위원장이 지명하는 10명 이상 15명 이내 위원이 참석하되 위촉위원이 과반수가 되어야 하며, 의결은 지명된 위원의 과반수의 출석으로 개의하고 출석위원 과반수의 찬성으로 한다. 위원회의 사무처리를 위해 1명의 간사를 두되 위원장이 지명하는 일반직공무원으로 하며, 업무를 효율적으로 수행하기 위해 분야별로 분과위원회를 위원회에 둘 수 있다. 이외에 위원회의 구성 및 운영에 필요한 사항인 위원회 위원의 해임 및 해촉, 위원의 제척 등은 대통령령으로 정한다(시행령 제28조의2부터 제28조의6까지).

위원회의 위원 중 공무원이 아닌 사람은 『형법』 공무상 비밀의 누설(제127조), 수뢰, 사전수뢰(제129조), 제삼자뇌물제공(제130조), 수뢰후부정처사, 사후수뢰(제131조), 알선수뢰(제132조) 등 벌칙규정을 적용할 때에는 공무원으로 본다(제27조).

5. 관계기관 등의 협조 및 권한의 위임

법무부장관은 국적 업무수행에 필요하면 관계기관의 장이나 관련 단체의 장에게 자료제출, 사실조사, 신원조회, 의견제출 등의 협조를 요청할 수 있다. 관계기관의 장은 정당한 사유가 없으면 협조 또는 정보제공 요청에 따라야 한다. 관계기관의 장으로부터 요청하는 정보는 범죄경력, 수사경력, 외국인의 범죄처분결과, 여권발급, 주민등록, 가족관계등록, 병적기록 등 병역관계정보 및 납세증명서 등이다(제25조). 『국적법』에 따른 법무부장관의 권한은 대통령령으로 정하는 바에 따라 그 일부를 지방출입국·외국인관서의 장에게 위임할 수 있다(제26조).

6. 허가 등의 취소 및 수수료

법무부장관은 거짓이나 그 밖의 부정한 방법으로 귀화허가, 국적회복허가, 국적이탈허가 또는 국적보유판정을 받은 자에 대해 그 허가 또는 판정을 취소할 수 있다(제21조). 취소할 경우 당사자에게 소명(疏明)할 수 있는 기회를 주어야 하며, 당사자의 소재를 알 수 없거나 정당한 이유 없이 2회 이상 소명자료 제출요구에 따르지 않는 경우 그러지 않는다. 취소하게 되면 그 사실을 지체없이 본인 및 등록기준지 가족관계등록관서의 장에게 통보하고 관보에 취소대상자의 성명, 생년월일, 성별 및 등록기준지, 취소원인 및 연월일 등의 내용을 고시한다(시행령 제27조).

『국적법』에 따른 허가신청, 신고 및 증명서 등의 발급을 받으려는 자는 수수료를 납부해야 하며, 정당한 사유가 있는 경우는 감액 또는 면제할 수 있다. 수수료의 감액·면제 기준 등에 필요한 사항은 법무부령으로 정한다(시행규칙 제18조).

[표 20] 허가신청, 신고 및 증명서 등 발급 수수료(시행규칙 제18조)

구분	수수료	구분	수수료
귀화허가 신청(1인) (수반취득자 제외)	30만원	특별귀화요건 중 특별공로자	면제
국적회복허가 신청(1인) (수반취득자 제외)	20만원	특별귀화요건 중 우수능력 보유자	면제
국적취득 신고(1인)	2만원	『전자정부법』 제9조 제2항 또는 제3항에 따른 전자민원창구나 통합전자민원창구를 통해 각종 증명서 등의 발급을 신청하는 경우	면제
국저재취득 신고(1인)	2만원		
국적이탈 신고(1인)	2만원		
국적이탈허가 신청(1인)	10만원		
국적보유 신고(1인)	2만원	• 수수료는 그 금액에 해당하는 정부 수입인지로 납부하며, 재외공관에서는 현금, 그 금액에 상당하는 외국 화폐 또는 그 납임을 증명하는 증표 등으로 갈음할 수 있음	
외국국적 포기확인서 발급(1통)	2천원		
외국국적불행사 서약확인서 발급(1통)	2천원		
각종 증명서 발급(1통)	2천원		

제3장

출입국관리법
出入國管理法

출입국관리법

법률	제1289호	법률	제19435호	소관부처
제정일	1963.03.05	개정일(일부개정)	2023.06.13	법무부 (외국인정책과)
시행일	1963.03.05	시행일	2023.12.14	

『출입국관리법』은 근대 국민국가에서 영토에 대한 주권을 행사하는 것으로 볼 수 있으며, 국민 또는 외국인이 국경을 넘나드는 행위로부터 안전하고, 국가 간 질서를 유지하기 위해 형성되었다. 우리나라의 『출입국관리법』은 국경관리와 외국인의 체류관리 및 사회통합을 목적으로 외국인의 입국과 체류 및 출국을 규율하고자 1963년 제정되었다. 본 절에서는 국가별 국경을 넘나드는 행위를 입국, 체류, 출국 등의 범주로 분류하여 국민과 외국인의 출입국에 관한 절차와 구제 및 권리와 의무관계를 각각 다르게 규정하고 있다. 이러한 권리와 의무를 규정하는 『출입국관리법』의 핵심적인 척도는 국적에 있으며, 최종 목표가 국적취득에 있다고 할 수 있다.

Ⅰ. 출입국관리법에 관한 일반 이론

1. 출입국관리법의 성격

국경관리, 즉 『출입국관리법』은 외국인의 출입국에 있어서 두 가지의 성격을 지닌다.

첫째, 영토주권의 행사이다. 이는 수용국의 필요에 따라 외국인의 유입에 있어 외국인의 질적, 국민과의 통합적 측면을 고려한 적극적인 선택으로 이루어진다.

둘째, 세계규범의 의무이행이다. 전쟁이나 환경재해(재난, 화재, 홍수 등)로 인하여 생겨난 난민의 경우 국가 간의 협약에 따라 외국인의 수용이 이루어진다. 이 경우 입국 규제가 일반적인 외국인과는 다르게 적용되고 있다.

2. 출입국관리법의 유형

출입국관리에 있어 지리적, 역사적, 사회·문화적 특성을 고려하여 어느 부분에 주안점을 두고 있는가에 따라 대륙형(Continental Model), 섬형(Island Model), 혼합형(Mingle Model) 등으로 구분할 수 있다(이철우 외 이현수분, 2019:72-73).

첫째, 대륙형(Continental Model)은 대륙 내 근접국가 간의 국경을 맞대고 있어 입국과 출국 통제에 초점을 두고 있다. 이들 국가는 사증발급 또는 입국허가 단계에서 검토된 특정 입국목적을 바탕으로 하기에 별도의 체류 허가 절차는 있지 않다. 입국 규제와 달리 체류 규제는 명시적인 체류 허가를 통해 부여되는데, 사증의무가 있는 경우는 해외에서 얻을 수도 있으나, 그렇지 않은 예외상황에 대해서는 입국 이후에 체류 허가가 발급된다. 대체로 체류 목적에 따라 체류 허가 요건을 부과하며, 크게 영주와 비영주로 체류 유형을 구별하고 있다. 특히, 영주의 경우 결혼이민자와 그 가족구성원, 정주이민자, 난민에게 체류자격이 부여된다. 비영주의 경우 시간적, 공간적 제약이 있는데 시간적 제약은 체류 기간의 제한을 의미하며, 공간적 제약은 외국인에 대해 체류와 연계된 노동허가를 통해 근로나 거주지 선택의 제한을 의미한다(이철우 외 이현수분, 2019:75; Xavier Vandendriessche, 2012:80). 예를 들면, 독일의 경우 영주의 지위를 누리는 외국인에 대해 체류 및 노동허가를 바탕으로 통제한다. 통제는 다양한 단계를 설정하여 해당 요건에 충족하거나, 난민으로 인정되거나, 독일국민과 결혼한 경우에는 설정한 단계보다 우호적인 지위로 옮겨갈 수 있는 시스템이다(K. Hailbronner, D.A. Martin & H. Motomura 외, 1997:256; 이철우 외 이현수분, 2019:72).

둘째, 섬형(Island Model)은 입국을 규제하는 데 초점을 맞추고 있다. 입국의 주요 규제수단은 국경이나 공항만을 이용하여 출입국심사가 이루어지도록 하되 정해진 지역(장소)을 통해 국경을 왕래하도록 허용하고 있다. 이때 입국허가를 받기 위해서는 미리 입국목적을 밝히고 입국하고자 하는 국가의 재외공관에서 사증을 발급받도록 하는데(이철우 외 이현수분, 2019:73), 이는 입국을 허가하는 게 아니라 입국할 수 있는 '사전추천증'이라고 할 수 있다(T.A. Aleinikoff, D. Martin & H. Motomura, 2008:646). 이 점은 입국허가와 관련하여 논쟁이 되기도 하는데, 우리나라 대법원판례에서 관련 내용을 찾아볼 수 있다.

　　"외국인이 입국할 때에는 원칙적으로 유효한 여권과 대한민국의 법무부장관이 발급한 사증을 가지고 있어야 하고(제7조 제1항), 입국하는 출입국항에서 출입국관리공무원의 입국심사를 받아야 한다고(제12조 제1항) 규정하고 있다. 따라서 외국인이 이미 사증을 발급받은 경우에도 출입국항에서 입국심사가 면제되지는 않는다. 사증발급은 외국인에게 대한민국에 입국할 권리를 부여하거나 입국을 보장하는 완전한 의미에서의 입국허가결정이 아니라, 외국인이 대한민국에 입국하기 위한 예비조건 내지 입국허가 추천으로서의 성질을 가진다고 봄이 타당하다'고 판시하였다."

　　또한, 국가 간의 협약을 통해 당사국 사이에서는 일정한 범주, 즉 관광객, 단기체류자 또는 난민 등의 출·입국자를 대상으로 사증 요건을 면제하거나 사증을 요구하지 않는데, 이를 '사증면제'라고 한다.

　　셋째, 혼합형(Mingle Model)은 교통과 통신의 발달로 인해 국제적 인구이동이 빈번해지는 시대에 적합한 모형이다. 대륙형과 섬형 등 어느 한 가지에만 초점을 맞추어 출입국관리를 하기에는 매우 힘든 사회환경의 변화가 있으므로 이에 대응하기에 적절한 유형이라 할 수 있다. 이유는 국경을 넘나드는 사람은 국경이월을 통해 자신의 목적을 수행한 후 또는 자신의 역량에 따라 장기체류 또는 영주, 귀화 등을 희망하는 경우가 있다. 따라서 입국에 초점을 맞추거나, 출국에 초점을 맞추기보다는 이주를 통해 체류하는 과정에서 일어날 수 있는 다양하고 복잡한 상황에 대처할 수 있기에 대다수 국가에서는 혼합유형에 속한다고 볼 수 있다.

Ⅱ. 출입국관리법의 조문 구성 및 정의

1. 출입국관리법의 조문 구성

　　『출입국관리법』은 "대한민국에 입국하거나 대한민국에서 출국하는 모든 국민 및 외국인의 출입국관리를 통한 안전한 국경관리, 대한민국에 체류하는 외국인의 체류관리와 사회통합 등에 관한 사항을 규정함"을 목적으로 하고 있다(제1조). 『출입국관리법』은 국민과 외국인 모두 적용대상이며, 외국인의 입국, 체류, 출국 등에 관한 조문이 다수이다. 특히, 외국인 고용의 제한(제18조)과 외국인을 고용한 자 등의 신고의무(제19조) 등 국민과 외국인 간 상황에도 적용되는 것을 알 수 있다. 법조문은 총 11장 15절 106조로 구성되어 있으며, 입국, 체류, 출국, 출·입국관리행정 등 총칙을 포함하여 네 가지로 유형화할 수 있다.

[표 21] 출입국관리법의 조문 내용

구분			조문 내용
제1장 (총칙)			제1조　　목적 제2조　　정의
입국	제2장 (국민의 출입국)		제3조　　국민의 출국 제4조　　출국의 금지 제4조의2　출국금지기간의 연장 제4조의3　출국금지의 해제 제4조의4　출국금지결정 등의 통지 제4조의5　출국금지결정 등에 대한 이의신청 제4조의6　긴급출국금지 제5조　　국민의 여권 등의 보관 제6조　　국민의 입국
	제3장 (외국인의 입국 및 상륙)	제1절 (외국인의 입국)	제7조　　외국인의 입국 제7조의2　허위초청 등의 금지 제7조의3　사전여행허가 제8조　　사증 제9조　　사증발급인정서 제10조　　체류자격 제10조의2　일반체류자격 제10조의3　영주자격 제11조　　입국의 금지 등 제12조　　입국심사 제12조의2　입국 시 생체정보의 제공 등 제12조의3　선박등의 제공금지 제12조의4　외국인의 여권 등이 보관 제13조　　조건부 입국허가
		제2절 (외국인의 상륙)	제14조　　승무원의 상륙허가 제14조의2　관광상륙허가 제15조　　긴급상륙허가 제16조　　재난상륙허가 제16조의2　난민 임시상륙허가
체류	제4장 (외국인의 체류와 출국)	제1절 (외국인의 체류)	제17조　　외국인의 체류 및 활동범위 제18조　　외국인 고용의 제한 제19조　　외국인의 고용한 자 등의 신고의무 제19조의2　외국인의 기술연수활동 제19조의4　외국인유학생의 관리 등 제20조　　체류자격 외 활동 제21조　　근무처의 변경·추가 제22조　　활동범위의 제한 제23조　　체류자격 부여 제24조　　체류자격 변경허가 제25조　　체류자격 연장허가 제25조의2　결혼이민자 등에 대한 특칙 제25조의5　국가비상사태 등에 있어서 체류기간 연장허가에 대한 　　　　　　특칙 제26조　　허위서류 제출 등의 금지

		서의 집행)	제64조	송환국
		제6절 (보호의 일시해제)	제65조	보호의 일시해제
			제66조	보호 일시해제의 취소
			제66조의2	보호의 일시해제 절차 등의 게시
		제7절 (출국권고 등)	제67조	출국권고
			제68조	출국명령
출·입국관리행정	제7장 (선박 등의 검색)		제69조	선박 등의 검색 및 심사
			제70조	내항 선박 등의 검색 등에 대한 준용 규정
			제71조	출입국의 정지 등
			제72조	승선허가
	제8장 (선박 등의 장 및 운수업자의 책임)		제73조	운수업자 등의 일반적 의무 등
			제73조의2	승객예약정보의 열람 및 제공 등
			제74조	사전통보의 의무
			제75조	보고의 의무
			제76조	송환의 의무
	제8장의2 (출국대기실 설치·운영)		제76조의2	송환대기장소
			제76조의3	관리비용의 부담
			제76조의4	강제력의 행사
	제8장의3[6] (난민여행증명서 발급 등)		제76조의5	난민여행증명서
			제76조의6	난민인정증명서 등의 반납
			제76조의7	난민에 대한 체류허가의 특례
			제76조의8	난민여행증명서발급 등 사무의 대행
	제9장 (보칙)		제77조	무기 등의 휴대 및 사용
			제78조	관계기관의 협조
			제78조의2	외국인 기본인적정보의 제공(2023.8.21. 신설)
			제78조의3	정보시스템의 구축·운영(2023.8.21. 신설)
			제79조	허가신청 등의 의무자
			제79조의2	각종 신청 등의 대행
			제79조의3	대행기관에 대한 등록취소 등
			제80조	사실조사
			제81조	출입국관리공무원 등의 외국인 동향조사
			제81조의2	출입국관리공무원의 주재
			제81조의3	외국인의 정보제공 의무
			제82조	증표의 휴대 및 제시
			제83조	출입국사범의 신고
			제84조	통보의무
			제85조	형사절차와의 관계
			제86조	신병의 인도
			제87조	출입국관리 수수료
			제88조	사실증명의 발급 및 열람
			제88조의2	외국인등록증 등과 주민등록증 등의 관계
			제88조의3	외국인체류확인서 열람·교부

6) 제Ⅱ부 개별 이민법의 제9장 『난민법』 참조.

		제88조의4	외국인등록증의 진위확인
		제89조	각종 허가 등의 취소·변경
		제89조의2	영주자격의 취소 특례
		제90조	신원보증
		제90조의2	불법취업외국인의 출국비용 부담책임
		제91조	문서 등의 송부
		제91조의2	사증발급 및 체류허가 신청문서의 전자화
		제92조	권한의 위임 및 업무의 위탁
		제92조의2	선박등의 운항 허가에 관한 협의
		제93조	남북한 왕래 등의 절차
	제10장 (벌칙)	제93조의2	벌칙
		제93조의3	벌칙
		제94조~제98조	벌칙
		제99조	미수범 등
		제99조의2	난민에 대한 형의 면제
		제99조의3	양벌규정
		제100조	과태료
제11장 (고발과 통고처분)	제1절 (고발)	제101조	고발
	제2절 (통고처분)	제102조	통고처분
		제102조의2	신용카드등에 의한 범칙금의 납부
		제103조	범칙금의 양정기준 등
		제104조	통고처분의 고지방법
		제105조	통고처분의 불이행과 고발
		제106조	일사부재리
부칙			

자료: 국가법령정보센터(www.law.go.kr), 『출입국관리법』, 재구성, 검색일(2023.4.1.).

2. 정의

『출입국관리법』에서 사용하는 용어에 대한 개념을 정리하면 다음과 같이 정의할 수 있다.

[표 22] 출입국관리법에서 사용되는 용어 및 개념

용어	개념
국민	대한민국 국민
외국인	대한민국 국적을 가지지 아니한 사람
난민	『난민법』 제2조 제1호에 따른 난민[7]
여권	대한민국정부·외국정부 또는 권한 있는 국제기구에서 발급한 여권 또는 난민여행증명서나 그 밖에 여권을 갈음하는 증명서로서 대한민국정부가 유효하다고 인정하는 것
선원신분 증명서	대한민국정부나 외국정부가 발급한 문서로서 선원임을 증명하는 것
출입국항	출국하거나 입국할 수 있는 대한민국의 항구·공항과 그 밖의 장소로서 대통령령으로 정하

	는 곳
재외공관의 장	외국에 주재하는 대한민국의 대사(大使), 공사(公使), 총영사(總領事), 영사(領事) 또는 영사업무를 수행하는 기관의 장
선박 등	대한민국과 대한민국 밖의 지역 사이에서 사람이나 물건을 수송하는 선박, 항공기, 기차, 자동차, 그 밖의 교통기관
승무원	선박등에서 그 업무를 수행하는 사람
운수업자	선박등을 이용하여 사업을 운영하는 자와 그를 위하여 통상 그 사업에 속하는 거래를 대리하는 자
지방출입국·외국인관서	출입국 및 외국인의 체류관리 업무를 수행하기 위하여 법령에 따라 지역별로 설치된 관서와 외국인보호소
보호	출입국관리공무원이 제46조 제1항 각호에 따른 강제퇴거 대상에 해당된다고 의심할 만한 이유가 있는 사람을 출국시키기 위하여 외국인보호실, 외국인보호소 또는 그 밖에 법무부 장관이 지정하는 장소에 인치(引致)하고 수용하는 집행활동
외국인보호실	법에 따라 외국인을 보호할 목적으로 지방출입국·외국인관서에 설치한 장소
외국인보호소	지방출입국·외국인관서 중 『출입국관리법』에 따라 외국인을 보호할 목적으로 설치한 시설로서 대통령령으로 정하는 곳
출입국사범	제93조의2, 제93조의3, 제94조부터 제99조까지, 제99조의2, 제99조의3 및 제100조에 규정된 죄를 범하였다고 인정되는 자
생체정보	이 법에 따른 업무에서 본인 일치 여부 확인 등에 활용되는 사람의 지문·얼굴·홍채 및 손바닥 정맥 등의 개인정보
출국대기실	지방출입국·외국인관서의 장이 제76조 제1항 각호의 어느 하나에 해당하는 외국인의 인도적 처우 및 원활한 탑승 수속과 보안구역 내 안전확보를 위하여 그 외국인이 출국하기 전까지 대기하도록 출·입국항에 설치한 시설
외국인 기본인적정보 (신설)	• 『출입국관리법』 및 『재외동포의 출입국과 법적 지위에 관한 법률』에 따라 보유 및 관리하는 외국인에 대한 정보(2023.8.21. 일부개정) − 외국인의 여권에 기재된 해당 외국인의 성명, 성별, 생년월일, 국적, 사진 및 여권의 번호 − 외국인의 선원신분증명서에 기재된 해당 외국인의 성명, 성별, 생년월일, 국적, 사진 및 선원신분증명서의 번호 − 제31조 제5항(지방출입국·외국인관서의 장이 규정에 따라 외국인등록을 한 사람에게 대통령령으로 정하는 방법에 따라 개인별로 고유한 등록번호를 부여함)에 따른 외국인 등록번호 − 『재외동포법』 제7조 제1항(국내거소신고증의 발급 등)에 따른 국내거소 신고번호

자료: 국가법령정보센터(www.law.go.kr), 『출입국관리법』, 재구성, 검색일(2023.4.1.).

위와 같이 유형화된 『출입국관리법』을 "체류생애시스템", 즉 국민의 출·입국과 외국인의 '입국', '체류', '출국', '출·입국관리행정' 등으로 구분하여 살펴보자.

Ⅲ. 국민의 출·입국

1. 국민의 출·입국

국민의 출·입국이란 국민이 유효한 여권을 가지고 대한민국 밖의 지역으로 출국하

---

7) 제Ⅱ부 개별 이민법의 제9장 『난민법』 참조.

거나 반대로 대한민국 밖의 지역에서 대한민국으로 입국하려는 것으로 출·입국항에서 출입국관리공무원의 출입국심사를 받아야 한다(제3조, 제6조). 이때 출입국관리공무원은 국민이 출·입국 시 여권 또는 선원신분증명서의 위조나 변조가 된 것이 발견하였을 때에는 회수하여 보관할 수 있다(제5조). 만약 부득이한 사유로 출·입국항으로 출국할 수 없을 때 관할 지방출입국·외국인관서의 장의 허가를 받아 다른 장소에서 심사를 받은 후 출·입국할 수 있다. 특히, 출입국관리공무원은 국민이 유효한 여권을 소유하지 못한 상황에서 입국할 때에는 확인절차를 거쳐 입국할 수 있도록 한다(제6조 제2항). 이때 출·입국심사는 대통령령으로 정하는 바에 따라 정보화기기에 의한 출·입국심사로 갈음할 수 있으며, 필요한 경우 국민의 생체정보를 수집하거나 관계 행정기관이 보유하고 있는 국민의 생체정보를 출·입국심사에 활용할 수 있다(제3조, 제6조).

2. 국민의 출국금지

법무부장관은 국민에 대해 1개월 또는 6개월 이내의 기간을 정하여 출국을 금지할 수 있다(제1항). 출국금지의 대상은 형사재판의 대상이 되어 있거나, 징역형, 금고형의 집행이 끝나지 않은 사람, 대통령령에 따라 벌금(1천만원), 추징금(2천만원), 국세(5천만원), 관세(5천만원), 지방세(3천만원) 등을 미납한 사람(시행령 제1조의3)은 출국을 금한다(제1항 제1호부터 제4호). 또한, 양육비 채무자 중 양육비이행심의위원회의 심의·의결을 거친 사람은 여성가족부장관이 법무부장관에게 출국금지를 요청할 수 있다(양육비이행법 제21조의4).[8]

반면 최초에 정한 출국금지기간을 초과하여 계속 출국을 금지할 필요가 있다고 인정하는 경우 그 기간을 연장할 수 있으며(제4조의2), 출국금지 결정, 연장 또는 해제에 관한 내용을 법무부장관은 즉시 당사자에게 그 사유와 기간 등을 밝혀 서면으로 통지해야 한다. 단, 대한민국의 안전 또는 공공의 이익이 중대하고 위해를 끼칠 우려가 있다고 인정되거나, 출국이 금지된 사람이 있는 곳을 알 수 없는 경우 등은 통지하지 않을 수 있다(제4조의4). 만약 출국금지결정에 대한 이의가 있는 경우 해당 내용의 통지를 받은 날 또는 그 사실을 안 날부터 10일 이내에 법무부장관에게 이의를 신청할 수 있다(제4조의5). 출국금지의 사유가 없어졌거나 출국을 금지할 필요가 없다고 인정할 때에는 즉시 출국금지를 해제하여야 하며(제4조의3), 이외에도 중대범죄 피의자, 3년 이상의 징역이나 금고형 등 죄를 범하였다고 의심할 만한 이유가 상당히 있고 긴급한 필요가 있을 때에는 출입국관리공

제Ⅱ부

개별 이민법

---

8) 『양육비 이행확보 및 지원에 관한 법률』에 따라 여성가족부장관은 양육비 채무 불이행에 관해 양육비 채무자 중 양육비 채무가 3천만원 이상이거나 채무를 3기(期) 이상 이행하지 않은 사람에 대해 심의·의결을 거쳐 법무부장관에게 출국금지를 요청할 수 있다. 법무부장관은 해당인의 출국을 금지한 경우 여성가족부장관에게 그 결과를 정보통신망을 통해 통보하고, 여성가족부장관은 향후 양육비 채무이행이 이루어져 출국금지 사유가 해소된 경우에는 즉시 법무부장관에게 출국금지의 해제를 요청해야 한다.

무원에게 출국금지를 요청할 수 있다(제4조의6).

Ⅳ. 외국인의 입국

출입국관리법에서의 입국은 외국인이 국적국의 국경을 넘어 이주하고자 하는 국가, 즉 대한민국으로 유입되려는 시점에서의 관리에 해당한다. 따라서 외국인의 입국유형 및 사증, 입국허가 요건 및 허가 여부 결정, 입국금지와 거부 등 외국인의 입국과 상륙 그리고 입국심사절차에 대해 알아보기로 한다.

1. 외국인의 입국유형 및 사증

(1) 입국유형

출입국관리법상 '입국'이라 함은, 대한민국 밖의 지역으로부터 대한민국 지역 안으로 들어오는 것을 말한다. 대한민국 지역 안이라는 것은 영해(바다)와 영공(하늘) 안의 영토를 의미한다. 외국인이 입국하려면 유효한 여권과 사증을 가지고 공항만 등을 통해 입국하되 입국하는 출입국항에서 출입국관리공무원의 입국심사를 받아야 한다(출입국관리법 제7조, 제12조).

입국심사, 즉 대한민국 지역 안으로의 상륙허가를 통한 입국은 각각의 상황에 따라 다르며, 입국허가 시의 엄격한 요건을 요구하지 않는다. 승무원의 경우 15일 이내로 상륙허가를 받으며(제14조), 국제크루즈관광선 승객 관광상륙허가의 경우 3일 이내(제14조의2), 긴급 상륙허가(질병, 사고 등), 재난 상륙허가(조난 등) 경우는 30일 이내(제15조, 제16조)이다. 또한, 난민 임시상륙허가는 90일 이내(제16조의2)이다.

(2) 사증(비자, VISAS)(제8조)

출입국관리법상 입국을 위해 사전에 갖추어야 할 가장 중요한 요건이 사증이다. 사증(비자, VISAS)이란 사증발급 신청인의 여권이 그 국적국의 정부기관에서 합법적으로 발급된 유효한 여권임을 확인하고 사증발급 신청의 사유와 사증발급에 요구되는 기준에 의해 입국하려는 국가에서 입국 및 체류하는 것이 당당함을 확인하여 입국항에서 출입국관리공무원의 입국심사를 받도록 허가한 문서를 의미한다. 사증은 대한민국에 입국하기 위한 사전(예비)조건에 해당하는 것이며, 해당 외국인에게 대한민국으로 입국할 권리를 부여하거나 보증하는 것은 아니다.

사증은 이름, 생년월일, 성별, 비자번호, 체류자격, 체류기간, 종류, 발급일, 입국만료일, 발급지, 비고 등의 내용을 담고 있다. 구체적으로 살펴보면, 비자번호는 비자발급 일

련번호이며, 체류자격은 외국인이 국내에 체류하면서 활동할 수 있는 사회적 신분의 종류라 할 수 있다. 체류기간은 체류자격에 부합되는 기간으로 대한민국 입국일로부터 기산(起算)하여 체류할 수 있는 기간을 의미한다. 비자의 종류는 단수비자(S), 더블비자(D), 복수비자(M) 등 세 가지가 있다. 발급일은 비자 발급일자를 의미하며, 입국만료일은 비자유효기간을 의미하는데 만료일까지 한국에 입국하여야 하되, 만료일이 지났을 경우 비자는 무효가 된다. 발급지는 비자를 발급한 재외공관에 대한 정보를 알 수 있으며, 대한민국 사증은 [그림 4]와 같다.

[그림 4] 대한민국 비자(견본) / (www.visa.go.kr/openPage.do?MENU_ID=10107)

자료: 출입국관리법 시행규칙 별지 제18호 서식.

1) 사증의 기능

사증은 두 가지의 기능을 지니고 있다. 우선 국가적 차원에서 국가이익의 보호 기능이다. 이는 국경에서 외국인에 대한 입국심사 절차를 간소하고 신속하게 할 수 있으며, 외국인에 대한 전체적인 규모, 즉 체류자격별 입국 규모를 조정함으로써 국가의 경제·사회적 기반에 수요공급을 균형 있게 조정한다. 국익에 저해될 우려가 있는 외국인의 입국을 사전에 억제하여 국가 안전과 사회질서를 유지하고, 불법적으로 이민하려는 자를 사전에 통제하여 국내 노동시장의 안정성과 내국인의 고용안정을 유발한다. 또한, 비합법 이민자에 대한 강제추방으로 야기되는 국제관계의 훼손을 사전에 방지할 수 있으며, 혹여라도 외국인의 입국불허 및 거부될 경우 발생되는 외국인이 제기하는 손해배상 청구에 대해 재외공관은 외교적 행위로 보아 책임이 면제된다. 다음은 개인적 차원에서 개인의 이익을 보호하는 기능이다. 이는 외국인에 대한 입국허가 가능성을 사전에 심사하여 공·항만에서 입국이 불가하여 생겨나는 불이익, 즉 그 외국인의 시간적, 경제적 손실을 예방하는 기능이다.

2) 사증의 종류

사증의 종류에는 입국 회수에 따라 단수와 복수로 구분되며, 체류 기간에 따라 단기(90일 이하), 장기(90일 초과), 영주(체류 기간 무제한)로 분류할 수 있다. 또한, 취업여부에 따라 취업사증 및 비취업사증이 있으며, 이외 유학생사증도 있다. 이러한 사증은 발급기준에 따라 발급하고 있다(출입국관리법 시행규칙 제9조의2). 발급기준은 유효한 여권인지, 입국금지 또는 거부대상에 해당하는지, 법에서 정한 체류자격에 해당하고 입국목적에 부합되는지 여부이다. 또한, 체류자격별로 허가된 기간 내에 국적국으로 귀국이 인정되거나 법무부장관이 체류자격별 별도로 정하는 기준, 즉 법무부 사증발급 지침에 해당하는 여부가 기준이 되고 있다.[9]

3) 사증발급인정서(제9조)

사증발급인정서는 법무부장관이 취업체류자격 등(출입국관리법 시행규칙 제7조 제1항)에 따라 사증을 발급하기 전 특별히 필요하다고 인정할 때에 발급하는 증서이다. 이는 외국인이 재외공간에서 사증발급인정을 받기 위한 절차, 즉 체류자격, 입국목적 등 확인과 심사를 위해 장시간 번거로운 절차를 거치지 않고 사증발급절차를 간소화하거나 발급 기간을 단축할 수 있도록 한다.

발급과정은 외국인의 입국에 관해 직접적인 이해관계자, 즉 초청인이 국내에서 직접 사증발급을 위한 절차를 주도적으로 처리할 수 있으며, 발급대상자는 미수교국가 또는 특정국가의 국민, 장기체류자격자 중 문화예술(D-1), 유학(D-2), 기술연수(D-3), 일반연수(D-4), 취재(D-5), 종교(D-6), 주재(D-7), 기업투자(D-8), 무역경영(D-9), 구직(D-10), 교수(E-1), 회화지도(E-2), 연구(E-3), 기술지도(E-4), 전문직업(E-5), 예술흥행(E-6), 특정활동(E-7), 계절근로(E-8), 비전문취업(E-9), 선원취업(E-10), 방문동거(F-1), 거주(F-2), 동반(F-3), 재외동포(F-4), 영주(F-5), 결혼이민(F-6), 방문취업(H-2), 기타(G-1)의 자격에 해당하는 자이다(시행령 별표1의2). 다만, 출입국관리법 위반(허위초청) 사범은 사증발급인정서 발급을 제한하고 있다. 사증발급인정서의 유효기간은 3개월로 하고 한 번의 사증발급에 한하여 그 효력을 가진다. 다만, 법무부장관은 특히 필요하다고 인정되는 경우 유효기관을 달리 정할 수 있다. 재외공관장은 사증발급인정서의 내용에 따라 사증을 발급할 의무가 있다(출입국관리법 시행규칙 제17조의2 제3항). 반면에 사증발급거부결정에 대한 불복이 있는 경우 행정심판 또는 행정소송을 제기할 수 있다.

---

9) 법무부 사증발급요건은 하이코리아(www.hikorea.go.kr) 안내 매뉴얼 참고.

4) 사증발급 거부에 대한 불복

외국인이 입국단계에서 입국과 관련하여 불리한 결정이 내려질 경우가 있다. 불리한 결정이란 사증발급거부 및 사증발급 결정의 취소·철회, 사증발급인정서의 발급거부, 입국불허 및 입국허가의 취소·철회, 조건부 입국허가의 취소·철회, 재입국허가의 거부 및 재입국허가의 취소·철회 등이 발생하는 것을 의미한다.

이때 이해관계자의 신청에 따라 일정한 판단 기관이 이를 심판하는 절차를 가지는데, 청구인의 적격이 없을 경우에는 행정심판을 청구하고, 청구인 적격에 대한 판례가 일치하지 않을 경우 행정소송으로 진행한다. 대부분 출입국관리법에서는 이러한 심판과 소송에 관한 명문의 규정을 두고 있지 않으므로 일반법으로서의 행정심판법 및 행정소송법의 해석 및 적용문제로 해결하고 있다. 이러한 일련의 절차를 행정쟁송이라고 하며, 사증발급 거부에 대한 불복에 관한 결정을 행정심판이나 행정소송에 대한 판결을 살펴보면 다음과 같다.

[사증발급 거부 결정에 대한 불복: 국민권익위원회 2020.11.17., 2020-13680, 재결결과 각하]

"○○국적 외국인으로서, 대한민국 국민의 배우자임을 이유로 사증발급 신청을 하였으나, 국내 체류 중 법률 위반, 초청인의 초청자격 부적격 등을 이유로 사증발급을 거부한 사례이다. 이 사례는 청구인의 적법 여부를 『행정심판법』 제13조 제1항과 『출입국관리법』 제7조 제1항, 제12조 제1항에 따라 사증발급의 법적 성질, 출입국관리법의 입법 목적, 사증발급 신청인의 대한민국과의 실질적 관련성, 상호주의원칙 등을 고려하면, 우리 출입국관리법의 해석상 외국인에게는 사증발급 거부처분의 취소를 구할 법률상 이익이 인정되지 않는다.'고 판결하였다[대법원 2018.5.15. 2014두42506 참조]."

[사증발급인증서 발급거부결정에 대한 불복: 법무부 2005.9.21., 200509670, 청구인적격 각하]

"행정심판법은 국내 공법으로 대한민국 영토 내에서 적용되는 것이 원칙이고, 헌법에 의해 체결·공포된 조약 또는 일반적으로 승인된 국제법규 등에 의해 인정되는 경우에 한하여 대한민국 영토 밖에서도 그 효력이 미친다고 할 것이다. −중략− 이 건의 행정심판청구와 관련하여 행정심판청구를 허용하는 대한민국과 중화인민공화국 간에 체결·공포된 조약이 없을 뿐만 아니라 내국인과 동등하게 행정심판청구권을 인정하는 내용의 일반적으로 승인된 국제법규도 없는 점, 국제관행상 출입국에 관한 문제는 국내문제 불간섭원칙이 적용되는 사항이고, 입국허가의 이전단계에서 외국인에 대한 사증발급행위나 사증발급인정서의 발급 불허 여부를 다투는 것인 점에 비추어 볼 때 이 건 거부처분은 행정심판의 대상이 되지 아니한다고 봄이 상당하다고 할 것이고…"

위의 사례는 사증발급인정서 발급거부처분에 대해 피초청인인 외국인이 행정심판을 제기하자 동 처분은 행정심판의 대상이 되는 처분이라고 할 수 없으며, 외국인에게 원칙적으로 행정심판청구인 적격이 인정되지 않는다는 이유로 청구를 각하한 예이다(이철우 외, 2019:249-250).

2. 입국허가 요건 및 허가 여부 결정

(1) 입국허가 요건

외국인은 대한민국으로 입국하려 할 때 입국허가 요건을 갖추어야 하며, 입국허가 요건에 대한 입증의 책임을 갖는다. 입국허가 요건에는 여권과 사증이 유효하며(단, 사증은 출입국관리법에서 요구하는 경우에만 해당), 입국의 금지 또는 거부의 대상(제11조)이 아니어야 한다. 또한, 입국목적이 체류자격에 부합되거나 체류 기간이 명확히 정해져 있어야 한다(제12조 제3항). 또한, 입국허가에 관한 요건을 출입국관리공무원이 확인하였을 때 적합하게 갖추었는지는 증명하지 못하면 입국을 허가하지 아니할 수 있으므로 입국하려는 외국인이 입국허가와 관련된 입증의 책임도 가진다(제12조 제4항).

(2) 입국허가 여부 결정

입국허가 결정은 첫째, 입국허가 요건(제12조 제3항)을 갖추고 지문 및 얼굴 정보를 제공(제12조의2 제1항)한 외국인에게 입국을 허가한다. 이러한 입국을 허가하는 결정은 출입국관리공무원(제12조 제3항)이 하나 입국허가의 취소·변경은 법무부장관이 수행한다(제89조 제1항). 둘째, 조건부 입국허가가 있다. 조건부 입국허가는 임시 입국허가로서 해당 대상자는 부득이한 사유로 유효한 여권과 사증을 갖추지 못하였으나, 일정 기간 내에 그 요건을 갖출 수 있다고 인정되거나, 입국금지 사유에 해당한다고 의심되거나, 입국목적이 체류자격에 맞지 않는 것으로 의심되어 특별한 심사가 필요하다고 인정되는 외국인 및 기타 지방 출입국·외국인사무소의 장이 조건부 입국을 허가할 필요가 있다고 인정된 외국인에 대해 지방 출입국·외국인사무소장이 허가를 결정한다. 조건부 입국허가서를 발급할 때의 조건이라는 것은 주거를 제한하거나 출석요구에 따를 의무 및 그 밖에 필요한 조건을 붙여야 하며, 필요하다고 인정할 때는 1천만원 이하의 보증금을 예치하게 할 수 있다. 단 보증금은 조건 위반 시 전부 또는 일부를 국고에 귀속시킬 수 있다. 이러한 조건부 입국허가는 72시간 이내로 하되 추가로 72시간 이내로 연장할 수 있다(제13조).

3. 입국금지와 입국거부

(1) 입국금지

입국금지는 외국인이 대한민국 내로 입국할 경우 국가와 국민의 안전한 삶에 해를 끼칠 수 있는 등 금지요건에 해당하는 자를 입국하지 못하도록 하는 것이다(제11조 제1항). 입국금지 요건은 다음과 같다.

① 감염병환자, 마약류중독자, 그 밖에 공중위생상 위해를 끼칠 염려가 있다고 인정되는 사람이다.
② 총포·도검·화약류 등을 위법하게 가지고 입국하려는 사람이다.
③ 대한민국의 이익이나 공공의 안전을 해치는 행동할 염려가 있다고 인정할 만한 이유가 상당히 있는 사람이다.
④ 경제 질서 또는 사회질서를 해치거나 선량한 풍속을 해치는 행동을 할 염려가 있다고 인정할 만한 이유가 상당히 있는 사람이다.
⑤ 사리 분별력이 없고 국내에서 체류 활동을 보조할 사람이 없는 정신장애인, 국내 체류 비용을 부담할 능력이 없는 사람, 그 밖에 구호(救護)가 필요한 사람이다.
⑥ 강제퇴거명령을 받고 출국한 후 5년이 지나지 아니한 사람이다.
⑦ 1910년 8월 29일부터 1945년 8월 15일까지 사이에 일본 정부, 일본 정부와 동맹 관계에 있던 정부, 일본 정부의 우월한 힘이 미치던 정부의 지시를 받거나 그 정부와 연계하여 인종, 민족, 종교, 국적, 정치적 견해 등을 이유로 사람을 학살·학대하는 일에 관여한 사람이다.
⑧ 위의 준하는 사람으로서 법무부장관이 그 입국이 적당하지 아니하다고 인정하는 사람이다.

외국인이 입국금지 사유가 있는 경우 사증이 발급되지 않으며(시행규칙 제9조의2), 출입국항에서 입국불허가 된다(제12조 제4항). 만약 입국 후 입국금지 사유가 발견되거나 발생한 경우는 강제퇴거 사유에 해당하며(제46조 제1항 제3호), 법무부장관의 입국금지 결정은 처분으로 행정심판 및 행정소송의 대상이 된다(한태희, 2019:66).

[서울행정법원 2016.9.30. 2015구합77189(법무부장관의 입국금지조치의 처분성에 관해)]

법무부장관으로부터 사증발급 권한을 위임받은 재외공관의 장이 사증을 발급하는 경우 사증발급을 신청한 외국인이 출입국관리법 제11조가 정한 입국금지대상에 해당하는지 여부를 심사·확인하여야 한다고 규정하고 있는바, 재외공관의 장으로서는 해당 외국인에 대한 법무부장관과의 입국금지조지가 없는 경우에는 자체적으로 입국금지대상자 해당여부를 심사·확인할 수 있을 것이나, 이미 적법·유효한 입국금지조치가 내려진 경우, 위임기관인 법무부장관의 입국금지조치에 반하여 해당 외국인이 입국금지대상자에 해당하지 아니한다고 판단할 수는 없을 것이다(2008.7.3. 개정된 출입국관리법 시행규칙 제9조의2 제2호).

이를 근거로 "법무부방관의 입국금지조치는 특정 외국인이 입국금지사유에 해당한다는 이유로 이루어지는 제재적 처분으로서 위 처분이 있는 경우 해당 외국인의 입국금지 사항이 출입국관리정보시스템에 등록되고, 출입국관리공무원이 입국심사에서 해당 외국인이 입국금지사유에 해당하는지 여부를 심사함에 있어 상급 기관인 법무부장관의 입국금지조치가 있는 경우 그 조치에 구속되어 이를 판단하게 되므로 출입국관리법 제11조에 따른 법무부장관의 입국금지조치는 항고소송의 대상이 되는 처분에 해당한다고 봄이 상당하고, 처분대상자인 외국인에게 처분서 등의 방법으로 통지가 이루어지지 아니하는 것은 입국금지조치가 외국인의 입국 신청에 대응하는 조치가 아니고, 해외에 소재한 외국인의 주소를 일일이 확인하여 처분서를 송달하는 것이 곤란함을 이유로 한 것이므로, 위와 같은 사정만으로 입국금지조치의 처분성을 부정할 수 없다."고 판단하였다.

(2) 입국거부

법무부장관은 대한민국에 입국하려는 외국인의 본국(本國)이 제1항 각호 외의 사유로 국민의 입국을 거부할 때에는 그와 동일한 사유로 그 외국인의 입국을 거부할 수 있다(제11조 제2항). 입국금지요건은 위의 여덟 가지에 해당한다.

또한, 입국허가 요건을 갖추지 못하였거나(제12조 제4항), 외국인이 입국심사 시 관련 정보를 제공하지 않은 경우(제12조의2 제2항)는 입국을 허가하지 않는다. 이때 출입국관리공무원은 해당 외국인의 입국불허와 관련된 사유를 당사자에게 알리거나 국적국에 통지할 법률상 의무는 없으며, 외국인의 출입국에 대하여는 행정절차법이 적용되지 않는다. 그러나 입국불허와 관련하여 외국인 당사자가 불복하거나 구제 요청할 경우 법무부장관에게 내부적 불복절차에 대한 이의신청을 제기할 수 없으나 사법적 구체절차는 행정소송으로 제기할 수 있다.

이러한 외국인의 입국에 관한 결정에 있어 입국을 금지할 경우는 법무부장관에 의해서 이루어지며, 입국을 불허할 경우는 출입국관리공무원에 의해 수행된다. 입국의 금지와 불허의 차이를 살펴보면, ① 입국금지는 출입국관리법의 입국금지 해당 사유 여부만 확인하면 되지만 입국불허는 입국금지 사유 외에도 여권과 사증의 구비, 체류자격과 입국목적의 일치 및 체류 기간 등을 심사한다. ② 입국금지는 입국 신청에 기초하지 않은 법무부장관의 일방적인 결정으로 이루어지나 입국불허는 외국인이 입국허가를 신청함으로써 심사가 이루어지는 쌍방적 결정이다.

4. 입국심사의 유형

대한민국으로 입국하려는 모든 사람은 입국심사를 거쳐야 한다. 입국심사는 크게 세 가지 유형으로 구분할 수 있다. 첫째, 일반적 입국심사(제7조 제1항), 둘째, 무사증에 의한 입국심사(제7조 제2항), 셋째, 미수교국 또는 특정국가 국민에 대한 입국심사(제7조 제4항)다. 특히, 무사증에 의한 입국심사는 상황과 대상에 따라 세분화할 수 있다.

(1) 일반적인 입국심사(제7조 제1항)

입국심사는 입국허가 요건(제12조 제3항)에 해당하는 여권과 사증이 유효할 것, 입국의 금지 또는 거부의 대상이 아닐 것, 입국목적이 체류자격에 맞을 것, 체류 기간이 정해져 있는지를 심사한다. 더불어 지문 및 얼굴 정보제공(제12조의2 제1항)을 심사한다. 이러한 심사가 이루어지기에 앞서 입국신고서와 함께 제시하여야 한다. 입국신고서는 국민용과 외국인용으로 구분할 수 있으며, 그림과 같은 신고서에 다음과 같은 내용을 작성해야 한다. 국민의 경우 이름(한글, 한자), 생년월일, 주민등록번호 뒷자리, 성별, 여권번호, 편명·선박명, 출발지/목적지, 서명 등을 작성하며, 외국인의 경우 성명, 성별, 국적, 생년월일, 직업, 한국 내 주소, 전화번호, 입국목적, 서명 등의 내용을 작성해야 한다.

[그림 5] 국민의 출입국신고서 및 외국인의 입국신고서

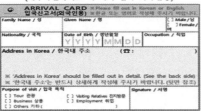 

자료: 출입국관리법 시행규칙 별지 제1호, 제1호의2.

(2) 무사증에 의한 입국심사(제7조 제2항)

무사증에 의한 입국심사는 네 가지로 구분되어 진다. ① 재입국허가는 제7조 제2항 제1호와 제30조에 해당하는 내용으로 국내 체류외국인이 대한민국에서 출국하면 그가 가진 체류자격 및 체류 기간은 소멸하는 것이 원칙이나, 일시적으로 출국하여 다시 입국하는 경우 재외공관에서 사증을 발급받아 입국하여야 하고, 90일 이내에 외국인등록을 하여야 하는 등 매번 같은 절차를 중복하여야 하므로 이와 같은 불편을 해소하고 무용한 절차를 반복할 필요가 없다는 취지에서 재입국 허가를 심사한다. 재입국 허가대상자는 영주(F−5)자격자로 출국한 날로부터 2년 이내에 재입국하려는 자와 90일 초과 장기체류자격을 소지한 자로서 출국한 날로부터 1년 이내에 재입국하려는 자이다. 이들은 재입국허가를 받거나 면제 기간이 끝나기 전에 입국하여야 한다. 또한, 질병 등으로 허가 기간 내에 재입국할 수 없는 경우에는 재외공관의 장에게 재입국허가 기간 연장허가를 받아야 한다.

② 사증면제협정 제7조 제2항 제2호에 해당하는 내용이다. 이는 대한민국과 사증면제협정을 체결한 국가의 국민으로서 그 협정에 따라 면제대상이 되는 사람이다. 통상적으로 사증면제협정은 90일(단기) 동안 관광, 통과, 방문, 학술 및 상담 등 수익을 목적으로 하지 않는 비영리 활동을 하고자 하는 외국인에게 사증을 발급을 면제한다. 이들에게는 사증면제(B−1)의 체류자격을 부여하며, 외교여권 112국, 관용여권 110국, 일반여권 70국, 선원수첩 21국과 체결하고 있다(하이코리아, 2022.9.22. 기준).

③ 무사증입국허가로 제7조 제2항 제3호에 의거한다. 무사증입국허가는 사증을 일방적으로 면제한다는 점에서 사증 면제협정과 다르지 않지만, 입국상황에 따라 체류자격을 다르게 적용하고 있다. 대한민국을 관광 또는 통과할 목적으로 입국하려는 자의 경우 법무부장관이 정하는 국가(2022년 9월 22일 기준 일반여권 45개국, 관용여권 1개국 등 총 46개국)의 국민에게 관광통과(B−2) 자격을 부여하여 30일 내에서 체류할 수 있도록 체류기간을 부여한다. 또한, 외국정부 또는 국제기구의 업무를 수행하는 자로서 부득이한 사유로 사증없이 입국할 경우 외교(A−1), 공무(A−2), 협정(A−3) 등 체류자격을 부여한다. 이외 국제친선 또는 대한민국의 이익 등을 위하여 입국이 필요하다고 대통령령이 정하는 바에 따라 입국허가를 받은 자에게 무사증입국을 허용한다.

④ 난민의 경우 제7조 제2항 제4호에 의거하여 법무부장관은 『난민법』에 따라 난민여행증명서를 발급하여야 한다(제76조의5). 다만, 그의 출국이 대한민국의 안전을 해칠 우려가 있다고 인정될 때에는 발급하지 않는다(제76조의5 제1항). 난민여행증명서의 유효기간은 3년이며, 발급받고 출국한 후 그 유효기간이 끝나기 전에 입국하는 자는 무사증입국을 허용한다.

(3) 미수교국 또는 특정 국가 국민에 대한 입국심사(제7조 제4항)

미수교 국가 정부가 발급한 여권 또는 여권을 갈음하는 증명서에 대하여는 대한민국 정부가 유효한 것으로 인정하고 있지 않기 때문에 사증을 대신할 수 있는 허가서인 재외 공관의 장이나 지방 출입국·외국인관서의 장이 발급한 외국인입국허가서를 가지고 입국할 수 있다. 2023년 5월 30일 기준 미수교국가는 시리아, 쿠바, 코소보 등 3개국이다.[10]

5. 입국심사 절차

입국심사유형에 따라 입국심사는 사증발급인정서를 작성하여 신청하고, 법무부장관에게 송부하면 심사를 통해 사증발급이 타당하다고 인정되면 [그림 6]과 같이 통지·교부 과정을 통해 사증발급인정서를 발급받는다.

[그림 6] 입국심사 진행 절차

114

신청 (시행규칙 제17조 제2항, 별표5)	송부 (시행규칙 제17조 제1항)	통지 (시행규칙 제17조 제5항)	교부 (시행규칙 제17조 제6~7항)
사증발급인정서를 발급받고자 하는 자는 사증발급인정신청서에 의한 체류자격별 서류를 첨부하여 그 외국인을 초청하려는 자의 주소지를 관할하는 출입국관리사무소장 또는 출장소장에게 제출한다.	외국인을 초청하려는 자의 주소지를 관할하는 출입국관리사무소장 또는 출장소장은 사증발급인정신청서를 제출받은 때에는 발급기준을 확인하고 의견을 붙여 이를 법무부장관에게 송부한다.	법무부장관은 신청서류를 심사한 결과 사증발급이 타당하다고 인정하는 때에는 『전자정부법』의 규정에 의한 전자문서로 사증발급인정서를 발급하여 이를 재외공관의 장에게 송신하고, 초청자에게는 사증발급인정번호를 포함한 사증발급인정 내용을 지체없이 통지한다.	법무부장관은 재외공관에 출입국관리정보시스템에 개설되어 있지 아니하는 등 전자무선에 의한 사증발급인정서를 송신할 수 없는 부득이한 사유가 있는 경우에는 초청자에게 직접 사증발급인정서를 교부할 수 있다. 법무부장관은 초청인이 동시에 신청한 사증발급인정서 발급대상자가 2인 이상일 경우에는 그 대표자의 사증발급인정서에 사증발급대상자 명단을 첨부하여 사증발급인정서를 발급할 수 있다.

자료: 차용호(2015), 『한국이민법』, 법문사, pp.74-75.

V. 외국인의 체류

외국인의 체류란 대한민국으로 입국허가를 받은 외국인들이 어느 지역, 어떠한 상황에서든지 대한민국 영토 내에서 머물러 있는 상태를 말한다. 본 글에서의 '출입국관리법에서의 체류'는 외국인이 90일을 초과하여 장기간 머물러 있는 상태를 의미한다. 최근 외

---

10) 외교부, 혁신행정담당관실 재외공관보고, '지표정보', 검색일(2023.7.3.).

국인이 대한민국에서 장기적으로 정주하려는 경향이 많아지고 있다. 이로 인해 외국인의 체류에 대해 국제사회의 이주 현상을 고려하여 이에 적합한 폭넓은 이민제도를 모색해야 한다.

국제이주 사회에서 고려해야 할 사항을 살펴보면 첫째, 경제적 이유로 국가 간에 이동하는 외국인력의 이동이다. 이들의 장기체류로 인한 영주(F−5)자격, 국적취득 등 새로운 구성원 신분과 안정적인 삶의 영위로 국적국에 있는 가족 초청 등 연쇄적인 이민의 발생을 고려해야 한다. 둘째, 대한민국의 국가적 위상이 높아지고 「난민의 지위에 관한 1951년 협약」, 「난민의 지위에 관한 1967년 의정서」, 2012년 『난민법』 등에 따른 난민의 이동이다. 난민신청자, 난민인정자, 인도적체류자 등은 합·불법 여부와는 상관없이 난민인정을 신청한 경우 난민인정 여부에 관한 결정이 확정될 때까지 강제퇴거명령의 집행이 보류되고, 체류할 수 있는 자격과 기간이 부여되어 체류할 수 있다는 점을 고려해야 한다. 셋째, 다양한 국가에서 여러 상황에 따른 외국인의 유입은 그와 관련된 인권적 측면의 보호에 관한 정책적 제한을 고려해야 한다.

따라서, 국제사회의 인구이동은 대한민국으로의 이주를 통해 정착하는 경향을 다음과 같이 찾아볼 수 있다. ① 이민 과정에서의 사회적 네트워크로 인해 상호지원과 연쇄적 이동이 이루어진다. ② 외국인의 고용과 체류에 관해 사회적 혜택 내지는 권리를 부여할 수 있는 복지국가로서의 발달이 유인책이 된다. ③ 교통과 통신의 발달은 자연스러운 인구의 이동을 수월하게 하였고, 이로 인한 외국인에 대한 법적, 인권적 보호는 외국인의 이민으로 인한 정착에 있어 강제적 추방을 어렵게 하였다. ④ 이민으로 인해 다문화사회가 이루어짐으로써 국가 구성원의 변화는 피할 수 없는 상황이 되고 있다(차용호, 2015:322).

1. 체류자격의 개념

'체류자격'이라 함은 외국인이 대한민국 내에 머물면서 일정한 활동을 할 수 있는 법적 지위를 유형화한 것으로 외국인은 체류자격에 따라 권리와 의무를 부담한다.

2. 체류자격의 기능

체류자격은 다음과 같은 기능이 있다.

첫째, 외국인이 대한민국에 입국하려는 때에 입국허가의 요건이 된다. 즉, 외국인은 유효한 여권과 사증을 가지고 있어야 하며 그 사증에는 체류자격 등이 명시되어 있다.

둘째, 외국인이 대한민국에 입국 후 활동할 수 있는 범위에 관해 예측이 가능한 기준을 설정하는 요건이 된다. 즉, 외국인의 체류자격과 체류 기간이 정해져 있으므로 해당 자격의 체류 기간 내 대한민국에서 활동과 체류를 할 수 있다.

셋째, 체류자격은 영주 또는 국적취득과의 연계를 통해 국가 간 인적교류 및 체류국의 사회구성원으로 성장할 수 있는 수단이 된다.

넷째, 체류자격은 법적제재와 관리를 위한 규범의 요건이 된다. 즉, 외국인의 법적 지위에 따른 권리와 의무의 범위를 정하고 그 범위를 위반할 경우 해당 사항에 대한 법적 규범에 대한 책임과 출국 등의 제재를 받을 수 있다.

예를 들면, 체류자격의 활동 범위와 체류 기간을 초과하여 체류할 경우 그 위반 사항의 정도에 따라 출입국·외국인청(사무소)의 장은 외국인을 강제퇴거(제46조 제1항 제8호), 출국을 권고할 수 있다(제67조 제1항 제1호). 외국인이 체류자격의 활동 범위와 체류 기간을 초과한 경우 3년 이하의 징역 또는 2천만원 이하의 벌금에 처하는 조치를 한다(제94조 제7호).

3. 체류자격의 유형

체류자격은 일반 체류자격과 영주자격으로 구분할 수 있으며, 체류 기간인 90일을 기준으로 분류하여 단기체류자격(90일 미만), 장기체류자격(90일 초과)으로 분류할 수 있다. 대한민국에 입국하려는 외국인은 어느 하나에 해당하는 체류자격을 가져야 하며(제10조), 유형에 따른 체류자격은 다음과 같다.

[표 23] 유형별 체류자격

유형			내용
체류기간	일반체류자격(제10조의2)	단기체류자격	- 개념: 관광, 방문 등의 목적으로 대한민국에 90일 이하의 기간(사증면제협정이나 상호주의에 따라 90일을 초과하는 경우에는 그 기간동안 머무를 수 있는 체류자격) - 종류: 사증면제(B-1), 관광·통과(B-2), 일시취재(C-1), 단기방문(C-3), 단기취업(C-4) 등 총 5개의 자격(시행령 별표1).
		장기체류자격	- 개념: 유학, 연수, 투자, 주재, 결혼 등의 목적으로 대한민국에 90일을 초과하여 법무부령으로 정하는 체류 기간의 상한 범위 내에서 거주할 수 있는 체류자격(시행규칙 별표1) - 종류: 외교(A-1), 공무(A-2), 협정(A-3), 문화예술(D-1), 유학(D-2), 기술연수(D-3), 일반연수(D-4), 취재(D-5), 종교(D-6), 주재(D-7), 기업투자(D-8), 무역경영(D-9), 구직(D-10), 교수(E-1), 회화지도(E-2), 연구(E-3), 기술지도(E-4), 전문직업(E-5), 예술흥행(E-6), 특정활동(E-7), 계절근로(E-8), 비전문취업(E-9), 선원(E-10), 방문동거(F-1), 거주(F-2), 동반(F-3), 재외동포(F-4), 결혼이민(F-6), 관광취업(H-1), 방문취업(H-2), 기타(G-1) 등 총 31개 자격(시행령 별표1의2).

체류 목 적	영주자격(F-5) (제10조의3)		– 개념: 영주자격을 취득한 외국인은 체류기간, 활동범위 등 제한을 받지 않음 – 종류: 시행령 [별표1의3]의 영주자격에 부합하는 사람의 범위에 해당한 자
	직무수행		– 외교(A-1), 공무(A-2), 협정(A-3), 일시취재(C-1), 취재(D-5), 종교(D-6), 주재(D-7), 기업투자(D-8)
	취 업	전문 인력	– 단기취업(C-4), 교수(E-1)~특정활동(E-7), 선원취업(E-10)
		단순기능 인력	– 계절근로(E-8), 비전문취업(E-9), 관광취업(H-1), 방문취업(H-2)
	방문 및 통과		– 사증면제(B-1), 관광·통과(B-2), 단기방문(C-3)
	교육(유학·연수)		– 문화예술(D-1), 유학(D-2), 기술연수(D-3), 일반연수(D-4)
	가족 및 동포		– 방문동거(F-1), 거주(F-2), 동반(F-3), 재외동포(F-4), 결혼이민(F-6)
	기타		– 구직(D-10), 특별임시체류 기타(G-1)

「주」 취업 제한이 없는 체류자격: 거주(F-2), 재외동포(F-4), 영주(F-5), 결혼이민(F-6).

4. 체류자격의 부여(제23조)

체류자격의 부여란 대한민국에서 출생하였으나 체류자격을 가지지 못한 경우, 대한민국의 국적을 상실한 경우, 국적이탈 및 그 밖의 사유로 체류자격을 가지지 못하고 대한민국으로 이주하여 체류하려는 외국인 또는 국민에게 체류자격을 부여하거나 회복시키는 것을 의미한다. 이는 체류자격이 없는 상태에서 새로이 체류자격을 부여받는 점에서 '체류자격 변경', '체류자격 연장', '체류자격 외 활동 허가' 등과는 상이하다.

체류자격을 부여받기 위해서는 두 가지의 경우가 있다. 첫째, 대한민국에서 출생하여 체류자격을 가지지 못하고 체류하게 되는 외국인은 그가 출생한 날로부터 90일 이내에 신청해야 한다. 둘째, 대한민국에서 체류하던 중 대한민국의 국적을 상실하거나 이탈하는 등 그 밖의 사유로 체류자격을 가지지 못하고 체류하게 된 외국인은 그 사유가 발생한 날로부터 30일 이내에 신청하여야 한다. 단, 체류자격을 부여받기 위하여 기간 내에 신청하지 않을 경우는 강제퇴거 되거나(제46조 제1항 제8호), 3년 이하의 징역 또는 2천만원 이하의 벌금에 처하게 된다(제94조 제15호).

5. 체류자격 활동 범위의 제한(제22조)

외국인의 체류자격에 따른 활동 범위의 제한은 취업 활동과 정치 활동 및 그 외 활동에 따른 제한으로 구분될 수 있다. 구체적으로 살펴보면 다음과 같다.

(1) 외국인의 취업활동 제한

외국인은 대한민국에서 취업하려면 대통령령으로 정하는 바에 따라 취업활동이 가능한 체류자격을 부여받아야 한다. 부여받은 체류자격의 유형에 따라 취업에 제한을 받는 자격과 체류자격에 제한을 받지 않는 취업활동이 가능한 체류자격으로 구분될 수 있다. 취업활동을 위한 체류자격을 부여받은 외국인은 그에 해당하는 취업활동과 체류기간을 지켜야 할 의무를 지닌다. 그렇지 않은 외국인의 경우 3년 이하의 징역 또는 2천만원 이하의 벌금에 처한다(제94조 제8호).

　　외국인의 취업활동에 있어 제한사항은 다음과 같다. 첫째, 취업이 가능한 체류자격을 가진 외국인은 지정된 근무처가 아닌 곳에서 근무해서는 안 된다. 둘째, 누구든지 취업이 가능한 체류자격을 가지지 않은 외국인을 고용해서도 안 된다. 이 경우 대법원판례에서 명확하게 설명하고 있다.

　　[대법원 2010.5.13. 2009도14617(예술흥행(E-6) 체류자격을 가진 외국인의 취업활동 관련)]
　　예술흥행(E-6)의 체류자격을 가진 외국인을 유흥주점의 유흥접객원으로 고용한 행위가 출입국관리법 제18조 제3항의 위반행위에 해당하는지 여부에 관하여 대법원은 "예술흥행(E-6)의 체류자격을 가지는 외국인은 체류자격의 범위에 속하지 아니하는 활동을 하도록 고용하였다면 이는 출입국관리법 제18조 제3항을 위반한 죄에 해당한다."고 판시하였다.

　　셋째, 누구든지 취업이 가능한 체류자격을 가지지 않은 외국인의 고용을 알선하거나 권유해서는 안 된다. 넷째, 누구든지 취업이 가능한 체류자격을 가지지 않은 외국인의 고용을 알선할 목적으로 외국인을 자기 지배하에 두는 행위를 해서는 안 된다. 다섯째, 재외동포(F-4)의 경우 단순노무행위, 선량한 풍속이나 사회질서에 반하는 행위, 기타 공공의 이익이나 국내 취업질서 유지에 반하는 취업활동은 제한한다.

(2) 외국인의 정치활동 제한

　　정치활동이란 인간의 권리로서 인정되는 정치적 표현의 자유 중 국민의 권리로서 인정되는 선거권, 피선거권, 공무담임권, 국민투표권 등이다. 즉, 참정권과 관련되는 선거, 투표, 정당 활동 및 대한민국 국민의 자주적 주권행사에 관한 의사결정표현 등을 포함하는 의미이다.

　　외국인의 정치적 활동이 제한되고 『출입국관리법』에 규정된 계기에는 대한민국으로 선교 활동을 하고자 1960년 입국한 미국인 목사가 유신헌법 폐지 등 정치적 성격의 활동을 한 이유로 1974년 강제퇴거가 된 사건이 계기가 되었다(차용호, 2015:333). 대한민국에서 체류하는 외국인은 『출입국관리법』 제17조 제2항 또는 『공직선거법』 제15조 제2항에서 정하는 경우를 제외하고는 정치활동을 해서는 안 되며, 이러한 정치활동의 제한에도 불구하고 외국인이 정치적 활동을 하였다면 강제퇴거 사유에 해당하지만, 별도의 벌칙규정은 없다(제46조 제1항 제8호).

　그러나 현행 『공직선거법』의 경우 영주(F-5)자격 취득 후 3년 경과한 외국인에게 지방자치단체장 및 지방의회의원에 대한 선거권을 가지고 있음을 규정하고 있다. 외국인의 기본적 인권은 헌법상 보장되고, 외국인의 의사결정에 관한 표현의 자유가 확대되는 추세를 고려하면 정치적 의견을 말이나 글로써 표현하는 정치적 활동을 광범위하게 제한하기는 어렵다 할 수 있다. 향후 외국인의 장기체류 및 영주(F-5)자가 증가할 경우 정치적 활동이 공공의 이익을 해치거나 대한민국의 근본적인 질서를 부정하려는 의도가 있는 경우를 제외하고는 정치적 활동을 할 수 있도록 고려해야 할 것이다(이민법연구회, 2018:141).

　　(3) 그 외 활동범위의 제한
　취업과 정치 활동을 제외하고 법무부장관은 공공의 안녕질서나 대한민국의 중요한 이익을 위하여 필요하다고 인정하면 대한민국에 체류하는 외국인에 대해 거소(居所) 또는 활동의 범위를 제한하거나 그 밖에 필요한 준수사항을 정할 수 있다(제22조). 이 경우 법무부장관은 제한사항 또는 준수사항과 이유를 적은 활동범위 등 제한통지서를 해당 외국인에게 직접 발급하거나 청·사무소 또는 출장소장을 거쳐 해당 외국인에게 발급하여야 한다(시행령 제27조). 해당 외국인은 제한통지서 내용을 위반한 경우 강제퇴거될 수 있으며(제46조 제1항), 3년 이하의 징역 또는 2천만원의 벌금에 처한다(제94조 제14호).

6. 체류자격 외 활동(제20조)
　체류자격은 1명의 외국인에 대해 1개의 체류자격을 부여하는 원칙이 있다. 하지만 대한민국에서 체류하는 외국인이 원래부터 부여받은 체류자격에 해당하는 활동을 유지하면서 다른 체류자격에 해당하는 활동을 추가로 하려면 법무부장관으로부터 체류자격 외 활동에 관한 허가를 미리 받아야 한다(제20조). 체류자격 외 활동은 두 가지의 체류자격을 부여받고 활동하는 경우를 의미하므로 체류자격 변경 또는 연장과는 구별된다.

　이러한 체류자격 외 활동을 위해서는 허가 신청서를 법무부령으로 정하는 서류를 첨부하여 청장·사무소장 또는 출장소장에게 제출하여야 한다(제25조). 그러나 미리 허가를 받지 않고 위반할 경우 그 위반의 정도에 따라 강제퇴거(제46조 제1항 제8호), 출국권고(제67조 제1항 제1호)를 받거나 3년 이하의 징역 또는 2천만원 이하의 벌금에 처하게 된다(제94조 제15호).

7. 체류 외국인의 근무처 변경·추가(제21조)
　대한민국으로 취업하여 체류하는 외국인이 그 체류자격의 범위에서 그의 근무처를 변경하거나 추가하려면 미리 법무부장관의 허가를 받아야 한다. 다만 전문적인 지식·기술 또는 기능을 가진 사람, 즉 교수(E-1)부터 특정활동(E-7)까지의 체류자격 중 어느 하나의 체류자격을 가진 외국인은 근무처를 변경하거나 추가한 날부터 15일 이내에 법무부장관에게 신고하여야 한다.

8. 체류자격의 변경(제24조) 및 체류기간의 연장(제25조)

(1) 체류자격의 변경(제24조)

체류자격의 변경이란 대한민국에 체류하고 있는 외국인이 처음 부여받은 체류자격과 다른 활동을 하려면 대통령령으로 정하는 바에 따라 미리 법무부장관으로부터 체류자격 변경허가를 받아 종전의 체류자격을 변경하는 것을 의미한다.

모든 외국인은 90일을 초과하여 체류하려면 대통령령으로 정하는 바에 따라 대한민국에 입국한 날부터 90일 이내에 거주지 해당 출입국·외국인관서의 장에게 외국인등록을 하여야 한다(제31조 제1항). 그러나 일정한 외국인, 즉 주한외국공관(대사관, 영사관 포함)과 국제기구의 직원과 그의 가족, 대한민국정부와의 협정에 따라 외교관 또는 영사와 유사한 특권 및 면제를 누리는 사람과 그의 가족, 대한민국 정부가 초청한 사람 등으로서 법무부령으로 정하는 사람(제31조 제1항 단서) 등은 외국인등록이 면제된다. 이외에도 외국인이 신분의 변경, 즉 퇴직, 이혼 등의 사유가 있는 경우 외국인등록 면제자의 체류자격이 변경된다.

신분의 변경으로 인한 체류자격이 변경될 경우 그 신분이 변경된 날로부터 30일 이내에 법무부장관의 체류자격 변경허가를 받아야 한다(제24조 제2항). 체류자격 변경이 허가된 경우 1회에 부여할 수 있는 체류자격별 체류 기간은 「출입국관리법 시행규칙」 별표 1과 같이 법무부령으로 정한다. 단, 법무부장관은 국제관례나 상호주의 원칙 또는 국가이익에 비추어 필요하다고 인정하는 때에는 그 상한을 달리 정할 수 있다(출입국관리법 시행규칙 제37조 제1항, 제18조의3).

이렇듯 외국인은 기존의 체류자격 또는 자신의 신분변경에 따른 체류자격 변경허가를 받아야 한다. 변경하지 않고 활동할 경우 강제퇴거명령을 받거나(제46조 제1항 제8호), 3년 이하의 징역 또는 2천만원 이하의 벌금에 처하게 된다(제94조 제16호). 그러나 강제퇴거명령을 받은 외국인이 개인적인 사정 또는 어떠한 사실이 있는 경우 강제적으로 출국되지 않고 국내에서 체류자격을 변경할 수 있는지에 대해 긍정적, 부정적 견해를 보인 판례를 살펴보자.

[대구고법 2016.8.5. 2016누4547(체류기간연장등불허가처분 취소)]

　　"베트남 국적으로 비전문취업(E-9) 자격을 받고 대한민국에 입국한 甲이 체류기간이 만료되었는데도 7년 이상 불법체류를 해오다가 베트남 출신 혼인귀화자인 乙과 혼인신고를 하고 국민의 배우자(F-6-1) 자격으로 체류자격 변경허가 신청을 하였으나 관할 출입국관리사무소장이 '배우자 국적취득 후 3년 미만, 7년 4개월의 불법체류'를 이유로 신청을 반려하고 자진출국할 것을 통보한 사안에서, 처분이 재량권을 일탈·남용한 경우에 해당하지 않는다."

　　위의 사례를 바탕으로 부정적 측면의 견해를 보면, 불법이민 중에 단속 등으로 적발되어 강제퇴거명령을 받고 보호조치 또는 보호일시 해제된 자에게 진정한 혼인신고 등을 이유로 체류자격의 변경을 허가한다면 국내에서 외국인의 준법질서 침해 등 법적 안정성이 저하되고, 합법적으로 체류하는 외국인과의 형평성 문제가 초래된다. 이에 인도주의적 입장에서의 행정조치 논거로는 대한민국으로부터 강제퇴거된 외국인은 재외공관으로부터 혼인생활 등을 위한 사증을 발급받아 재입국이 가능하도록 입국규제를 완화해야 한다는 것을 들고 있다.

　　긍정적 측면의 견해는 이미 가정을 구성하고 있는 강제퇴거에 처하게 된 외국인과 대한민국의 국민은 그 외국인이 재입국의 과정을 거치면서 겪어야 할 불편함과 경제적·정신적 피해의 발생은 『헌법』 제36조 제1항(결혼 등에 의한 가족관계 또는 가족의 결합권)의 기본권을 침해하는 것이다. 이에 인도주의적 입장에서의 논거로는 일반적으로 체류자격 변경의 사유가 발생한 경우 불법체류자에 대해서도 국내에서 불법체류한 기간에 대한 범칙금을 납부하고, 체류자격을 변경하는 방법이 있다. 이러한 절차는 합법적으로 체류하는 외국인과의 형평성의 문제가 될 여지는 없을 것이다. 또한, 출국 및 재입국 과정의 형식적인 절차는 가족의 재결합 또는 가족관계의 보호 등의 원칙에서 과도한 규제로 볼 수 있다는 견해이다(차용호, 2015:370). 이러한 사례를 바탕으로 국가인권위원회는 강제퇴거명령을 받고 일시보호해제의 기간 중인 외국인에 대해 예외적인 상황(국민과의 결혼 등)이 발생한 경우 국내에서 체류자격 변경을 할 수 있도록 권고하였으며, 『헌법』 제10조에 의한 인간 중심의 법적 조치라고 볼 수 있다.

[국가인권위원회 2007.9.11. 06진인2702(체류자격 변경 불허에 의한 인권침해)]

　　"강제퇴거명령을 받고 일시보호해제 기간 중인 자가 대한민국 국민과 혼인한 경우 등 예외적인 상황인 발생한 경우 국내 체류자격 변경이 가능하도록 관련 제도를 법무부장관에게 개선할 것을 권고한 사례: 피해자가 혼인한 것이 비록 강제퇴거 명령을 받은 후 일시보호해제 기간 중이었다 하더라도 피해자가 단속 및 강제퇴거 결정 이전에 교제를 시작하고 있었고, 전부인과 이혼하였던 점이 확인된다. 또한, 피해자의 혼인이 진정성이 있는 것으로 판단되는 바 피해자가 한국에서 한국인 배우자와 가정을 구성할 권리는 보호되어야 할 필요성이 있다. 일반적으로 체류자격 변경 사유가 발생한 경우 불법체류자에 대해서도 국내에서 불법체류 기간에 대한 벌금을 납부하고 체류자격을 변경하거나 출국 후 신규로 체류자격을 신청하여 입국하는 방법이 있는바, 피진정인이 주장하는 바와 같이 강제퇴거명령을 집행하지 않는다 하여 합법적 체류자와의 형평성 문제가 발생한다고 보기도 어렵다. 따라서 피해자가 혼인한 것이 일시보호해제 기간 중이라는 이유로 국내에서의 체류자격 변경을 불허하는 것은 제도적 미비로 판단되는바, 위장결혼이 아닌 진정한 혼인 등의 예외적인 상황변경이 발생한 경우에 강제퇴거 집행정지 또는 인도주의적 사유에 대한 특례 조치 등이 가능하도록 제도를 개선해야 할 것이다. 또한, 피해자의 경우 불법체류 기간에 대한 벌금을 납부하는 등의 절차를 통하여 국내에서 체류자격 변경이 가능하도록 적절한 조치가 취해져야 할 것이다."

(2) 체류기간의 연장(제25조)

체류기간의 연장이란 기존에 부여하였던 체류자격에 따른 체류기간의 범위를 초과하여 대한민국에서 체류할 수 있도록 새로운 체류기간을 부여하는 것을 말한다. 외국인은 체류기간이 끝나기 전에 법무부장관의 체류기간 연장허가를 받아야 한다(제25조 제1항). 체류기간 연장허가를 받기 위한 심사기준은 첫째, 유효한 여권 소지 여부, 둘째, 법 제11조의 규정에 의한 입국금지 또는 거부대상 여부, 셋째, 체류자격에 해당하는지 여부, 넷째, 해당 체류자격별로 허가된 체류기간 내에 본국으로 귀국할 것이 인정되는지 여부, 다섯째, 그밖에 법무부장관이 따로 정하는 기준에 해당하는지 여부 등이다(제25조 제2항).

체류기간 연장을 허가하고, 그 이후 연장을 허가하지 않기를 결정한 때에는 출입국외국인청·사무소장 또는 출장소장은 허가된 체류기간 내에 출국하여야 한다는 뜻을 여권에 적어야 하며(시행령 제34조), 이때 여권에 출국예고인을 찍어 대체할 수 있다(시행규칙 제38조). 결혼이민자에 관한 재량권 사용에 관한 판례를 통해 국내에 체류하고 있는 외국인이 일반적으로 체류 기간을 연장하는 경우를 살펴보자.

[울산지법 2017.5.11. 2016구합7006(체류기간연장등 불허가처분취소 사례)]

"甲과 혼인하여 대한민국 국민의 배우자로 체류자격을 얻어 입국한 베트남 국적 여성 乙이 甲을 상대로 이혼 및 위자료 청구소송을 제기하여 일부승소판결이 확정된 후 체류기간 연장허가 신청을 하였으나, 관할 출입국관리사무소장이 '혼인의 진정성 결여 및 배우자의 귀책사유 불명확 등'을 이유로 위 신청을 불허하는 처분을 한 사안에서, 제반 사정들을 고려하면 乙이 자신에게 책임이 없는 사유로 甲과 정상적인 혼인생활을 할 수 없었다고 보이므로 乙 역시 혼인관계 파탄에 책임이 있다고 판단하여 위 처분을 한 것은 재량권을 일탈·남용한 것으로 위법하다."

위와 같이 대상과 상황에 따라 체류기간연장을 유형화하면 다음과 같다.

[표 24] 대상과 상황에 따른 체류기간연장 유형

유형	내용
일반적인 체류기간 연장	– 당초 부여받은 체류자격을 유지하면서 체류 기간이 초과하기 전 체류 기간을 연장하는 경우
출국을 위한 체류기간 연장허가 (시행규칙 제32조 제1항)	– 청·사무소장 또는 출장소장은 다음 경우 30일 범위 내에서 체류기간을 연장할 수 있으며, 초과할 경우 법무부장관의 승인을 받도록 한다. 1. 외국인등록을 한 자로서 그 체류자격의 활동을 마치고 체류기간이 만료되는 외국인이 국내여행 등을 목적으로 일시 체류하고자 하는 경우 2. 출국할 선박 등이 없거나 그밖에 부득이한 사유로 출국할 수 없을 경우
출국기한의 유예 (시행규칙 제33조 제1항)	– 청·사무소장, 출장소장 또는 외국인보호소장은 체류기간 연장 등 불허결정 통지를 받은 자나 출국권고 또는 출국명령을 받은 자가 출국할 선박 등이 없거나 질병 기타 부득이한 사유로 그 기한 내에 출국할 수 없음이 명백한 때에는 그 출국기간을 유예할 수 있다.
결혼이민자 등에 대한 특칙 (법 제25조의2)	– 법무부장관은 다음의 재판 등의 권리구제 절차가 종료할 때까지 체류기간 연장을 허가할 수 있다. 1. 『가정폭력범죄의 처벌 등에 관한 특례법』 제2조 제1호 2. 『성폭력범죄의 처벌 등에 관한 특례법』 제2조 제1항 3. 『아동학대범죄의 처벌 등에 관한 특례법』 제2조 제4호 및 『아동복지법』 제3조 제3호의 보호자(아동학대행위자는 제외) 4. 『인신매매등방지 및 피해자보호 등에 관한 법률』 제3조
국가비상사태 등에 있어서 체류기간 연장허가에 대한 특칙(법 제25조의5)	– 법무부장관은 대한민국 또는 다른 국가의 전시, 사변, 전염병 확산, 천재지변 또는 이에 준하는 비상사태나 위기에 따른 국경의 폐쇄, 장기적인 항공기 운항 중단 등으로 인하여 외국인의 귀책사유 없이 출국이 제한된 경우에는 이 법 또는 다른 법률의 규정에도 불구하고 직원으로 또는 외국인의 신청에 따라 체류기간 연장을 허가할 수 있다.

그러나 체류기간 연장에 있어 허가받지 아니하고, 기간을 초과하여 계속 체류하는 자는 강제퇴거(제46조 제1항 제8호), 3년 이하의 징역 또는 2천만원 이하의 벌금에 처하게 된다(제94조 제17호).

9. 외국인의 등록 및 사회통합프로그램

(1) 외국인의 등록(제31조~제38조의2)

외국인은 대한민국에 입국한 날부터 90일을 초과하여 체류하려면 반드시 외국인등록을 해야 할 의무가 있다(제31조 제1항). 단, 주한외국공관(대사관과 영사관 포함)과 국제기구의 직원 및 그의 가족, 대한민국정부와의 협정에 따라 외교관 또는 영사와 유사한 특권 및 면제를 누리는 사람과 그의 가족, 대한민국정부가 초청한 사람 등으로서 법무부장관이 특별히 외국인등록을 면제할 필요가 있다고 인정하는 자는 외국인 본인이 원하는 경우 체류기간 내에 외국인등록을 할 수 있다(제31조 제2항). 이외에도 체류자격을 받고 90일을 초과하거나 체류자격 변경허가를 받은 사람은 해당 시점에 외국인등록을 하여야 한다. 이 때 외국인은 법무부령(외국인보호규칙 제5조, 시행규칙 제50조)에 따라 생체정보를 제공해야 하며(제38조), 법무부장관은 관계기관이 선박 등의 탑승권 발급, 출입국항의 보호구역 진입 및 선박 등의 탑승 등의 업무를 위하여 요청하는 경우에는 이 법에 따라 수집·처리한 생체정보를 제공할 수 있다(제38조의2).

외국인등록사항은 개인의 인적사항(성명, 성별, 생년월일), 여권기재사항(여권번호, 발급 일자, 유효기간), 취업상황(근무처, 직위, 담당업무), 주소(본국과 대한민국 내 체류지), 체류자격 과 체류기간 및 이외 법무부령(입국일자 및 입국항, 사증에 관한 사항, 동반자, 학교 재학 여부, 사업자 등록번호, 직업 및 연간 소득금액)이 정하는 사항이다(시행규칙 제47조).

외국인등록을 위한 절차는 외국인등록 신청서에 여권과 그 밖에 법무부령(시행규칙 제76조)으로 정하는 서류를 첨부하여 체류지 관할 청장·사무소장 또는 출장소장에게 제 출하여야 한다. 체류지 관할 청장·사무소장 또는 출장소장은 외국인등록을 마친 사람에 게 외국인등록번호를 부여하고 등록외국인 대장에 적어야 한다(시행령 제40조).

외국인등록을 절차에 따라 신청받은 지방출입국·외국인관서의 장은 대통령령으로 정하는 바에 따라 그 외국인에게 외국인등록증을 발급하여야 하며, 17세 미만의 외국인의 경우 발급하지 않을 수도 있지만 17세가 된 때에는 90일 이내에 외국인등록증 발급신청 을 하여야 한다(제33조 제1항, 제2항). 이때 외국인등록증을 발급받은 외국인에게 외국인등 록증과 동일한 효력을 가진 모바일외국인등록증을 발급할 수 있다(제33조 제6항).[11]

영주(F-5)자격을 가진 외국인에게 발급하는 외국인등록증의 유효기간은 10년으로 하되 유효기간이 끝나기 전까지 재발급을 받아야 한다(제33조 제3항, 제4항). 특히, 『출입국 관리법』이 일부 개정(2022.12.13.)되어 시행(2023.6.14.)됨에 종전의 규정에 따라 영주(F-5) 자격을 취득한 날부터 10년이 경과한 사람은 법 시행일로부터 2년 이내에, 10년이 경과하 지 않은 사람은 10년이 경과한 날부터 2년 이내에 재발급을 받아야 한다(제33조의2). 이때 체류지 관할 지방출입국·외국인관서의 장은 영주증 재발급 신청기한 등이 적힌 영주증 재발급 통지서를 지체하지 않고 발송해야 한다. 단, 소재불명 등으로 영주증 재발급 통지 서를 송부가 어려운 경우에는 관보에 공고해야 한다(제33조의2 제2항).

외국인은 외국인등록증을 채무이행을 위한 확보수단으로 제공하는 것 등을 금지하며 (제33조의3), 외국인등록사항의 변경이 있는 경우 15일 이내에 신고해야 한다(제35조). 또 한, 등록한 외국인이 체류지를 변경하였을 때에도 전입한 날부터 15일 이내에 새로운 체

---

11) 모바일외국인등록증은 『이동통신단말장치 유통구조 개선에 관한 법률』 제2조 제4호에 따른 이동통신단말 장치에 암호화된 형태로 설치된 외국인등록증을 말하며, 모바일외국인등록증 발급 등을 위하여 정보시스 템을 구축·운영할 수 있다(제33조 제7항). 모바일외국인등록증의 발급, 규격, 유효기간 및 효력 말소 등에 관한 사항은 법무부령으로 정한다(제33조 제8항).

류지의 시·군·구 또는 읍·면·동의 장이나 그 체류지를 관할하는 지방출입국·외국인관서의 장에게 전입신고를 하여야 한다(제36조).

이외에도 등록한 외국인이 출국할 때에는 출입국관리공무원에게 외국인등록증을 반납하여야 하며(제37조), 지방출입국·외국인관서의 장은 등록증을 반납한 경우나 출국 후 재입국허가기간 내 입국하지 않는 경우 그리고 출입국관리공무원이 직무수행 중 앞의 경우에 준하는 말소 사유를 발견하였을 경우 외국인등록사항을 말소할 수 있다(제37조의2).

이러한 외국인등록 관련 모든 사항에 관해 지방출입국·외국인관서의 장은 등록외국인기록표를 작성·비치하고, 외국인등록표를 작성하여 그 외국인이 체류하는 시·군·구[12] 및 읍·면·동의 장에게 보내야 하며, 시·군·구 및 읍·면·동의 장은 외국인등록표를 받았을 때 그 등록사항을 외국인등록대장에 적어 관리해야 한다(제34조).

(2) 사회통합프로그램(제39조)

외국인이 대한민국의 국적, 영주자격을 취득하려거나 최초 부여받은 체류자격을 바탕으로 장기체류를 희망하여 체류자격을 변경할 수 있도록 법무부장관은 사회적응을 위한 교육, 정보제공, 상담 등의 사회통합 프로그램을 시행할 수 있다(제1항). 효과적인 프로그램 운영을 위해 필요한 전문인력 및 시설을 갖춘 기관, 법인 또는 단체를 운영기관으로 지정할 수 있으며(제2항), 사회통합 프로그램의 운영에 필요한 전문인력을 양성할 수 있다(제3항).

국가와 지방자치단체는 지정된 운영기관의 업무수행 및 전문인력양성에 필요한 경비를 전부 또는 일부를 예산의 범위에서 지원할 수 있다(제4항). 또한, 사회통합 프로그램의 내용 및 개발(시행령 제48조), 운영기관의 지정(시행령 제49조), 관리 및 지정취소(시행령 제50조) 등 그밖에 사회통합 프로그램의 운영에 필요한 사항은 대통령령으로 정한다(제5항). 국내 체류 외국인이 사회통합 프로그램을 이수할 경우 법무부장관은 사증발급, 체류관련 각종 허가 등을 할 때에 이 법 또는 관계 법령에서 정하는 바에 따라 우대할 수 있다(제40조).

국민과 더불어 살아갈 수 있도록 외국인의 사회통합을 지원하기 위하여 지방출입국·외국인관서는 사회통합 자원봉사위원(사회통합위원)을 둘 수 있다(제41조 제1항). 사회통합 자원봉사위원은 사회통합위원과 특별사회통합위원으로 구분할 수 있으며, 개념(정의), 자격요건, 수행직무, 위·해촉, 정원, 자치조직, 비용 등 구체적인 내용은 다음과 같다.

---

12) 외국인이 체류하는 시는 『제주특별자치도 설치 및 국제자유도시 조성을 위한 특별법』 제10조에 따른 행정시를 포함하며, 특별시와 광역시는 제외하며, 구는 자치구가 아닌 구를 포함하는 것을 말한다.

[표 25] 사회통합 자원봉사위원(사회통합위원) 기본 규정(법무훈령 제1405호)

구분	내용
개념(정의) (제2조)	1. 사회통합위원: 외국인 사회통합 지원활동에 참여하는 민간자원봉사자 2. 특별사회통합위원: 청장 등의 위촉을 받아 해당 기관의 업무를 지원하는 민간자원봉사자
자격요건 (제3조)	① 법률·인권, ② 보건·의료, ③ 교육·문화, ④ 경제·경영·취업, ⑤ 행정·⑥ 사회복지, ⑦ 언론·홍보 등 각 분야의 전문지식을 바탕으로 사회정착지원, 의료·상담지원, 교육·문화지원, 외국인취업지원, 외국인의 처우개선지원, 사회통합업무 등 출입국·외국인정책 홍보 및 그 밖에 지역 상황에 대한 이해도가 높은 사람 또는 국내 사회에 모범적으로 정착한 이민자로서 사회통합지원 업무에 봉사할 수 있는 자질과 능력을 갖춘 사람
수행직무 (제7조)	1. 외국인 및 고용주 등의 법 준수를 위한 홍보활동 등 2. 외국인이 한국사회의 건전한 사회구성원으로 정착하기 위한 체류지원 등 3. 영주자격 및 국적을 취득하려는 자에 대한 지원 등 4. 그 밖에 대한민국 국민과 국내 체류 외국인의 사회통합을 위하여 체류관리 과장은 특별사회통합위원의 구체적인 직무 내용 및 방법을 별도로 정하여 시행한다.
추천 및 위촉 (제4조)	1. 청장 등은 사회통합위원 또는 특별사회통합위원이 되려는 사람의 의지와 능력, 사회적 평판, 연령, 직업 등을 고려하여 적격자를 법무부장관에게 매년 2월 및 8월 말일까지 추천한다. 2. 제출서류: 위촉동의서, 추천서 및 범죄경력조회동의서, 활동기록부(재위촉위원에 한함)
위촉기간 (제5조)	1. 사회통합위원(2년), 특별사회통합위원(1년) 2. 활동실적에 따라 연임이 가능함

정원 (제6조)		구분	활동기관	정원	
		사회통합위원	출입국·외국인청(사무소) ※ 공·항만 소재는 제외	5인 이상 50명 이내	
	특별사회통합위원	시행규칙 제53조의7 제1항 제1호	출입국·외국인청(사무소)/ 출장소, 외국인보호소, 출입국·외국인지원센터	30명 이내	
		시행규칙 제53조의7 제1항 제2호	출입국·외국인청(사무소)/ 출장소, 외국인보호소, 출입국·외국인지원센터	10만 이상 (부산 포함)	100명 이내
				5만 이상 10만 미만	80명 이내
			※ 등록외국인 수에 따라 정원기준 차등적용	5만 미만	50명 이내
				보호소 및 지원센터	30명 이내

※ 주: 사회통합위원 등의 정원은 시행규칙 제53조의8에 따라 등록외국인의 수, 기관의 규모(직원 수 및 업무량) 등을 고려하여 등록외국인 100명당 1명의 범위에서 법무부장관이 정하되, 등록외국인의 수는 **전년도 12월 말 현재 등록외국인의 수를 기준**으로 한다.

구분	내용
해촉 (제8조)	- 청장 등은 사회통합위원, 특별사회통합위원에 대해 본인이 사임을 희망하거나 『국가공무원법』 제33조, 「시행규칙」 제53조의6 제2항, 『공직선거법』 등 결격사유에 해당하거나, 선거후보자로 등록한 때, 거주이전, 개인 신상의 이상으로 업무수행이 곤란하게 된 때, 외국인사회통합의 측면에서 부정적인 영향과 운영방침에 상이하다고 판단될 때에는 법무부장관에게 해촉을 건의한다.
자치조직 (시행규칙 제53조의9)	- 사회통합위원 및 특별사회통합위원의 체계적인 활동을 도모하기 위하여 법무부장관이 정하는 바에 따라 자치조직을 둘 수 있다. ※ 법무부훈령 제1405호 제12조부터 제18조 참조.
비용의 지급 (시행규칙 제53조의10)	- 사회통합위원과 특별사회통합위원에 대하여는 예산의 범위에서 그 직무수행에 필요한 실비를 지급한다.

Ⅵ. 외국인의 출국

외국인의 입국은 까다롭고 엄격한 심사의 과정이 있지만, 반면에 출국은 자신의 의지에 따라 대한민국의 행정절차에서는 자유롭고 수월하다. 다만, 외국인의 출국심사 시 출국 정지에 해당하거나(제29조), 긴급한 출국의 정지에 해당할 경우(제29조의2) 국민과 동일한 출국금지 사유를 준용하여 적용하고 있다(제4조). 이 경우 국민에게 해당하는 '출국금지'는 '출국정지'로, '긴급출국금지'는 '긴급출국정지(제29조의2)'로 정보화기기에 의한 외국인의 출국심사 또는 입국심사를 '자동출국심사', '자동입국심사'로 본다(시행규칙 제39조).

외국인이 대한민국에 체류하는 동안 외국인등록을 하거나 그 등록이 면제된 경우 체류기간 내에 출국하였다가 재입국을 하려는 경우 영주(F-5)자격을 가진 사람과 재입국허가를 면제해야 할 이유가 있는 사람[13]은 재입국을 면제할 수 있다(제30조). 이외의 무국적자 또는 대한민국과 수교하지 아니한 국가나 법무부장관이 외교부장관과 협의하여 지정한 국가의 국민은 대통령령으로 정하는 바에 따라 재외공관의 장이나 지방출입국·외국인관서의 장이 발급한 외국인입국허가서를 가지고 입국할 수 있다(제7조 제4항).

재입국을 허가하는 경우, 한 차례만 재입국할 수 있는 단수재입국허가와 2회 이상 재입국할 수 있는 복수재입국허가로 구분한다(제30조 제2항). 단수재입국허가는 최장기간이 1년이고, 복수재입국허가는 2년이다. 단, 기업투자(D-8), 거주(F-2)의 자격에 해당하는 사람으로서 일정금액 또는 일정기간 이상을 국내산업체에 투자하고 계속하여 기업활동에 종사하로 있는 사람은 최장기간 3년으로 한다(시행규칙 제41조 제2항). 복수재입허가의 기준은 상호주의 원칙 등을 고려하여 법무부장관이 따로 정한다(시행규칙 제40조).

단수 또는 복수재입국허가서를 발급받은 해당 외국인에 대해 출입국관리공무원은 재입국허가서를 회수하여 이를 발급한 청장·사무소장 또는 출장소장에게 송부해야 하며(시행규칙 제42조), 재외공관의 장은 해당 외국인의 재입국허가관련 사실조회를 통해 허가된 체류자격, 재입국허가일자, 재입국허가기간등을 외교부장관을 거쳐 법무부장관으로부터 회보받아야 한다. 이때 재외공관의 장은 신청인의 새 여권에 재입국허가확인인을 찍고 서명하여야 한다(시행규칙 제43조). 이렇듯 법적 절차에 따라 진행하는 수월한 출국이 있는 반면에 공공질서 또는 국익에 반하거나, 허위 및 입국금지 등의 사유가 있는 외국인의 출국도 있다.

따라서 후자에 해당하는 출국에 있어 강제퇴거에 관한 내용을 중심으로 대상자 선정

---

13) 재입국허가 면제기준 등(제44조의2): 영주(F-5)자격 가진 사람은 출국한 날부터 2년 이내에 재입국하려는 사람이며, 외교(A-1)부터 동반(F-3)까지, 결혼이민(F-6)부터 기타(G-1)까지 자격자로서 출국한 날부터 1년 이내에 재입국하려는 자는 재입국허가를 면제한다.

에 대한 조사, 심사결정을 위한 보호, 심사 및 이의신청, 강제퇴거 명령서의 집행, 보호의 일시해제, 출국권고 등 절차적 흐름을 통해 살펴보고자 한다.

1. 외국인의 강제퇴거

외국인은 유효한 여권과 법무부장관이 발급한 사증(査證)을 소지하고 입국하여야 하는데, 그렇지 않은 경우와 강제퇴거란 대한민국 밖으로 외국인을 강제적으로 출국시키는 것을 의미한다. 또한, 외국인이 법원의 재판, 수사기관의 수사 또는 그 밖의 법률에 따른 권리구제 절차가 진행 중일 때에는 강제퇴거명령서의 집행을 유예하거나 보증금을 예치시키고 주거의 제한이나 그밖에 필요한 조건을 붙여 보호를 일시해제하는 등 강제퇴거집행 등에 대한 특칙이 있으며(제46조의2), 분야별 유형에 따른 강제퇴거 대상자는 아래와 같다.

[표 26] 강제퇴거 대상자 유형(제46조)

분야	유형	해당 조문
출입국 및 체류 관련	- 입국 시 유효한 여권과 법무부장관이 발급한 사증이 없는 사람 (단, 재입국허가자, 사증면제자, 입국허가를 받은 외국인은 제외)	제7조
	- 거짓된 사실의 기재나 신원보증 등 부정한 방법으로 입국하거나, 허위초청 등 행위로 입국한 외국인 및 허위서류 제출 등의 금지를 어긴 사람	제7조의2, 제26조
	- 입국금지 사유가 입국 후에 발견되거나 발생한 사람	제11조 제1항
	- 입국 시 여권과 입국신고서 등 심사받지 않고 불법으로 입국한 사람	제12조
	- 선박 등의 제공금지를 위반한 사람	제12조의3
	- 지방출입국·외국인관서 장의 조건부 입국허가를 위반한 사람	제13조
	- 상륙허가를 받지 않고 상륙한 외국인승무원	제14조
	- 긴급·재난상륙, 난민임시상륙 등 허가받지 않고 상륙한 사람	제15조, 제16조
	- 체류자격에 준한 활동범위 등의 제한을 위반한 사람	제17조, 제20조, 제23조~제25조
	- 근무처 변경·추가에 관한 허가 없이 취업활동을 하거나 외국인을 고용·알선한 사람	제21조
	- 법무부장관이 정한 거소 또는 활동범위의 제한을 위반한 사람	제22조
	- 출국심사를 받지 않고 출국하려는 사람	제28조
	- 외국인등록 의무를 위반한 사람	제31조
범죄 관련	- 금고이상의 형을 선고받고 석방된 사람	제46조
	- 영주(F-5)자격을 가지고 내란, 외환의 죄를 범한 사람, 5년 이상의 징역 또는 금고의 형을 선고받고 석방된 사람	제46조 제2항, 시행규칙 제54조

이외에도 지역의 공중위생상, 대한민국의 이익이나 공공의 안전을 해치는 행동할 만한 상응한 이유가 있거나, 경제 질서 또는 사회질서나 선량한 풍속에 영향을 미칠 만한

상응한 이유 등에 해당하는 사람은『출입국관리법』제11조(입국의 금지 등)를 적용하여 강제퇴거의 대상이 된다.

2. 외국인의 조사

외국인의 조사란 출입국관리공무원이 강제퇴거 대상자(제46조)에 해당된다고 의심되는 외국인(용의자)에 대해 그 사실을 확인하고자 하는 것을 의미한다(제47조). 조사의 종류에는 법적인 효력을 가지는 강제퇴거 대상자를 조사하는 것과 법적인 효력은 없으나 사실확인을 위한 조사가 있다(제80조, 제81조). 여기서 법적인 효력이 없이 사실확인을 위한 조사는 법령의 기본 규정을 보충하고자 만든 규칙에 해당하므로 '출·입국 관리행정' 부분에서 설명하기로 한다.

외국인(용의자)을 조사하는 방법에는 첫째, 용의자에 대한 출석요구 및 신문이다. 둘째, 참고인에 대한 출석요구 및 진술이다. 셋째, 검사 및 서류 등의 제출을 요구 등 세 가지로 구분할 수 있다.

[표 27] 외국인(용의자)의 조사방법

조사방법	내용	해당 조문
용의자에 대한 출석요구 및 신문	– 출입국관리공무원은 강제퇴거 대상자(제47조)에 따른 조사가 필요하면 용의자의 출석요구와 신문(訊問)할 수 있음 – 신문할 때에는 다른 출입국관리공무원이 참여하고, 용의자가 한 진술은 조서(調書)에 적어야 함 – 작성된 조서를 용의자에게 읽어주거나 열람하게 한 후 오기(誤記)를 확인하도록 하고 용의자가 그 내용에 대한 추가·삭제 또는 변경을 청구하면 그 진술을 조서에 적음 – 용의자가 조서에 간인(間印)한 후 서명 또는 자기 이름을 쓰고 도장을 찍도록 하되 이를 할 수 없거나, 거부할 때에는 그 사실을 조서에 적음 – 국어가 통하지 않은 사람이거나 청각 또는 언어장애인의 진술은 통역인에게 통역하도록 하되 청각 또는 언어장애인에게는 문자로 묻거나 진술할 수 있음 – 용의자의 진술 중 국어가 아닌 문자나 부호가 있으면 이를 번역하게 함	제48조
참고인에 대한 출석요구 및 진술	– 출입국관리공무원은 강제퇴거 대상자(제47조)에 따라 조사에 필요하면 참고인에게 출석을 요구하여 그 진술을 들을 수 있으며, 참고인의 진술은 규정(제48조 제2항~제7항)을 준용함	제49조
검사 및 서류 등의 제출	– 출입국관리공무원은 강제퇴거 대상자(제47조)에 따른 조사에 필요하면 용의자 동의를 받아 그의 주거 또는 물건을 검사하거나 서류 또는 물건을 제출하도록 요구할 수 있음	제50조

3. 심사결정을 위한 보호

심사결정 대상자, 즉 강제퇴거 대상자(제46조)가 도주 또는 도주할 염려가 있으면 출입국관리공무원은 지방출입국·외국인관서의 장으로부터 보호명령서를 발급받아 그 외국인을 보호할 수 있다. 심사결정을 위한 보호에는 일반보호와 긴급보호가 있으며, 보호의 필요성을 인정할 수 있는 자료를 첨부하여 제출해야 한다(제51조 제1항, 제2항). 또한, 이러한 사항이 긴급한 경우 그 사유를 알리고 긴급히 보호할 수 있으며, 즉시 긴급보호서를 작성하여 그 외국인에게 내보여야 한다(제51조 제3항, 제4항).

심사결정을 위한 보호 절차는 출입국관리공무원이 외국인을 보호한 경우 48시간 이내에 보호명령서를 발급받아 외국인에게 내보여야 하며, 보호명령서를 발급 받지 못한 경우는 즉시 보호를 해제하여야 한다(제51조 제4항, 제5항).

보호된 외국인의 강제퇴거 대상자 여부를 심사·결정하기 위한 보호 기간은 10일 이내로 하되, 부득이한 사유가 있으면, 지방출입국·외국인관서의 장의 허가를 받아 10일을 초과하지 않은 범위에서 한 차례만 연장할 수 있다(제52조 제1항). 이때 보호할 수 있는 장소는 외국인보호실, 외국인보호소 또는 그 밖에 법무부장관이 지정하는 보호시설이다(제52조 제2항).

보호명령서를 집행할 때에는 외국인(용의자)에게 보호명령서를 내보여야 한다(제53조), 외국인(용의자)을 보호한 때에는 3일 이내에 국내에 있는 그의 법정대리인 등에게 보호의 일시·장소 및 이유를 서면으로 통지하여야 한다. 다만 법정대리인등이 없는 때에는 그 사유를 서면에 적고 통지하지 아니할 수 있다. 또한, 보호된 사람이 원하는 경우 국내에 주재하는 그의 국적이나 시민권이 속하는 국가의 영사에게 통지하여야 한다(제54조).

보호명령서에 따라 보호된 사람 또는 그의 법정대리인등은 지방출입국·외국인관서의 장을 거쳐 법무부장관에게 이의신청을 할 수 있다. 이의신청을 받은 경우 관계 서류를 지체없이 심사하며, 결정에 앞서 필요하면 관계인의 진술을 들을 수 있다. 심사 후 그 신청이 이유가 없다고 인정되면 결정을 기각하고, 이유 있다고 인정되면 결정으로 보호된 사람의 보호해제를 명하여야 한다(제55조).

입국이 허가되지 않은 사람, 조건부 입국허가를 받은 사람 또는 출국명령을 받은 사람으로서 도주하거나 도주할 염려가 있다고 인정할 만한 이유가 있는 사람에 해당하는 외국인은 48시간을 초과하지 않은 범위에서 외국인보호실에 일시보호할 수 있다. 반면에 일시보호한 외국인을 출국교통편의 미확보, 질병 등 부득이한 사유로 송환할 수 없는 경우에 48시간을 초과하지 않는 범위에서 한 차례만 보호기간을 연장할 수 있다(제56조).

지방출입국·외국인관서의 장은 천재지변이나 화재, 그 밖의 사변으로 인해 보호시설에서 피난할 방법이 없다고 인정되면 보호되어 있는 사람(피보호자)을 다른 장소로 이송할 수 있으며, 이송이 불가능하다고 판단되면 외국인의 보호조치를 해제할 수 있다(제56조의 2). 이러한 피보호자를 국적, 성별, 종교, 사회적 신분 등을 이유로 피보호자를 차별하여서는 안 된다는 인권을 최대한 존중하고자 한다. 남성과 여성을 분리·보호하며, 어린이의 부양 등 특별한 사정이 있는 경우는 그렇게 하지 않는다. 이외에 환자, 임산부, 노약자, 19세 미만인 사람 등 특별한 보호가 필요하다고 인정한 사람에 관해서는 보호를 위한 특별한 조치 및 지원을 법무부령으로 정한다(제56조의3).

또한, 피보호자의 생명과 신체의 안전, 도주의 방지, 시설의 보안 및 질서유지를 위하여 필요한 최소한도로 다른 피보호자와 격리·보호할 수 있다. 이것을 '강제력의 행사'라 한다. 강제력을 행사할 때에는 신체적인 유형력(有形力)을 행사하거나 경찰봉, 가스분사용총, 전자충격기 등 법무부장관이 지정하는 보안장비만을 사용할 수 있다. 이때 해당 피보호자에게 사전에 경고하여야 하며, 단, 긴급한 상황으로 사전 경고할 시간적 여유가 없을 때는 그렇게 하지 않는다. 법무부훈령(제1435호)에 따르면 보호시설의 질서유지 또는 강제퇴거를 취한 호송 등에 필요한 보호장비, 즉 수갑(양손, 한손), 보호대, 포승(상체 벨트형, 하체 벨트형, 조끼형), 머리보호장비 등이며 특별히 필요하다고 인정되는 보호장비는 사용 요건 및 절차 등에 관하여 법무부령으로 정한다(제56조의4).

출입국관리공무원은 보호시설의 안전과 질서유지를 위하여 필요하면 피보호자의 신체·의류 및 휴대품을 검사할 수 있으며, 여성의 경우 여성인 출입국관리공무원이 하도록 한다(제56조의5). 피보호자가 보호시설에 보호되고 있는 경우 다른 사람과 면회, 서신수수 및 전화통화를 할 수 있다. 이를 '면회등'이라고 한다. 그러나 보호시설의 안전이나 질서 또는 피보호자의 안전·건강·위생 등 부득이하다고 인정되는 경우에는 면회등을 제한한다. 면회의 절차 및 구체적인 제한사항은 법무부령으로 정하며(제56조의6), 유형, 과정 및 역할은 [표 28]과 같다.

보호를 위해 보호시설에 있는 피보호자가 보호시설에서의 처우에 대하여 불복하는 경우 법무부장관이나 지방출입국·외국인관서의 장에게 청원(請願)할 수 있다. 청원은 서면으로 작성하여 제출하거나 직접 말로 할 수 있다. 이 경우 피보호자는 청원의 이유로 불리한 처우를 받지 않으며, 청원의 절차 등 필요한 사항은 법무부령으로 정한다(제56조의 8). 이때 보호에 대한 이의신청, 면회 등에 따른 청원에 관한 절차를 보호시설 안의 잘 보이는 곳에 게시해야 하며(제56조의9), 피보호자의 급양(給養)이나 관리 및 처우, 보호시설의 경비(警備)에 관한 사항과 그 밖에 필요한 사항은 법무부령으로 정한다(제57조).

[표 28] 피보호자 면회 유형 및 과정 등(법무부훈령 시행세칙 제33조, 제34조)

구분	일반면회	특별면회
신청 가능자	'특별면회' 신청자 에 해당하지 않은 사람	− 보호외국인의 국적이나 시민권이 속하는 국가의 영사 − 보호외국인의 변호인인 변호사(변호인이 되려는 사람 포함) − 보호외국인의 진정사건을 맡은 국가인권위원회의 위원 및 직원

면회
과정
		① 신청자가 면회를 신청한 경우 준수사항과 준비사항을 안내
		② 준비서류: 면회 당일 본인의 신분증명서류(국민의 경우는 주민등록증, 운전면허증, 공무원증,
		  외국인의 경우는 여권 등), 면회신청서 ➔ 담당공무원에게 제출
		③ 면회 신청·접수 및 면회 가능 시간: 오전 9시 30분부터 11시 30분, 오후 1시 30분부터 4시
		  30분까지(단, 긴급 또는 부득이한 사정 시 별도의 시간을 청장등이 허가할 수 있음)
		④ 인원: 한 사람씩 하되, 보호외국인의 가족·형제자매·직계친족은 동시 면회 가능
		⑤ 장소: 면회실에서(단, 청장등이 면회실 외 장소를 지정할 수 있음)
		⑥ 시간: 30분 이내(단, 청장등은 시간 연장 요청 시 판단 후 연장 가능)
		⑦ 면회인의 같은 보호외국인 면회 횟수: 1일 1회(단, 청장등은 횟수 연장 요청 시 판단 후 연장
		  가능)
		⑧ 보호외국인의 면회 횟수: 1일 2회(단, 청장등은 횟수 연장 요청 시 판단 후 연장 가능)

면회 참여담당 공무원 직무		① 면회실 내부의 사전 보안 검색 ② 면회신청인과 면회신청인이 소지한 물품에 대한 보안 검색 ③ 면회 시의 준수사항 불이행 시 주의 또는 중지 명령 ④ 면회신청서의 공용란 작성

면회
제한
		① 특별 계호 등으로 독방에 격리중인 자가 보호소의 안전과 질서를 해칠 현저한 우려가 있을 때
		② 보호외국인이 면회를 거부하였을 때
		③ 면회신청인이 면회(위 ②~⑧) 규정을 위반하거나 보정 요청에 응하지 않을 때
		④ 화재, 보호외국인의 집단난동, 보호시설 안팎에서의 시위나 유형력 행사 등 긴급사태로 인해
		  청장등이 모든 면회를 중지하기로 하였을 때
		⑤ 그 밖에 보호시설의 안전·질서유지나 보호외국인의 안전·건강·위생을 위하여 부득이하다고
		  인정될 때

면회중지
및
퇴소
		① 면회인 또는 보호외국인이 면회에 참여하는 공무원의 정당한 직무집행을 거부하거나 방해하
		  였을 때
		② 면회인이 흉기, 도주용 물품, 점화성 물질 등 보호시설의 안전과 질서유지 또는 위생에 반하
		  는 물품을 보호외국인에게 주거나 주려고 하였을 때
		③ 면회인이 집단난동·단식·자살·자해·탈주 등 보호시설의 안전과 질서유지에 반하는 행위를
		  보호외국인과 공모하거나 이를 교사(敎唆)하였을 때

안전대책
(제56조
의7)
		− 지방출입국·외국인관서의 장은 피보호자의 자살·자해·도주·폭행·손괴나 그 밖에 다른 피
		  보호자의 생명·신체를 해치거나 보호시설의 안전 또는 질서를 해치는 행위를 방지하기 위하
		  여 필요한 범위에서 영상정보 처리기기 등 필요한 시설을 설치할 수 있음
		− 영상정보 처리기기는 피보호자의 인권 등을 고려하여 최소범위에서 설치·운영
		− 영상정보 처리기기 등의 설치·운영 및 녹화기록물의 관리 등에 필요한 사항은 법무부령으로
		  정함

4. 심사 및 이의신청

　지방출입국·외국인관서의 장은 출입국관리공무원이 용의자에 대한 조사를 마치면
지체없이 용의자가 강제퇴거 대상자에 해당하는지를 심사하여 결정해야 한다(제58조). 심
사 결과 강제퇴거 대상자에 해당하지 않다고 인정되면 지체없이 용의자에게 그 뜻을 알리

고 용의자가 보호되어 있으면 즉시 보호를 해제해야 하며, 강제퇴거 대상자에 해당한다고 인정되면 강제퇴거 명령을 할 수 있다. 이때 강제퇴거명령서를 용의자에게 발급해야 하며, 지방출입국·외국인관서의 장은 법무부장관에게 이의신청을 할 수 있다는 사실을 용의자에게 알려야 한다(제59조). 이의신청절차(제60조)는 [그림 7]과 같다.

[그림 7] 이의신청 절차

신청 (제60조 제1항)	송부 (제60조 제2항)	통지 (제60조 제3항부터 제5항)		
		법무부장관 → 지방출입국·외국인관서의 장 → 용의자		
용의자가 강제퇴거명령에 대하여 강제퇴거명령서를 받은 날부터 7일 이내에 지방출입국·외국인관서의 장을 거쳐 법무부장관에게 이의신청서를 제출하여야 한다.	지방출입국·외국인관서의 장은 이의신청서를 접수하면 심사결정서와 조사기록을 첨부하여 법무부장관에게 제출하여야 한다.	법무부장관은 이의신청서 등을 접수하면 이의신청 이유 여부를 심사 결정하여 그 결과를 지방출입국·외국인관서의 장에게 알려야 한다.	법무부장관으로부터 이의신청이 이유 있다는 결정통지를 받으면 지체없이 용의자에게 그 사실을 알리고 용의자가 보호되어 있으면 즉시 그 보호를 해제해야 한다.	지방출입국·외국인관서의 장은 이의신청이 이유 없다는 결정통지를 받으면 지체없이 용의자에게 그 사실을 알려야 한다.

특히, 법무부장관은 이의신청이 이유 없다고 인정되는 경우라도 용의자가 대한민국 국적을 가졌던 사실이 있거나 그 밖에 대한민국에 체류하여야 할 특별한 사정이 있다고 인정되면 체류 기간 등 필요한 조건을 붙여서 체류를 허가할 수 있다(제61조).

5. 강제퇴거명령서의 집행

앞서 강제퇴거 대상자에 대한 강제퇴거명령서는 출입국관리공무원이 집행하며, 지방출입국·외국인관서의 장은 사법경찰관리에게 강제퇴거명령서의 집행을 의뢰할 수 있다. 강제퇴거명령서를 집행할 때에는 그 명령을 받은 사람에게 강제퇴거명령서를 내보이고 지체없이 그 해당자를 송환국으로 송환하여야 한다(제62조 제3항). 다만,『난민법』에 따라 난민인정 신청 후 난민인정 여부가 결정되지 않았거나, 난민인정 관련 이의신청을 하였으나 이에 대한 심사가 끝나지 않은 경우는 송환하여서는 안 된다(제64조 제4항). 송환국이란 강제퇴거명령을 받은 사람을 국적이나 시민권을 가진 국가로 송환되는 것을 말하며, 해당 국가로 송환할 수 없는 경우에는 첫째, 대한민국에 입국하기 전에 거주한 국가, 둘째, 출생지가 있는 국가, 셋째, 대한민국에 입국하기 위해 선박등에 탔던 항(港)이 속하는 국가, 넷째, 본인이 송환되기를 희망하는 국가로 송환된다(제64조).

이때, 선박등의 장이나 운수업자가 송환하게 되는 경우에는 출입국관리공무원은 그 선박등의 장이나 운수업자에게 그를 인도할 수 있다(제62조 제3항). 또한, 『난민법』에 따른 난민신청자가 대한민국의 공공의 안전을 해쳤거나 해칠 우려가 있다고 인정되면 강제퇴거명령을 받은 사람은 송환된다(제62조 제4항).

강제퇴거명령을 받은 사람을 지방출입국·외국인관서의 장은 여권 미소지 또는 교통편 미확보 등의 사유로 즉시 대한민국 밖으로 송환할 수 없는 경우 송환할 수 있을 때까지 그를 보호시설에 보호할 수 있다. 보호 기간은 3개월을 기준으로 이 기간이 넘는 경우 3개월마다 미리 법무부장관의 승인을 받아야 한다. 이때 승인을 받지 못하였거나, 강제퇴거명령을 받은 사람이 다른 국가로부터 입국이 거부되는 등의 사유로 송환될 수 없음이 명백할 경우 주거의 제한이나 그 밖에 필요한 조건을 붙여 그의 보호를 해제할 수 있다(제63조).

특히, 강제퇴거명령을 받은 사람을 대한민국 밖으로 송환할 수 없는 경우 송환할 수 있을 때까지 그를 보호시설에 보호하도록 하는 것은 헌법에 합치되지 아니하므로 2025년 5월 31일을 시한으로 입법자가 개정할 때까지 계속 적용되며, 관련 판례의 내용은 다음과 같다.

[헌재 2023.3.23. 2020헌가1(출입국관리법 제63조 제1항 위헌제청, 헌법불합치)]
"강제퇴거명령을 받은 사람을 보호할 수 있도록 하면서 보호기간의 상한을 마련하지 아니한 출입국관리법 제62조 제1항(이하 '심판대상조항'이라 한다)이 과잉금지원칙 및 적법절차원칙에 위배되어 피보호자의 신체의 자유를 침해하는지 여부(적극. 헌법불합치결정을 하면서 계속 적용을 명하였다."

6. 보호의 일시해제

지방출입국·외국인관서의 장은 직권으로 또는 피보호자(그의 보증인 또는 법정대리인 등을 포함한다)의 청구에 따라 피보호자의 정상(情狀), 해제요청사유, 자산, 그 밖의 사항을 고려하여 2천만원 이하의 보증금을 예치시키고 주거의 제한이나 그 밖에 필요한 조건을 붙여 보호를 일시해제할 수 있으며, 보호의 일시해제 청구, 보증금의 예치 및 반환의 절차는 대통령령으로 정한다.

그러나 도주하거나 도주할 염려가 있다고 인정되는 경우, 정당한 사유 없이 출석명령에 따르지 아니한 경우, 이외에 일시해제에 붙인 조건을 위반한 경우는 지방출입국·외국인관서의 장은 보호의 일시해제를 취소하고 다시 보호조치를 할 수 있다. 이때 보호 일시해제 취소서를 발급하고 보증금의 전부 또는 일부를 국고에 귀속시킬 수 있으며, 국고 귀속절차는 대통령령으로 정한다(제66조).

이때 보호의 일시해제 또는 보호 일시해제의 취소에 관한 절차를 지방출입국·외국인관서의 장은 보호시설 안의 잘 보이는 곳에 게시하여야 한다(제66조의2).

7. 출국권고 등

외국인의 체류 및 활동범위(제17조)와 체류자격 외 활동(제20조)를 위반한 사람으로서 그 위반 정도가 가벼운 경우, 법에 따른 명령을 위반한 사람으로서 법무부장관이 그 출국을 권고할 필요가 있다고 인정하는 경우 해당 외국인에게 자진하여 출국을 권고할 수 있다. 출국을 권고할 때에는 출국권고서를 발급하여야 하며, 출국권고서를 발급하는 경우 발급한 날부터 5일의 범위에서 출국기한을 정할 수 있다(제67조).

또한, 강제퇴거대상자, 출국권고를 받고도 이행하지 않은 사람, 각종 허가 등이 취소된 사람, 영주자격이 취소된 사람(일반체류자격을 부여받은 사람은 제외), 규정에 따른 과태료 처분 후 출국조치하는 것이 타당하다고 인정되는 사람, 통고처분(通告處分) 후 출국조치하는 것이 타당하다고 인정되는 사람 등 해당 외국인에게 지방출입국·외국인관서의 장은 출국명령을 할 수 있다. 이때 출국명령서를 발급하여야 한다. 출국명령서를 발급할 때에는 법무부령에 정하는 바에 따라 출국기한을 정하고 주거의 제한이나 그 밖에 필요한 조건을 붙일 수 있다. 필요하다고 인정할 때에는 2천만원 이하의 이행보증금을 예치하게 할 수 있다. 그러나 이를 위반한 사람에게는 지체없이 강제퇴거명령서를 발급하여야 하며, 그 예치된 이행보증금의 전부 또는 일부를 국고에 귀속시킬 수 있으며 이행보증금의 예치 및 반환과 국고 귀속절차는 대통령령으로 정한다(제68조).

VII. 외국인의 '출·입국관리행정'(제7장부터 제11장까지)

『출입국관리법』 제1장부터 제6장까지 외국인의 입국·체류·출국에 관한 내용을 중심으로 살펴보았다. 제7장부터 제11장까지는 외국인이 입국, 체류, 출국 시 지켜야 할 다양한 행정적 절차 또는 그에 준한 벌칙 및 고발과 통고처분 등을 다루고 있다. 제7장(선박 등의 검색), 제8장(선박등의 장 및 운수업자의 책임), 제8장의2(출입국대기실 설치·운영 등), 제9장(보칙), 제10장(벌칙), 제11장(고발과 통고처분)으로 구성되어 있다. 이 부분은 '출·입국관리행정'이란 영역으로 분류하여 설명하고자 한다. 출·입국관리행정에는 대통령령(시행령), 법무부령(시행규칙), 법무부고시 등의 내용을 법조문의 내용과 연계하여 설명함으로써 『출입국관리법』을 쉽게 접근하여 법률의 흐름과 내용이해를 돕고자 한다.

1. 선박등의 검색

(1) 선박등의 검색 및 심사

선박등이 출·입국항을 할 때에는 출입국관리공무원의 검색을 받아야 하며, 부득이하게 다른 장소에 출·입국항 할 사유가 발생하면, 출·입항 예정통보서에 그 사유를 소명하는 자료를 첨부하여 미리 지방출입국·외국인관서의 장에게 제출·검색을 받아야 한다. 단, 항공기의 불시착, 선박의 조난 등 불의의 사고가 발생하면 지체하지 않고 그 사실을 지방출입국·외국인관서의 장에게 제출·검색을 받아야 한다(제69조 제1항, 제2항).

출입국관리공무원은 다음과 같은 사항을 심사하여야 한다. 첫째, 승무원과 승객의 출입국 적격 또는 이선(離船) 여부, 둘째, 법령을 위반하여 입국이나 출국을 하려는 사람이 선박등에 타고 있는지, 셋째, 승선허가를 받지 않은 사람이 있는지 등을 확인하고 심사한다. 이때 검색과 심사를 위해 선박등의 장에게 항해일지나 그밖에 필요한 서류를 제출 또는 열람을 요구할 수 있으며, 승선 중인 승무원·승객, 그 밖의 출입자 신원을 확인하기 위해 질문 또는 신분을 증명할 수 있는 서류 등을 제시할 것을 요구할 수 있다(제69조 제3항~제5항).

출항 검색이 끝난 후 선박등의 장은 3시간 이내에 출항해야 하며, 부득이한 사유가 생긴 경우에는 그 사유를 보고하고, 출항 직전에 다시 검색을 받아야 한다(제69조 제7항). 그러나 폭풍 등으로 인하여 승선에 위협이 따르거나, 선박등이 국내 항에 잠시 들른 후 다른 국내 항간을 출·입항하는 경우 및 기타 선박등에 승선하여 검색할 필요가 없다고 인정할 경우는 서류심사로 대체할 수 있다(시행규칙 제65조의2).

(2) 선박등의 출입국정지 및 승선허가

지방출입국·외국인관서의 장은 심사결과 위법한 사실을 발견하였을 때 관계 승무원 또는 승객의 출입국을 정지시킬 수 있으며, 정지는 위법한 사실의 조사에 필요한 기간에만 할 수 있다(제71조 제1항, 제2항). 조사를 마친 후에도 계속하여 출입국을 금지 또는 정지시킬 필요가 있다고 인정하면 선박등에 대하여 출항의 일시정지 또는 회항(回航)을 명하거나 선박등에 출입하는 것을 제한할 수 있다. 이때 그 사실을 선박등의 장이나 운수업자에게 통보하여야 한다. 다만, 선박등의 출항의 일시정지 등은 직무수행에 필요한 최소한의 범위에서 하여야 한다(제71조 제3항~제6항).

출입국항 또는 그 외 장소에 정박하는 선박등에 출입하려는 사람은 지방출입국·외국인관서의 장의 허가를 받아야 하며, 그 선박등의 승무원과 승객 또는 다른 법령에 따라 출입할 수 있는 사람, 즉 출입국관리공무원 외의 사람이 출입국심사장에 출입하려는 경우에도 승선허가를 받아야 한다(제72조).

2. 선박등의 장 및 운수업자의 책임(제8장)

선박등의 장이나 운수업자는 다음과 같은 의무사항을 지켜야 한다. 첫째, 일반적인 의무로 입국·상륙허가를 받지 아니한 사람, 유효한 여권, 승선허가, 출국심사 등을 방지해야 한다. 둘째, 출입국관리공무원의 업무수행을 위한 요청 자료 및 표준화된 전자문서 등을 열람 또는 제출하여야 한다. 셋째, 출·입항 예정일시와 그 밖에 필요한 사항을 적은 출·입항 예정통보서를 미리 제출해야 한다. 넷째, 대통령령으로 정하는 사항을 적은 승무원명부와 승객명부를 첨부한 출·입항보고서를 지방출입국·외국인관서의 장에게 제출하여야 한다. 다섯째, 송환대상외국인의 송환이 이루어질 때 그 송환대상외국인이 탔던 선박등의 장이나 운수업자가 그의 수송비용과 책임으로 송환대상외국인을 지체없이 대한민국 밖으로 송환해야 한다.

[표 29] 선박등의 장이나 운수업자의 의무사항

구분		내용
일반적 의무 (제73조)	입국, 상륙, 탑승, 배치, 검색, 무단이탈, 승·하선 등 방지	– 입국, 상륙 허가받지 않은 사람의 입국·상륙 방지 – 유효한 여권(선원은 선원신분증명서 포함)과 필요한 사증을 지니지 않은 사람의 탑승방지 – 승선허가나 출국심사를 받지 아니한 사람은 탑승방지 – 선박등에 탑승하기에 부적당하다고 출입국관리공무원이 통보한 사람의 탑승방지 – 입국·상륙·탑승의 방지를 위해 출입국관리공무원이 요청하는 감시원의 배치 – 출·입국하려는 사람이 숨어 있는지를 확인하기 위한 선박등의 검색 – 검색과 출입국심사가 끝날 때까지 선박등에 무단출입하는 행위의 금지 – 검색과 출국심사가 끝난 후 출항하기 전까지 승무원이나 승객의 승·하선 방지 – 출입국관리공무원이 선박등의 검색과 출입국심사를 위해 직무수행에 특히 필요하다고 인정하여 명하는 사항
정보 열람 및 제공의무 (제73조의2)	승객 예약정보 (시행규칙 제66조의2) (시행령 제85조)	– 입국(유효한 여권, 사증), 허위초청, 불법 출·입국 등 위반 또는 위반의심에 상당한 이유가 있는 사람에 대한 조사 – 대한민국의 이익, 공공의 안전, 경제사회질서 및 선량한 풍속 등을 해칠 우려가 있다고 인정할 입국금지 이유가 있는 사람에 대한 조사 – 승객 자료제공의 한정범위: 성명, 국적, 주소 및 전화번호, 여권번호, 여권의 유효기간 및 발급국가, 예약 및 탑승수속 시점, 여행경로와 여행사, 동반 탑승자와 좌석번호, 수하물, 항공권의 구입대금 결제방법, 여행출발지와 최종목적지, 예약번호 등 – 운수업자 서류(전자문서 포함) 제공의 범위: 성명, 성별, 생년월일 및 국적, 여권번호와 예약번호, 출항편, 출항지 및 출항시간, 입항지와 입항시간, 환승여부, 생체정보 등 – 출입국관리공무원은 출·입국 요건이 부적당할 경우 탑승방지를 선박등의 장이나 운수업자에게 통보 – 출입국관리공무원은 직무상 알게 된 예약정보시스템 자료 비밀유지 – 자료열람과 제출 시기: 요청한 때부터 30분 이내 또는 출항 전까지

사전통보의무 (제74조)	– 지방출입국·외국인관서의 장에게 출·입항 예정일시와 그 밖에 필요한 사항을 적은 출·입항 예정통보서를 미리 제출해야 함 – 항공기의 불시착이나 선박의 조난 등 불의의 사고가 발생한 경우에는 지체없이 그 사실을 알려야 함
보고의무 (제75조)	– 대통령령으로 정하는 사항을 적은 승무원명부와 승객명부를 첨부한 출·입항보고서를 지방출입국·외국인관서의 장에게 제출해야 함 – 표준화된 전자문서로 하되 부득이한 사유가 있는 경우 그 사유를 밝히고 서류로 제출해야 함 – 승무원 상륙허가를 받은 승무원 또는 관광상륙허가를 받은 승객이 선박 등으로 돌아왔는지, 정당한 출국절차를 마치지 않고 출국하려는 사람 여부를 확인하여 지방출입국·외국인관서의 장에게 보고
송환의무 (제76조)	– 지방출입국·외국인관서의 장은 송환대상외국인의 송환을 지시한 때에는 그 송환대상외국인이 탔던 선박등의 장이나 운수업자가 그의 비용(항공·선박운임 등 수송비용을 말함)과 책임으로 송환대상외국인을 지체없이 대한민국 밖으로 송환해야 함 – 송환대상외국인: 입국불허자, 상륙한 승무원, 관광상륙승객이 선박등으로 돌아오지 않은 자, 강제퇴거명령을 받은 자임 – 선박등의 운항 계획, 승객예약 상황 등을 고려하여 송환기한을 지정할 수 있으며, 불가피한 사유를 소명하는 경우에는 송환기한을 연기할 수 있음 – 송환지시의 방법, 절차 및 송환기한 지정과 그 연기에 관한 사항은 법무부령으로 정함

3. 출국대기실 설치·운영 등(제8장의2)

송환대상외국인은 출국하기 전까지 출국대기실에서 대기하되 송환대상외국인(그의 법정대리인 등 포함)의 신청에 따라 상태, 신청사유 및 그 밖의 사항을 고려하여 출입국항 내의 지정된 장소에서 조건을 붙여 대기할 수 있다(제76조의2 제1항).

송환대기장소는 출국대기실의 운영 및 안전대책, 출국대기실 입실 외국인(피보호자)의 인권존중(제56조의3), 신체 등의 검사(제56조의5), 면회등(제56조의6), 영상정보 처리기기 등을 통한 안전대책(제56조의7), 피보호자의 급양 및 관리(제57조) 등을 준용하며, '피보호자'는 '송환대상 외국인'으로 '보호시설'은 '출국대기실'로 본다. 가령, 출국대기실이 설치되지 않은 출·입국의 항구는 송환대상외국인이 타고 온 선박의 장이나 운수업자에게 송환대상 외국인의 관리를 요청할 수 있으며, 이 경우 출국하기 전까지 선박 내에서 관리해야 한다(제76조의2 제2항, 제3항).

송환대상 외국인의 관리비용은 국가가 대통령령으로 정하는 바에 따라 송환대상 외국인이 출국하기 전까지의 숙식비 등 관리비용을 부담한다(제76조의3 제1항). 다만, 송환대상 외국인이 탔던 선박등의 장 또는 운수업자는 대통령령으로 정하는 바에 따라 숙식비 등 관리비용을 부담하며, 비용과 납부절차는 다음과 같다.

[표 30] 송환대상외국인의 관리비용 부담 및 납부절차

구분		내용
송환대상 외국인 비용	국가가 부담하는 경우	– 송환대기장소에서 대기하는 경우
	선박등의 장 또는 운수업자가 부담하는 경우	– 운수업자 등의 일반적 의무 위반 – 송환의 의무 위반 – 기타 선박등의 장 또는 운수업자의 귀책사유로 인하여 송환대상외국 인이 된 경우
관리비용 부담 내용		– 침구, 생활용품, 음식물 – 기타 송환 대기에 필요한 물품
출국대기실 제공 물품 세부기준		– 법무부고시 제2023－214호 참조
납부절차(시행령 제88조의5)		– 1개월 단위로 납부고지서 발급 – 납부고지서 내용: 납부자 이름, 관리비용 청구사유, 납부금액 및 산출 근거, 납부기한, 납부방법, 미납 시 조치예정 사항임 – 법무부장관은 납부고지서 발급 등을 위해 정보통신망을 구축·운영함

출입국관리공무원은 송환대상 외국인의 생명과 신체의 안전, 시설의 보안 및 질서유지를 위하여 강제력을 행사할 수 있으며, 그 강제력은 필요한 최소한도에 그쳐야 한다. 강제력을 행사할 수 있는 경우는 첫째, 자살 또는 자해행위를 하려는 경우, 둘째, 다른 사람에게 위해를 가하거나 가하려는 경우, 셋째, 출입국관리공무원의 직무집행을 정당한 사유 없이 거부 또는 기피하거나 방해하는 경우, 넷째, 이외 시설 및 다른 사람의 안전과 질서를 현저히 해치는 행위를 하거나 하려는 경우이다.

4. 난민여행증명서의 발급 등

난민여행증명서는 『난민법』에 따른 난민인정자가 출국하려고 신청할 때 난민여행증명서를 발급(시행령 제88조의6) 또는 재발급(시행령 제88조의7)을 하여야 한다. 다만 그의 출국이 대한민국의 안전을 해칠 우려가 있다고 인정될 때에는 발급하지 않는다. 난민여행증명서의 유효기간은 3년으로 하며, 증명서의 유효기간 만료일까지 횟수에 제한 없이 대한민국에서 출국 또는 입국할 수 있다. 이경우 입국할 때에는 재입국허가를 받지 않아도 되지만 특히 필요하다고 인정되면 3개월 이상 1년 미만의 범위에서 입국할 수 있는 기간을 제한할 수 있다.

또한, 부득이한 사유로 인해 증명서의 유효기간 내에 재입국할 수 없는 경우에는 신청을 받아 6개월을 초과하지 않은 범위에서 그 유효기간을 연장하는 것을 허가할 수 있으며, 유효기간 연장허가에 관한 권한을 대통령령으로 정하는 바에 따라 재외공관의 장에게 위임할 수 있다(제76조의5).

난민인정자가 강제퇴거명령서를 발급받았거나, 강제퇴거명령에 대한 이의신청이 이유 없다는 통지를 받았거나, 난민인정결정 취소나 철회의 통지를 받았을 경우 난민인정증

명서나 난민여행증명서를 지체없이 지방출입국·외국인관서의 장에게 반납하여야 한다. 또한, 난민여행증명서를 발급받은 사람이 대한민국의 안전을 해치는 행위를 할 우려가 있다고 인정되면 그 외국인에게 14일 이내의 기간을 정하여 난민여행증명서의 반납을 명할 수 있으며, 반납 시점부터 또는 지정된 기한까지 반납하지 않은 때에는 그 기한이 지난 시점부터 난민여행증명서는 효력을 잃는다(제76조의6).

법무부장관은 난민인정자에 대한 체류허가의 특례를 적용한다. 즉, 난민인정자가 이의신청을 한 경우 규정된 사유에 해당되지 아니하고 이의신청이 이유 없다고 인정되는 경우 체류 기간 등 필요한 조건을 붙여 체류허가를 하는 것을 말한다(제76조의7, 제61조). 또한, 법무부장관은 난민여행증명서의 발급 및 재발급에 관한 사무 일부, 즉 난민여행증명서의 발급·재발급·교부, 신청인의 신원확인 등 심사, 난민여행증명서의 제작, 수수료의 징수 등의 사무 대행(시행령 제88조의11)을 발급 신청인의 체류지 관할 지방출입국·외국인관서의 장이 대행하게 할 수 있도록 한다(제76조의8).

5. 보칙(補則)

보칙이란 법령의 기본 규정을 보충하고자 만든 규칙으로 출입국관리공무원들의 해당 직무집행을 위해 필요하면 『경찰관 직무집행법』, 『감염병의 예방 및 관리에 관한 법률』, 『국민보호와 공공안전을 위한 테러 방지법』, 『공중위생관리법』, 『관광진흥법』, 『개인정보 보호법』, 『소년법』, 『신용정보의 이용 및 보호에 관한 법률』, 『감정평가 및 감정평가사에 관한 법률』, 『형법』, 『성폭력범죄의 처벌 등에 관한 특례법』, 『전자문서 및 전자거래 기본법』 등 해당 개별법의 조항에 따라 업무를 효율적으로 처리하고자 한다. 각 조항에 따라 『출입국관리법』과 연계하여 직무집행을 위한 관리행정에 관한 규정은 각 법률을 참고한다.

[표 31] 출입국관리공무원의 직무집행을 위한 관리행정

직무	내용	조항 관련 법률
무기등의 휴대 및 사용	- 직무를 집행하기 위해 필요하면 무기 등(장비, 장구, 분사기 및 무기)을 지닐 수 있으며 규정에 준하여 사용할 수 있음	법 제77조 『경찰관 직무집행법』 제10조, 제10조의2~4
관계기관의 협조	- 조사에 필요한 관계기관이나 단체에 자료의 제출이나 사실의 조사 등에 대한 협조를 요청할 수 있음 - 대상: 강제퇴거의 대상자, 출입국사범 등 - 요청사항: 출입국심사, 사증 및 사증발급인정서 발급 심사, 외국인체	법 제78조 『개인정보 보호법』

	류 관련 각종 허가 심사, 출입국사범 조사, 사실증명서 발급 등 – 제출받은 자료와 정보는 보유하고 관리	
외국인 기본인적정보의 제공 (신설) (2023.8.21.)	– 법무부장관은 『전자정부법』 제2조 제2호에 따른 행정기관 및 같은 조 제3호에 따른 공공기관(행정기관등)의 장이 외국인에 대한 수사, 공소의 제기·유지 및 과세 등 관계법령에 따른 업무에 사용할 외국 인 기본인적정보의 제공을 요청할 경우 이를 제공함 – 행정기관등의 장은 제공받은 외국인 기본인적정보를 『개인정보 보 호법』에 따라 처리함 – 외국인 기본인적정보의 제공 방법 및 절차 등 필요한 사항은 법무부 령으로 정함 – 법무부장관은 외국인에 대한 수사, 공소의 제기·유지 및 과세 등 관 계 법령에 따른 업무를 수행하는 행정기관등의 장에게 외국인 기본 인적정보를 제공받아 해당업무에 사용할 것을 권고할 수 있으며, 이 에 권고받은 행정기관등의 장은 정당한 이유가 없으면 이를 존중해 야 함	법 제78조의2 『전자정부법』 (제2조 제2호) 『개인정보 보호법』
정보시스템의 구축·운영 (신설) (2023.8.21.)	– 법무부장관은 관계기관의 협조(제78조), 외국인 기본인적정보의 제 공(제78조의2, 신설) 및 관계 법령에 따라 외국인에 대한 정보를 수 집·보유·관리 및 제공하는 데 필요한 정보시스템을 구축·운영할 수 있음 – 정보시스템의 구축·운영 등에 필요한 사항은 법무부령으로 정함	법 제78조의3 『전자정부법』 (제2조 제2호) 『개인정보 보호법』
허가신청 등의 의무자	– 17세 미만인 경우 본인 또는 그의 부모나 그 밖에 사실상의 부양자, 형제자매, 신원보증인 및 동거인 – 허가신청: 체류자격외 활동허가, 체류자격, 체류자격 변경·연장허 가, 외국인등록, 외국인등록사항 변경신고, 체류지 변경신고 등을 해 야 할 사람	법 제79조 (시행령 제89조)
각종 신청 등의 대행	– 외국인등, 즉 외국인, 외국인을 고용한 자, 외국인에게 산업기술을 연수시키는 업체의 장 또는 외국인유학생이 재학 중이거나 연수 중 인 학교의 장은 업무를 대행기관을 통해 대행할 수 있음 – 대행업무: 사증발급인정서 발급신청, 외국인을 고용한 자 등의 신고 의무, 외국인유학생의 관리 등, 체류자격 외 활동, 근무처의 변경·추 가 허가신청 및 신고, 체류자격 부여, 체류자격 변경·연장허가 외 출입국이나 체류와 관련된 신고·신청·서류 수령 등 – 대행기관 자격: 변호사 또는 행정사 자격자, 대행업무에 필요한 교육 이수자, 법인의 경우 요건을 충족한 인력을 갖출 것 – 대행업무처리 표준절차(시행규칙 별표4): 대행기관 교육 ➡ 대행기 관 등록 ➡ 대행업무 수임 ➡ 행정관서 방문 ➡ 대행 서류 제출 – 규정사항 외 대행업무 처리에 필요한 세부 절차는 출입국민원 대행 기관 관리지침에 따름(법무부고시 제2021-447호)	법 제79조의2 『고등교육법』, 『변호사법』, 『행정사법』, 『개인정보 보호법』, 『출입국관리법』 (시행규칙 별표4)
대행기관에 대한 등록 취소 등	– 법무부장관은 대행기관을 등록취소, 6개월 내 대행업무정지 또는 시 정명령 가능 – 등록취소: 거짓이나 부정한 방법으로 등록, 대행업무 정지 기간 중 대행업무를 한 경우 – 등록취소 외: 대행업무정지, 시정명령 – 행정처분 세부기준: 시행규칙 제68조의5 별표4의2 참조 – 법무부장관은 대행기관 등록을 취소할 경우 청문을 실시해야 함	법 제79조의3 (시행규칙 제68조의5)
사실조사	– 출입국관리공무원 또는 권한 있는 공무원은 신고 또는 등록의 정확 성을 유지하기 위해 관련 내용이 사실과 다르다고 의심할 만한 이유 가 있으면 그 사실을 조사함	법 제80조

	− 조사범위: 사증발급인정서의 발급, 체류자격 부여, 체류자격 외 활동, 근무처의 변경·추가, 체류자격 변경·연장허가 등 − 조사에 필요하면 해당 관계인을 출석하게 하여 질문, 문서 및 자료 제출요구	
출입국관리 공무원 등의 외국인 동향조사	− 출입국관리공무원, 관계기관 소속 공무원[14]은 외국인의 합법적 체류 여부, 강제퇴거 대상자를 조사하기 위해 방문하여 질문 또는 그 밖에 필요한 자료 제출요구 − 조사대상자: 외국인, 외국인을 고용한 자, 외국인의 소속 단체 또는 외국인이 근무하는 업소의 대표자, 외국인을 숙박시킨 자, 외국인을 초청한 자, 국제결혼 등을 알선·중개하는 자 − 조사내용: 허위초청 등 불법 입국 방지를 위해 질문 또는 자료제출 요구	법 제81조
출입국관리 공무원의 주재	− 사증발급사무, 외국인입국허가서 발급사무, 외국인의 입국과 관련된 필요한 정보수집 및 연락 업무에 종사하기 위해서 법무부장관은 재외공관 등에 출입국관리공무원을 주재함	법 제81조의2
외국인의 정보 제공 의무	− 단기체류자격을 가진 외국인은 관련 법률에 따른 위기경보의 발령, 테러경보의 발령 등 법무부령으로 정하는 경우에 한정하여 숙박업소에 머무는 경우 숙박업자에게 여권 등 자료를 제공해야 함 − 대상: 숙박업 신고자, 관광숙박업, 외국인관광 도시민박업, 한옥체험업 등록 자 − 자료제공 시간: 경보 발령된 때부터 12시간 이내 정보통신망을 통해 법무부장관에게 제출 − 대상자 의무: 수집한 자료를 보유·관리	법 제81조의3 (시행규칙 제69조의3) 『감염병의 예방 및 관리에 관한 법률』, 『국민보호와 공공안전을 위한 테러 방지법』, 『공중위생관리법』, 『관광진흥법』, 『개인정보 보호법』, 『전자서명법』
증표의 휴대 및 제시	− 출입국관리공무원 또는 권한 있는 공무원은 직무집행 시 그 권한을 표시하는 증표를 지니고 이를 관계인에게 보여야 함 − 집행직무: 주거 또는 물건의 검사 및 서류나 물건의 제출요구, 선박 등의 검색 및 심사, 사실조사, 외국인 동향조사에 따른 질문이나 자료 제출요구	법 제82조
출입국사범의 신고	− 누구든『출입국관리법』을 위반하였다고 의심되는 사람 발견 시 출입국관리공무원에게 신고할 수 있음	법 제83조
통보의무	− 국가나 지방자치단체의 공무원이 그 직무를 수행할 때에 이 법에 위반된다고 인정되는 사람을 발견할 시 지체 없이 그 사실을 지방출입국·외국인관서의 장에게 알려야 함 − 공무원이 통보로 인하여 그 직무수행 본연의 목적을 달성할 수 없다고 인정되는 경우는 대통령령으로 정하는 사유에 해당될 경우 통보 의무를 면제함 − 교도소·소년교도소·구치소 및 그 지소·보호감호소·치료감호시설 또는 소년원의 장은 그 사실을 지체 없이 지방출입국·외국인관서의 장에게 알려야 함 − 통보내용: 형의 집행을 받고 형기의 만료, 형집행정지 또는 그 밖의 사유로 석방이 결정된 경우, 보호감호 또는 치료감호 처분을 받고 수용된 후 출소가 결정된 경우, 소년원에 수용된 후 퇴원이 결정된 경우	법 제84조 『유아교육법』, 『초·중등교육법』, 『공공보건 의료에 관한 법률』, 『소년법』, 『아동복지법』, 『청소년복지 지원법』

형사절차와의 관계	− 지방출입국·외국인관서의 장은 강제퇴거 대상자에 관해 형의 집행을 받고 있는 중에도 강제퇴거 절차를 밟을 수 있음 − 강제퇴거명령서가 발급되면 형집행이 끝난 후 강제퇴거명령서를 집행하나, 형 집행장소를 관할하는 지방검찰청 검사장의 허가를 받은 경우 형집행이 끝나기 전에도 강제퇴거명령서를 집행할 수 있음	법 제85조
신병의 인도	− 검사는 강제퇴거명령서가 발급된 구속피의자에게 불기소처분을 한 경우에는 석방과 동시에 출입국관리공무원에게 그를 인도해야 함 − 교도소·소년교도소·구치소 및 그 지소·보호감소·치료감호시설 또는 소년원의 장은 지방출입국·외국인관서의 장에게 통보한 외국인에 대하여 강제퇴거명령서가 발급되면 석방·출소 또는 퇴원과 동시에 출입국관리공무원에게 인도해야 함	법 제86조 『소년법』
출입국관리 수수료	− 법에 따라 허가 등을 받은 사람은 법무부령으로 정하는 수수료를 내야 함 − 감면과 적용: 국제관례, 상호주의원칙 및 협정 등에 수수료에 관한 규정에 따름 『정부출연연구기관 등의 설립·운영 및 육성에 관한 법률』, 『과학기술분야 정부출연연구기관 등의 설립·운영 및 육성에 관한 법률』, 『특정연구기관육성법』,『독립유공자예우에 관한 법률』, 『국가유공자 등 예우 및 지원에 관한 법률』, 『고엽제후유증 등 환자지원 및 단체설립에 관한 법률』, 『참전유공자예우 및 단체설립에 관한 법률』, 『5·18민주유공자 예우에 관한 법률』, 『특수임무유공자 예우 및 단체설립에 관한 법률』	법 제87조 (시행규칙 제71조부터 제74조)
사실증명의 발급 및 열람	− 지방출입국·외국인관서의 장, 시·군·구(자치구가 아닌 구를 포함) 및 읍·면·동 또는 재외공관의 장은 출·입국한 사실유무에 대하여 법무부령으로 정하는 바에 따라 출입국에 관한 사실 증명을 발급할 수 있으며, 외국인등록을 한 외국인 및 그의 법정대리인 등 법무부령에서 정하는 바에 따라 외국인등록 사실증명을 발급하거나 열람가능	법 제88조 (시행규칙 제75조) 『제주특별자치도 설치 및 국제 자유도시 조성을 위한 특별법』, 『주민등록법』 (시행령 별표2 제3호)
외국인등록증 등과 주민등록증 등의 관계	− 법령에 규정된 각종 절차와 거래관계 등에서 주민등록증, 주민등록 등본 또는 초본을 대체할 수 있는 것은 외국인등록증(모바일외국인 등록증 포함), 외국인등록 사실 증명으로 대체할 수 있음 − 외국인등록과 체류지 변경신고는 주민등록과 전입신고로 대체할 수 있음 − 이 법 또는 다른 법률에서 외국인 관련 성명, 사진, 외국인등록번호 등 증명이 필요할 경우 모바일외국인등록증으로 대체할 수 있음	법 제88조의2
외국인 체류 확인서 열람·교부	− 특정 건물 또는 시설의 소재지를 체류지로 신고한 외국인의 성명과 체류지 변경 일자를 확인할 수 있는 서류를 열람·교부 받으려는 자는 지방출입국·외국인관서의 장이나 읍·면·동의 장 또는 출장소장에게 신청함 − 신청자: 특정 건물, 시설 매매계약자, 또는 임대차계약 본인 및 위임을 받은 자 − 사유: 경매 참가, 임차인의 실태확인, 근저당 설정, 집행관이 현황 조사할 경우	법 제88조의3 (시행규칙 제75조의2) 『신용정보의 이용 및 보호에 관한 법률』, 『감정평가 및

		감정평가사에 관한 법률』, 『전자정부법』, 『주택임대차보호법』
외국인등록증의 진위확인	– 법무부장관은 외국인등록증의 진위 여부에 대한 확인요청이 있는 경우 그 진위를 확인하여 줄 수 있으며, 필요한 정보시스템을 구축·운영할 수 있음	법 제88조의4 (시행규칙 제75조의3) 『금융실명거래 및 비밀보장에 관한 법률』, 『전기통신사업법』
각종 허가 등의 취소·변경	– 신원보증인이 보증철회 및 신원보증인이 없는 경우, 거짓이나 부정한 방법으로 허가받은 것이 밝혀진 경우, 허가조건을 위반한 경우, 사정변경으로 허가상태를 계속 유지할 수 없는 중대한 사유가 발생한 경우, 다른 법을 위반한 정도가 중대하거나 출입국관리공무원의 정당한 직무명령을 위반한 경우 – 절차: 출석하여 의견 청취 – 내용통지: 취소·변경 사유, 출석일시와 장소를 출석일 7일 전까지 해당 외국인 또는 신청인에게 통지	법 제89조
영주자격의 취소 특례	• 법무부장관의 영주자격 취소 사유 – 취소 사례: 거짓이나 부정한 방법으로 영주자격을 취득한 경우, 2년 이상의 징역 또는 금고형이 확정된 경우, 최근 5년 이내에 징역 또는 금고형을 선고, 확정된 형기의 합산 기간이 3년 이상인 경우, 대한민국에 일정금액 이상 투자유지 조건으로 영주자격을 취득하는 등 해당 조건을 위반한 경우, 국가안보, 외교관계 및 국민경제 등에 있어 대한민국의 국익에 반하는 행위를 한 경우 – 예외: 영주자격을 취소한 경우 대한민국에 계속 체류할 필요성이 인정되고 일반체류 자격의 요건을 갖추고 해당 외국인의 신청이 있을 때 일반체류자격을 부여할 수 있음	법 제89조의2 『형법』, 『성폭력범죄의 처벌 등에 관한 특례법』
신원보증	– 법무부장관은 사증발급, 사증발급인정서발급, 입국허가, 조건부 입국허가, 각종 체류허가, 외국인의 보호 또는 출입국사범의 신병인도(身柄引渡) 등에 필요하다고 인정하면 초청자 또는 관계인에게 그 외국인(피보증외국인)의 신원을 보증할 수 있도록 함 – 신원보증인은 피보증외국인의 체류, 보호 및 출국에 드는 비용의 전부, 일부 부담 – 신원보증인이 보증책임을 이행하지 않는 경우 법무부장관은 구상권(求償權)을 행사할 수 있음 – 신원보증인이 비용부담과 보증목적을 달성할 수 없다고 인정될 때 피보증외국인 1인당 300만원 이하의 보증금을 예치하도록 함 – 보증기간: 최장기간 4년(신원보증인의 체류 기간을 초과할 수 없음)	법 제90조 (시행규칙 제77조)
불법취업 외국인의 출국비용 부담책임	– 법무부장관은 취업활동자격을 가지지 않은 외국인을 고용한 자(불법고용주)에게 해당 외국인의 출국에 드는 비용 전부 또는 일부를 부담할 수 있음 – 비용부담책임을 이행하지 못할 경우 구상권을 불법고용주에게 행사할 수 있음	법 제90조의2
문서 등의 송부	– 문서 등의 송부는 특별한 규정이 있는 경우를 제외하고 본인 ➜ 가족 ➜ 신원보증인 ➜ 소속 단체의 장 순으로 직접 내주거나 우편으	법 제91조

	- 로 보내는 방법에 따름 - 지방출입국·외국인관서의 장은 문서 등의 송부가 불가능하다고 인정되면 송부문서 등을 보관하고, 그 사유를 청사(廳舍)의 게시판에 공시송달(公示送達)함 - 공시송달: 게시한 날부터 14일 지난 날에 그 효력이 생김	
사증발급 및 체류허가 신청문서의 전자화	- 법무부장관은 각종 발급 및 허가 업무를 효율적으로 처리하기 위해 신청자가 제출한 문서 중 전자화 대상 서류를 전자화 문서로 변환·보관할 수 있음 - 전자화문서로 변환하는 업무를 전자화기관의 요건(시설, 인력) 등을 갖춘 법인에 위탁수행할 수 있음(단, 외국에서의 전자화업무위탁은 외교부장관과 협의)	법 제91조의2 (시행규칙 제77조의3, 제77조의4) 『전자정부법』 『전자문서 및 전자거래 기본법』
권한의 위임 및 업무의 위탁	- 『출입국관리법』에 따른 권한 일부를 지방출입국·외국인관서의 장, 시장(특별시장과 광역시장은 제외), 구청장(자치구의 구청장은 제외), 청장·사무소장·출장소장 또는 보호소장에게 위임할 수 있음 - 업무의 위탁은 관련 업무를 수행할 수 있는 인력, 시설을 갖춘 법인이나 단체에 위탁할 수 있음	법 제92조 (시행령 제96조, 제96조의2) 『제주특별자치도 설치 및 국제 자유도시 조성을 위한 특별법』
선박등의 운항 허가에 관한 협의	- 국토교통부장관 및 해양수산부장관은 출입국항에 여객을 운송하는 선박등의 운항을 허가할 때에는 출입국심사업무가 원활히 수행되도록 미리 법무부장관과 협의해야 함	법 제92조의2
남북한 왕래 등의 절차	- 군사분계선 이남지역(남한)이나 해외에 거주하는 국민이 군사분계선 이북지역(북한)을 거쳐 출·입국하는 경우 북한으로 가기 전 또는 남한으로 온 후 출입국심사를 함 - 외국인의 남북한 왕래절차는 법무부장관이 따로 정하는 경우를 제외하고는 이 법의 출입국절차에 관한 규정을 준용함 - 외국인이 북한을 거쳐 출입국하는 경우 이 법의 출입국절차에 관한 규정에 따름 - 출입국심사할 때에 대한민국의 안전 또는 공공질서를 해치거나 남북관계에 중대한 영향을 미칠 우려가 인정되면 통일부장관 등 관계기관의 장과 협의해야 함	법 제93조 (시행령 제97조) 남·북한 왕래자 등에 대한 출입(국)심사지침 (법무부훈령 제1203호 2019.2.13. 일부개정) 『남북교류협력에 관한 법률』

6. 벌칙

『출입국관리법』에서의 벌칙은 징역형과 벌금 및 과태료 등 그 해당 유형은 다음과 같이 규정하고 있다.

---

14) 관계기관 소속 공무원(시행령 제91조의2)이란 고용노동부 소속 공무원, 중소벤처기업부 소속 공무원, 경찰청 소속 경찰공무원, 해양경찰청 소속 경찰공무원, 국가정보원 소속 공무원, 이외 기술연수생의 보호·관리와 관련 법무부장관이 필요하다고 인정하는 관계 중앙행정기관 소속 공무원을 말한다.

[표 32] 출입국관리법에서의 벌칙과 과태료 유형

유형		적용내용	조항
벌칙 (징역·벌금)	7년 이하 징역	− 보호·일시보호자: 도주할 목적으로 보호시설 또는 기구를 손괴하거나 다른 사람을 폭행 또는 협박한 자, 2명 이상이 합동으로 도주한 자 − 보호·강제퇴거 호송 중인 자: 다른 사람을 폭행 또는 협박, 2명 이상이 합동하여 도주한 자 − 보호·일시보호자, 보호·강제퇴거 호송 중인자를 탈취하거나 도주하게 한 자	제93조의2 제1항
	7년 이하 징역 또는 7천만원 이하의 벌금	* 아래 사항을 영리목적으로 한 자 − 입국심사를 받아야 하는 외국인을 집단으로 불법입국하게 하거나 이를 알선한 자 − 외국인을 집단으로 불법입국 또는 불법출국하게 하거나 대한민국을 거쳐 다른 국가로 불법입국하게 할 목적으로 선박등이나 여권·사증, 탑승권, 그 밖에 출입국에 사용될 수 있는 서류 및 물품을 제공하거나 알선한 자 − 선박등의 제공금지임에도 불법으로 입국한 외국인을 집단으로 대한민국에서 은닉 또는 도피하게 하거나 은닉 또는 도피하게 할 목적으로 교통수단을 제공하거나 이를 알선한 자	제93조의2 제2항
	5년 이하 징역 또는 5천만원 이하의 벌금	− 입국심사를 받지 않고 입국한 자 − 사증발급 및 체류허가 신청문서의 전자화를 통해 직무상 알게 된 비밀을 다른 사람에게 누설하거나 직무상 목적 외의 용도로 이용한 자 − 영리를 목적으로 한 자를 제외하고, 위 제93조의2 제2항에 해당하는 죄를 범한 자	제93조의3
	3년 이하 징역 또는 3천만원 이하의 벌금	− 국민이 출국심사를 받지 않고 출국한 자 − 외국인이 입국 시 유효한 여권과 법무부장관이 발급한 사증 및 입국허가서 소지를 위반하여 입국한 자 − 허위초청을 위반한 자 − 선박등의 제공금지를 위반한 자로서 제93조의2 제2항, 제93조의3 제1호·제3호에 해당하지 않은 자 − 승무원상륙허가, 관광상륙허가를 받지 않고 상륙한 자 − 외국인의 체류 및 활동범위를 벗어나서 체류한 자 − 취업가능 체류자격을 받지 않고 취업 활동을 한 자 − 취업가능 체류자격을 가지지 않은 자를 고용한 자 − 취업가능 체류자격을 가지지 않은 외국인의 고용을 업으로 알선·권유한 자 − 체류자격을 가지지 않은 외국인을 자기 지배하에 두는 행위를 한 자 − 체류자격 외 활동허가를 받지 않고 다른 체류자격에 해당하는 활동을 한 자 − 근무처의 변경·추가허가를 받지 않은 외국인의 고용을 업으로 알선한 자 − 공공의 안녕질서나 대한민국의 중요한 이익을 위하여 필요하다고 인정하면 대한민국에 체류하는 외국인에 대하여 거소(居所) 또는 활동의 범위를 제한하거나 그 밖에 필요한 준수사항 등을 위반한 자 − 체류자격을 받지 않고 체류한 자 − 체류자격 변경허가를 받지 않고 다른 체류자격에 해당하는 활동을 한 자 − 체류기간 연장허가를 받지 않고 체류기간을 초과하여 계속 체류한 자 − 허위서류 제출 등의 금지를 위반한 자	제94조

		– 유효한 여권을 가지고 출국심사를 받지 않고 출국한 자 – 외국인등록증 등의 채무이행 활보수단 제공 등의 금지를 위반한 자 – 선박등의 검색 및 심사를 위반한 자	
	1년 이하 징역 또는 1천만원 이하의 벌금	– 국민이 유효한 여권을 가지고 입국심사를 받지 않고 입국한 자 – 조건부 입국허가의 조건을 위반한 자 – 긴급상륙허가, 재난상륙허가, 난민 임시상륙허가를 받지 않고 상륙한 자 – 긴급상륙허가, 재난상륙허가, 난민 임시상륙허가 조건을 위반한 자 – 지정된 근무처가 아닌 곳에서 근무한 자 – 체류자격의 범위에서 근무처의 변경·추가를 위해 허가를 받지 않고 활동한 외국인 또는 그 외국인을 고용한 자 – 외국인등록의무를 위반한 자 – 보호·일시보호된 자로서 도주하거나 보호 또는 강제퇴거 등을 위한 호송 중에 도주한 자(제93조의2 제1항 제1호, 제2호는 제외) – 보호를 해제하는 경우에는 주거의 제한이나 그 밖에 필요한 조건을 붙일 수 있으나 이를 위반한 자	제95조
	1천만원 이하의 벌금	– 출입국의 정지 등에 따른 출항의 일시정지 또는 회항 명령이나 선박등의 출입 제한을 위반한 자 – 정당한 사유없이 운수업자 등의 일반적 의무 등 준수사항을 지키지 아니하였거나 승객예약정보의 열람 및 제공 등을 위반하여 열람 또는 문서제출 요청에 따르지 아니한 자 – 정당한 사유없이 보고의 의무에 따른 보고서를 제출하지 아니하거나 거짓으로 제출한 자	제96조
	500만원 이하의 벌금	– 외국인 고용의 제한을 위반하여 취업활동을 할 수 있는 체류자격을 가지지 아니한 외국인의 고용을 알선·권유한 자(단, 업으로 하는 자는 제외) – 근무처의 변경·추가를 위반하여 허가를 받지 아니한 외국인의 고용을 알선한 자(단, 업으로 하는 자는 제외) – 승선허가를 위반하여 허가를 받지 않고 선박등이나 출입국심사장에 출입한 자 – 사전 통보에 따른 제출 또는 통보의무를 위반한 자 – 보고의 의무에 따른 보고 또는 방지의무를 위반한 자 – 송환의 의무에 따른 송환의무를 위반한 자 – 난민인정증명서 또는 난민여행증명서를 반납하지 아니하거나 반납명령을 위반한 자	제97조
	100만원 이하의 벌금	– 여권등의 휴대 및 제시 의무를 위반한 자 – 체류지 변경신고 의무를 위반한 자	제98조
과 태 료	200만원 이하	– 외국인을 고용한 자 등의 신고의무를 위반한 자 – 외국인유학생의 관리 등 해당규정을 위반한 자 – 근무처의 변경·추가 시 단서의 신고의무를 위반한 자 – 영주증 유효기간이 끝나기 전까지 재발급을 받지 않은 자 – 과실로 인하여 보고의 의무를 위반한 자 – 출·입항보고를 하지 않았거나 출·입항보고서의 국적, 성명, 성별, 생년월일, 여권보호에 관한 항목을 최근 1년 이내에 3회 이상 사실과 다르게 보고한 자	제100조 제1항
	100만원 이하	– 외국인등록사항의 변경신고를 위반한 자 – 외국인등록증의 반납 등을 위반한 자 – 허가신청 등의 의무를 위반한 자	제100조 제2항

	− 출입국관리공무원의 장부 또는 자료 제출요구를 거부하거나 기피한 자	
50만원 이하	− 외국인등록증 발급신청하지 않는 자 − 여권 등 자료를 제공하지 않은 숙박외국인 − 숙박외국인의 자료를 제출하지 않거나 허위로 제출한 숙박업자 − 각종 신청이나 신고에서 거짓 사실을 적거나 보고한 자	제100조 제3항
부과기준	− 규정에 따른 과태료는 대통령령으로 정하는 바에 따라 지방출입국·외 국인관서의 장이 부과·징수함 − 부과기준에는 일반기준과, 개별기준이 있음 − 부과기준 내용: 위반행위, 근거 법조문, 위반 기간 또는 위반횟수, 과 태료금액 등 기준	제100조 제4항, 시행령 제102조 (별표2)
면제	− 출입국사범의 나이와 환경, 법 위반의 동기와 결과, 과태료부담 능 력, 그 밖의 정상을 고려하여 이 법 위반에 따른 과태료를 면제할 수 있음	제100조 제5항

이외에 미수범 등, 난민에 대한 형의 면제, 양벌 등에 관해 규정하고 있다.

[표 33] 미수범 등, 난민에 대한 형의 면제, 양벌규정

유형	적용내용	조항 및 관련 법률
미수범 등	− 제93조의2, 제93조의3 제1호·제3호, 제94조 제1호부터 제5호까지 또는 제18호 및 제95조 제1호의 죄를 범할 목적으로 예비(일체의 준비 행위) 또 는 음모한 사람과 미수범은 각각 해당하는 본죄에 준하여 처벌 − 위의 행위를 교사하거나 방조한 자는 형법상 정범(正犯)에 준하여 처벌	법 제99조
난민에 대한 형의 면제	− 제93조의3 제1호, 제94조 제2호·제5호·제6호 및 제15호부터 제17호까지 또는 제95조 제3호·제4호에 해당하는 사람이 그 위반행위를 한 후 지체 없이 지방출입국·외국인관서의 장에게 해당하는 사실을 직접 신고하는 경우에 그 사실이 증명되면 그 형을 면제 −『난민법』제2조 제1호에 규정된 이유로 그 생명·신체 또는 신체의 자유 를 침해받을 공포가 있는 영역으로부터 직접 입국하거나 상륙한 난민이라 는 사실이 증명되면 그 형을 면제 − 제1호의 공포로 인하여 해당 위반행위를 한 사실이 증명되면 그 형을 면제	법 제99조의2 『난민법』
양벌규정	− 법인의 대표자나 법인 또는 개인의 대리인, 사용인, 그 밖의 종업원이 그 법인 또는 개인의 업무에 관하여 해당하는 위반행위를 하면 그 행위자를 벌하는 외에 그 법인 또는 개인에게도 해당 조문의 벌금형을 매기어 지움 (다만, 법인 또는 개인이 그 위반행위를 방지하기 위하여 해당 업무에 관하 여 상당한 주의와 감독을 게을리하지 아니한 경우에는 그러하지 아니함) − 위반행위 표: 양벌의 위반 행위 / 법률 조항 허위초청 등의 금지 / 제94조 제3호 외국인 고용의 제한(체류자격) / 제94조 제9호 외국인 고용의 제한(알선·권유) / 제94조 제10호 외국인등록증 등의 채무이행 확보수단 제공등의 금지 / 제94조 제19호 외국인등록증 등의 채무이행 확보수단 제공등 / 제33조의3 제1호	법 제99조의3

의 금지(제공 강요·알선 행위)	
선박등의 검색 및 심사	제94조 제20호
근무처의 변경·추가	제95조 제6호
근무처의 변경·추가(고용·알선)	제21조 제2항
출입국의 정지 등, 운수업자 등의 일반적 의무 등, 보고의 의무	제96조 제1호~제3호
사전통보 의무·보고의 의무·송환의 의무	제97조 제4호~제6호

7. 고발(告發)과 통고처분(通告處分)

고발의 사전적 의미는 가해자 또는 피해자가 아닌 제삼자가 어떤 범죄 사실을 경찰서나 검찰청에 신고하여 수사나 기소를 요구하며, 개인의 잘못이나 사회의 부조리 따위를 드러내어 알리는 것이다. 통고처분은 법률을 어긴 행위에 대해 벌금, 과태료, 몰수 등에 해당하는 금액을 납부하도록 서면이나 말로 알리는 행정처분이다.

『출입국관리법』에서의 고발(告發)이란 출입국사범에 관한 사건은 지방출입국·외국인관서 장의 고발이 없으면 공소(公訴)를 제기할 수 없다. 즉, 검사가 특정 형사사건에 대하여 법원에 그 재판을 청구할 수 없다. 그러므로 출입국관리공무원 외의 수사기관이 해당 사건을 입건(立件)하였을 때 지체없이 관할 지방출입국·외국인관서의 장에게 인계하여야 한다(제101조).

통고처분(通告處分)은 출입국사범에 대한 조사결과에서 범죄의 확증을 얻었을 때 그 이유를 명확하게 적어 서면으로 벌금에 상당하는 금액(범칙금)을 지정한 곳에서 내야 하는 것을 알리는 것이다. 이때 지방출입국·외국인관서의 장은 통고처분 받은 자가 범칙금(犯則金)을 임시 납부하려는 경우 임시 납부가 가능하다. 조사결과 범죄의 정상이 금고 이상의 형에 해당이 인정되면 즉시 고발해야 한다. 출입국사범에 대한 조사에 관해서는 조사(제47조), 용의자에 대한 출석요구 및 신문(제48조), 참고인에 대한 출석요구 및 진술(제49조), 검사 및 서류 등의 제출요구(제50조) 등 규정을 준용하며, 이 경우 용의자 신문조서는 『형사소송법』 피의자신문조서의 작성(제244조)에 따른다(제102조).

앞서 범칙금에 관한 납부는 범칙금 납부대행기관 등(시행령 제105조의2)에 정하는 기관을 통하여 신용카드, 직불카드(신용카드 등)로 낼 수 있으며, 범칙금 납부대행기관은 정보통신망을 이용하여 신용카드 등에 의한 결제를 수행하는 기관으로서 지정받은 자를 말한다. 범칙금을 신용카드 등으로 내는 경우 납부대행기관의 승인일을 납부일로 보며, 대행기관은 납부자로부터 범칙금 납부대행 용역의 대가로 수수료를 받을 수 있다. 이러한 납부대행기관의 지정, 운영 및 납부대행 수수료 등에 관한 필요한 사항은 대통령령으로 정한다(제102조의2).

　　범칙금의 양정기준(量定基準)은 법무부령 시행규칙 제86조에 따라 정해진다. 범칙금은 청장·사무소장·출장소장·보호소장이 당해 출입국사범의 나이와 환경, 법위반의 동기와 결과, 범칙금부담능력, 위반횟수 등을 참작하여 기준액의 2분의 1 범위 안에서 경감 또는 가중할 수 있다. 또한, 청장·사무소장·출장소장·보호소장은 부득이하다고 인정하는 경우 법무부장관의 승인을 얻어 범칙금을 기준과 달리 정할 수 있으며, 범칙금을 면제하기도 한다(제103조). 범칙금의 양정기준은 위반 인원, 횟수, 기간에 따라 구분할 수 있으며, 범칙금액은 최소 10만원부터 최대 7,000만원까지 해당 법조문에 따라 법률 위반자에게 적용한다.

　　통고처분의 고지방법은 통고서 송달 방법으로 하며(제104조), 출입국사범은 통고서를 송달받으면 15일 이내에 범칙금을 내야 한다. 지방출입국·외국인관서의 장은 출입국사범이 기간 내에 범칙금을 내지 않으며 고발해야 한다. 그러나 고발하기 전에 범칙금을 낸 경우와 출입국사범에 대해 강제퇴거명령서를 발급한 경우에는 고발하지 않는다(제105조).

　　위의 출입국사범이 통고한 대로 범칙금을 내면 동일사건에 대해 다시는 처벌받지 않도록 하는 일사부재리 원칙이 있으며(제106조), 이외에 법집행의 사각지대를 최소화하기 위해 다른 법률과 연계하여 부칙을 두어 보완하고 있다.

북한이탈주민의 보호 및 정착지원에 관한 법
北漢離脫住民法

북한이탈주민의 보호 및 정착지원에 관한 법(약칭: 북한이탈주민법)

법률	제5259호	법률	제19279호	소관부처
제정일	1997.01.13	개정일(일부개정)	2023.03.28	통일부 (정착지원과)
시행일	1997.07.14	시행일	2023.03.28	

『헌법』에 명시된 대한민국의 영토는 한반도와 그 부속도서로 한다(『헌법』 제3조). 북한지역의 영토 역시 대한민국의 영토에 포함되며, 그 지역에 거주하는 주민 역시 대한민국 국민이라고 할 수 있다. 『헌법』은 국민이 되는 요건을 법률로 정하며, 재외동포를 보호할 의무도 지고 있다(『헌법』 제2조 제2항). 이러한 『헌법』 조문을 바탕으로 『북한이탈주민의 보호 및 정착지원에 관한 법(이하, 북한이탈주민법)』을 다루고자 한다.

『북한이탈주민법』은 군사분계선 이북지역에서 벗어나 대한민국의 보호를 받으려는 군사분계선 이북지역의 주민이 정치, 경제, 사회, 문화 등 모든 생활 영역에서 신속히 적응·정착하는 데 필요한 보호 및 지원에 관한 사항을 규정함을 목적으로 한다(제1조).

I. 북한이탈주민법의 조문 구성 및 정의

『북한이탈주민법』은 총 34조로 구성되어 있지만, 제28조가 삭제되어 총 33조이다. 법의 제정목적을 비롯하여 보호, 지원, 교육, 특례, 기관, 관리행정 등으로 구분할 수 있다.

1. 북한이탈주민법의 조문 구성

[표 34] 북한이탈주민법의 조문 내용

구분	조문 내용
제정 목적 외	제1조　　목적 제2조　　정의 제3조　　적용범위 제4조　　기본원칙 제4조의2　국가 및 지방자치단체의 책무 제4조의3　기본계획 및 시행계획
보호	제5조　　보호기준 등 제7조　　보호신청 등 제8조　　보호결정 등 제9조　　보호결정의 기준 제11조　　정착지원시설에서의 보호 등 제11조의2　무연고청소년 보호 제17조　　취업보호 등 제17조의2　취업보호의 제한 제22조　　거주지 보호 제22조의2　거주지에서의 신변보호 제26조　　생활보호
지원	제17조의3　영농 정착지원 제17조의6　창업지원 제20조　　주거지원 등 제21조　　정착금 등의 지급 제21조의2　정착자산 형성의 지원 제24조　　교육지원 제25조　　의료급여 등 제26조의3　생업 지원 제26조의4　자금의 대여 등
교육	제13조　　학력인정 제14조　　자격인정 제15조　　사회적응교육 등 제16조　　직업훈련
특례	제19조　　가족관계등록 창설의 특례 제19조의2　이혼의 특례 제19조의3　주민등록번호 정정의 특례 제24조의3　공유재산의 대부·사용 등에 관한 특례 제26조의2　국민연금에 대한 특례
기관	제6조　　북한이탈주민 보호 및 정착지원협의회 제10조　　정착지원시설의 설치 제15조의2　지역적응센터의 지정 제24조의2　북한이탈주민 예비학교의 설립 제30조　　북한이탈주민지원재단
관리행정	제12조　　등록대장 제17조의4　세제혜택

제
Ⅱ
부

개
별
이
민
법

제17조의5	우선 구매 등
제18조	특별임용
제18조의2	공공기관 평가 반영
제22조의3	전문상담사제도 운영
제23조	보고의무
제27조	보호의 변경
제29조	비용 부담
제31조	권한의 위임·위탁
제32조	이의신청
제33조	벌칙
제34조	과태료

2. 정의(제2조)

『북한이탈주민법』에서 사용되는 용어는 북한이탈주민, 보호대상자, 정착지원시설, 보호금품 등을 정의하고 있다.

[표 35] 북한이탈주민법에서 사용되는 용어 및 개념

용어	개념
북한이탈주민	군사분계선 이북지역(북한)에 주소, 직계가족, 배우자, 직장 등을 두고 있는 사람으로서 북한을 벗어난 후 외국국적을 취득하지 아니한 사람
보호대상자	이 법에 따라 보호 및 지원을 받는 북한이탈주민
정착지원시설	보호대상자의 보호 및 정착지원을 위하여 제10조 제1항에 따라 설치·운영하는 시설
보호금품	이 법에 따라 보호대상자에게 지급하거나 빌려주는 금전 또는 물품

II. 적용범위 및 기본원칙

『북한이탈주민법』은 대한민국의 보호를 받으려는 의사를 표시한 북한이탈주민에 대해 적용하며(제3조), 다음과 같은 기본 원칙을 가진다. 첫째, 대한민국은 보호대상자를 인도주의에 입각하여 특별히 보호한다. 둘째, 대한민국은 외국에 체류하고 있는 북한이탈주민의 보호 및 지원 등을 위하여 외교적 노력을 다하여야 한다. 셋째, 보호대상자는 대한민국의 자유민주적 법질서에 적응하여 건강하고 문화적인 생활을 할 수 있도록 노력하여야 한다. 넷째, 통일부장관은 북한이탈주민에 대한 보호 및 지원 등을 위하여 북한이탈주민의 실태를 파악하고, 그 결과를 정책에 반영하여야 한다(제4조).

Ⅲ. 국가 및 지방자치단체의 책무(제4조의2)

군사분계선 이북지역(북한)에 주소, 직계가족, 배우자, 직장 등을 두고 있는 사람이 대한민국에 안정적인 체류를 위해 보호와 성공적인 정착지원을 위해 국가와 지방자치단체는 다음과 같은 책무가 있다.

1. 보호대상자의 성공적인 정착

보호대상자의 성공적인 정착을 위하여 보호대상자의 보호 · 교육 · 취업 · 주거 · 의료 및 생활보호 등의 지원을 지속적으로 추진하고 이에 필요한 재원을 안정적으로 확보하기 위해 노력해야 한다(제1항).

2. 보호대상자에 대한 지원책 마련

보호대상자에 대한 지원시책을 마련하는 경우 아동 · 청소년 · 청년 · 여성 · 노인 · 장애인 등에 대하여 특별히 배려 · 지원하도록 노력해야 한다(제2항).

Ⅳ. 기본계획 및 시행계획(제4조의3)

통일부장관은 북한이탈주민 보호 및 정착지원협의회(제6조)의 심의를 거쳐 보호대상자의 보호 및 정착지원에 관한 기본계획을 3년마다 수립 · 시행해야 하며(제1항), 기본계획에 포함되어야 하는 사항은 다음과 같다. 첫째, 보호대상자의 보호 및 정착에 필요한 교육, 둘째, 직업훈련, 고용촉진 및 고용유지, 셋째, 정착지원시설의 설치 · 운영 및 주거 지원, 넷째, 의료지원 및 생활보호, 다섯째, 사회통합 및 인식개선 등에 관한 사항 및 그 밖에 보호대상자의 보호, 정착지원 및 고용촉진 등을 위해 통일부장관이 필요하다고 인정하는 사항이다(제4조의3 제2항).

이러한 기본계획은 관계 중앙행정기관의 장과 협의하여 연도별 시행계획을 수립 · 시행한다(제3항).

이때 북한이탈주민의 거주지 보호(제22조 제3항)를 위해 실태조사 결과를 반영하며(제4항), 시행계획의 추진성과를 매년 정기적으로 분석하고 그 결과를 기본계획과 시행계획에 반영하여야 한다(제5항). 따라서 추진성과를 분석하기 위해 관계 중앙행정기관의 장 또는 지방자치단체의 장에게 통일부장관은 관련 자료의 제출을 요청할 수 있으며, 해당 기관의 장은 특별한 사유가 없으면 협조하여야 한다(제6항).

V. 북한이탈주민의 보호 및 지원

1. 북한이탈주민의 보호

북한이탈주민(이하, 보호대상자)이 대한민국에 안정적인 체류를 위한 다양한 보호 영역에 따라 기준을 설정하고, 신청과 결정의 과정을 거친다. 또한, 정착을 위해 정착지원시설에서의 보호, 무연고청소년 보호, 취업 보호, 거주지 보호, 거주지에서의 신변 및 생활 등 다양한 영역에서 보호하고 있다.

[표 36] 보호에 관한 영역과 내용

구분	내용	조항 및 관련 법률
보호기준 등	- 기준: 나이, 성별, 세대구성, 학력, 경력, 자활능력, 건강 상태 및 재산 등으로 고려하여 합리적으로 정함 - 보호 및 정착지원은 개인단위가 원칙이며, 필요하다고 인정하는 경우 부부 및 직계혈족, 형제자매 등 대통령령으로 정하는 바에 따라 세대를 단위로 함 - 보호 기간: 정착지원시설(1년 이내), 거주지(5년)(단, 특별한 사유가 있는 경우 심의를 거쳐 그 기간을 단축 또는 연장할 수 있음)	법 제5조 시행령 (제1조의3)
보호신청 등	- 개념: 재외공관, 그 밖의 행정기관의 장(각급 군부대의 장 포함)에게 보호를 직접 신청해야 함 - 직접 보호를 신청하지 못하는 경우: 심신장애가 있는 경우, 가족의 구성원이 나머지 가족을 대리하여 신청하는 경우 외 긴급한 사유가 있는 경우 - 통보절차: 보호신청을 받은 재외공관장 등 ➔ 소속 중앙행정기관의 장 ➔ 통일부장관, 국가정보원장 - 국가정보원장은 보호결정 등에 필요한 조사 및 일시적인 신변안전조치 등 임시보호조치를 한 후 그 결과를 통일부장관에게 통보 - 국가정보원장: 임시보호시설을 설치·운영 - 조사 및 임시보호조치의 내용과 방법과 임시보호시설의 설치·운영에 필요한 사항은 대통령령으로 정함	법 제7조 시행령 (제10조, 제12조부터 제13조까지)
보호결정 등	- 개념: 통일부장관은 보호에 따른 통보를 국가정보원으로부터 받으면 협의회의 심의를 거쳐 보호 여부를 결정 함(단, 국가안전보장에 현저한 영향을 줄 우려가 있는 사람에 대해서는 그 보호 여부를 국가정보원장이 결정하고 그 결과를 지체없이 통일부장관과 보호신청자에게 통보해야 함 - 보호여부를 결정한 통일부장관 ➔ 관련 중앙행정기관의 장 ➔ 재외공관장 등에게 통보 ➔ 보호신청자에게 즉시 알림	법 제8조
보호결정의 기준	• 보호대상에서 제외되는 사람 - 정치적·외교적으로 대한민국에 중대한 어려움을 발생시킬 것으로 예상되는 자 - 조사 및 임시보호조치의 기간 중 다른 사람의 신변안전에 중대한 위해를 초래할 우려가 있는 폭력행위, 시설을 파손한 자	법 제9조 시행령 (제16조)

	− 북한이탈한 후 제3국에서 합법적인 체류자격을 획득한 자 − 북한이탈한 후 제3국에서 억류(抑留)·감금·은둔·도피 또는 강제혼인 등의 사정없이 정상적 또는 안정적인 생활이 가능했다고 인정된 자 − 예: 항공기 납치, 마약거래, 테러, 집단살해 등 국제형사범죄자, 살인 등 중대한 비정치적 범죄자, 위장탈출 혐의자, 국내 입국 후 3년이 지나서 보호를 신청한 사람 등 • 국내 입국 후 3년이 지나서 보호를 신청한 사람의 예외 − 외부와 차단된 시설에 거주하거나 질병 등의 사유로 자유로운 활동이 불가능했다고 인정되는 경우 또는 이에 준하는 사정이 있다고 통일부장관이 인정할 경우 보호대상자가 됨	
정착지원시설 에서의 보호등	− 개념: 정착지원시설을 설치·운영하는 기관의 장은 보호대상자가 거주지로 전출할 때까지 정착지원시설에서 보호해야 함 − 이때 생활에 필요한 보호금품을 개인별로 지급하며 세대구성일 경우는 세대별로 지급할 수 있으며, 보호금품의 지급기준·방법 등은 통일부장관과 국가정보원이 각각 정함 − 기관의 장은 보호대상자가 정착지원시설에서 보호받고 있는 동안 신원 및 북한이탈 동기의 확인, 건강진단, 그 밖에 정착지원에 필요한 조치를 할 수 있음	법 제11조 시행령 (제25조)
무연고청소년 보호	− 개념: 보호대상자로서 직계존속을 동반하지 아니한 만 24세 이하의 무연고 아동·청소년 − 무연고청소년의 보호자를 통일부장관은 선정할 수 있으며, 법인의 경우 법인의 대표자를 보호자로 선정함 − 보호자 선정 시 고려사항: 무연고청소년의 건강, 생활관계 및 재산상황, 보호자의 직업과 경험, 보호자와 무연고청소년 간 이해관계의 유무(법인대표자일 경우 법인의 종류와 목적 및 대표자와 무연고청소년 간 이해관계 유무) − 무연고청소년의 보호를 위해 보호자, 북한이탈주민지원재단 및 통일부령에서 정하는 민간단체 등과 상호협조체계 구축 − 무연고청소년에게 보호·교육·취업·주거·의료 및 생활보호 등 긴급지원을 위해 전기통신사업자에게 무연고청소년 또는 보호자의 전화번호 제공을 요청할 수 있으며, 미성년인 경우 보호자를 통해 소재 파악이 어려운 경우에 요청할 수 있음 − 이 경우 전기통신사업자는 정당한 사유가 없으면 따라야 함 − 후견인 선임: 관할 지방자치단체의 장에게 후견인 선임을 법원에 청구하도록 요청할 수 있으며, 지방자치단체의 장은 후견인 선임 청구의 현황 및 결과를 매년 통일부장관에게 보고해야 함 − 통일부장관은 지방자치단체의 장에게 후견인 선임 청구를 요청할 때 후견인으로 적합하다고 인정하는 후견인으로 추천할 수 있음	법 제11조의2 시행령 (제25조의2) 『아동복지법』, 『초·중등교육법』, 『대안교육기관 에 관한 법률』, 『민법』 시행규칙 (제1조의2) 『전기통신 사업법』
취업보호 등	− 개념: 보호대상자가 정착지원시설로부터 그의 거주지로 전입한 후 고용보험법으로 정하는 바에 따라 최초로 취업한 날부터 3년간 취업을 보호함(단, 사회적 취약계층, 장기근속자 등 취업보호 기간을 연장할 필요가 있는 경우 1년의 범위에서 취업보호 기간을 연장할 수 있음 − 취업보호기간: 실제 취업일수를 기준으로 정함 − 보호대상자를 고용한 사업주: 고용지원금의 지급 등 대통령령으로 정하는 바에 따라 그 취업보호대상자 임금의 2분의 1 범위에서 고용지원금을 지급할 수 있음 − 보호대상자 채용시 고려사항: 사업주는 취업보호대상자가 북한을 벗어나기 전의 직위, 담당 직무 및 경력 등	법 제17조 시행령 (제34조의2) 『고용보험법』 시행령 (제35조) 시행규칙 (제3조의3)

	− 보호대상자가 취업을 신청할 경우: 통일부장관은 관련 기관·단체 및 기업체에 협조 요청을 통해 알선할 수 있으며, 이때 고용노동부장관 등과 협의하여 직업훈련 분야와 북한에서의 경력 등을 고려함	『전자정부법』
취업보호의 제한	− 취업한 후 정당한 사유없이 정해진 기간동안 근무하지 않고 자의로 퇴직한 경우: 6개월 − 근무 태만, 직무유기 또는 부정행위 등의 사유로 인해 징계로 면직된 경우: 1년 • 거짓 또는 부정한 방법의 고용지원금 − 취업보호대상자: 사업주가 고용지원금을 받게 한 때에는 협의회의 심의를 거쳐 취업 보호를 중지 또는 종료하며, 이때 그 사유를 구체적으로 밝혀 해당 취업보호대상자에게 알림 − 사업주: 고용지원금 지급제한 또는 이미 지급받은 금액을 반환하도록 하며, 반환 명령을 받은 사업주는 그 통지를 받은 날부터 30일 이내에 통지받은 금액을 납부해야 함(단, 1,000만원을 초과하는 경우 통일부장관이 정하는 바에 따라 나누어 낼 수 있음)	법 제17조의2 시행령 (제35조의2) 법 제17조 시행령 (제35조의3, 별표2)

<table>
<tr><th colspan="2" rowspan="2">구분</th><th colspan="2">지급제한기간</th></tr>
<tr><th>1차 위반</th><th>2차 이상 위반</th></tr>
<tr><td rowspan="4">거짓 또는 부정한 방법(부정행위)으로 지급받은 금액</td><td>600만원 미만</td><td>6개월</td><td>9개월</td></tr>
<tr><td>600만원 이상 1,200만원 미만</td><td>1년</td><td>1년 6개월</td></tr>
<tr><td>1,200만원 이상 3,000만원 미만</td><td>1년 6개월</td><td>2년 3개월</td></tr>
<tr><td>3,000만원 이상</td><td>2년</td><td>3년</td></tr>
</table>

거주지 보호	− 개념: 정착지원시설로부터 그의 거주지로 전입한 후 스스로 생활하는데 장애가 되는 사항을 해결하거나 그 밖에 자립·정착에 필요한 보호를 하며, 이러한 보호 업무를 행정안전부장관과 협의하여 지방자치단체장에게 위임할 수 있음 − 북한이탈주민 실태조사 포함 내용 ① 취학 여부 등 교육현황, ② 취업직종·근로형태·근속기간·임금수준·근로조건 등 취업현황, ③ 주거현황, ④ 의료지원 및 생활보호현황, ⑤ 소득·지출·자산 등 가족의 경제상태에 관한 사항, ⑥ 그 밖에 거지주 보호를 위해 통일부장관이 필요하다고 인정하는 사항 − 위 실태조사를 위해 관계 중앙행정기관의 장, 지방자치단체의 장 또는 공공기관의 장에게 관련 자료제출 등 협조를 요청할 수 있으며, 특별한 사유가 없으면 관계 기관의 장들은 협조해야 함	법 제22조 『공공기관의 운영에 관한 법률』
거주지에서의 신변보호	− 개념: 보호대상자가 거주지로 전입한 후 그의 신변안전을 위해 통일부장관은 국방부장관, 경찰청장에게 협조를 요청할 수 있으며, 이에 따라 국방부장관과 경찰청장은 협조해야 함 − 신변호보에 필요한 사항: 통일부장관, 국방부장관, 국가정보원장, 경찰청장 협의로 정하며, 해외여행에 따른 신변보호에 관한 사항은 외교부장관과 법무부장관의 의견 청취가능 − 신변보호기간: 5년 (단, 보호대상자의 의사, 신변보호의 지속 필요성 등을 고려하여 협의회 심의 ➔ 그 기간 연장 가능	법 제22조의2
생활보호	− 개념: 보호가 종료된 사람 중 생활이 어려운 사람에게는 본인이 생활, 교육, 주거 등의 급여를 5년의 범위에서 신청하여 보호할 수 있음	법 제26조

	– 생활급여 신청대상 기관: 특별자치시장·특별자치도지사·시장·군수·구청장 – 교육급여 신청대상 기관: 특별시·광역시·특별자치시·도·특별자치도의 교육감 – 급여의 종류: 생계급여, 주거급여, 의료급여, 교육급여, 해산급여(解産給與), 장제급여(葬制給與), 자활급여	『국민기초생활보장법』, 『주거급여법』, 『의료급여법』

2. 북한이탈주민에 대한 지원

보호대상자에게 대한민국에서의 안정적인 정착을 할 수 있도록 영농정착, 창업, 주거 및 정착금 지급, 정착을 위한 자산형성의 지원, 교육지원, 의료지원, 생업지원 및 자금을 대여하는 등 삶의 질 향상을 통해 다양한 영역에서 지원하고 있다.

[표 37] 지원에 관한 영역과 내용

구분	내용	조항 및 관련 법률
영농 정착지원	– 통일부장관은 영농(營農)을 희망하는 북한이탈주민에 대해 영농정착을 위해 ① 영농교육훈련, ② 농업현장실습, ③ 영농자금지원, ④ 그 밖에 영농의지가 확고한 사람을 농업인후계자로 선정하는 등 농림축산식품부장관의 협조와 지원 요청 – 영농정착지원을 위한 행정적·지정적 지원의 절차 ① 직업훈련 신청 과정 북한이탈주민(신청인) →신청→ 통일부(고용노동부) →훈련의뢰→ 직업훈련기관(민간기관 포함) / ←통지← / ←훈련허가← ② 영농교육훈련·농업현장실습 신청과정 북한이탈주민(신청인) →신청→ 통일부 →훈련협조의뢰→ 농림축산식품부 / ←통지← / ←훈련허가←	법 제17조의3 시행령(제35조의4) 시행규칙(제3조, 별지 제3호, 제3호의2)
창업지원	– 북한이탈주민의 창업지원 ① 창업교육, ② 현장실습, ③ 창업상담, ④ 창업자금 지원, ⑤ 그 밖에 창업사업관련 경쟁력 향상을 위한 경영 개선지원 및 생산·유통하는 제품의 판로개척 지원 – 절차: 창업하려는 업종을 명시하여 통일부장관에게 신청	법 제17조의6 시행령(제35조의6) 시행규칙(제3조의5)
주거지원 등	– 보호대상자의 연령·세대구성 등 고려하여 예산범위에서 전용면적 85㎡ 이하의 주택을 무상제공 또는 임대에 필요한 지원(주거지원금) 가능 – 주거지원 지역 구분: ① '가' 지역: 수도권(서울특별시, 인천광역시 및 경기도 지역), ② '나' 지역: 광역시(인천광역시 제외), ③ '다' 지역: '가', '나' 지역 이외의 지역 – 주거지원을 받는 보호대상자는 그 주민등록 전입신고 한 날부터 2년간	법 제20조 시행령(제38조, 제38조의2) 『주택법』,

	통일부자관의 허가를 받지 않고는 임대차계약을 해지, 소유권, 전세권 및 임차권을 양도하거나 저당권을 설정할 수 없음 − 소유권등의 등기신청: 보호대상자를 대리하여 통일부장관(이때, 양도나 저당권 설정금지 사실을 등기신청서에 기록함) − 공동생활시설의 이용지원 등에서 정하는 바에 따라 가정과 같은 주거여건과 보호를 제공하는 데 필요한 지원할 수 있음 − 국가와 지방자치단체는 보호대상자의 주거생활 안정을 위하여 주택 확보에 적극 노력해야 함	『한국토지주택공사법』, 『지방공기업법』, 『공공주택특별법』
정착금 등의 지급	● 정착금의 지급 및 감액 기준 등(시행령 제39조) − 보호대상자의 정착여건 및 생계유지 능력 등을 고려하여 정착금이나 그에 상응하는 가액의 물품(정착금품) 지급 가능, 정착금품의 2분의 1을 초과하지 않는 범위에서 감액 가능함 − 보호대상자가 제공한 정보나 갖고 온 장비(재화 포함)의 활용 가치에 따라 등급을 정하여 보로금(報勞金)을 지급할 수 있음 ● 정착금은 『최저임금법』에 따른 월최저임금액의 200배 상당액의 범위에서 기본금, 가산금, 장려금으로 구분하여 지급 ① 기본금: 세대(구성원수)기준, 월최저임금액의 100배 상당액 ② 가산금: 본인, 세대구성원의 연령·건강상태·근로능력 및 자여양육 여부 기준, 월최저임금액의 50배 상당액 ③ 장려금: 보호대상자의 직업훈련 수료, 자격취득 및 취업기간 등 기준, 월최저임금액의 50배 상당액 − 정착금의 지급방법: 정착지원시설 퇴소 때 3분의 2의 지급, 나머지는 거주지 전입 후 1년 이내 분기별로 분할지급 ● 기본금 감액 경우 ① 자산 1억 5천만원 이상 보유: 기본금 50% 이내 ② 조사 시 허위진술 또는 진술 거부: 기본금 50% 이내 ③ 부득이한 사정이 있는 경우(대통령령): 기본금 50% 이내 ④ 재외공관, 임시보호시설 또는 정착지원시설의 안전, 질서를 해치는 행위을 한 경우: 기본금 30% 이내(단, 감액 총액은 기본금의 2분의 1을 초과하지 못함) − 정착금은 양도, 담보제공 및 압류할 수 없음 ● 보로금의 지급기준(시행령 제40조) − 보로금은 보호대상자가 국가이익을 위하여 제공한 정보나 가지고 온 장비(재화 포함)의 종류에 따라 5억원의 범위에서 구분하여 지급 ① 국가안정보장에 가치 있는 정보: 5억원 이하 ② 군함·전투폭격기: 5억원 이하 ③ 전차·유도무기 및 그 밖의 비행기: 3억원 이하 ④ 포·기관총·소총 등 무기류: 5천만원 이하 ⑤ 재화: 시가 상당액 − 해당정보나 장비가 국가안보 및 통일정책 수립·결정 등에 기여하는 정도를 고려하여 통일부장관이 필요하다고 인정하는 경우: 10억원의 범위에서 지급가능(단, 지급 전 국방부장관 및 국가정보원장과 협의) − 보로금의 구체적인 지급금액 및 그 밖에 필요한 사항은 협의회의 심의를 거쳐 통일부장관이 정함	법 제21조 시행령 (제39조, 제40조, 제16조) 시행규칙 (제5조, 제6조, 제6조의2) 『최저임금법』, 『한부모가족지원법』, 『고용보험 및 산업재해보상보험의 보험료 징수 등에 관한 법률』, 『고용보험법』, 『전자정부법』
정착자산 형성의 지원	− 보호대상자에게 정착에 필요한 자산형성을 위해 재정적 지원과 자산활용에 필요한 교육 실시 ● 정착자산 형성의 지원 대상 요건 ① 거주지 보호기간 내에 있을 것 ② 최초 거주지 전입 후 6개월이 지난 후 3개월 이상 취업·사업 등의 경	법 제21조의2 시행령 (제40조의2)

제4장 북한이탈주민의 보호 및 정착지원에 관한 법

		제활동을 하고 있을 것 − 정착자산 형성 지원대상자가 정착자산 형성을 위한 적립과 관련된 사업을 위탁받은 기관에 계좌를 개설하여 본인의 소득으로 매월 적립해야 함 ● 매월 적립해야 하는 용도 ① 주택 구입비 또는 임대비 ② 본인 및 자녀의 교육비 또는 기술훈련비 ③ 사업의 창업자금 또는 운영자금 ④ 그 밖에 통일부장관이 정하여 고시하는 용도(미래행복통장) − 지원기간: 2년, 추가지원 1년 단위로 최대 2회 연장가능 − 지원대상자 교육: 재무, 자산, 신용관리 및 재무설계 등 ● 지원금 지급중지 및 회수 경우 ① 지원기간 만료될 당시 생계급여 수급권자인 경우 ② 지원대상자 본인의 소득이 아닌 금액으로 적립한 경우 ③ 지급된 지원금을 다른 용도로 사용한 경우 ④ 교육을 받지 않은 경우	통일부고시 북한이탈주민 자산형성지원 제도(미래행 복통장) 운영 지침 『국민기초생활 보장법』
	교육지원	− 보호대상자의 나이, 수학능력(修學能力), 그 밖의 교육여건 등을 고려하여 교육을 받을 수 있도록 필요한 지원할 수 있음 − 예산 범위에서 초·중등교육을 실시하는 학교의 운영에 필요한 경비를 지원할 수 있음 − 교육부장관과 협의하여 보호대상자의 교육을 위한 전문인력을 확보하고, 보호대상자의 학력진단·평가, 교육정보관리, 교육, 연수 및 학습활동의 지원 등 교육지원과 지도를 위해 노력해야 함	법 제24조 시행령 (제45조의2) 『초·중등 교육법』
	의료급여 등	− 보호대상자와 그 가족에게 『의료급여법』에서 정하는 바에 따라 의료급여를 실시함 − 『국민건강보험법』의 적용대상인 보호대상자의 경제적 능력 등을 고려하여 부담해야 하는 보험료의 일부를 지원함 ● 보험료의 지원 대상 및 범위 ① 보호대상자: 거주지에서 보호하는 기간 내에 있는 보호대상자로, 건강보험 가입자(단, 해당 연도의 가계 월평균 소득이 전년도 도시근로자 가구당 월평균 소득액 이상인 자는 제외) ② 보험료: 『국민건강보험법』 제69조에 따른 보험료의 100분의 50	법 제25조 시행령 (제47조의5) 『의료급여법』 『국민건강 보험법』, 『통계법』
	생업 지원	− 국가와 지방자치단체, 그 밖의 공공단체는 소관 공공시설에 편의사업 또는 편의시설의 설치를 허가하거나 위탁하는 경우 이 법에 따른 보호대상자의 신청이 있을 때 우선 고려해야 할 보호대상자: ① 장애인, ② 부자(父子) 또는 모자(母子)가정, ③ 6개월 이상의 치료를 요하는 질환자, ④ 55세 이상인 사람으로서 생활이 곤란한 사람	법 제26조의3 시행령 (제47조의6)
	자금의 대여 등	− 보호대상자는 『근로자복지기본법』 제17조에 따라 주택구입자금 등의 융자를 『주택도시기금법』에 따른 주택도시기금으로 생활안정자금 지원 및 『국민기초생활 보장법』 제15조 자활급여에 따른 금품의 지급 또는 대여시 대상자 선정 및 지원 상한액 등에 있어 특별한 지원을 받을 수 있음	법 제26조의4

Ⅵ. 북한이탈주민의 정착을 위한 교육 및 특례

1. 북한이탈주민의 정착을 위한 교육

보호대상자에게 대한민국에서의 안정적인 정착을 위하여 북한이나 외국에서 취득한 자격을 인정하거나 사회적응을 위한 기본교육뿐만 아니라 삶의 질 향상과 자신의 진로와 직업탐색 등 교육을 지원한다.

[표 38] 자격인정 및 교육에 관한 영역과 내용

구분	내용	조항 및 관련 법률
학력인정	- 보호대상자는 학력인정 기준 및 절차에 따라 북한이나 외국에서 이수한 학교 교육의 과정에 상응하는 학력을 인정받을 수 있음 - 학력인정을 받으려면 신청서를 통일부장관에게 제출해야 하며, 『초·중등교육법』에 따라야 함 - 통일부장관은 학력인정확인서 ➔ 교육장관에게 송부 ➔ 교육장관은 3개월 이내 그 결과 ➔ 통일부장관 ➔ 통지(신청인)	법 제13조 시행령 (제27조, 제44조) 『초·중등교육법』
자격인정	- 북한이나 외국에서 취득한 자격에 상응하는 자격 또는 그 자격의 일부를 인정 - 자격인정 신청자는 자격인정 절차에 따라 자격 인정을 위하여 필요한 보수교육 또는 재교육을 실시 할 수 있음 - 보호대상자의 자격인정 여부를 심사하기 위해서 해당 자격인정업무를 관장하는 기관에 자격인정심사위원회를 둘 수 있으며, 위원회 구성 및 운영 등에 관한 사항은 기관의 장이 정함	법 제14조 시행령 (제28조, 제29조)
사회적응 교육 등	- 통일부장관은 보호대상자가 대한민국에 정착하는 데 필요한 기본교육을 실시함 - 기본교육 내용: ① 정치·경제·사회·문화 등 우리 사회 각 분야의 이해증진을 위한 교육, ② 성폭력·가족폭력·성매매 범죄의 예방 및 성희롱 방지를 위한 성평등 관점에서의 통합교육, ③ 정서안정 및 건강증진을 위한 교육, ④ 진로지도 및 직업탐색을 위한 교육, ⑤ 초기 정착지원제도 안내를 위한 교육 - 기본교육 외에 거주지에서 별도의 적응 교육을 추가할 수 있으며, 관계 전문기관·단체 또는 시설에 위탁할 수 있음	법 제15조 『양성평등기본법』 시행령 (제30조)
직업훈련	- 직업훈련을 희망하는 보호대상자 또는 보호대상자였던 사람에 대해 직업훈련을 실시할 수 있음 - 통일부장관은 직업훈련신청서를 제출한 보호대상자 등에 대해 정착지원시설 내 교육훈련시설에서 직업훈련을 실시하거나 고용노동부장관, 중소벤처기업부장관, 지방자치단체의 장에게 직업능력개발훈련, 연수 등 협조를 요청할 수 있음 - 통보: 고용노동부장관 직업훈련실시 결과 ➔ 통일부장관 - 직업훈련기간: 대상자의 직무능력 등을 고려하여 3개월 이상 - 직업훈련수당: 직업훈련기간 동안에 훈련수당 지급 - 직업지도 내용: ① 직업상담·직업적성검사, ② 직종소개·근로조건·고	법 제16조 『근로자직업능력개발법』, 『중소기업진흥에 관한 법률』 시행령 (제32조의2, 제33조)

	용동향 등 직업정보의 제공, ③ 각종 기능자격 검정 안내 등, ④ 적정 직업훈련기관에의 알선 등 직업능력의 개발·향상에 관한 지원, ⑤ 그 밖에 직업인으로서 갖추어야 할 소양과 기본적인 적응에 관한 지원

2. 북한이탈주민의 정착을 위한 특례

보호대상자에게 대한민국에서의 가족관계등록 창설, 이혼, 주민등록번호 정정, 국민연금 및 공유재산의 대부·사용 등의 특례를 두어 안정적인 정착과 삶의 질 향상을 위해 지원하고 있다.

[표 39] 특례에 관한 영역과 내용

구분	내용	조항 및 관련 법률
가족관계등록 창설의 특례	- 통일부장관은 보호대상자로서 군사분계선 이남지역(남한)에 가족관계 등록이 되어 있지 않은 사람에 대해 본인의 의사에 따라 등록기준지를 정하여 서울가정법원에 가족관계등록 창설허가 신청서를 제출해야 함 - 가족관계등록 창설허가 신청서는 등록대장에 따라 작성된 보호대상자의 등록대장 등본과 가족관계등록부의 기록방법에 준하여 작성한 신분표를 붙여야 함 - 서울가정법원: 신청서를 받은 때 ➜ 지체없이 허가여부 결정 ➜ 가족관계등록 창설허가를 한 때 ➜ 해당 등록기준지의 시(구를 두지 않은 시)·구·읍·면의 장에게 등본 송부 ➜ 시·구·읍·면의 장은 지체없이 가족관계등록부 작성, 주소지 시장(특별시장·광역시장 제외)·군수·구청장(자치구의 구청장)·특별자치도지사에게 가족관계 기록사항에 관한 증명서를 첨부하여 가족관계 등록 신고사항 통보	법 제19조
이혼의 특례	- 가족관계등록을 창설한 사람 중 북한에 배우자를 둔 사람은 그 배우자가 남한에 거주하는지 불명확한 경우 이혼을 청구할 수 있음 - 가족관계 등록을 창설한 사람의 가족관계등록부에 배우자로 기록된 사람은 재판상 이혼의 당사자가 될 수 있음 - 이혼 청구자: 배우자가 보호대상자에 해당하지 아니함을 증명하는 통일부장관의 서면을 첨부 ➜ 서울가정법원에 재판상 이혼청구 ➜ 서울가정법원은 이혼당사자에게 송달할 때는 공시송달(公示送達)로 할 수 있음 ➜ 첫 공시송달은 실시한 날부터 2개월 후 효력발생(단, 같은 당사자에게 첫 공시송달 후에 하는 공시송달은 실시한 다음 날부터 효력발생) - 공시송달 효력발생 기간은 줄일 수 없음	법 제19조의2 『민사소송법』
주민등록번호 정정의 특례	- 북한이탈주민 중 정착지원시설의 소재지를 기준으로 주민등록번호를 부여받은 사람은 거주지의 시장·군수·구청장 또는 특별자치도지사에게 자신의 주민등록번호 정정을 한 번만 신청 가능 - 신청을 받은 시장·군수·구청장 또는 특별자치도지사는 특별한 사정이 없으면 현 거주지기준 주민등록번호 정정	법 제19조의3
공유재산의 대부·사용 등에 관한 특례	- 지방자치단체는 북한이탈주민 또는 그 자녀의 정착지원을 위해 필요하다고 인정하는 경우 『공유재산 및 물품 관리법』에도 불구하고 공유재산을 북한이탈주민이나 그 자녀를 대상으로 교육을 실시하는 학교로서 『초·중등교육법』 제2조에 따른 학교에 수의(隨意)의 방법으로 대부하	법 제24조의3 『공유재산 및 물품관리법』,

구분	내용	조항 및 관련 법률
	거나 사용·수익하게 할 수 있음 − 공유재산 대부 또는 사용·수익 기간: 10년 이내, 갱신기간은 갱신할 때마다 10년을 초과할 수 없음	『초·중등 교육법』
국민연금에 대한 특례	• 보호결정 당시 50세 이상 60세 미만인 보호대상자가 국민연금을 받을 수 있는 시점 ① 60세가 되기 전 가입기간이 5년 이상 10면 미만 되는 사람(60세가 되는 날) ② 60세가 된 후 가입기간이 5년 이상 되는 사람(가입자 자격을 상실한 날) − 국민연금 금액: 기본연금액의 1천분의 250에 해당하는 금액과 부양가족연금액을 더한 금액(단, 5년을 초과하는 경우 그 초과하는 1년마다 기본연금액의 1천분의 50에 해당하는 금액을 더함) 이때 1년 미만은 1개월을 12분의 1년으로 계산함 − 이 법에 규정된 사항 외에는 『국민연금법』에 따름	법 제26조의2 『국민연금법』

Ⅶ. 다양한 지원기관설치

보호대상자에게 대한민국에서의 안정적인 정착과 취·창업을 바탕으로 적극적인 사회활동을 지원하기 위해 북한이탈주민 보호 및 정착지원협의회, 지원시설, 센터, 예비학교, 북한이탈주민재단 등의 기관을 설치하고 운영하고 있다.

[표 40] 지원기관의 종류와 설치 및 운영

구분	내용	조항 및 관련 법률
북한이탈주민 보호 및 정착지원협의회	− 설치목적: 북한이탈주민에 관한 정책을 협의·조정하고 보호대상자의 보호 및 정착지원에 관해 심의하기 위해 설치함 • 심의 내용 ① 보호 및 정착지원 기간의 단축 또는 연장에 관한 사항 ② 기본계획 및 시행계획의 수립·시행에 관한 사항 ③ 보호 여부의 결정에 관한 내용 ④ 취업보호의 중지 또는 종료에 관한 사항 ⑤ 거주지에서의 신변보호기간 연장에 관한 사항 ⑥ 보호 및 정착지원의 중지 또는 종료에 관한 사항 ⑦ 이의신청에 따른 시정 등의 조치에 관한 사항 ⑧ 그 밖에 보호대상자의 보호 및 정착지원에 관해 대통령령으로 정하는 사항 − 인적구성: 위원장 1명 포함 총 25명 이내의 위원으로 구성하며, 위원장은 통일부차관으로 협의회 업무를 총괄함 − 운영사항: 협의회의 구성, 위원장의 직무, 소위원회설치·운영, 회의 관련, 의견 청취, 간사, 실무협의회 구성·운영 및 운영세칙을 대통령령으로 정함	법 제6조 시행령 (제2조부터 제9조까지)
정착지원시설의 설치	− 설치목적: 통일부장관은 보호대상자에 대한 보호 및 정착지원을 위해 설치·운영함(단, 보호결정 등에 따라 국가정보원장이 보호·결정한 사람을 위해 국가정보원장이 별도의 정착지원시설을 설치·운영할 수 있음) − 통일부장관과 국가정보원장은 시설을 설치할 경우 보호대상자가 건강하고 쾌적한 생활과 적응활동이 이루어질 수 있도록 숙박시설과 필요한 시	법 제10조, 제8조 시행령 (제20조부터 제22조까지)

	설(관리시설, 교육훈련시설 등)을 갖추어야 함 − 정착지원시설의 종류 및 관리·운영 등에 필요한 사항은 대통령령으로 정함	
지역적응 센터의 지정	− 설치목적: 통일부장관은 기본교육 외에 보호대상자에게 거주지에서 별도의 적응교육과 북한이탈주민의 특성을 고려한 심리 및 진로상담·생활정보제공·취업서비스 안내 및 사회서비스 안내 등을 종합적으로 실시하도록 전문성 있는 기관·단체·시설을 보호대상자의 거주지 관할 지방자치단체의 장과 협의하여 지역적응센터로 지정·운영함 − 지역적응센터의 운영에 필요한 경비는 예산범위에서 별도로 지원할 수 있음	법 제15조의2
북한이탈주민 예비학교의 설립	− 설립목적: 탈북청소년(제3국에서 출생한 북한이탈주민의 자녀로서 부 또는 모와 함께 정착지원시설에 입소한 사람 포함)의 일반학교 진학을 지원하기 위해 교육부장관과 협의하여 정착지원시설 내에 북한이탈주민 예비학교 설립·운영함 − 예비학교 교육기간: 1년 이내 − 예비학교 입학 희망 나이: 만 6세 이상 만 24세 이하 − 예비학교 교육 프로그램 ① 학력진단 및 진로·진학 상담 ② 학력 인정 등 편입학 지원 ③ 입학 또는 편입학을 위한 준비학습·보충학습 ④ 심리진단 및 상담 등을 통한 학교·사회생활 적응교육 − 예비학교의 교원 임용 등: 『초·중등교육법』 제21조 제2항에 따른 자격을 갖춘 사람을 교사로 임용하거나 교육운영에 필요한 경우 통일부장관은 교사파견을 요청함	법 제24조의2 시행령 (제47조의2부터 제47조의4까지) 『초·중등 교육법』
북한이탈주민 지원재단	− 설립목적: 정부는 북한이탈주민에 대한 보호 및 정착지원을 위해 재단은 법인으로, 주된 사무소의 소재지에서 설립등기를 함으로써 설립함 − 북한이탈주민을 위해 수행해야 할 사업 ① 생활안정 및 사회적은 지원사업 ② 취업 및 창업 지원사업 ③ 직업훈련에 필요한 사업 ④ 장학사업 ⑤ 전문상담인력의 양성과 전문상담사업 ⑥ 관련 민간단체 협력사업 ⑦ 지원을 위한 정책개발 및 조사·연구사업 ⑧ 실태조사 및 통계구축사업 ⑨ 영농정착지원에 관한 사업 ⑩ 그 밖에 통일부장관이 필요하다고 인정하여 위탁하는 사업 − 재단 구성원: 이사장 1명 포함 10명 이내의 이사와 감사 1명임. 이사장, 이사 및 감사의 임기는 3년으로 하되 1차에 한하여 연임 가능하며, 임직원은 공무원으로 봄 − 운영 재원: 정부의 출연금 및 보조금, 차입금, 기부금품 외 그 밖의 수익금 − 지도·감독: 통일부장관 − 『기부금품의 모집 및 사용에 관한 법률』에 따라 기부금품 모집 가능 − 재단에 관해 이 법에서 규정된 것을 제외하고는 『민법』 중 재단법인에 관한 규정 준용하며, 그 외 대통령령으로 정함	법 제30조 시행령 (제48조의2부터 제48조의4까지)

Ⅷ. 북한이탈주민법의 관리행정

보호대상자가 대한민국에서의 안정적인 적응과 정착을 할 수 있도록 보호와 지원, 교육 및 다양한 특례를 두고 있다. 이러한 법적 지원을 위한 관리행정은 등록대장, 세제혜택, 우선구매등, 특별임용, 공공기관 평가 반영, 전문상담사제도운영, 보고의무, 보호의 변경, 비용부담, 권한의 위임·위탁, 이의신청, 벌칙, 과태료 등으로 분류할 수 있다.

[표 41] 북한이탈주민법의 관리행정

구분	내용	조항 및 관련 법률
등록대장	− 정착지원시설을 설치·운영하는 기관의 장은 보호결정을 한 때 보호대상자의 등록기준지, 가족관계(형제, 자매 포함), 경력 등 필요한 사항을 기록한 등록대장을 관리·보존해야 함 − 통일부장관은 모든 등록대장을 통합·관리·보존해야 하며, 국가정보원장은 관리·보존하고 있는 등록대장의 기록사항을 통일부장관에게 통보해야 함 − 보호대상자는 통일부장관에게 규정된 등록대장의 기록 사항 중 가족관계에 관한 확인서 발급을 신청 가능 ➔ 발급 − 확인서 신청 및 발급: 전자적 방법으로 처리할 수 있으며 그 밖에 필요한 사항은 대통령령으로 정함	법 제12조 시행령 (제26조)
세제혜택	− 국가 및 지방자치단체는 북한이탈주민을 채용하는 기업에 대해 예산 범위에서 재정지원 또는 조세 관계 법률에서 정하는 바에 따라 세금을 감면할 수 있음	법 제17조의4
우선구매 등	− 북한이탈주민의 고용관련 요건을 모두 충족하는 모범이 되는 사업주에 대해 생산품 우선 구매 등을 지원함 − 모범요건: ① 연간 평균 3명 이상의 북한이탈주민 고용 ② 연간 5% 이상의 월평균 근로자를 북한이탈주민 고용 − 공공기관, 즉 국가기관, 지방자치단체, 지방공사 및 지방공단, 지방의료원, 특별시·광역시·특별자치시·도·특별자치도 교육청, 각급 국립·공립 교육기관의 장등은 사업주가 생산한 물품을 우선 구매할 수 있도록 노력해야 함	법 제17조의5 시행령 (제35조의5) 『중소기업제품 구매촉진 및 판로지원에 관한 법률』
특별임용	− 북한에서의 자격이나 경력이 있는 사람은 북한이탈주민으로서 공무원으로 채용하는 것이 필요하다고 인정되는 사람은 국가 또는 지방공무원으로 특별임용 가능 − 보호대상자가 북한군인으로 국군에 편입되기를 희망하면 북한을 벗어나기 전의 계급, 직책 및 경력 등을 고려하여 국군으로 특별임용 가능 − 특별임용에 필요한 사항: 시행령 제36조, 제37조 참조	법 제18조 『국가공무원법』, 『지방공무원법』, 『군인사법』
공공기관 평가 반영	− 중앙행정기관·지방자치단체 및 공공기관은 북한이탈주민을 고용하기 위해 노력 − 중앙행정기관·지방자치단체 및 공공기관의 평가 시 북한이탈주민 고용율을 평가목에 포함 − 평가의 구체적인 방법 및 절차 등은 중앙행정기관·지방자치단체 및 공공기관의 특수성을 고려하여 대통령령으로 정함	법 제18조의2 시행령 (제37조의2) 『정부업무평가 기본법』

전문상담사 제도 운영	– 거주지에 전입한 북한이탈주민에 대한 정신건강 검사 등 전문적 상담서 비스를 제공할 수 있는 전문상담사제도 운영 – 전문상담사의 자질 향상을 위한 보수교육 실시 가능 – 전문상담사의 운영방법 및 절차 등은 통일부령으로 정함	법 제22조의3 시행규칙 (제7조의2)
보고의무	– 지방자치단체장은 최초 거주지 전입일부터 5년간 반기별로 거주지보호 대장의 내용을 행정안전부장관 ➜ 통일부장관에게 보고해야 함	법 제23조 시행령 (제43조)

보호의 변경	– 통일부장관은 보호대상자에 대해 협의회의 심의를 거쳐 보호 및 정착지
	  원을 중지하거나 종료가능
	● 협의회의 심의내용
	① 1년 이상의 징역 또는 금고형이 확정된 경우
	② 고의로 국가이익에 반하는 거짓 정보를 제공한 경우
	③ 사망선고나 실종선고를 받은 경우
	④ 북한으로 되돌아가려고 기도(企圖: 일을 꾸밈)한 경우
	⑤ 이 법 또는 이 법에 따른 명령을 위반한 경우
	⑥ 그 밖에 보호변경의 사유에 해당하는 경우
	– 절차: 보호대상자의 보호 및 정착지원의 중지 또는 종료 및 단축 또는
	  연장을 행정안전부장관 ➜ 통일부장관 요청 ➜ 요청이 확정된 경우 ➜
	  사유를 보호대상자에게 알리고 ➜ 행정안전부장관, 지방자치단체장에게
	  그 사실을 통보해야 함
	– 법무부장관은 징역 또는 금고형일 경우 즉시 통일부장관에게 통보하며,
	  통일부장관은 보호변경 사유가 있는지를 확인하기 위해 관계기관에 자
	  료 요청가능
		법 제27조
		시행령
		(제48조)

비용 부담	– 이 법에 따른 보호 및 정착지원에 드는 비용은 국가가 부담 – 국가는 보호 업무의 비용을 매년 해당 지방자치단체에 지급하며 그 부족 액을 추가로 지급하거나 초과액을 환수해야 함	법 제29조

권한의
위임·위탁
	– 이 법에 따른 통일부장관의 권한 중 일부를 대통령령으로 정하는 바에
	  따라 그 소속기관의 장이나 지방자치단체, 다른 행정기관의 장에게 위임
	  하거나, 관련 법인 또는 단체에 위탁할 수 있음
		법 제31조
		시행령
		(제49조)

이의신청	– 이의신청: 보호 및 지원에 관한 처분에 이의가 있는 보호대상자는 그 처
	  분의 통지받은 날부터 90일 이내 통일부장관에게 서면으로 신청
	– 통일부장관은 이의신청을 받은 때 검토하여 처분이 위법 또는 부당하다
	  고 인정되는 경우 미리 협의회의 심의를 거쳐 필요한 조치가능
		법 제32조

벌칙	– 5년 이하의 징역 또는 5천만원 이하의 벌금: 거짓이나 그 밖의 부정한
	  방법으로 보호 및 지원을 받거나 다른 사람이 받게 한 자
	– 1년 이하의 징역 또는 1천만원 이하의 벌금: 이 법에 따른 업무와 관련
	  하여 알게 된 정보 또는 자료를 정당한 사유없이 업무 외의 목적에 이용
	  한 자
	– 보호와 지원을 통해 받은 재물이나 재산상의 이익은 몰수하거나 몰수할
	  수 없을 때는 그 가액을 추징함
	– 미수범은 처벌함
		법 제33조

과태료	– 재단이 아닌 자가 북한이탈주민지원재단 또는 이와 유사한 명칭 사용을 위반한 자에게는 500만원 이하의 과태료 부과 – 과태료 부과 및 징수는 통일부장관이 함	법 제34조

제5장

재외동포의 출입국과 법적 지위에 관한 법

在外同抱法

재외동포의 출입국과 법적 지위에 관한 법(약칭: 재외동포법)

법률	제6015호	법률	제19434호	소관부처
제정일	1999.09.02	개정일(일부개정)	2023.06.13	법무부 (외국인정책과)
시행일	1999.12.03	시행일	2023.12.14	

재외동포(在外同胞)란 전 세계에 거주하여 살아가고 있는 대한민국의 1세대부터 차세대국민을 포함하는 의미로서 대한민국 국적을 가지고 있거나 외국국적을 가지고 있다. 『재외동포법』이 제정됨으로써 민족의 단결을 공고히 할 수 있는 동포애를 발휘할 수 있고, 재외동포가 모국인 대한민국에의 출입국 및 체류를 편리하게 하고 다양한 제한을 완화하여 경제활동, 부동산 취득, 금융, 외국환거래 등 모국과의 긴밀한 관계를 형성할 수 있도록 하였다. 따라서 대한민국에의 출입국과 대한민국 안에서의 법적 지위를 보장하는 것을 목적으로 한다(제1조).

I. 재외동포법의 조문 구성 및 정의

『재외동포의 출입국과 법적 지위에 관한 법(이하, 재외동포법)』은 총 17조로 구성되어 있다.

1. 재외동포법의 조문 구성

이 법의 제정목적을 비롯하여 재외동포 출입국과 체류, 법적 지위 및 재외동포법관리 행정 등으로 구분할 수 있다.

[표 42] 재외동포법의 조문 내용

구분	조항 내용
제정 목적 외	제1조　목적 제2조　정의 제3조　적용 범위 제3조의2　다른 법률과의 관계 제4조　정부의 책무
재외동포 출입국과 체류	제5조　재외동포체류자격의 부여 제6조　국내거소신고 제7조　국내거소신고증의 발급 등 제8조　국내거소신고증의 반납 제9조　주민등록 등과의 관계 제10조　출입국과 체류
재외동포 국내 법적 지위	제11조　부동산거래 제12조　금융거래 제13조　외국환거래 제14조　건강보험 제16조　국가유공자 · 독립유공자와 그 유족의 보훈급여금
관리행정	제17조　과태료

2. 정의

『재외동포법』에서 사용되는 용어는 재외동포, 외국국적동포로 정의하고 있다.

[표 43] 재외동포법에서 사용되는 용어 및 개념

용어	개념
재외동포	− 대한민국의 국민으로서 외국의 영주권(永住權)을 취득한 자 또는 영주할 목적으로 외국에 거주하고 있는 자
외국국적동포 (시행령 제3조)	− 대한민국의 국적을 보유하였던 자(대한민국정부 수립 전에 국외로 이주한 동포 포함) − 위 해당자의 직계비속(直系卑屬)으로서 외국국적을 취득한 자

Ⅱ. 적용범위 및 다른 법률과의 관계

『재외동포법』은 재외동포와 『출입국관리법』 제10조에 따라 대한민국에 체류할 수 있는 기간이 제한되는 일반 체류자격과 대한민국에 영주(永住)할 수 있는 영주자격을 가진 외국국적동포의 대한민국에의 출입국과 대한민국 안에서의 법적 지위에 관해 적용한다(제3조).

이러한 법적 지위에 관하여 이 법에서 정하지 아니한 사항은 『출입국관리법』에 따르며, 특정 건물 또는 시설의 소재를 거소로 신고한 외국국적동포의 성명 및 거소변경 일자의 확인과 국내거소신고증의 진위확인에 대하여는 "외국인 체류 확인서 열람·교부(『출입국관리법』 제88조의3)"와 "외국인등록증의 진위확인(『출입국관리법』 제88조의4)"을 준용한다. 이 경우 법 준용을 위한 용어사용에 있어 "외국인"은 "외국국적동포"로, "체류지"는 "거소"로, "외국인체류확인서"는 "외국국적동포거소확인서"로, "외국인등록증"은 "국내거소신고증"으로 본다(제3조의2).

Ⅲ. 정부의 책무(제4조)

정부는 재외동포가 대한민국 안에서 부당한 규제와 대우를 받지 않도록 필요한 지원을 해야 한다.

Ⅳ. 재외동포의 자격 및 출입국과 체류

1. 재외동포체류자격의 부여(제5조)

재외동포, 즉 외국국적동포가 대한민국 안에서 활동하기 위해서는 체류자격을 신청하여야 하며, 법무부장관은 재외동포체류자격을 부여할 수 있다. 그러나 다음에 해당하는 사유가 있으면 재외동포체류자격을 부여하지 않는다. 다만, 병역의무와 관련하여 해당하지 않은 상태에서 대한민국 국적을 이탈하거나 상실하여 외국인이 된 남성의 경우 법무부장관이 필요하다고 인정하는 경우 외국국적동포가 41세가 되는 해 1월 1일부터 부여할 수 있다.

외국국적동포에게 재외동포체류자격을 부여하지 않는 경우는 두 가지이다. 첫째, 병역의무, 즉 ① 현역·상근예비역·보충역 또는 대체역으로 복무를 마치거나 마친 것으로 보게 되는 경우, ② 전시근로역에 편입된 경우, ③ 병역면제처분을 받는 경우 등 어느 하나에 해당하지 아니한 상태에서 대한민국 국적을 이탈하거나 상실하여 외국인이 된 남성의 경우이다. 둘째, 대한민국의 안전보장, 질서유지, 공공복리, 외교관계 등 대한민국의 이익을 해칠 우려가 있는 경우이다.

법무부장관은 재외동포체류자격을 부여할 때에는 대통령령으로 정하는 바에 따라 외교부장관과 협의하여야 하며, 취득요건과 재외동포체류자격을 취득한 자의 활동 범위는 대통령령으로 정한다.

2. 국내거소신고(제6조)

재외동포체류자격으로 입국한 외국국적동포는 『재외동포법』 적용을 위해 필요하면 대한민국 안에 거소(居所)를 정하여 관할 지방출입국·외국인관서의 장에게 국내거소신고를 할 수 있다(제1항). 국내거소신고를 할 때는 국내거소신고서를 제출해야 하며, 국내거소신고를 하지 않은 경우는 입국한 날부터 90일 이내에 『출입국관리법』 제31조에 따른 외국인등록을 해야 한다. 국내거소신고서는 다음과 같은 내용을 작성한다. 첫째, 신고인의 성명·성별 및 생년월일, 둘째, 거주국 내 주소, 셋째, 국내 거소, 넷째, 직업, 다섯째, 국적 및 그 취득일, 여섯째, 여권번호 및 그 발급일, 일곱째, 초·중등 학교에 재학하는지 여부이며, 이외 법무부장관이 정하는 사항이다(시행령 제7조).

신고 후 국내거소를 이전할 때에는 14일 이내에 그 사실을 신거소(新居所)가 소재한 시·군·구(자치구가 아닌 구를 포함) 또는 읍·면·동의 장이나 신거소 관할 지방출입국·외국인관서의 장에게 신고해야 한다. 이때 신고를 받은 각 기관의 장은 상호 통보하여야 한다.

3. 국내거소신고증의 발급 등(제7조)

지방출입국·외국인관서의 장은 국내거소신고를 한 외국국적동포에게 국내거소신고번호를 부여하고 여권 등에 국내거소신고 필인을 찍어 외국국적동포 국내거소신고증을 발급한다(제1항). 이때, 국내거소신고증을 발급받은 외국국적동포에게 추가로 동일한 효력을 가진 모바일국내거소신고증을 발급할 수 있다. 모바일국내거소신고증은 『이동통신단말장치 유통구조 개선에 관한 법률』 제2조 제4호에 따른 이동통신단말장치에 암호화된 형태로 설치된 국내거소신고증을 말한다(제7항).

국내거소신고증에는 국내거소신고번호, 성명, 성별, 생년월일, 국적, 거주국, 대한민국 안의 거소 등의 내용을 작성한다(제2항). 국내거소신고증을 발급하는 때는 그 사실을 외국국적동포 국내거소신고대장에 기재해야 하며(시행령 제12조), 보존하여야 한다. 국내거소신고번호를 부여하는 방법은 생년월일·성별·등록기관 등을 표시하는 13자리 숫자로 한다(시행규칙 제9조).

국내거소신고증을 발급받은 후 분실·훼손(毁損)하거나 적는 난이 부족한 경우 또는 성명·생년월일·국적 또는 거주국이 변경된 경우 및 위조방지 등을 위해 국내거소신고증을 한꺼번에 갱신할 필요가 있는 경우(시행령 제13조) 등의 사유로 재발급을 받으려는 자는 지방출입국·외국인관서의 장에게 재발급 신청을 해야 한다. 국내거소신고를 한 사실이 있는 자는 국내거소신고 사실증명을 발급하거나 열람할 수 있으며, 국내거소신고증의 발급·재발급 및 사실증명의 발급을 신청하는 자는 아래와 같이 수수료를 내야 한다(시행규칙 제12조).

[표 44] 국내거소신고 관련 수수료

구분	수수료
국내거소신고증 발급 및 재발급	3만원
국내거소신고 사실증명의 발급(1통당)	2천원
국내거소신고 사실증명의 열람(1건 1회당)	1천원
① 전자문서로 국내거소신고 사실증명을 열람하게 하거나 발급하는 경우	면제
②『독립유공자예우에 관한 법률』제6조에 따라 등록된 독립유공자와 그 유족(선수위자만 해당)	
③『국가유공자 등 예우 및 지원에 관한 법률』제6조에 따라 등록된 국가유공자와 그 유족(선순위자만 해당)	
④『참전유공자예우 및 단체설립에 관한 법률』제5조에 따라 등록된 참전유공자	
⑤『고엽제후유의증 등 환자지원 및 단체설립에 관한 법률』제4조에 따라 등록된 고엽제후유증환자, 고엽제후유의증환자 또는 고엽제후유증 2세 환자	
⑥『5·18민주유공자 예우에 관한 법률』제7조에 따라 등록된 5·18민주유공자와 그 유족(선순위자만 해당)	
⑦『특수임무유공자 예우 및 단체설립에 관한 법률』제6조에 따라 등록된 특수임무수행자와 그 유족(선순위자만 해당)	

4. 국내거소신고증의 반납(제8조)

외국국적동포가 국내거소신고증을 지닐 필요가 없게 된 때는 30일 이내(시행령 제14조)에 지방출입국·외국인관서의 장에게 국내거소신고증을 반납해야 하며, 체류자격에 따른 반납 시점과 반납일은 다음과 같다.

[표 45] 국내거소신고증을 반납해야 하는 경우

반납 시점	관련 법	반납일
– 국민이 된 경우 주민등록을 마친 날부터	출입국관리법 시행령 제89조 제1항	30일 이내
– 재외동포체류자격을 상실한 사실을 안 날부터 – 재외동포체류자격에서 단기체류자격(B-1, B-2, C-1, C-3, C-4)과 영주자격에 부합하는 자격 등으로 변경한 경우에는 체류자격 변경허가를 받은 때	출입국관리법 시행령 제89조 제1항 (별표1부터 별표1의3)	
– 외국국적동포가 국내에서 사망한 사실을 안 날부터 국내거소신고증과 진단서, 검안서 또는 사망 사실 증명서를 첨부하여	출입국관리법 시행령 제89조 제1항	
– 외국국적동포가 재외동포체류자격의 체류기간 내에 재입국할 의사 없이 출국하는 경우에는 본인이 출국시 반납	재외동포법 시행령 제14조 제1항 제4호	출국시

5. 주민등록 등과의 관계(제9조)

법령에 규정된 각종 절차와 거래관계 등에서 주민등록증, 주민등록표 등본·초본, 외국인등록증 또는 외국인등록 사실증명이 필요한 경우에는 국내거소신고증이나 국내거소신고 사실증명으로 대체할 수 있다(제1항). 『재외동포법』 또는 다른 법률에서 실물 국내거소신고증이나 기재된 성명, 사진, 거소신고번호 등의 확인이 필요한 경우 모바일국내거소신고증의 확인으로 대체할 수 있다(제2항).

6. 재외동포의 출입국과 체류(제10조)

재외동포체류자격에 따른 체류기간은 최장 3년까지로 하며(제1항), 체류기간을 초과하여 국내에 계속 체류하려는 외국국적동포에게 체류기간 연장허가를 할 수 있다. 다만, 제5조 제2항에 해당하는 사유가 있는 경우에는 체류기간 연장을 허가하지 않을 수 있다(제2항). 특히, 병역의무와 관련한 『재외동포법』 제5조 제2항에 해당하는 경우는 이를 허가하지 아니한다(시행령 제16조).

국내거소신고를 한 외국국적동포가 체류기간 내에 출국하였다가 재입국하는 경우 『출입국관리법』 제30조에 따른 재입국허가가 면제되며(제3항), 대한민국 안의 거소를 신고하거나 그 이전신고(移轉申告)를 한 외국국적동포에 대해서는 『출입국관리법』 제31조와 제36조에 따라 외국인등록과 체류지변경신고를 한 것으로 본다(제4항).

재외동포체류자격을 부여받은 외국국적동포의 취업이나 그 밖의 경제활동은 사회질서 또는 경제안정을 해치지 않는 범위에서 자유롭게 허용된다(제5항). 반면에 외국국적동포는 장기체류자격자에 해당하므로 다음과 같은 경우, 즉 ① 단순 노무 행위, ② 선량한 풍속이나 그 밖의 사회질서에 반하는 행위, ③ 그 밖에 공공의 이익이나 국내 취업질서 등을 유지하기 위하여 그 취업을 제한할 필요가 있다고 인정되는 경우 등에는 종사할 수 없도록 규정하고 있다(『출입국관리법』 시행령 제23조). 이외 외국국적동포의 취업 및 그 밖의 경제활동 관련 활동 범위는 『출입국관리법』 시행령 제12조에 구체적으로 명시하고 있다.

V. 재외동포 국내 법적 지위

재외동포, 즉 국내거소신고를 하여 재외동포체류자격을 부여받은 외국국적동포는 다양한 경제활동을 자유롭게 할 수 있으며, 그에 따른 부동산거래, 금융거래, 외국환거래, 건강보험 및 국가유공자·독립유공자와 그 유족의 보훈급여금 등의 내용을 통해 국내법적 지위를 확인해보고자 한다.

1. 부동산거래(제11조)

국내거소신고를 한 외국국적동포는『군사기지 및 군사시설 보호법』제2조 제6호에 따른 군사기지 및 군사시설 보호구역, 그 밖에 국방목적을 위하여 외국인등의 토지취득을 특별히 제한할 필요가 있는 지역으로서『부동산 거래신고 등에 관한 법률』제9조(외국인등의 토지거래 허가) 제1항 제1호, 즉 국방목적상 필요한 섬 지역으로서 국토교통부장관이 국방부장관 등 관계 중앙행정기관의 장과 협의하여 고시하는 지역(대통령령) 외에는 대한민국 안에서 부동산을 취득·보유·이용 및 처분할 때에는 대한민국의 국민과 동등한 권리를 가진다. 이때『부동산 거래신고 등에 관한 법률』제3조(부동산거래의 신고) 제1항 및 제8조(외국인등의 부동산 취득·보유신고)에 따라 신고해야 한다(제1항).

국내거소신고를 한 외국국적동포가『부동산 실권리자명의 등기에 관한 법률』의 시행 전에 명의신탁(名義信託) 약정(約定)에 따라 명의수탁자(名義受託者) 명의(名義)로 등기하거나 등기하도록 한 부동산에 관한 물권(物權)을 이 법 시행 후 1년 이내에『부동산 실권리자명의 등기에 관한 법률(부동산실명법)』제11조(기존 명의신탁약정에 따른 등기의 실명등기 등) 제1항 및 제2항에 따라 실명(實名)으로 등기하거나 매각처분 등을 한 경우에는 실명등기의무 위반의 효력 등을 적용하지 않는다(부동산실명법 제12조 제2항).

2. 금융거래(제12조)

주민등록을 한 재외동포와 국내거소신고를 한 외국국적동포는 예금·적금의 가입, 이율의 적용, 입금과 출금 등 국내 금융기관일 이용할 때『외국환거래법』상의 거주자인 대한민국 국민과 동등한 권리를 갖는다. 반면에『외국환거래법』제18조(자본거래의 신고 등)에 따라 대통령으로 정하는 자본거래를 기획재정부장관에게 신고하여야 하며, 외국환 수급 안정과 대외거래 원활화를 위해 첫째, 외국환업무취급기관이 외국환업무로서 수행하는 거래(외환거래질서를 해할 우려가 있거나 급격한 외환유·출입이 일어날 위험이 있는 거래), 둘째, 기획재정부장관이 정하여 고시하는 금액 미만의 소액, 셋째, 해외에서 체재 중인 자의 비거주와의 예금거래, 넷째, 추가적인 자금유출입이 발생하지 아니하는 계약의 변경 등으로서 기획재정부장관이 경미한 사항으로 인정하는 거래, 다섯째, 그 밖에 기획재정부장관이 정하여 고시하는 거래 등은 사후에 보고하거나 신고하지 않을 수 있기에 그러하지 아니한다(『외국환거래법』시행령 제32조).

3. 외국환거래(제13조)

재외동포는 외국에 거주하기 전부터 소유하고 있는 국내 부동산을 매각하거나 수용으로 처분하였을 경우 그 매각, 처분대금 또는 외국으로부터 국내수입(輸入)을 하거나 국내에 지급한 지급수단 등 외국환거래 절차를 적용할 때 재외동포는 외국국적동포와 동등한 대우를 받는다.

[표 46] 외국환거래 지급절차 및 지급수단 등의 수출입 신고

구분	내용	관련 법률
지급절차 등	– 기획재정부장관은 이 법을 적용받는 지급 또는 수령과 관련하여 환전절차, 송금절차, 재산반출절차 등 필요한 사항을 정함 – 국내로부터 외국에 지급하려는 거주자·비거주자, 비거주자에게 지급하거나 비거주자로부터 수령하려는 거주자에게 그 지급 또는 수령을 할 때 대통령령으로 정하는 바에 따라 허가를 받도록 할 수 있음 ① 우리나라가 체결한 조약 및 일반적으로 승인된 국제법규를 성실하게 이행하기 위하여 불가피한 경우 ② 국제 평화 및 안전을 유지하기 위한 국제적 노력에 특히 기여할 필요가 있는 경우	『외국환거래법』 제15조
지급수단 등의 수출입 신고	– 기획재정부장관은 이 법의 실효성 확보를 위해 필요하다고 인정되어 지급수단 또는 증권을 수출 또는 수입하려는 거주자나 비거주자로부터 수출 또는 수입에 대해 신고하게 할 수 있음 ① 우리나라가 체결한 조약 및 일반적으로 승인된 국제법규의 성실한 이행을 위하여 필요한 경우 ② 자본의 불법적인 유출·유입을 방지하기 위해 필요한 경우	『외국환거래법』 제17조 시행령 (제31조)

4. 건강보험(제14조)

주민등록을 한 재외동포와 국내거소신고를 한 외국국적동포가 90일 이상 대한민국 안에 체류하는 경우에는 건강보험 관계 법령으로 정하는 바에 따라 건강보험을 적용받을 수 있다. 이 법조문은 2014년 5월 20일 일부개정을 통해 시행하게 되었다.

5. 국가유공자·독립유공자와 그 유족의 보훈급여금(제16조)

외국국적동포는 『국가유공자 등 예우 및 지원에 관한 법률』 또는 『독립유공자예우에 관한 법률』에 따른 보훈급여금을 받을 수 있다.

Ⅵ. 재외동포법 관리행정: 과태료(제17조)

재외동포가 국내거소신고(제6조 제2항)를 위반하여 국내거소의 이전 사실을 신고하지 않은 자에게는 200만원 이하를 부과하며(제1항), 외국국적동포가 국내거소신고증을 지닐 필요가 없게 된 때(제8조), 국내거소신고증을 반납하지 아니한 자에게는 100만원 이하의

과태료를 부과한다(제2항).

　　과태료 부과기준은 일반기준과 개별기준으로 구분할 수 있다. 일반기준은 첫째, 위반행위의 횟수에 따른 과태료의 가중된 부과기준은 최근 3년간 같은 위반행위로 과태료 부과처분을 받은 경우 적용하며, 이 경우 기간의 계산은 위반행위에 대하여 과태료 부과처분을 받은 날과 그 처분 후 다시 같은 위반행위를 하여 적발된 날을 기준으로 한다. 둘째, 가중된 부과처분을 하는 경우 가중처분의 적용행위 차수는 그 위반행위 전 부과처분 차수, 즉 기간 내에 과태료 부과처분이 둘 이상 있었던 경우에는 높은 차수의 다음 차수로 한다. 셋째, 청장·사무소장 또는 출장소장은 해당 위반행위의 내용 및 위반기간 등을 고려하여 개별기준에 따른 과태료금액을 2분의 1 범위에서 늘리거나 줄일 수 있고, 가중 처분하는 경우에도 상한금액, 즉 미신고 200만원 이하, 미반납 100만원 이하를 초과할 수 없다(시행령 제18조). 개별과태료는 위반행위와 위반 기간 또는 횟수에 따라 지방출입국·외국인관서의 장이 과태료를 부과하고 징수한다(제3항).

[표 47] 위반행위에 따른 과태료 개별기준

위반행위	위반 기간 또는 횟수	과태료 금액	근거 법조문
법 제6조 제2항에 따른 국내거소 이전신고를 하지 않은 경우	3개월 미만	10만원	법 제17조 제1항
	3개월 이상 6개월 미만	30만원	
	6개월 이상 1년 미만	50만원	
	1년 이상 2년 미만	100만원	
	2년 이상	200만원	
법 제8조에 따른 국내거소신고증을 반납하지 않은 경우	1회	10만원	법 제17조 제2항
	2회	30만원	
	3회	50만원	
	4회 이상	100만원	

제6장

외국인근로자의 고용 등에 관한 법

外國人雇傭法

외국인근로자의 고용 등에 관한 법(약칭: 외국인고용법)

법률	제6967호	법률	제18929호	소관부처
제정일	2003.08.16	개정일(일부개정)	2022.06.10	고용노동부 (외국인력담당관)
시행일	2004.08.17	시행일	2022.12.11	

한국의 인력정책은 1980년대 말을 기점으로 '이민송출국'에서 '이민유입국'으로 변화하기 시작했으며, 1990년대 경제부흥으로 고속성장에 따른 산업현장의 노동시장 급변화, 즉 중소기업의 인력난과 '3D산업'을 중심으로 노동 대체인력의 수급이 불가피한 현실을 초래하였다. 1993년 '산업연수생제도'를 통해 유입된 연수생을 편법으로 활용하면서 불법체류와 송출비리 및 인권침해 등 부정적인 결과가 발생하였으며, 이에 1995년 고용허가제 도입을 추진하면서 종합적이고 합법적인 고용관리체계를 마련하고자 하였다. 마침내 2003년 8월 『외국인고용법』을 제정하고, 2004년 8월부터 시행하게 되었다. 『외국인고용법』은 외국인근로자를 체계적으로 도입·관리함으로써 원활한 인력공급 및 국민경제의 균형 있는 발전을 도모함을 목적으로 한다(제1조).

I. 외국인고용법의 조문 구성 및 정의

『외국인근로자의 고용 등에 관한 법률(이하, 외국인고용법)』은 총 32조로 제1장 총칙,

제2장 외국인근로자 고용절차, 제3장 외국인근로자의 고용관리, 제4장 외국인근로자의 보호, 제5장 보칙, 제6장 벌칙 등으로 구성되어 있다.

1. 외국인고용법의 조문 구성

『외국인고용법』은 제정목적을 바탕으로 크게 고용절차, 고용관리, 외국인근로자 보호 및 제5장과 제6장은 '외국인고용법관리행정'으로 분류하여 설명한다.

[표 48] 외국인고용법의 조문 내용

구분	조항 내용
제1장 총칙	제1조　목적 제2조　외국인근로자의 정의 제3조　적용 범위 등 제4조　외국인력정책위원회 제5조　외국인근로자 도입계획의 공표 등
제2장 외국인근로자 고용절차	제6조　내국인 구인 노력 제7조　외국인구직자 명부의 작성 제8조　외국인근로자 고용허가 제9조　근로계약 제10조　사증발급인정서 제11조　외국인 취업교육 제11조의2 사용자 교육 제11조의3 외국인 취업교육기관의 지정 등 제11조의4 외국인 취업교육기관의 지정취소 등 제12조　외국인근로자 고용의 특례
제3장 외국인근로자고용관리	제13조　출국만기보험·신탁 제13조의2 휴면보험금등관리위원회 제14조　건강보험 제15조　귀국비용보험·신탁 제16조　귀국에 필요한 조치 제17조　외국인근로자의 고용관리 제18조　취업활동 기간의 제한 제18조의2 취업활동 기간 제한에 관한 특례 제18조의3 재입국 취업의 제한 제18조의4 재입국 취업 제한의 특례 제19조　외국인근로자 고용허가 또는 특례고용가능확인의 취소 제20조　외국인근로자 고용의 제한 제21조　외국인근로자 관련 사업
제4장 외국인근로자보호	제22조　차별금지 제22조의2 기숙사의 제공 등 제23조　보증보험 등의 가입 제24조　외국인근로자 관련 단체 등에 대한 지원 제24조의2 외국인근로자 권익보호협의회 제25조　사업 또는 사업장 변경의 허용

외국인고용법 관리행정	제5장 보칙	제26조 보고 및 조사 등
		제26조의2 관계 기관의 협조
		제27조 수수료의 징수 등
		제27조의2 각종 신청등의 대행
		제27조의3 대행기관의 지정취소 등
		제28조 권한의 위임·위탁
	제6장 벌칙	제29조 벌칙
		제30조 벌칙
		제31조 양벌규정
		제32조 과태료

2. 외국인근로자 정의(제2조)

『외국인고용법』에서 외국인근로자란 대한민국의 국적을 가지지 아니한 사람으로서 국내에 소재하고 있는 사업 또는 사업장에서 임금을 목적으로 근로를 제공하거나 제공하려는 사람이다. 이 법에서 정의하고 있는 외국인근로자는 일반고용허가 비전문취업(E-9), 특례고용허가 방문취업(H-2)에 한한다. 단, 취업 활동을 할 수 있는 체류자격을 받은 외국인 중 취업 분야 또는 체류 기간 등을 고려하여 다음과 같이 대통령령으로 정한 외국인근로자는 『외국인고용법』의 적용대상에서 제외한다.

[표 49] 외국인고용법의 적용 제외 외국인근로자

적용 제외 외국인근로자	관련 법률
단기취업(C-4), 교수(E-1)~특정활동(E-7), 계절근로(E-8)	『출입국관리법』 시행령(제23조 제1항)
거주(F-2), 난민인정자, 재외동포(F-4), 영주(F-5), 결혼이민(F-6) 등 활동에 제한을 받지 않는 사람	『출입국관리법』 제10조의3 제1항, 시행령(제23조 제2항, 제3항)
관광취업(H-1)	『출입국관리법』 시행령(제23조 제5항)

Ⅱ. 적용 범위 등(제3조)

『외국인고용법』은 외국인근로자 및 외국인근로자를 고용하고 있거나 고용하려는 사업 또는 사업장에 적용하며, 단순기능인력인 비전문취업(E-9)과 방문취업(H-2) 체류자격만 적용된다. 외국인근로자의 입국·체류 및 출국 등에 관하여 이 법에서 규정하지 않은 사항은 『출입국관리법』에서 정하는 바에 따른다. 다만, 『선원법』의 적용을 받는 선박에 승무(乘務)하는 선원 중 대한민국 국적을 가지지 아니한 선원과 그 선원을 고용하고 있거나 고용하려는 선박소유자는 적용하지 않는다.

Ⅲ. 외국인력정책 추진체계 및 외국인근로자 도입계획

1. 외국인력정책 추진체계(제4조)

외국인근로자의 고용관리 및 보호에 관한 주요 사항을 심의·의결하기 위해 국무총리 소속의 추진체계인 '외국인력정책위원회(이하, 정책위원회)'를 두고 있다.

(1) 정책위원회는 책무
정책위원회는 다음과 같은 사항을 심의·의결한다.

첫째, 외국인근로자 관련 기본계획의 수립에 관한 사항

둘째, 외국인근로자 도입 업종 및 규모 등에 관한 사항

셋째, 외국인근로자 송출 국가의 지정 및 지정취소에 관한 사항

넷째, 취업활동 기간 제한에 관한 특례(제18조의2) 중 감염병 확산, 천재지변 등의 사유로 외국인근로자의 입국과 출국이 어렵다고 인정되는 경우에 1년의 범위에서 취업활동 기간연장에 관한 사항

다섯째, 그 밖의 대통령령으로 정하는 사항은(시행령 제3조)

① 외국인근로자를 고용할 수 있는 사업 또는 사업장에 관한 사항

② 사업 또는 사업장에서 고용할 수 있는 외국인근로자 규모에 관한 사항

③ 외국인근로자 송출국가별 외국인력 도입 업종 및 규모에 관한 사항

④ 외국인근로자의 권익보호에 관한 사항

⑤ 외국인근로자의 고용 등에 관하여 외국인력정책위원회의 위원장이 필요하다고 인정하는 사항 등이다.

(2) 정책위원회의 구성
정책위원회는 위원장 1명을 포함한 20명 이내의 위원으로 구성하며, 위원장은 국무조정실장, 위원은 각 부처차관, 즉 기획재정부·외교부·법무부·산업통상자원부·고용노동부·중소벤처기업부, 행정안전부, 문화체육관광부, 농림축산식품부, 보건복지부·국토교통부·해양수산부 등 관계 중앙행정기관(시행령 제4조)의 차관이 된다. 또한, 외국인근로자 고용제도의 운영 및 외국인근로자의 권익보호 등에 관한 사항을 사전에 심의하기 위하여 정책위원회에 외국인력정책실무위원회(이하, 실무위원회)를 두고 있다.

[표 50] 정책위원회와 실무위원회의 구성·기능 및 운영

구분		내용	조항 및 관계 법률
정책 위원회	위원장 직무	– 정책위원회를 대표하며 그 업무를 총괄함 – 회의를 소집하고 그 의장이 됨 – 부득이한 사유로 위원장의 직무수행이 어려울 때는 위원장이 지명하는 위원이 그 직무를 대행함	시행령 제5조
	기능 및 운영	– 회의 운영: ① 재적위원 과반수의 출석으로 개의(開議)하고 출석위원 과반수의 찬성으로 의결, ② 안건의 심의·의결을 위해 필요하다고 인정할 때는 관계 행정기관 또는 단체 등에 자료 제출 요청 및 관계 공무원 또는 전문가 등을 출석시켜 의견 청취 – 행정인원: 간사 1명(사무처리), 간사는 국무조정실의 3급 공무원 또는 고위공무원단에 속하는 일반직공무원 중 국무조정실장이 임명 – 회의비 지급: 출석한 관계공무원 또는 전문가 등에게 예산의 범위에서 수당과 여비를 지급할 수 있음 – 이 외에 정책위원회의 운영 등에 필요한 사항은 정책위원회의 의결을 거쳐 정책위원회의 위원장이 정함	시행령 제6조
실무 위원회	위원회 구성	– 위원장 1명 포함 25명 이내의 위원 구성 – 위원 선정: 근로자를 대표하는 위원(근로자위원), 사용자를 대표하는 위원(사용자위원), 공익을 대표하는 위원(공익위원), 정부를 대표하는 위원(정부위원)으로 구성하되, 근로자위원과 사용자위원은 같을 수로 함 – 위원장: 고용노동부 차관 – 실무위원: 실무위원회의 위원장이 위촉하거나 임명함 ① 근로자위원: 총연합단체인 노동조합에서 추천한 자 ② 사용자위원: 전국적 규모를 갖춘 사용자단체에서 추천한 자 ③ 공익위원: 외국인근로자의 고용 및 권익보호 등에 관한 학식과 경험이 풍부한 사람 ④ 정부위원: 관계 중앙행정기관의 3급 공무원 또는 고위공무원단에 속하는 일반직공무원 중 외국인근로자 관련 업무를 수행하는 사람	시행령 제7조
	기능 및 운영	– 위원 임기: 2년(정부위원의 경우는 재임기간) – 보고: 정책위원회에서 심의·의결할 사항 중 필요한 사항에 관하여 사전에 심의하고 그 결과를 정책위원회에 보고해야 함 – 회의비 지급: 실무위원회 위원에게는 예산의 범위에서 수당과 여비를 지급할 수 있음(단, 공무원인 위원은 그러하지 않음) – 실무위원회에 관해 제5조와 제6조 제1항 및 제6항을 준용하며, 이 경우 "정책위원회"는 "실무위원회"로 봄	

2. 외국인근로자 도입계획(제5조)

외국인근로자의 도입업종과 규모는 국내의 실업증가 등 고용 사정의 급격한 변동을 고려하여 외국인근로자 도입계획을 변경할 필요가 있을 때 정책위원회의 심의·의결을 거쳐 수립하여 매년 3월 31일까지 공표하여야 한다. 공표하는 방법으로는 매체를 활용하되

첫째, 관보, 둘째, 보급지역을 전국으로 하여 등록한 일간신문, 셋째, 인터넷을 통하여 공고한다(시행령 제8조). 또한, 외국인근로자 관련 업무를 지원하기 위하여 조사·연구사업을 추진할 수 있다(시행령 제9조).

① 국내 산업별·직종별 인력부족 동향에 관한 사항
② 외국인근로자의 임금 등 근로조건 및 취업실태에 관한 사항
③ 사용자의 외국인근로자 고용만족도에 관한 사항
④ 인력의 송출·도입관련 준수사항 및 업종과 규모, 송출대상 인력을 선발하는 기관·기준 및 방법, 한국어능력시험 실시 등(시행령 제12조)에 따른 협의사항의 이행에 관한 사항
⑤ 외국인근로자의 국내 생활 적응 및 대한민국에 대한 이해 증진과 관련된 사항
⑥ 그 밖에 외국인근로자의 도입·관리를 위해 필요하다고 고용노동부장관이 인정하는 사항

Ⅳ. 외국인근로자 고용절차

외국인근로자를 고용하기 위해서는 우선 국내 다양한 산업과 직종의 사업장에서는 내국인을 채용하기 위하여 노력해야 한다. 이는 국민의 직업보장과 임금의 안정을 도모한다. 외국인근로자를 고용하려는 자는 직업소개, 직업지도 등 직업안정업무를 수행하는 지방고용노동행정기관인 직업안정기관(『직업안정법』 제2조의2 제1호)에 우선 내국인 구인을 신청해야 한다. 내국인 구인신청을 받은 직업안정기관의 장은 사용자가 적절한 구인 조건을 제시할 수 있도록 상담·지원을 해야 하며, 구인 조건을 갖춘 내국인이 우선 채용될 수 있도록 직업소개를 적극적으로 해야 한다(제6조). 이러한 내국인 구인노력을 전제로 외국인근로자의 고용절차에 관해 알아본다.

1. 외국인구직자 명부 및 고용허가

(1) 외국인구직자 명부의 작성(제7조)

외국인근로자를 송출할 수 있는 국가로 지정된 송출국가의 노동행정을 관장하는 정부기관의 장과 협의하여 인력의 송출·도입과 관련된 준수사항, 송출의 업종 및 규모, 송출대상 인력을 선발하는 기관·기관 및 방법, 한국어능력시험 평가·실시 등 정하는 바에 따라 송출국가가 송부한 송출대상 인력을 기초로 외국인구직자 명부를 작성한다. 단, 송출국가에 노동행정을 관장하는 독립된 정부기관이 없는 경우 가장 가까운 기능을 가진 부

서를 정하여 정책위원회의 심의를 받아 그 부서의 장과 협의한다(제1항).

외국인구직자 명부를 작성할 때에는 선발기준 등으로 활용할 수 있도록 한국어능력시험을 실시해야 하며, 한국어능력시험의 실시기관 선정 및 선정취소, 평가방법, 그 밖에 필요한 사항을 정한다(제2항). 또한, 한국어능력시험의 실시기관은 응시자로부터 수수료를 징수하여 외국인근로자 선발 등을 위한 비용으로 사용한다(제3항).

외국인구직자 선발기준 등으로 활용을 위해 필요한 경우 기능 수준 등 인력 수요에 부합되는 자격요건을 평가할 수 있으며(제4항), 평가기관은 『한국산업인력공단법』에 따른 '한국산업인력공단'으로 한다. 자격요건 평가의 방법 등 필요한 사항은 다음과 같다.

첫째, 평가방법: 필기시험, 실기시험, 면접시험
둘째, 평가내용: 취업하려는 업종에 근무를 위해 필요한 기능 수준, 외국인구직자의 체력, 근무 경력 및 그 밖에 인력 수요에 부합되는지 평가를 위해 필요하다고 인정되는 사항

위와 같은 평가방법과 내용을 정하여 고용노동부장관은 한국산업인력공단에 통보하고, 고용노동부 게시판 및 인터넷 홈페이지 등에 공고해야 하며, 한국산업인력공단은 매년 4월 30일까지 전년도 자격요건의 평가 결과와 해당 연도 자격요건의 평가계획 및 그 밖에 자격요건의 평가와 관련한 사항을 고용노동부장관에게 보고해야 한다(시행령 제13조의2).

(2) 외국인근로자 고용허가(제8조)

내국인 구인신청을 한 사용자는 직업소개를 받고도 인력을 채용하지 못한 경우는 외국인근로자 고용허가서 발급신청서와 함께 관련 서류를 첨부하여 내국인 구인노력 기간이 지난 후 3개월 이내에 사업 또는 사업장의 소재지 관할 직업안정기관의 장에게 제출해야 한다(제1항). 관련 서류는 「외국인고용법 시행령」 제13조의4 제1호, 즉 정책위원회에서 정한 외국인근로자의 도입업종과 외국인근로자를 고용할 수 있는 사업 또는 사업장에 해당함을 증명하는 서류와 『산업재해보상보험법』 및 『어선원 및 어선재해보상보험법』을 적용받지 않는 사업 또는 사업장은 농어업인안전보험 가입 확약서이다. 이때 소재지 관할 직업안정기관의 장은 사용자에게 외국인구직자를 추천하는 경우 사용자가 신청한 구인 조건을 갖춘 사람을 3배수 이상 추천해야 하며, 적격자가 3배수가 되지 않는 경우 해당 적격자 수만큼 추천한다. 사용자는 외국인근로자 고용허가서 발급을 신청한 후 3개월 이내에 추천받은 적격자를 선정해야 하며, 그 기간 안에 추천받은 적격자를 선정하지 않은 사용자가 외국인근로자를 고용하려면 외국인근로자 고용허가를 재신청해야 한다(시행령 제5조).

고용허가 신청의 유효기간은 3개월로 하되 일시적인 경영악화 및 예상할 수 없었던 조업단축 및 천재지변 등으로 신규 근로자를 채용할 수 없는 경우 유효기간 만료일 이전에 3개월의 범위에서 그 유효기간을 1회에 한정하여 연장할 수 있다(시행령 제13조의3).

직업안정기관의 장은 사용자에게 외국인구직자 명부에 등록된 사람 중 적격자를 추천해야 하며, 추천된 적격자를 선정한 사용자에게는 지체없이 고용허가를 하고, 선정된 외국인근로자의 성명 등을 적은 외국인근로자 고용허가서를 발급해야 한다(제4항). 고용허가서를 발급받은 사용자는 발급일부터 3개월 이내에 외국인근로자와 근로계약을 체결해야 하며, 사용자의 책임이 아닌 사유, 즉 외국인근로자의 사망 등 불가피한 사유로 근로계약을 체결할 수 없는 경우 다른 외국인근로자를 추천하여 고용허가서를 재발급해야 한다(제5항, 시행령 제14조). 그러나 직업안정기관이 아닌 자는 외국인근로자의 선발, 알선, 그 밖의 채용에 개입해서는 안 된다(제6항).

2. 외국인근로자 근로계약 및 사증발급인정서

(1) 외국인근로자 근로계약(제9조)

사용자가 추천된 적격자를 선정한 외국인근로자를 고용하려면 제조업 등의 표준근로계약서 및 농업·축산업·어업분야 표준근로계약서(시행규칙 제8조)를 사용하여 근로계약을 체결하며(제1항), 이를 사용자는 한국산업인력공단이 대행하게 할 수 있다(제2항). 한국산업인력공단이 대행하는 경우에는 근로계약서 2부를 작성하고 그중 1부를 외국인근로자에게 주어야 한다(시행령 제16조). 고용허가를 받은 사용자와 외국인근로자가 근로계약을 체결하여 효력을 발생하는 시기는 외국인근로자가 입국한 날부터이며, 3년의 범위에서 취업활동을 할 수 있으며(제18조), 당사자 간의 합의에 따라 근로계약을 체결하거나 갱신하여 연장허가(시행령 제17조)를 정할 수 있다(제3항).

(2) 사증발급인정서(제10조)

사증발급인정서 발급신청은 외국인근로자와 근로계약을 체결하고 그 외국인을 초청하려는 사용자(『출입국관리법』 제9조 제2항)가 외국인근로자를 대리하여 법무부장관에게 신청할 수 있다.

3. 외국인 취업교육 및 사용자 교육

(1) 외국인 취업교육(제11조)

외국인근로자는 입국한 후에 15일 이내(시행규칙 제10조)에 한국산업인력공단 또는 지정된 외국인 취업교육기관에서 국내 취업활동에 필요한 사항을 주지, 즉 여러 사람이 두

루 알 수 있도록 실시하는 교육인 '외국인 취업교육'을 받아야 한다(제1항). 이때 사용자는 외국인근로자가 외국인 취업교육을 받을 수 있도록 해야 하며(제2항), 외국인의 취업교육 시간과 내용 그 밖에 외국인 취업교육에 필요한 사항은 취업활동자와 취업활동 만료 재고용자를 대상으로 교육시간, 교육내용, 교육비, 교육이수 혜택 및 보고의무 등을 정하고 있다(시행규칙 제11조).

[표 51] 외국인근로자 취업교육시간 및 내용

구분	내용		조항 및 관련 법률
	취업활동자	취업활동 만료 재고용자	
교육시간	− 16시간 이상	− 16시간 미만	시행규칙 (제11조)
교육내용	① 업종별 기초적 기능에 관한 사항	− 방문취업(H−2)자는 생략	시행령 (제19조)
	② 외국인근로자 고용허가제도에 관한 사항		시행규칙 (제11조)
	③ 산업안전보건에 관한 사항		
	④ 『근로기준법』, 『출입국관리법』 등 관련 법령에 관한 사항		
	⑤ 한국의 문화와 생활에 관한 사항	− 방문취업(H−2)자는 생략	시행령 (제19조)
	⑥ 그 밖에 취업활동을 위해 고용노동부장관이 필요하다고 인정하는 사항		시행규칙 (제11조)
교육비용	− 사용자가 부담	− 방문취업(H−2)자 해당없음	
교육이수	− 취업교육기관의 장은 취업교육 수료증 발급		
보고의무	− 취업교육기관의 장은 취업교육결과를 고용노동부장관에게 보고		

(2) 사용자 교육(제12조)

외국인근로자 고용허가를 최초로 받은 사용자는 노동관계법령·인권 등에 관한 교육을 받아야 하며(제1항), 사용자 교육의 내용, 시간, 그 밖에 사용자 교육에 필요한 사항을 정한다(제2항).

[표 52] 사용자 교육시간 및 내용

구분	내용	조항 및 관련 법률
교육받을 의무기간	− 고용허가서를 최초로 발급받은 날부터 6개월 이내	시행규칙 (제11조의2)
교육시간	− 총 6시간	
교육내용	① 외국인근로자 고용허가제도에 관한 사항	
	② 『근로기준법』 등 노동관계 법령에 관한 사항	
	③ 외국인근로자의 산업재해예방 등 산업안전보건에 관한 사항	
	④ 외국인근로자의 출입국관리 및 체류관리에 관한 사항	

		⑤ 직장 내 성희롱·성폭력 예방 및 대응 등 외국인근로자의 인권보호에 관한 사항
교육방법		- 집합교육 또는 원격교육
보고의무	교육계획	- 한국산업인력공단은 사용자교육의 원활한 시행을 위하여 매년 1월 말까지 해당 연도의 사용자 교육 실시계획을 수립하여 고용노동부장관에게 보고
	교육결과	- 한국산업인력공단은 사용자교육을 실시한 경우 해당 교육을 실시한 날이 속하는 달의 다음 달 15일까지 그 결과를 고용노동부장관에게 보고

4. 외국인 취업교육기관의 지정 및 지정취소 등

(1) 외국인 취업교육기관의 지정(제11조의3)

외국인 취업교육을 전문적·효율적으로 수행하기 위하여 외국인 취업교육기관을 지정할 수 있으며(제1항), 외국인 취업교육기관으로 지정을 받으려는 자는 전문인력·시설 등의 지정기준을 갖추어 고용노동부장관에게 신청하여야 한다(제2항). 외국인 취업교육기관의 지정기준(시행령 제18조)은 다음과 같다.

첫째, 비영리법인 또는 비영리단체여야 한다.
둘째, 해당 분야에서 1년 이상 근무한 경력 등 교육실시에 적합한 자격 기준을 갖춘 교육 담당 강사와 교육 운영·관리 업무를 수행하는 교육지원 인력을 갖추어야 한다.
셋째, 교육대상 인원을 수용할 수 있는 적정한 면적의 사무실, 강의실, 기숙사 및 식당을 갖추어야 한다.

이외 지정기준에 관하여 필요한 세부사항은 교육대상 인원, 교육내용 등을 고려하여 고용노동부장관이 국가별·업종별 취업교육기관을 지정하여 고시한다. 특히 제조·서비스업 분야의 경우 과밀화방지 및 교육효과성 제고 등 필요한 경우 지정기관의 의견을 들어 지정기관이 교육 가능 국가가 아닌 국가에 대해서도 취업교육을 할 수 있도록 교육 인원 등을 조정할 수 있다. 예를 들면 다음과 같이 기관명, 소재지, 지정기간, 교육가능 업종 및 국가를 명시한다.

[표 53] 국가별·업종별 취업교육기관 지정 고시(예시)

구분 \ 분야	제조업 등	농축산업	어업	건설업
기관명	− ○○재단 − 중소기업중앙회	농업○○○○중앙회	수산업○○○중앙회	○○건설협회
소재지	서울특별시 ○○○	경기도 ○○○○○	서울특별시 ○○○	서울특별시 ○○
지정기간 (3년)	2021.9.1.~ 2024.8.31.	2021.9.1.~ 2024.8.31.	2021.9.1.~ 2024.8.31.	2021.9.1.~ 2024.8.31.
교육가능 업종	제조·서비스업	농축산업	어업	건설업
교육가능 국가	필리핀, 태국, 동티모르, 네팔	농축산업 송출국가 전체	어업 송출국가 전체	건설업 송출국가 전체
행정 사항 / 시행일	이 고시는 2023년 7월 12일부터 시행한다.			
행정 사항 / 유효기간	이 고시는 2024년 8월 4일까지 효력을 가진다.			

위와 같이 외국인 취업교육기관 지정을 위해서는 신청, 확인, 지정, 고시 등 [그림 8]과 같은 절차를 밟아야 한다.

[그림 8] 외국인 취업교육기관의 지정절차

신청 시행규칙 (제11조의3 제1항)	확인 시행규칙 (제11조의3 제1항)	지정 시행규칙 (제11조의3 제2항)	고시 시행규칙 (제11조의3 제2항)
취업교육기관으로 지정을 받으려는 자는 외국인 취업교육기관 지정신청서와 신청인이 비영리단체일 경우, 이를 증명하는 서류, 인력 현황(총인원 수, 성명, 입사일, 담당업무), 교육장 시설·장비현황(시설 수, 면적, 시설별 근무인원), 교육사업 운영경력을 확인할 수 있는 서류 등을 첨부하여 고용노동부장관에게 제출해야 한다.	고용노동부장관은 『전자정부법』 제36조 제1항에 따른 행정정보의 공동이용을 통하여 법인 등기사항증명서(법인인 경우만 해당) 및 사업자등록증을 확인한다. 다만, 신청인이 사업자등록증의 확인에 동의하지 않으면 그 사본을 첨부하도록 한다. 서류심사를 실시하고 필요한 경우 현지실사한다.	고용노동부장관은 법 제11조의3에 따라 외국인 취업교육기관을 지정한 경우에는 별지 제8호의5서식의 외국인 취업교육기관 지정서를 발급한다.	외국인 취업교육기관으로 지정한 그 사실을 고용노동부 인터넷 홈페이지에 공고한다. 또한, 규정한 사항 외에 외국인 취업교육기관의 지정절차 등에 필요한 세부사항은 고용노동부장관이 정하여 고시한다.

(2) 외국인 취업교육기관의 지정취소 등(제11조의4)

외국인 취업교육기관은 다음과 같은 경우 지정취소, 6개월 이내의 업무정지 또는 시정명령을 할 수 있다. 첫째, 거짓이나 그 밖의 부정한 방법으로 지정을 받은 경우는 '지정취소'한다. 둘째, 외국인 취업교육기관 지정기준에 적합하지 않게 된 경우 1차 위반 시 '시정명령', 2차 위반 시 '업무정지 1개월', 3차 위반 시 '지정취소'한다. 셋째, 정당한 사유 없이 1년 이상 운영을 중단한 경우는 '지정취소'한다. 넷째, 임직원이 외국인 취업교육 업무와 관련하여 형사처분을 받는 등 사회적으로 중대한 물의가 발생한 경우 1차 위반 시 '경고', 2차 위반 시 '업무정지 1개월', 3차 위반 시 '지정취소'한다. 다섯째, 운영성과의 미흡, 즉 고의 또는 중대한 과실로 외국인 취업교육 업무를 부실하게 수행하여 그 업무를 적정하게 수행하는 게 현저히 곤란하다고 인정되는 경우(시행령 제18조의2)는 1차 위반 시 '시정명령', 2차 위반 시 '지정취소'한다. 여섯째, 그 밖에 법 또는 법에 따른 명령을 위반한 경우 1차 위반 시 '시정명령', 2차 위반 시 '업무정지 1개월', 3차 위반 시 '지정취소'한다(시행규칙 제11조의5 별표).

외국인 취업교육기관의 지정을 취소하는 경우 청문을 해야 하며(제3항), 지정이 취소된 날부터 1년이 경과하지 않으면 외국인 취업교육기관 지정신청을 할 수 없다(제2항). 외국인 취업교육기관이 지정 취소처분을 받은 자는 외국인 취업교육기관 지정서를 지체없이 고용노동부장관에게 반납해야 하며, 고용노동부장관은 외국인 취업교육기관의 지정을 취소한 경우 그 사실을 고용노동부 인터넷 홈페이지에 공고해야 한다(시행규칙 제11조의5).

5. 외국인근로자 고용의 특례

고용의 특례는 정책위원회가 일용근로자 노동시장의 현황, 내국인근로자 고용 기회의 침해 여부 및 사업장 규모 등을 고려하여 '건설업', '서비스업', '제조업', '농업', '어업' 또는 '광업'으로 산업별 특성을 고려하여 정하는 사업 또는 사업장에 해당이 된다(제1항). 이 경우 사용자는 내국인 구인신청을 한 후 직업안정기관의 장의 직업소개를 받고도 인력을 채용하지 못한 경우로 직업안정기관의 장에게 특례고용가능확인을 신청할 수 있으며, 이때 직업안정기관의 장은 외국인근로자의 도입 업종 및 규모 등 특례고용가능확인서 발급요건 갖춘 사용자에게 특례고용가능을 확인한다(제3항). 특례고용가능확인을 받은 사용자는 외국인근로자 고용 특례의 대상자로 사증을 발급받고 입국한 외국인으로서 국내에 취업하려는, 즉 방문취업(H-2)의 체류자격에 해당하는 사람(시행령 제19조)을 고용할 수 있다(제1항). 이때 특례고용가능확인을 받은 사용자는 외국인구직자 명부에 등록된 사람 중에서 채용해야 하고, 근로계약의 체결은 표준근로계약서를 사용하며, 제9조를 준용한다(제1항). 외국인근로자가 근로를 시작하면 시작한 날부터 14일 이내에 특례고용외국인근로자 '근로개시 신고서'와 '표준근로계약서 사본', '외국인등록증 사본' 또는 '여권사본'을 첨부하여 소재지 관할 직업안정기관의 장에게 제출해야 한다(시행규칙 제12조의3).

특례고용가능 외국인으로서 '건설업', '서비스업', '제조업', '농업', '어업' 또는 '광업'에 해당 사업 또는 사업장에 취업하려는 사람은 외국인 취업교육을 받은 후 직업안정기관의 장에게 구직신청을 해야 하고, 고용노동부장관은 외국인구직자 명부를 작성·관리해야 한다(제2항).

특례고용가능확인의 유효기간은 3년이며, 건설업에 해당하는 사업 또는 사업장으로서 공사기간이 3년보다 짧은 경우에는 그 공사 기간으로 한다(제5항). 또한 특례고용가능확인을 받은 후 사증을 발급받고 입국한 외국인근로자는 『출입국관리법』 제21조(근무처의 변경·추가)를 적용하지 않으며(제7항), 취업을 희망하는 경우 고용노동부장관은 입국 전에 고용정보를 제공할 수 있다(제8항).

V. 외국인근로자의 고용관리

사용자와 외국인근로자는 근로계약을 체결하는 시점부터 상호 간의 안정적인 취업활동과 고용 기간 만료 시 귀국 지원을 위한 다양한 보험을 가입해야 한다. 뿐만 아니라 외국인근로자의 고용에 따른 다양한 제한과 특례 및 지원사업등 외국인근로자와 사용자를 위한 고용과 관련된 관리를 한다. 따라서 각종 보험관련 내용과 함께 취업활동 기간의 제한 및 특례, 재입국 취업 제한 및 특례, 고용허가 또는 특례고용가능확인의 취소 및 외국인근로자 관련 사업 등의 내용으로 외국인근로자 고용관리를 살펴보고자 한다.

1. 외국인근로자의 고용관리 및 고용의 제한

(1) 외국인근로자의 고용관리(제17조)

사용자는 외국인근로자와의 고용 관계에 있어 다음의 사유가 발생하거나 발생한 사실을 안 날부터 15일 이내에 외국인근로자 고용변동 등 신고서 또는 외국인근로자 고용사업장 정보변동 신고서에 그 사실을 적어 소재지 관할 직업안정기관의 장에 신고해야 한다(시행규칙 제14조). 이러한 신고조치를 해야 하는 사유는 ① 외국인근로자가 사망한 경우, ② 외국인근로자가 부상 등으로 해당 사업에서 계속근무가 부적합한 경우, ③ 외국인근로자가 사용자의 승인을 받는 등 정당한 절차 없이 5일 이상 결근하거나 그 소재를 알 수 없는 경우, ④ 외국인근로자와의 근로계약을 해지하는 경우, ⑤ 사용자 또는 근무처의 명칭이 변경된 경우, ⑥ 사용자의 변경 없이 근무 장소를 변경한 경우이다(시행령 제23조).

사용자가 ① 외국인을 해고하거나 외국인이 퇴직 또는 사망한 경우, ② 고용된 외국인의 소재를 알 수 없게 된 경우, ③ 고용계약의 중요한 내용을 변경한 경우(『출입국관리법』 제19조 제1항)는 직업안정기관의 장에게 신고한 내용을 보며, 직업안정기관의 장은 지체없이 사용자의 소재지 관할 지방출입국·외국인관서의 장에게 통보해야 한다(제3항).

외국인근로자의 적절한 고용관리 등을 하기 위해 매년 1회 이상 외국인근로자를 고용하고 있는 사업 또는 사업장에 대한 지도·점검계획을 수립하고, 선정된 사업 또는 사업장에 대하여 외국인근로자의 근로조건, 산업안전보건조치 등의 이행실태, 그 밖에 관계 법령의 준수 여부 등을 파악하기 위한 지도·점검한다. 지도·점검한 결과 『근로기준법』, 『출입국관리법』 등 관계법령을 위반한 사실을 발견한 경우에는 필요한 조치를 하되, 소관 사항이 아닌 경우는 소관 행정기관에 통지해야 한다(시행령 제23조).

(2) 외국인근로자 고용의 제한(제20조)

직업안정기관의 장은 외국인근로자를 고용함에 사용자로부터 고용과 관련한 다음과 같은 사실이 발생한 날부터 사용자에 대하여 3년간 외국인근로자의 고용을 제한할 수 있다(제1항). 다음과 같은 사실은 ① 외국인근로자의 고용허가(제8조 제4항) 또는 특례고용가능확인(제12조 제3항)을 받지 않고 외국인근로자를 고용한 자, ② 외국인근로자의 고용허가나 특례고용가능확인이 취소된 자(제19조 제1항), ③ 『외국인고용법』, 『출입국관리법』을 위반하여 처벌을 받은 자, ④ 외국인근로자의 사망으로 7년 이하의 징역 또는 1억원 이하의 벌금에 따른 처벌을 받은 자(『산업안전보건법』 제167조 제1항), ⑤ 그 밖의 외국인근로자 고용의 제한으로 정하는 사유(시행령 제25조)에 해당하는 자이다. 고용노동부장관은 이러한 사실에 따라 외국인근로자의 고용을 제한하는 경우에는 그 사용자에게 외국인근로자의 고용 제한의 사유를 명시하여 문서로 통지해야 한다(제2항).

2. 외국인근로자의 고용관련 보험

외국인근로자의 고용관련 보험의 종류는 출국만기보험, 임금체불보증보험, 귀국비용보험, 상해보험, 고용보험, 산재보험, 건강보험, 국민연금 등 외국인고용법에 명시되어 있는 법령 위주로 살펴보면 아래와 같다.

[표 54] 외국인근로자 고용관련 보험의 종류

보험의 종류	보험가입주체	비용	보험사업자
출국만기보험	사업주	고용허가서의 월 평균임금의 8.3%	삼성화재보험
임금체불보증보험	사업주	15,000원	서울보증보험
귀국비용보험	외국인근로자	나라별 40만원~60만원	삼성화재보험
상해보험	외국인근로자	외국인근로자별	삼성화재보험
고용보험	사업주		근로복지공단
산재보험	사업주		근로복지공단
건강보험	사업주		국민건강보험공단
국민연금	사업주		국민연금공단

자료: 외국인고용관리시스템(www.eps.go.kr), 검색일(2023.05.01.).

(1) 출국만기보험·신탁(제13조)

외국인근로자를 고용한 사용자는 외국인근로자의 출국 등에 따른 퇴직금 지급을 위하여 외국인근로자를 피보험자 또는 수익자(피보험자등)로 하는 보험 또는 신탁(출국만기보험등)에 가입해야 하며, 보험료 또는 신탁금은 매월 납부하거나 위탁해야 한다(제1항).

사용자가 출국만기보험등에 가입한 경우 계속근로기간 1년에 대하여 30일분 이상의 평균임금을 퇴직금으로 퇴직 근로자에게 지급할 수 있도록(『근로자퇴직급여 보장법』 제8조 제1항) 퇴직금제도를 설정한 것으로 볼 수 있다(제2항).

출국만기보험등의 가입대상 사용자, 가입방법·내용·관리 및 지급 등에 필요한 사항은 대통령령으로 정하되 지급시기는 외국인근로자(피보험자등)가 출국한 때부터 14일 이내로 하며, 체류자격의 변경, 사망 등에 따라 신청하거나 출국일 이후에 신청하는 경우에는 신청일부터 14일 이내로 한다(제3항).

출국만기보험등의 지급사유 발생에 따라 피보험자등이 받을 금액(보험금등)에 대한 청구권은 3년간, 보험료 또는 적립금의 반환청구권은 3년간, 보험료청구권은 2년간(『상법』 제662조)임에도 불구하고 지급사유가 발생한 날부터 3년간 이를 행사하지 않으면 시효의 완성으로 소멸한다. 이 경우 출국만기보험등을 취급하는 금융기관은 소멸시효가 완성한 보험금등을 1개월 이내에 한국산업인력공단에 이전해야 한다(제4항).

(2) 건강보험(제14조)

사용자 및 사용자에게 고용된 외국인근로자에게 국민과 동일한 『국민건강보험법』, 즉 질병·부상에 대한 예방·진단·치료·재활과 출산·사망 및 건강증진에 대한 보험급여(목적) 등을 적용하는 경우 사용자는 근로자가 소속되어 있는 사업장의 사업주(제3조 제2항 가호)인 사용자로, 사용자에게 고용된 외국인근로자는 가입자의 종류(제6조 제1항)에 따라 직장가입자로 본다.

(3) 귀국비용보험·신탁(제15조)

귀국비용보험·신탁은 외국인근로자가 근로계약을 맺고 취업 활동을 한 후 귀국할 때에 안전한 귀국을 지원하는 비용을 의미한다. 외국인근로자는 근로계약의 효력발생일부터 3개월 이내에 귀국 시 필요한 비용을 충당하기 위한 보험 또는 신탁(귀국비용보험등)을 가입해야 하며(제1항), 귀국비용보험등의 가입방법·관리·지급·통보 등을 명시하고 있다(시행령 제22조).

[표 55] 귀국비용보험등의 가입방법·내용·관리·지급

구분	내용		
방법	− 외국인근로자의 국적에 따라 제1군, 제2군, 제3군 및 그 외로 구분하고 있으며, 해당 군 국가 출신에 따라 납부금액을 일시금 또는 3회 이내로 나누어 냄 ● 국가별 귀국비용보험·신탁 납부금액		
	구분	국가(외국인근로자 국적)	납부금액
	제1군	중국, 필리핀, 인도네시아, 태국, 베트남	40만원
	제2군	몽골	50만원
	제3군	스리랑카	60만원
	제1~3군 외	카자흐스탄, 우즈베키스탄, 파키스탄, 캄보디아, 방글라데시, 키르기즈스탄, 미얀마, 동티모르 라오스	50만원
관리	● 귀국비용보험 등의 일시금 지급신청 가능 ① 체류기간이 만료되어 출국하려는 경우 ② 개인사정으로 체류기간의 만료 전에 출국(일시적 출국은 제외)하려는 경우 ③ 사업 또는 사업장을 이탈한 외국인근로자가 자진하여 출국 또는 강제퇴거 되는 경우		
지급	− 보험사업자는 외국인근로자가 귀국비용보험등의 일시금을 신청하는 경우 관할 출입국·외국인청의 장 또는 출입국·외국인사무소의 장에게 그 출국 여부를 확인한 후 귀국비용보험등의 일시금을 지급		
통보	− 귀국비용보험 등을 취급하는 금융기관(보험사업자)은 외국인근로자가 해당 귀국비용보험 등에 가입할 경우 그 사실을 사업 또는 사업장의 소재지 관할 직업안정기관의 장에게 통보		

이러한 보험 또는 신탁의 지급사유 발생에 따라 가입자가 받을 금액에 대한 청구권의 소멸시효(『상법』 제662조)에도 불구하고 지급사유가 발생한 날부터 3년간 이를 행사하지 않으면 소멸시효가 완성한다. 이 경우 출국만기보험등을 취급하는 금융기관은 소멸시효가 완성한 보험금등을 1개월 이내에 한국산업인력공단에 이전해야 하며, 한국산업인력공단은 휴면보험금등관리위원회(제13조의2)를 두어 이전받은 보험금등의 관리·운용에 필요한 사항을 심의·의결한다. 이에 따라 이전받은 보험금등은 우선적으로 피보험자등을 위해 사용되며, 이를 준용한다(제3항).

3. 휴면보험금 등 관리위원회 및 귀국에 필요한 조치

(1) 휴면보험금 등 관리위원회(제13조의2)

출국만기보험등을 취급하는 금융기관이 소멸시효가 완성한 보험금등을 1개월 이내에 한국산업인력공단에 이전함에 따라 이전받은 보험금등의 관리·운용에 필요한 사항을 심의·의결하기 위하여 한국산업인력공단에 휴면보험금등관리위원회를 둔다(제1항). 이에 따라 이전받은 보험금등은 심의·의결을 거쳐 우선적으로 피보험자등을 위하여 사용되어야 하며(제2항), 휴면보험금등관리위원회를 구성 및 운영한다.

[표 56] 휴면보험금 등 관리위원회 구성 및 운영

구분	내용	조항 및 관계 법률
위원회 구성	- 위원장 1명 포함 15명 이내의 위원으로 구성 - 위원장: 한국산업인력공단 이사장 - 위원: ① 총 연합단체인 노동조합에서 추천한 사람으로서 한국산업인력공단 이사장이 위촉하는 사람 2명 ② 외국인근로자의 고용 및 권익보호나 법률·회계에 관한 학식과 경험이 풍부한 사람 ③ 고용노동부에서 외국인근로자 고용 업무를 담당하는 4급 이상의 공무원 ④ 한국산업인력공단의 임원 또는 외국인근로자 고용 업무를 담당하는 사업본부의 장 - 임기: 2년(한 번 연임 가능), 공무원·공단 임직원(직위 재임기간)	시행령 제21조의2 「한국산업 인력공단 규정」
기능 및 운영	- 기능: 휴면보험금등 심의·의결 - 심의·의결 내용 ① 이전받은 보험금등 관련 사업계획수립·변경에 관한 사항 ② 휴면보험금등 관련 예산의 편성 및 결산에 관한 사항 ③ 휴면보험금등의 사용에 관한 사항 　* 휴면보험금등 찾아주기 사업의 실시 　* 송출국가에 대한 지원·기여 　* 휴면보험금등의 운용 수익금을 통한 외국인 복지사업 　* 그 밖에 휴면보험금등을 활용한 피보험자등을 위한 사업 ④ 그 밖에 휴면보험금등의 관리·운용과 관련된 사항으로서 위원장이 필요하다고 인정하는 사항 - 회의: 재적위원 과반수의 출석으로 개의, 과반수 찬성으로 의결 - 회의비: 회의에 출석한 위원에 대해 예산의 범위에서 수당과 여비급을 할 수 있음(단, 공무원과 공단임·직원은 제외) - 규정사항 외 휴면보험금등관리위원회의 운영에 필요한 사항은 휴면보험금등 관리위원회의 의결을 거쳐 위원장(한국산업인력공단)이 외국인근로자 휴면보험금 등 관리위원회 운영규정으로 정함	

(2) 귀국에 필요한 조치(제16조)

　　사용자는 외국인근로자가 근로관계의 종료, 체류기간의 만료 등으로 귀국하는 경우에는 귀국하기 전에 임금 등 금품관계를 청산 및 사업장의 변동 사항 신고 등의 필요한 조치를 한다. 외국인근로자는 귀국 시 출국만기보험, 귀국비용보험금 등 지급을 요청하며, 지급 시기는 출국한 때부터 14일 이내로 한다.

4. 취업활동의 제한 및 특례

　　외국인근로자는 입국한 날부터 3년의 범위에서 취업활동을 하며(제18조), 다음과 같은 경우 취업 활동 기간 제한에 관한 특례가 있다(제18조의2).

(1) 외국인근로자의 취업활동의 제한

고용허가를 받은 사용자에게 고용된 외국인근로자(비전문취업: E-9)와 특례고용 가능 확인을 받은 사용자에게 고용된 외국인근로자(방문취업: H-2)로서 취업활동 기간 3년이 만료되어 출국하기 전에 사용자가 고용노동부장관에 재고용 허가를 요청한 근로자는 한 차례만 2년 미만의 범위에서 취업활동 기간을 연장받을 수 있다.

또한, 고용노동부장관은 감염병 확산, 천재지변 등의 사유로 외국인근로자의 입국과 출국이 어렵다고 인정되는 경우에 정책위원회의 심의·의결을 거쳐 1년의 범위에서 취업 활동 기간을 연장할 수 있다.

(2) 외국인근로자의 취업활동의 특례

국내에서 취업한 후 출국한 외국인근로자는 출국한 날부터 6개월이 지나지 않으면 『외국인고용법』에 따라 재입국 취업을 할 수 없으며(제18조의3), 다음과 같은 요건을 갖춘 외국인근로자는 재입국 취업제한의 특례가 있다(제18조의4).

첫째, 취업활동 기간 중 사업 또는 사업장을 변경하지 않았을 것
둘째, 사용자가 정당한 사유로 근로계약 기간 중 근로계약을 해지하려고 하거나 근로 계약이 만료된 후 갱신을 거절하려는 경우(제25조 제1항 제1호) 또는 상해 등으로 외국인근로자가 해당 사업 또는 사업장에서 계속 근무는 부적합하나 다른 사업 또는 사업장에서 근무는 가능하다고 인정되는 경우(시행령 제30조) 등 해당하는 사유로 사업 또는 사업장을 변경하는 경우로서 동일업종 내 근속기간, 즉 재입국 후의 고용허가를 신청하는 사용자와 취업활동 기간 종료일까지의 근로계약 기간이 1년 이상일 것과 외국인근로자가 입국하여 최초 근무한 업종(제조업, 서비스업, 농축산업, 어업)에서 4년 10개월간 근속할 것(고용노동부고시 제 2021-73호)
셋째, 휴업·폐업, 고용허가의 취소·제한, 사용자의 근로조건 위반, 부당한 처우 위반한 기숙사의 제공등 외국인근로자의 책임이 아닌 사유로 인하여 사회통념상 그 사업 또는 사업장에서 근로를 계속할 수 없게 된(고용노동부고시 제2021-30 호) 사유로 사업 또는 사업장 변경하는 경우로서 고용허가를 신청하는 사용자 와 취업활동 기간 종료일까지의 근로계약 기간이 1년 이상일 것
넷째, 세 번째 사유로 사업 또는 사업장을 변경하는 경우로서 재입국 후의 고용허가 를 신청하는 사용자와 취업활동 기간 종료일까지의 근로계약 기간이 1년 미만

이나 직업안정기관의 장이 외국인근로자 권익보호협의회의 의견을 들어 재입국 후의 고용허가를 하는 것이 타당하다고 인정하였을 것

위의 네 가지 요건 중 어느 하나에 해당하며, 정책위원회가 도입업종이나 규모 등을 고려하여 내국인을 고용하기 어렵다고 정하는 사업 또는 사업장에서 근로하고 있을 것과 재입국하여 근로를 시작하는 날부터 효력이 발생하는 1년 이상의 근로계약을 해당 사용자와 체결하고 있을 것 등 모두 갖춘 외국인근로자로서 연장된 취업활동 기간이 끝나 출국하기 전에 사용자가 재입국 후의 고용허가를 신청한 외국인근로자에 대해 출국한 날부터 1개월이 지나면 『외국인고용법』에 따라 다시 취업하도록 할 수 있다(제1항).

재입국 후의 고용허가 신청과 재입국 취업활동에 대해서는 내국인 구인노력(제6조), 외국인구직자 명부작성 내용 중 한국어능력시험(제7조 제2항), 외국인 취업 교육(제11조)을 적용하지 않는다(제2항).

재입국 취업은 한 번만 허용되고, 재입국 취업을 위한 근로계약의 체결에 관해서는 표준 근로계약(제9조)을 준용하며, 재입국한 외국인근로자의 취업활동에 대해서는 취업활동 기간의 제한(제18조), 취업활동 기간 제한에 관한 특례(제18조의2), 사업 또는 사업장 변경의 허용(제25조) 등을 준용한다(제3항).

사용자의 고용허가 신청 및 그 밖에 필요한 재입국 취업제한의 특례에 관한 절차는 [그림 9]와 같다.

[그림 9] 재입국 취업제한의 특례에 관한 절차

신청 시행규칙 (제14조의3 제1항)	확인 시행규칙 (제14조의3 제2항)	발급 시행규칙 (제14조의3 제3항)	통보·관리 시행규칙 (제14조의3 제4항)
연장된 취업활동 기간의 만료일 7일 전까지 '재고용 만료자 재입국 고용허가 신청서'와 함께 ① 외국인등록증 사본, ② 여권 사본, ③ 표준 근로계약서 사본을 첨부하여 소재지 관할 직업안정기관의 장에게 제출해야 함	『전자정부법』 제36조 제1항에 따른 행정정보의 공동이용을 통해 신청인의 사업자등록증을 확인하여야 하며, 신청인이 확인에 동의하지 아니한 경우에는 그 서류를 첨부하도록 함	소재지 관할 직업안정기관의 장은 신청서를 검토한 결과 해당 외국인근로자가 『외국인고용법』 제18조의4 제1항의 요건과 『출입국관리법』 시행령 별표1 및 「동법」 시행규칙 제17조의3에 따른 사증발급인정서 발급기준을 충족한 경우 신청서를 접수한 날부터 7일 이내 외국인근로자 고용허가서를 발급해야 함	소재지 관할 직업안정기관의 장은 외국인근로자 고용허가서 발급 내용을 법무부장관과 한국산업인력공단에 통보하고, 한국산업인력공단은 재입국 취업활동을 하는 외국인근로자의 명부를 따로 작성·관리함

5. 외국인근로자 고용허가, 특례고용가능확인의 취소(제19조)

직업안정기관의 장은 사용자에 대해 고용허가와 특례고용가능확인을 다음과 같은 경우에는 취소할 수 있다.

첫째, 거짓이나 부정한 방법으로 고용허가나 특례고용가능확인을 받은 경우
둘째, 사용자가 입국 전 계약한 임금 또는 그 밖의 근로조건을 위반하는 경우
셋째, 사용자의 임금체불 또는 그 밖의 노동관계법 위반 등으로 근로계약을 유지하기 어렵다고 인정되는 경우(제1항)

위와 같이 고용노동부장관은 사용자에 대하여 고용허가나 특례고용가능확인을 취소할 때에는 취소 사유와 해당 외국인근로자와의 근로계약 종료 기한 및 외국인근로자 고용의 제한 여부 등의 사항이 포함된 문서(시행령 제24조)로 하여야 하며, 외국인근로자 고용허가나 특례고용가능확인이 취소된 사용자는 취소된 날부터 15일 이내에 그 외국인근로자와의 근로계약을 종료해야 한다(제2항).

6. 외국인근로자를 위한 지원 사업(제21조)

외국인근로자의 원활한 국내 취업활동과 효율적인 고용관리를 위해 고용노동부장관은 다음과 같은 사업을 한다(시행령 제26조).

첫째, 외국인근로자의 출입국 지원 사업
둘째, 외국인근로자 및 그 사용자에 대한 교육사업
셋째, 송출국가의 공공기관과 관련 민간단체와의 협력사업
넷째, 외국인근로자 및 그 사용자에 대한 상담 등 편의 제공 사업
다섯째, 외국인근로자 고용제도 등에 대한 홍보사업
여섯째, 외국인근로자의 취업알선, 고용관리 등에 필요한 외국인근로자 고용관리 전산시스템의 개발·운영사업
일곱째, 외국인근로자의 국내 생활 적응 및 대한민국 문화에 대한 이해증진과 관련된 사업
여덟째, 출국만기보험등, 귀국비용보험등 및 보증보험 등의 가입에 따른 보증보험·상해보험 운영의 지원사업
아홉째, 그 밖에 정책위원회가 외국인근로자의 고용관리를 위해 필요하다고 인정하는 사업

Ⅵ. 외국인근로자의 보호

1. 차별금지(제22조) 및 기숙사의 제공 등(제22조의2)

사용자는 외국인근로자라는 이유로 부당하게 차별하여 처우해서는 안 되며(제22조), 외국인근로자에게 건강과 안전을 지킬 수 있도록 기숙사를 설치·운영하여 제공하도록 하여야 한다(제22조의2 제1항). 외국인근로자에게 기숙사를 제공하는 경우 외국인근로자와 근로계약을 체결할 때에 정보를 사전에 제공해야 하며, 근로계약 체결 후 기숙사 시설을 변경하는 경우에도 정보를 제공해야 한다.

기숙사에 관한 정보는 ① 기숙사의 구조와 설비, ② 기숙사의 설치 장소, ③ 기숙사의 주거 환경, ④ 기숙사의 면적, ⑤ 그 밖에 기숙사 설치 및 운영에 필요한 사항 등이며(제2항), 기숙사 정보를 제공하는 경우 고용노동부장관이 정하는 바에 따라 기숙사의 구조와 설비, 설치 장소, 주거환경조성, 기숙사 면적 등의 기준에 대한 정보를 제공한다(시행령 제26조의2).

[표 57] 기숙사 설치 및 운영에 관한 기준

구분	내용	조항 및 관련 법률
구조와 설비	- 침실 하나에 8명 이하의 인원이 거주할 수 있는 구조일 것 - 화장실과 세면·목욕시설을 적절하게 갖출 것 - 채광과 환기를 위한 적절한 설비 등을 갖출 것 - 화재 예방 및 화재 발생 시 안전조치를 위한 설비 또는 장치 구비	『근로기준법』 시행령 (제55조)
설치 장소	- 안전하고 쾌적한 거주가 가능한 환경의 장소에 설치해야 함(단, 소음, 진동, 자연재해 우려 지역, 침수위험장소, 오염 우려가 현저한 장소 등에는 기숙사를 설치해서는 안 됨)	『근로기준법』 시행령 (제56조)
주거 환경조성	- 남성과 여성이 같은 방의 기숙사에 거주하지 않도록 할 것 - 작업시간대가 다른 근로자들이 같은 침실에 거주하지 않도록 할 것 - 기숙사에 기숙하는 근로자가 감염병에 걸린 경우는 장소 또는 물건에 대해 소독 등 필요한 조치를 취할 것 ① 해당 근로자의 침실 ② 해당 근로자가 사용한 침구, 식기, 옷 등 개인용품과 그 밖의 물건 ③ 기숙사 내 근로자가 공동으로 이용하는 장소	『근로기준법』 시행령 (제57조) 『감염병의 예방및관리에 관한 법률』 (제2조 제1호)
기숙사 면적	- 기숙사 침실의 넓이는 1인당 2.5제곱미터 이상으로 함	『근로기준법』 시행령 (제58조)

2. 보증보험 등의 가입(제23조)

사업의 규모 및 산업별 특성 등을 고려하여 『임금채권보장법』이 적용되지 않는 사업 또는 사업장, 상시 300명 미만의 근로자를 사용하는 사업 또는 사업장(단, 건설업 또는 건설사업장은 제외(법 제12조 제1항 제1호))의 사용자는 임금체불에 대비하여 그가 고용하는 외국인근로자를 위한 보증보험을 근로계약의 효력발생일부터 15일 이내에 가입해야 한다. 가입할 때 체불된 임금의 지급을 위해 피보험자 1인당 보증금액은 400만원(고용노동부 고시 제2021-15호) 이상을 보증하는 것과 보증보험회사가 외국인근로자에게 해당 보증보험 가입 사실을 통지하는 것 또한, 사용자가 임금을 체불하는 경우 외국인근로자가 보증보험회사에 보증보험의 보험금을 청구할 수 있는 것 등 요건을 갖추어야 한다(시행령 제27조).

산업별 특성 등을 고려하여 외국인근로자를 고용한 사업 또는 사업장에서 취업하는 외국인근로자는 질병·사망 등에 대비한 상해보험을 근로계약의 효력발생일부터 15일 이내에 가입해야 한다(제2항). 상해보험은 외국인근로자가 사망하거나 질병 등이 발생한 경우 본인 또는 유족이 보험회사에 상해보험의 보험금액을 청구할 수 있는 것과 고용노동부 장관이 정하여 고시하는 보험금액을 지급하는 것의 요건을 모두 갖추어 가입해야 한다(고용노동부고시 제2004-30호).

[표 58] 외국인근로자 상해보험의 보험금액

구분	상해		질병	
	사망	장해	사망	장해
보험금액	3천만원	최대 3천만원	1천5백만원	1천5백만원
후유장해	장해 최대보험금액의 별표1의 지급율을 곱한 금액으로 함(고용노동부고시 제2004-30호, 별표1) 참조		질병으로 인한 장해상태의 기준은 (고용노동부고시 제2004-30호, 별표2) 참조	

3. 외국인근로자 관련 단체 등에 대한 지원 및 권익보호협의회

(1) 외국인근로자 관련 단체 등에 대한 지원(제24조)

국가는 외국인근로자에 대한 상담과 교육 및 그 밖에 대통령령으로 정하는 사업을 하는 기관 또는 단체에 대하여 사업에 필요한 비용 일부를 예산의 범위에서 지원할 수 있으며(제1항), 지원요건·기준 등에 관한 필요한 사항을 명시하고 있다(시행령 제29조).

[표 59] 외국인근로자 관련 단체 등에 대한 지원사업·요건·기준

구분	내용
지원사업 시행령 (제29조 제1항)	- 외국인근로자에 대한 무상의료 지원사업 - 외국인근로자에 대한 문화행사 관련 사업 - 외국인근로자에 대한 장례 지원사업 - 외국인근로자에 대한 국내 구직활동 지원사업 및 국내 생활 지원사업 - 그 밖에 외국인근로자의 권익보호 등을 위하여 정책위원회가 필요하다고 인정하는 사업
지원요건 시행령 (제29조 제2항)	- 비영리법인 또는 비영리단체일 것 - 사업수행을 위해 고용노동부장관이 정하여 고시하는 시설과 장비를 갖추고 있을 것 - 사업수행을 위해 필요한 국가자격 또는 국가의 공인을 받은 민간자격을 소지한 사람이 나 해당 분야에서 1년 이상의 경력을 가진 사람이 2명 이상 종사하고 있을 것
지원기준 시행령 (제29조 제3항, 제4항)	- 제2항의 요건을 모두 갖춘 기관 또는 단체 - 매년 사업계획과 운영 실정 등을 평가하여 지원 여부 결정 - 사업에 필요한 비용의 지원 수준은 운영 실적 등의 평가 결과에 따라 달리 정할 수 있 으며 고용노동부장관이 정하는 금액으로 함
그 외 (제29조 제5항)	- 규정한 사항 외 고용노동부장관이 비용을 지원할 수 있는 기관 또는 단체의 선정절차, 운영 등에 필요한 사항은 고용노동부장관이 정함

198

Ⅱ
부

개
별
이
민
법

(2) 외국인근로자 권익보호협의회(제24조의2)

외국인근로자의 권익보호에 관한 사항을 협의하기 위해 직업안정기관에 관할 구역의 노동자단체와 사용자단체 등이 참여하는 외국인근로자 권익보호협의회를 둘 수 있으며(제1항), 권익보호협의회의 구성·운영에 관한 내용을 구체적으로 명시하고 있다(제2항).

[표 60] 외국인근로자 권익보호협의회의 구성 및 운영

구분	내용	조항 및 관계 법률
협의회 구성	- 위원장 1명 포함 15명 이내의 위원으로 구성 - 위원장: 지방관서의 고용허가제 업무담당 부서의 장 - 위원: ① 관내 노동자단체, ② 관내 사용자단체, ③ 관내 외국인노동자지원 센터, 다문화가족지원센터 등 외국인근로자 지원센터, ④ 관내 한국산업인 력공단 지사, ⑤ 관내 출입국·외국인청(출입국·외국인사무소 또는 출장 소), ⑥ 그 외 외국인근로자 권익보호에 관하여 상호협력이 필요하다고 지 방관서의 장이 인정하는 유관기관 또는 단체, ⑦ 지방관서의 고용허가제 업 무를 담당하는 부서의 장, ⑧ 지방관서의 근로개선지도과장, 산재예방지도 과장 - 간사: 1명(지방관서의 고용허가제 업무담당 팀장 또는 직원) - 간사업무: 의안의 작성, 회의진행에 필요한 준비, 회의록 작성 및 보관, 그 밖에 협의회의 운영에 관해 위원장이 명하는 사항 - 특별위원: 협의내용을 위해 필요한 경우 센터 소장을 지명 - 임기: 2년(연임 가능), 소속직원·위원장(직위 재임기간)	시행규칙 (제15조의2) 고용노동부훈령 제363호 「훈령·예규 등의 발령 및 관리에 관한 규정」 대통령훈령 제431호
기능 및 운영	- 기능: 관련 사항 협의 및 결과이행 보고, 비밀유지, 의견청취 ① 외국인근로자의 사업장변경에 관한 사항 ② 외국인근로자와 사용자 간 갈등의 해소 방안	

③ 외국인근로자의 국내 국직활동 및 생활안정에 대한 지원 방안
④ 그 외 지역 외국인근로자의 권익보호와 관련하여 필요한 사항
- 회의: 위원장은 회의소집 및 의장임, 회의개최일 3일 전까지 각 위원에게 안건, 일시, 장소를 서면으로 고지해야 함(재적위원 과반수 출석개의, 과반수 찬성의결)
- 회의방법: 대면방식이 원칙이나 필요시 서면, 원격영상회의 가능
- 수당등 지급: 민간위원, 민간전문가 또는 참고인에게 예산의 범위에서 그 직무수행을 위해 필요한 수당(안건검토, 회의참석 등), 그 밖에 필요한 경비를 지급할 수 있음
- 운영세칙·재검토기한: 이 협의회 운영규정 외 필요한 사항은 위원장이 따로 정하며, 고용노동부장관은 외국인근로자 권익보호협의회 운영규정에 관한 고시에 대하여 2021년 6월 1일 기준으로 매 3년이 되는 시점(매 3년째의 5월 31일까지)마다 그 타당성을 검토하여 개선 등의 조치를 함

4. 사업 또는 사업장 변경의 허용(제25조)

특례고용 외국인근로자(방문취업 H-2)를 제외한 외국인근로자는 직업안정기관의 장에게 다른 사업 또는 사업장으로의 변경을 신청할 수 있다. 구체적으로 살펴보면, 첫째, 사용자가 정당한 사유로 근로계약기간 중 근로계약을 해지하려고 하거나 근로계약이 만료된 후 갱신을 거절하는 경우, 둘째, 휴업, 폐업, 고용허가의 취소(제19조 제1항), 고용의 제한(제20조 제1항), 기숙사의 제공, 사용자의 근로조건 위반 또는 부당한 처우 등(제22조의2)을 위반하여 외국인근로자의 책임이 아닌 사유로 인하여 사회통념상 그 사업 또는 사업장에서 근로를 계속할 수 없게 되었다고 인정하여 고용노동부장관이 고시한 경우, 셋째, 상해 등으로 외국인근로자가 해당 사업 또는 사업장에서 계속 근무하기는 부적합하나 다른 사업 또는 사업장에서 근무하는 것은 가능하다고 인정되는 경우이다(제1항).

사용자가 사업 또는 사업장 변경 신청을 한 후 재취업하려는 외국근로자를 고용할 경우 내국인 구인노력(제6조)을 해야 하고, 외국인근로자 고용허가(제8조)를 받아야 하며, 표준 근로계약(제9조)을 체결해야 하는 등 그 절차와 방법을 준용한다(제2항).

외국인근로자는 다른 사업 또는 사업장으로의 변경을 신청한 날부터 3개월 이내에 근무처 변경허가를 받지 못하거나 사용자와 근로계약이 종료된 날부터 1개월 이내에 다른 사업 또는 사업장으로의 변경을 신청하지 아니한 외국인근로자는 출국하여야 한다(『출입국관리법』 제21조). 다만, 업무상 재해, 질병, 임신, 출산 등의 사유로 근무처 변경허가를 받을 수 없거나 근무처 변경신청을 할 수 없는 경우에는 그 사유가 없어진 날부터 각각 그 기간을 계산한다(제3항).

외국인근로자의 사업 또는 사업장 변경은 취업활동 기간 중, 즉 3년의 범위 안에서(제18조)는 원칙적으로 3회를 초과할 수 없으며, 제18조의2 제1항에 따라 연장된 기간중에는 2회를 초과할 수 없다. 다만, 휴업, 폐업, 고용허가의 취소(제19조 제1항), 고용의 제

한(제20조 제1항), 기숙사의 제공, 사용자의 근로조건 위반 또는 부당한 처우 등을 위반한 사유로 사업 또는 사업장을 변경한 경우는 포함하지 않는다(제4항).

Ⅶ. 외국인고용법의 관리행정

『외국인고용법』은 제1장부터 제4장까지 외국인근로자의 고용절차와 고용관리 및 보호에 관한 내용을 중심으로 살펴보았다. 이 법은 해당 법령에 따라 행정적 절차를 설명하고 있으며, 제5장 보칙, 제6장 벌칙을 다루고 있다. 제5장과 제6장의 내용을 '외국인 고용 관리행정'이란 명칭을 사용하여 하나의 영역으로 설명하고자 한다.

1. 보칙(제26조부터 제28조까지)

외국인근로자, 즉 비전문취업(E-9)자, 방문취업(H-2)자와 사용자 간 고용 관계에서 일어날 수 있는 다양한 사안에 관한 법령의 기본 규정을 보충하고자 만든 규칙이 보칙이다. 보칙에는 보고 및 조사 등(제26조), 관계기관의 협조(제26조의2), 수수료의 징수 등(제27조), 각종 신청 등의 대행(제27조의2), 대행기관의 지정취소 등(제27조의3), 권한의 위임·위탁(제28조)으로 구성되어 있다. 또한, 업종별 고용허가제 고용업무 대행기관 지정 고시하고 있다.

[표 61] 외국인근로자와 사용자 간 고용관리행정

구분	내용	조항 및 관련 법률
보고 및 조사 등	– 고용노동부장관은 필요하다고 인정하면 사용자, 외국인근로자, 지원을 받는 외국인근로자 관련 단체(제24조 제1항)에 대한 보고 및 관련 서류의 제출이나 그 밖에 필요한 명령을 할 수 있음 – 또한, 소속 공무원이 관계인에게 질문, 관련 장부 및 서류 등을 조사하거나 검사할 수 있음 – 조사 또는 검사를 하는 공무원은 그 신분을 표시하는 증명서를 지니고 이를 관계인에게 내보여야 함	법 제26조
관계기관의 협조	– 고용노동부장관은 중앙행정기관·지방자치단체·공공기관 등 관계기관의 장에게 자료 제출을 요청할 수 있으며, 관계기관은 정당한 사유가 없으면 요청에 따라야 함 – 요청자료 ① 업종별·지역별 인력 수급자료 ② 외국인근로자 대상 지원사업 자료	법 제26조의2
수수료의 징수 등	– 고용노동부장관은 중앙행정기관·지방자치단체·공공기관 등 관계기관의 장에게 자료 제출을 요청할 수 있으며, 관계기관은 정당한 사유가 없으면 요청에 따라야 함 – 표준 근로계약에 따라 사용자와 외국인근로자의 근로계약체결을 대행	법 제27조 시행규칙 (제18조)

	하는 자는 사용자로부터 수수료와 필요한 비용을 받을 수 있음 － 수수료 등의 징수에 관한 승인 내용 　① 수수료 등의 금액 및 그 산정기준 　② 수수료 등의 징수 방법 및 절차 　③ 수수료 등의 징수 명세 　④ 그 밖에 수수료 등의 징수에 필요한 사항 － 외국인근로자의 고용에 관한 업무 대행자도 위의 고용노동부령이 정함 　에 따라 수수료와 필요비용을 받을 수 있음 • 다음 해당자가 아닌 자는 어떠한 금품도 받아서는 안 됨 　① 한국산업인력공단(근로계약 체결) 　② 고용노동부장관이 지정한 대행기관(고용관련 업무 대행) 　③ 고용노동부장관의 권한을 위임 · 위탁받아 하는 자(외국인근로자 관련 　　사업)	
각종 신청 등의 대행	－ 사용자 또는 외국인근로자에 관한 신청이나 서류수령 등 고용에 관한 　업무를 대행할 수 있도록 대행기관을 고용노동부장관이 지정할 수 있음 • 외국인근로자의 고용에 관한 대행업무 　① 내국인 구인신청(사업 또는 사업장 변경신청을 한 후 재취업하려는 　　외국인근로자를 고용할 경우 그 절차 및 방법 포함) 　② 사용자의 재고용 허가 요청 　③ 재입국 후의 고용허가 신청 　④ 사업 또는 사업장 변경 신청 　⑤ 그 외 고용노동부령으로 정하는 외국인근로자의 고용 등에 관한 업무 － 대행기관 지정요건 및 업무 | 구분	내용 | |---|---|
지정 요건	－ 사업수행을 위한 행정능력과 경험이 있을 것 － 사용자 및 외국인근로자 지원사업 실적이 있을 것 － 업무수행 시 공공성 확보할 수 있을 것
대행 업무	－ 고용허가서 발급 및 재발급 신청 － 특례고용가능확인의 신청 － 근로개시의 신고 － 고용변동 신고 － 특례고용가능확인서의 변경확인 신청 | － 고용노동장관은 지정한 대행기관에 대해 업무범위를 명시한 대행기관 　지정서를 발급함 － 업종별 고용허가제 고용업무 대행기관은 예시 [표 62] 참조	법 제27조의2, 제25조 제2항, 제18조의2, 제18조의4 제1항, 제25조 제1항 시행규칙 (제18조의2) 고용노동부고시 제2019－50호, 제2022－77호 참조
대행기관의 지정취소 등	－ 거짓이나 부정한 방법으로 지정을 받은 경우: 지정취소 － 지정요건에 미달하게 된 경우: 시정명령 또는 지정취소 － 지정받은 업무범위를 벗어나 업무를 한 경우: 시정명령 또는 6개월 이 　내의 업무정지 － 그 밖에 선량한 관리자의 주의를 다하지 않거나 업무처리 절차를 위배 　한 경우 － 고용노동장관은 대행기관을 지정취소할 경우 청문을 실시해야 함	법 제27조의3 시행규칙 (제18조의3)
권한의 위임 · 위탁	－ 고용노동부장관은 『외국인고용법』에 따른 권한의 일부를 대통령령으로 　정하는 바에 따라 지방고용노동관서의 장, 한국산업인력공단 및 대통 　령령으로 정하는 자에게 위탁할 수 있음 － 외국인근로자관련 사업 중 출입국 지원사업(제21조 제1호)은 한국산업 　인력공단에 위탁함	법 제28조 시행령 (제31조)

[표 62] 업종별 고용허가제 고용업무 대행기관 지정 고시(예시)

구분　　　분야	제조업 등 분야	농축산업 분야	어업 분야	건설업 분야
기관명(지정번호)	중소○○중앙회 (제2021－1호)	농업○○○○중앙회 (제2021－2호)	수산업○○○중앙회 (제2021－3호)	○○건설협회 (제2021－4호)
소재지	서울특별시 ○○○	서울특별시 ○○○	서울특별시 ○○○	서울특별시 ○○
지정기간 (3년)	2021.9.1.~ 2024.8.31.	2021.9.1.~ 2024.8.31.	2021.9.1.~ 2024.8.31.	2021.9.1.~ 2024.8.31.
업종	제조·서비스업 (냉장·냉동 창고업 제외)	농·축산업	어업, 냉장·냉동 창고업	건설업
업무 대상	비전문취업(E－9), 방문취업(H－2)			
업무 범위	법 제27조의2 제1항 각 호에서 정한 업무			
행정 사항　시행일	이 고시는 2021년 9월 1일부터 시행한다.			
유효기간	이 고시는 2024년 8월 31일까지 효력을 가진다.			

2. 벌칙(제29조부터 제32조까지)

이 법에서의 벌칙(제29조~제30조)은 징역 또는 벌금형이 있으며, 과태료(제32조), 양벌규정(제31조)으로 구성되어 있다. 외국인근로자의 고용과 관련한 업무집행에 있어 위반 사항에 따른 벌칙과 과태료 및 양벌규정의 구체적인 내용은 다음과 같다.

[표 63] 외국인고용법에서의 벌칙과 과태료 및 양벌규정

유형		적용내용	조항 및 관련 법률
벌 칙	1년 이하 징역 또는 1천만원 이하 벌금	－ 직업안정기관이 아닌 자가 외국인근로자의 선발, 알선, 그 밖에 채용에 개입한 자(제8조 제6항) － 귀국에 필요한 조치를 하지 않은 사용자(제16조) － 외국인근로자 고용허가 또는 특례고용가능확인의 취소가 되어 15일 이내에 근로계약을 종료하지 않은 사용자(제19조 제2항) － 사업 또는 사업장 변경을 방해한 자(제25조) － 대행업무를 하면서 금품을 받은 자(제27조 제4항)	법 제29조
	500만원 이하 벌금	－ 출국만기보험등에 가입하지 않은 사용자(제13조 제1항) － 보증보험 또는 상해보험에 가입하지 않는 자(제23조)	법 제30조
과 태 료	500만원 이하	－ 근로계약 체결 시 표준근로계약서를 사용하지 않은 자(제9조 제1항) － 외국인근로자에게 취업교육을 받게 하지 않은 사용자(제11조 제2항) － 사용자 교육을 받지 않은 사용자(제11조의2 제1항) － 특례고용가능확인을 받지 않고 사증을 발급받은 외국인근로자를 고용한 사용자(제12조 제3항) － 외국인구직자 명부에 등록된 사람 중에서 채용하지 않은 사용자 또는 외국인근로자가 근로를 시작한 직업안정기관의 장에게 신고하지 않거나 거짓으로 신고한 사용자(제12조 제4항) － 출국만기보험등의 매월 보험료 또는 신탁금을 3회 이상 연체한 사용자	법 제32조 시행령 (제32조) 별표 참조

제Ⅱ부 개별 이민법

	(제13조 제1항) – 보험 또는 신탁에 가입하지 않은 외국인근로자(제15조 제1항) – 신고를 하지 않거나 거짓으로 신고한 사용자(제17조 제1항) – 외국인근로자의 고용이 제한 된 사용자로서 사증을 발급받은 외국인근로자를 고용한 사용자(제20조 제1항, 제12조 제1항) – 보고 및 조사등의 명령을 따르지 않고 보고를 하지 않거나 거짓으로 보고한 자, 관련 서류를 제출하지 않거나 거짓으로 제출한 자, 질문 또는 조사·검사를 거부·방해하거나 기피한 자(제26조 제1항) – 수수료 및 필요한 비용 외의 금품을 받은자(제27조 제1항) – 과태료의 부과기준 및 징수는 대통령령으로 정하는 바에 따라 고용노동부장관이 함	
양벌규정	– 법인의 대표자나 법인 또는 개인의 대리인, 사용인, 그 밖의 종업원이 그 법인 또는 개인의 업무에 관하여 벌칙 제29조와 제30조에 해당하는 위반행위를 하면 그 행위자를 벌하는 외에 그 법인 또는 개인에게도 해당 조문의 벌금형을 과(科)함(단, 법인 또는 개인이 그 위반행위를 방지하기 위해 해당 업무에 관하여 상당한 주의와 감독을 게을리하지 않는 경우는 그러하지 않음)	법 제31조

제7장

재한외국인 처우 기본법

外國人處遇法

재한외국인 처우 기본법(약칭: 외국인처우법)

법률	제8442호	법률	제19355호	소관부처
제정일	2007.05.17	개정일(일부개정)	2023.04.18	법무부 (외국인정책과)
시행일	2007.07.18	시행일	2023.07.09	

『재한외국인 처우 기본법(이하, 외국인처우법)』은 『헌법』 제6조(조약과 국제법규의 효력, 외국인의 법적 지위)를 근거로 대한민국 내에 체류하고 있는 외국인에 관한 기본적인 처우를 정하고, 지원하기 위한 정책을 수립 및 추진체계를 세우고자 제정되었다. 『외국인처우법』은 이민법의 모법이라고 할 수 있으나, 다른 법들과 상호 연계될 수 있으며, 외국인, 이민자 또는 재외동포 등을 포함하는 내용의 포괄적인 내용을 담을 수 있는 연구가 필요하다고 본다.

『외국인처우법』은 재한외국인이 대한민국 사회에 적응하여 개인의 능력을 충분히 발휘할 수 있도록 하고, 대한민국 국민과 재한외국인이 서로를 이해하고 존중하는 사회환경을 만들어 대한민국의 발전과 사회통합에 이바지함을 목적으로 한다(제1조).

I. 외국인처우법의 조문 구성 및 정의

『외국인처우법』은 총 23조로 제1장 총칙, 제2장 외국인정책의 수립 및 추진체계, 제3

장 재한외국인등의 처우, 제4장 국민과 재한외국인이 더불어 살아가는 환경조성, 제5장 보칙 등 구성되어 있으며, 제5장 보칙을 '외국인처우법관리행정'영역으로 분류하여 설명한다.

1. 외국인처우법의 조문 구성

『외국인처우법』은 제정목적을 바탕으로 외국인정책수립 및 추진체계, 재한외국인의 처우, 환경조성 및 외국인처우법관리행정으로 구분할 수 있다.

[표 64] 외국인처우법의 조문 내용

구분		조항 내용
제1장 총칙		제1조 　목적 제2조 　정의 제3조 　국가 및 지방자치단체의 책무 제4조 　다른 법률과의 관계
제2장 외국인정책의 수립 및 추진체계		제5조 　외국인정책의 기본계획 제6조 　연도별 시행계획 제7조 　업무의 협조 제8조 　외국인정책위원회 제9조 　정책의 연구·추진 등
제3장 재한외국인 등의 처우		제10조 　재한외국인 등의 인권옹호 제11조 　재한외국인의 사회적응 지원 제12조 　결혼이민자 및 그 자녀의 처우 제13조 　영주권자의 처우 제14조 　난민의 처우 제14조의2 특별기여자의 처우 제15조 　국적취득 후 사회적응 제16조 　전문외국인력의 처우 개선 제17조 　과거 대한민국국적을 보유하였던 자 등의 처우
제4장 국민과 재한외국인이 더불어 살아가는 환경조성		제18조 　다문화에 대한 이해 증진 제19조 　세계인의 날
제5장 외국인처우법 관리행정	보칙	제20조 　외국인에 대한 민원 안내 및 상담 제21조 　민간과의 협력 제22조 　국제교류의 활성화 제22조의2 이민정책연구원 제23조 　정책의 공표 및 전달

2. 정의(제2조)

『외국인처우법』에서 사용되는 용어는 재한외국인, 재한외국인에 대한 처우, 결혼이민자로 정의하고 있다.

[표 65] 외국인처우법에서 사용되는 용어 및 개념

용어	개념
재한외국인	대한민국의 국적을 가지지 않은 자로서 대한민국에 거주할 목적을 가지고 합법적으로 체류하고 있는 자(단, 거주목적 없는 관광객 및 비합법적 체류자는 재한외국인에 해당되지 않음)
재한외국인에 대한 처우	국가 지방자치단체가 재한외국인을 그 법적 지위에 따라 적정하게 대우하는 것
결혼이민자	대한민국 국민과 혼인한 적이 있거나 혼인관계에 있는 재한외국인

Ⅱ. 국가 및 지방자치단체의 책무(제3조)

국가 및 지방자치단체는 『외국인처우법』의 목적(제1조)을 달성하기 위해 재한외국인에 대한 처우 등에 관한 정책의 수립·시행에 노력해야 하는 책무가 있다.

Ⅲ. 다른 법률과의 관계(제4조) 및 업무의 협조(제7조)

1. 다른 법률과의 관계

국가는 재한외국인에 대한 처우 등과 관련되는 다른 법률을 제정 또는 개정하는 경우에는 이 법의 목적에 맞도록 하여야 한다. 다른 법률로는 이민과 관련한 법률로서 『국적법』, 『출입국관리법』, 『재외동포법』, 『외국인고용법』, 『난민법』, 『재외동포기본법』 등을 들 수 있다.

2. 업무의 협조

법무부장관은 기본계획과 시행계획을 수립·시행하고, 평가를 위해 필요한 때에는 국가기관·지방자치단체 및 공공단체의 장에게 관련 자료의 제출 등 필요한 협조를 요청할 수 있다(제1항). 공공단체의 장이란 첫째, 『유아교육법』, 『초·중등교육법』, 『고등교육법』, 그 밖에 다른 법률에 따라 설립된 각급 학교의 장, 둘째, 『공공기관의 운영에 관한 법률』에 따라 지정·고시된 공기업·준정부기관 및 기타 공공기관의 장, 셋째, 『지방공기업법』에 따라 설립된 지방공사 및 지방공단의 장, 넷째, 특별법에 따라 설립된 특수법인, 다섯째, 『사회복지사업법』 제42조 제1항에 따라 국가나 지방자치단체로부터 보조금을 받는 사회복지법인과 사회복지사업을 하는 비영리법인의 장을 말한다(시행령 제6조).

또한, 중앙행정기관 및 지방자치단체의 장은 소관 업무에 관한 시행계획을 수립·시행하고, 평가를 위해 필요한 때에는 공공기관장에게 관련 자료의 제출 등 필요한 협조를 요청할 수 있다(제2항).

Ⅳ. 외국인정책위원회, 외국인정책의 기본계획 및 연도별 시행계획

법무부장관은 관계 중앙행정기관의 장과 협의하여 5년마다 외국인정책에 관한 기본계획을 수립한다(제5조 제1항). 관계 중앙행정기관의 장은 기본계획에 따라 소관별로 연도별 시행계획을 수립하고 시행한다(제6조 제1항). 외국인정책은 어느 하나의 중앙행정기관에서 추진할 수 있는 분야가 아니므로 중앙행정기관 간의 탄력적이고 유기적인 협업이 필요하다.

주무 간사 부처인 법무부를 중심으로 대한민국 이민의 현상을 분석하고, 그 결과를 토대로 외국인정책을 수립하여 시행하기 위해서는 중앙행정기관과 지방행정기관 및 유관단체 그리고 재한외국인과 국민에 이르는 연결망이 매우 중요하다. 이러한 점에서 무엇보다 『외국인처우법』의 목적에 부합될 수 있으며, 국민과 더불어 대한민국의 발전과 사회통합을 이룰 수 있도록 기획단계부터 잘 설계되어야 한다.

이를 위해 『외국인처우법』에서는 외국인정책위원회를 두고 있으며, 외국인정책의 기본계획과 연도별 시행계획을 수립하기 위한 심의·조정의 역할을 한다(제8조 제1항). 외국인정책위원회의 구성과 기능 및 운영 그리고 외국인정책의 기본계획과 연도별 시행계획의 구체적인 내용은 다음과 같다.

[표 66] 외국인정책위원회, 외국인정책의 기본계획 및 연도별 시행계획

구분	내용	조항 및 관련 법률
외국인정책위원회	- 목적: 외국인정책에 관한 주요 사항을 심의·조정 - 소속: 국무총리 - 구성: 위원장 1인 포함 30인 이내의 위원 * 위원장: 국무총리 * 위원: ① 기획재정부장관, 교육부장관, 과학기술정보통신부, 외교부장관, 법무부장관, 행정안전부장관, 문화체육관광부장관, 농림축산식품부장관, 산업통상자원부장관, 보건복지부장관, 고용노동부장관, 여성가족부장관, 국토교통부장관, 해양수산부장관, 중소벤처기업부장관 및 위원회의 의결을 거쳐 위원회의 위원장이 필요하다고 인정한 중앙행정기관의 장 ② 외국인정책에 관하여 학식과 경험이 풍부한 자 중 위원장이 위촉하는 자 ③ 위원장은 필요하다고 인정되면 심의 안건과 관련된 행정기관, 즉 국가정보원장, 국무조정실장, 지방자치단체의 장 등 참석 - 임기: 3년 - 간사: 1명, 사무처리를 위해 둠 　　　간사는 법무부출입국·외국인정책본부장이 됨 - 기능역할: 외국인정책관련 사항 심의·조정 ① 외국인정책 기본계획의 수립에 관한 사항 ② 외국인정책 시행계획 수립, 추진실적, 평가결과에 관한 사항 ③ 재한외국인이 대한민국의 국적을 취득한 경우에는 국적을 취득한 날부터 3	법 제8조 시행령 (제7조)

	년이 경과하는 날까지, 국어교육, 대한민국의 제도·문화에 대한 교육, 결혼 이민자의 자녀에 대한 보육 및 교육 지원, 의료지원 등 사회적응에 관한 주요 사항 ④ 그 밖에 외국인정책에 관한 주요 사항 – 위원회에 상정할 안건과 위원회에서 위임한 안건을 처리하기 위해 위원회에 외국인정책실무위원회(실무위원회)를 둠 – 실무위원회의 구성 및 운영: 시행령 제11조 참조	
외국인정책 기본계획	– 법무부장관은 5년마다 외국인정책에 관한 기본계획을 관계 중앙행정기관의 장과 협의하여 수립 – 기본계획의 원칙: 상호주의 원칙 – 기본계획의 주요내용 ① 외국인정책의 기본목표와 추진방향 ② 외국인정책의 추진과제, 그 추진방법 및 추진시기 ③ 필요한 재원의 규모와 조달방안 ④ 그 밖에 외국인정책 수립 등을 위해 필요하다고 인정한 사항 – 수립된 기본계획은 외국인정책위원회의 심의를 거쳐 확정 – 기본계획의 수립절차: ① 지침확정(법무부장관은 외국인정책에 관한 기본계획의 효율적인 수립을 위해 미리 기본계획 작성 지침을 정함) ➡ ② 관계 중앙행정기관의 장에게 통보(관계 중앙행정기관의 장은 소관별로 기본계획안을 작성·제출) ➡ ③ 법무부장관에게 제출(법무부장관은 이를 종합하여 기본 계획 수립·확정) ➡ ④ 관계 중앙행정기관의 장, 지방자치단체의 장에게 통보(법무부장관은 확정된 기본계획을 알림) – 기본계획의 변경: 관계 중앙행정기관의 장은 확정된 기본계획 중 소관 사항을 변경하려면 기본계획 변경안을 작성, 법무부장관에게 제출 ➡ 법무부 장관은 기본계획 변경안을 고려하여 기본계획을 수정하고 외국인정책위원회의 심의를 거쳐 확정해야 함	법 제5조 시행령 (제2조, 제3조)
연도별 시행계획	– 관계 중앙행정기관의 장은 기본계획에 따라 소관별로 연도별 시행계획을 수립·시행해야 함 – 지방자치단체의 장은 중앙행정기관의 장이 법령에 따라 위임한 사무에 관해 당해 중앙행정기관의 장이 수립한 시행계획에 따라 당해 지방자치단체의 연도별 시행계획을 수립·시행해야 함 – 관계 중앙행정기관의 장은 소관별로 다음해 시행계획과 지난해 추진실적 및 평가결과를 법무부장관에게 제출해야 하며, 법무부장관은 이를 종합하여 외국인정책위원회 심의·조정을 위해 상정해야 함 – 그 밖에 시행계획의 수립·시행 및 평가 등은 시행령 제4조, 제5조 참조	법 제6조 시행령 (제4조, 제5조)

V. 재한외국인정책의 연구·추진 등(제9조)

법무부장관은 기본계획 및 시행계획의 수립 및 추진실정에 대한 평가, 위원회와 실무위원회의 구성·운영 등이 효율적으로 이루어지도록 다음과 같은 업무를 수행한다(제1항).

첫째, 재한외국인, 불법체류외국인 및 대한민국의 국적을 취득한 귀화자에 관한 실태조사

둘째, 기본계획의 수립에 필요한 사항에 관한 연구

셋째, 위원회 및 실무위원회에 부의할 안건에 관한 사전 연구

넷째, 외국인정책에 관한 자료 및 통계의 관리, 위원회와 실무위원회의 사무처리

다섯째, 국적취득 후 사회적응시책 및 그 이용에 관한 연구와 정책추진

여섯째, 그 밖에 외국인정책 수립 등에 필요하다고 인정되는 사항에 관한 연구와 정
　　　책의 추진

위 업무를 효율적으로 수행하기 위해 연구소·대학, 그 밖에 필요하다고 인정하는 기
관·단체에 실태조사 및 연구 등을 위탁할 수 있다(시행령 제14조).

VI. 재한외국인 등의 처우

재한외국인 등의 처우는 인권옹호, 사회적응 지원, 결혼이민자와 그 자녀, 영주권자,
난민, 특별기여자, 전문인력, 국적취득 후 사회적응 및 과거 대한민국국적을 보유하였던
자 등의 대한민국에서의 정착과 활동 지원 및 처우 개선을 위해 관련한 다른 법률과 함께
구체적인 내용을 명시하고 있다.

[표 67] 재한외국인 등의 처우에 관한 내용

구분	내용	조항 및 관련 법률
재한외국인 등의 인권옹호	- 국가 및 지방자치단체는 재한외국인 또는 그 자녀에 대한 불합리한 차별 방지 및 인권 옹호를 위한 교육·홍보, 그 밖에 필요한 조치를 함	법 제10조
재한외국인의 사회적응 지원	- 국가 및 지방자치단체는 재한외국인이 대한민국에서 생활하는 데 필요한 기본적 소양과 지식에 관한 교육·정보 제공 및 상담 등의 지원	법 제11조
국적취득 후 사회적응	- 재한외국인이 대한민국의 국적을 취득한 경우에는 국적을 취득한 날부터 3년이 경과한 날까지 제12조 제1항에 따른 시책의 혜택을 받을 수 있음 - 시책: 국어교육, 대한민국의 제도·문화에 대한 교육, 결혼이민자 자녀에 대한 보육 및 교육지원, 의료지원 등	법 제15조
결혼이민자 및 그 자녀	- 국가 및 지방자치단체는 결혼이민자에 대한 국어교육, 대한민국의 제도·문화에 대한 교육, 결혼이민자의 자녀에 대한 보육 및 교육지원, 의료 지원 등을 통하여 결혼이민자 및 그 자녀가 대한민국 사회에 빨리 적응하도록 지원 - 대한민국 국민과 사실혼 관계에서 출생한 자녀를 양육하고 있는 재한외국인 및 그 자녀에 대하여 준용 - 국가와 지방자치단체는 결혼이민자 및 그 자녀(제1항)와 재한외국인 및 그 자녀(제2항)에 대하여 건강검진 실시	법 제12조
영주권자	- 국가 및 지방자치단체는 대한민국에 영구적으로 거주할 수 있는 법적 지위를 가진 외국인(영주권자)에 대해 대한민국의 안전보장·질	법 제13조

	서유지 · 공공복리, 그 밖에 대한민국의 이익을 해치지 않는 범위 안에서 대한민국으로의 입국 · 체류 또는 대한민국 안에서의 경제활동 등을 보장함 ― 국어교육, 대한민국의 제도 · 문화에 대한 교육, 결혼이민자 자녀에 대한 보육 및 교육지원, 의료지원 등	
난민	― 『난민법』에 따른 난민인정자가 대한민국에서 거주하거나 외국으로 출국하기를 원하는 경우 다음과 같이 지원가능 ① 한국어, 대한민국의 제도 · 문화에 대한 교육, 결혼이민자 자녀에 대한 보육 및 교육지원, 의료지원 등 ② 국가는 난민의 인정을 받은 재한외국인이 외국에서 거주할 목적으로 출국하려는 경우에는 출국에 필요한 정보제공 및 상담과 그 밖에 필요한 지원을 할 수 있음	법 제14조 『난민법』
특별기여자	― 대한민국에 특별히 기여하였거나 공익의 증진에 이바지하였다고 인정되어 대한민국에 거주하고 있는 외국인과 그 동반 가족으로서 국내 정착을 지원할 필요가 있다고 법무부장관이 인정하는 사람(특별기여자등)의 처우는 제14조, 『난민법』 사회보장(제31조), 기초생활보장(제32조), 교육보장(제33조), 사회적응교육 등(제34조), 학력인정(제35조), 자격인정(제36조) 및 난민인정자에 대해 다른 법률에도 불구하고 상호주의를 적용하지 않음(제38조)을 준용함 ― 국가와 지방자치단체의 지원 내용 ① 초기생활정착자금 및 그 밖에 필요한 생활지원 ② 고용 정보의 제공, 취업알선 등 취업에 필요한 지원	법 제14조의2 『난민법』
전문외국인력	― 전문적인 지식 · 기술 또는 기능을 가진 외국인력의 유치를 촉진할 수 있도록 그 법적 지위 및 처우의 개선에 필요한 제도와 시책을 마련하기 위하여 노력해야 함	법 제16조
과거 대한민국 국적 보유자	― 국가 및 지방자치단체는 과거 대한민국의 국적을 보유하였던 자 또는 그의 직계비속(대한민국의 국적을 보유한 자 제외)으로서 대통령령으로 정하는 자에 대하여 대한민국의 안전보장 · 질서유지 · 공공복리, 그 밖에 대한민국의 이익을 해치지 아니하는 범위 안에서 대한민국으로의 입국 · 체류 또는 대한민국 안에서의 경제활동 등을 보장할 수 있음 ― 대통령령으로 정하는 자 ① 자신 또는 부모, 조부모의 일방이 과거 대한민국의 국적을 보유하였던 사실을 증명하는 자 ② 입국금지에 해당하지 않는 자 ③ 재외동포체류자격 부여가 제한되지 않는 자	법 제17조 시행령 (제15조) 『출입국관리법』 (제11조 제1항) 『재외동포법』 (제5조 제2항)

Ⅶ. 국민과 재한외국인이 더불어 살아가는 환경조성

1. 다문화에 대한 이해증진

국가 및 지방자치단체는 국민과 재한외국인이 서로의 역사 · 문화 및 제도를 이해하고 존중할 수 있도록 교육, 홍보, 불합리한 제도의 시정이나 그 밖에 필요한 조치를 위해 노력해야 한다.

2. 세계인의 날

국민과 재한외국인이 서로의 문화와 전통을 존중하면서 더불어 살아갈 수 있는 사회환경을 조성하기 위해 매년 5월 20일을 '세계인의 날'로 정하고 세계인의 날부터 1주간의 기간을 '세계인주간'으로 한다(제1항). 이러한 세계인의 날 행사에 관하여 필요한 사항은 법무부장관 또는 특별시장·광역시장·도지사 또는 특별자치도지사가 따로 정할 수 있다(제2항).

Ⅷ. 재한외국인 처우 관리행정: 보칙(제5장)

1. 외국인에 대한 민원 안내 및 상담

공공기관장은 재한외국인에게 민원처리절차를 안내하는 업무를 전담하는 직원을 지정할 수 있고, 그 직원이 소정의 교육을 이수하도록 한다(제1항). 국가는 전화 또는 전자통신망을 이용하여 재한외국인과 그 밖에 대한민국에 체류하는 외국인(시행령 제16조)으로 정하는 자에게 외국어로 민원을 안내·상담하기 위하여 외국인종합안내센터를 설치·운영할 수 있다(제2항).

2. 민간과의 협력 및 국제교류의 활성화

국가와 지방자치단체의 역할이 매우 중요하게 여겨지는 민간과의 협력 및 국제교류의 활성화이다.

(1) 민간과의 협력(제21조)

외국인정책에 관한 사업 중의 일부를 비영리법인 또는 비영리단체에 위탁할 수 있고 그 위탁한 사업수행에 드는 비용을 일부 지원하거나 그 밖에 필요한 지원을 할 수 있도록 한다.

(2) 국제교류의 활성화(제22조)

외국인정책과 관련한 국제기구에 참여하거나 국제회의에 참석하고, 정보교환 및 공동 조사·연구 등의 국제협력사업을 추진함으로써 국제교류를 활성화하기 위해 국가와 지방자치단체의 역할이 중요하다.

3. 이민정책연구원 설치 및 운영(제22조의2)

전문적이고 체계적인 이민정책의 수립 등에 필요한 조사·연구를 추진하기 위함과 「대한민국 정부와 국제이주기구 간의 국제이주기구 이민정책연구원 설립 및 운영에 관한 협정」의 이행을 장려하고자 이민정책연구원(이하, 연구원)을 설립하며(제1항), 연구원은 법인으로 하며(제2항), 다음과 같은 사업을 수행한다.

첫째, 세계 각국의 이민정책과 입법에 관한 조사·연구·자문·정보교환
둘째, 이민정책 전문가 양성
셋째, 이민정책 관련 국제교류·협력 및 국제회의 개최·지원
넷째, 이민정책 관련 학회 및 학술활동 지원
다섯째, 이민정책 관련 학술자료·정기간행물·보고서 등 출판물의 발간·보급 및 그 밖에 연구원의 설립목적을 달성하는 데 필요한 사업

또한, 연구원은 정관으로 정하는 바에 따라 임원과 필요한 직원을 두며, 국가는 예산의 범위에서 연구원의 운영에 필요한 경비를 지원할 수 있다. 연구원에 관하여 『외국인처우법』에서 정한 것 외에는 『민법』 제3장 법인에 해당하는 내용 중 재단법인에 관한 규정을 준용한다.

4. 재한외국인정책의 공표 및 전달(제23조)

국가 및 지방자치단체는 확정된 외국인정책의 기본계획 및 시행계획 등을 공표할 수 있으며(제1항), 모든 국민 및 재한외국인이 공표된 외국인정책의 기본 및 시행계획 등을 쉽게 이해하고 이용할 수 있도록 해야 한다(제2항). 다만, 위원회 또는 실무위원회에서 국가 안전보장·질서유지·공공복리·외교관계 등에서 국익을 고려하거나, 개인의 사생활의 비밀이 침해될 우려가 있는 사항에 대해서는 공표하지 않는다.

제8장
다문화가족지원법
多文化家族支援法

다문화가족지원법(약칭: 다문화가족법)

법률	제8937호	법률	제17281호	소관부처
제정일	2008.03.21	개정일(일부개정)	2020.05.19	여성가족부
시행일	2008.09.22	시행일	2020.05.19	(다문화가족과)

『다문화가족지원법(이하, 다문화가족법)』은 대한민국 국민과 결혼한 결혼이민자와 그 자녀의 한국 사회적응과 안정적인 가족생활을 영위할 수 있도록 다양한 지원정책을 수립하고 시행하기 위해 제정되었다. 『다문화가족법』은 다문화가족 구성원이 안정적인 가족생활을 영위하고 사회구성원으로서의 역할과 책임을 다할 수 있도록 함으로써 이들의 삶의 질 향상과 사회통합에 이바지함을 목적으로 한다(제1조).

I. 다문화가족법의 조문 구성 및 정의

『다문화가족법』은 조문 내용의 성격상 장으로 구분하였으며, 총 17조로 제1장 총칙, 제2장 다문화가족정책 및 추진체계, 제3장 다문화가족의 처우, 제4장 다문화가족의 삶의 질 제고를 위한 지원환경, 제5장 다문화가족법관리행정으로 분류하여 설명하고자 한다.

1. 다문화가족법의 조문구성

『다문화가족법』은 제정목적을 바탕으로 다문화가족정책 및 추진체계, 다문화가족의 처우, 지원환경 및 다문화가족법관리행정으로 분류하여 설명한다.

[표 68] 다문화가족법의 조문 내용

구분	조항 내용
제1장 총칙	제1조　　목적 제2조　　정의 제3조　　국가와 지방자치단체의 책무
제2장 다문화가족 정책 및 추진체계	제3조의2　다문화가족 지원을 위한 기본계획의 수립 제3조의3　연도별 시행계획의 수립·시행 제3조의4　다문화가족정책위원회의 설치 제4조　　실태조사 등
제3장 다문화가족의 처우	제5조　　다문화가족에 대한 이해증진 제6조　　생활정보 제공 및 교육지원 제7조　　평등한 가족관계의 유지를 위한 조치 제8조　　가정폭력 피해자에 대한 보호·지원 제9조　　의료 및 건강관리를 위한 지원 제10조　　아동·청소년 보육·교육 제14조　　사실혼 배우자 및 자녀의 처우 제14조의2 다문화가족 자녀에 대한 적용 특례
제4장 다문화가족의 삶의 질 제고를 위한 지원환경	제11조　　다국어에 의한 서비스 제공 제11조의2 다문화가족 종합정보 전화센터의 설치·운영 등 제12조　　다문화가족지원센터의 설치·운영 등 제12조의2 보수교육의 실시 제12조의3 유사명칭 사용 금지
제5장 다문화가족법 관리행정	제13조　　다문화가족 지원업무 관련 공무원의 교육 제13조의2 다문화가족지원사업 전문인력 양성 제15조　　권한의 위임과 위탁 제15조의2 정보제공의 요청 제16조　　민간단체 등의 지원 제17조　　과태료

2. 정의(제2조)

『다문화가족법』에서 사용되는 용어는 다문화가족, 결혼이민자등, 아동·청소년이며 다음과 같이 정의하고 있다.

214

제
Ⅱ
부

개
별

이
민

법

[표 69] 다문화가족법에서 사용되는 용어 및 개념

용어	개념
다문화가족	- 대한민국 국민과 혼인한 적이 있거나 혼인 관계에 있는 재한외국인과 대한민국 국적을 취득한 자로 이루어진 가족 - 인지, 귀화로 인해 대한민국 국적을 취득한 자와 출생, 인지, 귀화 등 규정에 따라 대한민국 국적을 취득한 자로 이루어진 가족(『외국인처우법』 제2조 제3호, 『국적법』 제2조부터 제4조)
결혼이민자등	- 대한민국 국민과 혼인한 적이 있거나 혼인 관계에 있는 재한외국인(『외국인처우법』 제2조 제3호) - 귀화로 국적을 취득한 자(『국적법』 제4조)
아동·청소년	24세 이하인 사람

Ⅱ. 국가와 지방자치단체의 책무(제3조)

국가와 지방자치단체는 다문화가족 구성원이 안정적인 가족생활을 영위하고 경제·사회·문화 등 각 분야에서 사회구성원으로서 역할과 책임을 다할 수 있도록 필요한 제도와 여건을 조성하고 이를 위해 시책을 수립·시행해야 한다(제1항).

특별시·광역시·특별자치시·도·특별자치도 및 시·군·구(자치구)에는 다문화가족 지원을 담당할 기구와 공무원을 두어야 하며(제2항), 국가와 지방자치단체는 『다문화가족법』에 따른 시책 중 외국인정책 관련 사항에 대해서는 외국인정책의 기본계획(『외국인처우법』 제5조), 연도별 시행계획(『외국인처우법』 제6조), 업무의 협조(『외국인처우법』 제7조), 외국인정책위원회(『외국인처우법』 제8조), 정책의 연구·추진 등(『외국인처우법』 제5조)의 규정에 따른다(제3항).

Ⅲ. 다문화가족정책위원회, 다문화가족지원 기본계획 및 시행계획

여성가족부장관은 다문화가족을 지원하기 위해 5년마다 다문화가족정책에 관한 기본계획(제3조의2 제1항) 및 관계 중앙행정기관의 장과 시·도지사는 매년 기본계획에 따라 시행계획을 수립·시행해야 한다(제3조의3 제1항).

이를 위해 『다문화가족법』에서는 다문화가족정책위원회를 설치하고 있다. 위원회는 다문화가족의 삶의 질 향상과 사회통합에 관한 중요 사항을 심의·조정의 역할을 하고 있으며(제3조의4 제1항), 다문화가족지원 기본계획 및 연도별 시행계획의 수립과정 등 다문화가족관련 정책 수립과 운영을 한다.

[표 70] 다문화가족정책위원회, 다문화가족지원 기본계획 및 연도별 시행계획

구분	내용	조항 및 관련 법률

다문화가족 정책위원회	− 목적: 다문화가족의 삶의 질 향상과 사회통합에 관한 중요 사항을 심의·조정
	− 소속: 국무총리
	− 구성: 위원장 1인 포함 20명 이내의 위원
	  * 위원장: 국무총리
	  * 위원: ① 기획재정부장관, 교육부장관, 과학기술정보통신부장관, 외교부장관, 법무부장관, 행정안전부장관, 문화체육관광부장관, 농림축산식품부장관, 보건복지부장관, 고용노동부장관, 여성가족부장관 및 국무조정실장
	    ② 다문화가족정책에 관해 학식과 경험이 풍부한 사람 중 위원장이 위촉하는 자
	    ③ 위원장이 필요하다고 인정되면 심의 안건과 관련된 중앙행정기관의 장 및 지방자치단체의 장 등 참석
	− 임기: 2년
	− 간사: 1명, 사무처리를 위해 둠
	    간사는 여성가족부 청소년가족정책실장이 됨
	− 기능역할: 다문화가족정책 심의·조정
	  ① 다문화가족정책에 관한 기본계획 수립 및 추진에 관한 사항
	  ② 다문화가족정책의 시행계획의 수립, 추진실적 점검 및 평가에 관한 사항
	  ③ 다문화가족과 관련된 각종 조사, 연구 및 정책의 분석·평가에 관한 사항
	  ④ 각종 다문화가족 지원 관련 사업 조정 및 협력에 관한 사항
	  ⑤ 다문화가족정책과 관련된 국가 간 협력에 관한 사항
	  ⑥ 그 밖에 다문화가족의 사회통합에 관한 중요 사항
	− 정책위원회에서 심의·조정할 사항을 미리 검토하고 위임된 사항을 다루기 위해 실무위원회를 둠
	− 실무위원회의 구성 및 운영 등: 시행령 제8조 참조
		법 제3조의4 시행령 (제5조)

다문화가족 지원 기본계획	− 여성가족부장관은 5년마다 다문화가족 지원을 위해 다문화가족 정책에 관한 기본계획을 관계 중앙행정기관의 장과 협의·수립함
	− 기본계획의 주요내용
	  ① 다문화가족 지원 정책의 기본 방향
	  ② 다문화가족 지원을 위한 분야별 발전시책과 평가에 관한 사항
	  ③ 다문화가족 지원을 위한 제도 개선에 관한 사항
	  ④ 다문화가족 구성원의 경제·사회·문화 등 각 분야에서 활동증진에 관한 사항
	  ⑤ 다문화가족 지원을 위한 재원 확보 및 배분에 관한 사항
	  ⑥ 그 밖에 다문화가족 지원을 위해 필요한 사항
	− 기본계획은 다문화가족정책위원회의 심의를 거쳐 확정
	− 여성가족부는 확정된 기본계획을 지체 없이 국회 소관 상임위원회에 보고
	➔ 관계 중앙행정기관의 장과 특별시장·광역시장·특별자치시장·도지사·특별자치도지사(시·도지사)에게 고지
	− 여성가족부장관은 기본계획수립을 위해 필요하다고 인정하는 경우 관계기관의 장에게 기본계획수립에 필요한 자료 제출을 요구하며, 정당한 사유가 없으면 관계기관의 장은 따라야 함
		법 제3조의2

연도별 시행계획	− 여성가족부장관, 관계 중앙행정기관의 장과 시·도지사는 매년 기본계획에 따라 다문화가족정책에 관한 시행계획을 수립·시행함 − 관계 중앙행정기관의 장과 시·도지사는 전년도의 시행계획에 따른 추진실적 및 다음 연도의 시행계획을 수립하여 매년 12월 31일까지 여성가족부장관에게 제출해야 함 − 시행계획 수립·시행 및 추진실적의 평가 등은 시행령 제2조 참조	법 제3조의3 시행령 (제2조)

Ⅳ. 다문화가족 정책연구·실태조사 등(제4조)

여성가족부장관은 다문화가족의 현황 및 실태를 파악하고 다문화가족 지원을 위한 정책수립을 활용하기 위해 3년마다 다문화가족에 대한 실태조사를 실시하고 그 결과를 공표해야 한다(제1항). 실태조사를 위해 관계 공공기관 또는 관련 법인·단체에 대해 필요한 자료의 제출 등 협조를 요청할 수 있으며, 관계 공공기관 또는 관련 법인·단체 등은 특별한 사유가 없는 한 협조해야 한다(제2항).

실태조사를 함에 있어 외국인정책 관련 사항은 법무부장관과 협의를 다문화가족 구성원인 아동·청소년의 교육 현황 및 아동·청소년의 다문화가족에 대한 인식 등에 관한 사항은 교육부장관과의 협의를 거쳐 실시하며(제3항), 다문화가족 실태조사의 대상, 기관, 항목 및 보완조사(시행규칙 제2조)는 다음과 같다.

[표 71] 다문화가족 실태조사의 대상 및 방법

구분	내용
조사대상	– 결혼이민자등과 그 한국인 배우자 및 자녀
조사기관	– 다문화가족에 관한 전문성, 인력 및 장비를 갖춘 연구기관·법인 또는 단체
조사항목	– 가족구성원의 일반특성: 성별, 연령, 학력, 취업상태 등 – 가족의 경제상태: 소득, 지출, 자산 등 – 가족행태 및 가족관계: 자녀양육, 가족부양 등 – 생활양식: 의식주, 소비, 여가, 정보 이용 등 – 가족문제: 가족갈등 등 – 서비스 수요: 다문화가족 지원 관련 교육·상담 등 – 그 밖에 다문화가족의 현황 및 실태파악에 필요한 사항으로 여성가족부장관이 정하는 사항
보완조사	– 사회환경이 급격한 변동 등으로 추가적인 조사가 필요할 때는 실태조사 외에 임시조사를 실시함

Ⅴ. 다문화가족의 처우

대한민국 국민과 결혼한 다문화가족이 안정적인 삶을 영위할 수 있도록 국가와 지방자치단체의 관심과 지원이 필요하다. 다문화가족의 삶의 질 제고를 위한 처우는 다문화가족에 대한 이해증진을 바탕으로 생활정보 제공 및 교육지원, 평등한 가족관계의 유지를 위한 조치, 가정폭력 피해자에 대한 보호·지원, 의료 및 건강관리를 위한 지원, 아동·청소년 보육·교육, 사실혼 배우자 및 그 자녀의 처우, 다문화가족 자녀에 대한 적용 특례 등의 내용으로 구성되어 있다.

[표 72] 다문화가족의 처우에 관한 내용

구분	내용	조항 및 관련 법률
다문화가족에 대한 이해증진	- 국가와 지방자치단체는 다문화가족에 대한 사회적 차별 및 편견을 예방하고 사회구성원이 문화적 다양성을 인정하고 존중할 수 있도록 다문화 이해 교육 및 홍보 등 필요한 조치를 해야 함(제1항) - 여성가족부장관은 다문화 이해교육 및 홍보를 위해 홍보영상을 제작하여 방송사업자에게 배포해야 함(제2항) - 여성가족부장관은 방송사업자에게 비상업적 공익광고 편성비율의 범위에서 홍보영상을 채널별로 송출하도록 요청할 수 있음(제3항) - 방송사업자는 홍보영상 외에 독자적으로 홍보영상을 제작하여 송출할 수 있으며, 이 경우 여성가족부장관에게 필요한 협조 및 지원을 요청할 수 있음(제4항) - 교육부장관과 특별시·광역시·특별자치시·도·특별자치도의 교육감은 학교에서 다문화가족에 대한 이해를 돕는 교육실시를 위한 시책을 수립·시행해야 하며, 이 경우 다문화가족 구성원인 아동·청소년의 교육 현황 및 아동·청소년의 다문화가족에 대한 인식 등에 관한 사항을 반영해야 함(제5항) - 교육부장관과 특별시·광역시·특별자치시·도·특별자치도의 교육감은 학교의 교원에 대해 매년 연수계획을 다음과 같이 수립·시행해야 함 ① 연수의 목적 및 내용 ② 연수의 개설 및 운영기관 ③ 연수의 종류 ④ 연수과정별 대상 및 인원 ⑤ 연수의 이수기준 ⑥ 그 외 연수운영 및 연수비 지급 등에 필요한 사항	법 제5조 시행령 (제10조의2) 『방송법』 (제2조 제3호, 제73조 제4항) 『방송법』시행령 (제59조) 『유아교육법』 제2조, 『초·중등교육법』 제2조, 『고등교육법』 제2조
생활정보 제공 및 교육지원	- 국가와 지방자치단체는 결혼이민자등이 대한민국에서 생활하는 데 필요한 기본적 정보(아동·청소년에 대한 학습 및 생활지도 관련 정보포함)를 제공하고, 사회적응교육과 직업교육·훈련 및 언어소통 능력 향상을 위한 한국어 교육 등을 받도록 필요한 지원을 함(제1항) - 국가와 지방자치단체는 결혼이민자등의 배우자 및 가족구성원이 결혼이민자등의 출신 국가 및 문화 등을 이해하는 데 필요한 기본적 정보를 제공하고 관련 교육을 지원함(제2항) - 국가와 지방자치단체는 교육을 실시함에 거주지 및 가정환경 등으로 인해 서비스에서 소외되는 결혼이민자등과 배우자 및 그 가족구성원이 없도록 방문교육이나 원격교육 등 다양한 방법으로 교육을 지원하고, 교재와 강사 등의 전문성을 강화하기 위한 시책을 수립·시행해야 함(제3항) - 국가와 지방자치단체는 방문교육비용을 결혼이민자등의 가구 소득수준, 교육의 종류 등 기준에 따라 차등 지원함(제4항)(여성가족부고시 제2022-58호) 참조 - 국가와 지방자치단체가 방문교육의 비용을 지원함에 있어 비용 지원의 신청, 금융정보 등의 제공, 조사·질문 등은『아이돌봄 지원법』제22조부터 제25조까지의 규정을 준용함(제5항) - 결혼이민자등의 배우자 등 다문화가족 구성원은 결혼이민자등이 한국어 교육 등 사회적응에 필요한 다양한 교육을 받도록 해야 함(제6항) - 그 외 정보제공과 교육은 다음과 같이 대통령령으로 함 ① 다문화가족 지원 관련 정책정보, 이민자 정착 성공 사례	법 제6조 시행령 (제11조) 『아이돌봄 지원법』 (제22조~ 제25조)

	어린이집 등의 기관소개, 한국문화소개 등 생활정보지 발간·배포 ② 결혼이민자등의 국적, 수학능력(修學能力), 그 밖의 교육여건 등을 고려하여 체계적·단계적 교육실시 ③ 결혼이민자등의 취업 및 창업을 촉진하기 위해 능력 및 적성을 고려한 직업교육·훈련실시 ④ 결혼이민자등의 출신 국가의 역사·전통·문화·언어 등과 출신국가에 대한 체험 또는 거주사례, 다양한 문화의 존중과 이해를 위한 기본소양에 관한 사항 및 여성가족부장관 또는 지방자치단체의 장이 인정하는 정보가 포함된 정보지, 시청각 자료 또는 교육용 자료 등을 발간·배포	
평등한 가족관계의 유지를 위한 조치	− 국가와 지방자치단체는 다문화가족이 민주적이고 양성평등한 가족관계를 누릴 수 있도록 가족상담, 부부교육, 부모교육, 가족생활교육 등을 추진하며, 문화 차이 등을 고려한 전문적인 서비스가 제공되도록 해야 함	법 제7조
가정폭력 피해자에 대한 보호·지원	− 국가와 지방자치단체는 다문화가족 내 가정폭력을 예방해야 함(제1항) − 가정폭력으로 피해를 입은 결혼이민자등을 보호·지원을 하며(제2항), 이때 외국어 통역서비스를 갖춘 가정폭력 상담소 및 보호시설의 설치를 확대하도록 함(제3항) − 결혼이민자등이 가정폭력으로 혼인관계를 종료하는 경우 의사소통의 어려움과 법률체계 등에 관한 정보의 부족 등으로 불리한 입장이 되지 않도록 의견진술 및 사실확인 등에 있어 언어통역, 법률상담 및 행정지원 등 필요한 서비스를 제공함(제4항)	법 제8조 『가정폭력방지 및 피해자보호 등에 관한 법률』
의료 및 건강관리를 위한 지원	− 결혼이민자등이 건강하게 생활할 수 있도록 영양·건강에 대한 교육, 산전·산후 도우미 파견, 건강검진 등의 의료서비스를 지원할 수 있음(제1항) − 이러한 의료서비스를 제공받는 경우 외국어 통역서비스를 제공할 수 있음(제2항)	법 제9조
아동·청소년 보육·교육	− 아동·청소년 보육·교육을 실시함에 다문화가족 구성원인 아동·청소년을 차별해서는 안 되며(제1항), 어린이집의 원장, 유치원의 장, 각급 학교의 장, 그 외 대통령령으로 정하는 기관의 장은 아동·청소년이 차별받지 않도록 필요한 조치를 해야 함(제4항) − 다문화가족 구성원인 아동·청소년이 학교생활에 신속히 적응하도록 교육지원대책을 마련하고, 특별시·광역시·특별자치시·도·특별자치도의 교육감은 다문화가족 구성원인 아동·청소년에 대해 학과 외 또는 방과 후 교육 프로그램 등을 지원할 수 있음(제2항) − 다문화가족 구성원인 18세 미만인 자의 초등학교 취학 전 보육 및 교육을 지원하며, 그 구성원의 언어발달을 위해 한국어 및 결혼이민자인 부 또는 모의 모국어 교육을 위한 교재지원 및 학습지원 등 언어능력 제고를 위해 필요한 지원을 할 수 있음(제3항)	법 제10조 『영유아보육법』 제10조, 『유아교육법』 제7조, 『초·중등교육법』 제2조
사실혼 배우자 및 자녀의 처우	− 대한민국 국민과 사실혼 관계에서 출생한 자녀를 양육하고 있는 다문화가족 구성원에 대해 법 제5조부터 제12조까지의 규정을 준용함	법 제14조
다문화가족 자녀에 대한 적용 특례	− 다문화가족이 이혼 등의 사유로 해체된 경우에도 그 구성원이었던 자녀에 대해 『다문화가족법』을 적용함	법 제14조의2

Ⅵ. 다문화가족의 삶의 질 제고를 위한 지원환경

다문화가족의 삶의 질 제고를 위해 지역의 다양한 서비스 접근성을 높일 수 있도록 지원환경을 조성해야 한다. 이를 위해 다국어 서비스 제공이 가능한 종합정보 전화센터와 생활 적응을 위한 다문화가족지원센터를 설치·운영한다. 이는 결혼이민자, 즉 다문화가족의 한국어 능력과 한국 사회적응 및 경제활동을 지원할 수 있으며, 이러한 센터는 지역에서 다문화가족에 대한 종합적이고 밀착 지원이 가능한 매우 중요한 역할을 한다.

[표 73] 다문화가족을 위한 지원환경

구분	내용	조항 및 관련 법률
다국어에 의한 서비스 제공	− 국가와 지방자치단체는 다문화가족에 대한 이해증진(제5조), 생활정보 제공 및 교육지원(제6조), 평등한 가족관계의 유지를 위한 조치(제7조), 가정폭력 피해자에 대한 보호·지원(제8조), 의료 및 건강관리를 위한 지원(제9조), 아동·청소년 보육·교육(제10조) 등의 규정에 따른 지원정책을 추진함에 결혼이민자등의 의사소통의 어려움을 해소하고, 서비스 접근성 제고를 위해 다국어 서비스를 제공해야 함	법 제11조

다문화가족 종합정보 전화센터의 설치·운영 등	− 여성가족부장관은 다국어에 의한 상담·통역 서비스 등을 결혼이민자 등에게 제공하기 위하여 다문화가족 종합정보 전화센터를 설치·운영하며, 긴급전화센터와 통합하여 운영할 수 있음(제1항)
	− 여성가족부장관은 전화센터의 설치·운영을 대통령령을 정하는 기관 또는 단체, 즉 사회복지법인, 외국어 서비스를 제공하는 긴급전화센터를 운영하는 기관 또는 단체 및 다국어상담·통역시설 및 전문인력을 갖춘 여성가족부장관이 지정·고시하는 비영리법인 또는 단체에게 위탁이 가능하며(제2항), 이때 예산의 범위에서 그에 필요한 비용의 전부 또는 이부를 지원할 수 있음(제3항)
	  * 지정·고시에 의한 위탁기관: 예) 한국건강가정진흥원
	− 전화센터의 설치·운영은 여성가족부령으로 정함(제4항)
	  * 설치·운영기준: 규모, 구조 및 설비, 종사자, 운영시간, 관련기관과의 네트워크 구축, 관리규정, 장부 등의 비치 등이며, 시행규칙(제2조의2) 참조
		법 제11조의2
		시행령
		(제11조의2)
		시행규칙
		(제2조의2)
		
		여성가족부
		고시
		제2017−2호
		
		『가정폭력방지 및 피해자보호 등에 관한 법률』
		(제4조의6 제1항)

다문화가족 지원센터의 설치·운영 등	− 국가와 지방자치단체는 다문화가족지원센터(이하, "지원센터"라 한다)를 설치·운영할 수 있으며(제1항), 법인이나 단체에 위탁할 수 있음(제2항) • 지원센터의 위탁 대상 및 절차 − 위탁대상: 사회복지법인, 비영리법인, 공익법인, 비영리단체, 학교 외 여성가족부장관이 인정하는 법인·단체 − 위탁절차: ① 국가 지방자치단체는 위탁내용 및 절차 고시 ➔ ② 위탁받으려는 자는 신청 ➔ ③ 신청자의 사업수행 능력, 재정력, 활동실적, 신뢰성 등 종합 평가 후 선정 ➔ ④ 선정된 기관은 시행규칙(제4조)에 따라 위탁계약 체결 − 위탁기간: 최대 5년 − 국가 또는 지방자치단체 아닌 자가 지원센터를 설치·운영하고자 할 때 미리 시·도지사 또는 시장·군수·구청장(자치구의 구청장)의 지	법 제12조 시행령 (제12조부터 제12조의3) 시행규칙 (제3조) 『사회복지사업법』 (제2조 제3호) 『민법』 (제32조)

220

제
Ⅱ
부

개
별
이
민
법

	정을 받아야 함(제3항) － 지원센터 수행업무(제4항) 　① 다문화가족을 위한 교육·상담 등 지원사업 실시 　② 결혼이민자등에 대한 한국어 교육 　③ 다문화가족 지원서비스 정보제공 및 홍보 　④ 다문화가족 지원 관련 기관·단체와의 서비스 연계 　⑤ 일자리에 관한 정보제공 및 일자리의 알선 　⑥ 다문화가족을 위한 통역·번역 지원사업 　⑦ 다문화가족 내 가정폭력 방지 및 피해자 연계 지원 　⑧ 그 밖에 다문화가족 지원을 위해 필요한 사업 － 지원센터에는 다문화가족에 대한 교육·상담 등의 업무수행을 위해 　관련 분야에 대한 학식과 경험을 가진 전문인력을 두어야 하며(제5 　항), 국가와 지방자치단체는 지정한 지원센터에 대해 예산의 범위에서 　업무수행에 필요한 비용 및 운영비용의 전부 또는 일부를 보조할 수 　있음(제6항) － 지원센터의 설치·운영 기준, 위탁·지정 기간 및 절차 등에 필요한 　사항은 시행령(제12조부터 제12조의3)으로 정하고 전문인력의 기준은 　건강가정사, 사회복지사 등 해당 전문인력 1명 이상 두어야 함	『공익법인의 설립·운영에 관한 법률』 (제2조) 『비영리민간 단체지원법』 『고등교육법』 (제2조) 『건강가정기본법』 (제35조) 『사회복지사업법』 (제11조)
보수교육의 실시	－ 여성가족부장관 또는 시·도지사는 지원센터에 두는 전문인력의 자질 　과 능력제고를 위해 보수교육을 실시해야 함(제1항) － 보수교육의 내용·기간 및 방법을 정함(제2항) 　＊ 보수교육 방법: 집합교육, 온라인 교육 등 　＊ 보수교육 내용: 다문화사회의 이해, 다문화가족정책, 비영리기관의 　　운영관리 등 포함하되, 구체적인 내용은 여성가족부장관이 정함	법 제12조의2 시행규칙 (제9조)
유사명칭 사용금지	－『다문화가족법』에 따른 지원센터가 아니면 다문화가족지원센터 또는 　이와 유사한 명칭 사용을 금함	법 제12조의3

Ⅶ. 다문화가족지원법의 관리행정

　『다문화가족법』은 제1장부터 제4장까지 다문화가족의 삶의 질 제고를 위한 다문화가족
정책 수립과 그들의 처우 및 지원기관에 대해 살펴보았다. 이러한 정책추진과 다양한 지원서
비스를 위한 행정 관련 내용을 '다문화가족법 관리행정'이란 영역으로 분류하여 다문화가족법
제13조(다문화가족지원 업무 관련 공무원의 교육)부터 제17조(과태료)까지 설명하고자 한다.

[표 74] 다문화가족법 관리행정

구분	내용	조항 및 관련 법률
다문화가족 지원업무 관련 공무원의 교육	－ 국가와 지방자치단체는 다문화가족 지원 관련 업무에 종사하는 공무 　원의 다문화가족에 대한 이해증진과 전문성 향상을 위한 교육을 실시 　해야 함	법 제13조
다문화가족 지원사업 전문인력 양성	－ 국가 또는 지방자치단체는 다문화가족지원 및 다문화 이해교육 등의 　사업추진에 필요한 전문인력을 양성해야 함(제1항) － 여성가족부장관은 전문인력양성을 위해 대통령령으로 정하는 바에 따	법 제13조의2 시행령 (제12조의4)

	라 대학이나 연구소 등 적절한 인력과 시설 등을 갖춘 기관이나 단체를 전문인력 양성기관으로 지정·관리할 수 있음(제2항) - 국가 또는 지방자치단체는 지정된 전문인력 양성기관에 대해 예산의 범위에서 필요한 경비의 전부 또는 일부를 지원할 수 있음(제3항) - 전문인력 양성기관의 지정기준 및 절차 등은 대통령령으로 정함(제4항)	
권한의 위임과 위탁	- 여성가족부장관은 이 법에 따른 권한의 일부를 대통령령으로 정하는 바에 따라 시·도지사 또는 시장·군수·구청장에게 위임할 수 있음(제1항) - 국가와 지방자치단체는 『다문화가족법』에 따른 업무 일부를 대통령령으로 정하는 바에 따라 비영리법인이나 단체에 위탁할 수 있음(제2항)	법 제15조 시행령(제13조) 『고등교육법』 (제2조) 『민법』 (제32조)
정보제공의 요청	- 여성가족부장관 또는 지방자치단체의 장은 『다문화가족법』 시행에 필요한 경우 법무부장관에게 결혼이민자등의 현황 파악을 위한 정보제공을 요청할 수 있으며, 지방자치단체의 장은 해당 관할구역의 결혼이민자등에 관한 정보에 한정하여 요청할 수 있음(제1항) - 정보제공 요청을 받은 법무부장관은 정당한 사유가 없으면 이에 따라야 하며(제2항), 정보를 제공받은 여성가족부장관 또는 지방자치단체의 장은 지원센터에 제공할 수 있음(제3항) - 법무부장관은 해당 정보제공의 사용내역, 제공·관리현황등 정보관리에 필요한 자료를 여성가족부장관 또는 지방자치단체의 장 및 지원센터에게 요청할 수 있음(시행령 제14조) • 정보제공의 대상 ① 결혼이민자의 외국인등록 정보 ② 귀화허가를 받은 사람의 귀화허가 신청 정보 • 정보제공의 범위: 이름, 성별, 출생연도, 국적, 국내 거주지역, 주소 및 연락처(본인 동의 시)	법 제15조의2 시행령 (제14조) 『재한외국인 처우 기본법』 (제2조 제3호) 『국적법』 (제6조 제2항)
민간단체 등의 지원	- 국가와 지방자치단체는 다문화가족 지원 사업을 수행하는 단체나 개인에 대해 필요한 비용의 전부 또는 일부를 보조하거나 그 업무수행에 필요한 행정적 지원을 할 수 있음(제1항) - 국가와 지방자치단체는 결혼이민자 등이 상부상조하기 위한 단체의 구성·운영 등을 지원할 수 있음(제2항)	법 제16조
과태료	• 유사명칭 사용금지를 위반한 자: 300만원 이하 • 과태료부과기준 - 일반기준 ① 횟수에 따른 부과기준: 최근 1년간 같은 위반행위로 부과받은 경우이며, 위반횟수별 처분기준의 적용일은 위반행위에 대해 처분을 한 날과 다시 같은 위반행위(처분 후 위반행위만) 적발한 날로 함 ② 과태료 체납자를 제외하고, 과태료 2분의 1 범위에서 그 금액을 줄일 수 있음(별표2 참조) - 개별기준 (표 아래 참조) - 과태료 부과·징수: 여성가족부장관, 지방자치단체의 장	법 제17조, 제12조의3 시행령 (제16조) 별표2

위반행위 (법 제12조의3)	근거 법조문	과태료 금액(만원)		
		1차 위반	2차 위반	3차 이상 위반
다문화가족지원센터 또는 이와 유사한 명칭을 사용한 경우	법 제17조 제1항	100	200	300

제9장

난민법

難民法

난민법

법률	제11298호	법률	제14408호	소관부처
제정일	2012.02.10	개정일(일부개정)	2016.12.20	법무부 (난민과)
시행일	2013.07.01	시행일	2016.12.20	

　　난민이 발생하는 이유는 가장 큰 이유는 전쟁과 자연재해이며, 지금도 세계 곳곳에서 일어나고 있다. 세계 제2차대전으로 인해 발생된 난민들의 구호에 세계가 관심을 기울이게 되었으며, 1947년 국제연합(UN)은 국제난민기구(IRO: International Refugee Organization)를 설립하였다. 1948년 세계인권선언(Universal Declaration of Human Rights), 즉 "모든 사람은 박해를 피해 다른 나라에서 피난처를 구할 권리와 그것을 누릴 권리를 가진다(제14조 제1항)."라는 선언을 통해 난민에 대한 보호와 구호의 중요성을 알 수 있다.

　　난민 문제를 해결하고자 1949년 UN총회에서 유엔난민기구(UNHCR: United Nations High Commissioner Refugees)를 설립하여 난민관련 업무를 수행하게 되었으며, 1951년 난민에 대한 개념과 권리 및 의무 등을 정한 「1951년 난민의 지위에 관한 협약(The 1951 Convention relating to the Status of Refugees)」, 즉 「난민협약」이 체결되었다. 이후 지속적인 난민의 발생으로 인해 국제사회는 「1967년 난민의 지위에 관한 의정서(The 1967 Protocol relating to the Status of Refugees)」를 채택하여 난민의 보호와 구호를 언제, 어디서든지 지속·가능하게 되었다.

대한민국은 1992년 「난민협약 및 난민의정서」에 가입하였으며, 1993년 난민 관련 조항을 『출입국관리법』에 신설하였다. 1994년 7월부터 『출입국관리법』의 난민 관련 법조문이 발효되어 난민신청 접수를 개시하였으며, 마침내 2012년 『난민법』이 제정되고 2013년 시행됨으로써 아시아 최초로 독립된 『난민법』을 시행하게 되었다. 이러한 『난민법』은 「난민의 지위에 관한 1951년 협약(난민협약)」 및 「난민의 지위에 관한 1967년 의정서(난민의정서)」 등에 따라 난민의 지위와 처우 등에 관한 사항을 정하는 것을 목적으로 한다(제1조).

I. 난민법의 조문 구성 및 정의

『난민법』은 총 47조로 제1장 총칙, 제2장 난민인정 신청 및 심사 등, 제3장 난민위원회 등, 제4장 난민인정자 등의 처우, 제5장 보칙, 제6장 벌칙으로 구성되어 있으나, 제5장과 제6장은 '난민법관리행정' 영역으로 설명하고자 한다.

1. 난민법의 조문 구성

『난민법』은 제정목적을 바탕으로 난민인정 신청 및 심사, 난민위원회 구성, 난민인정자 등의 처우 및 난민법관리행정으로 분류할 수 있다.

[표 75] 난민법의 조문 내용

구분	조항 내용	
제1장 총칙	제1조	목적
	제2조	정의
	제3조	강제송환의 금지
	제4조	다른 법률의 적용
제2장 난민인정 신청과 심사 등	제5조	난민인정 신청
	제6조	출입국항에서 하는 신청
	제7조	난민인정 신청에 필요한 사항의 게시
	제8조	난민인정 심사
	제9조	난민신청자에게 유리한 자료의 수집
	제10조	사실조사
	제11조	관계 행정기관 등의 협조
	제12조	변호사의 조력을 받을 권리
	제13조	신뢰관계 있는 사람의 동석
	제14조	통역
	제15조	난민면접조서의 확인
	제16조	자료 등의 열람·복사
	제17조	인적사항 등의 공개 금지
	제18조	난민의 인정 등
	제19조	난민인정의 제한

		제20조	신원확인을 위한 보호
		제21조	이의신청
		제22조	난민인정결정의 취소 등
		제23조	심리의 비공개
		제24조	재정착희망난민의 수용
제3장 난민위원회 등		제25조	난민위원회의 설치 및 구성
		제26조	위원의 임명
		제27조	난민조사관
		제28조	난민위원회의 운영
		제29조	유엔난민기구와의 교류·협력
제4장 난민인정자 등의 처우	제1절 난민인정자의 처우	제30조	난민인정자의 처우
		제31조	사회보장
		제32조	기초생활보장
		제33조	교육의 보장
		제34조	사회적응교육 등
		제35조	학력인정
		제36조	자격인정
		제37조	배우자 등의 입국허가
		제38조	난민인정자에 대한 상호주의 적용의 배제
	제2절 인도적 체류자의 처우	제39조	인도적체류자의 처우
	제3절 난민신청자의 처우	제40조	생계비 등 지원
		제41조	주거시설의 지원
		제42조	의료지원
		제43조	교육의 보장
		제44조	특정 난민신청자의 처우 제한
제5장 난민 관리행정	제5장 보칙	제45조	난민지원시설의 운영 등
		제46조	권한의 위임
		제46조의2	벌칙 적용에서 공무원 의제
	제6장 벌칙	제47조	벌칙

2. 정의(제2조)

『난민법』에서 사용하는 용어에 대한 개념은 난민, 난민인정자, 인도적체류자, 난민신청자, 재정착희망난민, 외국인 등에 관해 정의하고 있다.

[표 76] 난민법에서 사용되는 용어 및 개념

용어	개념
난민	인종, 종교, 국적, 특정 사회집단의 구성원인 신분 또는 정치적 견해를 이유로 박해받을 수 있다고 인정할 충분한 근거가 있는 공포로 인해 국적국의 보호를 받을 수 없거나 보호받기를 원하지 않는 외국인 또는 그러한 공포로 인해 대한민국에 입국하기 전에 거주한 국가(상주국)로 돌아갈 수 없거나 돌아가기를 원하지 않는 무국적자인 외국인

난민으로 인정된 사람(난민인정자)	『난민법』에 따라 난민으로 인정을 받은 외국인
인도적 체류 허가를 받은 사람 (인도적체류자)	고문 등의 비인도적인 처우나 처벌 또는 그 밖의 상황으로 인해 생명이나 신체의 자유 등을 현저히 침해당할 수 있다고 인정할 만한 합리적인 근거가 있는 사람이며, 난민인정을 신청한 사람으로서 난민에 해당하지 않는다고 결정하는 경우 또는 이의신청에 대해 기각 결정을 한 경우(시행령 제2조)에 따라 법무부장관으로부터 체류 허가를 받은 외국인
난민인정을 신청한 사람 (난민신청자)	• 대한민국에 난민인정을 신청한 외국인으로서 – 난민인정 신청에 대한 심사가 진행 중인 사람 – 난민불인정결정이나 난민불인정결정에 대한 이의신청의 기각결정을 받고 이의신청 의 제기 기간이나 행정심판 또는 행정소송의 제기 기간이 지나지 아니한 사람 – 난민불인정결정에 대한 행정심판 또는 행정소송이 진행 중인 사람
재정착희망난민	대한민국 밖에 있는 난민 중 대한민국에서 정착을 희망하는 외국인
외국인	대한민국 국적을 가지지 않은 사람

Ⅱ. 강제송환의 금지(제3조)

난민인정자와 인도적체류자 및 난민신청자는 「난민협약」 제33조[15] 및 「고문 및 그 밖의 잔혹하거나 비인도적 또는 굴욕적인 대우나 처벌의 방지에 관한 협약」 제3조에 따라 본인의 의사에 반하여 강제로 송환되지 않는다.

Ⅲ. 다른 법률과의 관계 및 적용(제4조)

난민인정자와 인도적체류자 및 난민신청자의 지위와 처우에 관하여 『난민법』에서 정하지 아니한 사항은 『출입국관리법』을 적용한다.

Ⅳ. 난민인정 신청과 심사 등

외국인이 대한민국에서 난민으로 인정받기 위해서는 우선 신청하고, 신청에 따라 심사를 진행한다. 이때 신청을 위해 필요한 사항을 제시하거나, 심사를 위해 난민신청자에 관한 자료수집, 사실조사, 관계기관 등의 협조를 요청한다. 난민신청을 한 외국인은 신청 또는 심사 시 변호사의 도움을 받을 권리가 있으며, 신뢰 관계에 있는 사람을 동석할 수 있으며 이때 통역을 요청할 수 있다.

15) 난민협약 제33조(추방 및 송환의 금지)는 다음과 같다. ① 체약국은 난민을 어떠한 방법으로도 인종, 종교, 국적, 특정사회집단의 구성원 신분 또는 정치적 의견을 이유로 그 생명 또는 자유가 위협받을 우려가 있는 영역의 국경으로 추방하거나 송환하여서는 아니된다. ② 그러나 이 규정에 따른 이익은 그가 있는 국가의 안보에 위험하다고 인정되는 이유가 상당히 있고, 또는 특히 중대한 범죄를 저지른 것에 대한 최종적인 유죄판결이 내려지고 그 국가공동체에 대하여 위험한 존재가 되는 난민에 의해서는 요구될 수 없다 (UNHCR, www.unhcr.or.kr, 검색일 2023.5.1.).

위의 난민인정신청과 심사과정에서 난민면접조서의 확인, 자료 등의 열람·복사, 인적 사항 등의 공개 금지, 난민의 인정 등, 난민인정의 제한, 신원확인을 위한 보호, 이의신청, 난민인정결정의 취소 등, 심리의 비공개, 재정착희망난민의 수용 등의 절차가 진행된다.

[표 77] 난민인정 신청과 심사 등의 세부 과정

구분	내용	조항 및 관련 법률
난민인정 신청	– 대한민국 안에 있는 외국인으로서 난민인정을 받으려는 자는 법무부장관에게 난민인정 신청을 할 수 있으며, 외국인은 난민인정신청서를 지방출입국·외국인관서의 장에게 제출 – 첨부서류: ① 여권 또는 외국인등록증 및 해당 사유서(제시할 수 없는 경우), ② 난민인정 심사에 참고할 문서 등 자료가 있는 경우 그 자료, ③ 최근 6개월 이내에 찍은 사진(3.5cm×4.5cm) 1장, ④ 난민인정신청서(또는 재신청자용) – 외국인이 난민인정을 신청하면 접수증을 교부받음 – 난민인정 신청: 서면으로 하되 글을 쓸 줄 모르거나 장애 등의 사유로 신청서를 작성할 수 없는 경우 접수하는 공무원이 신청서를 작성하고 신청자와 함께 서명 또는 기명날인함 – 출입국관리공무원: 난민인정 신청에 관해 문의 또는 신청 의사를 밝히는 외국인 있으면 적극적으로 도와야 함 – 법무부장관: 난민인정 신청을 받은 즉시 신청자에게 접수증을 교부해야 함 – 난민신청자: 난민인정 여부에 관한 결정이 확정될 때까지(난민불인정결정에 대한 행정심판이나 행정소송이 진행 중인 경우에는 그 절차가 종결될 때까지) 대한민국에 체류가능함	법 제5조 시행규칙 (제2조, 제3조)
출입국항에서 하는 신청	– 외국인이 입국심사를 받는 때에 난민인정 신청을 하려면 『출입국관리법』에 따른 출입국항을 관할하는 지방출입국·외국인관서의 장에게 난민인정신청서를 제출해야 함 – 지방출입국·외국인관서의 장은 출입국항에서 난민인정신청서를 제출한 사람에 대해 7일의 범위에서 출입국항에 있는 일정한 장소에 머무르게 할 수 있음 – 법무부장관은 난민인정신청서를 제출한 사람에 대해 그 신청서가 제출된 날부터 7일 이내에 난민인정 심사에 회부할 것인지를 결정해야 하며, 그 기간 안에 결정하지 못하면 그 신청자의 입국을 허가해야 함 – 출입국항에서의 난민신청자에 대해서는 7일 동안 기본적인 의식주, 즉 개인의 안전과 위생, 국적국의 관습과 생활문화 등을 고려하여 제공해야 함 – 출입국항에서 하는 난민인정 신청의 절차 등 필요한 사항은 대통령령으로 정함(시행령 제3조, 제5조 참조)	법 제6조 시행령 (제4조)
난민인정 신청에 필요한 사항의 게시	– 지방출입국·외국인관서의 장은 지방출입국·외국인관서 및 관할 출입국항에 난민인정 신청에 필요한 서류를 비치하고 『난민법』에 따른 접수방법 및 난민신청자의 권리 등 필요한 사항을 게시(인터넷 등 전자적 방법 게시포함)하여 누구나 열람할 수 있도록 함 – 서류의 비치 및 게시의 구체적인 방법: 청장등은 ● 서류의 비치 　* 난민인정신청에 필요한 서류를 한국어 및 영어 포함 2개 이상 언어로 사람들이 잘 볼 수 있는 곳에 비치 ● 게시방법	법 제7조 시행규칙 (제4조) 법 제8조 제6항, 제40조부터 제43조까지,

	① 난민인정신청서(재신청자용 포함) 작성하여 제출하는 방법 ② 난민인정심사에 따라 출석요구에도 불구하고 3회 이상 연속하여 출석하지 않은 경우에는 난민인정 심사를 종료할 수 있다는 사실을 게시함 ③ 생계비 등지원(제40조), 주거시설의 지원(제41조), 의료지원(제42조), 교육의 보장(제43조) 등 규정에 따른 난민인정을 신청한 사람에 대한 처우에 관한 사항 ④ 특정 난민신청자의 처우 제한(제44조)에 따른 난민신청자에 대한 처우의 일부 제한에 관한 사항 ⑤ 그 외 난민인정 신청 및 접수방법 등 법무부장관이 정함	제40조부터 제44조까지
난민인정 심사	– 절차: 지방출입국 · 외국인관서의 장은 난민인정신청서를 제출받으면 ➡ 지체없이 난민신청자 면접 실시 ➡ 사실조사 ➡ 결과를 난민인정신청서에 첨부 법무부장관에게 보고 – 면접시: 난민신청자의 요청 시 같은 성(性)의 공무원선정 – 필요시: 지방출입국 · 관서의 장은 면접 과정을 녹음 또는 녹화를 할 수 있으나 난민신청자 요청 시 녹음 또는 녹화를 거부해서는 안 됨 – 법무부장관은 지방출입국 · 외국인관서에 면접과 사실조사 등 전담인력인 난민심사관을 둠 • 난민심사관의 자격: 출입국관리 업무에 종사하는 5급 이상 공무원으로 난민관련 업무 2년 이상 종사자 또는 난민심사관 교육과정을 마친 자 • 난민심사관 등의 업무수행 ① 난민심사관 등이 사실조사(제10조 제2항)에 따라 난민신청자, 그 밖에 관계인의 출석을 요구할 때 출석요구서(출석요구의 취지, 출석일시 및 장소 등)를 발급하고 출석요구 대상에 기록함(단, 긴급한 경우 구두로 출석요구할 수 있음) ② 난민심사관은 면접을 실시할 때 난민면접조서 기록해야 함 ③ 난민심사관은 기록한 난민면접조서를 난민신청자에게 읽어주거나, 열람하게 한 후 잘못 기록된 부분을 확인하고 난민신청자가 난민면접조서의 기록사항에 대해 추가 · 삭제 또는 변경을 요청하면 그 요청한 내용을 난민면접조서에 추가로 기록해야 함 ④ 기록된 난민면접조서 서명 또는 기명날인해야 하는 자 　* 난민심사관은 난민신청자가 서명 또는 기명날인할 수 없거나 거부할 때는 그 사실을 난민면접조서에 기록함 　* 서명, 기명날인자: 난민신청자, 통역이나 번역한 사람 – 난민신청자에 대한 심사절차 일부를 생략하는 경우 ① 거짓 서류제출 · 거짓진술 등 사실을 은폐하여 난민인정신청한 경우 ② 난민인정을 받지 못한 사람 또는 난민인정이 취소된 사람이 중대한 사정의 변경없이 다시 난민인정을 신청한 경우 ③ 대한민국에서 1년 이상 체류하고 있는 외국인이 체류기간 만료일에 임박하여 난민인정을 신청하거나 강제퇴거 대상 외국인이 그 집행을 지연시킬 목적으로 난민인정을 신청한 경우 – 난민신청자의 태도: 난민심사에 성실히 응해야 하며, 난민신청자가 면접 등을 위한 출석요구에도 불구하고 3회 이상 연속 출석하지 않는 경우는 난민인정 심사를 종료할 수 있음	법 제8조 시행령 (제6조, 제7조) 시행규칙 (제5조)
난민신청자에게 유리한 자료의 수집	– 법무부장관은 난민신청자에게 유리한 자료도 적극적으로 수집하여 심사 자료로 활용해야 함	법 제9조
사실조사	– 법무부장관은 난민의 인정 또는 난민인정의 취소 · 철회 여부를 경정하기 위해 난민전담공무원 또는 지방출입국 · 외국인관서의 난민심사관으로 하	법 제10조

	여금 그 사실을 조사하게 할 수 있음 – 조사를 위해 필요한 경우 난민신청자, 그 밖의 관계인을 출석시켜 질문하거나 문서 등 자료제출을 요구할 수 있음 – 난민전담부서의 장 또는 지방출입국·외국인관서의 장은 난민인정 또는 난민인정의 취소나 철회 등에 관한 사실조사를 마친 때에는 지체없이 그 내용을 법무부장관에게 보고해야 함	
관계 행정기관 등의 협조	– 난민인정 심사에 필요한 경우 관계 행정기관의 장이나 지방자치단체의 장(관계기관의 장) 또는 관련 단체의 장에게 자료제출 또는 사실조사 등의 협조를 요청할 수 있으며, 협조요청을 받은 기관의 장은 정당한 사유 없이 거부해서는 안 됨	법 제11조
변호사의 조력을 받을 권리	– 난민신청자는 변호사의 조력을 받을 권리를 가짐	법 제12조
신뢰 관계있는 사람의 동석	– 난민심사관은 난민신청자의 신청이 있을 때에는 면접의 공정성에 지장을 초래하지 않는 범위에서 신뢰관계가 있는 사람의 동석을 허용할 수 있음	법 제13조
통역	– 난민신청자가 한국어로 충분한 의사표현을 할 수 없는 경우 면접과정에서 일정한 자격을 갖춘 통역인이 통역하게 함 – 통역인의 자격 ① 외국어에 능통하고 난민통역 업무수행에 적합하다고 인정되는 자로서 법무부장관이 정하는 교육과정을 마친 자(난민전문통역인)를 난민신청자 면접 과정에서 통역하게 함 ② 난민신청자가 요청하는 경우 같은 성(性)의 난민전문통역인이 통역하게 함 ③ 난민신청자가 사용하는 언어에 능통한 난민전문통역인이 없거나 긴박한 경우의 통역방법 * 난민신청자 사용언어 → 다른 외국언어로 통역(1차 통역) → 한국어로 통역(2차 통역) * 난민신청자 사용언어에 능통한 사람에게 통역에 대한 사전 교육 실시 후 통역하게 함 ④ 난민신청자에 대한 통역을 담당한 사람에게 수당을 지급함(난민통역인 등 비용지급규칙, 법무부훈령 제1470호) 참조	법 제14조 시행령 (제8조) 법무부훈령 (제1470호)
난민면접조서의 확인	– 난민심사관은 난민신청자가 난민면접조서에 기재된 내용을 이해하지 못하는 경우 난민면접을 종료한 후 난민신청자가 이해할 수 있는 언어로 통역 또는 번역을 하여 그 내용을 확인할 수 있도록 함	법 제15조
자료 등의 열람·복사	– 난민신청자는 본인이 제출한 자료, 난민면접조서의 열람이나 복사를 요청할 수 있으며, 출입국관리공무원은 요청 시 지체 없이 응해야 함(단, 심사의 공정성에 현저한 지장을 초래한다고 인정할 만한 명백한 이유가 있는 경우에는 제한할 수 있음) – 열람 및 복사의 방법과 절차: ① 열람이나 복사 부분을 특정하여 열람신청서 또는 복사물 교부신청서를 출입국관리공무원에게 제출 → ② 출입국관리공무원은 난민신청자에게 열람일시 및 장소를 정하여 통보 → ③ 신청된 면접조서 등을 복사하여 복사물 교부신청서를 제출한 난민신청자에게 전달 → ④ 면접조서등을 열람하는 과정에서 면접조서등이 훼손되지 않도록 출입국관리공무원은 열람 과정에 참여하는 등 필요한 조치 필요 → ⑤ 열람이나 복사요청 난민신청자는 열람(1회당 500원), 복사(1매당 50월) 수수료를 지불함	법 제16조 시행령 (제9조) 시행규칙 (제7조)

인적사항 등의 공개 금지	− 누구든지 난민신청자와 신뢰관계에 있는 사람의 동석(제13조)에 따라 면접에 동석하는 사람의 주소·성명·연령·직업·용모 등 그 밖에 그 난민신청자등을 특정하여 파악할 수 있게 하는 인적사항과 사진 등을 공개하거나 타인에게 누설해서는 안 됨(단, 본인의 동의가 있는 경우는 예외임) − 난민신청자 등의 인적사항과 사진 등을 난민신청자 등의 동의를 받지 아니하고 출판물에 게재하거나 방송매체 또는 정보통신망을 이용하여 공개해서는 안 됨 − 난민인정 신청에 대한 어떠한 정보도 출신국에 제공되어서도 안 됨	법 제17조
난민의 인정 등	− 법무부장관은 난민인정 신청이 이유있다고 인정할 때 난민임을 인정하는 결정을 하고 난민인정증명서를 난민신청자에게 교부 − 난민인정 등의 결정은 난민인정신청서를 접수한 날부터 6개월 안에 해야 하며, 부득이한 경우 6개월의 범위에서 기간을 정하여 연장할 수 있음 − 기간은 연장한 때에는 종전의 기간 만료되기 7일 전까지 난민신청자에게 통지 − 난민에 해당하지 않는다고 결정한 경우: 그 사유와 30일 이내에 이의신청을 제기할 수 있다는 뜻을 적은 난민불인정결정통지서를 난민신청자에게 교부 − 난민불인정결정통지서 결정이유, 즉 난민신청자의 사실주장 및 법적 주장에 대한 판단을 포함하여 이의신청의 기한 및 방법 등을 명시해야 함 − 난민인정증명서, 난민불인정결정통지서는 지방출입국·외국인관서의 장을 거쳐 난민신청자나 그 대리인에게 교부 또는 『행정절차법』 제14조에 따라 송달	법 제18조 『행정절차법』 (제14조)
난민인정의 제한	• 법무부장관이 난민에 해당한다고 인정하더라도 난민불인정결정을 할 수 있는 경우 ① 유엔난민기구 외에 유엔의 다른 기구 또는 기관으로부터 현재 보호 또는 원조를 받는 경우(단, 보호·원조를 현재 받는 사람의 지위가 국제연합총회에 의하여 채택된 관련 결의문에 따라 최종적으로 해결됨이 없이 그러한 보호 또는 원조의 부여가 어떠한 이유로 중지되는 경우는 제외함) ② 국제조약 또는 일반적으로 승인된 국제법규에서 정하는 세계 평화에 반하는 범죄, 전쟁범죄 또는 인도주의에 반하는 범죄를 저지른 경우 ③ 대한민국에 입국하기 전에 대한민국 밖에서 중대한 비정치적 범죄를 저지른 경우 ④ 국제연합의 목적과 원칙에 반하는 행위를 한 경우	법 제19조
신원확인을 위한 보호	− 출입국관리공무원은 난민신청자가 자신의 신원을 은폐하여 난민의 인정을 받을 목적으로 여권 등 신분증을 고의로 파기하였거나 거짓의 신분증을 행사하였음이 명백한 경우 그 신원을 확인하기 위하여 『출입국관리법』 제51조에 따라 지방출입국·외국인관서의 장으로부터 보호명령서를 발급받아 보호할 수 있음 − 외국인을 보호하는 경우 48시간 이내에 보호명령서를 외국인에게 보여야 하며, 그렇지 아니한 경우 즉시 보호해제해야 함 − 보호된 사람에 대하여는 그 신원이 확인되거나 10일 이내에 신원을 확인할 수 없는 경우 즉시 보호를 해제해야 함(단, 부득이한 사정으로 신원확인이 지체되는 경우 지방출입국·외국인관서의 장은 10일의 범위에서 보호를 연장할 수 있음	법 제20조 『출입국 관리법』 (제51조)
이의신청	− 이의신청 가능자: 난민불인정결정을 받은 자, 난민인정이 취소 또는 철회된 자는 − 이의신청 가능 기간: 통지를 받은 날부터 30일 이내에	법 제21조 『행정심판법』

	– 신청 대상자: 법무부장관에게 이의신청을 함 – 이의신청 절차: 이의신청서에 이의의 사유를 소명하는 자료를 첨부하여 지방출입국·외국인관서의 장에게 제출 ➔ 이의신청을 한 경우는 행정심판을 청구할 수 없음 ➔ 법무부장관은 이의신청서 접수 시 지체없이 난민위원회에 회부 ➔ 난민위원회는 직접 또는 난민조사관을 통해 사실조사 함 ➔ 법무부장관은 난민위원회의 심의를 거쳐 난민인정 여부를 결정 ➔ 이의신청서를 접수한 날부터 6개월 이내에 이의신청 결정해야 함(단, 부득이한 사정으로 그 기간 안에 결정할 수 없는 경우 6개월의 범위에서 기간을 정하여 연장할 수 있음) ➔ 이의신청의 심사기간을 연장한 때에는 그 기간이 만료되기 7일 전까지 난민신청자에게 통지해야 함	
난민인정결정의 취소 등	– 난민인정결정 취소 경우: 난민인정결정이 거짓 서류제출, 거짓 진술, 사실 은폐에 따른 것으로 밝혀진 경우 – 난민인정결정 철회 경우 ① 자발적으로 국적국의 보호를 다시 받고 있는 경우 ② 국적을 상실한 후 자발적으로 국적을 회복한 경우 ③ 새로운 국적을 취득하여 그 국적국의 보호를 받는 경우 ④ 박해를 받을 것이라는 우려 때문에 거주하고 있는 국가를 떠나거나 또는 그 국가 밖에서 체류하고 있다가 자유로운 의사로 그 국가에 재정한 경우 ⑤ 난민인정결정의 주된 근거가 된 사유가 소멸하여 더이상 국적국의 보호를 받는 것을 거부할 수 없게 된 경우 ⑥ 무국적자로서 난민으로 인정된 사유가 소멸되어 종전의 상주국으로 돌아갈 수 있는 경우 – 법무부장관은 난민인정결정을 취소 또는 철회한 때 그 사유와 30일 이내에 이의신청할 수 있다는 뜻을 기재한 난민인정취소통지서 또는 난민인정철회통지서를 통지해야 하며 통지방법은 지방출입국·외국인관서의 장을 거쳐 난민신청자나 그 대리인에게 교부하거나 『행정절차법』 제14조에 따라 송달함	법 제22조, 제18조 『행정절차법』 (제14조)
심리의 비공개	– 난민위원회나 법원은 난민신청자나 그 가족 등의 안전을 위해 필요하다 인정하면 난민신청자의 신청에 따라 또는 직원으로 심의 또는 심리를 공개하지 않는 결정을 할 수 있음	법 제23조
재정착희망 난민의 수용	– 법무부장관은 재정착희망난민의 수용 여부와 규모 및 출신지역 등 주요 사항은 외국인정책위원회(재외동포법 제8조)의 심의를 거쳐 재정착희망난민의 국내 정착을 허가할 수 있으며, 이러한 정착허가는 난민인정으로 봄 – 국내 정착 허가의 요건 ① 난민인정의 제한(제19조)에 따른 사유에 해당하지 않을 것 ② 대한민국의 안전·사회질서·공중보건을 해칠 우려가 없을 것 ③ 유엔난민기구로부터 재정착희망난민을 추천받을 경우 ④ 법무부장관은 난민심사관등을 현지에 파견하여 재정착희망난민의 국내 정착허가요건을 갖추었는지 조사할 수 있음 – 국내 정착 허가 절차: 법무부장관은 『출입국관리법』에 따라 입국허가절차를 거쳐 국내 정착을 허가함 – 규정한 사항 외에 재정착희망난민의 국내 정착 허가에 필요한 사항은 법무부장관이 정함	법 제24조, 제18조, 제19조 시행령 (제12조) 『재한외국인 처우 기본법』 (제8조) 『출입국 관리법』

특히, 국내에 입국하여 난민인정을 신청한 후 난민인정이 되는 경우와 인정되지 않는 경우를 살펴볼 수 있다. 인정될 경우는 대한민국에서 계속 체류하면서 다양한 지원을 받

지만 인정되지 않는 경우는 강제퇴거 등의 명령을 받는다(한태희, 2019:164). 위의 난민인정 신청과 심사 등의 세부 과정을 통해 난민인정자, 인도적체류자, 강제퇴거자가 되는 경우를 정리할 수 있다.

[표 78] 난민인정 신청 후 난민인정자, 인도적체류자, 강제퇴거자가 되는 경우

구분	과정
난민인정자가 되는 경우	① 신청 ➜ 인정 ② 신청 ➜ 불인정 ➜ 이의신청 ➜ 인정 ③ 신청 ➜ 불인정 ➜ 이의신청 ➜ 불인정 ➜ 행정소송 ➜ 인용(인정) ④ 신청 ➜ 불인정 ➜ 행정심판 ➜ 인용(인정) ⑤ 신청 ➜ 불인정 ➜ 행정심판 ➜ 기각 ➜ 행정소송 ➜ 인용(인정) ⑥ 신청 ➜ 불인정 ➜ 행정소송 ➜ 인용(인정)
인도적체류자가 되는 경우	① 신청 ➜ 불인정하면서 인도적 체류허가 ② 신청 ➜ 불인정 ➜ 이의신청 ➜ 불인정하면서 인도적 체류허가
강제퇴거자가 되는 경우	① 신청 ➜ 불인정 ➜ 이의신청 ➜ 불인정 ➜ 행정소송 ➜ 기각(강제퇴거 등) ② 신청 ➜ 불인정 ➜ 행정심판 ➜ 기각 ➜ 행정소송 ➜ 기각(강제퇴거 등) ③ 신청 ➜ 불인정 ➜ 행정소송 ➜ 기각(강제퇴거 등)

V. 난민위원회 등 설치 및 운영

외국인이 개인의 특별한 사항, 즉 전쟁, 자연재해 등으로 인하여 난민인정을 신청할 경우 또는 재정착희망난민에 관하여 난민인정 신청부터 인정 또는 수용에 있어서 난민불인정 또는 난민인정결정의 취소등에 대한 이의신청에 대한 심의를 위해 법무부에는 난민위원회(위원회)를 두고 있다.

[표 79] 난민위원회 등 설치 및 운영

구분	내용	조항 및 관련 법률
난민위원회의 설치 및 구성	– 설치 목적: 이의신청(제21조)에 대한 심의를 하기 위해 – 구성: 위원장 1명 포함 15명 이하의 위원으로 구성하며 분과위원회를 둘 수 있음	법 제25조
위원의 임명	– 임명 또는 위촉권자: 법무부장관 – 위원의 자격 ① 변호사 자격이 있는 자 ② 학교에서 법률학 등을 가르치는 부교수 이상의 직에 있거나 있었던 자 ③ 난민관련 업무담당 4급 이상 공무원이거나 이었던 자 ④ 그 밖에 난민에 관하여 전문적인 지식과 경험이 있는 자 – 위원장은 위원 중에서 법무부장관이 임명 – 위원 임기: 3년, 연임가능	법 제26조 『고등교육법』 (제2조 제1호, 제3호)

난민조사관	- 위원회에 난민조사관을 둠 - 역할 및 업무: 난민조사관은 위원장의 명을 받아 이의신청에 대한 조사 및 그 밖에 위원회의 사무를 처리 함	법 제27조
난민위원회의 운영	- 난민위원회의 구성 및 운영(시행규칙 제12조), 위원의 제척과 회피(시행규칙 제12조의2), 자문위원(시행규칙 제12조의3), 의견청취(시행규칙 제12조의4), 난민조사관의 자격(시행규칙 제12조의5) 등 난민위원회의 규정사항 외 운영에 필요한 사항을 법무부령으로 정함	법 제18조 시행규칙 (제12조부터 제12조의5)
유엔난민 기구와의 교류·협력	- 법무부장관은 유엔난민기구가 통계 등의 자료요청 시 협력 ① 난민인정자 및 난민신청자의 상황 ② 난민협약 및 난민의정서의 이행 상황 ③ 난민관계 법령(입법예고를 한 경우 포함) - 유엔난민기구 또는 난민신청자의 요청이 있는 경우 유엔난민기구가 다음과 같은 행위할 수 있도록 협력해야 함 ① 난민신청자 면담 ② 난민신청자에 대한 면접 참여 ③ 난민인정 신청, 이의신청에 대한 심사에 관한 의견제시 - 법무부장관 및 난민위원회는 유엔난민기구가 난민협약 및 난민의정서의 이행상황을 점검하는 임무를 원활하게 수행할 수 있도록 편의를 제공해야 함	법 제29조

VI. 난민의 유형에 따른 처우

난민에 대한 처우는 난민을 세 가지로 구분하여 그들이 대한민국에 머물면서 받을 수 있는 지원으로 구분하여 살펴볼 수 있다. 우선 난민인정자는 난민법에 따라 사회보장, 교육 및 기초생활을 보장받으며, 난민의 학력과 보유하고 있는 자격 및 배우자 등의 입국허가 등을 들 수 있다. 다음으로 인도적 체류자의 처우는 인도적 체류자가 처해 있는 상황을 고려하여 체류허가를 부여한 사람으로서 그에 합법적인 또는 원하는 내용으로 처우를 지원한다. 마지막으로 난민신청자는 심사가 진행 중이거나 난민불인정 또는 이의신청의 기각결정을 받고 행정심판 또는 행정소송의 이의제기 기간이 지나지 않은 사람에 대한 처우로서 생계비를 지원하거나, 주거시설, 의료지원, 및 교육 등을 보장한다. 그러나 특정 난민신청자에 대한 처우는 제한하고 있으며 구체적으로 살펴보면 다음과 같다.

1. 난민인정자의 처우

대한민국에 체류하는 난민인정자는 다른 법률에도 불구하고 난민협약에 따른 처우를 받는다(제30조 제1항). 이러한 난민에 대한 처우는 국가와 지방자치단체는 이에 관한 정책의 수립·시행, 관계 법령의 정비, 관계부처 등에 대한 지원 및 사회보장, 기초생활보장, 교육의 보장, 사회적응교육등 학력과 자격인정, 배우자등의 입국허가, 난민인정자에 대한 상호주의 적용의 배제 등 그 밖에 필요한 조치를 해야 한다(제30조 제2항).

[표 80] 난민인정자의 지원에 관한 사항

구분	내용	조항 및 관련 법률
사회보장	– 난민으로 인정되어 국내에 체류하는 외국인은 상호주의의 원칙과 관계 법령에서 정하는 바(사회보장기본법 제8조) 등에도 불구하고 대한민국 국민과 같은 수준의 사회보장을 받음	법 제31조 『사회보장 기본법』(제8조)
기초생활보장	– 난민으로 인정되어 국내에 체류하는 외국인은 외국인에 대한 특례(국민기초생활 보장법 제5조의2)에도 불구하고 본인의 신청에 따라 생계급여, 주거급여, 의료급여, 교육급여, 해산급여, 장제급여, 자활급여 등 급여의 종류에 따른 보호를 받음	법 제32조 『국민기초 생활 보장법』 (제5조의2, 제7조부터 제15조)
교육의 보장	– 난민인정자나 그 자녀가 미성년자인 경우에는 국민과 동일하게 초등교육과 중등교육을 받음 – 법무부장관은 난민인정자에 대하여 그의 연령과 수학능력 및 교육여건 등을 고려하여 필요한 교육을 받을 수 있도록 지원할 수 있음	법 제33조 시행령 (제13조) 『민법』 『초·중등 교육법』(제2조, 제60조의4)
사회적응교육 등	– 법무부장관은 난민인정자에 대하여 한국어 교육 등 사회적응교육을 실시할 수 있음 – 법무부장관은 난민인정자가 원하는 경우 『국민평생직업능력개발법』 제12조로 정하는 바에 따라 직업훈련을 받을 수 있도록 지원함	법 제34조 시행령 (제14조, 제15조) 『출입국관리법』 (제39조)
학력인정	– 난민인정자는 학력인정의 기준 등(시행령 제16조) 정하는 바에 따라 외국에서 이수한 학교교육의 정도에 상응하는 학력은 교육 관계 법령의 기준에 따라 인정받을 수 있음	법 제35조 시행령 (제16조)
자격인정	– 난민인정자는 관계 법령에서 정하는 바에 따라 외국에서 취득한 자격에 상응하는 자격 또는 그 자격의 일부를 인정받을 수 있음	법 제36조
배우자 등의 입국허가	– 법무부장관은 난민인정자의 배우자 또는 미성년자인 자녀가 입국을 신청하는 경우 입국금지 등(출입국관리법 제11조)에 해당하는 경우가 아니면 입국을 허가해야 함 – 배우자 및 미성년자의 범위는 『민법』에 따름	법 제37조 『출입국관리법』 (제11조) 『민법』
난민인정자에 대한 상호주의 적용 배제	– 난민인정자에 대하여는 다른 법률에도 불구하고 상호주의를 적용하지 않음	법 제38조

2. 인도적체류자의 처우

인도적체류자는 고문 등의 비인도적인 처우나 처벌 또는 그 밖의 상황으로 인하여 생명이나 신체의 자유 등을 현저히 침해당할 수 있다고 인정할 만한 합리적인 근거가 있는 사람으로서 난민에 해당하지 않는다고 결정하거나 이의신청에 대해 기각결정을 한 경우로 이에 따라 법무부장관으로부터 체류허가를 받은 외국인으로 이들에 대한 처우는 취업활동을 허가할 수 있다.

3. 난민신청자의 처우

난민신청자의 경우 난민인정심사 중인 자, 난민불인정결정이나 이의신청의 기각결정을 받고 이의신청의 제기 기간이나 행정심판 또는 행정소송의 제기 기간이 지나지 않은 자, 난민불인정결정에 대한 행정심판 또는 행정소송이 진행 중인 자로서 이들에 대한 처우는 생계비 등 지원, 주거시설 지원, 의료지원, 교육을 보장한다. 반면에 특정 난민신청자의 처우에 대해서는 일부 제한을 할 수 있다.

[표 81] 난민신청자의 처우

구분	내용	조항 및 관련 법률
생계비 등 지원	– 법무부장관은 난민신청자에게 난민인정 신청서를 제출한 날부터 6개월을 넘지 않는 범위에서 생계비 등을 지원할 수 있으며, 중대한 질병 또는 신체장애 등으로 부득이하게 생계비 등의 지원이 계속 필요한 경우에는 6개월을 넘지 않는 범위에서 생계비 등의 지원기간을 연장할 수 있음 – 생계비 등의 지원여부 및 지원금액: 난민신청자의 국내 체류기간, 취업활동여부, 난민지원시설 이용 여부, 부양가족 유무, 생활여건 등을 고려하여 책정함 – 2023년 생계비 지원액 고시(법무부고시 제2023-9호) 참조 **난민지원시설 비이용자** (금액 원/월) 1인: 583,400 / 2인: 978,000 / 3인: 1,258,400 / 4인: 1,536,300 / 5인: 1,807,300 * 생계비 지원액은 가구 구성원이 5인 이상일 경우에도 5인 기준 **난민지원시설 이용자** 1인: 291,700 / 2인: 489,000 / 3인: 629,200 / 4인: 768,150 / 5인: 903,650 * 난민지원시설 이용자는 비 이용자의 50% 상당액 지급 * 예산 사정에 따라 지원 금액은 감액될 수 있음 ※ 적용례(이 고시규정은 2023년 1월 1일 이후 지급분부터 적용) – 생계비 지원절차 등: ① 생계비 지원받으려는 난민신청자는 생계비 등 지원신청서를 작성, 청장·사무소장·출장소장 또는 출입국·외국인지원센터의 장에게 제출 ➔ ② 신청서를 받은 청장·사무소장·출장소장 또는 출입국·외국인지원센터의 장은 지원 필요 여부에 대한 의견을 붙여 해당 서류를 지체없이 법무부장관에게 보냄 ➔ ③생계비 등의 지원 여부를 심사하고, 그 결과를 난민신청자에게 고지함 – 법무부장관은 난민인정 신청일부터 6개월이 지난 경우는 체류자격 외 활동(출입국관리법 제20조)에 따른 체류자격 외활동허가를 법무부장관으로 받고 그에 따라 난민신청자에게 취업을 허가할 수 있음	법 제40조 시행령 (제17조, 제18조) 시행규칙 (제15조) 법무부고시 제2023-9호 『출입국관리법』 (제20조)
주거시설의 지원	– 법무부장관은 난민지원시설 등에 난민신청자등이 거주할 수 있는 주거시설을 설치·운영할 수 있으며, 출입국항에서의 난민신청자와 재정착희망난민을 주거시설 우선 이용대상자로 할 수 있음 – 주거시설 이용기간: 6개월이 넘지 않는 범위에서 정하되, 이용자의 건강상태, 부양가족 등을 고려할 때 부득이한 사정으로 계속이용이 필요할	법 제41조 시행령 (제19조)

구분	내용	조항 및 관련 법률
	경우 주거시설 이용기간을 연장함 – 주거시설의 안전과 질서를 해치거나 해칠 우려가 있는 사람은 주거시설의 이용을 제한할 수 있음	
의료지원	– 난민신청자의 건강을 보호하기 위해 필요하다고 인정되면 난민신청자에게 건강검진을 받게 하거나 예산의 범위에서 건강검진 등의 비용을 지원할 수 있음 – 난민신청자에게 응급의료에 관한 정보와 그 밖에 난민신청자가 이용할 수 있는 의료서비스에 관한 정보를 제공해야 함 – 난민신청자에게 의료서비스를 제공하려는 관계부처 또는 기관의 장은 청장·사무소장이나 출장소장에게 난민신청자에 관한 확인을 요청할 수 있으며, 청장·사무소장 또는 출장소장은 그 사람이 난민신청자에 해당하는지를 확인하여 지체없이 확인을 요청한 부처나 기관에 그 결과를 알려야 함	법 제42조 시행령 (제20조) 『응급의료에 관한 법률』
교육의 보장	– 난민신청자와 그 가족 중 미성년자인 외국인은 국민과 같은 수준의 초등교육 및 중등교육을 받을 수 있음	법 제43조
특정 난민신청자의 처우 제한	• 다음에 해당하는 난민신청자에 대해 생계비 등 지원, 주거시설의 지원, 의료지원, 교육의 보장 등의 처우에서 일부 제한할 수 있음 ① 난민불인정결정에 대한 행정심판 또는 행정소송이 진행 중인 자, ② 난민인정을 받지 못한 사람 또는 ③ 난민인정이 취소된 사람이 중대한 사정의 변경없이 다시 난민인정을 신청한 자, ④ 대한민국에서 1년 이상 체류하고 있는 외국인이 체류기간 만료일에 임박하여 난민인정 신청을 하거나 강제퇴거 대상 외국인이 그 집행을 지연시킬 목적으로 난민인정 신청을 한 경우	법 제44조, 제8조

Ⅶ. 난민법관리행정

『난민법』은 제1장부터 제4장까지 난민에 대한 정책적 지원과 그들의 처우 및 지원기관에 대해 살펴보았다. 국제적인 역할과 난민에 대한 인도주의적 다양한 정책추진 및 지원서비스를 위한 행정 관련 내용을 '난민법관리행정'이란 영역으로 제5장 보칙, 제6장 벌칙을 분류하여 설명하고자 한다.

보칙에는 난민지원시설의 운영 등(제45조)과 권한의 위임(제46조), 벌칙적용에서 공무원 의제(제46조의2) 등과 벌칙 등에 관해 명시하고 있다.

[표 82] 난민법 관리행정

구분		내용	조항 및 관련 법률
보칙	난민지원 시설의 운영 등	– 법무부장관은 사회적응교육 등(제34조), 주거시설의 지원(제41조), 의료지원(제42조) 등에서 정하는 업무 등의 효율적 수행을 위해 난민지원시설을 설치·운영할 수 있음 – 난민지원시설에 대해 법무부장관이 필요하다고 인정하면 업무 일부를 민간에게 위탁할 수 있으며, 난민지원시설의 이용대상, 운영 및 관리, 민간위탁 등에 필요한 사항을 정함	법 제45조 시행령 (제23조)

		• 난민지원시설
		– 법무부장관은 난민인정자나 난민신청자 등에 대한 지원업무가 효율적으로 수행될 수 있도록 난민지원시설에 주거, 급식, 교육, 의료, 운동, 상담실 등 지원 시설을 둠
		– 난민지원시설 이용 대상자
		  ① 난민인정자
		  ② 난민신청자
		  ③ 인도적체류자
		  ④ ①부터 ③까지 규정에 해당하는 자의 배우자와 미성년자녀
		– 법무부장관은 난민지원시설의 종류 및 수용규모 등을 고려하여 이용 대상자를 제한하거나 우선 이용 대상자를 결정할 수 있으며, 난민지원시설의 안전과 질서를 해치거나 해칠 우려가 있는 사람을 난민지원시설의 이용대상에서 제외하거나 이용을 제한할 수 있음
		– 법무부장관은 난민지원시설에서 수행하는 급식, 교육 및 의료 등에 관한 일부 업무를 전문적으로 수행하는 법인이나 단체에 위탁할 수 있음	

	권한의
	위임
		– 법무부장관은 『난민법』에 따른 권한 일부를 정하는 바에 따라 지방출입국·외국인관서의 장에게 위임할 수 있음
		• 위임할 수 있는 권한
		  ① 인도적 체류허가
		  ② 난민인정 신청 접수증 교부
		  ③ 7일 이내 난민인정 심사 회부 결정 및 입국허가
		  ④ 난민인정 심사
		  ⑤ 관계 행정기관 등의 협조요청(단, 이의신청관련 요청 제외)
		  ⑥ 난민인정결정에 관한 사항
		  ⑦ 난민인정결정의 취소 및 철회에 관한 사항
		  ⑧ 난민인정자의 배우자 등의 입국허가
		  ⑨ 인도적체류자의 취업활동허가 및 생계비 등 지원에 따라 6개월이 지난 경우에는 정하는 바에 따라 취업 허가
		  ⑩ 의료지원
		  ⑪ 난민인정 심사 불회부결정통지서의 발급
		– 법무부장관은 난민지원시설 운영에 관한 사항 중 이용 대상자에 관한 결정 등의 권한을 출입국·외국인지원센터의 장에게 위임함
			법 제46조
			시행령
			(제24조)

	벌칙 적용에서 공무원 의제	• 의제: 본질은 같지 않지만, 법률에서 다룰 때는 동일한 것으로 처리하여 동일한 효과를 주는 것을 의미함 – 난민위원회(분과위원회 포함)의 위원 중 공무원이 아닌 위원은 공무상 비밀의 누설(형법 제127조), 수뢰, 사전수뢰(제129조), 제삼자뇌물제공(제130조), 수뢰후부정처사, 사후수뢰(제131조), 알선수뢰(제132조) 등의 규정을 적용할 때에는 공무원으로 봄	법 제46조의2 『형법』 (제127조, 제129조부터 제132조)

벌
칙
	벌칙	• 1년 이하의 징역 또는 1천만원 이하의 벌금
		  ① 인적사항 등의 공개 금지(법 제17조)를 위반한 자
		  ② 거짓 서류제출, 거짓 진술 또는 사실은폐로 난민으로 인정되거나 인도적 체류 허가를 받은 자
			법 제47조

제10장

재외동포기본법
在外同胞基本法

재외동포기본법

법률	제19402호	소관부처
제정일	2023.05.09	재외동포청
시행일	2023.11.10	(재외동포정책과)

『재외동포기본법』은 재외동포에 관한 사무를 관장하는 외교부의 외청으로 기존의 재외동포재단을 해산하고 『정부조직법』 제30조(외교부) 제3항 "재외동포에 관한 사무를 관장하기 위하여 외교부장관 소속으로 재외동포청을 둔다."를 근거로 2023년 6월 5일 '재외동포청'이 설립되었다.

전 세계에 거주하고 있는 재외동포는 약 708만 명(외교부, 2022년 12월 말 기준)으로 외국국적동포(시민권자) 약 461만 명, 재외동포 약 250만 명이다. 이들 재외동포는 동포에 대한 양질의 서비스 기대, 세대교체 등 정책대상과 환경 변화에 종합적이고 체계적인 대응을 요구하게 되었다. 윤석열 정부가 출범하고 재외동포청 신설을 발표하면서 본격적으로 설립 논의가 시작되었다. 재외동포 전담기구인 재외동포청의 재외동포 업무는 외교부의 재외동포 정책기능과 재외동포재단의 사업기능을 통합하여 관련 정책들을 체계적으로 수립하고 집행함으로써 원스톱 서비스 지원을 강화하고자 한다.

재외동포청은 재외동포 · 단체 교류협력, 네트워크 활성화 및 차세대 동포교육, 문화홍보사업 등의 기능을 수행하며, 재외동포 대상 다양한 지원정책을 강화하고 관계부처 협업을 통한 영사·법무·병무 등 원스톱 민원 서비스를 제공한다.

『재외동포기본법』은 재외동포정책에 대한 기본적인 사항을 규정함으로써 재외동포 사회와 대한민국이 함께 발전해 나갈 수 있는 환경을 조성하고 나아가 인류의 공동번영과 세계평화의 증진에 기여함을 목적으로 한다(제1조).

I. 재외동포기본법의 조문 구성 및 정의

『재외동포기본법』은 총 16조로 제1장 총칙, 제2장 재외동포 정책의 수립 및 추진체계, 제3장 재외동포기본법관리행정으로 분류하여 설명한다.

1. 재외동포기본법의 조문 구성

『재외동포기본법』은 제정목적을 바탕으로 재외동포정책의 기본방향, 정책의 수립 및 추진체계, 세계한인의 날 및 세계한인주간 등 재외동포에 관한 국제사회와의 조화, 재외공관 등의 역할 및 실태조사, 국회보고 등으로 구성되었다.

[표 83] 재외동포기본법의 조문 내용

구분	조항 내용	
제1장 총칙	제1조	목적
	제2조	정의
	제3조	재외동포정책의 기본방향
	제4조	국가의 책무
	제5조	국제사회와의 조화
	제6조	다른 법률과의 관계
제2장 재외동포 정책의 수립 및 추진체계	제7조	기본계획의 수립
	제8조	시행계획 등의 수립 평가
	제9조	업무 협조
	제10조	재외동포정책위원회
	제11조	재외동포협력센터의 설립 등
	제12조	재외공관 등의 역할
제3장 재외동포법 관리행정	제13조	재외동포의 의견 청취
	제14조	실태조사
	제15조	세계한인의 날 및 세계한인주간
	제16조	국회 보고

2. 정의(제2조)

『재외동포기본법』에서 사용되는 용어는 재외동포, 재외동포정책으로 동포에 관한 다양한 정책에 대해 정의하고 있다.

[표 84] 재외동포기본법에서 사용되는 용어 및 개념

용어	개념
재외동포	– 대한민국 국민으로서 외국에 장기체류하거나 외국의 영주권을 취득한 사람 – 출생으로 대한민국의 국적을 보유하였던 사람(대한민국 정부 수립 전에 국외로 이주한 사람을 포함) 또는 그 직계비속으로서 대한민국 국적을 가지지 아니한 사람
재외동포정책	– 재외동포의 대한민국에서의 법적·사회적·경제적 권익 향상에 관한 정책 – 재외동포의 거주국에서의 정착 및 지위 향상에 관한 지원정책 – 재외동포의 민족 정체성 제고에 관한 정책 – 재외동포와 대한민국 국민과의 교육·문화·경제·사회 등 교류 활동 및 유대강화를 위한 지원정책 – 대한민국과 재외동포사회의 공동발전을 위한 재외동포의 역량 활용 정책 – 재외동포 거주국 및 대한민국의 재외동포 관련 단체의 지원에 관한 정책 – 재외동포 관련 조사·연구에 관한 정책 – 재외동포를 대상으로 하는 교육·문화·홍보에 관한 정책 – 재외동포의 글로벌 한인 네트워크의 구축에 관한 정책 – 그 밖에 대통령령으로 정하는 재외동포 관련 주요 정책

Ⅱ. 재외동포정책의 기본방향(제3조)

『재외동포기본법』에서는 국가는 재외동포에 관한 다양한 정책을 수립하고 시행하기 위해서 다음과 같은 기본방향을 제시하고 있다.

첫째, 재외동포가 거주국에서 모범적 구성원으로서 정착하고, 그 지위를 높일 수 있도록 지원하는 등 재외동포사회의 안정적인 발전을 모색한다(제1항).

둘째, 재외동포가 한인으로서의 정체성을 함양할 수 있도록 지원하고, 재외동포의 대한민국에 대한 이해와 신뢰를 증진하도록 활동을 장려 등 대한민국과의 유대감을 강화한다(제2항).

셋째, 글로벌 한인 네트워크 구축 및 대한민국 방문 지원 등 재외동포사회와 대한민국 간 교류를 증진시킨다(제3항).

넷째, 재외동포가 대한민국에 출·입국하거나 대한민국에서 체류하는 경우 관련 법령에 따라 편의를 제공하고, 재외동포의 대한민국에서의 사회적응을 지원함으로써 재외동포가 대한민국에서 권익을 신장할 수 있도록 한다(제4항).

다섯째, 재외동포의 역량을 대한민국과 재외동포사회의 발전에 활용할 수 있는 환경 조성으로 재외동포의 인적자원개발을 지원한다(제5항).

여섯째, 재외동포정책을 추진하기 위하여 재외동포를 대상으로 다양한 교류사업 등을 실시한다(제6항).

Ⅲ. 국가 및 지방자치단체의 책무(제4조)

국가는 재외동포를 위해 다음과 같은 책무를 가진다.

첫째, 재외동포의 권익보호와 대한민국과의 유대감 강화를 위한 각종 시책을 수립하고 시행한다(제1항).

둘째, 재외동포가 거주하고 있는 지역별·국가별 현지 특성과 세대 및 연령 등 다양한 여건을 고려하여 재외동포정책을 수립·시행한다(제2항).

셋째, 재외동포정책을 수립·시행하는 경우 거주국을 기준으로 재외동포를 차별해서는 안 된다(제3항).

넷째, 재외동포정책의 원활한 추진을 위한 인력과 조직의 확보 및 예산의 지원 등 여건을 조성해야 한다(제4항).

다섯째, 재외동포정책을 수립하는 경우 국내에 체류하고 있는 외국인에 대한 정책과 조화를 이룰 수 있도록 한다(제5항).

Ⅳ. 다른 법률과의 관계(제6조) 및 업무의 협조(제9조)

1. 다른 법률과의 관계

재외동포에 관해 다른 법률에 특별한 규정이 있는 경우를 제외하고는 『재외동포기본법』에서 정하는 바에 따른다.

2. 업무의 협조

재외동포청장 및 관계 중앙행정기관의 장은 기본계획 및 시행계획을 수립·시행하고 이를 평가하고자 할 때는 관계 중앙행정기관, 지방자치단체의 장, 관련 공공단체의 장에게 자료의 제출 등 필요한 협조를 요청할 수 있다. 협조를 요청받은 중앙행정기관·지방자치단체의 장 및 관련 공공단체의 장은 특별한 사유가 없으면 이에 응해야 한다.

Ⅴ. 국제사회와의 조화(제5조) 및 재외공관 등의 역할(제12조)

1. 국제사회와의 조화

국가는 국제법 및 조약을 준수하며, 재외동포 거주국의 정책 및 관할권과 조화를 이루는 방향으로 재외동포정책을 수립·시행할 수 있도록 한다.

2. 재외공관 등의 역할

재외공관(『대한민국 재외공관 설치법』에 따른 대한민국 재외공관 중 대표부를 제외한 대사관과 총영사관)의 장 및 관계 중앙행정기관의 장이 지정하는 소속기관, 공공기관의 장은 재외동포정책의 원활한 시행을 위하여 재외동포 관련 사업의 발굴, 추진 등의 과정에 참여해야 한다.

Ⅵ. 재외동포 정책의 수립 및 추진체계

재외동포청장은 관계 중앙행정기관의 장과 협의하여 5년마다 재외동포정책에 관한 기본계획을 수립·시행해야 한다(제7조 제1항). 재외동포청장 및 관계 중앙행정기관의 장은 기본계획에 따라 연도별 시행계획을 수립·시행해야 한다(제8조 제1항). 재외동포정책은 국내·외를 포괄할 수 있는 정책으로 재외동포의 안정적인 권익을 보호하고, 대한민국과의 유대감 강화를 위해 다양한 분야의 정책을 개발하여 각 부처 간 유기적인 협업이 필요하다.

이를 위해 『재외동포기본법』에서는 재외동포 관련 업무를 외교부의 재외동포 정책기능과 재외동포재단의 지원사업기능을 통합하여 체계적이고, 효율적인 원스톱 서비스 지원을 강화하고자 추진체계는 재외동포정책위원회를 두고 있으며, 재외동포협력센터를 설립한다. 재외동포정책위원회는 재외동포정책의 기본계획과 시행계획 등의 수립·평가를 위한 심의·조정기능을 하며(제10조 제1항), 구체적인 내용은 다음과 같다.

[표 85] 재외동포정책위원회, 재외동포협력센터, 기본계획 및 시행계획

구분	내용	조항 및 관련 법률
재외동포 정책위원회	– 목적: 재외동포정책의 종합적·체계적 추진을 위한 주요 사항을 심의·조정 – 소속: 외교부장관 – 구성: 위원장 1인 포함 25명 이내의 위원 * 위원장: 외교부장관 * 위원: ① 대통령령으로 정하는 관계 중앙행정기관의 차관 또는 차관급 공무원, ② 재외동포정책에 관한 학식과 경험이 풍부한 사람 중 외교부장관이 위촉하는 자 – 임기: 2년 – 실무위원회: 위원회에 상정할 안건을 준비하고 위원회의 위임을 받은 사무를 처리하기 위해 위원회에 재외동포정책실무위원회(실무위원회)를 둠 * 실무위원회의 위원장: 재외동포청장 – 기능역할: 재외동포정책 심의·조정 ① 재외동포정책의 기본계획 수립 및 시행에 관한 사항 ② 재외동포정책의 시행계획의 수립·시행 및 평가에 관한 사항	법 제10조

	③ 재외동포정책 관련 중앙행정기관 간 협조 및 조정에 관한 사항 ④ 재외동포정책 관련 국민참여 및 민·관 협력 등에 관한 사항 ⑤ 그 밖에 위원장이 중요하다고 인정하는 사항 – 규정한 사항 외에 위원회와 실무위원회의 구성 및 운영 등에 필요한 사항은 대통령령으로 정함	
재외동포 협력센터	– 목적: 국가는 재외동포의 한인으로서의 정체성 함양 및 대한민국과의 유대감 강화 정책을 효율적이고 체계적으로 지원하기 위해 재외동포협력센터(센터)를 설립함 – 설립 성격: 법인이며, 『재외동포기본법』에서 규정한 것 외에는 『민법』 중 재단법인에 관한 규정을 준용함 – 구성: 정관으로 정하는 바에 따라 센터장, 필요한 임직원을 둠 – 수행사업 ① 재외동포를 대상으로 하는 초청·연수·교육·문화·홍보사업 ② 재외동포 이주 역사에 대한 조사·전시 사업 ③ 국가 또는 공공기관 등으로부터 위탁받은 사업 ④ 그 밖에 설립목적으로 달성하기 위해 필요한 사업 – 국가는 예산의 범위에서 센터의 설립, 사업과 운영에 필요한 경비를 출연할 수 있음 – 센터는 필요하다고 인정하면 재외동포청장의 승인을 받아 관계법령에 따라 기부금품을 모집·접수하여 사용할 수 있음	법 제11조
재외동포 정책 기본계획	– 재외동포청장은 5년마다 재외동포정책에 관한 기본계획을 관계 중앙행정기관의 장과 협의하여 수립·시행해야 함 – 기본계획의 주요내용 ① 재외동포정책의 기본목표와 추진방향 ② 재외동포정책의 추진과제, 추진방법 및 추진시기 ③ 필요한 재원의 규모와 조달방안 ④ 그 밖에 재외동포정책의 수립·시행 등을 위해 재외동포청장이 필요하다고 인정하는 사항 – 기본계획은 재외동포정책위원회의 심의를 거쳐 확정 – 기본계획의 수립·시행 등에 필요한 사항은 대통령령으로 정함	법 제7조
시행계획 등의 수립 및 평가	– 재외동포청장, 관계 중앙행정기관의 장은 기본계획에 따라 연도별 시행계획(시행계획)을 수립·시행함 – 관계 중앙행정기관의 장은 소관별로 전년도의 시행계획에 따른 추진실적 및 다음 연도의 시행계획을 수립하여 재외동포청장에게 제출해야 하며, 재외동포청장은 이를 종합하여 재외동포정책위원회에 상정해야 함 – 재외동포청장 및 관계 중앙행정기관의 장은 소관별로 시행계획에 따른 추진실적에 대하여 자체평가를 실시하고, 그 결과를 재외동포정책위원회에 제출하여야 함 – 그 밖에 시행계획 수립·시행 및 평가 등은 대통령령으로 정함	법 제8조

Ⅶ. 재외동포기본법관리행정

『재외동포기본법』에서 추진하는 기본계획과 시행계획은 재외동포의 정체성 함양과 대한민국과의 유대감을 강화할 수 있으며, 재외동포의 요구사항에 적합한 정책을 개발해야 한다. 정책개발을 위해서는 재외동포의 의견을 청취하여 반영하거나 실태조사를 바탕으로 수립·시행되어야 한다.

1. 재외동포의 의견청취(제13조) 및 정책연구·실태조사(제14조)

(1) 재외동포의 의견청취

국가는 재외동포정책의 수립 및 집행 과정에서 재외동포의 의견을 청취하여 반영하도록 하며, 의견 청취의 절차 등에 필요한 사항은 대통령령으로 정한다.

(2) 실태조사

재외동포청장은 재외동포정책의 수립·시행을 위하여 재외동포사회 현황에 대한 실태조사를 실시할 수 있으며(제1항), 관계 중앙행정기관의 장에게 실태조사에 관한 협조를 요청할 수 있다. 협조를 요청받은 관계 중앙행정기관의 장은 특별한 사유가 없으면 협조해야 하며(제2항). 실태조사의 대상 및 방법 등에 필요한 사항은 대통령령으로 정한다(제3항).

2. 세계한인의 날 및 세계 한인주간(제15조)

재외동포와 대한민국 간의 유대감을 보다 강화하기 위하여 매년 10월 5일을 세계한인의 날로 정하고, 『국경일에 관한 법률』 제2조 제4호에 따른 개천절부터 같은 조 제5호에 따른 한글날까지 1주간을 세계한인주간으로 한다(제1항). 세계한인의 날 및 세계한인주간을 기념하는 행사 등에 필요한 사항은 대통령령으로 정한다(제2항).

3. 국회보고(제16조)

정부는 기본계획 및 시행계획의 추진상황 등에 관한 보고서를 작성하여 매년 정기국회 개회 전까지 국회에 제출하여야 한다.

부 록

1】 대한민국헌법
2】 국적법
3】 출입국관리법
4】 북한이탈주민의 보호 및 정착지원에 관한 법률(북한이탈주민법)
5】 재외동포의 출입국과 법적 지위에 관한 법률(재외동포법)
6】 외국인근로자의 고용 등에 관한 법률(외국인고용법)
7】 재한외국인 처우 기본법(외국인처우법)
8】 다문화가족지원법(다문화가족법)
9】 난민법
10】 재외동포기본법

대한민국헌법

[시행 1988. 2. 25.] [헌법 제10호, 1987. 10. 29., 전부개정]

전문

유구한 역사와 전통에 빛나는 우리 대한국민은 3·1운동으로 건립된 대한민국임시정부의 법통과 불의에 항거한 4·19민주이념을 계승하고, 조국의 민주개혁과 평화적 통일의 사명에 입각하여 정의·인도와 동포애로써 민족의 단결을 공고히 하고, 모든 사회적 폐습과 불의를 타파하며, 자율과 조화를 바탕으로 자유민주적 기본질서를 더욱 확고히 하여 정치·경제·사회·문화의 모든 영역에 있어서 각인의 기회를 균등히 하고, 능력을 최고도로 발휘하게 하며, 자유와 권리에 따르는 책임과 의무를 완수하게 하여, 안으로는 국민생활의 균등한 향상을 기하고 밖으로는 항구적인 세계평화와 인류공영에 이바지함으로써 우리들과 우리들의 자손의 안전과 자유와 행복을 영원히 확보할 것을 다짐하면서 1948년 7월 12일에 제정되고 8차에 걸쳐 개정된 헌법을 이제 국회의 의결을 거쳐 국민투표에 의하여 개정한다.

1987년 10월 29일

제1장 총강

제1조 ①대한민국은 민주공화국이다.

②대한민국의 주권은 국민에게 있고, 모든 권력은 국민으로부터 나온다.

제2조 ①대한민국의 국민이 되는 요건은 법률로 정한다.

②국가는 법률이 정하는 바에 의하여 재외동포를 보호할 의무를 진다.

제3조 대한민국의 영토는 한반도와 그 부속도서로 한다.

제4조 대한민국은 통일을 지향하며, 자유민주적 기본질서에 입각한 평화적 통일정책을 수립하고 이를 추진한다.

제5조 ①대한민국은 국제평화의 유지에 노력하고 침략적 전쟁을 부인한다.

②국군은 국가의 안전보장과 국토방위의 신성한 의무를 수행함을 사명으로 하며, 그 정치적 중립성은 준수된다.

제6조 ①헌법에 의하여 체결·공포된 조약과 일반적으로 승인된 국제법규는 국내법과 같은 효력을 가진다.

②외국인은 국제법과 조약이 정하는 바에 의하여 그 지위가 보장된다.

제7조 ①공무원은 국민전체에 대한 봉사자이며, 국민에 대하여 책임을 진다.

②공무원의 신분과 정치적 중립성은 법률이 정하는 바에 의하여 보장된다.

제8조 ①정당의 설립은 자유이며, 복수정당제는 보장된다.

②정당은 그 목적·조직과 활동이 민주적이어야 하며, 국민의 정치적 의사형성에 참여하는 데 필요한 조직을 가져야 한다.

③정당은 법률이 정하는 바에 의하여 국가의 보호를 받으며, 국가는 법률이 정하는 바에 의하여 정당운영에 필요한 자금을 보조할 수 있다.

④정당의 목적이나 활동이 민주적 기본질서에 위배될 때에는 정부는 헌법재판소에 그 해산을 제소할 수 있고, 정당은 헌법재판소의 심판에 의하여 해산된다.

제9조 국가는 전통문화의 계승·발전과 민족문화의 창달에 노력하여야 한다.

제2장 국민의 권리와 의무

제10조 모든 국민은 인간으로서의 존엄과 가치를 가지며, 행복을 추구할 권리를 가진다. 국가는 개인이 가지는 불가침의 기본적 인권을 확인하고 이를 보장할 의무를 진다.

제11조 ①모든 국민은 법 앞에 평등하다. 누구든지 성별·종교 또는 사회적 신분에 의하여 정치적·경제적·사회적·문화적 생활의 모든 영역에 있어서 차별을 받지 아니한다.

②사회적 특수계급의 제도는 인정되지 아니하며, 어떠한 형태로도 이를 창설할 수 없다.

③훈장등의 영전은 이를 받은 자에게만 효력이 있고, 어떠한 특권도 이에 따르지 아니한다.

제12조 ①모든 국민은 신체의 자유를 가진다. 누구든지 법률에 의하지 아니하고는 체포·구속·압수·수색 또는 심문을 받지 아니하며, 법률과 적법한 절차에 의하지 아니하고는 처벌·보안처분 또는 강제노역을 받지 아니한다.

②모든 국민은 고문을 받지 아니하며, 형사상 자기에게 불리한 진술을 강요당하지 아니한다.

③체포·구속·압수 또는 수색을 할 때에는 적법한 절차에 따라 검사의 신청에 의하여 법관이 발부한 영장을 제시하여야 한다. 다만, 현행범인인 경우와 장기 3년 이상의 형에 해당하는 죄를 범하고 도피 또는 증거인멸의 염려가 있을 때에는 사후에 영장을 청구할 수 있다.

④누구든지 체포 또는 구속을 당한 때에는 즉시 변호인의 조력을 받을 권리를 가진다. 다만, 형사피고인이 스스로 변호인을 구할 수 없을 때에는 법률이 정하는 바에 의하여 국가가 변호인을 붙인다.

⑤누구든지 체포 또는 구속의 이유와 변호인의 조력을 받을 권리가 있음을 고지받지 아니하고는 체포 또는 구속을 당하지 아니한다. 체포 또는 구속을 당한 자의 가족등 법률이 정하는 자에게는 그 이유와 일시·장소가 지체없이 통지되어야 한다.

⑥누구든지 체포 또는 구속을 당한 때에는 적부의 심사를 법원에 청구할 권리를 가진다.

⑦피고인의 자백이 고문·폭행·협박·구속의 부당한 장기화 또는 기망 기타의 방법에 의하여 자의로 진술된 것이 아니라고 인정될 때 또는 정식재판에 있어서 피고인의 자백이 그에게 불리한 유일한 증거일 때에는 이를 유죄의 증거로 삼거나 이를 이유로 처벌할 수 없다.

제13조 ①모든 국민은 행위시의 법률에 의하여 범죄를 구성하지 아니하는 행위로 소추되지

아니하며, 동일한 범죄에 대하여 거듭 처벌받지 아니한다.

②모든 국민은 소급입법에 의하여 참정권의 제한을 받거나 재산권을 박탈당하지 아니한다.

③모든 국민은 자기의 행위가 아닌 친족의 행위로 인하여 불이익한 처우를 받지 아니한다.

제14조 모든 국민은 거주·이전의 자유를 가진다.

제15조 모든 국민은 직업선택의 자유를 가진다.

제16조 모든 국민은 주거의 자유를 침해받지 아니한다. 주거에 대한 압수나 수색을 할 때에는 검사의 신청에 의하여 법관이 발부한 영장을 제시하여야 한다.

제17조 모든 국민은 사생활의 비밀과 자유를 침해받지 아니한다.

제18조 모든 국민은 통신의 비밀을 침해받지 아니한다.

제19조 모든 국민은 양심의 자유를 가진다.

제20조 ①모든 국민은 종교의 자유를 가진다.

②국교는 인정되지 아니하며, 종교와 정치는 분리된다.

제21조 ①모든 국민은 언론·출판의 자유와 집회·결사의 자유를 가진다.

②언론·출판에 대한 허가나 검열과 집회·결사에 대한 허가는 인정되지 아니한다.

③통신·방송의 시설기준과 신문의 기능을 보장하기 위하여 필요한 사항은 법률로 정한다.

④언론·출판은 타인의 명예나 권리 또는 공중도덕이나 사회윤리를 침해하여서는 아니된다. 언론·출판이 타인의 명예나 권리를 침해한 때에는 피해자는 이에 대한 피해의 배상을 청구할 수 있다.

제22조 ①모든 국민은 학문과 예술의 자유를 가진다.

②저작자·발명가·과학기술자와 예술가의 권리는 법률로써 보호한다.

제23조 ①모든 국민의 재산권은 보장된다. 그 내용과 한계는 법률로 정한다.

②재산권의 행사는 공공복리에 적합하도록 하여야 한다.

③공공필요에 의한 재산권의 수용·사용 또는 제한 및 그에 대한 보상은 법률로써 하되, 정당한 보상을 지급하여야 한다.

제24조 모든 국민은 법률이 정하는 바에 의하여 선거권을 가진다.

제25조 모든 국민은 법률이 정하는 바에 의하여 공무담임권을 가진다.

제26조 ①모든 국민은 법률이 정하는 바에 의하여 국가기관에 문서로 청원할 권리를 가진다.

②국가는 청원에 대하여 심사할 의무를 진다.

제27조 ①모든 국민은 헌법과 법률이 정한 법관에 의하여 법률에 의한 재판을 받을 권리를 가진다.

②군인 또는 군무원이 아닌 국민은 대한민국의 영역 안에서는 중대한 군사상 기밀·초병·초소·유독음식물공급·포로·군용물에 관한 죄중 법률이 정한 경우와 비상계엄이 선포된 경우를 제외하고는 군사법원의 재판을 받지 아니한다.

③모든 국민은 신속한 재판을 받을 권리를 가진다. 형사피고인은 상당한 이유가 없는 한 지체없이 공개재판을 받을 권리를 가진다.

④형사피고인은 유죄의 판결이 확정될 때까지는 무죄로 추정된다.

⑤형사피해자는 법률이 정하는 바에 의하여 당해 사건의 재판절차에서 진술할 수 있다.

제28조 형사피의자 또는 형사피고인으로서 구금되었던 자가 법률이 정하는 불기소처분을 받거나 무죄판결을 받은 때에는 법률이 정하는 바에 의하여 국가에 정당한 보상을 청구할 수 있다.

제29조 ①공무원의 직무상 불법행위로 손해를 받은 국민은 법률이 정하는 바에 의하여 국가 또는 공공단체에 정당한 배상을 청구할 수 있다. 이 경우 공무원 자신의 책임은 면제되지 아니한다.

②군인·군무원·경찰공무원 기타 법률이 정하는 자가 전투·훈련등 직무집행과 관련하여 받은 손해에 대하여는 법률이 정하는 보상 외에 국가 또는 공공단체에 공무원의 직무상 불법행위로 인한 배상은 청구할 수 없다.

제30조 타인의 범죄행위로 인하여 생명·신체에 대한 피해를 받은 국민은 법률이 정하는 바에 의하여 국가로부터 구조를 받을 수 있다.

제31조 ①모든 국민은 능력에 따라 균등하게 교육을 받을 권리를 가진다.

②모든 국민은 그 보호하는 자녀에게 적어도 초등교육과 법률이 정하는 교육을 받게 할 의무를 진다.

③의무교육은 무상으로 한다.

④교육의 자주성·전문성·정치적 중립성 및 대학의 자율성은 법률이 정하는 바에 의하여 보장된다.

⑤국가는 평생교육을 진흥하여야 한다.

⑥학교교육 및 평생교육을 포함한 교육제도와 그 운영, 교육재정 및 교원의 지위에 관한 기본적인 사항은 법률로 정한다.

제32조 ①모든 국민은 근로의 권리를 가진다. 국가는 사회적·경제적 방법으로 근로자의 고용의 증진과 적정임금의 보장에 노력하여야 하며, 법률이 정하는 바에 의하여 최저임금제를 시행하여야 한다.

②모든 국민은 근로의 의무를 진다. 국가는 근로의 의무의 내용과 조건을 민주주의원칙에 따라 법률로 정한다.

③근로조건의 기준은 인간의 존엄성을 보장하도록 법률로 정한다.

④여자의 근로는 특별한 보호를 받으며, 고용·임금 및 근로조건에 있어서 부당한 차별을 받지 아니한다.

⑤연소자의 근로는 특별한 보호를 받는다.

⑥국가유공자·상이군경 및 전몰군경의 유가족은 법률이 정하는 바에 의하여 우선적으로 근로의 기회를 부여받는다.

제33조 ①근로자는 근로조건의 향상을 위하여 자주적인 단결권·단체교섭권 및 단체행동권을 가진다.

②공무원인 근로자는 법률이 정하는 자에 한하여 단결권·단체교섭권 및 단체행동권을 가진다.

③법률이 정하는 주요방위산업체에 종사하는 근로자의 단체행동권은 법률이 정하는 바에 의하여 이를 제한하거나 인정하지 아니할 수 있다.

제34조 ①모든 국민은 인간다운 생활을 할 권리를 가진다.

②국가는 사회보장·사회복지의 증진에 노력할 의무를 진다.

③국가는 여자의 복지와 권익의 향상을 위하여 노력하여야 한다.

④국가는 노인과 청소년의 복지향상을 위한 정책을 실시할 의무를 진다.

⑤신체장애자 및 질병·노령 기타의 사유로 생활능력이 없는 국민은 법률이 정하는 바에 의하여 국가의 보호를 받는다.

⑥국가는 재해를 예방하고 그 위험으로부터 국민을 보호하기 위하여 노력하여야 한다.

제35조 ①모든 국민은 건강하고 쾌적한 환경에서 생활할 권리를 가지며, 국가와 국민은 환경보전을 위하여 노력하여야 한다.

②환경권의 내용과 행사에 관하여는 법률로 정한다.

③국가는 주택개발정책등을 통하여 모든 국민이 쾌적한 주거생활을 할 수 있도록 노력하여야 한다.

제36조 ①혼인과 가족생활은 개인의 존엄과 양성의 평등을 기초로 성립되고 유지되어야 하며, 국가는 이를 보장한다.

②국가는 모성의 보호를 위하여 노력하여야 한다.

③모든 국민은 보건에 관하여 국가의 보호를 받는다.

제37조 ①국민의 자유와 권리는 헌법에 열거되지 아니한 이유로 경시되지 아니한다.

②국민의 모든 자유와 권리는 국가안전보장·질서유지 또는 공공복리를 위하여 필요한 경우에 한하여 법률로써 제한할 수 있으며, 제한하는 경우에도 자유와 권리의 본질적인 내용을 침해할 수 없다.

제38조 모든 국민은 법률이 정하는 바에 의하여 납세의 의무를 진다.

제39조 ①모든 국민은 법률이 정하는 바에 의하여 국방의 의무를 진다.

②누구든지 병역의무의 이행으로 인하여 불이익한 처우를 받지 아니한다.

제3장 국회

제40조 입법권은 국회에 속한다.

제41조 ①국회는 국민의 보통·평등·직접·비밀선거에 의하여 선출된 국회의원으로 구성한다.

②국회의원의 수는 법률로 정하되, 200인 이상으로 한다.

③국회의원의 선거구와 비례대표제 기타 선거에 관한 사항은 법률로 정한다.

제42조 국회의원의 임기는 4년으로 한다.

제43조 국회의원은 법률이 정하는 직을 겸할 수 없다.

제44조 ①국회의원은 현행범인인 경우를 제외하고는 회기 중 국회의 동의없이 체포 또는 구금되지 아니한다.

②국회의원이 회기 전에 체포 또는 구금된 때에는 현행범인이 아닌 한 국회의 요구가 있으면 회기 중 석방된다.

제45조 국회의원은 국회에서 직무상 행한 발언과 표결에 관하여 국회 외에서 책임을 지지 아니한다.

제46조 ①국회의원은 청렴의 의무가 있다.

②국회의원은 국가이익을 우선하여 양심에 따라 직무를 행한다.

③국회의원은 그 지위를 남용하여 국가·공공단체 또는 기업체와의 계약이나 그 처분에 의하여 재산상의 권리·이익 또는 직위를 취득하거나 타인을 위하여 그 취득을 알선할 수 없다.

제47조 ①국회의 정기회는 법률이 정하는 바에 의하여 매년 1회 집회되며, 국회의 임시회는 대통령 또는 국회재적의원 4분의 1 이상의 요구에 의하여 집회된다.

②정기회의 회기는 100일을, 임시회의 회기는 30일을 초과할 수 없다.

③대통령이 임시회의 집회를 요구할 때에는 기간과 집회요구의 이유를 명시하여야 한다.

제48조 국회는 의장 1인과 부의장 2인을 선출한다.

제49조 국회는 헌법 또는 법률에 특별한 규정이 없는 한 재적의원 과반수의 출석과 출석의원 과반수의 찬성으로 의결한다. 가부동수인 때에는 부결된 것으로 본다.

제50조 ①국회의 회의는 공개한다. 다만, 출석의원 과반수의 찬성이 있거나 의장이 국가의 안전보장을 위하여 필요하다고 인정할 때에는 공개하지 아니할 수 있다.

②공개하지 아니한 회의내용의 공표에 관하여는 법률이 정하는 바에 의한다.

제51조 국회에 제출된 법률안 기타의 의안은 회기 중에 의결되지 못한 이유로 폐기되지 아니한다. 다만, 국회의원의 임기가 만료된 때에는 그러하지 아니하다.

제52조 국회의원과 정부는 법률안을 제출할 수 있다.

제53조 ①국회에서 의결된 법률안은 정부에 이송되어 15일 이내에 대통령이 공포한다.

②법률안에 이의가 있을 때에는 대통령은 제1항의 기간내에 이의서를 붙여 국회로 환부하고, 그 재의를 요구할 수 있다. 국회의 폐회 중에도 또한 같다.

③대통령은 법률안의 일부에 대하여 또는 법률안을 수정하여 재의를 요구할 수 없다.

④재의의 요구가 있을 때에는 국회는 재의에 붙이고, 재적의원 과반수의 출석과 출석의원 3분의 2 이상의 찬성으로 전과 같은 의결을 하면 그 법률안은 법률로서 확정된다.

⑤대통령이 제1항의 기간 내에 공포나 재의의 요구를 하지 아니한 때에도 그 법률안은 법률로서 확정된다.

⑥대통령은 제4항과 제5항의 규정에 의하여 확정된 법률을 지체없이 공포하여야 한다. 제5

항에 의하여 법률이 확정된 후 또는 제4항에 의한 확정법률이 정부에 이송된 후 5일 이내에 대통령이 공포하지 아니할 때에는 국회의장이 이를 공포한다.

⑦법률은 특별한 규정이 없는 한 공포한 날로부터 20일을 경과함으로써 효력을 발생한다.

제54조 ①국회는 국가의 예산안을 심의·확정한다.

②정부는 회계연도마다 예산안을 편성하여 회계연도 개시 90일 전까지 국회에 제출하고, 국회는 회계연도 개시 30일 전까지 이를 의결하여야 한다.

③새로운 회계연도가 개시될 때까지 예산안이 의결되지 못한 때에는 정부는 국회에서 예산안이 의결될 때까지 다음의 목적을 위한 경비는 전년도 예산에 준하여 집행할 수 있다.

1. 헌법이나 법률에 의하여 설치된 기관 또는 시설의 유지·운영

2. 법률상 지출의무의 이행

3. 이미 예산으로 승인된 사업의 계속

제55조 ①한 회계연도를 넘어 계속하여 지출할 필요가 있을 때에는 정부는 연한을 정하여 계속비로서 국회의 의결을 얻어야 한다.

②예비비는 총액으로 국회의 의결을 얻어야 한다. 예비비의 지출은 차기국회의 승인을 얻어야 한다.

제56조 정부는 예산에 변경을 가할 필요가 있을 때에는 추가경정예산안을 편성하여 국회에 제출할 수 있다.

제57조 국회는 정부의 동의 없이 정부가 제출한 지출예산 각항의 금액을 증가하거나 새 비목을 설치할 수 없다.

제58조 국채를 모집하거나 예산 외에 국가의 부담이 될 계약을 체결하려 할 때에는 정부는 미리 국회의 의결을 얻어야 한다.

제59조 조세의 종목과 세율은 법률로 정한다.

제60조 ①국회는 상호원조 또는 안전보장에 관한 조약, 중요한 국제조직에 관한 조약, 우호통상항해조약, 주권의 제약에 관한 조약, 강화조약, 국가나 국민에게 중대한 재정적 부담을 지우는 조약 또는 입법사항에 관한 조약의 체결·비준에 대한 동의권을 가진다.

②국회는 선전포고, 국군의 외국에의 파견 또는 외국군대의 대한민국 영역 안에서의 주류에 대한 동의권을 가진다.

제61조 ①국회는 국정을 감사하거나 특정한 국정사안에 대하여 조사할 수 있으며, 이에 필요한 서류의 제출 또는 증인의 출석과 증언이나 의견의 진술을 요구할 수 있다.

②국정감사 및 조사에 관한 절차 기타 필요한 사항은 법률로 정한다.

제62조 ①국무총리·국무위원 또는 정부위원은 국회나 그 위원회에 출석하여 국정처리상황을 보고하거나 의견을 진술하고 질문에 응답할 수 있다.

②국회나 그 위원회의 요구가 있을 때에는 국무총리·국무위원 또는 정부위원은 출석·답변하여야 하며, 국무총리 또는 국무위원이 출석요구를 받은 때에는 국무위원 또는 정부위원으로 하여금 출석·답변하게 할 수 있다.

제63조 ①국회는 국무총리 또는 국무위원의 해임을 대통령에게 건의할 수 있다.

②제1항의 해임건의는 국회재적의원 3분의 1 이상의 발의에 의하여 국회재적의원 과반수의 찬성이 있어야 한다.

제64조 ①국회는 법률에 저촉되지 아니하는 범위 안에서 의사와 내부규율에 관한 규칙을 제정할 수 있다.

②국회는 의원의 자격을 심사하며, 의원을 징계할 수 있다.

③의원을 제명하려면 국회재적의원 3분의 2 이상의 찬성이 있어야 한다.

④제2항과 제3항의 처분에 대하여는 법원에 제소할 수 없다.

제65조 ①대통령·국무총리·국무위원·행정각부의 장·헌법재판소 재판관·법관·중앙선거관리위원회 위원·감사원장·감사위원 기타 법률이 정한 공무원이 그 직무집행에 있어서 헌법이나 법률을 위배한 때에는 국회는 탄핵의 소추를 의결할 수 있다.

②제1항의 탄핵소추는 국회재적의원 3분의 1 이상의 발의가 있어야 하며, 그 의결은 국회재적의원 과반수의 찬성이 있어야 한다. 다만, 대통령에 대한 탄핵소추는 국회재적의원 과반수의 발의와 국회재적의원 3분의 2 이상의 찬성이 있어야 한다.

③탄핵소추의 의결을 받은 자는 탄핵심판이 있을 때까지 그 권한행사가 정지된다.

④탄핵결정은 공직으로부터 파면함에 그친다. 그러나, 이에 의하여 민사상이나 형사상의 책임이 면제되지는 아니한다.

제4장 정부

제1절 대통령

제66조 ①대통령은 국가의 원수이며, 외국에 대하여 국가를 대표한다.

②대통령은 국가의 독립·영토의 보전·국가의 계속성과 헌법을 수호할 책무를 진다.

③대통령은 조국의 평화적 통일을 위한 성실한 의무를 진다.

④행정권은 대통령을 수반으로 하는 정부에 속한다.

제67조 ①대통령은 국민의 보통·평등·직접·비밀선거에 의하여 선출한다.

②제1항의 선거에 있어서 최고득표자가 2인 이상인 때에는 국회의 재적의원 과반수가 출석한 공개회의에서 다수표를 얻은 자를 당선자로 한다.

③대통령후보자가 1인일 때에는 그 득표수가 선거권자 총수의 3분의 1 이상이 아니면 대통령으로 당선될 수 없다.

④대통령으로 선거될 수 있는 자는 국회의원의 피선거권이 있고 선거일 현재 40세에 달하여야 한다.

⑤대통령의 선거에 관한 사항은 법률로 정한다.

제68조 ①대통령의 임기가 만료되는 때에는 임기만료 70일 내지 40일 전에 후임자를 선거한다.

②대통령이 궐위된 때 또는 대통령 당선자가 사망하거나 판결 기타의 사유로 그 자격을 상실한 때에는 60일 이내에 후임자를 선거한다.

제69조 대통령은 취임에 즈음하여 다음의 선서를 한다.

"나는 헌법을 준수하고 국가를 보위하며 조국의 평화적 통일과 국민의 자유와 복리의 증진 및 민족문화의 창달에 노력하여 대통령으로서의 직책을 성실히 수행할 것을 국민 앞에 엄숙히 선서합니다."

제70조 대통령의 임기는 5년으로 하며, 중임할 수 없다.

제71조 대통령이 궐위되거나 사고로 인하여 직무를 수행할 수 없을 때에는 국무총리, 법률이 정한 국무위원의 순서로 그 권한을 대행한다.

제72조 대통령은 필요하다고 인정할 때에는 외교·국방·통일 기타 국가안위에 관한 중요정책을 국민투표에 붙일 수 있다.

제73조 대통령은 조약을 체결·비준하고, 외교사절을 신임·접수 또는 파견하며, 선전포고와 강화를 한다.

제74조 ①대통령은 헌법과 법률이 정하는 바에 의하여 국군을 통수한다.

②국군의 조직과 편성은 법률로 정한다.

제75조 대통령은 법률에서 구체적으로 범위를 정하여 위임받은 사항과 법률을 집행하기 위하여 필요한 사항에 관하여 대통령령을 발할 수 있다.

제76조 ①대통령은 내우·외환·천재·지변 또는 중대한 재정·경제상의 위기에 있어서 국가의 안전보장 또는 공공의 안녕질서를 유지하기 위하여 긴급한 조치가 필요하고 국회의 집회를 기다릴 여유가 없을 때에 한하여 최소한으로 필요한 재정·경제상의 처분을 하거나 이에 관하여 법률의 효력을 가지는 명령을 발할 수 있다.

②대통령은 국가의 안위에 관계되는 중대한 교전상태에 있어서 국가를 보위하기 위하여 긴급한 조치가 필요하고 국회의 집회가 불가능한 때에 한하여 법률의 효력을 가지는 명령을 발할 수 있다.

③대통령은 제1항과 제2항의 처분 또는 명령을 한 때에는 지체없이 국회에 보고하여 그 승인을 얻어야 한다.

④제3항의 승인을 얻지 못한 때에는 그 처분 또는 명령은 그때부터 효력을 상실한다. 이 경우 그 명령에 의하여 개정 또는 폐지되었던 법률은 그 명령이 승인을 얻지 못한 때부터 당연히 효력을 회복한다.

⑤대통령은 제3항과 제4항의 사유를 지체없이 공포하여야 한다.

제77조 ①대통령은 전시·사변 또는 이에 준하는 국가비상사태에 있어서 병력으로써 군사상의 필요에 응하거나 공공의 안녕질서를 유지할 필요가 있을 때에는 법률이 정하는 바에 의하여 계엄을 선포할 수 있다.

②계엄은 비상계엄과 경비계엄으로 한다.

③비상계엄이 선포된 때에는 법률이 정하는 바에 의하여 영장제도, 언론·출판·집회·결사

의 자유, 정부나 법원의 권한에 관하여 특별한 조치를 할 수 있다.

④계엄을 선포한 때에는 대통령은 지체없이 국회에 통고하여야 한다.

⑤국회가 재적의원 과반수의 찬성으로 계엄의 해제를 요구한 때에는 대통령은 이를 해제하여야 한다.

제78조 대통령은 헌법과 법률이 정하는 바에 의하여 공무원을 임면한다.

제79조 ①대통령은 법률이 정하는 바에 의하여 사면·감형 또는 복권을 명할 수 있다.

②일반사면을 명하려면 국회의 동의를 얻어야 한다.

③사면·감형 및 복권에 관한 사항은 법률로 정한다.

제80조 대통령은 법률이 정하는 바에 의하여 훈장 기타의 영전을 수여한다.

제81조 대통령은 국회에 출석하여 발언하거나 서한으로 의견을 표시할 수 있다.

제82조 대통령의 국법상 행위는 문서로써 하며, 이 문서에는 국무총리와 관계 국무위원이 부서한다. 군사에 관한 것도 또한 같다.

제83조 대통령은 국무총리·국무위원·행정각부의 장 기타 법률이 정하는 공사의 직을 겸할 수 없다.

제84조 대통령은 내란 또는 외환의 죄를 범한 경우를 제외하고는 재직 중 형사상의 소추를 받지 아니한다.

제85조 전직대통령의 신분과 예우에 관하여는 법률로 정한다.

제2절 행정부

제1관 국무총리와 국무위원

제86조 ①국무총리는 국회의 동의를 얻어 대통령이 임명한다.

②국무총리는 대통령을 보좌하며, 행정에 관하여 대통령의 명을 받아 행정각부를 통할한다.

③군인은 현역을 면한 후가 아니면 국무총리로 임명될 수 없다.

제87조 ①국무위원은 국무총리의 제청으로 대통령이 임명한다.

②국무위원은 국정에 관하여 대통령을 보좌하며, 국무회의의 구성원으로서 국정을 심의한다.

③국무총리는 국무위원의 해임을 대통령에게 건의할 수 있다.

④군인은 현역을 면한 후가 아니면 국무위원으로 임명될 수 없다.

제2관 국무회의

제88조 ①국무회의는 정부의 권한에 속하는 중요한 정책을 심의한다.

②국무회의는 대통령·국무총리와 15인 이상 30인 이하의 국무위원으로 구성한다.

③대통령은 국무회의의 의장이 되고, 국무총리는 부의장이 된다.

제89조 다음 사항은 국무회의의 심의를 거쳐야 한다.

1. 국정의 기본계획과 정부의 일반정책

2. 선전·강화 기타 중요한 대외정책

3. 헌법개정안·국민투표안·조약안·법률안 및 대통령령안

4. 예산안·결산·국유재산처분의 기본계획·국가의 부담이 될 계약 기타 재정에 관한 중요
   사항

5. 대통령의 긴급명령·긴급재정경제처분 및 명령 또는 계엄과 그 해제

6. 군사에 관한 중요사항

7. 국회의 임시회 집회의 요구

8. 영전수여

9. 사면·감형과 복권

10. 행정각부간의 권한의 획정

11. 정부 안의 권한의 위임 또는 배정에 관한 기본계획

12. 국정처리상황의 평가·분석

13. 행정각부의 중요한 정책의 수립과 조정

14. 정당해산의 제소

15. 정부에 제출 또는 회부된 정부의 정책에 관계되는 청원의 심사

16. 검찰총장·합동참모의장·각군참모총장·국립대학교총장·대사 기타 법률이 정한 공무
    원과 국영기업체관리자의 임명

17. 기타 대통령·국무총리 또는 국무위원이 제출한 사항

제90조 ①국정의 중요한 사항에 관한 대통령의 자문에 응하기 위하여 국가원로로 구성되는
국가원로자문회의를 둘 수 있다.

②국가원로자문회의의 의장은 직전대통령이 된다. 다만, 직전대통령이 없을 때에는 대통령
이 지명한다.

③국가원로자문회의의 조직·직무범위 기타 필요한 사항은 법률로 정한다.

제91조 ①국가안전보장에 관련되는 대외정책·군사정책과 국내정책의 수립에 관하여 국무회
의의 심의에 앞서 대통령의 자문에 응하기 위하여 국가안전보장회의를 둔다.

②국가안전보장회의는 대통령이 주재한다.

③국가안전보장회의의 조직·직무범위 기타 필요한 사항은 법률로 정한다.

제92조 ①평화통일정책의 수립에 관한 대통령의 자문에 응하기 위하여 민주평화통일자문회의
를 둘 수 있다.

②민주평화통일자문회의의 조직·직무범위 기타 필요한 사항은 법률로 정한다.

제93조 ①국민경제의 발전을 위한 중요정책의 수립에 관하여 대통령의 자문에 응하기 위하여
국민경제자문회의를 둘 수 있다.

②국민경제자문회의의 조직·직무범위 기타 필요한 사항은 법률로 정한다.

제3관 행정각부

제94조 행정각부의 장은 국무위원 중에서 국무총리의 제청으로 대통령이 임명한다.

제95조 국무총리 또는 행정각부의 장은 소관사무에 관하여 법률이나 대통령령의 위임 또는 직권으로 총리령 또는 부령을 발할 수 있다.

제96조 행정각부의 설치·조직과 직무범위는 법률로 정한다.

제4관 감사원

제97조 국가의 세입·세출의 결산, 국가 및 법률이 정한 단체의 회계검사와 행정기관 및 공무원의 직무에 관한 감찰을 하기 위하여 대통령 소속하에 감사원을 둔다.

제98조 ①감사원은 원장을 포함한 5인 이상 11인 이하의 감사위원으로 구성한다.

②원장은 국회의 동의를 얻어 대통령이 임명하고, 그 임기는 4년으로 하며, 1차에 한하여 중임할 수 있다.

③감사위원은 원장의 제청으로 대통령이 임명하고, 그 임기는 4년으로 하며, 1차에 한하여 중임할 수 있다.

제99조 감사원은 세입·세출의 결산을 매년 검사하여 대통령과 차년도국회에 그 결과를 보고하여야 한다.

제100조 감사원의 조직·직무범위·감사위원의 자격·감사대상공무원의 범위 기타 필요한 사항은 법률로 정한다.

제5장 법원

제101조 ①사법권은 법관으로 구성된 법원에 속한다.

②법원은 최고법원인 대법원과 각급법원으로 조직된다.

③법관의 자격은 법률로 정한다.

제102조 ①대법원에 부를 둘 수 있다.

②대법원에 대법관을 둔다. 다만, 법률이 정하는 바에 의하여 대법관이 아닌 법관을 둘 수 있다.

③대법원과 각급법원의 조직은 법률로 정한다.

제103조 법관은 헌법과 법률에 의하여 그 양심에 따라 독립하여 심판한다.

제104조 ①대법원장은 국회의 동의를 얻어 대통령이 임명한다.

②대법관은 대법원장의 제청으로 국회의 동의를 얻어 대통령이 임명한다.

③대법원장과 대법관이 아닌 법관은 대법관회의의 동의를 얻어 대법원장이 임명한다.

제105조 ①대법원장의 임기는 6년으로 하며, 중임할 수 없다.

②대법관의 임기는 6년으로 하며, 법률이 정하는 바에 의하여 연임할 수 있다.

③대법원장과 대법관이 아닌 법관의 임기는 10년으로 하며, 법률이 정하는 바에 의하여 연

임할 수 있다.

④법관의 정년은 법률로 정한다.

제106조 ①법관은 탄핵 또는 금고 이상의 형의 선고에 의하지 아니하고는 파면되지 아니하며, 징계처분에 의하지 아니하고는 정직·감봉 기타 불리한 처분을 받지 아니한다.

②법관이 중대한 심신상의 장해로 직무를 수행할 수 없을 때에는 법률이 정하는 바에 의하여 퇴직하게 할 수 있다.

제107조 ①법률이 헌법에 위반되는 여부가 재판의 전제가 된 경우에는 법원은 헌법재판소에 제청하여 그 심판에 의하여 재판한다.

②명령·규칙 또는 처분이 헌법이나 법률에 위반되는 여부가 재판의 전제가 된 경우에는 대법원은 이를 최종적으로 심사할 권한을 가진다.

③재판의 전심절차로서 행정심판을 할 수 있다. 행정심판의 절차는 법률로 정하되, 사법절차가 준용되어야 한다.

제108조 대법원은 법률에 저촉되지 아니하는 범위 안에서 소송에 관한 절차, 법원의 내부규율과 사무처리에 관한 규칙을 제정할 수 있다.

제109조 재판의 심리와 판결은 공개한다. 다만, 심리는 국가의 안전보장 또는 안녕질서를 방해하거나 선량한 풍속을 해할 염려가 있을 때에는 법원의 결정으로 공개하지 아니할 수 있다.

제110조 ①군사재판을 관할하기 위하여 특별법원으로서 군사법원을 둘 수 있다.

②군사법원의 상고심은 대법원에서 관할한다.

③군사법원의 조직·권한 및 재판관의 자격은 법률로 정한다.

④비상계엄하의 군사재판은 군인·군무원의 범죄나 군사에 관한 간첩죄의 경우와 초병·초소·유독음식물공급·포로에 관한 죄 중 법률이 정한 경우에 한하여 단심으로 할 수 있다. 다만, 사형을 선고한 경우에는 그러하지 아니하다.

제6장 헌법재판소

제111조 ①헌법재판소는 다음 사항을 관장한다.

1. 법원의 제청에 의한 법률의 위헌여부 심판

2. 탄핵의 심판

3. 정당의 해산 심판

4. 국가기관 상호간, 국가기관과 지방자치단체간 및 지방자치단체 상호간의 권한쟁의에 관한 심판

5. 법률이 정하는 헌법소원에 관한 심판

②헌법재판소는 법관의 자격을 가진 9인의 재판관으로 구성하며, 재판관은 대통령이 임명한다.

③제2항의 재판관중 3인은 국회에서 선출하는 자를, 3인은 대법원장이 지명하는 자를 임명한다.

④헌법재판소의 장은 국회의 동의를 얻어 재판관 중에서 대통령이 임명한다.

제112조 ①헌법재판소 재판관의 임기는 6년으로 하며, 법률이 정하는 바에 의하여 연임할 수 있다.

②헌법재판소 재판관은 정당에 가입하거나 정치에 관여할 수 없다.

③헌법재판소 재판관은 탄핵 또는 금고 이상의 형의 선고에 의하지 아니하고는 파면되지 아니한다.

제113조 ①헌법재판소에서 법률의 위헌결정, 탄핵의 결정, 정당해산의 결정 또는 헌법소원에 관한 인용결정을 할 때에는 재판관 6인 이상의 찬성이 있어야 한다.

②헌법재판소는 법률에 저촉되지 아니하는 범위 안에서 심판에 관한 절차, 내부규율과 사무처리에 관한 규칙을 제정할 수 있다.

③헌법재판소의 조직과 운영 기타 필요한 사항은 법률로 정한다.

제7장 선거관리

제114조 ①선거와 국민투표의 공정한 관리 및 정당에 관한 사무를 처리하기 위하여 선거관리위원회를 둔다.

②중앙선거관리위원회는 대통령이 임명하는 3인, 국회에서 선출하는 3인과 대법원장이 지명하는 3인의 위원으로 구성한다. 위원장은 위원 중에서 호선한다.

③위원의 임기는 6년으로 한다.

④위원은 정당에 가입하거나 정치에 관여할 수 없다.

⑤위원은 탄핵 또는 금고 이상의 형의 선고에 의하지 아니하고는 파면되지 아니한다.

⑥중앙선거관리위원회는 법령의 범위 안에서 선거관리·국민투표관리 또는 정당사무에 관한 규칙을 제정할 수 있으며, 법률에 저촉되지 아니하는 범위 안에서 내부규율에 관한 규칙을 제정할 수 있다.

⑦각급 선거관리위원회의 조직·직무범위 기타 필요한 사항은 법률로 정한다.

제115조 ①각급 선거관리위원회는 선거인명부의 작성 등 선거사무와 국민투표사무에 관하여 관계 행정기관에 필요한 지시를 할 수 있다.

②제1항의 지시를 받은 당해 행정기관은 이에 응하여야 한다.

제116조 ①선거운동은 각급 선거관리위원회의 관리하에 법률이 정하는 범위 안에서 하되, 균등한 기회가 보장되어야 한다.

②선거에 관한 경비는 법률이 정하는 경우를 제외하고는 정당 또는 후보자에게 부담시킬 수 없다.

제8장 지방자치

제117조 ①지방자치단체는 주민의 복리에 관한 사무를 처리하고 재산을 관리하며, 법령의 범위 안에서 자치에 관한 규정을 제정할 수 있다.

②지방자치단체의 종류는 법률로 정한다.

제118조 ①지방자치단체에 의회를 둔다.

②지방의회의 조직·권한·의원선거와 지방자치단체의 장의 선임방법 기타 지방자치단체의 조직과 운영에 관한 사항은 법률로 정한다.

제9장 경제

제119조 ①대한민국의 경제질서는 개인과 기업의 경제상의 자유와 창의를 존중함을 기본으로 한다.

②국가는 균형있는 국민경제의 성장 및 안정과 적정한 소득의 분배를 유지하고, 시장의 지배와 경제력의 남용을 방지하며, 경제주체간의 조화를 통한 경제의 민주화를 위하여 경제에 관한 규제와 조정을 할 수 있다.

제120조 ①광물 기타 중요한 지하자원·수산자원·수력과 경제상 이용할 수 있는 자연력은 법률이 정하는 바에 의하여 일정한 기간 그 채취·개발 또는 이용을 특허할 수 있다.

②국토와 자원은 국가의 보호를 받으며, 국가는 그 균형있는 개발과 이용을 위하여 필요한 계획을 수립한다.

제121조 ①국가는 농지에 관하여 경자유전의 원칙이 달성될 수 있도록 노력하여야 하며, 농지의 소작제도는 금지된다.

②농업생산성의 제고와 농지의 합리적인 이용을 위하거나 불가피한 사정으로 발생하는 농지의 임대차와 위탁경영은 법률이 정하는 바에 의하여 인정된다.

제122조 국가는 국민 모두의 생산 및 생활의 기반이 되는 국토의 효율적이고 균형있는 이용·개발과 보전을 위하여 법률이 정하는 바에 의하여 그에 관한 필요한 제한과 의무를 과할 수 있다.

제123조 ①국가는 농업 및 어업을 보호·육성하기 위하여 농·어촌종합개발과 그 지원등 필요한 계획을 수립·시행하여야 한다.

②국가는 지역간의 균형있는 발전을 위하여 지역경제를 육성할 의무를 진다.

③국가는 중소기업을 보호·육성하여야 한다.

④국가는 농수산물의 수급균형과 유통구조의 개선에 노력하여 가격안정을 도모함으로써 농·어민의 이익을 보호한다.

⑤국가는 농·어민과 중소기업의 자조조직을 육성하여야 하며, 그 자율적 활동과 발전을 보장한다.

제124조 국가는 건전한 소비행위를 계도하고 생산품의 품질향상을 촉구하기 위한 소비자보호
운동을 법률이 정하는 바에 의하여 보장한다.

제125조 국가는 대외무역을 육성하며, 이를 규제·조정할 수 있다.

제126조 국방상 또는 국민경제상 긴절한 필요로 인하여 법률이 정하는 경우를 제외하고는, 사
영기업을 국유 또는 공유로 이전하거나 그 경영을 통제 또는 관리할 수 없다.

제127조 ①국가는 과학기술의 혁신과 정보 및 인력의 개발을 통하여 국민경제의 발전에 노력
하여야 한다.

②국가는 국가표준제도를 확립한다.

③대통령은 제1항의 목적을 달성하기 위하여 필요한 자문기구를 둘 수 있다.

제10장 헌법개정

제128조 ①헌법개정은 국회재적의원 과반수 또는 대통령의 발의로 제안된다.

②대통령의 임기연장 또는 중임변경을 위한 헌법개정은 그 헌법개정 제안 당시의 대통령에
대하여는 효력이 없다.

제129조 제안된 헌법개정안은 대통령이 20일 이상의 기간 이를 공고하여야 한다.

제130조 ①국회는 헌법개정안이 공고된 날로부터 60일 이내에 의결하여야 하며, 국회의 의결
은 재적의원 3분의 2 이상의 찬성을 얻어야 한다.

②헌법개정안은 국회가 의결한 후 30일 이내에 국민투표에 붙여 국회의원선거권자 과반수
의 투표와 투표자 과반수의 찬성을 얻어야 한다.

③헌법개정안이 제2항의 찬성을 얻은 때에는 헌법개정은 확정되며, 대통령은 즉시 이를 공
포하여야 한다.

부칙 〈제10호, 1987. 10. 29.〉

제1조 이 헌법은 1988년 2월 25일부터 시행한다. 다만, 이 헌법을 시행하기 위하여 필요한 법
률의 제정·개정과 이 헌법에 의한 대통령 및 국회의원의 선거 기타 이 헌법시행에 관한 준
비는 이 헌법시행 전에 할 수 있다.

제2조 ①이 헌법에 의한 최초의 대통령선거는 이 헌법시행일 40일 전까지 실시한다.

②이 헌법에 의한 최초의 대통령의 임기는 이 헌법시행일로부터 개시한다.

제3조 ①이 헌법에 의한 최초의 국회의원선거는 이 헌법공포일로부터 6월 이내에 실시하며,
이 헌법에 의하여 선출된 최초의 국회의원의 임기는 국회의원선거후 이 헌법에 의한 국회의
최초의 집회일로부터 개시한다.

②이 헌법공포 당시의 국회의원의 임기는 제1항에 의한 국회의 최초의 집회일 전일까지로
한다.

제4조 ①이 헌법시행 당시의 공무원과 정부가 임명한 기업체의 임원은 이 헌법에 의하여 임명된 것으로 본다. 다만, 이 헌법에 의하여 선임방법이나 임명권자가 변경된 공무원과 대법원장 및 감사원장은 이 헌법에 의하여 후임자가 선임될 때까지 그 직무를 행하며, 이 경우 전임자인 공무원의 임기는 후임자가 선임되는 전일까지로 한다.

②이 헌법시행 당시의 대법원장과 대법원판사가 아닌 법관은 제1항 단서의 규정에 불구하고 이 헌법에 의하여 임명된 것으로 본다.

③이 헌법 중 공무원의 임기 또는 중임제한에 관한 규정은 이 헌법에 의하여 그 공무원이 최초로 선출 또는 임명된 때로부터 적용한다.

제5조 이 헌법시행 당시의 법령과 조약은 이 헌법에 위배되지 아니하는 한 그 효력을 지속한다.

제6조 이 헌법시행 당시에 이 헌법에 의하여 새로 설치될 기관의 권한에 속하는 직무를 행하고 있는 기관은 이 헌법에 의하여 새로운 기관이 설치될 때까지 존속하며 그 직무를 행한다.

국적법

[시행 2022. 10. 1.] [법률 제18978호, 2022. 9. 15., 일부개정]

제1조(목적) 이 법은 대한민국의 국민이 되는 요건을 정함을 목적으로 한다.
  [전문개정 2008. 3. 14.]

제2조(출생에 의한 국적 취득) ① 다음 각 호의 어느 하나에 해당하는 자는 출생과 동시에 대한민국 국적(國籍)을 취득한다.
  1. 출생 당시에 부(父)또는 모(母)가 대한민국의 국민인 자
  2. 출생하기 전에 부가 사망한 경우에는 그 사망 당시에 부가 대한민국의 국민이었던 자
  3. 부모가 모두 분명하지 아니한 경우나 국적이 없는 경우에는 대한민국에서 출생한 자
  ② 대한민국에서 발견된 기아(棄兒)는 대한민국에서 출생한 것으로 추정한다.
  [전문개정 2008. 3. 14.]

제3조(인지에 의한 국적 취득) ① 대한민국의 국민이 아닌 자(이하 "외국인"이라 한다)로서 대한민국의 국민인 부 또는 모에 의하여 인지(認知)된 자가 다음 각 호의 요건을 모두 갖추면 법무부장관에게 신고함으로써 대한민국 국적을 취득할 수 있다.
  1. 대한민국의 「민법」상 미성년일 것
  2. 출생 당시에 부 또는 모가 대한민국의 국민이었을 것
  ② 제1항에 따라 신고한 자는 그 신고를 한 때에 대한민국 국적을 취득한다.
  ③ 제1항에 따른 신고 절차와 그 밖에 필요한 사항은 대통령령으로 정한다.
  [전문개정 2008. 3. 14.]

제4조(귀화에 의한 국적 취득) ① 대한민국 국적을 취득한 사실이 없는 외국인은 법무부장관의 귀화허가(歸化許可)를 받아 대한민국 국적을 취득할 수 있다.
  ② 법무부장관은 귀화허가 신청을 받으면 제5조부터 제7조까지의 귀화 요건을 갖추었는지를 심사한 후 그 요건을 갖춘 사람에게만 귀화를 허가한다. <개정 2017. 12. 19.>
  ③ 제1항에 따라 귀화허가를 받은 사람은 법무부장관 앞에서 국민선서를 하고 귀화증서를 수여받은 때에 대한민국 국적을 취득한다. 다만, 법무부장관은 연령, 신체적·정신적 장애 등으로 국민선서의 의미를 이해할 수 없거나 이해한 것을 표현할 수 없다고 인정되는 사람에게는 국민선서를 면제할 수 있다. <개정 2017. 12. 19.>
  ④ 법무부장관은 제3항 본문에 따른 국민선서를 받고 귀화증서를 수여하는 업무와 같은 항 단서에 따른 국민선서의 면제 업무를 대통령령으로 정하는 바에 따라 지방출입국·외국인관서의 장에게 대행하게 할 수 있다. <신설 2017. 12. 19.>
  ⑤ 제1항부터 제4항까지에 따른 신청절차, 심사, 국민선서 및 귀화증서 수여와 그 대행 등에 관하여 필요한 사항은 대통령령으로 정한다. <개정 2017. 12. 19.>

[전문개정 2008. 3. 14.]

제5조(일반귀화 요건) 외국인이 귀화허가를 받기 위해서는 제6조나 제7조에 해당하는 경우 외에는 다음 각 호의 요건을 갖추어야 한다. <개정 2017. 12. 19.>

1. 5년 이상 계속하여 대한민국에 주소가 있을 것

1의2. 대한민국에서 영주할 수 있는 체류자격을 가지고 있을 것

2. 대한민국의 「민법」상 성년일 것

3. 법령을 준수하는 등 법무부령으로 정하는 품행 단정의 요건을 갖출 것

4. 자신의 자산(資産)이나 기능(技能)에 의하거나 생계를 같이하는 가족에 의존하여 생계를 유지할 능력이 있을 것

5. 국어능력과 대한민국의 풍습에 대한 이해 등 대한민국 국민으로서의 기본 소양(素養)을 갖추고 있을 것

6. 귀화를 허가하는 것이 국가안전보장·질서유지 또는 공공복리를 해치지 아니한다고 법무부장관이 인정할 것

[전문개정 2008. 3. 14.]

제6조(간이귀화 요건) ① 다음 각 호의 어느 하나에 해당하는 외국인으로서 대한민국에 3년 이상 계속하여 주소가 있는 사람은 제5조제1호 및 제1호의2의 요건을 갖추지 아니하여도 귀화허가를 받을 수 있다. <개정 2017. 12. 19.>

1. 부 또는 모가 대한민국의 국민이었던 사람

2. 대한민국에서 출생한 사람으로서 부 또는 모가 대한민국에서 출생한 사람

3. 대한민국 국민의 양자(養子)로서 입양 당시 대한민국의 「민법」상 성년이었던 사람

② 배우자가 대한민국의 국민인 외국인으로서 다음 각 호의 어느 하나에 해당하는 사람은 제5조제1호 및 제1호의2의 요건을 갖추지 아니하여도 귀화허가를 받을 수 있다. <개정 2017. 12. 19.>

1. 그 배우자와 혼인한 상태로 대한민국에 2년 이상 계속하여 주소가 있는 사람

2. 그 배우자와 혼인한 후 3년이 지나고 혼인한 상태로 대한민국에 1년 이상 계속하여 주소가 있는 사람

3. 제1호나 제2호의 기간을 채우지 못하였으나, 그 배우자와 혼인한 상태로 대한민국에 주소를 두고 있던 중 그 배우자의 사망이나 실종 또는 그 밖에 자신에게 책임이 없는 사유로 정상적인 혼인 생활을 할 수 없었던 사람으로서 제1호나 제2호의 잔여기간을 채웠고 법무부장관이 상당(相當)하다고 인정하는 사람

4. 제1호나 제2호의 요건을 충족하지 못하였으나, 그 배우자와의 혼인에 따라 출생한 미성년의 자(子)를 양육하고 있거나 양육하여야 할 사람으로서 제1호나 제2호의 기간을 채웠고 법무부장관이 상당하다고 인정하는 사람

[전문개정 2008. 3. 14.]

제7조(특별귀화 요건) ① 다음 각 호의 어느 하나에 해당하는 외국인으로서 대한민국에 주소

가 있는 사람은 제5조제1호·제1호의2·제2호 또는 제4호의 요건을 갖추지 아니하여도 귀화허가를 받을 수 있다. <개정 2010. 5. 4., 2017. 12. 19.>

1. 부 또는 모가 대한민국의 국민인 사람. 다만, 양자로서 대한민국의「민법」상 성년이 된 후에 입양된 사람은 제외한다.

2. 대한민국에 특별한 공로가 있는 사람

3. 과학·경제·문화·체육 등 특정 분야에서 매우 우수한 능력을 보유한 사람으로서 대한민국의 국익에 기여할 것으로 인정되는 사람

② 제1항제2호 및 제3호에 해당하는 사람을 정하는 기준 및 절차는 대통령령으로 정한다. <개정 2010. 5. 4., 2017. 12. 19.>   [전문개정 2008. 3. 14.]

제8조(수반 취득) ① 외국인의 자(子)로서 대한민국의「민법」상 미성년인 사람은 부 또는 모가 귀화허가를 신청할 때 함께 국적 취득을 신청할 수 있다. <개정 2017. 12. 19.>

② 제1항에 따라 국적 취득을 신청한 사람은 부 또는 모가 대한민국 국적을 취득한 때에 함께 대한민국 국적을 취득한다. <개정 2017. 12. 19.>

③ 제1항에 따른 신청절차와 그 밖에 필요한 사항은 대통령령으로 정한다. <개정 2017. 12. 19.>

[전문개정 2008. 3. 14.]

제9조(국적회복에 의한 국적 취득) ① 대한민국의 국민이었던 외국인은 법무부장관의 국적회복허가(國籍回復許可)를 받아 대한민국 국적을 취득할 수 있다.

② 법무부장관은 국적회복허가 신청을 받으면 심사한 후 다음 각 호의 어느 하나에 해당하는 사람에게는 국적회복을 허가하지 아니한다. <개정 2017. 12. 19.>

1. 국가나 사회에 위해(危害)를 끼친 사실이 있는 사람

2. 품행이 단정하지 못한 사람

3. 병역을 기피할 목적으로 대한민국 국적을 상실하였거나 이탈하였던 사람

4. 국가안전보장·질서유지 또는 공공복리를 위하여 법무부장관이 국적회복을 허가하는 것이 적당하지 아니하다고 인정하는 사람

③ 제1항에 따라 국적회복허가를 받은 사람은 법무부장관 앞에서 국민선서를 하고 국적회복증서를 수여받은 때에 대한민국 국적을 취득한다. 다만, 법무부장관은 연령, 신체적·정신적 장애 등으로 국민선서의 의미를 이해할 수 없거나 이해한 것을 표현할 수 없다고 인정되는 사람에게는 국민선서를 면제할 수 있다. <개정 2017. 12. 19.>

④ 법무부장관은 제3항 본문에 따른 국민선서를 받고 국적회복증서를 수여하는 업무와 같은 항 단서에 따른 국민선서의 면제 업무를 대통령령으로 정하는 바에 따라 재외공관의 장 또는 지방출입국·외국인관서의 장에게 대행하게 할 수 있다. <신설 2017. 12. 19.>

⑤ 제1항부터 제4항까지에 따른 신청절차, 심사, 국민선서 및 국적회복증서 수여와 그 대행 등에 관하여 필요한 사항은 대통령령으로 정한다. <개정 2017. 12. 19.>

⑥ 국적회복허가에 따른 수반(隨伴) 취득에 관하여는 제8조를 준용(準用)한다. <개정

2017. 12. 19.>

[전문개정 2008. 3. 14.]

제10조(국적 취득자의 외국 국적 포기 의무) ① 대한민국 국적을 취득한 외국인으로서 외국 국적을 가지고 있는 자는 대한민국 국적을 취득한 날부터 1년 내에 그 외국 국적을 포기하여야 한다. <개정 2010. 5. 4.>

② 제1항에도 불구하고 다음 각 호의 어느 하나에 해당하는 자는 대한민국 국적을 취득한 날부터 1년 내에 외국 국적을 포기하거나 법무부장관이 정하는 바에 따라 대한민국에서 외국 국적을 행사하지 아니하겠다는 뜻을 법무부장관에게 서약하여야 한다. <신설 2010. 5. 4.>

1. 귀화허가를 받은 때에 제6조제2항제1호 · 제2호 또는 제7조제1항제2호 · 제3호의 어느 하나에 해당하는 사유가 있는 자

2. 제9조에 따라 국적회복허가를 받은 자로서 제7조제1항제2호 또는 제3호에 해당한다고 법무부장관이 인정하는 자

3. 대한민국의 「민법」상 성년이 되기 전에 외국인에게 입양된 후 외국 국적을 취득하고 외국에서 계속 거주하다가 제9조에 따라 국적회복허가를 받은 자

4. 외국에서 거주하다가 영주할 목적으로 만 65세 이후에 입국하여 제9조에 따라 국적회복허가를 받은 자

5. 본인의 뜻에도 불구하고 외국의 법률 및 제도로 인하여 제1항을 이행하기 어려운 자로서 대통령령으로 정하는 자

③ 제1항 또는 제2항을 이행하지 아니한 자는 그 기간이 지난 때에 대한민국 국적을 상실(喪失)한다. <개정 2010. 5. 4.>　　[전문개정 2008. 3. 14.]

제11조(국적의 재취득) ① 제10조제3항에 따라 대한민국 국적을 상실한 자가 그 후 1년 내에 그 외국 국적을 포기하면 법무부장관에게 신고함으로써 대한민국 국적을 재취득할 수 있다. <개정 2010. 5. 4.>

② 제1항에 따라 신고한 자는 그 신고를 한 때에 대한민국 국적을 취득한다.

③ 제1항에 따른 신고 절차와 그 밖에 필요한 사항은 대통령령으로 정한다.

[전문개정 2008. 3. 14.]

제11조의2(복수국적자의 법적 지위 등) ① 출생이나 그 밖에 이 법에 따라 대한민국 국적과 외국 국적을 함께 가지게 된 사람으로서 대통령령으로 정하는 사람[이하 "복수국적자"(複數國籍者)라 한다]은 대한민국의 법령 적용에서 대한민국 국민으로만 처우한다. <개정 2016. 12. 20.>

② 복수국적자가 관계 법령에 따라 외국 국적을 보유한 상태에서 직무를 수행할 수 없는 분야에 종사하려는 경우에는 외국 국적을 포기하여야 한다.

③ 중앙행정기관의 장이 복수국적자를 외국인과 동일하게 처우하는 내용으로 법령을 제정 또는 개정하려는 경우에는 미리 법무부장관과 협의하여야 한다.

[본조신설 2010. 5. 4.]

제12조(복수국적자의 국적선택의무) ① 만 20세가 되기 전에 복수국적자가 된 자는 만 22세가 되기 전까지, 만 20세가 된 후에 복수국적자가 된 자는 그 때부터 2년 내에 제13조와 제14조에 따라 하나의 국적을 선택하여야 한다. 다만, 제10조제2항에 따라 법무부장관에게 대한민국에서 외국 국적을 행사하지 아니하겠다는 뜻을 서약한 복수국적자는 제외한다. <개정 2010. 5. 4.>

② 제1항 본문에도 불구하고 「병역법」 제8조에 따라 병역준비역에 편입된 자는 편입된 때부터 3개월 이내에 하나의 국적을 선택하거나 제3항 각 호의 어느 하나에 해당하는 때부터 2년 이내에 하나의 국적을 선택하여야 한다. 다만, 제13조에 따라 대한민국 국적을 선택하려는 경우에는 제3항 각 호의 어느 하나에 해당하기 전에도 할 수 있다. <개정 2010. 5. 4., 2016. 5. 29.>

③ 직계존속(直系尊屬)이 외국에서 영주(永住)할 목적 없이 체류한 상태에서 출생한 자는 병역의무의 이행과 관련하여 다음 각 호의 어느 하나에 해당하는 경우에만 제14조에 따른 국적이탈신고를 할 수 있다. <개정 2010. 5. 4., 2016. 5. 29., 2019. 12. 31.>

1. 현역·상근예비역·보충역 또는 대체역으로 복무를 마치거나 마친 것으로 보게 되는 경우
2. 전시근로역에 편입된 경우
3. 병역면제처분을 받은 경우

[전문개정 2008. 3. 14.]   [제목개정 2010. 5. 4.]

[2022. 9. 15. 법률 제18978호에 의하여 2020. 9. 24. 헌법재판소에서 헌법불합치 결정된 이 조 제2항 본문을 제14조의2를 신설하여 개정함.]

제13조(대한민국 국적의 선택 절차) ① 복수국적자로서 제12조제1항 본문에 규정된 기간 내에 대한민국 국적을 선택하려는 자는 외국 국적을 포기하거나 법무부장관이 정하는 바에 따라 대한민국에서 외국 국적을 행사하지 아니하겠다는 뜻을 서약하고 법무부장관에게 대한민국 국적을 선택한다는 뜻을 신고할 수 있다. <개정 2010. 5. 4.>

② 복수국적자로서 제12조제1항 본문에 규정된 기간 후에 대한민국 국적을 선택하려는 자는 외국 국적을 포기한 경우에만 법무부장관에게 대한민국 국적을 선택한다는 뜻을 신고할 수 있다. 다만, 제12조제3항제1호의 경우에 해당하는 자는 그 경우에 해당하는 때부터 2년 이내에는 제1항에서 정한 방식으로 대한민국 국적을 선택한다는 뜻을 신고할 수 있다. <신설 2010. 5. 4.>

③ 제1항 및 제2항 단서에도 불구하고 출생 당시에 모가 자녀에게 외국 국적을 취득하게 할 목적으로 외국에서 체류 중이었던 사실이 인정되는 자는 외국 국적을 포기한 경우에만 대한민국 국적을 선택한다는 뜻을 신고할 수 있다. <신설 2010. 5. 4.>

④ 제1항부터 제3항까지의 규정에 따른 신고의 수리(受理) 요건, 신고 절차, 그 밖에 필요한 사항은 대통령령으로 정한다. <개정 2010. 5. 4.>

[전문개정 2008. 3. 14.]

제14조(대한민국 국적의 이탈 요건 및 절차) ① 복수국적자로서 외국 국적을 선택하려는 자는

외국에 주소가 있는 경우에만 주소지 관할 재외공관의 장을 거쳐 법무부장관에게 대한민국 국적을 이탈한다는 뜻을 신고할 수 있다. 다만, 제12조제2항 본문 또는 같은 조 제3항에 해당하는 자는 그 기간 이내에 또는 해당 사유가 발생한 때부터만 신고할 수 있다. <개정 2010. 5. 4.>

② 제1항에 따라 국적 이탈의 신고를 한 자는 법무부장관이 신고를 수리한 때에 대한민국 국적을 상실한다. <개정 2010. 5. 4.>

③ 제1항에 따른 신고 및 수리의 요건, 절차와 그 밖에 필요한 사항은 대통령령으로 정한다. <개정 2010. 5. 4.>

[전문개정 2008. 3. 14.]　　[제목개정 2010. 5. 4.]

[2022. 9. 15. 법률 제18978호에 의하여 2020. 9. 24. 헌법재판소에서 헌법불합치 결정된 이 조 제1항 단서 중 제12조 제2항 본문에 관한 부분을 제14조의2를 신설하여 개정함.]

제14조의2(대한민국 국적의 이탈에 관한 특례) ① 제12조제2항 본문 및 제14조제1항 단서에도 불구하고 다음 각 호의 요건을 모두 충족하는 복수국적자는 「병역법」 제8조에 따라 병역준비역에 편입된 때부터 3개월 이내에 대한민국 국적을 이탈한다는 뜻을 신고하지 못한 경우 법무부장관에게 대한민국 국적의 이탈 허가를 신청할 수 있다.

1. 다음 각 목의 어느 하나에 해당하는 사람일 것
　　가. 외국에서 출생한 사람(직계존속이 외국에서 영주할 목적 없이 체류한 상태에서 출생한 사람은 제외한다)으로서 출생 이후 계속하여 외국에 주된 생활의 근거를 두고 있는 사람
　　나. 6세 미만의 아동일 때 외국으로 이주한 이후 계속하여 외국에 주된 생활의 근거를 두고 있는 사람
2. 제12조제2항 본문 및 제14조제1항 단서에 따라 병역준비역에 편입된 때부터 3개월 이내에 국적 이탈을 신고하지 못한 정당한 사유가 있을 것

② 법무부장관은 제1항에 따른 허가를 할 때 다음 각 호의 사항을 고려하여야 한다.
1. 복수국적자의 출생지 및 복수국적 취득경위
2. 복수국적자의 주소지 및 주된 거주지가 외국인지 여부
3. 대한민국 입국 횟수 및 체류 목적·기간
4. 대한민국 국민만이 누릴 수 있는 권리를 행사하였는지 여부
5. 복수국적으로 인하여 외국에서의 직업 선택에 상당한 제한이 있거나 이에 준하는 불이익이 있는지 여부
6. 병역의무 이행의 공평성과 조화되는지 여부

③ 제1항에 따른 허가 신청은 외국에 주소가 있는 복수국적자가 해당 주소지 관할 재외공관의 장을 거쳐 법무부장관에게 하여야 한다.

④ 제1항 및 제3항에 따라 국적의 이탈 허가를 신청한 사람은 법무부장관이 허가한 때에 대한민국 국적을 상실한다.

⑤ 제1항부터 제4항까지의 규정에 따른 신청자의 세부적인 자격기준, 허가 시의 구체적인 고려사항, 신청 및 허가 절차 등 필요한 사항은 대통령령으로 정한다.

[본조신설 2022. 9. 15.]

[종전 제14조의2는 제14조의3으로 이동 <2022. 9. 15.>]

제14조의3(복수국적자에 대한 국적선택명령) ① 법무부장관은 복수국적자로서 제12조제1항 또는 제2항에서 정한 기간 내에 국적을 선택하지 아니한 자에게 1년 내에 하나의 국적을 선택할 것을 명하여야 한다.

② 법무부장관은 복수국적자로서 제10조제2항, 제13조제1항 또는 같은 조 제2항 단서에 따라 대한민국에서 외국 국적을 행사하지 아니하겠다는 뜻을 서약한 자가 그 뜻에 현저히 반하는 행위를 한 경우에는 6개월 내에 하나의 국적을 선택할 것을 명할 수 있다.

③ 제1항 또는 제2항에 따라 국적선택의 명령을 받은 자가 대한민국 국적을 선택하려면 외국 국적을 포기하여야 한다.

④ 제1항 또는 제2항에 따라 국적선택의 명령을 받고도 이를 따르지 아니한 자는 그 기간이 지난 때에 대한민국 국적을 상실한다.

⑤ 제1항 및 제2항에 따른 국적선택의 절차와 제2항에 따른 서약에 현저히 반하는 행위 유형은 대통령령으로 정한다.

[본조신설 2010. 5. 4.]

[제14조의2에서 이동, 종전 제14조의3은 제14조의4로 이동 <2022. 9. 15.>]

제14조의4(대한민국 국적의 상실결정) ① 법무부장관은 복수국적자가 다음 각 호의 어느 하나의 사유에 해당하여 대한민국의 국적을 보유함이 현저히 부적합하다고 인정하는 경우에는 청문을 거쳐 대한민국 국적의 상실을 결정할 수 있다. 다만, 출생에 의하여 대한민국 국적을 취득한 자는 제외한다.

1. 국가안보, 외교관계 및 국민경제 등에 있어서 대한민국의 국익에 반하는 행위를 하는 경우

2. 대한민국의 사회질서 유지에 상당한 지장을 초래하는 행위로서 대통령령으로 정하는 경우

② 제1항에 따른 결정을 받은 자는 그 결정을 받은 때에 대한민국 국적을 상실한다.

[본조신설 2010. 5. 4.]

[제14조의3에서 이동, 종전 제14조의4는 제14조의5로 이동 <2022. 9. 15.>]

제14조의5(복수국적자에 관한 통보의무 등) ① 공무원이 그 직무상 복수국적자를 발견하면 지체 없이 법무부장관에게 그 사실을 통보하여야 한다.

② 공무원이 그 직무상 복수국적자 여부를 확인할 필요가 있는 경우에는 당사자에게 질문을 하거나 필요한 자료의 제출을 요청할 수 있다.

③ 제1항에 따른 통보 절차는 대통령령으로 정한다.

[본조신설 2010. 5. 4.]

[제14조의4에서 이동 <2022. 9. 15.>]

제15조(외국 국적 취득에 따른 국적 상실) ① 대한민국의 국민으로서 자진하여 외국 국적을 취득한 자는 그 외국 국적을 취득한 때에 대한민국 국적을 상실한다.

② 대한민국의 국민으로서 다음 각 호의 어느 하나에 해당하는 자는 그 외국 국적을 취득한 때부터 6개월 내에 법무부장관에게 대한민국 국적을 보유할 의사가 있다는 뜻을 신고하지 아니하면 그 외국 국적을 취득한 때로 소급(遡及)하여 대한민국 국적을 상실한 것으로 본다.

1. 외국인과의 혼인으로 그 배우자의 국적을 취득하게 된 자

2. 외국인에게 입양되어 그 양부 또는 양모의 국적을 취득하게 된 자

3. 외국인인 부 또는 모에게 인지되어 그 부 또는 모의 국적을 취득하게 된 자

4. 외국 국적을 취득하여 대한민국 국적을 상실하게 된 자의 배우자나 미성년의 자(子)로서 그 외국의 법률에 따라 함께 그 외국 국적을 취득하게 된 자

③ 외국 국적을 취득함으로써 대한민국 국적을 상실하게 된 자에 대하여 그 외국 국적의 취득일을 알 수 없으면 그가 사용하는 외국 여권의 최초 발급일에 그 외국 국적을 취득한 것으로 추정한다.

④ 제2항에 따른 신고 절차와 그 밖에 필요한 사항은 대통령령으로 정한다.

[전문개정 2008. 3. 14.]

제16조(국적상실자의 처리) ① 대한민국 국적을 상실한 자(제14조에 따른 국적이탈의 신고를 한 자는 제외한다)는 법무부장관에게 국적상실신고를 하여야 한다.

② 공무원이 그 직무상 대한민국 국적을 상실한 자를 발견하면 지체 없이 법무부장관에게 그 사실을 통보하여야 한다.

③ 법무부장관은 그 직무상 대한민국 국적을 상실한 자를 발견하거나 제1항이나 제2항에 따라 국적상실의 신고나 통보를 받으면 가족관계등록 관서와 주민등록 관서에 통보하여야 한다.

④ 제1항부터 제3항까지의 규정에 따른 신고 및 통보의 절차와 그 밖에 필요한 사항은 대통령령으로 정한다.

[전문개정 2008. 3. 14.]

제17조(관보 고시) ① 법무부장관은 대한민국 국적의 취득과 상실에 관한 사항이 발생하면 그 뜻을 관보에 고시(告示)하여야 한다.

② 제1항에 따라 관보에 고시할 사항은 대통령령으로 정한다.

[전문개정 2008. 3. 14.]

제18조(국적상실자의 권리 변동) ① 대한민국 국적을 상실한 자는 국적을 상실한 때부터 대한민국의 국민만이 누릴 수 있는 권리를 누릴 수 없다.

② 제1항에 해당하는 권리 중 대한민국의 국민이었을 때 취득한 것으로서 양도(讓渡)할 수 있는 것은 그 권리와 관련된 법령에서 따로 정한 바가 없으면 3년 내에 대한민국의 국민에게 양도하여야 한다.

[전문개정 2008. 3. 14.]

제19조(법정대리인이 하는 신고 등) 이 법에 규정된 신청이나 신고와 관련하여 그 신청이나 신고를 하려는 자가 15세 미만이면 법정대리인이 대신하여 이를 행한다.

[전문개정 2008. 3. 14.]

제20조(국적 판정) ① 법무부장관은 대한민국 국적의 취득이나 보유 여부가 분명하지 아니한 자에 대하여 이를 심사한 후 판정할 수 있다.

② 제1항에 따른 심사 및 판정의 절차와 그 밖에 필요한 사항은 대통령령으로 정한다.

[전문개정 2008. 3. 14.]

제21조(허가 등의 취소) ① 법무부장관은 거짓이나 그 밖의 부정한 방법으로 귀화허가, 국적회복허가, 국적의 이탈 허가 또는 국적보유판정을 받은 자에 대하여 그 허가 또는 판정을 취소할 수 있다. <개정 2022. 9. 15.>

② 제1항에 따른 취소의 기준·절차와 그 밖에 필요한 사항은 대통령령으로 정한다.

[본조신설 2008. 3. 14.]

제22조(국적심의위원회) ① 국적에 관한 다음 각 호의 사항을 심의하기 위하여 법무부장관 소속으로 국적심의위원회(이하 "위원회"라 한다)를 둔다.

1. 제7조제1항제3호에 해당하는 특별귀화 허가에 관한 사항

2. 제14조의2에 따른 대한민국 국적의 이탈 허가에 관한 사항

3. 제14조의4에 따른 대한민국 국적의 상실 결정에 관한 사항

4. 그 밖에 국적업무와 관련하여 법무부장관이 심의를 요청하는 사항

② 법무부장관은 제1항제1호부터 제3호까지의 허가 또는 결정 전에 위원회의 심의를 거쳐야 한다. 다만, 요건을 충족하지 못하는 것이 명백한 경우 등 대통령령으로 정하는 사항은 그러하지 아니하다.

③ 위원회는 제1항 각 호의 사항을 효과적으로 심의하기 위하여 필요하다고 인정하는 경우 관계 행정기관의 장에게 자료의 제출 또는 의견의 제시를 요청하거나 관계인을 출석시켜 의견을 들을 수 있다.

[본조신설 2022. 9. 15.]

[종전 제22조는 제26조로 이동 <2022. 9. 15.>]

제23조(위원회의 구성 및 운영) ① 위원회는 위원장 1명을 포함하여 30명 이내의 위원으로 구성한다.

② 위원장은 법무부차관으로 하고, 위원은 다음 각 호의 사람으로 한다.

1. 법무부 소속 고위공무원단에 속하는 공무원으로서 법무부장관이 지명하는 사람 1명

2. 대통령령으로 정하는 관계 행정기관의 국장급 또는 이에 상당하는 공무원 중에서 법무부장관이 지명하는 사람

3. 국적 업무와 관련하여 학식과 경험이 풍부한 사람으로서 법무부장관이 위촉하는 사람

③ 제2항제3호에 따른 위촉위원의 임기는 2년으로 하며, 한 번만 연임할 수 있다. 다만, 위

원의 임기 중 결원이 생겨 새로 위촉하는 위원의 임기는 전임위원 임기의 남은 기간으로 한다.

④ 위원회의 회의는 제22조제1항의 안건별로 위원장이 지명하는 10명 이상 15명 이내의 위원이 참석하되, 제2항제3호에 따른 위촉위원이 과반수가 되도록 하여야 한다.

⑤ 위원회의 회의는 위원장 및 제4항에 따라 지명된 위원의 과반수의 출석으로 개의하고 출석위원 과반수의 찬성으로 의결한다.

⑥ 위원회의 사무를 처리하기 위하여 간사 1명을 두되, 간사는 위원장이 지명하는 일반직공무원으로 한다.

⑦ 위원회의 업무를 효율적으로 수행하기 위하여 위원회에 분야별로 분과위원회를 둘 수 있다.

⑧ 제1항부터 제7항까지의 규정에서 정하는 사항 외에 위원회의 구성 및 운영에 필요한 사항은 대통령령으로 정한다.

[본조신설 2022. 9. 15.]

제24조(수수료) ① 이 법에 따른 허가신청, 신고 및 증명서 등의 발급을 받으려는 사람은 법무부령으로 정하는 바에 따라 수수료를 납부하여야 한다.

② 제1항에 따른 수수료는 정당한 사유가 있는 경우 이를 감액하거나 면제할 수 있다.

③ 제1항에 따른 수수료의 금액 및 제2항에 따른 수수료의 감액·면제 기준 등에 필요한 사항은 법무부령으로 정한다.

[본조신설 2018. 9. 18.]

[제21조의2에서 이동 <2022. 9. 15.>]

제25조(관계 기관 등의 협조) ① 법무부장관은 국적업무 수행에 필요하면 관계 기관의 장이나 관련 단체의 장에게 자료 제출, 사실 조사, 신원 조회, 의견 제출 등의 협조를 요청할 수 있다.

② 법무부장관은 국적업무를 수행하기 위하여 관계 기관의 장에게 다음 각 호의 정보 제공을 요청할 수 있다.

1. 범죄경력정보

2. 수사경력정보

3. 외국인의 범죄처분결과정보

4. 여권발급정보

5. 주민등록정보

6. 가족관계등록정보

7. 병적기록 등 병역관계정보

8. 납세증명서

③ 제1항 및 제2항에 따른 협조 요청 또는 정보 제공 요청을 받은 관계 기관의 장이나 관련 단체의 장은 정당한 사유가 없으면 요청에 따라야 한다.

[본조신설 2017. 12. 19.]

[제21조의3에서 이동 <2022. 9. 15.>]

제26조(권한의 위임) 이 법에 따른 법무부장관의 권한은 대통령령으로 정하는 바에 따라 그 일부를 지방출입국·외국인관서의 장에게 위임할 수 있다. <개정 2014. 3. 18.>

[본조신설 2010. 5. 4.]

[제22조에서 이동 <2022. 9. 15.>]

제27조(벌칙 적용에서의 공무원 의제) 위원회의 위원 중 공무원이 아닌 사람은 「형법」 제127조 및 제129조부터 제132조까지의 규정을 적용할 때에는 공무원으로 본다.

[본조신설 2022. 9. 15.]

부칙 〈제18978호, 2022. 9. 15.〉

제1조(시행일) 이 법은 2022년 10월 1일부터 시행한다.

제2조(대한민국 국적의 이탈 특례에 관한 적용례) ① 제14조의2의 개정규정은 이 법 시행 이후 대한민국 국적의 이탈 허가를 신청한 경우부터 적용한다.

② 제14조의2의 개정규정은 이 법 시행 당시 병역준비역에 편입된 때부터 3개월이 지난 복수국적자에 대하여도 적용한다.

제3조(국적심의위원회 설치에 따른 적용례 및 경과조치) ① 제22조의 개정규정에 따른 국적심의위원회의 심의사항은 이 법 시행 이후 법무부장관이 신청을 접수하거나 국적 상실의 결정이 필요하다고 인정하려는 경우부터 적용한다.

② 제1항에도 불구하고 이 법 시행 당시 종전의 대통령령에 따른 국적심의위원회가 심의 중인 사항에 대하여 제22조의 개정규정에 따른 국적심의위원회가 계속하여 심의할 수 있다.

③ 종전의 대통령령에 따른 국적심의위원회의 민간 위원으로 위촉된 사람은 제23조제2항제3호의 개정규정에 따른 위촉위원으로 본다. 이 경우 위촉위원의 임기는 종전의 대통령령에 따라 위촉된 때부터 계산한다.

출입국관리법

[시행 2023. 12. 14.] [법률 제19435호, 2023. 6. 13., 일부개정]

제1장 총칙 〈개정 2010. 5. 14.〉

제1조(목적) 이 법은 대한민국에 입국하거나 대한민국에서 출국하는 모든 국민 및 외국인의 출입국관리를 통한 안전한 국경관리, 대한민국에 체류하는 외국인의 체류관리와 사회통합 등에 관한 사항을 규정함을 목적으로 한다. 〈개정 2012. 1. 26., 2018. 3. 20.〉

[전문개정 2010. 5. 14.]

제2조(정의) 이 법에서 사용하는 용어의 뜻은 다음과 같다. 〈개정 2012. 2. 10., 2014. 3. 18., 2018. 3. 20., 2020. 6. 9., 2021. 8. 17.〉

1. "국민"이란 대한민국의 국민을 말한다.

2. "외국인"이란 대한민국의 국적을 가지지 아니한 사람을 말한다.

3. "난민"이란 「난민법」 제2조제1호에 따른 난민을 말한다.

4. "여권"이란 대한민국정부·외국정부 또는 권한 있는 국제기구에서 발급한 여권 또는 난민 여행증명서나 그 밖에 여권을 갈음하는 증명서로서 대한민국정부가 유효하다고 인정하는 것을 말한다.

5. "선원신분증명서"란 대한민국정부나 외국정부가 발급한 문서로서 선원임을 증명하는 것을 말한다.

6. "출입국항"이란 출국하거나 입국할 수 있는 대한민국의 항구·공항과 그 밖의 장소로서 대통령령으로 정하는 곳을 말한다.

7. "재외공관의 장"이란 외국에 주재하는 대한민국의 대사(大使), 공사(公使), 총영사(總領事), 영사(領事) 또는 영사업무를 수행하는 기관의 장을 말한다.

8. "선박등"이란 대한민국과 대한민국 밖의 지역 사이에서 사람이나 물건을 수송하는 선박, 항공기, 기차, 자동차, 그 밖의 교통기관을 말한다.

9. "승무원"이란 선박등에서 그 업무를 수행하는 사람을 말한다.

10. "운수업자"란 선박등을 이용하여 사업을 운영하는 자와 그를 위하여 통상 그 사업에 속하는 거래를 대리하는 자를 말한다.

10의2. "지방출입국·외국인관서"란 출입국 및 외국인의 체류 관리업무를 수행하기 위하여 법령에 따라 각 지역별로 설치된 관서와 외국인보호소를 말한다.

11. "보호"란 출입국관리공무원이 제46조제1항 각 호에 따른 강제퇴거 대상에 해당된다고 의심할 만한 상당한 이유가 있는 사람을 출국시키기 위하여 외국인보호실, 외국인보호소 또는 그 밖에 법무부장관이 지정하는 장소에 인치(引致)하고 수용하는 집행활동을

말한다.

12. "외국인보호실"이란 이 법에 따라 외국인을 보호할 목적으로 지방출입국·외국인관서에 설치한 장소를 말한다.

13. "외국인보호소"란 지방출입국·외국인관서 중 이 법에 따라 외국인을 보호할 목적으로 설치한 시설로서 대통령령으로 정하는 곳을 말한다.

14. "출입국사범"이란 제93조의2, 제93조의3, 제94조부터 제99조까지, 제99조의2, 제99조의3 및 제100조에 규정된 죄를 범하였다고 인정되는 자를 말한다.

15. "생체정보"란 이 법에 따른 업무에서 본인 일치 여부 확인 등에 활용되는 사람의 지문·얼굴·홍채 및 손바닥 정맥 등의 개인정보를 말한다.

16. "출국대기실"이란 지방출입국·외국인관서의 장이 제76조제1항 각 호의 어느 하나에 해당하는 외국인의 인도적 처우 및 원활한 탑승수속과 보안구역내 안전확보를 위하여 그 외국인이 출국하기 전까지 대기하도록 출입국항에 설치한 시설을 말한다.

[전문개정 2010. 5. 14.]

제2장 국민의 출입국 〈개정 2010. 5. 14.〉

제3조(국민의 출국) ① 대한민국에서 대한민국 밖의 지역으로 출국(이하 "출국"이라 한다)하려는 국민은 유효한 여권을 가지고 출국하는 출입국항에서 출입국관리공무원의 출국심사를 받아야 한다. 다만, 부득이한 사유로 출입국항으로 출국할 수 없을 때에는 관할 지방출입국·외국인관서의 장의 허가를 받아 출입국항이 아닌 장소에서 출입국관리공무원의 출국심사를 받은 후 출국할 수 있다. <개정 2014. 3. 18.>

② 제1항에 따른 출국심사는 대통령령으로 정하는 바에 따라 정보화기기에 의한 출국심사로 갈음할 수 있다.

③ 법무부장관은 출국심사에 필요한 경우에는 국민의 생체정보를 수집하거나 관계 행정기관이 보유하고 있는 국민의 생체정보의 제출을 요청할 수 있다. <신설 2016. 3. 29., 2020. 6. 9.>

④ 제3항에 따라 협조를 요청받은 관계 행정기관은 정당한 이유 없이 그 요청을 거부해서는 아니 된다. <신설 2016. 3. 29.>

⑤ 출입국관리공무원은 제3항에 따라 수집하거나 제출받은 생체정보를 출국심사에 활용할 수 있다. <신설 2016. 3. 29., 2020. 6. 9.>

⑥ 법무부장관은 제3항에 따라 수집하거나 제출받은 생체정보를「개인정보 보호법」에 따라 처리한다. <신설 2016. 3. 29., 2020. 6. 9.>

[전문개정 2010. 5. 14.]

제4조(출국의 금지) ① 법무부장관은 다음 각 호의 어느 하나에 해당하는 국민에 대하여는 6개월 이내의 기간을 정하여 출국을 금지할 수 있다. <개정 2011. 7. 18., 2021. 7. 13.>

1. 형사재판에 계속(係屬) 중인 사람

2. 징역형이나 금고형의 집행이 끝나지 아니한 사람

3. 대통령령으로 정하는 금액 이상의 벌금이나 추징금을 내지 아니한 사람

4. 대통령령으로 정하는 금액 이상의 국세·관세 또는 지방세를 정당한 사유 없이 그 납부기한까지 내지 아니한 사람

5. 「양육비 이행확보 및 지원에 관한 법률」 제21조의4제1항에 따른 양육비 채무자 중 양육비이행심의위원회의 심의·의결을 거친 사람

6. 그 밖에 제1호부터 제5호까지의 규정에 준하는 사람으로서 대한민국의 이익이나 공공의 안전 또는 경제질서를 해칠 우려가 있어 그 출국이 적당하지 아니하다고 법무부령으로 정하는 사람

② 법무부장관은 범죄 수사를 위하여 출국이 적당하지 아니하다고 인정되는 사람에 대하여는 1개월 이내의 기간을 정하여 출국을 금지할 수 있다. 다만, 다음 각 호에 해당하는 사람은 그 호에서 정한 기간으로 한다. <신설 2011. 7. 18., 2021. 3. 16.>

1. 소재를 알 수 없어 기소중지 또는 수사중지(피의자중지로 한정한다)된 사람 또는 도주 등 특별한 사유가 있어 수사진행이 어려운 사람: 3개월 이내

2. 기소중지 또는 수사중지(피의자중지로 한정한다)된 경우로서 체포영장 또는 구속영장이 발부된 사람: 영장 유효기간 이내

③ 중앙행정기관의 장 및 법무부장관이 정하는 관계 기관의 장은 소관 업무와 관련하여 제1항 또는 제2항 각 호의 어느 하나에 해당하는 사람이 있다고 인정할 때에는 법무부장관에게 출국금지를 요청할 수 있다. <개정 2011. 7. 18.>

④ 출입국관리공무원은 출국심사를 할 때에 제1항 또는 제2항에 따라 출국이 금지된 사람을 출국시켜서는 아니 된다. <개정 2011. 7. 18.>

⑤ 제1항부터 제4항까지에서 규정한 사항 외에 출국금지기간과 출국금지절차에 관하여 필요한 사항은 대통령령으로 정한다. <개정 2011. 7. 18.>

[전문개정 2010. 5. 14.]

제4조의2(출국금지기간의 연장) ① 법무부장관은 출국금지기간을 초과하여 계속 출국을 금지할 필요가 있다고 인정하는 경우에는 그 기간을 연장할 수 있다.

② 제4조제3항에 따라 출국금지를 요청한 기관의 장은 출국금지기간을 초과하여 계속 출국을 금지할 필요가 있을 때에는 출국금지기간이 끝나기 3일 전까지 법무부장관에게 출국금지기간을 연장하여 줄 것을 요청하여야 한다. <개정 2011. 7. 18.>

③ 제1항 및 제2항에서 규정한 사항 외에 출국금지기간의 연장절차에 관하여 필요한 사항은 대통령령으로 정한다.

[전문개정 2010. 5. 14.]

제4조의3(출국금지의 해제) ① 법무부장관은 출국금지 사유가 없어졌거나 출국을 금지할 필요가 없다고 인정할 때에는 즉시 출국금지를 해제하여야 한다.

② 제4조제3항에 따라 출국금지를 요청한 기관의 장은 출국금지 사유가 없어졌을 때에는 즉시 법무부장관에게 출국금지의 해제를 요청하여야 한다. <개정 2011. 7. 18.>

③ 제1항 및 제2항에서 규정한 사항 외에 출국금지의 해제절차에 관하여 필요한 사항은 대통령령으로 정한다.

[전문개정 2010. 5. 14.]

제4조의4(출국금지결정 등의 통지) ① 법무부장관은 제4조제1항 또는 제2항에 따라 출국을 금지하거나 제4조의2제1항에 따라 출국금지기간을 연장하였을 때에는 즉시 당사자에게 그 사유와 기간 등을 밝혀 서면으로 통지하여야 한다. <개정 2011. 7. 18.>

② 법무부장관은 제4조의3제1항에 따라 출국금지를 해제하였을 때에는 이를 즉시 당사자에게 통지하여야 한다.

③ 법무부장관은 제1항에도 불구하고 다음 각 호의 어느 하나에 해당하는 경우에는 제1항의 통지를 하지 아니할 수 있다. <개정 2011. 7. 18., 2014. 12. 30.>

1. 대한민국의 안전 또는 공공의 이익에 중대하고 명백한 위해(危害)를 끼칠 우려가 있다고 인정되는 경우

2. 범죄수사에 중대하고 명백한 장애가 생길 우려가 있다고 인정되는 경우. 다만, 연장기간을 포함한 총 출국금지기간이 3개월을 넘는 때에는 당사자에게 통지하여야 한다.

3. 출국이 금지된 사람이 있는 곳을 알 수 없는 경우

[전문개정 2010. 5. 14.]

제4조의5(출국금지결정 등에 대한 이의신청) ① 제4조제1항 또는 제2항에 따라 출국이 금지되거나 제4조의2제1항에 따라 출국금지기간이 연장된 사람은 출국금지결정이나 출국금지기간 연장의 통지를 받은 날 또는 그 사실을 안 날부터 10일 이내에 법무부장관에게 출국금지결정이나 출국금지기간 연장결정에 대한 이의를 신청할 수 있다. <개정 2011. 7. 18.>

② 법무부장관은 제1항에 따른 이의신청을 받으면 그 날부터 15일 이내에 이의신청의 타당성 여부를 결정하여야 한다. 다만, 부득이한 사유가 있으면 15일의 범위에서 한 차례만 그 기간을 연장할 수 있다.

③ 법무부장관은 제1항에 따른 이의신청이 이유 있다고 판단하면 즉시 출국금지를 해제하거나 출국금지기간의 연장을 철회하여야 하고, 그 이의신청이 이유 없다고 판단하면 이를 기각하고 당사자에게 그 사유를 서면에 적어 통보하여야 한다.

[전문개정 2010. 5. 14.]

제4조의6(긴급출국금지) ① 수사기관은 범죄 피의자로서 사형·무기 또는 장기 3년 이상의 징역이나 금고에 해당하는 죄를 범하였다고 의심할 만한 상당한 이유가 있고, 다음 각 호의 어느 하나에 해당하는 사유가 있으며, 긴급한 필요가 있는 때에는 제4조제3항에도 불구하고 출국심사를 하는 출입국관리공무원에게 출국금지를 요청할 수 있다.

1. 피의자가 증거를 인멸할 염려가 있는 때

2. 피의자가 도망하거나 도망할 우려가 있는 때

② 제1항에 따른 요청을 받은 출입국관리공무원은 출국심사를 할 때에 출국금지가 요청된 사람을 출국시켜서는 아니 된다.

③ 수사기관은 제1항에 따라 긴급출국금지를 요청한 때로부터 6시간 이내에 법무부장관에게 긴급출국금지 승인을 요청하여야 한다. 이 경우 검사의 검토의견서 및 범죄사실의 요지, 긴급출국금지의 사유 등을 기재한 긴급출국금지보고서를 첨부하여야 한다. <개정 2020. 10. 20.>

④ 법무부장관은 수사기관이 제3항에 따른 긴급출국금지 승인 요청을 하지 아니한 때에는 제1항의 수사기관 요청에 따른 출국금지를 해제하여야 한다. 수사기관이 긴급출국금지 승인을 요청한 때로부터 12시간 이내에 법무부장관으로부터 긴급출국금지 승인을 받지 못한 경우에도 또한 같다.

⑤ 제4항에 따라 출국금지가 해제된 경우에 수사기관은 동일한 범죄사실에 관하여 다시 긴급출국금지 요청을 할 수 없다.

⑥ 그 밖에 긴급출국금지의 절차 및 긴급출국금지보고서 작성 등에 필요한 사항은 대통령령으로 정한다.

[본조신설 2011. 7. 18.]

제5조(국민의 여권 등의 보관) 출입국관리공무원은 위조되거나 변조된 국민의 여권 또는 선원신분증명서를 발견하였을 때에는 회수하여 보관할 수 있다.

[전문개정 2014. 12. 30.]

제6조(국민의 입국) ① 대한민국 밖의 지역에서 대한민국으로 입국(이하 "입국"이라 한다)하려는 국민은 유효한 여권을 가지고 입국하는 출입국항에서 출입국관리공무원의 입국심사를 받아야 한다. 다만, 부득이한 사유로 출입국항으로 입국할 수 없을 때에는 지방출입국·외국인관서의 장의 허가를 받아 출입국항이 아닌 장소에서 출입국관리공무원의 입국심사를 받은 후 입국할 수 있다. <개정 2014. 3. 18.>

② 출입국관리공무원은 국민이 유효한 여권을 잃어버리거나 그 밖의 사유로 이를 가지지 아니하고 입국하려고 할 때에는 확인절차를 거쳐 입국하게 할 수 있다.

③ 제1항에 따른 입국심사는 대통령령으로 정하는 바에 따라 정보화기기에 의한 입국심사로 갈음할 수 있다.

④ 법무부장관은 입국심사에 필요한 경우에는 국민의 생체정보를 수집하거나 관계 행정기관이 보유하고 있는 국민의 생체정보의 제출을 요청할 수 있다. <신설 2016. 3. 29., 2020. 6. 9.>

⑤ 제4항에 따라 협조를 요청받은 관계 행정기관은 정당한 이유 없이 그 요청을 거부해서는 아니 된다. <신설 2016. 3. 29.>

⑥ 출입국관리공무원은 제4항에 따라 수집하거나 제출받은 생체정보를 입국심사에 활용할 수 있다. <신설 2016. 3. 29., 2020. 6. 9.>

⑦ 법무부장관은 제4항에 따라 수집하거나 제출받은 생체정보를 「개인정보 보호법」에 따라

처리한다. <신설 2016. 3. 29., 2020. 6. 9.> [전문개정 2010. 5. 14.]

제3장 외국인의 입국 및 상륙 〈개정 2010. 5. 14.〉

제1절 외국인의 입국 〈개정 2010. 5. 14.〉

제7조(외국인의 입국) ① 외국인이 입국할 때에는 유효한 여권과 법무부장관이 발급한 사증(査證)을 가지고 있어야 한다.

② 다음 각 호의 어느 하나에 해당하는 외국인은 제1항에도 불구하고 사증 없이 입국할 수 있다.

1. 재입국허가를 받은 사람 또는 재입국허가가 면제된 사람으로서 그 허가 또는 면제받은 기간이 끝나기 전에 입국하는 사람

2. 대한민국과 사증면제협정을 체결한 국가의 국민으로서 그 협정에 따라 면제대상이 되는 사람

3. 국제친선, 관광 또는 대한민국의 이익 등을 위하여 입국하는 사람으로서 대통령령으로 정하는 바에 따라 따로 입국허가를 받은 사람

4. 난민여행증명서를 발급받고 출국한 후 그 유효기간이 끝나기 전에 입국하는 사람

③ 법무부장관은 공공질서의 유지나 국가이익에 필요하다고 인정하면 제2항제2호에 해당하는 사람에 대하여 사증면제협정의 적용을 일시 정지할 수 있다.

④ 대한민국과 수교(修交)하지 아니한 국가나 법무부장관이 외교부장관과 협의하여 지정한 국가의 국민은 제1항에도 불구하고 대통령령으로 정하는 바에 따라 재외공관의 장이나 지방출입국·외국인관서의 장이 발급한 외국인입국허가서를 가지고 입국할 수 있다. <개정 2013. 3. 23., 2014. 3. 18.>

[전문개정 2010. 5. 14.]

제7조의2(허위초청 등의 금지) 누구든지 외국인을 입국시키기 위한 다음 각 호의 어느 하나의 행위를 하여서는 아니 된다.

1. 거짓된 사실의 기재나 거짓된 신원보증 등 부정한 방법으로 외국인을 초청하거나 그러한 초청을 알선하는 행위

2. 거짓으로 사증 또는 사증발급인정서를 신청하거나 그러한 신청을 알선하는 행위

[전문개정 2010. 5. 14.]

제7조의3(사전여행허가) ① 법무부장관은 공공질서의 유지나 국가이익에 필요하다고 인정하면 다음 각 호의 어느 하나에 해당하는 외국인에 대하여 입국하기 전에 허가(이하 "사전여행허가"라 한다)를 받도록 할 수 있다.

1. 제7조제2항제2호 또는 제3호에 해당하는 외국인

2. 다른 법률에 따라 사증 없이 입국할 수 있는 외국인

② 사전여행허가를 받은 외국인은 입국할 때에 사전여행허가서를 가지고 있어야 한다.

③ 사전여행허가서 발급에 관한 기준 및 절차·방법은 법무부령으로 정한다.

[본조신설 2020. 2. 4.]

제8조(사증) ① 제7조에 따른 사증은 1회만 입국할 수 있는 단수사증(單數查證)과 2회 이상 입국할 수 있는 복수사증(複數查證)으로 구분한다.

② 법무부장관은 사증발급에 관한 권한을 대통령령으로 정하는 바에 따라 재외공관의 장에게 위임할 수 있다.

③ 사증발급에 관한 기준과 절차는 법무부령으로 정한다.

[전문개정 2010. 5. 14.]

제9조(사증발급인정서) ① 법무부장관은 제7조제1항에 따른 사증을 발급하기 전에 특히 필요하다고 인정할 때에는 입국하려는 외국인의 신청을 받아 사증발급인정서를 발급할 수 있다.

② 제1항에 따른 사증발급인정서 발급신청은 그 외국인을 초청하려는 자가 대리할 수 있다.

③ 제1항에 따른 사증발급인정서의 발급대상·발급기준 및 발급절차는 법무부령으로 정한다.

[전문개정 2010. 5. 14.]

제10조(체류자격) 입국하려는 외국인은 다음 각 호의 어느 하나에 해당하는 체류자격을 가져야 한다.

1. 일반체류자격: 이 법에 따라 대한민국에 체류할 수 있는 기간이 제한되는 체류자격

2. 영주자격: 대한민국에 영주(永住)할 수 있는 체류자격

[전문개정 2018. 3. 20.]

제10조의2(일반체류자격) ① 제10조제1호에 따른 일반체류자격(이하 "일반체류자격"이라 한다)은 다음 각 호의 구분에 따른다.

1. 단기체류자격: 관광, 방문 등의 목적으로 대한민국에 90일 이하의 기간(사증면제협정이나 상호주의에 따라 90일을 초과하는 경우에는 그 기간) 동안 머물 수 있는 체류자격

2. 장기체류자격: 유학, 연수, 투자, 주재, 결혼 등의 목적으로 대한민국에 90일을 초과하여 법무부령으로 정하는 체류기간의 상한 범위에서 거주할 수 있는 체류자격

② 제1항에 따른 단기체류자격 및 장기체류자격의 종류, 체류자격에 해당하는 사람 또는 그 체류자격에 따른 활동범위는 체류목적, 취업활동 가능 여부 등을 고려하여 대통령령으로 정한다.

[본조신설 2018. 3. 20.]

제10조의3(영주자격) ① 제10조제2호에 따른 영주자격(이하 "영주자격"이라 한다)을 가진 외국인은 활동범위 및 체류기간의 제한을 받지 아니한다.

② 영주자격을 취득하려는 사람은 대통령령으로 정하는 영주의 자격에 부합한 사람으로서 다음 각 호의 요건을 모두 갖추어야 한다.

1. 대한민국의 법령을 준수하는 등 품행이 단정할 것

2. 본인 또는 생계를 같이하는 가족의 소득, 재산 등으로 생계를 유지할 능력이 있을 것

3. 한국어능력과 한국사회·문화에 대한 이해 등 대한민국에서 계속 살아가는 데 필요한 기본소양을 갖추고 있을 것

③ 법무부장관은 제2항제2호 및 제3호에도 불구하고 대한민국에 특별한 공로가 있는 사람, 과학·경영·교육·문화예술·체육 등 특정 분야에서 탁월한 능력이 있는 사람, 대한민국에 일정금액 이상을 투자한 사람 등 대통령령으로 정하는 사람에 대해서는 대통령령으로 정하는 바에 따라 제2항제2호 및 제3호의 요건의 전부 또는 일부를 완화하거나 면제할 수 있다.

④ 제2항 각 호에 따른 요건의 기준·범위 등에 필요한 사항은 법무부령으로 정한다.

[본조신설 2018. 3. 20.]

제11조(입국의 금지 등) ① 법무부장관은 다음 각 호의 어느 하나에 해당하는 외국인에 대하여는 입국을 금지할 수 있다. <개정 2015. 1. 6.>

1. 감염병환자, 마약류중독자, 그 밖에 공중위생상 위해를 끼칠 염려가 있다고 인정되는 사람

2. 「총포·도검·화약류 등의 안전관리에 관한 법률」에서 정하는 총포·도검·화약류 등을 위법하게 가지고 입국하려는 사람

3. 대한민국의 이익이나 공공의 안전을 해치는 행동을 할 염려가 있다고 인정할 만한 상당한 이유가 있는 사람

4. 경제질서 또는 사회질서를 해치거나 선량한 풍속을 해치는 행동을 할 염려가 있다고 인정할 만한 상당한 이유가 있는 사람

5. 사리 분별력이 없고 국내에서 체류활동을 보조할 사람이 없는 정신장애인, 국내체류비용을 부담할 능력이 없는 사람, 그 밖에 구호(救護)가 필요한 사람

6. 강제퇴거명령을 받고 출국한 후 5년이 지나지 아니한 사람

7. 1910년 8월 29일부터 1945년 8월 15일까지 사이에 다음 각 목의 어느 하나에 해당하는 정부의 지시를 받거나 그 정부와 연계하여 인종, 민족, 종교, 국적, 정치적 견해 등을 이유로 사람을 학살·학대하는 일에 관여한 사람

   가. 일본 정부

   나. 일본 정부와 동맹 관계에 있던 정부

   다. 일본 정부의 우월한 힘이 미치던 정부

8. 제1호부터 제7호까지의 규정에 준하는 사람으로서 법무부장관이 그 입국이 적당하지 아니하다고 인정하는 사람

② 법무부장관은 입국하려는 외국인의 본국(本國)이 제1항 각 호 외의 사유로 국민의 입국을 거부할 때에는 그와 동일한 사유로 그 외국인의 입국을 거부할 수 있다.

[전문개정 2010. 5. 14.]

제12조(입국심사) ① 외국인이 입국하려는 경우에는 입국하는 출입국항에서 대통령령으로 정하는 바에 따라 여권과 입국신고서를 출입국관리공무원에게 제출하여 입국심사를 받아야 한다. <개정 2020. 6. 9.>

② 제1항에 관하여는 제6조제1항 단서 및 같은 조 제3항을 준용한다.

③ 출입국관리공무원은 입국심사를 할 때에 다음 각 호의 요건을 갖추었는지를 심사하여 입국을 허가한다. <개정 2020. 2. 4.>

1. 여권과 사증이 유효할 것. 다만, 사증은 이 법에서 요구하는 경우만을 말한다.

1의2. 제7조의3제2항에 따른 사전여행허가서가 유효할 것

2. 입국목적이 체류자격에 맞을 것

3. 체류기간이 법무부령으로 정하는 바에 따라 정하여졌을 것

4. 제11조에 따른 입국의 금지 또는 거부의 대상이 아닐 것

④ 출입국관리공무원은 외국인이 제3항 각 호의 요건을 갖추었음을 증명하지 못하면 입국을 허가하지 아니할 수 있다.

⑤ 출입국관리공무원은 제7조제2항제2호 또는 제3호에 해당하는 사람에게 입국을 허가할 때에는 대통령령으로 정하는 바에 따라 체류자격을 부여하고 체류기간을 정하여야 한다.

⑥ 출입국관리공무원은 제1항이나 제2항에 따른 심사를 하기 위하여 선박등에 출입할 수 있다.

[전문개정 2010. 5. 14.]

제12조의2(입국 시 생체정보의 제공 등) ① 입국하려는 외국인은 제12조에 따라 입국심사를 받을 때 법무부령으로 정하는 방법으로 생체정보를 제공하고 본인임을 확인하는 절차에 응하여야 한다. 다만, 다음 각 호의 어느 하나에 해당하는 사람은 그러하지 아니하다. <개정 2020. 6. 9.>

1. 17세 미만인 사람

2. 외국정부 또는 국제기구의 업무를 수행하기 위하여 입국하는 사람과 그 동반 가족

3. 외국과의 우호 및 문화교류 증진, 경제활동 촉진 또는 대한민국의 이익 등을 고려하여 생체정보의 제공을 면제하는 것이 필요하다고 대통령령으로 정하는 사람

② 출입국관리공무원은 외국인이 제1항 본문에 따라 생체정보를 제공하지 아니하는 경우에는 그의 입국을 허가하지 아니할 수 있다. <개정 2020. 6. 9.>

③ 법무부장관은 입국심사에 필요한 경우에는 관계 행정기관이 보유하고 있는 외국인의 생체정보의 제출을 요청할 수 있다. <개정 2020. 6. 9.>

④ 제3항에 따라 협조를 요청받은 관계 행정기관은 정당한 이유 없이 그 요청을 거부하여서는 아니 된다.

⑤ 출입국관리공무원은 제1항 또는 제3항에 따라 제공 또는 제출받은 생체정보를 입국심사에 활용할 수 있다. <개정 2020. 6. 9.>

⑥ 법무부장관은 제1항 또는 제3항에 따라 제공 또는 제출받은 생체정보를 「개인정보 보호법」에 따라 보유하고 관리한다. <개정 2011. 3. 29., 2020. 6. 9.>

[본조신설 2010. 5. 14.]

[제목개정 2020. 6. 9.]

[종전 제12조의2는 제12조의3으로 이동 <2010. 5. 14.>]

제12조의3(선박등의 제공금지) ① 누구든지 외국인을 불법으로 입국 또는 출국하게 하거나 대한민국을 거쳐 다른 국가에 불법으로 입국하게 할 목적으로 다음 각 호의 행위를 하여서는 아니 된다.

1. 선박등이나 여권 또는 사증, 탑승권이나 그 밖에 출입국에 사용될 수 있는 서류 및 물품을 제공하는 행위

2. 제1호의 행위를 알선하는 행위

② 누구든지 불법으로 입국한 외국인에 대하여 다음 각 호의 행위를 하여서는 아니 된다.

1. 해당 외국인을 대한민국에서 은닉 또는 도피하게 하거나 그러한 목적으로 교통수단을 제공하는 행위

2. 제1호의 행위를 알선하는 행위

[전문개정 2010. 5. 14.]

[제12조의2에서 이동, 종전 제12조의3은 제12조의4로 이동 <2010. 5. 14.>]

제12조의4(외국인의 여권 등의 보관) ① 위조되거나 변조된 외국인의 여권·선원신분증명서에 관하여는 제5조를 준용한다. <개정 2014. 12. 30.>

② 출입국관리공무원은 이 법을 위반하여 조사를 받고 있는 사람으로서 제46조에 따른 강제퇴거 대상자에 해당하는 출입국사범의 여권·선원신분증명서를 발견하면 회수하여 보관할 수 있다.

[전문개정 2010. 5. 14.]

[제12조의3에서 이동 <2010. 5. 14.>]

제13조(조건부 입국허가) ① 지방출입국·외국인관서의 장은 다음 각 호의 어느 하나에 해당하는 외국인에 대하여는 대통령령으로 정하는 바에 따라 조건부 입국을 허가할 수 있다. <개정 2014. 3. 18.>

1. 부득이한 사유로 제12조제3항제1호의 요건을 갖추지 못하였으나 일정 기간 내에 그 요건을 갖출 수 있다고 인정되는 사람

2. 제11조제1항 각 호의 어느 하나에 해당된다고 의심되거나 제12조제3항제2호의 요건을 갖추지 못하였다고 의심되어 특별히 심사할 필요가 있다고 인정되는 사람

3. 제1호 및 제2호에서 규정한 사람 외에 지방출입국·외국인관서의 장이 조건부 입국을 허가할 필요가 있다고 인정되는 사람

② 지방출입국·외국인관서의 장은 제1항에 따른 조건부 입국을 허가할 때에는 조건부입국허가서를 발급하여야 한다. 이 경우 그 허가서에는 주거의 제한, 출석요구에 따를 의무 및 그 밖에 필요한 조건을 붙여야 하며, 필요하다고 인정할 때에는 1천만원 이하의 보증금을 예치(預置)하게 할 수 있다. <개정 2014. 3. 18.>

③ 지방출입국·외국인관서의 장은 제1항에 따른 조건부 입국허가를 받은 외국인이 그 조건을 위반하였을 때에는 그 예치된 보증금의 전부 또는 일부를 국고(國庫)에 귀속시킬 수 있

다. <개정 2014. 3. 18.>

④ 제2항과 제3항에 따른 보증금의 예치 및 반환과 국고귀속 절차는 대통령령으로 정한다.

[전문개정 2010. 5. 14.]

제2절 외국인의 상륙 〈개정 2010. 5. 14.〉

제14조(승무원의 상륙허가) ① 출입국관리공무원은 다음 각 호의 어느 하나에 해당하는 외국인승무원에 대하여 선박등의 장 또는 운수업자나 본인이 신청하면 15일의 범위에서 승무원의 상륙을 허가할 수 있다. 다만, 제11조제1항 각 호의 어느 하나에 해당하는 외국인승무원에 대하여는 그러하지 아니하다.

1. 승선 중인 선박등이 대한민국의 출입국항에 정박하고 있는 동안 휴양 등의 목적으로 상륙하려는 외국인승무원

2. 대한민국의 출입국항에 입항할 예정이거나 정박 중인 선박등으로 옮겨 타려는 외국인승무원

② 출입국관리공무원은 제1항에 따른 신청을 받으면 다음 각 호의 서류를 확인하여야 한다. 다만, 외국과의 협정 등에서 선원신분증명서로 여권을 대신할 수 있도록 하는 경우에는 선원신분증명서의 확인으로 여권의 확인을 대신할 수 있다. <개정 2020. 6. 9.>

1. 제1항제1호에 해당하는 외국인승무원이 선원인 경우에는 여권 또는 선원신분증명서

2. 제1항제2호에 해당하는 외국인승무원이 선원인 경우에는 여권 및 대통령령으로 정하는 서류. 다만, 제7조제2항제3호에 해당하는 사람인 경우에는 여권

3. 그 밖의 외국인승무원의 경우에는 여권

③ 출입국관리공무원은 제1항에 따른 허가를 할 때에는 승무원 상륙허가서를 발급하여야 한다. 이 경우 승무원 상륙허가서에는 상륙허가의 기간, 행동지역의 제한 등 필요한 조건을 붙일 수 있다.

④ 제3항 후단에도 불구하고 제1항제2호에 해당하는 승무원 상륙허가에 관하여는 제12조를 준용한다.

⑤ 지방출입국·외국인관서의 장은 승무원 상륙허가를 받은 외국인승무원에 대하여 필요하다고 인정하면 그 상륙허가의 기간을 연장할 수 있다. <개정 2014. 3. 18.>

⑥ 제3항에 따라 발급받은 승무원 상륙허가서는 그 선박등이 최종 출항할 때까지 국내의 다른 출입국항에서도 계속 사용할 수 있다.

⑦ 외국인승무원의 지문 및 얼굴에 관한 정보의 제공 등에 관하여는 제12조의2를 준용한다. 다만, 승무원이 선원이고 상륙허가 절차상 지문 및 얼굴에 관한 정보를 제공하는 것이 곤란한 경우에는 그러하지 아니하다.

[전문개정 2010. 5. 14.]

제14조의2(관광상륙허가) ① 출입국관리공무원은 관광을 목적으로 대한민국과 외국 해상을 국제적으로 순회(巡廻)하여 운항하는 여객운송선박 중 법무부령으로 정하는 선박에 승선한

외국인승객에 대하여 그 선박의 장 또는 운수업자가 상륙허가를 신청하면 3일의 범위에서 승객의 관광상륙을 허가할 수 있다. 다만, 제11조제1항 각 호의 어느 하나에 해당하는 외국인승객에 대하여는 그러하지 아니하다.

② 출입국관리공무원은 제1항에 따른 상륙허가 신청을 받으면 다음 각 호의 서류를 확인하여야 한다.

1. 외국인승객의 여권

2. 외국인승객의 명부

3. 그 밖에 법무부령으로 정하는 서류

③ 제1항에 따른 관광상륙허가의 허가서 및 상륙허가기간의 연장에 관하여는 제14조제3항 및 제5항을 준용한다. 이 경우 "승무원 상륙허가서"는 "관광상륙허가서"로, "승무원 상륙허가"는 "관광상륙허가"로, "외국인승무원"은 "외국인승객"으로 본다.

④ 제1항에 따른 관광상륙허가를 받으려는 외국인승객의 지문 및 얼굴에 관한 정보 제공 등에 관하여는 제12조의2를 준용한다. 다만, 외국인승객의 관광상륙허가 절차상 지문 및 얼굴에 관한 정보의 제공이 곤란한 경우에는 그러하지 아니하다.

⑤ 제1항부터 제4항까지에서 규정한 사항 외에 관광상륙허가의 기준과 절차에 관하여 필요한 사항은 대통령령으로 정한다.

[본조신설 2012. 1. 26.]

제15조(긴급상륙허가) ① 출입국관리공무원은 선박등에 타고 있는 외국인(승무원을 포함한다)이 질병이나 그 밖의 사고로 긴급히 상륙할 필요가 있다고 인정되면 그 선박등의 장이나 운수업자의 신청을 받아 30일의 범위에서 긴급상륙을 허가할 수 있다.

② 제1항의 경우에는 제14조제3항 및 제5항을 준용한다. 이 경우 "승무원 상륙허가서"는 "긴급상륙허가서"로, "승무원 상륙허가"는 "긴급상륙허가"로 본다.

③ 선박등의 장이나 운수업자는 긴급상륙한 사람의 생활비·치료비·장례비와 그 밖에 상륙 중에 발생한 모든 비용을 부담하여야 한다.

[전문개정 2010. 5. 14.]

제16조(재난상륙허가) ① 지방출입국·외국인관서의 장은 조난을 당한 선박등에 타고 있는 외국인(승무원을 포함한다)을 긴급히 구조할 필요가 있다고 인정하면 그 선박등의 장, 운수업자, 「수상에서의 수색·구조 등에 관한 법률」에 따른 구호업무 집행자 또는 그 외국인을 구조한 선박등의 장의 신청에 의하여 30일의 범위에서 재난상륙허가를 할 수 있다. <개정 2014. 3. 18., 2015. 7. 24.>

② 제1항의 경우에는 제14조제3항 및 제5항을 준용한다. 이 경우 "승무원 상륙허가서"는 "재난상륙허가서"로, "승무원 상륙허가"는 "재난상륙허가"로 본다.

③ 재난상륙허가를 받은 사람의 상륙 중 생활비 등에 관하여는 제15조제3항을 준용한다. 이 경우 "긴급상륙"은 "재난상륙"으로 본다.

[전문개정 2010. 5. 14.]

제16조의2(난민 임시상륙허가) ① 지방출입국·외국인관서의 장은 선박등에 타고 있는 외국인이「난민법」제2조제1호에 규정된 이유나 그 밖에 이에 준하는 이유로 그 생명·신체 또는 신체의 자유를 침해받을 공포가 있는 영역에서 도피하여 곧바로 대한민국에 비호(庇護)를 신청하는 경우 그 외국인을 상륙시킬 만한 상당한 이유가 있다고 인정되면 법무부장관의 승인을 받아 90일의 범위에서 난민 임시상륙허가를 할 수 있다. 이 경우 법무부장관은 외교부장관과 협의하여야 한다. <개정 2012. 2. 10., 2013. 3. 23., 2014. 3. 18.>

② 제1항의 경우에는 제14조제3항 및 제5항을 준용한다. 이 경우 "승무원 상륙허가서"는 "난민 임시상륙허가서"로, "승무원 상륙허가"는 "난민 임시상륙허가"로 본다.

③ 제1항에 따라 비호를 신청한 외국인의 지문 및 얼굴에 관한 정보의 제공 등에 관하여는 제12조의2를 준용한다. [전문개정 2010. 5. 14.]

제4장 외국인의 체류와 출국 〈개정 2010. 5. 14.〉

제1절 외국인의 체류 〈개정 2010. 5. 14.〉

제17조(외국인의 체류 및 활동범위) ① 외국인은 그 체류자격과 체류기간의 범위에서 대한민국에 체류할 수 있다.

② 대한민국에 체류하는 외국인은 이 법 또는 다른 법률에서 정하는 경우를 제외하고는 정치활동을 하여서는 아니 된다.

③ 법무부장관은 대한민국에 체류하는 외국인이 정치활동을 하였을 때에는 그 외국인에게 서면으로 그 활동의 중지명령이나 그 밖에 필요한 명령을 할 수 있다.

[전문개정 2010. 5. 14.]

제18조(외국인 고용의 제한) ① 외국인이 대한민국에서 취업하려면 대통령령으로 정하는 바에 따라 취업활동을 할 수 있는 체류자격을 받아야 한다.

② 제1항에 따른 체류자격을 가진 외국인은 지정된 근무처가 아닌 곳에서 근무하여서는 아니 된다.

③ 누구든지 제1항에 따른 체류자격을 가지지 아니한 사람을 고용하여서는 아니 된다.

④ 누구든지 제1항에 따른 체류자격을 가지지 아니한 사람의 고용을 알선하거나 권유하여서는 아니 된다.

⑤ 누구든지 제1항에 따른 체류자격을 가지지 아니한 사람의 고용을 알선할 목적으로 그를 자기 지배하에 두는 행위를 하여서는 아니 된다.

[전문개정 2010. 5. 14.]

제19조(외국인을 고용한 자 등의 신고의무) ① 제18조제1항에 따라 취업활동을 할 수 있는 체류자격을 가지고 있는 외국인을 고용한 자는 다음 각 호의 어느 하나에 해당하는 사유가 발생하면 대통령령으로 정하는 바에 따라 15일 이내에 지방출입국·외국인관서의 장에게 신고하여야 한다. <개정 2014. 3. 18., 2020. 6. 9.>

1. 외국인을 해고하거나 외국인이 퇴직 또는 사망한 경우

2. 고용된 외국인의 소재를 알 수 없게 된 경우

3. 고용계약의 중요한 내용을 변경한 경우

② 제19조의2에 따라 외국인에게 산업기술을 연수시키는 업체의 장에 대하여는 제1항을 준용한다.

③ 「외국인근로자의 고용 등에 관한 법률」의 적용을 받는 외국인을 고용한 자가 제1항에 따른 신고를 한 경우 그 신고사실이 같은 법 제17조제1항에 따른 신고사유에 해당하는 때에는 같은 항에 따른 신고를 한 것으로 본다. <신설 2014. 10. 15.>

④ 제1항에 따라 신고를 받은 지방출입국·외국인관서의 장은 그 신고사실이 제3항에 해당하는 경우 지체 없이 외국인을 고용한 자의 소재지를 관할하는 「직업안정법」 제2조의2제1호에 따른 직업안정기관의 장에게 통보하여야 한다. <신설 2014. 10. 15.>

[전문개정 2010. 5. 14.]

제19조의2(외국인의 기술연수활동) ① 법무부장관은 외국에 직접투자한 산업체, 외국에 기술·산업설비를 수출하는 산업체 등 지정된 산업체의 모집에 따라 국내에서 기술연수활동을 하는 외국인(이하 "기술연수생"이라 한다)의 적정한 연수활동을 지원하기 위하여 필요한 조치를 하여야 한다. <개정 2012. 1. 26.>

② 제1항에 따른 산업체의 지정, 기술연수생의 모집·입국 등에 필요한 사항은 대통령령으로 정한다. <개정 2012. 1. 26.>

③ 기술연수생의 연수장소 이탈 여부, 연수 목적 외의 활동 여부, 그 밖에 허가조건의 위반 여부 등에 관한 조사 및 출국조치 등 기술연수생의 관리에 필요한 사항은 법무부장관이 따로 정한다. <개정 2012. 1. 26.>

[전문개정 2010. 5. 14.]

[제목개정 2012. 1. 26.]

제19조의3 삭제 <2010. 5. 14.>

제19조의4(외국인유학생의 관리 등) ① 제10조에 따른 체류자격 중 유학이나 연수활동을 할 수 있는 체류자격을 가지고 있는 외국인(이하 "외국인유학생"이라 한다)이 재학 중이거나 연수 중인 학교(「고등교육법」 제2조 각 호에 따른 학교를 말한다. 이하 같다)의 장은 그 외국인유학생의 관리를 담당하는 직원을 지정하고 이를 지방출입국·외국인관서의 장에게 알려야 한다. <개정 2014. 3. 18., 2018. 3. 20.>

② 제1항에 따른 학교의 장은 다음 각 호의 어느 하나에 해당하는 사유가 발생하면 대통령령으로 정하는 바에 따라 15일 이내에 지방출입국·외국인관서의 장에게 신고(정보통신망에 의한 신고를 포함한다)하여야 한다. <개정 2014. 3. 18., 2020. 6. 9.>

1. 입학하거나 연수허가를 받은 외국인유학생이 매 학기 등록기한까지 등록을 하지 아니하거나 휴학을 한 경우

2. 제적·연수중단 또는 행방불명 등의 사유로 외국인유학생의 유학이나 연수가 끝난 경우

③ 외국인유학생의 관리에 필요한 사항은 대통령령으로 정한다.

[전문개정 2010. 5. 14.]

제20조(체류자격 외 활동) 대한민국에 체류하는 외국인이 그 체류자격에 해당하는 활동과 함께 다른 체류자격에 해당하는 활동을 하려면 대통령령으로 정하는 바에 따라 미리 법무부장관의 체류자격 외 활동허가를 받아야 한다. <개정 2020. 6. 9.>

[전문개정 2010. 5. 14.]

제21조(근무처의 변경·추가) ① 대한민국에 체류하는 외국인이 그 체류자격의 범위에서 그의 근무처를 변경하거나 추가하려면 대통령령으로 정하는 바에 따라 미리 법무부장관의 허가를 받아야 한다. 다만, 전문적인 지식·기술 또는 기능을 가진 사람으로서 대통령령으로 정하는 사람은 근무처를 변경하거나 추가한 날부터 15일 이내에 대통령령으로 정하는 바에 따라 법무부장관에게 신고하여야 한다. <개정 2020. 6. 9.>

② 누구든지 제1항 본문에 따른 근무처의 변경허가·추가허가를 받지 아니한 외국인을 고용하거나 고용을 알선하여서는 아니 된다. 다만, 다른 법률에 따라 고용을 알선하는 경우에는 그러하지 아니하다.

③ 제1항 단서에 해당하는 사람에 대하여는 제18조제2항을 적용하지 아니한다.

[전문개정 2010. 5. 14.]

제22조(활동범위의 제한) 법무부장관은 공공의 안녕질서나 대한민국의 중요한 이익을 위하여 필요하다고 인정하면 대한민국에 체류하는 외국인에 대하여 거소(居所) 또는 활동의 범위를 제한하거나 그 밖에 필요한 준수사항을 정할 수 있다.

[전문개정 2010. 5. 14.]

제23조(체류자격 부여) ① 다음 각 호의 어느 하나에 해당하는 외국인이 제10조에 따른 체류자격을 가지지 못하고 대한민국에 체류하게 되는 경우에는 다음 각 호의 구분에 따른 기간 이내에 대통령령으로 정하는 바에 따라 체류자격을 받아야 한다.

1. 대한민국에서 출생한 외국인: 출생한 날부터 90일

2. 대한민국에서 체류 중 대한민국의 국적을 상실하거나 이탈하는 등 그 밖의 사유가 발생한 외국인: 그 사유가 발생한 날부터 60일

② 제1항에 따른 체류자격 부여의 심사기준은 법무부령으로 정한다.

[전문개정 2020. 6. 9.]

제24조(체류자격 변경허가) ① 대한민국에 체류하는 외국인이 그 체류자격과 다른 체류자격에 해당하는 활동을 하려면 대통령령으로 정하는 바에 따라 미리 법무부장관의 체류자격 변경허가를 받아야 한다. <개정 2020. 6. 9.>

② 제31조제1항 각 호의 어느 하나에 해당하는 사람으로서 그 신분이 변경되어 체류자격을 변경하려는 사람은 신분이 변경된 날부터 30일 이내에 법무부장관의 체류자격 변경허가를 받아야 한다.

③ 제1항에 따른 체류자격 변경허가의 심사기준은 법무부령으로 정한다. <신설 2020. 6. 9.>

제25조(체류기간 연장허가) ① 외국인이 체류기간을 초과하여 계속 체류하려면 대통령령으로 정하는 바에 따라 체류기간이 끝나기 전에 법무부장관의 체류기간 연장허가를 받아야 한다. <개정 2020. 6. 9.>

② 제1항에 따른 체류기간 연장허가의 심사기준은 법무부령으로 정한다. <신설 2020. 6. 9.>

[전문개정 2010. 5. 14.]

제25조의2(결혼이민자 등에 대한 특칙) ① 법무부장관은 다음 각 호의 어느 하나에 해당하는 외국인이 체류기간 연장허가를 신청하는 경우에는 해당 재판 등의 권리구제 절차가 종료할 때까지 체류기간 연장을 허가할 수 있다.

1. 「가정폭력범죄의 처벌 등에 관한 특례법」 제2조제1호의 가정폭력을 이유로 법원의 재판, 수사기관의 수사 또는 그 밖의 법률에 따른 권리구제 절차가 진행 중인 대한민국 국민의 배우자인 외국인

2. 「성폭력범죄의 처벌 등에 관한 특례법」 제2조제1항의 성폭력범죄를 이유로 법원의 재판, 수사기관의 수사 또는 그 밖의 법률에 따른 권리구제 절차가 진행 중인 외국인

3. 「아동학대범죄의 처벌 등에 관한 특례법」 제2조제4호의 아동학대범죄를 이유로 법원의 재판, 수사기관의 수사 또는 그 밖의 법률에 따른 권리구제 절차가 진행 중인 외국인 아동 및 「아동복지법」 제3조제3호의 보호자(아동학대행위자는 제외한다)

4. 「인신매매등방지 및 피해자보호 등에 관한 법률」 제3조의 인신매매등피해자로서 법원의 재판, 수사기관의 수사 또는 그 밖의 법률에 따른 권리구제 절차가 진행 중인 외국인

② 법무부장관은 제1항에 따른 체류 연장기간 만료 이후에도 피해 회복 등을 위하여 필요하다고 인정하는 경우에는 체류기간 연장을 허가할 수 있다.

[전문개정 2022. 12. 13.]

제25조의3 삭제 <2022. 12. 13.>

제25조의4 삭제 <2022. 12. 13.>

제25조의5(국가비상사태 등에 있어서 체류기간 연장허가에 대한 특칙) ① 법무부장관은 대한민국 또는 다른 국가의 전시, 사변, 전염병 확산, 천재지변 또는 이에 준하는 비상사태나 위기에 따른 국경의 폐쇄, 장기적인 항공기 운항 중단 등으로 인하여 외국인의 귀책사유 없이 출국이 제한된 경우에는 이 법 또는 다른 법률의 규정에도 불구하고 직권으로 또는 외국인의 신청에 따라 체류기간 연장을 허가할 수 있다.

② 제1항에 따른 체류기간 연장허가의 심사기준은 법무부령으로 정한다.

③ 법무부장관은 제1항에 따른 체류 연장기간 만료 이후에도 필요하다고 인정하는 경우 체류기간 연장을 허가할 수 있다.

[본조신설 2022. 2. 3.]

제26조(허위서류 제출 등의 금지) 누구든지 제20조, 제21조, 제23조부터 제25조까지, 제25조의2, 제25조의3 및 제25조의4에 따른 허가 신청과 관련하여 다음 각 호의 어느 하나에 해당

하는 행위를 해서는 아니 된다. <개정 2019. 4. 23.>

1. 위조·변조된 문서 등을 입증자료로 제출하거나 거짓 사실이 적힌 신청서 등을 제출하는 등 부정한 방법으로 신청하는 행위

2. 제1호의 행위를 알선·권유하는 행위

[본조신설 2016. 3. 29.]

제27조(여권등의 휴대 및 제시) ① 대한민국에 체류하는 외국인은 항상 여권·선원신분증명서·외국인입국허가서·외국인등록증·모바일외국인등록증 또는 상륙허가서(이하 "여권등"이라 한다)를 지니고 있어야 한다. 다만, 17세 미만인 외국인의 경우에는 그러하지 아니하다. <개정 2023. 6. 13.>

② 제1항 본문의 외국인은 출입국관리공무원이나 권한 있는 공무원이 그 직무수행과 관련하여 여권등의 제시를 요구하면 여권등을 제시하여야 한다.

[전문개정 2010. 5. 14.]

제2절 외국인의 출국 <개정 2010. 5. 14.>

제28조(출국심사) ① 외국인이 출국할 때에는 유효한 여권을 가지고 출국하는 출입국항에서 출입국관리공무원의 출국심사를 받아야 한다.

② 제1항의 경우에 출입국항이 아닌 장소에서의 출국심사에 관하여는 제3조제1항 단서를 준용한다.

③ 제1항과 제2항의 경우에 위조되거나 변조된 외국인의 여권·선원신분증명서에 관하여는 제5조를 준용한다. <개정 2014. 12. 30.>

④ 제1항과 제2항의 경우에 선박등의 출입에 관하여는 제12조제6항을 준용한다.

⑤ 외국인의 출국심사에 관하여는 제3조제2항을 준용한다.

⑥ 출입국관리공무원은 제12조의2제1항 또는 제3항에 따라 제공 또는 제출받은 생체정보를 출국심사에 활용할 수 있다. <신설 2016. 3. 29., 2020. 6. 9.>

[전문개정 2010. 5. 14.]

제29조(외국인 출국의 정지) ① 법무부장관은 제4조제1항 또는 제2항 각 호의 어느 하나에 해당하는 외국인에 대하여는 출국을 정지할 수 있다. <개정 2011. 7. 18.>

② 제1항의 경우에 제4조제3항부터 제5항까지와 제4조의2부터 제4조의5까지의 규정을 준용한다. 이 경우 "출국금지"는 "출국정지"로 본다. <개정 2011. 7. 18., 2018. 3. 20.>

[전문개정 2010. 5. 14.]

제29조의2(외국인 긴급출국정지) ① 수사기관은 범죄 피의자인 외국인이 제4조의6제1항에 해당하는 경우에는 제29조제2항에도 불구하고 출국심사를 하는 출입국관리공무원에게 출국정지를 요청할 수 있다.

② 제1항에 따른 외국인의 출국정지에 관하여는 제4조의6제2항부터 제6항까지의 규정을 준용한다. 이 경우 "출국금지"는 "출국정지"로, "긴급출국금지"는 "긴급출국정지"로 본다.

[본조신설 2018. 3. 20.]

제30조(재입국허가) ① 법무부장관은 제31조에 따라 외국인등록을 하거나 그 등록이 면제된 외국인이 체류기간 내에 출국하였다가 재입국하려는 경우 그의 신청을 받아 재입국을 허가할 수 있다. 다만, 영주자격을 가진 사람과 재입국허가를 면제하여야 할 상당한 이유가 있는 사람으로서 법무부령으로 정하는 사람에 대하여는 재입국허가를 면제할 수 있다. <개정 2018. 3. 20.>

② 제1항에 따른 재입국허가는 한 차례만 재입국할 수 있는 단수재입국허가와 2회 이상 재입국할 수 있는 복수재입국허가로 구분한다.

③ 외국인이 질병이나 그 밖의 부득이한 사유로 제1항에 따라 허가받은 기간 내에 재입국할 수 없는 경우에는 그 기간이 끝나기 전에 법무부장관의 재입국허가기간 연장허가를 받아야 한다.

④ 법무부장관은 재입국허가기간 연장허가에 관한 권한을 대통령령으로 정하는 바에 따라 재외공관의 장에게 위임할 수 있다.

⑤ 재입국허가 및 그 기간의 연장허가와 재입국허가의 면제에 관한 기준과 절차는 법무부령으로 정한다.

[전문개정 2010. 5. 14.]

제5장 외국인의 등록 및 사회통합 프로그램 〈개정 2010. 5. 14., 2012. 1. 26.〉

제1절 외국인의 등록 〈신설 2012. 1. 26.〉

제31조(외국인등록) ① 외국인이 입국한 날부터 90일을 초과하여 대한민국에 체류하려면 대통령령으로 정하는 바에 따라 입국한 날부터 90일 이내에 그의 체류지를 관할하는 지방출입국·외국인관서의 장에게 외국인등록을 하여야 한다. 다만, 다음 각 호의 어느 하나에 해당하는 외국인의 경우에는 그러하지 아니하다. <개정 2014. 3. 18.>

1. 주한외국공관(대사관과 영사관을 포함한다)과 국제기구의 직원 및 그의 가족

2. 대한민국정부와의 협정에 따라 외교관 또는 영사와 유사한 특권 및 면제를 누리는 사람과 그의 가족

3. 대한민국정부가 초청한 사람 등으로서 법무부령으로 정하는 사람

② 제1항에도 불구하고 같은 항 각 호의 어느 하나에 해당하는 외국인은 본인이 원하는 경우 체류기간 내에 외국인등록을 할 수 있다. <신설 2016. 3. 29.>

③ 제23조에 따라 체류자격을 받는 사람으로서 그 날부터 90일을 초과하여 체류하게 되는 사람은 제1항 각 호 외의 부분 본문에도 불구하고 체류자격을 받는 때에 외국인등록을 하여야 한다. <개정 2016. 3. 29.>

④ 제24조에 따라 체류자격 변경허가를 받는 사람으로서 입국한 날부터 90일을 초과하여 체류하게 되는 사람은 제1항 각 호 외의 부분 본문에도 불구하고 체류자격 변경허가를 받는

때에 외국인등록을 하여야 한다. <개정 2016. 3. 29.>

⑤ 지방출입국·외국인관서의 장은 제1항부터 제4항까지의 규정에 따라 외국인등록을 한 사람에게는 대통령령으로 정하는 방법에 따라 개인별로 고유한 등록번호(이하 "외국인등록번호"라 한다)를 부여하여야 한다. <개정 2014. 3. 18., 2016. 3. 29.>

[전문개정 2010. 5. 14.]

제32조(외국인등록사항) 제31조에 따른 외국인등록사항은 다음과 같다.

1. 성명, 성별, 생년월일 및 국적

2. 여권의 번호·발급일자 및 유효기간

3. 근무처와 직위 또는 담당업무

4. 본국의 주소와 국내 체류지

5. 체류자격과 체류기간

6. 제1호부터 제5호까지에서 규정한 사항 외에 법무부령으로 정하는 사항

[전문개정 2010. 5. 14.]

제33조(외국인등록증의 발급 등) ① 제31조에 따라 외국인등록을 받은 지방출입국·외국인관서의 장은 대통령령으로 정하는 바에 따라 그 외국인에게 외국인등록증을 발급하여야 한다. 다만, 그 외국인이 17세 미만인 경우에는 발급하지 아니할 수 있다. <개정 2014. 3. 18.>

② 제1항 단서에 따라 외국인등록증을 발급받지 아니한 외국인이 17세가 된 때에는 90일 이내에 체류지 관할 지방출입국·외국인관서의 장에게 외국인등록증 발급신청을 하여야 한다. <개정 2014. 3. 18.>

③ 영주자격을 가진 외국인에게 발급하는 외국인등록증(이하 "영주증"이라 한다)의 유효기간은 10년으로 한다. <신설 2018. 3. 20.>

④ 영주증을 발급받은 사람은 유효기간이 끝나기 전까지 영주증을 재발급받아야 한다. <신설 2018. 3. 20.>

⑤ 제4항에 따른 영주증의 재발급 절차 등에 필요한 사항은 대통령령으로 정한다. <신설 2018. 3. 20.>

⑥ 지방출입국·외국인관서의 장은 제1항에 따라 외국인등록증을 발급받은 외국인에게 외국인등록증과 동일한 효력을 가진 모바일외국인등록증(「이동통신단말장치 유통구조 개선에 관한 법률」 제2조제4호에 따른 이동통신단말장치에 암호화된 형태로 설치된 외국인등록증을 말한다. 이하 같다)을 발급할 수 있다. <신설 2023. 6. 13.>

⑦ 법무부장관은 법무부령으로 정하는 바에 따라 모바일외국인등록증 발급 등을 위하여 정보시스템을 구축·운영할 수 있다. <신설 2023. 6. 13.>

⑧ 제6항에 따른 모바일외국인등록증의 발급, 규격, 유효기간 및 효력 말소 등에 관한 사항은 법무부령으로 정한다. <신설 2023. 6. 13.>

[전문개정 2010. 5. 14.]

[제목개정 2018. 3. 20.]

제33조의2(영주증 재발급에 관한 특례 등) ① 제33조에도 불구하고 이 법(법률 제15492호 출입국관리법 일부개정법률을 말한다. 이하 이 조에서 같다) 시행 당시 종전의 규정에 따라 영주자격을 가진 사람은 다음 각 호의 구분에 따른 기간 내에 체류지 관할 지방출입국·외국인관서의 장에게 영주증을 재발급받아야 한다.

1. 이 법 시행 당시 영주자격을 취득한 날부터 10년이 경과한 사람: 이 법 시행일부터 2년 이내

2. 이 법 시행 당시 영주자격을 취득한 날부터 10년이 경과하지 아니한 사람: 10년이 경과한 날부터 2년 이내

② 체류지 관할 지방출입국·외국인관서의 장은 제1항 각 호에 해당하는 사람에게 영주증 재발급 신청기한 등이 적힌 영주증 재발급 통지서를 지체 없이 송부하여야 한다. 다만, 소재불명 등으로 영주증 재발급 통지서를 송부하기 어려운 경우에는 관보에 공고하여야 한다.

③ 제33조제3항에도 불구하고 이 법 시행 당시 종전의 규정에 따라 영주자격을 가진 사람의 영주증은 제1항에 따라 영주증을 재발급받기 전까지 유효한 것으로 본다.

④ 제1항에 따른 영주증의 재발급 절차 등에 필요한 사항은 대통령령으로 정한다.

[본조신설 2018. 3. 20.]

[종전 제33조의2는 제33조의3으로 이동 <2018. 3. 20.>]

제33조의3(외국인등록증 등의 채무이행 확보수단 제공 등의 금지) 누구든지 다음 각 호의 어느 하나에 해당하는 행위를 하여서는 아니 된다. <개정 2016. 3. 29., 2023. 6. 13.>

1. 외국인의 여권이나 외국인등록증을 취업에 따른 계약 또는 채무이행의 확보수단으로 제공받거나 그 제공을 강요 또는 알선하는 행위

2. 제31조제5항에 따른 외국인등록번호를 거짓으로 생성하여 자기 또는 다른 사람의 재물이나 재산상의 이익을 위하여 사용하거나 이를 알선하는 행위

3. 외국인등록번호나 모바일외국인등록증을 거짓으로 만드는 프로그램을 다른 사람에게 전달하거나 유포 또는 이를 알선하는 행위

4. 다른 사람의 외국인등록증이나 모바일외국인등록증을 부정하게 사용하거나 자기의 외국인등록증이나 모바일외국인등록증을 부정하게 사용한다는 사정을 알면서 다른 사람에게 제공하는 행위 또는 이를 각각 알선하는 행위

5. 다른 사람의 외국인등록번호를 자기 또는 다른 사람의 재물이나 재산상의 이익을 위하여 부정하게 사용하거나 이를 알선하는 행위

[전문개정 2010. 5. 14.]

[제33조의2에서 이동 <2018. 3. 20.>]

제34조(외국인등록표 등의 작성 및 관리) ① 제31조에 따라 외국인등록을 받은 지방출입국·외국인관서의 장은 등록외국인기록표를 작성·비치하고, 외국인등록표를 작성하여 그 외국인이 체류하는 시(「제주특별자치도 설치 및 국제자유도시 조성을 위한 특별법」 제10조에 따른 행정시를 포함하며, 특별시와 광역시는 제외한다. 이하 같다)·군·구(자치구가 아닌 구를

포함한다. 이하 이 조, 제36조 및 제37조에서 같다) 및 읍·면·동의 장에게 보내야 한다. <개정 2012. 1. 26., 2014. 3. 18., 2015. 7. 24., 2018. 3. 20.>

② 시·군·구 및 읍·면·동의 장은 제1항에 따라 외국인등록표를 받았을 때에는 그 등록사항을 외국인등록대장에 적어 관리하여야 한다. <개정 2018. 3. 20.>

③ 등록외국인기록표, 외국인등록표 및 외국인등록대장의 작성과 관리에 필요한 사항은 대통령령으로 정한다.

[전문개정 2010. 5. 14.]

제35조(외국인등록사항의 변경신고) 제31조에 따라 등록을 한 외국인은 다음 각 호의 어느 하나에 해당하는 사항이 변경되었을 때에는 대통령령으로 정하는 바에 따라 15일 이내에 체류지 관할 지방출입국·외국인관서의 장에게 외국인등록사항 변경신고를 하여야 한다. <개정 2014. 3. 18., 2020. 6. 9.>

1. 성명, 성별, 생년월일 및 국적

2. 여권의 번호, 발급일자 및 유효기간

3. 제1호 및 제2호에서 규정한 사항 외에 법무부령으로 정하는 사항

[전문개정 2010. 5. 14.]

제36조(체류지 변경의 신고) ① 제31조에 따라 등록을 한 외국인이 체류지를 변경하였을 때에는 대통령령으로 정하는 바에 따라 전입한 날부터 15일 이내에 새로운 체류지의 시·군·구 또는 읍·면·동의 장이나 그 체류지를 관할하는 지방출입국·외국인관서의 장에게 전입신고를 하여야 한다. <개정 2014. 3. 18., 2016. 3. 29., 2018. 3. 20., 2020. 6. 9.>

② 외국인이 제1항에 따른 신고를 할 때에는 외국인등록증을 제출하여야 한다. 이 경우 시·군·구 또는 읍·면·동의 장이나 지방출입국·외국인관서의 장은 그 외국인등록증에 체류지 변경사항을 적은 후 돌려주어야 한다. <개정 2014. 3. 18., 2016. 3. 29.>

③ 제1항에 따라 전입신고를 받은 지방출입국·외국인관서의 장은 지체 없이 새로운 체류지의 시·군·구 또는 읍·면·동의 장에게 체류지 변경 사실을 통보하여야 한다. <개정 2014. 3. 18., 2016. 3. 29.>

④ 제1항에 따라 직접 전입신고를 받거나 제3항에 따라 지방출입국·외국인관서의 장으로부터 체류지 변경통보를 받은 시·군·구 또는 읍·면·동의 장은 지체 없이 종전 체류지의 시·군·구 또는 읍·면·동의 장에게 체류지 변경신고서 사본을 첨부하여 외국인등록표의 이송을 요청하여야 한다. <개정 2014. 3. 18., 2016. 3. 29.>

⑤ 제4항에 따라 외국인등록표 이송을 요청받은 종전 체류지의 시·군·구 또는 읍·면·동의 장은 이송을 요청받은 날부터 3일 이내에 새로운 체류지의 시·군·구 또는 읍·면·동의 장에게 외국인등록표를 이송하여야 한다. <개정 2016. 3. 29.>

⑥ 제5항에 따라 외국인등록표를 이송받은 시·군·구 또는 읍·면·동의 장은 신고인의 외국인등록표를 정리하고 제34조제2항에 따라 관리하여야 한다. <개정 2016. 3. 29.>

⑦ 제1항에 따라 전입신고를 받은 시·군·구 또는 읍·면·동의 장이나 지방출입국·외국인

관서의 장은 대통령령으로 정하는 바에 따라 그 사실을 지체 없이 종전 체류지를 관할하는 지방출입국·외국인관서의 장에게 통보하여야 한다. <개정 2014. 3. 18., 2016. 3. 29.>

⑧ 제2항에도 불구하고 제33조제6항에 따라 모바일외국인등록증을 발급받은 자가 「민원 처리에 관한 법률」 제12조의2에 따라 전자민원창구를 이용하는 경우에는 체류지 변경사항을 모바일외국인등록증에 수록하는 것으로 제2항 후단에 따라 외국인등록증에 위 사항을 기재하는 것을 갈음할 수 있다. <신설 2023. 6. 13.>

[전문개정 2010. 5. 14.]

제37조(외국인등록증의 반납 등) ① 제31조에 따라 등록을 한 외국인이 출국할 때에는 출입국관리공무원에게 외국인등록증을 반납하여야 한다. 다만, 다음 각 호의 어느 하나에 해당하는 경우에는 그러하지 아니하다.

1. 재입국허가를 받고 일시 출국하였다가 그 허가기간 내에 다시 입국하려는 경우
2. 복수사증 소지자나 재입국허가 면제대상 국가의 국민으로서 일시 출국하였다가 허가된 체류기간 내에 다시 입국하려는 경우
3. 난민여행증명서를 발급받고 일시 출국하였다가 그 유효기간 내에 다시 입국하려는 경우

② 제31조에 따라 등록을 한 외국인이 국민이 되거나 사망한 경우 또는 제31조제1항 각 호의 어느 하나에 해당하게 된 경우(같은 조 제2항에 따라 외국인등록을 한 경우는 제외한다)에는 대통령령으로 정하는 바에 따라 외국인등록증을 반납하여야 한다. <개정 2016. 3. 29.>

③ 지방출입국·외국인관서의 장은 제1항이나 제2항에 따라 외국인등록증을 반납받으면 대통령령으로 정하는 바에 따라 그 사실을 지체 없이 체류지의 시·군·구 및 읍·면·동의 장에게 통보하여야 한다. <개정 2014. 3. 18., 2018. 3. 20.>

④ 지방출입국·외국인관서의 장은 대한민국의 이익을 위하여 필요하다고 인정하면 제1항 각 호의 어느 하나에 해당하는 외국인의 외국인등록증을 일시 보관할 수 있다. <개정 2014. 3. 18.>

⑤ 제4항의 경우 그 외국인이 허가된 기간 내에 다시 입국하였을 때에는 15일 이내에 지방출입국·외국인관서의 장으로부터 외국인등록증을 돌려받아야 하고, 그 허가받은 기간 내에 다시 입국하지 아니하였을 때에는 제1항에 따라 외국인등록증을 반납한 것으로 본다. <개정 2014. 3. 18., 2020. 6. 9.>

[전문개정 2010. 5. 14.]

제37조의2(외국인등록사항의 말소) ① 지방출입국·외국인관서의 장은 제31조에 따라 등록을 한 외국인이 다음 각 호의 어느 하나에 해당하는 경우에는 제32조에 따른 외국인등록사항을 말소할 수 있다.

1. 제37조제1항 또는 제2항에 따라 외국인등록증을 반납한 경우
2. 출국 후 재입국허가기간(재입국허가를 면제받은 경우에는 면제받은 기간 또는 체류허가기간) 내에 입국하지 아니한 경우

3. 그 밖에 출입국관리공무원이 직무수행 중 제1호 또는 제2호에 준하는 말소 사유를 발견한 경우

② 제1항에 따른 외국인등록사항의 말소 절차에 관하여 필요한 사항은 대통령령으로 정한다.

[본조신설 2016. 3. 29.]

제38조(생체정보의 제공 등) ① 다음 각 호의 어느 하나에 해당하는 외국인은 법무부령으로 정하는 바에 따라 생체정보를 제공하여야 한다. <개정 2016. 3. 29., 2020. 6. 9.>

1. 다음 각 목의 어느 하나에 해당하는 사람으로서 17세 이상인 사람
    가. 제31조에 따라 외국인등록을 하여야 하는 사람(같은 조 제2항에 따라 외국인등록을 하려는 사람은 제외한다)
    나. 「재외동포의 출입국과 법적 지위에 관한 법률」 제6조에 따라 국내거소신고를 하려는 사람
2. 이 법을 위반하여 조사를 받거나 그 밖에 다른 법률을 위반하여 수사를 받고 있는 사람
3. 신원이 확실하지 아니한 사람
4. 제1호부터 제3호까지에서 규정한 사람 외에 법무부장관이 대한민국의 안전이나 이익 또는 해당 외국인의 안전이나 이익을 위하여 특히 필요하다고 인정하는 사람

② 지방출입국·외국인관서의 장은 제1항에 따른 생체정보의 제공을 거부하는 외국인에게는 체류기간 연장허가 등 이 법에 따른 허가를 하지 아니할 수 있다. <개정 2014. 3. 18., 2020. 6. 9.>

③ 법무부장관은 제1항에 따라 제공받은 생체정보를 「개인정보 보호법」에 따라 보유하고 관리한다. <개정 2011. 3. 29., 2020. 6. 9.>

[전문개정 2010. 5. 14.]

[제목개정 2020. 6. 9.]

제38조의2(생체정보의 공동이용) ① 법무부장관은 관계 기관이 선박등의 탑승권 발급, 출입국항의 보호구역 진입 및 선박 등의 탑승 등의 업무를 위하여 요청하는 경우에는 이 법에 따라 수집·처리한 생체정보를 제공할 수 있다.

② 제1항에 따라 생체정보를 제공받은 기관은 그 생체정보를 「개인정보 보호법」에 따라 처리하여야 한다.

[본조신설 2020. 6. 9.]

제2절 사회통합 프로그램 <신설 2012. 1. 26.>

제39조(사회통합 프로그램) ① 법무부장관은 대한민국 국적, 영주자격 등을 취득하려는 외국인의 사회적응을 지원하기 위하여 교육, 정보 제공, 상담 등의 사회통합 프로그램(이하 "사회통합 프로그램"이라 한다)을 시행할 수 있다. <개정 2018. 3. 20.>

② 법무부장관은 사회통합 프로그램을 효과적으로 시행하기 위하여 필요한 전문인력 및 시

설 등을 갖춘 기관, 법인 또는 단체를 사회통합 프로그램 운영기관으로 지정할 수 있다.

③ 법무부장관은 대통령령으로 정하는 바에 따라 사회통합 프로그램의 시행에 필요한 전문인력을 양성할 수 있다.

④ 국가와 지방자치단체는 다음 각 호의 경비의 전부 또는 일부를 예산의 범위에서 지원할 수 있다.

1. 제2항에 따라 지정된 운영기관의 업무 수행에 필요한 경비

2. 제3항에 따른 전문인력 양성에 필요한 경비

⑤ 사회통합 프로그램의 내용 및 개발, 운영기관의 지정·관리 및 지정 취소, 그 밖에 사회통합 프로그램의 운영에 필요한 사항은 대통령령으로 정한다.

[본조신설 2012. 1. 26.]

제40조(사회통합 프로그램 이수자에 대한 우대) 법무부장관은 사증 발급, 체류 관련 각종 허가 등을 할 때에 이 법 또는 관계 법령에서 정하는 바에 따라 사회통합 프로그램 이수자를 우대할 수 있다.

[본조신설 2012. 1. 26.]

제41조(사회통합 자원봉사위원) ① 법무부장관은 외국인의 사회통합을 지원하기 위하여 법무부령으로 정하는 바에 따라 지방출입국·외국인관서에 사회통합 자원봉사위원(이하 "사회통합위원"이라 한다)을 둘 수 있다.

② 사회통합위원은 다음 각 호의 직무를 수행한다.

1. 외국인 및 고용주 등의 법 준수를 위한 홍보활동

2. 외국인이 한국사회의 건전한 사회구성원으로 정착하기 위한 체류 지원

3. 영주자격 및 국적을 취득하려는 자에 대한 지원

4. 그 밖에 대한민국 국민과 국내 체류 외국인의 사회통합을 위하여 법무부장관이 정하는 사항

③ 사회통합위원은 명예직으로 하되 직무수행에 필요한 비용의 전부 또는 일부를 지급할 수 있다.

④ 사회통합위원의 위촉 및 해촉, 정원, 자치 조직, 비용의 지급, 그 밖에 필요한 사항은 법무부령으로 정한다.

[본조신설 2014. 12. 30.]

제42조 삭제 <1999. 2. 5.>

제43조 삭제 <1999. 2. 5.>

제44조 삭제 <1999. 2. 5.>

제45조 삭제 <1999. 2. 5.>

제6장 강제퇴거 등 〈개정 2010. 5. 14.〉

제1절 강제퇴거의 대상자 〈개정 2010. 5. 14.〉

제46조(강제퇴거의 대상자) ① 지방출입국·외국인관서의 장은 이 장에 규정된 절차에 따라 다음 각 호의 어느 하나에 해당하는 외국인을 대한민국 밖으로 강제퇴거시킬 수 있다. <개정 2012. 1. 26., 2014. 3. 18., 2016. 3. 29., 2018. 3. 20., 2021. 8. 17.>

1. 제7조를 위반한 사람

2. 제7조의2를 위반한 외국인 또는 같은 조에 규정된 허위초청 등의 행위로 입국한 외국인

3. 제11조제1항 각 호의 어느 하나에 해당하는 입국금지 사유가 입국 후에 발견되거나 발생한 사람

4. 제12조제1항·제2항 또는 제12조의3을 위반한 사람

5. 제13조제2항에 따라 지방출입국·외국인관서의 장이 붙인 허가조건을 위반한 사람

6. 제14조제1항, 제14조의2제1항, 제15조제1항, 제16조제1항 또는 제16조의2제1항에 따른 허가를 받지 아니하고 상륙한 사람

7. 제14조제3항(제14조의2제3항에 따라 준용되는 경우를 포함한다), 제15조제2항, 제16조제2항 또는 제16조의2제2항에 따라 지방출입국·외국인관서의 장 또는 출입국관리공무원이 붙인 허가조건을 위반한 사람

8. 제17조제1항·제2항, 제18조, 제20조, 제23조, 제24조 또는 제25조를 위반한 사람

9. 제21조제1항 본문을 위반하여 허가를 받지 아니하고 근무처를 변경·추가하거나 같은 조 제2항을 위반하여 외국인을 고용·알선한 사람

10. 제22조에 따라 법무부장관이 정한 거소 또는 활동범위의 제한이나 그 밖의 준수사항을 위반한 사람

10의2. 제26조를 위반한 외국인

11. 제28조제1항 및 제2항을 위반하여 출국하려고 한 사람

12. 제31조에 따른 외국인등록 의무를 위반한 사람

12의2. 제33조의3을 위반한 외국인

13. 금고 이상의 형을 선고받고 석방된 사람

14. 제76조의4제1항 각 호의 어느 하나에 해당하는 사람

15. 그 밖에 제1호부터 제10호까지, 제10호의2, 제11호, 제12호, 제12호의2, 제13호 또는 제14호에 준하는 사람으로서 법무부령으로 정하는 사람

② 영주자격을 가진 사람은 제1항에도 불구하고 대한민국 밖으로 강제퇴거되지 아니한다. 다만, 다음 각 호의 어느 하나에 해당하는 사람은 그러하지 아니하다. <개정 2018. 3. 20.>

1. 「형법」제2편제1장 내란의 죄 또는 제2장 외환의 죄를 범한 사람

2. 5년 이상의 징역 또는 금고의 형을 선고받고 석방된 사람 중 법무부령으로 정하는 사람

3. 제12조의3제1항 또는 제2항을 위반하거나 이를 교사(敎唆) 또는 방조(幇助)한 사람

[전문개정 2010. 5. 14.]

제46조의2(강제퇴거집행 등에 대한 특칙) 지방출입국·외국인관서의 장은 제25조의2제1항 각 호의 어느 하나에 해당하는 외국인이 같은 항에 따른 법원의 재판, 수사기관의 수사 또는 그 밖의 법률에 따른 권리구제 절차가 진행 중일 때에는 제62조에 따른 강제퇴거명령서의 집행을 유예하거나 제65조에 따라 보증금을 예치시키고 주거의 제한이나 그 밖에 필요한 조건을 붙여 보호를 일시해제할 수 있다.

[본조신설 2022. 12. 13.]

제2절 조사 〈개정 2010. 5. 14.〉

제47조(조사) 출입국관리공무원은 제46조제1항 각 호의 어느 하나에 해당된다고 의심되는 외국인(이하 "용의자"라 한다)에 대하여는 그 사실을 조사할 수 있다.

[전문개정 2010. 5. 14.]

제48조(용의자에 대한 출석요구 및 신문) ① 출입국관리공무원은 제47조에 따른 조사에 필요하면 용의자의 출석을 요구하여 신문(訊問)할 수 있다.

② 출입국관리공무원이 제1항에 따라 신문을 할 때에는 다른 출입국관리공무원을 참여하게 하여야 한다.

③ 제1항에 따른 신문을 할 때에는 용의자가 한 진술은 조서(調書)에 적어야 한다.

④ 출입국관리공무원은 제3항에 따른 조서를 용의자에게 읽어 주거나 열람하게 한 후 오기(誤記)가 있고 없음을 물어야 하고, 용의자가 그 내용에 대한 추가·삭제 또는 변경을 청구하면 그 진술을 조서에 적어야 한다.

⑤ 조서에는 용의자로 하여금 간인(間印)한 후 서명 또는 기명날인(記名捺印)하게 하고, 용의자가 서명 또는 기명날인할 수 없거나 이를 거부할 때에는 그 사실을 조서에 적어야 한다.

⑥ 국어가 통하지 아니하는 사람이나 청각장애인 또는 언어장애인의 진술은 통역인에게 통역하게 하여야 한다. 다만, 청각장애인이나 언어장애인에게는 문자로 묻거나 진술하게 할 수 있다.

⑦ 용의자의 진술 중 국어가 아닌 문자나 부호가 있으면 이를 번역하게 하여야 한다.

[전문개정 2010. 5. 14.]

제49조(참고인에 대한 출석요구 및 진술) ① 출입국관리공무원은 제47조에 따른 조사에 필요하면 참고인에게 출석을 요구하여 그의 진술을 들을 수 있다.

② 참고인의 진술에 관하여는 제48조제2항부터 제7항까지의 규정을 준용한다.

[전문개정 2010. 5. 14.]

제50조(검사 및 서류 등의 제출요구) 출입국관리공무원은 제47조에 따른 조사에 필요하면 용의자의 동의를 받아 그의 주거 또는 물건을 검사하거나 서류 또는 물건을 제출하도록 요구할 수 있다.

[전문개정 2010. 5. 14.]

제3절 심사결정을 위한 보호 〈개정 2010. 5. 14.〉

제51조(보호) ① 출입국관리공무원은 외국인이 제46조제1항 각 호의 어느 하나에 해당된다고 의심할 만한 상당한 이유가 있고 도주하거나 도주할 염려가 있으면 지방출입국·외국인관서의 장으로부터 보호명령서를 발급받아 그 외국인을 보호할 수 있다. 〈개정 2014. 3. 18.〉

② 제1항에 따른 보호명령서의 발급을 신청할 때에는 보호의 필요성을 인정할 수 있는 자료를 첨부하여 제출하여야 한다.

③ 출입국관리공무원은 외국인이 제46조제1항 각 호의 어느 하나에 해당된다고 의심할 만한 상당한 이유가 있고 도주하거나 도주할 염려가 있는 긴급한 경우에 지방출입국·외국인관서의 장으로부터 보호명령서를 발급받을 여유가 없을 때에는 그 사유를 알리고 긴급히 보호할 수 있다. 〈개정 2014. 3. 18.〉

④ 출입국관리공무원은 제3항에 따라 외국인을 긴급히 보호하면 즉시 긴급보호서를 작성하여 그 외국인에게 내보여야 한다.

⑤ 출입국관리공무원은 제3항에 따라 외국인을 보호한 경우에는 48시간 이내에 보호명령서를 발급받아 외국인에게 내보여야 하며, 보호명령서를 발급받지 못한 경우에는 즉시 보호를 해제하여야 한다.

[전문개정 2010. 5. 14.]

제52조(보호기간 및 보호장소) ① 제51조에 따라 보호된 외국인의 강제퇴거 대상자 여부를 심사·결정하기 위한 보호기간은 10일 이내로 한다. 다만, 부득이한 사유가 있으면 지방출입국·외국인관서의 장의 허가를 받아 10일을 초과하지 아니하는 범위에서 한 차례만 연장할 수 있다. 〈개정 2014. 3. 18.〉

② 보호할 수 있는 장소는 외국인보호실, 외국인보호소 또는 그 밖에 법무부장관이 지정하는 장소(이하 "보호시설"이라 한다)로 한다.

[전문개정 2010. 5. 14.]

제53조(보호명령서의 집행) 출입국관리공무원이 보호명령서를 집행할 때에는 용의자에게 보호명령서를 내보여야 한다.

[전문개정 2010. 5. 14.]

제54조(보호의 통지) ① 출입국관리공무원은 용의자를 보호한 때에는 국내에 있는 그의 법정대리인·배우자·직계친족·형제자매·가족·변호인 또는 용의자가 지정하는 사람(이하 "법정대리인등"이라 한다)에게 3일 이내에 보호의 일시·장소 및 이유를 서면으로 통지하여야 한다. 다만, 법정대리인등이 없는 때에는 그 사유를 서면에 적고 통지하지 아니할 수 있다.

② 출입국관리공무원은 제1항에 따른 통지 외에 보호된 사람이 원하는 경우에는 긴급한 사정이나 그 밖의 부득이한 사유가 없으면 국내에 주재하는 그의 국적이나 시민권이 속하는 국가의 영사에게 보호의 일시·장소 및 이유를 통지하여야 한다.

[전문개정 2010. 5. 14.]

제55조(보호에 대한 이의신청) ① 보호명령서에 따라 보호된 사람이나 그의 법정대리인등은

지방출입국·외국인관서의 장을 거쳐 법무부장관에게 보호에 대한 이의신청을 할 수 있다. <개정 2014. 3. 18.>

② 법무부장관은 제1항에 따른 이의신청을 받은 경우 지체 없이 관계 서류를 심사하여 그 신청이 이유 없다고 인정되면 결정으로 기각하고, 이유 있다고 인정되면 결정으로 보호된 사람의 보호해제를 명하여야 한다.

③ 법무부장관은 제2항에 따른 결정에 앞서 필요하면 관계인의 진술을 들을 수 있다.

[전문개정 2010. 5. 14.]

제56조(외국인의 일시보호) ① 출입국관리공무원은 다음 각 호의 어느 하나에 해당하는 외국인을 48시간을 초과하지 아니하는 범위에서 외국인보호실에 일시보호할 수 있다.

1. 제12조제4항에 따라 입국이 허가되지 아니한 사람

2. 제13조제1항에 따라 조건부 입국허가를 받은 사람으로서 도주하거나 도주할 염려가 있다고 인정할 만한 상당한 이유가 있는 사람

3. 제68조제1항에 따라 출국명령을 받은 사람으로서 도주하거나 도주할 염려가 있다고 인정할 만한 상당한 이유가 있는 사람

② 출입국관리공무원은 제1항에 따라 일시보호한 외국인을 출국교통편의 미확보, 질병, 그 밖의 부득이한 사유로 48시간 내에 송환할 수 없는 경우에는 지방출입국·외국인관서의 장의 허가를 받아 48시간을 초과하지 아니하는 범위에서 한 차례만 보호기간을 연장할 수 있다. <개정 2014. 3. 18.>

[전문개정 2010. 5. 14.]

제56조의2(피보호자의 긴급이송 등) ① 지방출입국·외국인관서의 장은 천재지변이나 화재, 그 밖의 사변으로 인하여 보호시설에서는 피난할 방법이 없다고 인정되면 보호시설에 보호되어 있는 사람(이하 "피보호자"라 한다)을 다른 장소로 이송할 수 있다. <개정 2014. 3. 18.>

② 지방출입국·외국인관서의 장은 제1항에 따른 이송이 불가능하다고 판단되면 외국인의 보호조치를 해제할 수 있다. <개정 2014. 3. 18.>

[전문개정 2010. 5. 14.]

제56조의3(피보호자 인권의 존중 등) ①피보호자의 인권은 최대한 존중하여야 하며, 국적, 성별, 종교, 사회적 신분 등을 이유로 피보호자를 차별하여서는 아니 된다. <개정 2014. 12. 30.>

② 남성과 여성은 분리하여 보호하여야 한다. 다만, 어린이의 부양 등 특별한 사정이 있는 경우에는 그러하지 아니하다. <신설 2016. 3. 29.>

③ 지방출입국·외국인관서의 장은 피보호자가 다음 각 호의 어느 하나에 해당하는 외국인인 경우에는 특별히 보호하여야 한다. <신설 2014. 12. 30., 2016. 3. 29.>

1. 환자

2. 임산부

3. 노약자

4. 19세 미만인 사람

5. 제1호부터 제4호까지에 준하는 사람으로서 지방출입국·외국인관서의 장이 특별히 보호할 필요가 있다고 인정하는 사람

④ 제3항에 따른 보호를 위한 특별한 조치 및 지원에 관한 구체적인 사항은 법무부령으로 정한다. <신설 2014. 12. 30., 2016. 3. 29.>

[전문개정 2010. 5. 14.]

제56조의4(강제력의 행사) ① 출입국관리공무원은 피보호자가 다음 각 호의 어느 하나에 해당하면 그 피보호자에게 강제력을 행사할 수 있고, 다른 피보호자와 격리하여 보호할 수 있다. 이 경우 피보호자의 생명과 신체의 안전, 도주의 방지, 시설의 보안 및 질서유지를 위하여 필요한 최소한도에 그쳐야 한다.

1. 자살 또는 자해행위를 하려는 경우

2. 다른 사람에게 위해를 끼치거나 끼치려는 경우

3. 도주하거나 도주하려는 경우

4. 출입국관리공무원의 직무집행을 정당한 사유 없이 거부 또는 기피하거나 방해하는 경우

5. 제1호부터 제4호까지에서 규정한 경우 외에 보호시설 및 피보호자의 안전과 질서를 현저히 해치는 행위를 하거나 하려는 경우

② 제1항에 따라 강제력을 행사할 때에는 신체적인 유형력(有形力)을 행사하거나 경찰봉, 가스분사용총, 전자충격기 등 법무부장관이 지정하는 보안장비만을 사용할 수 있다.

③ 제1항에 따른 강제력을 행사하려면 사전에 해당 피보호자에게 경고하여야 한다. 다만, 긴급한 상황으로 사전에 경고할 만한 시간적 여유가 없을 때에는 그러하지 아니하다.

④ 출입국관리공무원은 제1항 각 호의 어느 하나에 해당하거나 보호시설의 질서유지 또는 강제퇴거를 위한 호송 등을 위하여 필요한 경우에는 다음 각 호의 보호장비를 사용할 수 있다.

1. 수갑

2. 포승

3. 머리보호장비

4. 제1호부터 제3호까지에서 규정한 사항 외에 보호시설의 질서유지 또는 강제퇴거를 위한 호송 등을 위하여 특별히 필요하다고 인정되는 보호장비로서 법무부령으로 정하는 것

⑤ 제4항에 따른 보호장비의 사용 요건 및 절차 등에 관하여 필요한 사항은 법무부령으로 정한다.

[전문개정 2010. 5. 14.]

제56조의5(신체 등의 검사) ① 출입국관리공무원은 보호시설의 안전과 질서유지를 위하여 필요하면 피보호자의 신체·의류 및 휴대품을 검사할 수 있다.

② 피보호자가 여성이면 제1항에 따른 검사는 여성 출입국관리공무원이 하여야 한다. 다만,

여성 출입국관리공무원이 없는 경우에는 지방출입국·외국인관서의 장이 지명하는 여성이 할 수 있다. <개정 2014. 3. 18.>

[전문개정 2010. 5. 14.]

제56조의6(면회등) ① 피보호자는 다른 사람과 면회, 서신수수 및 전화통화(이하 "면회등"이라 한다)를 할 수 있다.

② 지방출입국·외국인관서의 장은 보호시설의 안전이나 질서, 피보호자의 안전·건강·위생을 위하여 부득이하다고 인정되는 경우에는 면회등을 제한할 수 있다. <개정 2014. 3. 18.>

③ 면회등의 절차 및 그 제한 등에 관한 구체적인 사항은 법무부령으로 정한다.

[전문개정 2010. 5. 14.]

제56조의7(영상정보 처리기기 등을 통한 안전대책) ① 지방출입국·외국인관서의 장은 피보호자의 자살·자해·도주·폭행·손괴나 그 밖에 다른 피보호자의 생명·신체를 해치거나 보호시설의 안전 또는 질서를 해치는 행위를 방지하기 위하여 필요한 범위에서 영상정보 처리기기 등 필요한 시설을 설치할 수 있다. <개정 2014. 3. 18.>

② 제1항에 따라 설치된 영상정보 처리기기는 피보호자의 인권 등을 고려하여 필요한 최소한의 범위에서 설치·운영되어야 한다.

③ 영상정보 처리기기 등의 설치·운영 및 녹화기록물의 관리 등에 필요한 사항은 법무부령으로 정한다.

[전문개정 2010. 5. 14.]

제56조의8(청원) ① 피보호자는 보호시설에서의 처우에 대하여 불복하는 경우에는 법무부장관이나 지방출입국·외국인관서의 장에게 청원(請願)할 수 있다. <개정 2014. 3. 18.>

② 청원은 서면으로 작성하여 봉(封)한 후 제출하여야 한다. 다만, 지방출입국·외국인관서의 장에게 청원하는 경우에는 말로 할 수 있다. <개정 2014. 3. 18.>

③ 피보호자는 청원을 하였다는 이유로 불리한 처우를 받지 아니한다.

④ 청원의 절차 등에 관하여 필요한 사항은 법무부령으로 정한다.

[본조신설 2010. 5. 14.]

제56조의9(이의신청 절차 등의 게시) 지방출입국·외국인관서의 장은 제55조에 따른 보호에 대한 이의신청, 제56조의6에 따른 면회등 및 제56조의8에 따른 청원에 관한 절차를 보호시설 안의 잘 보이는 곳에 게시하여야 한다. <개정 2014. 3. 18.>

[본조신설 2010. 5. 14.]

제57조(피보호자의 급양 및 관리 등) 제56조의2부터 제56조의9까지에서 규정한 사항 외에 보호시설에서의 피보호자에 대한 급양(給養)이나 관리 및 처우, 보호시설의 경비(警備)에 관한 사항과 그 밖에 필요한 사항은 법무부령으로 정한다.

[전문개정 2010. 5. 14.]

제4절 심사 및 이의신청 〈개정 2010. 5. 14.〉

제58조(심사결정) 지방출입국·외국인관서의 장은 출입국관리공무원이 용의자에 대한 조사를 마치면 지체 없이 용의자가 제46조제1항 각 호의 어느 하나에 해당하는지를 심사하여 결정하여야 한다. <개정 2014. 3. 18.>

[전문개정 2010. 5. 14.]

제59조(심사 후의 절차) ① 지방출입국·외국인관서의 장은 심사 결과 용의자가 제46조제1항 각 호의 어느 하나에 해당하지 아니한다고 인정하면 지체 없이 용의자에게 그 뜻을 알려야 하고, 용의자가 보호되어 있으면 즉시 보호를 해제하여야 한다. <개정 2014. 3. 18.>

② 지방출입국·외국인관서의 장은 심사 결과 용의자가 제46조제1항 각 호의 어느 하나에 해당한다고 인정되면 강제퇴거명령을 할 수 있다. <개정 2014. 3. 18.>

③ 지방출입국·외국인관서의 장은 제2항에 따라 강제퇴거명령을 하는 때에는 강제퇴거명령서를 용의자에게 발급하여야 한다. <개정 2014. 3. 18.>

④ 지방출입국·외국인관서의 장은 강제퇴거명령서를 발급하는 경우 법무부장관에게 이의신청을 할 수 있다는 사실을 용의자에게 알려야 한다. <개정 2014. 3. 18.>

[전문개정 2010. 5. 14.]

제60조(이의신청) ① 용의자는 강제퇴거명령에 대하여 이의신청을 하려면 강제퇴거명령서를 받은 날부터 7일 이내에 지방출입국·외국인관서의 장을 거쳐 법무부장관에게 이의신청서를 제출하여야 한다. <개정 2014. 3. 18.>

② 지방출입국·외국인관서의 장은 제1항에 따른 이의신청서를 접수하면 심사결정서와 조사기록을 첨부하여 법무부장관에게 제출하여야 한다. <개정 2014. 3. 18.>

③ 법무부장관은 제1항과 제2항에 따른 이의신청서 등을 접수하면 이의신청이 이유 있는지를 심사결정하여 그 결과를 지방출입국·외국인관서의 장에게 알려야 한다. <개정 2014. 3. 18.>

④ 지방출입국·외국인관서의 장은 법무부장관으로부터 이의신청이 이유 있다는 결정을 통지받으면 지체 없이 용의자에게 그 사실을 알리고, 용의자가 보호되어 있으면 즉시 그 보호를 해제하여야 한다. <개정 2014. 3. 18.>

⑤ 지방출입국·외국인관서의 장은 법무부장관으로부터 이의신청이 이유 없다는 결정을 통지받으면 지체 없이 용의자에게 그 사실을 알려야 한다. <개정 2014. 3. 18.>

[전문개정 2010. 5. 14.]

제61조(체류허가의 특례) ① 법무부장관은 제60조제3항에 따른 결정을 할 때 이의신청이 이유 없다고 인정되는 경우라도 용의자가 대한민국 국적을 가졌던 사실이 있거나 그 밖에 대한민국에 체류하여야 할 특별한 사정이 있다고 인정되면 그의 체류를 허가할 수 있다.

② 법무부장관은 제1항에 따른 허가를 할 때 체류기간 등 필요한 조건을 붙일 수 있다.

[전문개정 2010. 5. 14.]

제5절 강제퇴거명령서의 집행 〈개정 2010. 5. 14.〉

제62조(강제퇴거명령서의 집행) ① 강제퇴거명령서는 출입국관리공무원이 집행한다.

② 지방출입국·외국인관서의 장은 사법경찰관리에게 강제퇴거명령서의 집행을 의뢰할 수 있다. <개정 2014. 3. 18.>

③ 강제퇴거명령서를 집행할 때에는 그 명령을 받은 사람에게 강제퇴거명령서를 내보이고 지체 없이 그를 제64조에 따른 송환국으로 송환하여야 한다. 다만, 제76조제1항에 따라 선박등의 장이나 운수업자가 송환하게 되는 경우에는 출입국관리공무원은 그 선박등의 장이나 운수업자에게 그를 인도할 수 있다. <개정 2017. 12. 12.>

④ 제3항에도 불구하고 강제퇴거명령을 받은 사람이 다음 각 호의 어느 하나에 해당하는 경우에는 송환하여서는 아니 된다. 다만, 「난민법」에 따른 난민신청자가 대한민국의 공공의 안전을 해쳤거나 해칠 우려가 있다고 인정되면 그러하지 아니하다. <개정 2012. 2. 10.>

1. 「난민법」에 따라 난민인정 신청을 하였으나 난민인정 여부가 결정되지 아니한 경우

2. 「난민법」 제21조에 따라 이의신청을 하였으나 이에 대한 심사가 끝나지 아니한 경우

[전문개정 2010. 5. 14.]

제63조(강제퇴거명령을 받은 사람의 보호 및 보호해제) ① 지방출입국·외국인관서의 장은 강제퇴거명령을 받은 사람을 여권 미소지 또는 교통편 미확보 등의 사유로 즉시 대한민국 밖으로 송환할 수 없으면 송환할 수 있을 때까지 그를 보호시설에 보호할 수 있다. <개정 2014. 3. 18.>

② 지방출입국·외국인관서의 장은 제1항에 따라 보호할 때 그 기간이 3개월을 넘는 경우에는 3개월마다 미리 법무부장관의 승인을 받아야 한다. <개정 2014. 3. 18.>

③ 지방출입국·외국인관서의 장은 제2항의 승인을 받지 못하면 지체 없이 보호를 해제하여야 한다. <개정 2014. 3. 18.>

④ 지방출입국·외국인관서의 장은 강제퇴거명령을 받은 사람이 다른 국가로부터 입국이 거부되는 등의 사유로 송환될 수 없음이 명백하게 된 경우에는 그의 보호를 해제할 수 있다. <개정 2014. 3. 18.>

⑤ 지방출입국·외국인관서의 장은 제3항 또는 제4항에 따라 보호를 해제하는 경우에는 주거의 제한이나 그 밖에 필요한 조건을 붙일 수 있다. <개정 2014. 3. 18.>

⑥ 제1항에 따라 보호하는 경우에는 제53조부터 제55조까지, 제56조의2부터 제56조의9까지 및 제57조를 준용한다.

[전문개정 2010. 5. 14.]

[헌법불합치, 2020헌가1, 2023.3.23, 출입국관리법(2014. 3. 18. 법률 제12421호로 개정된 것) 제63조 제1항은 헌법에 합치되지 아니한다. 위 법률조항은 2025. 5. 31.을 시한으로 입법자가 개정할 때까지 계속 적용된다.]

제64조(송환국) ① 강제퇴거명령을 받은 사람은 국적이나 시민권을 가진 국가로 송환된다.

② 제1항에 따른 국가로 송환할 수 없는 경우에는 다음 각 호의 어느 하나에 해당하는 국가

로 송환할 수 있다.

1. 대한민국에 입국하기 전에 거주한 국가

2. 출생지가 있는 국가

3. 대한민국에 입국하기 위하여 선박등에 탔던 항(港)이 속하는 국가

4. 제1호부터 제3호까지에서 규정한 국가 외에 본인이 송환되기를 희망하는 국가

③ 삭제 <2012. 2. 10.>

[전문개정 2010. 5. 14.]

제6절 보호의 일시해제 〈개정 2010. 5. 14.〉

제65조(보호의 일시해제) ① 지방출입국·외국인관서의 장은 직권으로 또는 피보호자(그의 보증인 또는 법정대리인등을 포함한다)의 청구에 따라 피보호자의 정상(情狀), 해제요청사유, 자산, 그 밖의 사항을 고려하여 2천만원 이하의 보증금을 예치시키고 주거의 제한이나 그 밖에 필요한 조건을 붙여 보호를 일시해제할 수 있다.

② 제1항에 따른 보호의 일시해제 청구, 보증금의 예치 및 반환의 절차는 대통령령으로 정한다.

[전문개정 2018. 3. 20.]

제66조(보호 일시해제의 취소) ① 지방출입국·외국인관서의 장은 보호로부터 일시해제된 사람이 다음 각 호의 어느 하나에 해당하면 보호의 일시해제를 취소하고 다시 보호의 조치를 할 수 있다. <개정 2014. 3. 18.>

1. 도주하거나 도주할 염려가 있다고 인정되는 경우

2. 정당한 사유 없이 출석명령에 따르지 아니한 경우

3. 제1호 및 제2호에서 규정한 사항 외에 일시해제에 붙인 조건을 위반한 경우

② 지방출입국·외국인관서의 장은 제1항에 따라 보호의 일시해제를 취소하는 경우 보호 일시해제 취소서를 발급하고 보증금의 전부 또는 일부를 국고에 귀속시킬 수 있다. <개정 2014. 3. 18.>

③ 제2항에 따른 보증금의 국고 귀속절차는 대통령령으로 정한다.

[전문개정 2010. 5. 14.]

제66조의2(보호의 일시해제 절차 등의 게시) 지방출입국·외국인관서의 장은 제65조 및 제66조에 따른 보호의 일시해제 및 그 취소에 관한 절차를 보호시설 안의 잘 보이는 곳에 게시하여야 한다.

[본조신설 2018. 3. 20.]

제7절 출국권고 등 〈개정 2010. 5. 14.〉

제67조(출국권고) ① 지방출입국·외국인관서의 장은 대한민국에 체류하는 외국인이 다음 각 호의 어느 하나에 해당하면 그 외국인에게 자진하여 출국할 것을 권고할 수 있다. <개정

2014. 3. 18.>

1. 제17조와 제20조를 위반한 사람으로서 그 위반 정도가 가벼운 경우

2. 제1호에서 규정한 경우 외에 이 법 또는 이 법에 따른 명령을 위반한 사람으로서 법무부
   장관이 그 출국을 권고할 필요가 있다고 인정하는 경우

② 지방출입국·외국인관서의 장은 제1항에 따라 출국권고를 할 때에는 출국권고서를 발급
하여야 한다. <개정 2014. 3. 18.>

③ 제2항에 따른 출국권고서를 발급하는 경우 발급한 날부터 5일의 범위에서 출국기한을 정
할 수 있다.

[전문개정 2010. 5. 14.]

제68조(출국명령) ① 지방출입국·외국인관서의 장은 다음 각 호의 어느 하나에 해당하는 외
국인에게는 출국명령을 할 수 있다. <개정 2014. 3. 18., 2018. 3. 20.>

1. 제46조제1항 각 호의 어느 하나에 해당한다고 인정되나 자기비용으로 자진하여 출국하려
   는 사람

2. 제67조에 따른 출국권고를 받고도 이행하지 아니한 사람

3. 제89조에 따라 각종 허가 등이 취소된 사람

3의2. 제89조의2제1항에 따라 영주자격이 취소된 사람. 다만, 제89조의2제2항에 따라 일반
   체류자격을 부여받은 사람은 제외한다.

4. 제100조제1항부터 제3항까지의 규정에 따른 과태료 처분 후 출국조치하는 것이 타당하다
   고 인정되는 사람

5. 제102조제1항에 따른 통고처분(通告處分) 후 출국조치하는 것이 타당하다고 인정되는 사람

② 지방출입국·외국인관서의 장은 제1항에 따라 출국명령을 할 때에는 출국명령서를 발급
하여야 한다. <개정 2014. 3. 18.>

③ 제2항에 따른 출국명령서를 발급할 때에는 법무부령으로 정하는 바에 따라 출국기한을
정하고 주거의 제한이나 그 밖에 필요한 조건을 붙일 수 있으며, 필요하다고 인정할 때에는
2천만원 이하의 이행보증금을 예치하게 할 수 있다. <개정 2020. 10. 20.>

④ 지방출입국·외국인관서의 장은 출국명령을 받고도 지정한 기한까지 출국하지 아니하거
나 제3항에 따라 붙인 조건을 위반한 사람에게는 지체 없이 강제퇴거명령서를 발급하여야
하며, 그 예치된 이행보증금의 전부 또는 일부를 국고에 귀속시킬 수 있다. <개정 2014. 3.
18., 2020. 10. 20.>

⑤ 제3항과 제4항에 따른 이행보증금의 예치 및 반환과 국고 귀속절차는 대통령령으로 정한
다. <신설 2020. 10. 20.> [전문개정 2010. 5. 14.]

제7장 선박등의 검색 〈개정 2010. 5. 14.〉

제69조(선박등의 검색 및 심사) ① 선박등이 출입국항에 출·입항할 때에는 출입국관리공무

원의 검색을 받아야 한다.

② 선박등의 장이나 운수업자는 선박등이 부득이하게 출입국항이 아닌 장소에 출·입항하여야 할 사유가 발생하면 제74조에 따른 출·입항 예정통보서에 그 사유를 소명하는 자료를 첨부하여 미리 지방출입국·외국인관서의 장에게 제출하고 제1항에 따른 검색을 받아야 한다. 다만, 항공기의 불시착, 선박의 조난 등 불의의 사고가 발생하면 지체 없이 그 사실을 지방출입국·외국인관서의 장에게 보고하여 검색을 받아야 한다. <개정 2014. 3. 18.>

③ 출입국관리공무원은 제1항이나 제2항에 따라 검색을 할 때에는 다음 각 호의 사항을 심사하여야 한다.

1. 승무원과 승객의 출입국 적격 여부 또는 이선(離船) 여부

2. 법령을 위반하여 입국이나 출국을 하려는 사람이 선박등에 타고 있는지 여부

3. 제72조에 따른 승선허가를 받지 아니한 사람이 있는지 여부

④ 출입국관리공무원은 제1항부터 제3항까지의 규정에 따른 검색과 심사를 할 때에는 선박등의 장에게 항해일지나 그 밖에 필요한 서류의 제출 또는 열람을 요구할 수 있다.

⑤ 출입국관리공무원은 선박등에 승선 중인 승무원·승객, 그 밖의 출입자의 신원을 확인하기 위하여 이들에게 질문을 하거나 그 신분을 증명할 수 있는 서류 등을 제시할 것을 요구할 수 있다.

⑥ 지방출입국·외국인관서의 장은 선박등의 검색을 법무부령으로 정하는 바에 따라 서류심사로 갈음하게 할 수 있다. <개정 2014. 3. 18.>

⑦ 선박등의 장은 출항검색이 끝난 후 3시간 이내에 출항할 수 없는 부득이한 사유가 생겼을 때에는 지방출입국·외국인관서의 장에게 그 사유를 보고하고 출항 직전에 다시 검색을 받아야 한다. <개정 2014. 3. 18.>

[전문개정 2010. 5. 14.]

제70조(내항 선박 등의 검색 등에 대한 준용 규정) ① 대한민국 영역에서 사람이나 물건을 수송하는 선박, 항공기, 그 밖의 교통기관이 불의의 사고나 항해상의 문제 등 특별한 사정으로 외국에 기항(寄港)한 후 입항할 경우에는 선박 등의 검색 및 선박 등의 장이나 운수업자의 책임에 관하여 제7장과 제8장을 준용한다.

② 대한민국에 입국하거나 대한민국으로부터 출국하려는 사람의 환승을 위하여 국내공항 간을 운항하는 항공기에 대해서도 항공기의 검색 및 항공기의 장이나 운수업자의 책임에 관하여 제7장과 제8장을 준용한다. 다만, 제76조제1항에 따른 송환 의무는 출발지 공항까지로 한정하며, 그 이후 대한민국 밖으로의 송환 의무는 송환 대상 외국인이 환승하기 직전에 탔던 항공기의 장이나 운수업자에게 있다. <개정 2017. 12. 12.>

[전문개정 2016. 3. 29.]

제71조(출입국의 정지 등) ① 지방출입국·외국인관서의 장은 제69조제3항에 따른 심사 결과 위법한 사실을 발견하였을 때에는 관계 승무원 또는 승객의 출국이나 입국을 정지시킬 수 있다. <개정 2014. 3. 18.>

② 제1항에 따른 출입국의 정지는 위법한 사실의 조사에 필요한 기간에만 할 수 있다.

③ 제2항에 따른 조사를 마친 뒤에도 계속하여 출입국을 금지하거나 정지시킬 필요가 있을 때에는 제4조·제11조 또는 제29조에 따른 법무부장관의 결정을 받아야 한다.

④ 지방출입국·외국인관서의 장은 제1항, 제4조 또는 제29조에 따라 승객이나 승무원의 출국을 금지하거나 정지시키기 위하여 필요하다고 인정하면 선박등에 대하여 출항의 일시정지 또는 회항(回航)을 명하거나 선박등에 출입하는 것을 제한할 수 있다. <개정 2014. 3. 18.>

⑤ 지방출입국·외국인관서의 장은 제4항에 따라 선박등에 대하여 출항의 일시정지 또는 회항을 명하거나 출입을 제한하는 경우에는 지체 없이 그 사실을 선박등의 장이나 운수업자에게 통보하여야 한다. 출항의 일시정지·회항명령 또는 출입제한을 해제한 경우에도 또한 같다. <개정 2014. 3. 18.>

⑥ 제4항에 따른 선박등의 출항의 일시정지 등은 직무수행에 필요한 최소한의 범위에서 하여야 한다.

[전문개정 2010. 5. 14.]

제72조(승선허가) ① 출입국항 또는 출입국항이 아닌 장소에 정박하는 선박등에 출입하려는 사람은 지방출입국·외국인관서의 장의 승선허가를 받아야 한다. 다만, 그 선박등의 승무원과 승객 또는 다른 법령에 따라 출입할 수 있는 사람은 그러하지 아니하다. <개정 2014. 3. 18.>

② 출입국관리공무원 외의 사람이 출입국심사장에 출입하려는 경우에도 제1항과 같다.

[전문개정 2010. 5. 14.]

제8장 선박등의 장 및 운수업자의 책임 〈개정 2010. 5. 14.〉

제73조(운수업자 등의 일반적 의무 등) 선박등의 장이나 운수업자는 다음 각 호의 사항을 지켜야 한다. <개정 2016. 3. 29.>

1. 입국이나 상륙을 허가받지 아니한 사람의 입국·상륙 방지
2. 유효한 여권(선원의 경우에는 여권 또는 선원신분증명서를 말한다)과 필요한 사증을 지니지 아니한 사람의 탑승방지
3. 승선허가나 출국심사를 받지 아니한 사람의 탑승방지
4. 이 법에 따른 출국 또는 입국 요건을 갖추지 못하여 선박등에 탑승하기에 부적당하다고 출입국관리공무원이 통보한 사람의 탑승방지
5. 제1호부터 제4호까지에 규정된 입국·상륙·탑승의 방지를 위하여 출입국관리공무원이 요청하는 감시원의 배치
6. 이 법을 위반하여 출입국을 하려는 사람이 숨어 있는지를 확인하기 위한 선박등의 검색
7. 선박등의 검색과 출입국심사가 끝날 때까지 선박등에 무단출입하는 행위의 금지

8. 선박등의 검색과 출국심사가 끝난 후 출항하기 전까지 승무원이나 승객의 승선·하선 방지

9. 출입국관리공무원이 선박등의 검색과 출입국심사를 위한 직무수행에 특히 필요하다고 인정하여 명하는 사항

[전문개정 2010. 5. 14.]

제73조의2(승객예약정보의 열람 및 제공 등) ① 운수업자는 출입국관리공무원이 다음 각 호의 어느 하나에 해당하는 업무를 수행하기 위하여 예약정보의 확인을 요청하는 경우에는 지체 없이 예약정보시스템을 열람하게 하거나 표준화된 전자문서로 제출하여야 한다. 다만, 법무부령으로 정하는 부득이한 사유로 표준화된 전자문서로 제출할 수 없을 때에는 지체 없이 그 사유를 밝히고 서류로 제출할 수 있다.

1. 제7조제1항·제7조의2 또는 제12조의3제1항을 위반하였거나 위반하였다고 의심할 만한 상당한 이유가 있는 사람에 대한 조사

2. 제11조제1항 각 호의 어느 하나에 해당하거나 해당한다고 의심할 만한 상당한 이유가 있는 사람에 대한 조사

② 제1항에 따라 열람하거나 문서로 제출받을 수 있는 자료의 범위는 다음 각 호로 한정한다.

1. 성명, 국적, 주소 및 전화번호

2. 여권번호, 여권의 유효기간 및 발급국가

3. 예약 및 탑승수속 시점

4. 여행경로와 여행사

5. 동반 탑승자와 좌석번호

6. 수하물(手荷物)

7. 항공권의 구입대금 결제방법

8. 여행출발지와 최종목적지

9. 예약번호

③ 운수업자는 출입국관리공무원이 승객의 안전과 정확하고 신속한 출입국심사를 위하여 탑승권을 발급받으려는 승객에 대한 다음 각 호의 자료를 요청하는 경우에는 지체 없이 표준화된 전자문서로 제출하여야 한다. 다만, 법무부령으로 정하는 부득이한 사유로 표준화된 전자문서로 제출할 수 없을 때에는 지체 없이 그 사유를 밝히고 서류로 제출할 수 있다. <개정 2016. 3. 29., 2020. 6. 9.>

1. 성명, 성별, 생년월일 및 국적

2. 여권번호와 예약번호

3. 출항편, 출항지 및 출항시간

4. 입항지와 입항시간

5. 환승 여부

6. 생체정보

④ 제1항과 제3항에 따라 자료를 열람하거나 문서로 제출하여 줄 것을 요청할 수 있는 출입국관리공무원은 지방출입국·외국인관서의 장이 지정하는 사람으로 한정한다. <개정 2014. 3. 18.>

⑤ 제4항에 따라 지정된 출입국관리공무원은 제출받은 자료를 검토한 결과 이 법에 따른 출국 또는 입국 요건을 갖추지 못하여 선박등에 탑승하기에 부적당한 사람이 발견된 경우에는 그 사람의 탑승을 방지하도록 선박등의 장이나 운수업자에게 통보할 수 있다. <신설 2016. 3. 29.>

⑥ 제4항에 따라 지정된 출입국관리공무원은 직무상 알게 된 예약정보시스템의 자료를 누설하거나 권한 없이 처리하거나 다른 사람의 이용에 제공하는 등 부당한 목적을 위하여 사용하여서는 아니 된다. <개정 2016. 3. 29.>

⑦ 제1항과 제3항에 따른 자료의 열람과 제출 시기 등에 관한 구체적인 사항은 대통령령으로 정한다. <개정 2016. 3. 29.>

[본조신설 2010. 5. 14.]

[제목개정 2016. 3. 29.]

제74조 (사전통보의 의무) 선박등이 출입국항에 출·입항하는 경우에 그 선박등의 장이나 운수업자는 지방출입국·외국인관서의 장에게 출·입항 예정일시와 그 밖에 필요한 사항을 적은 출·입항 예정통보서를 미리 제출하여야 한다. 다만, 항공기의 불시착이나 선박의 조난 등 불의의 사고가 발생한 경우에는 지체 없이 그 사실을 알려야 한다. <개정 2014. 3. 18.>

[전문개정 2010. 5. 14.]

제75조 (보고의 의무) ① 출입국항이나 출입국항이 아닌 장소에 출·입항하는 선박등의 장이나 운수업자는 대통령령으로 정하는 사항을 적은 승무원명부와 승객명부를 첨부한 출·입항보고서를 지방출입국·외국인관서의 장에게 제출하여야 한다. <개정 2014. 3. 18.>

② 제1항에 따른 출·입항보고서는 표준화된 전자문서로 제출하여야 한다. 다만, 법무부령으로 정하는 부득이한 사유로 표준화된 전자문서로 제출할 수 없을 때에는 지체 없이 그 사유를 밝히고 서류로 제출할 수 있다.

③ 제1항에 따른 출·입항보고서의 제출시기 등 그 절차에 관한 구체적인 사항은 대통령령으로 정한다.

④ 출입국항이나 출입국항이 아닌 장소에 입항하는 선박등의 장이나 운수업자는 여권(선원의 경우에는 여권 또는 선원신분증명서를 말한다)을 가지고 있지 아니한 사람이 그 선박등에 타고 있는 것을 알았을 때에는 지체 없이 지방출입국·외국인관서의 장에게 보고하고 그의 상륙을 방지하여야 한다. <개정 2014. 3. 18.>

⑤ 출입국항이나 출입국항이 아닌 장소에서 출항하는 선박등의 장이나 운수업자는 다음 각호의 사항을 지방출입국·외국인관서의 장에게 보고하여야 한다. <개정 2012. 1. 26., 2014. 3. 18.>

1. 승무원 상륙허가를 받은 승무원 또는 관광상륙허가를 받은 승객이 선박등으로 돌아왔는
   지 여부
2. 정당한 출국절차를 마치지 아니하고 출국하려는 사람이 있는지 여부

[전문개정 2010. 5. 14.]

제76조(송환의 의무) ① 지방출입국·외국인관서의 장이 다음 각 호의 어느 하나에 해당하는
외국인(이하 "송환대상외국인"이라 한다)의 송환을 지시한 때에는 그 송환대상외국인이 탔
던 선박등의 장이나 운수업자가 그의 비용(항공운임, 선박운임 등 수송비용을 말한다)과 책
임으로 송환대상외국인을 지체 없이 대한민국 밖으로 송환하여야 한다. <개정 2012. 1.
26., 2017. 12. 12., 2018. 3. 20., 2021. 8. 17.>
1. 삭제 <2021. 8. 17.>
2. 삭제 <2021. 8. 17.>
3. 제12조제4항에 따라 입국이 허가되지 아니한 사람
4. 제14조에 따라 상륙한 승무원 또는 제14조의2에 따라 관광상륙한 승객으로서 그가 타고
   있던 선박등이 출항할 때까지 선박등으로 돌아오지 아니한 사람
5. 제46조제1항제6호 또는 제7호에 해당하는 사람으로서 강제퇴거명령을 받은 사람
② 지방출입국·외국인관서의 장이 제1항에 따라 송환을 지시할 때에는 선박등의 운항 계
획, 승객예약 상황 등을 고려하여 송환기한을 지정할 수 있다. 다만, 선박등의 장이나 운수
업자가 기한 내에 송환을 완료할 수 없는 불가피한 사유를 소명하는 경우에는 송환기한을
연기할 수 있다. <개정 2021. 8. 17.>
③ 제1항에 따른 송환지시의 방법·절차 및 제2항에 따른 송환기한 지정과 그 연기에 관하
여 필요한 사항은 법무부령으로 정한다. <신설 2021. 8. 17.>

[전문개정 2010. 5. 14.]

제8장의2 출국대기실 설치·운영 등 〈신설 2021. 8. 17.〉

제76조의2(송환대기장소) ① 송환대상외국인은 출국하기 전까지 출국대기실에서 대기하여야
한다. 다만, 지방출입국·외국인관서의 장은 대통령령으로 정하는 바에 따라 직권으로 또는
송환대상외국인(그의 법정대리인등을 포함한다)의 신청에 따라 송환대상외국인의 상태, 신
청사유, 그 밖의 사항을 고려하여 출입국항 내의 지정된 장소에서 조건을 붙여 대기하게 할
수 있다.
② 출국대기실의 운영 및 안전대책, 출국대기실 입실 외국인의 인권존중, 급양 및 관리에 관
하여는 제56조의3, 제56조의5부터 제56조의7까지 및 제57조를 준용한다. 이 경우 "피보호
자"는 "송환대상외국인"으로, "보호시설"은 "출국대기실"로 본다.
③ 제1항에도 불구하고 출국대기실이 설치되지 않은 출입국항(항구를 말한다)의 경우 그 출
입국항을 관할하는 지방출입국·외국인관서의 장은 송환대상외국인이 타고 온 선박의 장이

나 운수업자에게 법무부령으로 정하는 바에 따라 송환대상외국인의 관리를 요청할 수 있다. 이 경우 관리를 요청받은 선박의 장이나 운수업자는 송환대상외국인이 출국하기 전까지 선박 내에서 관리하여야 한다.

[본조신설 2021. 8. 17.]

제76조의3(관리비용의 부담) ① 국가는 송환대상외국인이 제76조의2제1항 또는 제3항의 송환대기장소에서 대기하는 경우 대통령령으로 정하는 바에 따라 송환대상외국인이 출국하기 전까지의 숙식비 등 관리비용을 부담한다.

② 제1항에도 불구하고 송환대상외국인이 탔던 선박등의 장 또는 운수업자가 다음 각 호의 어느 하나에 해당하는 경우에는 대통령령으로 정하는 바에 따라 숙식비 등 관리비용을 부담한다.

1. 제73조제1호, 제2호 또는 제4호를 위반한 경우
2. 정당한 이유 없이 제76조제1항 및 제2항에 따른 송환의무를 이행하지 않은 경우
3. 제1호 및 제2호에서 규정한 경우 외에 선박등의 장 또는 운수업자의 귀책사유로 인하여 송환대상외국인이 된 경우

[본조신설 2021. 8. 17.]

제76조의4(강제력의 행사) ① 출입국관리공무원은 송환대상외국인이 다음 각 호의 어느 하나에 해당하는 경우 그 송환대상외국인에게 강제력을 행사할 수 있다. 이 경우 강제력의 행사는 송환대상외국인의 생명과 신체의 안전, 시설의 보안 및 질서유지를 위하여 필요한 최소한도에 그쳐야 한다.

1. 자살 또는 자해행위를 하려는 경우
2. 다른 사람에게 위해를 가하거나 가하려는 경우
3. 출입국관리공무원의 직무집행을 정당한 사유 없이 거부 또는 기피하거나 방해하는 경우
4. 제1호부터 제3호까지에서 규정한 경우 외에 시설 및 다른 사람의 안전과 질서를 현저히 해치는 행위를 하거나 하려는 경우

② 제1항에 따른 강제력의 행사에는 제56조의4제2항부터 제5항까지를 준용한다. 이 경우 "피보호자"는 "송환대상외국인"으로, "보호시설"은 "출국대기실"로 본다.

[본조신설 2021. 8. 17.]

제8장의3 난민여행증명서 발급 등 〈개정 2010. 5. 14., 2012. 2. 10., 2021. 8. 17.〉

제76조의5(난민여행증명서) ① 법무부장관은 「난민법」에 따른 난민인정자가 출국하려고 할 때에는 그의 신청에 의하여 대통령령으로 정하는 바에 따라 난민여행증명서를 발급하여야 한다. 다만, 그의 출국이 대한민국의 안전을 해칠 우려가 있다고 인정될 때에는 그러하지 아니하다. 〈개정 2012. 2. 10.〉

② 제1항에 따른 난민여행증명서의 유효기간은 3년으로 한다. 〈개정 2016. 3. 29.〉

③ 제1항에 따라 난민여행증명서를 발급받은 사람은 그 증명서의 유효기간 만료일까지 횟수에 제한 없이 대한민국에서 출국하거나 대한민국으로 입국할 수 있다. 이 경우 입국할 때에는 제30조에 따른 재입국허가를 받지 아니하여도 된다. <개정 2016. 3. 29.>

④ 법무부장관은 제3항의 경우 특히 필요하다고 인정되면 3개월 이상 1년 미만의 범위에서 입국할 수 있는 기간을 제한할 수 있다.

⑤ 법무부장관은 제1항에 따라 난민여행증명서를 발급받고 출국한 사람이 질병이나 그 밖의 부득이한 사유로 그 증명서의 유효기간 내에 재입국할 수 없는 경우에는 그의 신청을 받아 6개월을 초과하지 아니하는 범위에서 그 유효기간의 연장을 허가할 수 있다.

⑥ 법무부장관은 제5항에 따른 유효기간 연장허가에 관한 권한을 대통령령으로 정하는 바에 따라 재외공관의 장에게 위임할 수 있다.

[전문개정 2010. 5. 14.]

제76조의6(난민인정증명서 등의 반납) ① 「난민법」에 따른 난민인정자는 다음 각 호의 어느 하나에 해당하면 그가 지니고 있는 난민인정증명서나 난민여행증명서를 지체 없이 지방출입국·외국인관서의 장에게 반납하여야 한다. <개정 2012. 2. 10., 2014. 3. 18.>

1. 제59조제3항, 제68조제4항 또는 제85조제1항에 따라 강제퇴거명령서를 발급받은 경우
2. 제60조제5항에 따라 강제퇴거명령에 대한 이의신청이 이유 없다는 통지를 받은 경우
3. 「난민법」에 따라 난민인정결정 취소나 철회의 통지를 받은 경우

② 법무부장관은 제76조의5제1항에 따라 난민여행증명서를 발급받은 사람이 대한민국의 안전을 해치는 행위를 할 우려가 있다고 인정되면 그 외국인에게 14일 이내의 기간을 정하여 난민여행증명서의 반납을 명할 수 있다.

③ 제2항에 따라 난민여행증명서를 반납하였을 때에는 그 때에, 지정된 기한까지 반납하지 아니하였을 때에는 그 기한이 지난 때에 그 난민여행증명서는 각각 효력을 잃는다.

[전문개정 2010. 5. 14.]

제76조의7(난민에 대한 체류허가의 특례) 법무부장관은 「난민법」에 따른 난민인정자가 제60조제1항에 따른 이의신청을 한 경우 제61조제1항에 규정된 사유에 해당되지 아니하고 이의신청이 이유 없다고 인정되는 경우에도 그의 체류를 허가할 수 있다. 이 경우 제61조제2항을 준용한다. <개정 2012. 2. 10.>

[전문개정 2010. 5. 14.]

제76조의8(난민여행증명서 발급 등 사무의 대행) 법무부장관은 난민여행증명서의 발급 및 재발급에 관한 사무의 일부를 대통령령으로 정하는 바에 따라 난민여행증명서 발급 신청인의 체류지 관할 지방출입국·외국인관서의 장에게 대행하게 할 수 있다.

[본조신설 2016. 3. 29.]

제76조의9 삭제 <2012. 2. 10.>

제76조의10 삭제 <2012. 2. 10.>

제9장 보칙 〈개정 2010. 5. 14.〉

제77조(무기등의 휴대 및 사용) ① 출입국관리공무원은 그 직무를 집행하기 위하여 필요하면 무기 등(「경찰관 직무집행법」 제10조 및 제10조의2부터 제10조의4까지의 규정에서 정한 장비, 장구, 분사기 및 무기를 말하며, 이하 "무기등"이라 한다)을 지닐 수 있다. 〈개정 2014. 5. 20.〉

② 출입국관리공무원은 「경찰관 직무집행법」 제10조 및 제10조의2부터 제10조의4까지의 규정에 준하여 무기등을 사용할 수 있다. 〈개정 2014. 5. 20.〉

[전문개정 2010. 5. 14.]

제78조(관계 기관의 협조) ① 출입국관리공무원은 다음 각 호의 조사에 필요하면 관계 기관이나 단체에 자료의 제출이나 사실의 조사 등에 대한 협조를 요청할 수 있다.

1. 제47조에 따른 조사

2. 삭제 〈2012. 2. 10.〉

3. 출입국사범에 대한 조사

② 법무부장관은 다음 각 호의 직무를 수행하기 위하여 관계 기관에 해당 각 호의 정보 제공을 요청할 수 있다. 〈개정 2016. 3. 29., 2017. 3. 14., 2018. 3. 20., 2019. 4. 23., 2020. 6. 9., 2022. 12. 13.〉

1. 출입국심사(정보화기기를 이용하는 출입국심사에 관하여 외국과의 협정이 있는 경우에는 그 협정에 따른 직무수행을 포함한다): 범죄경력정보·수사경력정보, 여권발급정보·주민등록정보, 가족관계등록 전산정보 또는 환승 승객에 대한 정보, 외국인 사망자 정보

2. 사증 및 사증발급인정서 발급 심사: 범죄경력정보·수사경력정보, 관세사범정보, 여권발급정보·주민등록정보, 사업자의 휴업·폐업 여부에 대한 정보, 납세증명서, 가족관계등록 전산정보 또는 국제결혼 중개업체의 현황 및 행정처분 정보, 외국인 사망자 정보

3. 외국인체류 관련 각종 허가 심사: 범죄경력정보·수사경력정보, 범칙금 납부정보·과태료 납부정보, 여권발급정보·주민등록정보, 외국인의 자동차등록정보, 사업자의 휴업·폐업 여부에 대한 정보, 납세증명서, 외국인의 조세체납정보, 외국인의 국민건강보험 및 노인장기요양보험 관련 체납정보, 외국인의 과태료 체납정보, 가족관계등록 전산정보 또는 국제결혼 중개업체의 현황 및 행정처분 정보, 숙박업소 현황, 관광숙박업소의 현황, 외국인관광 도시민박업소의 현황, 한옥체험업소의 현황, 외국인 사망자 정보, 대통령령으로 정하는 외국인의 소득금액 정보

4. 출입국사범 조사: 범죄경력정보·수사경력정보, 외국인의 범죄처분결과정보, 관세사범정보, 여권발급정보·주민등록정보, 외국인의 자동차등록정보, 납세증명서, 가족관계등록 전산정보 또는 국제결혼 중개업체의 현황 및 행정처분 정보, 숙박업소 현황, 관광숙박업소의 현황, 외국인관광 도시민박업소의 현황, 한옥체험업소의 현황, 외국인 사망자 정보

5. 사실증명서 발급: 여권발급정보·주민등록정보 또는 가족관계등록 전산정보

③ 제1항에 따른 협조 요청 또는 제2항에 따른 정보제공 요청을 받은 관계 기관이나 단체는 정당한 이유 없이 요청을 거부하여서는 아니 된다. <개정 2016. 3. 29.>

④ 제1항에 따라 제출받은 자료 또는 제2항에 따라 제공받은 정보는 「개인정보 보호법」에 따라 보유하고 관리한다. <신설 2016. 3. 29.>

[전문개정 2010. 5. 14.]

제79조(허가신청 등의 의무자) 다음 각 호의 어느 하나에 해당하는 사람이 17세 미만인 경우 본인이 그 허가 등의 신청을 하지 아니하면 그의 부모나 그 밖에 대통령령으로 정하는 사람이 그 신청을 하여야 한다.

1. 제20조에 따라 체류자격 외 활동허가를 받아야 할 사람

2. 제23조에 따라 체류자격을 받아야 할 사람

3. 제24조에 따라 체류자격 변경허가를 받아야 할 사람

4. 제25조에 따라 체류기간 연장허가를 받아야 할 사람

5. 제31조에 따라 외국인등록을 하여야 할 사람

6. 제35조에 따라 외국인등록사항 변경신고를 하여야 할 사람

7. 제36조에 따라 체류지 변경신고를 하여야 할 사람

[전문개정 2010. 5. 14.]

제79조의2(각종 신청 등의 대행) ① 외국인, 외국인을 고용한 자, 외국인에게 산업기술을 연수시키는 업체의 장 또는 외국인유학생이 재학 중이거나 연수 중인 학교의 장(이하 "외국인등"이라 한다)은 다음 각 호에 해당하는 업무를 외국인의 체류 관련 신청 등을 대행하는 자(이하 "대행기관"이라 한다)에게 대행하게 할 수 있다.

1. 제9조에 따른 사증발급인정서 발급신청

2. 제19조제1항(같은 조 제2항에 따라 준용하는 경우를 포함한다)에 따른 신고

3. 제19조의4제2항에 따른 신고

4. 제20조에 따른 활동허가의 신청

5. 제21조제1항 본문에 따른 근무처 변경·추가 허가의 신청

6. 제21조제1항 단서에 따른 근무처 변경·추가의 신고

7. 제23조제1항에 따른 체류자격 부여의 신청

8. 제24조에 따른 체류자격 변경허가의 신청

9. 제25조제1항에 따른 체류기간 연장허가의 신청

10. 그 밖에 외국인등의 출입국이나 체류와 관련된 신고·신청 또는 서류 수령 업무로서 법무부령으로 정하는 업무

② 대행기관이 되려는 자는 다음 각 호의 요건을 갖추어 법무부장관에게 등록하여야 한다.

1. 변호사 또는 행정사 자격

2. 대행업무에 필요한 교육이수

3. 법인인 경우에는 제1호 및 제2호의 요건을 충족하는 인력을 갖출 것

③ 대행기관은 제1항 각 호의 업무(이하 "대행업무"라 한다)를 하는 경우 법무부령으로 정하는 대행업무처리 표준절차를 준수하여야 한다.

④ 제2항에 따른 대행기관 등록요건의 세부사항이나 등록절차 등 대행기관의 등록에 필요한 사항은 법무부령으로 정한다.

[본조신설 2020. 6. 9.]

제79조의3(대행기관에 대한 등록취소 등) ① 법무부장관은 대행기관이 다음 각 호의 어느 하나에 해당하는 경우에는 등록취소, 6개월 이내의 대행업무정지 또는 시정명령을 할 수 있다. 다만, 제1호 또는 제2호에 해당하는 경우에는 대행기관의 등록을 취소하여야 한다.

1. 거짓이나 그 밖의 부정한 방법으로 등록한 경우

2. 대행업무정지 기간 중 대행업무를 한 경우

3. 제79조의2제2항에 따른 등록요건에 미달하게 된 경우

4. 제79조의2제3항에 따른 대행업무처리 표준절차를 위반한 경우

5. 시정명령을 받고도 이행하지 아니한 경우

6. 외국인등에게 과장 또는 거짓된 정보를 제공하거나 과장 또는 거짓된 정보를 제공하여 업무 대행을 의뢰받은 경우

7. 위조 · 변조된 서류 또는 거짓된 사실이 기재된 서류를 작성하거나 제출하는 경우

8. 외국인등이 맡긴 서류를 분실 · 훼손하거나 외국인등의 출입국이나 체류와 관련된 신고 · 신청을 위하여 제출하여야 할 서류의 작성 · 제출을 게을리 하는 등 선량한 관리자의 주의의무를 다하지 아니하는 경우

② 제1항에 따른 행정처분의 세부기준은 법무부령으로 정한다.

③ 법무부장관은 제1항에 따라 대행기관 등록을 취소할 경우에는 청문을 실시하여야 한다.

[본조신설 2020. 6. 9.]

제80조(사실조사) ① 출입국관리공무원이나 권한 있는 공무원은 이 법에 따른 신고 또는 등록의 정확성을 유지하기 위하여 제19조 · 제31조 · 제35조 및 제36조에 따른 신고 또는 등록의 내용이 사실과 다르다고 의심할 만한 상당한 이유가 있으면 그 사실을 조사할 수 있다.

② 법무부장관은 다음 각 호에 따른 업무의 수행에 필요하다고 인정하면 출입국관리공무원에게 그 사실을 조사하게 할 수 있다.

1. 제9조에 따른 사증발급인정서의 발급

2. 제20조, 제21조, 제24조 및 제25조에 따른 허가나 제23조에 따른 체류자격 부여

3. 삭제 <2012. 2. 10.>

③ 제1항이나 제2항에 따른 조사를 하기 위하여 필요하면 제1항이나 제2항에 따른 신고 · 등록 또는 신청을 한 자나 그 밖의 관계인을 출석하게 하여 질문을 하거나 문서 및 그 밖의 자료를 제출할 것을 요구할 수 있다.

[전문개정 2010. 5. 14.]

제81조(출입국관리공무원 등의 외국인 동향조사) ① 출입국관리공무원과 대통령령으로 정하

는 관계 기관 소속 공무원은 외국인이 이 법 또는 이 법에 따른 명령에 따라 적법하게 체류하고 있는지와 제46조제1항 각 호의 어느 하나에 해당되는지를 조사하기 위하여 다음 각 호의 어느 하나에 해당하는 자를 방문하여 질문하거나 그 밖에 필요한 자료를 제출할 것을 요구할 수 있다. <개정 2020. 2. 4.>

1. 외국인

2. 외국인을 고용한 자

3. 외국인의 소속 단체 또는 외국인이 근무하는 업소의 대표자

4. 외국인을 숙박시킨 자

② 출입국관리공무원은 허위초청 등에 의한 외국인의 불법입국을 방지하기 위하여 필요하면 외국인의 초청이나 국제결혼 등을 알선·중개하는 자 또는 그 업소를 방문하여 질문하거나 자료를 제출할 것을 요구할 수 있다.

③ 출입국관리공무원은 거동이나 주위의 사정을 합리적으로 판단하여 이 법을 위반하였다고 의심할 만한 상당한 이유가 있는 외국인에게 정지를 요청하고 질문할 수 있다.

④ 제1항이나 제2항에 따라 질문을 받거나 자료 제출을 요구받은 자는 정당한 이유 없이 거부하여서는 아니 된다.

[전문개정 2010. 5. 14.]

제81조의2(출입국관리공무원의 주재) 법무부장관은 다음 각 호의 업무에 종사하게 하기 위하여 출입국관리공무원을 재외공관 등에 주재하게 할 수 있다.

1. 제7조제1항에 따른 사증 발급사무

2. 제7조제4항에 따른 외국인입국허가서 발급사무

3. 외국인의 입국과 관련된 필요한 정보수집 및 연락 업무

[전문개정 2010. 5. 14.]

제81조의3(외국인의 정보제공 의무) ① 제10조의2제1항제1호에 따른 단기체류자격을 가진 외국인(이하 "숙박외국인"이라 한다)은 「감염병의 예방 및 관리에 관한 법률」에 따른 위기경보의 발령 또는 「국민보호와 공공안전을 위한 테러방지법」에 따른 테러경보의 발령 등 법무부령으로 정하는 경우에 한정하여 다음 각 호의 어느 하나에 해당하는 자(이하 "숙박업자"라 한다)가 경영하는 숙박업소에서 머무는 경우 숙박업자에게 여권 등 법무부령으로 정하는 자료를 제공하여야 한다.

1. 「공중위생관리법」에 따라 숙박업으로 신고한 자

2. 「관광진흥법」에 따라 관광숙박업, 외국인관광 도시민박업 및 한옥체험업으로 등록한 자

② 숙박업자는 숙박외국인이 제공한 자료를 숙박한 때 또는 제1항에 따른 경보가 발령된 때부터 12시간 이내에 법무부령으로 정하는 정보통신망(이하 "정보통신망"이라 한다)을 통하여 법무부장관에게 제출하여야 한다. 다만, 통신 장애 등 부득이한 사유로 정보통신망으로 제출할 수 없을 때에는 법무부령으로 정하는 방법으로 제출할 수 있다.

③ 숙박업자는 제2항에 따른 업무를 수행하기 위하여 수집한 자료를 「개인정보 보호법」에

따라 보유하고 관리한다.

④ 법무부장관은 제2항에 따라 제출받은 숙박외국인의 자료를 「개인정보 보호법」에 따라 보유하고 관리한다.

⑤ 제2항에 따른 정보통신망의 설치·운영 및 자료 제출의 절차·방법에 관하여 필요한 사항은 법무부령으로 정한다.

[본조신설 2020. 6. 9.]

제82조(증표의 휴대 및 제시) 출입국관리공무원이나 권한 있는 공무원은 다음 각 호의 어느 하나에 해당하는 직무를 집행할 때에는 그 권한을 표시하는 증표를 지니고 이를 관계인에게 내보여야 한다. <개정 2016. 3. 29.>

1. 제50조에 따른 주거 또는 물건의 검사 및 서류나 그 밖의 물건의 제출요구

2. 제69조(제70조제1항 및 제2항에서 준용하는 경우를 포함한다)에 따른 검색 및 심사

3. 제80조와 제81조에 따른 질문이나 그 밖에 필요한 자료의 제출요구

4. 제1호부터 제3호까지의 규정에 준하는 직무수행

[전문개정 2010. 5. 14.]

제83조(출입국사범의 신고) 누구든지 이 법을 위반하였다고 의심되는 사람을 발견하면 출입국관리공무원에게 신고할 수 있다.

[전문개정 2010. 5. 14.]

제84조(통보의무) ① 국가나 지방자치단체의 공무원이 그 직무를 수행할 때에 제46조제1항 각 호의 어느 하나에 해당하는 사람이나 이 법에 위반된다고 인정되는 사람을 발견하면 그 사실을 지체 없이 지방출입국·외국인관서의 장에게 알려야 한다. 다만, 공무원이 통보로 인하여 그 직무수행 본연의 목적을 달성할 수 없다고 인정되는 경우로서 대통령령으로 정하는 사유에 해당하는 때에는 그러하지 아니하다. <개정 2012. 1. 26., 2014. 3. 18.>

② 교도소·소년교도소·구치소 및 그 지소·보호감호소·치료감호시설 또는 소년원의 장은 제1항에 따른 통보대상 외국인이 다음 각 호의 어느 하나에 해당하면 그 사실을 지체 없이 지방출입국·외국인관서의 장에게 알려야 한다. <개정 2014. 3. 18.>

1. 형의 집행을 받고 형기의 만료, 형의 집행정지 또는 그 밖의 사유로 석방이 결정된 경우

2. 보호감호 또는 치료감호 처분을 받고 수용된 후 출소가 결정된 경우

3. 「소년법」에 따라 소년원에 수용된 후 퇴원이 결정된 경우

[전문개정 2010. 5. 14.]

제85조(형사절차와의 관계) ① 지방출입국·외국인관서의 장은 제46조제1항 각 호의 어느 하나에 해당하는 사람이 형의 집행을 받고 있는 중에도 강제퇴거의 절차를 밟을 수 있다. <개정 2014. 3. 18.>

② 제1항의 경우 강제퇴거명령서가 발급되면 그 외국인에 대한 형의 집행이 끝난 후에 강제퇴거명령서를 집행한다. 다만, 그 외국인의 형 집행장소를 관할하는 지방검찰청 검사장(檢事長)의 허가를 받은 경우에는 형의 집행이 끝나기 전이라도 강제퇴거명령서를 집행할 수 있다.

[전문개정 2010. 5. 14.]

제86조(신병의 인도) ① 검사는 강제퇴거명령서가 발급된 구속피의자에게 불기소처분을 한 경우에는 석방과 동시에 출입국관리공무원에게 그를 인도하여야 한다.

② 교도소·소년교도소·구치소 및 그 지소·보호감호소·치료감호시설 또는 소년원의 장은 제84조제2항에 따라 지방출입국·외국인관서의 장에게 통보한 외국인에 대하여 강제퇴거명령서가 발급되면 석방·출소 또는 퇴원과 동시에 출입국관리공무원에게 그를 인도하여야 한다. <개정 2014. 3. 18.>

[전문개정 2010. 5. 14.]

제87조(출입국관리 수수료) ① 이 법에 따라 허가 등을 받는 사람은 법무부령으로 정하는 수수료를 내야 한다.

② 법무부장관은 국제관례 또는 상호주의원칙이나 그 밖에 법무부령으로 정하는 사유로 필요하다고 인정하면 제1항에 따른 수수료를 감면할 수 있고, 협정 등에 수수료에 관한 규정이 따로 있으면 그 규정에서 정하는 바에 따른다.

[전문개정 2010. 5. 14.]

제88조(사실증명의 발급 및 열람) ① 지방출입국·외국인관서의 장, 시·군·구(자치구가 아닌 구를 포함한다. 이하 이 조에서 같다) 및 읍·면·동 또는 재외공관의 장은 이 법의 절차에 따라 출국 또는 입국한 사실 유무에 대하여 법무부령으로 정하는 바에 따라 출입국에 관한 사실증명을 발급할 수 있다. 다만, 출국 또는 입국한 사실이 없는 사람에 대하여는 특히 필요하다고 인정되는 경우에만 이 법의 절차에 따른 출국 또는 입국 사실이 없다는 증명을 발급할 수 있다. <개정 2012. 1. 26., 2014. 3. 18., 2016. 3. 29.>

② 지방출입국·외국인관서의 장, 시·군·구 또는 읍·면·동의 장은 이 법의 절차에 따라 외국인등록을 한 외국인 및 그의 법정대리인 등 법무부령으로 정하는 사람에게 법무부령으로 정하는 바에 따라 외국인등록 사실증명을 발급하거나 열람하게 할 수 있다. <개정 2014. 3. 18., 2016. 3. 29.>

[전문개정 2010. 5. 14.]

[제목개정 2016. 3. 29.]

제88조의2(외국인등록증 등과 주민등록증 등의 관계) ① 법령에 규정된 각종 절차와 거래관계 등에서 주민등록증이나 주민등록등본 또는 초본이 필요하면 외국인등록증(모바일외국인등록증을 포함한다)이나 외국인등록 사실증명으로 이를 갈음한다. <개정 2023. 6. 13.>

② 이 법에 따른 외국인등록과 체류지 변경신고는 주민등록과 전입신고를 갈음한다.

③ 이 법 또는 다른 법률에서 실물 외국인등록증이나 외국인등록증에 기재된 성명, 사진, 외국인등록번호 등의 확인이 필요한 경우 모바일외국인등록증의 확인으로 이를 갈음할 수 있다. <신설 2023. 6. 13.>

[전문개정 2010. 5. 14.]

제88조의3(외국인체류확인서 열람·교부) ① 특정 건물 또는 시설의 소재지를 체류지로 신고

한 외국인의 성명과 체류지 변경 일자를 확인할 수 있는 서류(이하 "외국인체류확인서"라 한다)를 열람하거나 교부받으려는 자는 지방출입국·외국인관서의 장이나 읍·면·동의 장 또는 출장소장에게 신청할 수 있다.

② 제1항에 따른 외국인체류확인서 열람이나 교부를 신청할 수 있는 자는 다음 각 호의 어느 하나에 해당하는 자로 한다.

1. 특정 건물이나 시설의 소유자 본인이나 그 세대원, 임차인 본인이나 그 세대원, 매매계약자 또는 임대차계약자 본인

2. 특정 건물 또는 시설의 소유자, 임차인, 매매계약자 또는 임대차계약자 본인의 위임을 받은 자

3. 다음 각 목의 어느 하나에 해당하는 사유로 열람 또는 교부를 신청하려는 자

   가. 관계 법령에 따라 경매참가자가 경매에 참가하려는 경우

   나. 「신용정보의 이용 및 보호에 관한 법률」 제2조제5호라목에 따른 신용조사회사 또는 「감정평가 및 감정평가사에 관한 법률」 제2조제4호에 따른 감정평가법인 등이 임차인의 실태 등을 확인하려는 경우

   다. 대통령령으로 정하는 금융회사 등이 담보주택의 근저당 설정을 하려는 경우

   라. 법원의 현황조사명령서에 따라 집행관이 현황조사를 하려는 경우

③ 외국인체류확인서의 기재사항, 열람·교부 신청절차, 수수료, 그 밖에 필요한 사항은 법무부령으로 정한다.

[본조신설 2022. 12. 13.]

제88조의4(외국인등록증의 진위확인) ① 법무부장관은 외국인등록증의 진위 여부에 대한 확인요청이 있는 경우 그 진위를 확인하여 줄 수 있다.

② 법무부장관은 외국인등록증 진위 여부 확인에 필요한 정보시스템을 구축·운영할 수 있다.

③ 외국인등록증의 진위확인 절차, 제2항에 따른 정보시스템의 구축·운영 등에 필요한 사항은 법무부령으로 정한다.

[본조신설 2022. 12. 13.]

제89조(각종 허가 등의 취소·변경) ① 법무부장관은 외국인이 다음 각 호의 어느 하나에 해당하면 제8조에 따른 사증발급, 제9조에 따른 사증발급인정서의 발급, 제12조제3항에 따른 입국허가, 제13조에 따른 조건부 입국허가, 제14조에 따른 승무원 상륙허가, 제14조의2에 따른 관광상륙허가 또는 제20조·제21조 및 제23조부터 제25조까지의 규정에 따른 체류허가 등을 취소하거나 변경할 수 있다. <개정 2012. 1. 26.>

1. 신원보증인이 보증을 철회하거나 신원보증인이 없게 된 경우

2. 거짓이나 그 밖의 부정한 방법으로 허가 등을 받은 것이 밝혀진 경우

3. 허가조건을 위반한 경우

4. 사정 변경으로 허가상태를 더 이상 유지시킬 수 없는 중대한 사유가 발생한 경우

5. 제1호부터 제4호까지에서 규정한 경우 외에 이 법 또는 다른 법을 위반한 정도가 중대하

거나 출입국관리공무원의 정당한 직무명령을 위반한 경우

② 법무부장관은 제1항에 따른 각종 허가 등의 취소나 변경에 필요하다고 인정하면 해당 외국인이나 제79조에 따른 신청인을 출석하게 하여 의견을 들을 수 있다.

③ 제2항의 경우에 법무부장관은 취소하거나 변경하려는 사유, 출석일시와 장소를 출석일 7일 전까지 해당 외국인이나 신청인에게 통지하여야 한다.

[전문개정 2010. 5. 14.]

제89조의2(영주자격의 취소 특례) ① 법무부장관은 영주자격을 가진 외국인에 대해서는 제89조제1항에도 불구하고 다음 각 호의 어느 하나에 해당하는 경우에 한정하여 영주자격을 취소할 수 있다. 다만, 제1호에 해당하는 경우에는 영주자격을 취소하여야 한다.

1. 거짓이나 그 밖의 부정한 방법으로 영주자격을 취득한 경우

2. 「형법」, 「성폭력범죄의 처벌 등에 관한 특례법」 등 법무부령으로 정하는 법률에 규정된 죄를 범하여 2년 이상의 징역 또는 금고의 형이 확정된 경우

3. 최근 5년 이내에 이 법 또는 다른 법률을 위반하여 징역 또는 금고의 형을 선고받고 확정된 형기의 합산기간이 3년 이상인 경우

4. 대한민국에 일정금액 이상 투자 상태를 유지할 것 등을 조건으로 영주자격을 취득한 사람 등 대통령령으로 정하는 사람이 해당 조건을 위반한 경우

5. 국가안보, 외교관계 및 국민경제 등에 있어서 대한민국의 국익에 반하는 행위를 한 경우

② 법무부장관은 제1항에 따라 영주자격을 취소하는 경우 대한민국에 계속 체류할 필요성이 인정되고 일반체류자격의 요건을 갖춘 경우 해당 외국인의 신청이 있는 때에는 일반체류자격을 부여할 수 있다.

③ 제1항에 따라 영주자격을 취소하는 경우에는 제89조제2항 및 제3항을 준용한다.

[본조신설 2018. 3. 20.]

제90조(신원보증) ① 법무부장관은 사증발급, 사증발급인정서발급, 입국허가, 조건부 입국허가, 각종 체류허가, 외국인의 보호 또는 출입국사범의 신병인도(身柄引渡) 등과 관련하여 필요하다고 인정하면 초청자나 그 밖의 관계인에게 그 외국인(이하 "피보증외국인"이라 한다)의 신원을 보증하게 할 수 있다.

② 법무부장관은 제1항에 따라 신원보증을 한 사람(이하 "신원보증인"이라 한다)에게 피보증외국인의 체류, 보호 및 출국에 드는 비용의 전부 또는 일부를 부담하게 할 수 있다.

③ 신원보증인이 제2항에 따른 보증책임을 이행하지 아니하여 국고에 부담이 되게 한 경우에는 법무부장관은 신원보증인에게 구상권(求償權)을 행사할 수 있다.

④ 신원보증인이 제2항에 따른 비용을 부담하지 아니할 염려가 있거나 그 보증만으로는 보증목적을 달성할 수 없다고 인정될 때에는 신원보증인에게 피보증외국인 1인당 300만원 이하의 보증금을 예치하게 할 수 있다.

⑤ 신원보증인의 자격, 보증기간, 그 밖에 신원보증에 필요한 사항은 법무부령으로 정한다.

[전문개정 2010. 5. 14.]

제90조의2(불법취업외국인의 출국비용 부담책임) ① 법무부장관은 취업활동을 할 수 있는 체류자격을 가지지 아니한 외국인을 고용한 자(이하 "불법고용주"라 한다)에게 그 외국인의 출국에 드는 비용의 전부 또는 일부를 부담하게 할 수 있다.

② 불법고용주가 제1항에 따른 비용 부담책임을 이행하지 아니하여 국고에 부담이 되게 한 경우에 법무부장관은 그 불법고용주에게 구상권을 행사할 수 있다.

[전문개정 2010. 5. 14.]

제91조(문서 등의 송부) ① 문서 등의 송부는 이 법에 특별한 규정이 있는 경우를 제외하고는 본인, 가족, 신원보증인, 소속 단체의 장의 순으로 직접 내주거나 우편으로 보내는 방법에 따른다.

② 지방출입국·외국인관서의 장은 제1항에 따른 문서 등의 송부가 불가능하다고 인정되면 송부할 문서 등을 보관하고, 그 사유를 청사(廳舍)의 게시판에 게시하여 공시송달(公示送達)한다. <개정 2014. 3. 18.>

③ 제2항에 따른 공시송달은 게시한 날부터 14일이 지난 날에 그 효력이 생긴다.

[전문개정 2010. 5. 14.]

제91조의2(사증발급 및 체류허가 신청문서의 전자화) ① 법무부장관은 각종 발급 및 허가 업무를 효율적으로 처리하기 위하여 다음 각 호의 어느 하나에 해당하는 사항을 신청하려는 자가 제출한 문서 중 법무부령으로 정하는 문서를 「전자문서 및 전자거래 기본법」 제5조제2항에 따른 전자화문서로 변환하여 보관할 수 있다.

1. 제8조 및 제9조에 따른 사증 및 사증발급인정서 발급
2. 제20조에 따른 체류자격 외 활동허가
3. 제23조에 따른 체류자격 부여
4. 제24조에 따른 체류자격 변경허가
5. 제25조에 따른 체류기간 연장허가
6. 제31조에 따른 외국인등록
7. 그 밖에 법무부장관이 필요하다고 인정하는 사항

② 법무부장관은 제1항에 따른 전자화문서로 변환하는 업무(이하 이 조에서 "전자화업무"라 한다)를 법무부령으로 정하는 시설 및 인력을 갖춘 법인에 위탁하여 수행하게 할 수 있다. 다만, 외국에서 전자화업무를 위탁하는 경우에는 외교부장관과 협의하여야 한다.

③ 제2항에 따라 전자화업무를 위탁받은 법인(이하 "전자화기관"이라 한다)의 임직원 또는 임직원으로 재직하였던 자는 직무상 알게 된 비밀을 다른 사람에게 누설하거나 직무상 목적 외의 용도로 이용하여서는 아니 된다.

④ 법무부장관은 제1항에 따라 문서를 전자화문서로 변환하여 보관하는 때에는 법무부에서 사용하는 전산정보처리조직의 파일에 수록하여 보관한다. 이 경우 파일에 수록된 내용은 해당 문서에 적힌 내용과 같은 것으로 본다.

⑤ 법무부장관은 전자화기관이 제2항에 따른 법무부령으로 정하는 시설 및 인력기준을 충족

하지 못하는 경우에는 시정조치를 요구할 수 있으며, 전자화기관이 시정조치 요구에 따르지 아니하는 경우에는 전자화업무의 위탁을 취소할 수 있다. 이 경우 미리 의견을 진술할 기회를 주어야 한다.

⑥ 제1항, 제2항 및 제5항에 따른 전자화업무의 수행방법, 위탁·지정 기간 및 절차, 관리·감독 등에 필요한 사항은 법무부령으로 정한다.

[본조신설 2019. 4. 23.]

제92조(권한의 위임 및 업무의 위탁) ① 법무부장관은 이 법에 따른 권한의 일부를 대통령령으로 정하는 바에 따라 지방출입국·외국인관서의 장에게 위임할 수 있다. <개정 2014. 3. 18.>

② 시장(특별시장과 광역시장은 제외한다)은 이 법에 따른 권한의 일부를 대통령령으로 정하는 바에 따라 구청장(자치구가 아닌 구의 구청장을 말한다)에게 위임할 수 있다. <개정 2012. 1. 26.>

③ 이 법에 따른 법무부장관의 업무는 그 일부를 대통령령으로 정하는 바에 따라 관련 업무를 수행할 수 있는 인력이나 시설을 갖춘 법인이나 단체에 위탁할 수 있다. <신설 2020. 6. 9.>

[전문개정 2010. 5. 14.]

[제목개정 2020. 6. 9.]

제92조의2(선박등의 운항 허가에 관한 협의) 국토교통부장관 및 해양수산부장관은 출입국항에 여객을 운송하는 선박등의 운항을 허가할 때에는 출입국심사업무가 원활히 수행될 수 있도록 법무부장관과 미리 협의하여야 한다.

[본조신설 2016. 3. 29.]

제93조(남북한 왕래 등의 절차) ① 군사분계선 이남지역(이하 "남한"이라 한다)이나 해외에 거주하는 국민이 군사분계선 이북지역(이하 "북한"이라 한다)을 거쳐 출입국하는 경우에는 남한에서 북한으로 가기 전 또는 북한에서 남한으로 온 후에 출입국심사를 한다.

② 외국인의 남북한 왕래절차에 관하여는 법무부장관이 따로 정하는 경우를 제외하고는 이 법의 출입국절차에 관한 규정을 준용한다.

③ 외국인이 북한을 거쳐 출입국하는 경우에는 이 법의 출입국절차에 관한 규정에 따른다.

④ 제1항부터 제3항까지의 규정의 시행에 필요한 사항은 대통령령으로 정한다.

[전문개정 2010. 5. 14.]

제10장 벌칙 〈개정 2010. 5. 14.〉

제93조의2(벌칙) ① 다음 각 호의 어느 하나에 해당하는 사람은 7년 이하의 징역에 처한다. <개정 2014. 1. 7.>

1. 이 법에 따라 보호되거나 일시보호된 사람으로서 다음 각 목의 어느 하나에 해당하는 사람

가. 도주할 목적으로 보호시설 또는 기구를 손괴하거나 다른 사람을 폭행 또는 협박한

사람

나. 2명 이상이 합동하여 도주한 사람

2. 이 법에 따른 보호나 강제퇴거를 위한 호송 중에 있는 사람으로서 다른 사람을 폭행 또는 협박하거나 2명 이상이 합동하여 도주한 사람

3. 이 법에 따라 보호·일시보호된 사람이나 보호 또는 강제퇴거를 위한 호송 중에 있는 사람을 탈취하거나 도주하게 한 사람

② 다음 각 호의 어느 하나에 해당하는 사람으로서 영리를 목적으로 한 사람은 7년 이하의 징역 또는 7천만원 이하의 벌금에 처한다. <개정 2012. 1. 26., 2014. 1. 7., 2020. 3. 24.>

1. 제12조제1항 또는 제2항에 따라 입국심사를 받아야 하는 외국인을 집단으로 불법입국하게 하거나 이를 알선한 사람

2. 제12조의3제1항을 위반하여 외국인을 집단으로 불법입국 또는 불법출국하게 하거나 대한민국을 거쳐 다른 국가로 불법입국하게 할 목적으로 선박등이나 여권·사증, 탑승권, 그밖에 출입국에 사용될 수 있는 서류 및 물품을 제공하거나 알선한 사람

3. 제12조의3제2항을 위반하여 불법으로 입국한 외국인을 집단으로 대한민국에서 은닉 또는 도피하게 하거나 은닉 또는 도피하게 할 목적으로 교통수단을 제공하거나 이를 알선한 사람

[전문개정 2010. 5. 14.]

제93조의3(벌칙) 다음 각 호의 어느 하나에 해당하는 사람은 5년 이하의 징역 또는 5천만원 이하의 벌금에 처한다.

1. 제12조제1항 또는 제2항을 위반하여 입국심사를 받지 아니하고 입국한 사람

2. 제91조의2제3항을 위반하여 직무상 알게 된 비밀을 다른 사람에게 누설하거나 직무상 목적 외의 용도로 이용한 사람

3. 제93조의2제2항 각 호의 어느 하나에 해당하는 죄를 범한 사람(영리를 목적으로 한 사람은 제외한다)

[전문개정 2020. 3. 24.]

제94조(벌칙) 다음 각 호의 어느 하나에 해당하는 사람은 3년 이하의 징역 또는 3천만원 이하의 벌금에 처한다. <개정 2012. 1. 26., 2014. 1. 7., 2016. 3. 29., 2018. 3. 20., 2019. 4. 23., 2020. 3. 24.>

1. 제3조제1항을 위반하여 출국심사를 받지 아니하고 출국한 사람

2. 제7조제1항 또는 제4항을 위반하여 입국한 사람

3. 제7조의2를 위반한 사람

4. 제12조의3을 위반한 사람으로서 제93조의2제2항 또는 제93조의3제1호·제3호에 해당하지 아니하는 사람

5. 제14조제1항에 따른 승무원 상륙허가 또는 제14조의2제1항에 따른 관광상륙허가를 받지 아니하고 상륙한 사람

6. 제14조제3항에 따른 승무원 상륙허가 또는 제14조의2제3항에 따른 관광상륙허가의 조건을 위반한 사람

7. 제17조제1항을 위반하여 체류자격이나 체류기간의 범위를 벗어나서 체류한 사람

8. 제18조제1항을 위반하여 취업활동을 할 수 있는 체류자격을 받지 아니하고 취업활동을 한 사람

9. 제18조제3항을 위반하여 취업활동을 할 수 있는 체류자격을 가지지 아니한 사람을 고용한 사람

10. 제18조제4항을 위반하여 취업활동을 할 수 있는 체류자격을 가지지 아니한 외국인의 고용을 업으로 알선·권유한 사람

11. 제18조제5항을 위반하여 체류자격을 가지지 아니한 외국인을 자기 지배하에 두는 행위를 한 사람

12. 제20조를 위반하여 체류자격 외 활동허가를 받지 아니하고 다른 체류자격에 해당하는 활동을 한 사람

13. 제21조제2항을 위반하여 근무처의 변경허가 또는 추가허가를 받지 아니한 외국인의 고용을 업으로 알선한 사람

14. 제22조에 따른 제한 등을 위반한 사람

15. 제23조를 위반하여 체류자격을 받지 아니하고 체류한 사람

16. 제24조를 위반하여 체류자격 변경허가를 받지 아니하고 다른 체류자격에 해당하는 활동을 한 사람

17. 제25조를 위반하여 체류기간 연장허가를 받지 아니하고 체류기간을 초과하여 계속 체류한 사람

17의2. 제26조를 위반한 사람

18. 제28조제1항이나 제2항을 위반하여 출국심사를 받지 아니하고 출국한 사람

19. 제33조의3을 위반한 사람

20. 제69조(제70조제1항 및 제2항에서 준용하는 경우를 포함한다)를 위반한 사람

[전문개정 2010. 5. 14.]

제95조(벌칙) 다음 각 호의 어느 하나에 해당하는 사람은 1년 이하의 징역 또는 1천만원 이하의 벌금에 처한다. <개정 2014. 1. 7.>

1. 제6조제1항을 위반하여 입국심사를 받지 아니하고 입국한 사람

2. 제13조제2항에 따른 조건부 입국허가의 조건을 위반한 사람

3. 제15조제1항에 따른 긴급상륙허가, 제16조제1항에 따른 재난상륙허가 또는 제16조의2제1항에 따른 난민 임시상륙허가를 받지 아니하고 상륙한 사람

4. 제15조제2항, 제16조제2항 또는 제16조의2제2항에 따른 허가조건을 위반한 사람

5. 제18조제2항을 위반하여 지정된 근무처가 아닌 곳에서 근무한 사람

6. 제21조제1항 본문을 위반하여 허가를 받지 아니하고 근무처를 변경하거나 추가한 사람

또는 제21조제2항을 위반하여 근무처의 변경허가 또는 추가허가를 받지 아니한 외국인을 고용한 사람

7. 제31조의 등록의무를 위반한 사람

8. 제51조제1항·제3항, 제56조 또는 제63조제1항에 따라 보호 또는 일시보호된 사람으로서 도주하거나 보호 또는 강제퇴거 등을 위한 호송 중에 도주한 사람(제93조의2제1항제1호 또는 제2호에 해당하는 사람은 제외한다)

9. 제63조제5항에 따른 주거의 제한이나 그 밖의 조건을 위반한 사람

10. 삭제 <2012. 2. 10.>

[전문개정 2010. 5. 14.]

제96조(벌칙) 다음 각 호의 어느 하나에 해당하는 사람은 1천만원 이하의 벌금에 처한다. <개정 2016. 3. 29.>

1. 제71조제4항(제70조제1항 및 제2항에서 준용하는 경우를 포함한다)에 따른 출항의 일시 정지 또는 회항 명령이나 선박등의 출입 제한을 위반한 사람

2. 정당한 사유 없이 제73조(제70조제1항 및 제2항에서 준용하는 경우를 포함한다)에 따른 준수사항을 지키지 아니하였거나 제73조의2제1항(제70조제1항 및 제2항에서 준용하는 경우를 포함한다) 또는 제3항(제70조제1항 및 제2항에서 준용하는 경우를 포함한다)을 위반하여 열람 또는 문서제출 요청에 따르지 아니한 사람

3. 정당한 사유 없이 제75조제1항(제70조제1항 및 제2항에서 준용하는 경우를 포함한다) 또는 제2항(제70조제1항 및 제2항에서 준용하는 경우를 포함한다)에 따른 보고서를 제출하지 아니하거나 거짓으로 제출한 사람

[전문개정 2010. 5. 14.]

제97조(벌칙) 다음 각 호의 어느 하나에 해당하는 사람은 500만원 이하의 벌금에 처한다. <개정 2016. 3. 29., 2017. 12. 12.>

1. 제18조제4항을 위반하여 취업활동을 할 수 있는 체류자격을 가지지 아니한 외국인의 고용을 알선·권유한 사람(업으로 하는 사람은 제외한다)

2. 제21조제2항을 위반하여 근무처의 변경허가 또는 추가허가를 받지 아니한 외국인의 고용을 알선한 사람(업으로 하는 사람은 제외한다)

3. 제72조(제70조제1항 및 제2항에서 준용하는 경우를 포함한다)를 위반하여 허가를 받지 아니하고 선박등이나 출입국심사장에 출입한 사람

4. 제74조(제70조제1항 및 제2항에서 준용하는 경우를 포함한다)에 따른 제출 또는 통보 의무를 위반한 사람

5. 제75조제4항(제70조제1항 및 제2항에서 준용하는 경우를 포함한다) 및 제5항(제70조제1항 및 제2항에서 준용하는 경우를 포함한다)에 따른 보고 또는 방지 의무를 위반한 사람

6. 제76조제1항(제70조제1항 및 제2항에서 준용하는 경우를 포함한다)에 따른 송환의무를 위반한 사람

7. 제76조의6제1항을 위반하여 난민인정증명서 또는 난민여행증명서를 반납하지 아니하거나 같은 조 제2항에 따른 난민여행증명서 반납명령을 위반한 사람

[전문개정 2010. 5. 14.]

제98조(벌칙) 다음 각 호의 어느 하나에 해당하는 사람은 100만원 이하의 벌금에 처한다.

1. 제27조에 따른 여권등의 휴대 또는 제시 의무를 위반한 사람

2. 제36조제1항에 따른 체류지 변경신고 의무를 위반한 사람

[전문개정 2010. 5. 14.]

제99조(미수범 등) ① 제93조의2, 제93조의3제1호·제3호, 제94조제1호부터 제5호까지 또는 제18호 및 제95조제1호의 죄를 범할 목적으로 예비하거나 또는 음모한 사람과 미수범은 각각 해당하는 본죄에 준하여 처벌한다. <개정 2016. 3. 29., 2019. 4. 23., 2020. 3. 24.>

② 제1항에 따른 행위를 교사하거나 방조한 사람은 정범(正犯)에 준하여 처벌한다.

[전문개정 2010. 5. 14.]

제99조의2(난민에 대한 형의 면제) 제93조의3제1호, 제94조제2호·제5호·제6호 및 제15호부터 제17호까지 또는 제95조제3호·제4호에 해당하는 사람이 그 위반행위를 한 후 지체 없이 지방출입국·외국인관서의 장에게 다음 각 호의 모두에 해당하는 사실을 직접 신고하는 경우에 그 사실이 증명되면 그 형을 면제한다. <개정 2012. 2. 10., 2014. 3. 18., 2019. 4. 23., 2020. 3. 24.>

1. 「난민법」 제2조제1호에 규정된 이유로 그 생명·신체 또는 신체의 자유를 침해받을 공포가 있는 영역으로부터 직접 입국하거나 상륙한 난민이라는 사실

2. 제1호의 공포로 인하여 해당 위반행위를 한 사실

[전문개정 2010. 5. 14.]

제99조의3(양벌규정) 법인의 대표자나 법인 또는 개인의 대리인, 사용인, 그 밖의 종업원이 그 법인 또는 개인의 업무에 관하여 다음 각 호의 어느 하나에 해당하는 위반행위를 하면 그 행위자를 벌하는 외에 그 법인 또는 개인에게도 해당 조문의 벌금형을 과(科)한다. 다만, 법인 또는 개인이 그 위반행위를 방지하기 위하여 해당 업무에 관하여 상당한 주의와 감독을 게을리하지 아니한 경우에는 그러하지 아니하다. <개정 2018. 3. 20., 2020. 6. 9.>

1. 제94조제3호의 위반행위

2. 제94조제9호의 위반행위

2의2. 제94조제10호의 위반행위

3. 제94조제19호의 위반행위 중 제33조의3제1호를 위반한 행위

4. 제94조제20호의 위반행위

5. 제95조제6호의 위반행위 중 제21조제2항을 위반하여 근무처의 변경허가 또는 추가허가를 받지 아니한 외국인을 고용하는 행위

6. 제96조제1호부터 제3호까지의 규정에 따른 위반행위

7. 제97조제4호부터 제6호까지의 규정에 따른 위반행위

[전문개정 2010. 5. 14.]

제100조(과태료) ① 다음 각 호의 어느 하나에 해당하는 자에게는 200만원 이하의 과태료를 부과한다. <개정 2016. 3. 29., 2018. 3. 20.>

1. 제19조의 신고의무를 위반한 자

2. 제19조의4제1항 또는 제2항 각 호의 어느 하나에 해당하는 규정을 위반한 사람

3. 제21조제1항 단서의 신고의무를 위반한 사람

4. 제33조제4항 또는 제33조의2제1항을 위반하여 영주증을 재발급받지 아니한 사람

5. 과실로 인하여 제75조제1항(제70조제1항 및 제2항에서 준용하는 경우를 포함한다) 또는 제2항(제70조제1항 및 제2항에서 준용하는 경우를 포함한다)에 따른 출·입항보고를 하지 아니하거나 출·입항보고서의 국적, 성명, 성별, 생년월일, 여권번호에 관한 항목을 최근 1년 이내에 3회 이상 사실과 다르게 보고한 자

② 다음 각 호의 어느 하나에 해당하는 자에게는 100만원 이하의 과태료를 부과한다.

1. 제35조나 제37조를 위반한 사람

2. 제79조를 위반한 사람

3. 제81조제4항에 따른 출입국관리공무원의 장부 또는 자료 제출 요구를 거부하거나 기피한 자

③ 다음 각 호의 어느 하나에 해당하는 자에게는 50만원 이하의 과태료를 부과한다. <개정 2016. 3. 29., 2020. 6. 9.>

1. 제33조제2항을 위반하여 외국인등록증 발급신청을 하지 아니한 사람

1의2. 제81조의3제1항을 위반하여 여권 등 자료를 제공하지 않은 숙박외국인

1의3. 제81조의3제2항을 위반하여 숙박외국인의 자료를 제출하지 아니하거나 허위로 제출한 숙박업자

2. 이 법에 따른 각종 신청이나 신고에서 거짓 사실을 적거나 보고한 자(제94조제17호의2에 해당하는 사람은 제외한다)

④ 제1항부터 제3항까지의 규정에 따른 과태료는 대통령령으로 정하는 바에 따라 지방출입국·외국인관서의 장이 부과·징수한다. <개정 2014. 3. 18.>

⑤ 법무부장관은 출입국사범의 나이와 환경, 법 위반의 동기와 결과, 과태료 부담능력, 그 밖의 정상을 고려하여 이 법 위반에 따른 과태료를 면제할 수 있다. <신설 2020. 3. 24.>

[전문개정 2010. 5. 14.]

제11장 고발과 통고처분 〈개정 2010. 5. 14.〉

제1절 고발 〈개정 2010. 5. 14.〉

제101조(고발) ① 출입국사범에 관한 사건은 지방출입국·외국인관서의 장의 고발이 없으면 공소(公訴)를 제기할 수 없다. <개정 2014. 3. 18.>

② 출입국관리공무원 외의 수사기관이 제1항에 해당하는 사건을 입건(立件)하였을 때에는

지체 없이 관할 지방출입국·외국인관서의 장에게 인계하여야 한다. <개정 2014. 3. 18.>

[전문개정 2010. 5. 14.]

제2절 통고처분 〈개정 2010. 5. 14.〉

제102조(통고처분) ① 지방출입국·외국인관서의 장은 출입국사범에 대한 조사 결과 범죄의 확증을 얻었을 때에는 그 이유를 명확하게 적어 서면으로 벌금에 상당하는 금액(이하 "범칙금"이라 한다)을 지정한 곳에 낼 것을 통고할 수 있다. <개정 2014. 3. 18.>

② 지방출입국·외국인관서의 장은 제1항에 따른 통고처분을 받은 자가 범칙금(犯則金)을 임시납부하려는 경우에는 임시납부하게 할 수 있다. <개정 2014. 3. 18.>

③ 지방출입국·외국인관서의 장은 조사 결과 범죄의 정상이 금고 이상의 형에 해당할 것으로 인정되면 즉시 고발하여야 한다. <개정 2014. 3. 18.>

④ 출입국사범에 대한 조사에 관하여는 제47조부터 제50조까지의 규정을 준용한다. 이 경우 용의자신문조서는 「형사소송법」 제244조에 따른 피의자신문조서로 본다.

[전문개정 2010. 5. 14.]

제102조의2(신용카드등에 의한 범칙금의 납부) ① 범칙금은 대통령령으로 정하는 범칙금 납부대행기관을 통하여 신용카드, 직불카드 등(이하 "신용카드등"이라 한다)으로 낼 수 있다. 이 경우 "범칙금 납부대행기관"이란 정보통신망을 이용하여 신용카드등에 의한 결제를 수행하는 기관으로서 대통령령으로 정하는 바에 따라 범칙금 납부대행기관으로 지정받은 자를 말한다.

② 제1항에 따라 범칙금을 신용카드등으로 내는 경우에는 범칙금 납부대행기관의 승인일을 납부일로 본다.

③ 범칙금 납부대행기관은 납부자로부터 신용카드등에 의한 범칙금 납부대행 용역의 대가로 대통령령으로 정하는 바에 따라 납부대행 수수료를 받을 수 있다.

④ 범칙금 납부대행기관의 지정, 운영 및 납부대행 수수료 등에 관하여 필요한 사항은 대통령령으로 정한다.

[본조신설 2020. 10. 20.]

제103조(범칙금의 양정기준 등) ① 범칙금의 양정기준(量定基準)은 법무부령으로 정한다.

② 법무부장관은 출입국사범의 나이와 환경, 법 위반의 동기와 결과, 범칙금 부담능력, 그 밖의 정상을 고려하여 제102조제1항에 따른 통고처분을 면제할 수 있다.

[전문개정 2010. 5. 14.]

제104조(통고처분의 고지방법) 통고처분의 고지는 통고서 송달의 방법으로 한다.

[전문개정 2010. 5. 14.]

제105조(통고처분의 불이행과 고발) ① 출입국사범은 통고서를 송달받으면 15일 이내에 범칙금을 내야 한다. <개정 2016. 3. 29.>

② 지방출입국·외국인관서의 장은 출입국사범이 제1항에 따른 기간에 범칙금을 내지 아니

하면 고발하여야 한다. 다만, 고발하기 전에 범칙금을 낸 경우에는 그러하지 아니하다. <개정 2014. 3. 18.>

③ 출입국사범에 대하여 강제퇴거명령서를 발급한 경우에는 제2항 본문에도 불구하고 고발하지 아니한다.

[전문개정 2010. 5. 14.]

제106조(일사부재리) 출입국사범이 통고한 대로 범칙금을 내면 동일한 사건에 대하여 다시 처벌받지 아니한다.

[전문개정 2010. 5. 14.]

부칙 〈제19435호, 2023. 6. 13.〉

이 법은 공포 후 6개월이 경과한 날부터 시행한다.

북한이탈주민의 보호 및 정착지원에 관한 법률

(약칭: 북한이탈주민법)

[시행 2023. 3. 28.] [법률 제19279호, 2023. 3. 28., 일부개정]

제1조(목적) 이 법은 군사분계선 이북지역에서 벗어나 대한민국의 보호를 받으려는 군사분계선 이북지역의 주민이 정치, 경제, 사회, 문화 등 모든 생활 영역에서 신속히 적응·정착하는 데 필요한 보호 및 지원에 관한 사항을 규정함을 목적으로 한다.

[전문개정 2010. 3. 26.]

제2조(정의) 이 법에서 사용하는 용어의 뜻은 다음과 같다.

1. "북한이탈주민"이란 군사분계선 이북지역(이하 "북한"이라 한다)에 주소, 직계가족, 배우자, 직장 등을 두고 있는 사람으로서 북한을 벗어난 후 외국 국적을 취득하지 아니한 사람을 말한다.

2. "보호대상자"란 이 법에 따라 보호 및 지원을 받는 북한이탈주민을 말한다.

3. "정착지원시설"이란 보호대상자의 보호 및 정착지원을 위하여 제10조제1항에 따라 설치·운영하는 시설을 말한다.

4. "보호금품"이란 이 법에 따라 보호대상자에게 지급하거나 빌려주는 금전 또는 물품을 말한다.

[전문개정 2010. 3. 26.]

제3조(적용범위) 이 법은 대한민국의 보호를 받으려는 의사를 표시한 북한이탈주민에 대하여 적용한다.

[전문개정 2010. 3. 26.]

제4조(기본원칙) ① 대한민국은 보호대상자를 인도주의에 입각하여 특별히 보호한다.

② 대한민국은 외국에 체류하고 있는 북한이탈주민의 보호 및 지원 등을 위하여 외교적 노력을 다하여야 한다.

③ 보호대상자는 대한민국의 자유민주적 법질서에 적응하여 건강하고 문화적인 생활을 할 수 있도록 노력하여야 한다.

④ 통일부장관은 북한이탈주민에 대한 보호 및 지원 등을 위하여 북한이탈주민의 실태를 파악하고, 그 결과를 정책에 반영하여야 한다.

[전문개정 2010. 3. 26.]

제4조의2(국가 및 지방자치단체의 책무) ① 국가 및 지방자치단체는 보호대상자의 성공적인 정착을 위하여 보호대상자의 보호·교육·취업·주거·의료 및 생활보호 등의 지원을 지속적으로 추진하고 이에 필요한 재원을 안정적으로 확보하기 위하여 노력하여야 한다. <개정 2017. 3. 21., 2021. 1. 5.>

② 국가 및 지방자치단체는 제1항에 따라 보호대상자에 대한 지원시책을 마련하는 경우 아동·청소년·청년·여성·노인·장애인 등에 대하여 특별히 배려·지원하도록 노력하여야 한다. <신설 2017. 3. 21., 2021. 1. 5., 2023. 3. 28.>

[본조신설 2013. 8. 13.]

[제목개정 2021. 1. 5.]

제4조의3(기본계획 및 시행계획) ① 통일부장관은 제6조에 따른 북한이탈주민 보호 및 정착지원협의회의 심의를 거쳐 보호대상자의 보호 및 정착지원에 관한 기본계획(이하 "기본계획"이라 한다)을 3년마다 수립·시행하여야 한다. <개정 2021. 4. 20.>

② 기본계획에는 다음 각 호의 사항이 포함되어야 한다. <개정 2014. 5. 28.>

1. 보호대상자의 보호 및 정착에 필요한 교육에 관한 사항

2. 보호대상자의 직업훈련, 고용촉진 및 고용유지에 관한 사항

3. 보호대상자에 대한 정착지원시설의 설치·운영 및 주거지원에 관한 사항

4. 보호대상자에 대한 의료지원 및 생활보호 등에 관한 사항

5. 보호대상자의 사회통합 및 인식개선에 관한 사항

6. 그 밖에 보호대상자의 보호, 정착지원 및 고용촉진 등을 위하여 통일부장관이 필요하다고 인정하는 사항

③ 통일부장관은 관계 중앙행정기관의 장과 협의하여 기본계획에 따른 연도별 시행계획(이하 "시행계획"이라 한다)을 수립·시행하여야 한다.

④ 통일부장관은 기본계획 및 시행계획을 수립하고자 할 경우에 제22조제3항에 따른 실태조사의 결과를 반영하여야 한다.

⑤ 통일부장관은 시행계획의 추진성과를 매년 정기적으로 분석하고 그 결과를 기본계획과 시행계획에 반영하여야 한다. <신설 2017. 3. 21.>

⑥ 통일부장관은 제5항에 따른 추진성과를 분석하기 위하여 관계 중앙행정기관의 장 또는 지방자치단체의 장에게 관련 자료의 제출을 요청할 수 있다. 이 경우 관계 중앙행정기관의 장 또는 지방자치단체의 장은 특별한 사유가 없으면 이에 협조하여야 한다. <신설 2017. 3. 21.>

[본조신설 2013. 8. 13.]

제5조(보호기준 등) ① 보호대상자에 대한 보호 및 지원 기준은 나이, 성별, 세대 구성, 학력, 경력, 자활 능력, 건강 상태 및 재산 등을 고려하여 합리적으로 정하여야 한다. <개정 2019. 1. 15.>

② 이 법에 따른 보호 및 정착지원은 원칙적으로 개인을 단위로 하되, 필요하다고 인정하는 경우에는 대통령령으로 정하는 바에 따라 세대를 단위로 할 수 있다.

③ 보호대상자를 정착지원시설에서 보호하는 기간은 1년 이내로 하고, 거주지에서 보호하는 기간은 5년으로 한다. 다만, 특별한 사유가 있는 경우에는 제6조에 따른 북한이탈주민 보호 및 정착지원협의회의 심의를 거쳐 그 기간을 단축하거나 연장할 수 있다. <개정 2021. 4.

20.>

[전문개정 2010. 3. 26.]

제6조(북한이탈주민 보호 및 정착지원협의회) ① 북한이탈주민에 관한 정책을 협의·조정하고 보호대상자의 보호 및 정착지원에 관한 다음 각 호의 사항을 심의하기 위하여 통일부에 북한이탈주민 보호 및 정착지원협의회(이하 "협의회"라 한다)를 둔다. <개정 2013. 8. 13., 2019. 1. 15., 2021. 4. 20.>

1. 제5조제3항 단서에 따른 보호 및 정착지원 기간의 단축 또는 연장에 관한 사항

1의2. 제4조의3에 따른 기본계획 및 시행계획의 수립·시행에 관한 사항

2. 제8조제1항 본문에 따른 보호 여부의 결정에 관한 사항

3. 제17조의2제2항에 따른 취업보호의 중지 또는 종료에 관한 사항

3의2. 제22조의2제3항 단서에 따른 거주지에서의 신변보호기간 연장에 관한 사항

4. 제27조제1항에 따른 보호 및 정착지원의 중지 또는 종료에 관한 사항

5. 제32조제2항 전단에 따른 시정 등의 조치에 관한 사항

6. 그 밖에 보호대상자의 보호 및 정착지원에 관하여 대통령령으로 정하는 사항

② 협의회는 위원장 1명을 포함한 25명 이내의 위원으로 구성한다.

③ 위원장은 통일부차관이 되며, 협의회의 업무를 총괄한다.

④ 제1항부터 제3항까지에서 규정한 사항 외에 협의회의 구성 및 운영에 필요한 사항은 대통령령으로 정한다.

[전문개정 2010. 3. 26.]

[제목개정 2021. 4. 20.]

제7조(보호신청 등) ① 북한이탈주민으로서 이 법에 따른 보호를 받으려는 사람은 재외공관이나 그 밖의 행정기관의 장(각급 군부대의 장을 포함한다. 이하 "재외공관장등"이라 한다)에게 보호를 직접 신청하여야 한다. 다만, 보호를 직접 신청하지 아니할 수 있는 대통령령으로 정하는 사유가 있는 경우에는 그러하지 아니하다.

② 제1항 본문에 따른 보호신청을 받은 재외공관장등은 지체 없이 그 사실을 소속 중앙행정기관의 장을 거쳐 통일부장관과 국가정보원장에게 통보하여야 한다.

③ 제2항에 따라 통보를 받은 국가정보원장은 보호신청자에 대하여 보호결정 등을 위하여 필요한 조사 및 일시적인 신변안전조치 등 임시보호조치를 한 후 지체 없이 그 결과를 통일부장관에게 통보하여야 한다. <개정 2019. 1. 15.>

④ 국가정보원장은 제3항에 따른 조사 및 임시보호조치를 하기 위한 시설(이하 "임시보호시설"이라 한다)을 설치·운영하여야 한다. <신설 2019. 1. 15.>

⑤ 제3항에 따른 조사 및 임시보호조치의 내용 및 방법과 제4항에 따른 임시보호시설의 설치·운영에 필요한 사항은 대통령령으로 정한다. <신설 2019. 1. 15.>

[전문개정 2010. 3. 26.]

제8조(보호 결정 등) ① 통일부장관은 제7조제3항에 따른 통보를 받으면 협의회의 심의를 거

처 보호 여부를 결정한다. 다만, 국가안전보장에 현저한 영향을 줄 우려가 있는 사람에 대하여는 국가정보원장이 그 보호 여부를 결정하고, 그 결과를 지체 없이 통일부장관과 보호신청자에게 통보하거나 알려야 한다.

② 제1항 본문에 따라 보호 여부를 결정한 통일부장관은 그 결과를 지체 없이 관련 중앙행정기관의 장을 거쳐 재외공관장등에게 통보하여야 하고, 통보를 받은 재외공관장등은 이를 보호신청자에게 즉시 알려야 한다.

[전문개정 2010. 3. 26.]

제9조(보호 결정의 기준) ① 제8조제1항 본문에 따라 보호 여부를 결정할 때 다음 각 호의 어느 하나에 해당하는 사람은 보호대상자로 결정하지 아니할 수 있다. <개정 2019. 1. 15., 2020. 12. 8.>

1. 항공기 납치, 마약거래, 테러, 집단살해 등 국제형사범죄자

2. 살인 등 중대한 비정치적 범죄자

3. 위장탈출 혐의자

4. 삭제 <2020. 12. 8.>

5. 국내 입국 후 3년이 지나서 보호신청한 사람

6. 그 밖에 국가안전보장·질서유지·공공복리에 대한 중대한 위해 발생 우려, 보호신청자의 경제적 능력 및 해외체류 여건 등을 고려하여 보호대상자로 정하는 것이 부적당하거나 보호 필요성이 현저히 부족하다고 대통령령으로 정하는 사람

② 제1항제5호의 경우 북한이탈주민에게 대통령령으로 정하는 부득이한 사정이 있는 경우에는 그러하지 아니하다. <개정 2014. 5. 28., 2020. 12. 8.>

③ 통일부장관은 북한이탈주민으로서 제1항 각 호의 어느 하나에 해당하여 보호대상자로 결정되지 아니한 사람에게는 필요한 경우 다음 각 호의 어느 하나에 해당하는 보호 및 지원을 할 수 있다. <개정 2014. 5. 28., 2017. 3. 21., 2019. 1. 15., 2020. 12. 8.>

1. 제11조·제13조·제14조·제16조·제17조의3·제19조·제19조의2·제20조(이 조 제1항제5호에 해당하여 보호대상자로 결정되지 아니한 경우만 해당한다)·제22조 및 제26조의2에 따른 보호 및 특례

2. 그 밖에 사회정착에 필요하다고 대통령령으로 정하는 보호 및 지원

④ 제3항에 따른 보호 및 지원에 관하여 필요한 사항은 대통령령으로 정한다.

[전문개정 2010. 3. 26.]

제10조(정착지원시설의 설치) ① 통일부장관은 보호대상자에 대한 보호 및 정착지원을 위하여 정착지원시설을 설치·운영한다. 다만, 제8조제1항 단서에 따라 국가정보원장이 보호하기로 결정한 사람을 위하여는 국가정보원장이 별도의 정착지원시설을 설치·운영할 수 있다.

② 통일부장관 또는 국가정보원장은 제1항에 따라 정착지원시설을 설치하는 경우 보호대상자의 건강하고 쾌적한 생활과 적응활동이 이루어질 수 있도록 숙박시설과 그 밖의 필요한

시설을 갖추어야 한다.

③ 정착지원시설의 종류 및 관리·운영 등에 필요한 사항은 대통령령으로 정한다.

[전문개정 2010. 3. 26.]

제11조(정착지원시설에서의 보호 등) ① 제10조제1항에 따라 정착지원시설을 설치·운영하는 기관의 장은 보호대상자가 거주지로 전출할 때까지 정착지원시설에서 보호하여야 한다.

② 제1항에 따른 기관의 장은 정착지원시설에서 보호받는 보호대상자에게 대통령령으로 정하는 바에 따라 보호금품을 지급할 수 있다.

③ 제1항에 따른 기관의 장은 보호대상자가 정착지원시설에서 보호받고 있는 동안 신원 및 북한이탈 동기의 확인, 건강진단, 그 밖에 정착지원에 필요한 조치를 할 수 있다.

[전문개정 2010. 3. 26.]

제11조의2(무연고청소년 보호) ① 통일부장관은 무연고청소년(보호대상자로서 직계존속을 동반하지 아니한 만 24세 이하의 무연고 아동·청소년을 말한다. 이하 이 조에서 같다)의 보호를 위하여 무연고청소년의 보호자(법인이 보호하는 경우 법인의 대표자를 말한다. 이하 이 조에서 "보호자"라 한다)를 선정할 수 있다.

② 통일부장관은 보호자를 선정할 때에는 무연고청소년의 의사를 존중하여야 하며, 다음 각 호의 사항을 고려하여야 한다.

1. 무연고청소년의 건강, 생활관계 및 재산상황

2. 보호자의 직업과 경험

3. 보호자와 무연고청소년 간 이해관계의 유무(법인의 대표자가 보호자인 때에는 법인의 종류와 목적, 법인이나 그 대표자와 무연고청소년 사이의 이해관계 유무를 말한다)

4. 그 밖에 보호자의 선정 등에 관하여 대통령령으로 정하는 사항

③ 통일부장관은 무연고청소년의 보호를 위하여 보호자, 제30조에 따른 북한이탈주민지원재단, 통일부령으로 정하는 민간단체 등과 상호 협조 체계를 구축하여야 한다.

④ 통일부장관은 무연고청소년에게 제4조의2에 따른 보호·교육·취업·주거·의료 및 생활보호 등을 긴급하게 지원하기 위하여 소재 파악이 필요한 경우 「전기통신사업법」 제2조제8호에 따른 전기통신사업자에게 무연고청소년 또는 보호자의 전화번호(휴대전화번호를 포함한다. 이하 이 조에서 같다) 제공을 요청할 수 있다. 다만, 미성년인 무연고청소년의 전화번호는 보호자를 통하여 소재 파악이 어려운 경우에 요청할 수 있다.

⑤ 제4항에 따른 요청을 받은 전기통신사업자는 정당한 사유가 없으면 이에 따라야 한다.

⑥ 통일부장관은 무연고청소년의 보호를 위하여 「민법」에 따른 후견인 선임이 필요한 경우 관할 지방자치단체의 장에게 후견인 선임을 법원에 청구하도록 요청할 수 있다.

⑦ 관할 지방자치단체의 장은 제6항에 따른 후견인 선임 청구의 현황 및 결과를 매년 통일부장관에게 보고하여야 한다.

⑧ 보호자의 선정 기준 및 요건, 후견인의 선임 청구 요청 등 그 밖에 필요한 사항은 대통령령으로 정한다.

[본조신설 2021. 12. 21.]

제12조(등록대장) ① 제10조제1항에 따라 정착지원시설을 설치·운영하는 기관의 장은 제8조제1항에 따라 보호 결정을 한 때에는 대통령령으로 정하는 바에 따라 보호대상자의 등록기준지, 가족관계(형제, 자매를 포함한다), 경력 등 필요한 사항을 기록한 등록대장을 관리·보존하여야 한다. <개정 2021. 4. 20.>

② 통일부장관은 모든 등록대장을 통합하여 관리·보존하여야 한다. 이를 위하여 국가정보원장은 제1항에 따라 관리·보존하고 있는 등록대장의 기록 사항을 통일부장관에게 통보하여야 한다.

③ 보호대상자는 통일부장관에게 제1항에 규정된 등록대장의 기록 사항 중 가족관계에 관한 확인서의 발급을 신청할 수 있다. <신설 2021. 4. 20.>

④ 통일부장관은 제3항의 신청에 따라 보호대상자의 가족관계에 관한 확인서를 발급하여야 한다. <신설 2021. 4. 20.>

⑤ 제3항 및 제4항에 따른 확인서의 신청 및 발급은 전자적 방법으로 처리할 수 있다. <신설 2021. 4. 20.>

⑥ 제3항 및 제4항에 따른 확인서의 신청 및 발급 등 그 밖에 필요한 사항은 대통령령으로 정한다. <신설 2021. 4. 20.>

[전문개정 2010. 3. 26.]

제13조(학력 인정) 보호대상자는 대통령령으로 정하는 바에 따라 북한이나 외국에서 이수한 학교 교육의 과정에 상응하는 학력을 인정받을 수 있다.

[전문개정 2010. 3. 26.]

제14조(자격 인정) ① 보호대상자는 관계 법령에서 정하는 바에 따라 북한이나 외국에서 취득한 자격에 상응하는 자격 또는 그 자격의 일부를 인정받을 수 있다.

② 통일부장관은 자격 인정 신청자에게 대통령령으로 정하는 바에 따라 자격 인정을 위하여 필요한 보수교육 또는 재교육을 실시할 수 있다.

③ 제1항 및 제2항을 시행하기 위하여 필요한 경우 대통령령으로 정하는 바에 따라 자격 인정 여부를 심사하기 위한 위원회를 둘 수 있다.

[전문개정 2010. 3. 26.]

제15조(사회적응교육 등) ① 통일부장관은 보호대상자가 대한민국에 정착하는 데 필요한 기본교육을 실시하여야 한다.

② 제1항에 따른 기본교육에는 다음 각 호의 내용을 포함하여야 한다. <신설 2021. 1. 5.>

1. 정치·경제·사회·문화 등 우리 사회 각 분야의 이해 증진을 위한 교육
2. 「양성평등기본법」 제30조에 따른 성폭력·가정폭력·성매매 범죄의 예방 및 성희롱 방지를 위한 성평등 관점에서의 통합교육
3. 정서안정 및 건강증진을 위한 교육
4. 진로지도 및 직업탐색을 위한 교육

5. 초기 정착지원제도 안내를 위한 교육

③ 통일부장관은 제1항의 기본교육 외에 보호대상자에게 거주지에서 별도의 적응교육을 추가로 실시할 수 있다. <개정 2021. 1. 5.>

④ 통일부장관은 제1항에 따른 기본교육 및 제3항에 따른 적응교육 등 업무의 일부를 대통령령으로 정하는 바에 따라 관계 전문기관·단체 또는 시설에 위탁할 수 있다. <신설 2021. 1. 5.>

⑤ 제1항 및 제3항에 따른 교육에 필요한 사항은 대통령령으로 정한다. <개정 2021. 1. 5.>

[전문개정 2010. 3. 26.]

제15조의2(지역적응센터의 지정) ① 통일부장관은 제15조제3항의 거주지 적응교육과 북한이탈주민의 특성을 고려한 심리 및 진로상담·생활정보제공·취업서비스 안내 및 사회서비스 안내 등을 종합적으로 실시하도록 전문성 있는 기관·단체·시설을 보호대상자의 거주지를 관할하는 지방자치단체의 장(이하 "지방자치단체장"이라 한다)과 협의하여 지역적응센터로 지정·운영할 수 있다. <개정 2013. 8. 13., 2021. 1. 5.>

② 통일부장관은 지역적응센터의 운영에 필요한 경비를 예산의 범위에서 별도로 지원할 수 있다.

[본조신설 2010. 3. 26.]

제16조(직업훈련) ① 통일부장관은 직업훈련을 희망하는 보호대상자 또는 보호대상자이었던 사람(이하 "보호대상자등"이라 한다)에 대하여 직업훈련을 실시할 수 있다. <개정 2021. 4. 20.>

② 제1항에 따른 직업훈련을 받으려는 보호대상자등은 직업훈련신청서를 통일부장관에게 제출하여야 한다. <신설 2021. 4. 20.>

③ 통일부장관은 제2항에 따른 신청서를 제출한 보호대상자등에 대하여 정착지원시설 내 교육훈련시설에서 직업훈련을 실시하거나 고용노동부장관, 중소벤처기업부장관, 지방자치단체의 장(이하 "고용노동부장관등"이라 한다)에게 보호대상자등이 「근로자직업능력 개발법」에 따른 직업능력개발훈련을 실시하는 기관(「중소기업진흥에 관한 법률」 제57조제1항에 따른 연수실시기관을 포함한다. 이하 같다)에서 직업훈련을 받을 수 있도록 협조를 요청할 수 있다. 이 경우 협조요청을 받은 고용노동부장관등은 특별한 사유가 없으면 이에 따라야 한다. <신설 2021. 4. 20.>

④ 제3항에 따라 고용노동부장관등이 보호대상자등에 대한 직업훈련을 실시한 경우에는 그 결과를 통일부장관에게 통보하여야 한다. <신설 2021. 4. 20.>

⑤ 제1항에 따른 직업훈련의 실시기간은 대상자의 직무능력 등을 고려하여 3개월 이상이 되도록 노력하여야 한다. <개정 2021. 4. 20.>

⑥ 그 밖에 직업훈련에 필요한 사항은 대통령령으로 정한다. <신설 2021. 4. 20.>

[전문개정 2010. 3. 26.]

제17조(취업보호 등) ① 통일부장관은 보호대상자가 정착지원시설로부터 그의 거주지로 전입

한 후 대통령령으로 정하는 바에 따라 최초로 취업한 날부터 3년간 취업보호를 실시한다. 다만, 사회적 취약계층, 장기근속자 등 취업보호 기간을 연장할 필요가 있는 경우로서 대통령령으로 정하는 사유에 해당하는 경우에는 1년의 범위에서 취업보호 기간을 연장할 수 있다. <개정 2013. 8. 13.>

② 제1항에 따른 취업보호 기간은 실제 취업일수를 기준으로 하여 정한다.

③ 통일부장관은 제1항에 따른 보호대상자(이하 "취업보호대상자"라 한다)를 고용한 사업주에 대하여는 대통령령으로 정하는 바에 따라 그 취업보호대상자 임금의 2분의 1의 범위에서 고용지원금을 지급할 수 있다.

④ 사업주가 취업보호대상자를 고용할 때에는 그 취업보호대상자가 북한을 벗어나기 전의 직위, 담당 직무 및 경력 등을 고려하여야 한다.

⑤ 삭제 <2019. 1. 15.>

⑥ 통일부장관은 대통령령으로 정하는 바에 따라 보호대상자의 취업을 알선할 수 있다. 이 경우 통일부장관은 고용노동부장관등과 협의하여 보호대상자의 직업훈련 분야와 북한에서의 경력 등을 고려하여야 한다. <개정 2021. 4. 20.>

[전문개정 2010. 3. 26.]

제17조의2(취업보호의 제한) ① 통일부장관은 취업보호대상자가 다음 각 호의 어느 하나에 해당하는 경우에는 제17조제1항에도 불구하고 대통령령으로 정하는 바에 따라 일정 기간 취업보호를 제한할 수 있다.

1. 취업한 후 정당한 사유 없이 대통령령으로 정하는 기간 동안 근무하지 아니하고 자의로 퇴직한 경우

2. 근무태만, 직무유기 또는 부정행위 등의 사유로 징계에 의하여 면직된 경우

② 통일부장관은 취업보호대상자가 거짓이나 그 밖의 부정한 방법으로 사업주로 하여금 제17조제3항의 고용지원금을 받게 한 때에는 협의회의 심의를 거쳐 취업보호를 중지하거나 종료할 수 있다.

③ 통일부장관은 제2항에 따라 취업보호를 중지하거나 종료한 때에는 그 사유를 구체적으로 밝혀 해당 취업보호대상자에게 알려야 한다.

④ 통일부장관은 사업주가 거짓이나 그 밖의 부정한 방법으로 제17조제3항에 따른 고용지원금을 받은 경우 대통령령으로 정하는 바에 따라 그 지급을 제한하거나, 이미 지급받은 금액을 반환하도록 명할 수 있다. <신설 2014. 1. 21.>

[전문개정 2010. 3. 26.]

제17조의3(영농 정착지원) ① 통일부장관은 영농(營農)을 희망하는 북한이탈주민에 대하여 영농 정착을 위한 다음 각 호의 행정적·재정적 지원을 할 수 있다.

1. 영농 교육 훈련

2. 농업 현장 실습

3. 영농 자금 지원

4. 그 밖에 대통령령으로 정하는 사항

② 제1항에 따른 행정적·재정적 지원의 절차 등 필요한 사항은 통일부령으로 정한다.

[전문개정 2017. 3. 21.]

제17조의4(세제혜택) 국가 및 지방자치단체는 북한이탈주민을 채용하는 기업에 대하여 예산의 범위에서 재정지원을 하거나 조세 관계 법률에서 정하는 바에 따라 세금을 감면할 수 있다.

[본조신설 2010. 3. 26.]

제17조의5(우선 구매 등) ① 통일부장관은 북한이탈주민의 고용과 관련하여 다음 각 호의 요건을 모두 충족하는 모범이 되는 사업주에 대해서는 생산품 우선 구매 등의 지원을 할 수 있다.

1. 연간 평균 3명 이상의 북한이탈주민을 고용할 것

2. 대통령령으로 정하는 비율 이상의 월평균 근로자를 북한이탈주민으로 고용할 것

② 「중소기업제품 구매촉진 및 판로지원에 관한 법률」 제2조제2호에 따른 공공기관의 장은 제1항에 따른 사업주가 생산한 물품을 우선 구매할 수 있도록 노력하여야 한다.

[전문개정 2021. 8. 17.]

제17조의6(창업 지원) ① 통일부장관은 북한이탈주민의 창업을 위하여 다음 각 호의 행정적·재정적 지원을 할 수 있다.

1. 창업 교육

2. 현장 실습

3. 창업 상담

4. 창업 자금 지원

5. 그 밖에 대통령령으로 정하는 사항

② 제1항에 따른 행정적·재정적 지원 절차 등 필요한 사항은 통일부령으로 정한다.

[본조신설 2021. 1. 5.]

제18조(특별임용) ① 북한에서의 자격이나 경력이 있는 사람 등 북한이탈주민으로서 공무원으로 채용하는 것이 필요하다고 인정되는 사람에 대하여는 「국가공무원법」 제28조제2항 및 「지방공무원법」 제27조제2항에도 불구하고 북한을 벗어나기 전의 자격·경력 등을 고려하여 국가공무원 또는 지방공무원으로 특별임용할 수 있다.

② 북한의 군인이었던 보호대상자가 국군에 편입되기를 희망하면 북한을 벗어나기 전의 계급, 직책 및 경력 등을 고려하여 국군으로 특별임용할 수 있다.

③ 제1항 및 제2항에 따른 특별임용에 필요한 사항은 대통령령으로 정한다.

[전문개정 2010. 3. 26.]

제18조의2(공공기관 평가 반영) ① 중앙행정기관·지방자치단체 및 공공기관은 북한이탈주민을 고용하기 위하여 노력하여야 한다.

② 「정부업무평가 기본법」에 따른 중앙행정기관·지방자치단체 및 공공기관의 평가 시 북한이탈주민 고용률을 평가항목에 포함시킬 수 있다.

③ 제2항에 따른 평가의 구체적인 방법 및 절차 등은 중앙행정기관·지방자치단체 및 공공기관의 특수성을 고려하여 대통령령으로 정한다. <개정 2021. 4. 20.>

[본조신설 2010. 3. 26.]

제19조(가족관계 등록 창설의 특례) ① 통일부장관은 보호대상자로서 군사분계선 이남지역(이하 "남한"이라 한다)에 가족관계 등록이 되어 있지 아니한 사람에 대하여는 본인의 의사에 따라 등록기준지를 정하여 서울가정법원에 가족관계 등록 창설허가 신청서를 제출하여야 한다.

② 제1항의 가족관계 등록 창설허가 신청서에는 제12조제1항에 따라 작성된 보호대상자의 등록대장 등본과 가족관계등록부의 기록방법에 준하여 작성한 신분표를 붙여야 한다.

③ 서울가정법원은 제1항에 따라 가족관계 등록 창설허가 신청서를 받은 때에는 지체 없이 허가 여부를 결정하고, 가족관계 등록 창설허가를 한 때에는 해당 등록기준지의 시(구를 두지 아니한 시를 말한다. 이하 이 조에서 같다)·구·읍·면의 장에게 가족관계 등록 창설허가 등본을 송부하여야 한다.

④ 시·구·읍·면의 장은 제3항에 따른 가족관계 등록 창설허가 등본을 받은 때에는 지체 없이 가족관계등록부를 작성하여야 하고, 주소지 시장(특별시장·광역시장은 제외한다. 이하 같다)·군수·구청장(자치구의 구청장을 말한다. 이하 같다) 또는 특별자치도지사에게 가족관계 기록사항에 관한 증명서를 첨부하여 가족관계 등록 신고사항을 통보하여야 한다.

[전문개정 2010. 3. 26.]

제19조의2(이혼의 특례) ① 제19조에 따라 가족관계 등록을 창설한 사람 중 북한에 배우자를 둔 사람은 그 배우자가 남한에 거주하는지 불명확한 경우 이혼을 청구할 수 있다.

② 제19조에 따라 가족관계 등록을 창설한 사람의 가족관계등록부에 배우자로 기록된 사람은 재판상 이혼의 당사자가 될 수 있다.

③ 제1항에 따라 이혼을 청구하려는 사람은 배우자가 보호대상자에 해당하지 아니함을 증명하는 통일부장관의 서면을 첨부하여 서울가정법원에 재판상 이혼청구를 하여야 한다.

④ 서울가정법원이 제2항에 따른 재판상 이혼의 당사자에게 송달을 할 때에는 「민사소송법」제195조에 따른 공시송달(公示送達)로 할 수 있다. 이 경우 첫 공시송달은 실시한 날부터 2개월이 지나야 효력이 생긴다. 다만, 같은 당사자에게 첫 공시송달 후에 하는 공시송달은 실시한 다음 날부터 효력이 생긴다.

⑤ 제4항의 기간은 줄일 수 없다.

[전문개정 2010. 3. 26.]

제19조의3(주민등록번호 정정의 특례) ① 북한이탈주민 중 정착지원시설의 소재지를 기준으로 하여 주민등록번호를 부여받은 사람은 거주지의 시장·군수·구청장 또는 특별자치도지사에게 자신의 주민등록번호 정정을 한 번만 신청할 수 있다.

② 제1항에 따른 신청을 받은 시장·군수·구청장 또는 특별자치도지사는 특별한 사정이 없으면 현 거주지를 기준으로 하여 주민등록번호를 정정하여야 한다.

[전문개정 2010. 3. 26.]

제20조(주거지원 등) ① 통일부장관은 보호대상자에게 대통령령으로 정하는 바에 따라 주거지원을 할 수 있다.

② 제1항에 따라 주거지원을 받는 보호대상자는 그 주민등록 전입신고를 한 날부터 2년간 통일부장관의 허가를 받지 아니하고는 임대차계약을 해지하거나 그 주거지원에 따라 취득하게 된 소유권, 전세권 또는 임차권(이하 "소유권등"이라 한다)을 양도하거나 저당권을 설정할 수 없다.

③ 제2항에 따른 소유권등의 등기신청은 보호대상자를 대리하여 통일부장관이 한다. 이 경우 소유권등은 양도나 저당권 설정이 금지된다는 사실을 그 등기신청서에 기록하여야 한다.

④ 통일부장관은 보호대상자에게 대통령령으로 정하는 바에 따라 가정과 같은 주거 여건과 보호를 제공하는 공동생활시설을 이용하는 데 필요한 지원을 할 수 있다.

⑤ 국가와 지방자치단체는 보호대상자의 주거생활 안정을 위하여 주택 확보에 적극 노력하여야 한다. <신설 2013. 8. 13.>

⑥ 통일부장관은 보호대상자의 거주지가 노출되어 생명·신체에 중대한 위해를 입었거나 입을 우려가 명백한 경우에는 보호대상자의 의사, 신변보호의 필요성 등을 고려하여 주거 이전에 필요한 지원을 할 수 있다. <신설 2021. 1. 5.>

⑦ 제6항에 따른 지원 내용 및 절차 등에 관하여 필요한 사항은 대통령령으로 정한다. <신설 2021. 1. 5.>

[전문개정 2010. 3. 26.]

제21조(정착금 등의 지급) ① 통일부장관은 보호대상자의 정착 여건 및 생계유지 능력 등을 고려하여 정착금이나 그에 상응하는 가액의 물품(이하 "정착금품"이라 한다)을 지급할 수 있다. 이 경우 정착금품의 2분의 1을 초과하지 아니하는 범위에서 감액할 수 있다. <개정 2019. 1. 15.>

② 통일부장관은 보호대상자가 제공한 정보나 가지고 온 장비(재화를 포함한다)의 활용 가치에 따라 등급을 정하여 보로금(報勞金)을 지급할 수 있다.

③ 제1항 및 제2항에 따른 정착금품과 보로금의 지급 및 감액 기준, 절차 등에 관한 사항은 대통령령으로 정한다. <개정 2019. 1. 15.>

④ 제1항에 따른 정착금은 양도하거나 담보로 제공할 수 없고, 압류할 수 없다.

[전문개정 2010. 3. 26.]

제21조의2(정착자산 형성의 지원) ① 통일부장관은 보호대상자에게 정착에 필요한 자산을 형성할 수 있도록 재정적 지원과 자산활용에 필요한 교육을 실시할 수 있다.

② 제1항에 따른 지원 대상·기준 및 교육에 필요한 사항은 대통령령으로 정한다.

[본조신설 2014. 5. 28.]

제22조(거주지 보호) ① 통일부장관은 보호대상자가 정착지원시설로부터 그의 거주지로 전입한 후 정착하여 스스로 생활하는 데 장애가 되는 사항을 해결하거나 그 밖에 자립·정착에 필요한 보호를 할 수 있다.

② 통일부장관은 제1항에 따른 보호 업무를 행정안전부장관과 협의하여 지방자치단체장에게 위임할 수 있다. <개정 2013. 3. 23., 2013. 8. 13., 2014. 11. 19., 2017. 7. 26.>

③ 통일부장관은 북한이탈주민에 대하여 실태파악을 위한 조사(이하 "실태조사"라 한다)를 실시하여야 한다. 이 경우 실태조사에는 다음 각 호의 사항이 포함되어야 한다. <신설 2013. 8. 13., 2017. 3. 21.>

1. 취학 여부 등 교육현황

2. 취업직종·근로형태·근속기간·임금수준·근로조건 등 취업현황

3. 주거현황

4. 의료지원 및 생활보호 현황

5. 소득·지출·자산 등 가족의 경제상태에 관한 사항

6. 그 밖에 거주지 보호를 위하여 통일부장관이 필요하다고 인정하는 사항

④ 통일부장관은 제3항에 따른 실태조사를 실시하기 위하여 관계 중앙행정기관의 장, 지방자치단체의 장 또는 「공공기관의 운영에 관한 법률」에 따른 공공기관의 장에게 관련 자료의 제출 등 협조를 요청할 수 있다. 이 경우 자료의 제출 등 협조를 요청받은 관계 중앙행정기관의 장 등은 특별한 사유가 없으면 이에 협조하여야 한다. <신설 2014. 5. 28.>

[전문개정 2010. 3. 26.]

제22조의2(거주지에서의 신변보호) ① 통일부장관은 제22조에 따라 보호대상자가 거주지로 전입한 후 그의 신변안전을 위하여 국방부장관이나 경찰청장에게 협조를 요청할 수 있으며, 협조요청을 받은 국방부장관이나 경찰청장은 이에 협조한다.

② 제1항에 따른 신변보호에 필요한 사항은 통일부장관이 국방부장관, 국가정보원장 및 경찰청장과 협의하여 정한다. 이 경우 해외여행에 따른 신변보호에 관한 사항은 외교부장관과 법무부장관의 의견을 들을 수 있다.

③ 제1항에 따른 신변보호기간은 5년으로 한다. 다만, 통일부장관은 보호대상자의 의사, 신변보호의 지속 필요성 등을 고려하여 협의회 심의를 거쳐 그 기간을 연장할 수 있다.

[본조신설 2019. 1. 15.]

[종전 제22조의2는 제22조의3으로 이동 <2019. 1. 15.>]

제22조의3(전문상담사제도 운영) ① 통일부장관은 거주지에 전입한 북한이탈주민에 대한 정신건강 검사 등 전문적 상담서비스를 제공할 수 있는 북한이탈주민 전문상담사제도를 운영할 수 있다. <개정 2014. 5. 28.>

② 통일부장관은 제1항에 따른 전문상담사의 자질 향상을 위한 보수교육을 실시할 수 있다.

③ 제1항 및 제2항에 따른 전문상담사의 운영방법 및 절차 등에 관한 사항은 통일부령으로 정한다.

[본조신설 2010. 3. 26.]

[제22조의2에서 이동 <2019. 1. 15.>]

제23조(보고 의무) 지방자치단체장은 대통령령으로 정하는 바에 따라 반기(半期)마다 보호대

상자의 정착 실태 등을 파악하여 행정안전부장관을 거쳐 통일부장관에게 보고하여야 한다. <개정 2013. 3. 23., 2014. 11. 19., 2017. 7. 26.>

[전문개정 2010. 3. 26.]

제24조(교육지원) ① 통일부장관은 대통령령으로 정하는 바에 따라 보호대상자의 나이, 수학능력(修學能力), 그 밖의 교육 여건 등을 고려하여 보호대상자가 교육을 받을 수 있도록 필요한 지원을 할 수 있다.

② 통일부장관은 예산의 범위에서 대통령령으로 정하는 바에 따라 북한이탈주민을 대상으로 초·중등교육을 실시하는 학교의 운영에 필요한 경비를 지원할 수 있다.

③ 통일부장관은 교육부장관과 협의하여 보호대상자의 교육을 위한 전문인력을 확보하고, 보호대상자의 학력 진단·평가, 교육정보관리, 교육, 연수 및 학습활동의 지원 등 보호대상자의 교육지원과 지도를 위하여 노력하여야 한다. <신설 2013. 8. 13.>

[전문개정 2010. 3. 26.]

제24조의2(북한이탈주민 예비학교의 설립) ① 통일부장관은 탈북 청소년(제3국에서 출생한 북한이탈주민의 자녀로서 부 또는 모와 함께 정착지원시설에 입소한 사람을 포함한다)의 일반학교 진학을 지원하기 위하여 교육부장관과 협의하여 정착지원시설 내에 북한이탈주민 예비학교를 설립·운영할 수 있다. <개정 2013. 3. 23., 2017. 3. 21.>

② 제1항에 따른 북한이탈주민 예비학교의 교육기간, 프로그램 운영방법 등에 관한 사항은 대통령령으로 정한다.

[본조신설 2010. 3. 26.]

제24조의3(공유재산의 대부·사용 등에 관한 특례) ① 지방자치단체는 북한이탈주민 또는 그 자녀의 정착지원을 위하여 필요하다고 인정하는 경우에는 「공유재산 및 물품 관리법」에도 불구하고 공유재산을 북한이탈주민이나 그 자녀를 대상으로 교육을 실시하는 학교로서 「초·중등교육법」 제2조에 따른 학교에 수의(隨意)의 방법으로 대부하거나 사용·수익하게 할 수 있다.

② 제1항에 따라 공유재산을 대부 또는 사용·수익하는 경우 그 기간은 「공유재산 및 물품 관리법」 제21조제1항 및 제31조제1항에도 불구하고 10년 이내로 할 수 있다. 이 경우 그 기간은 갱신할 수 있으며, 갱신기간은 갱신할 때마다 10년을 초과할 수 없다.

[본조신설 2018. 3. 13.]

제25조(의료급여 등) ① 통일부장관은 보호대상자와 그 가족에게 「의료급여법」에서 정하는 바에 따라 의료급여를 실시할 수 있다. <개정 2013. 8. 13.>

② 통일부장관은 「국민건강보험법」의 적용대상인 보호대상자의 경제적 능력 등을 고려하여 「국민건강보험법」 제69조에 따라 부담하여야 하는 보험료의 일부를 지원할 수 있다. <신설 2013. 8. 13.>

③ 제2항에 따른 보호대상자의 범위와 보험료의 지원범위에 관해서는 대통령령으로 정한다. <신설 2013. 8. 13.>   [전문개정 2010. 3. 26.]   [제목개정 2013. 8. 13.]

제26조(생활보호) 제11조에 따른 보호가 종료된 사람 중 생활이 어려운 사람에게는 본인이 「국민기초생활 보장법」 제21조에 따라 특별자치시장·특별자치도지사·시장·군수·구청장 (같은 법 제7조제1항제4호의 교육급여인 경우에는 특별시·광역시·특별자치시·도·특별자 치도의 교육감을 말한다)에게 신청하는 경우 「국민기초생활 보장법」 제8조제2항, 제12조제3 항, 제12조의2, 제12조의3제2항 및 「주거급여법」 제5조에도 불구하고 5년의 범위에서 다음 각 호에 따른 보호를 할 수 있다.

1. 「국민기초생활 보장법」 제7조제1항제1호, 제8조(제2항은 제외한다), 제9조 및 제10조에 따른 생계급여
2. 「국민기초생활 보장법」 제7조제1항제2호, 제11조 및 「주거급여법」(제5조는 제외한다)에 따른 주거급여
3. 「국민기초생활 보장법」 제7조제1항제3호, 제12조의3(제2항은 제외한다) 및 「의료급여법」 에 따른 의료급여
4. 「국민기초생활 보장법」 제7조제1항제4호 및 제12조(제3항은 제외한다)에 따른 교육급여
5. 「국민기초생활 보장법」 제7조제1항제5호 및 제13조에 따른 해산급여
6. 「국민기초생활 보장법」 제7조제1항제6호 및 제14조에 따른 장제급여
7. 「국민기초생활 보장법」 제7조제1항제7호 및 제15조에 따른 자활급여

[전문개정 2016. 11. 15.]

제26조의2(국민연금에 대한 특례) ① 제8조에 따른 보호 결정 당시 50세 이상 60세 미만인 보호대상자는 「국민연금법」 제61조에도 불구하고 다음 각 호의 구분에 따른 날부터 국민연 금을 받을 수 있다.

1. 60세가 되기 전에 가입기간이 5년 이상 10년 미만 되는 사람: 60세가 되는 날
2. 60세가 된 후에 가입기간이 5년 이상 되는 사람: 가입자 자격을 상실한 날

② 제1항에 따른 국민연금의 금액은 「국민연금법」 제51조에 따른 기본연금액의 1천분의 250에 해당하는 금액에 같은 법 제52조에 따른 부양가족연금액을 더한 금액으로 한다. 다 만, 5년을 초과하는 경우에는 그 초과하는 1년(1년 미만은 1개월을 12분의 1년으로 계산한 다)마다 기본연금액의 1천분의 50에 해당하는 금액을 더한다.

③ 보호대상자의 국민연금에 관하여 이 법에 규정된 사항 외에는 「국민연금법」에 따른다.

[전문개정 2010. 3. 26.]

제26조의3(생업 지원) 국가와 지방자치단체, 그 밖의 공공단체는 소관 공공시설에 편의사업 또는 편의시설의 설치를 허가하거나 위탁하는 경우 이 법에 따른 보호대상자의 신청이 있을 때에는 대통령령으로 정하는 바에 따라 이를 우선적으로 고려하여야 한다.

[전문개정 2010. 3. 26.]

제26조의4(자금의 대여 등) 보호대상자는 「근로자복지기본법」 제17조에 따른 생활안정자금 지원 및 「국민기초생활 보장법」 제15조에 따른 금품의 지급 또는 대여시 대상자 선정 및 지 원 상한액 등에 있어 특별한 지원을 받을 수 있다.

[본조신설 2010. 3. 26.]

제27조(보호의 변경) ① 통일부장관은 보호대상자가 다음 각 호의 어느 하나에 해당하는 경우
에는 협의회의 심의를 거쳐 보호 및 정착지원을 중지하거나 종료할 수 있다.

1. 1년 이상의 징역 또는 금고의 형을 선고받고 그 형이 확정된 경우

2. 고의로 국가이익에 반하는 거짓 정보를 제공한 경우

3. 사망선고나 실종선고를 받은 경우

4. 북한으로 되돌아가려고 기도(企圖)한 경우

5. 이 법 또는 이 법에 따른 명령을 위반한 경우

6. 그 밖에 대통령령으로 정하는 사유에 해당한 경우

② 지방자치단체장은 제1항에 따른 보호대상자의 보호 및 정착지원의 중지 또는 종료나 제5
조제3항 단서에 따른 보호 기간의 단축 또는 연장을 행정안전부장관을 거쳐 통일부장관에게
요청할 수 있다. <개정 2013. 3. 23., 2014. 11. 19., 2017. 7. 26.>

③ 통일부장관은 제1항에 따라 보호 및 정착지원을 중지 또는 종료하거나 제5조제3항 단서
에 따라 보호 기간을 단축 또는 연장한 경우에는 그 사유를 구체적으로 밝혀 해당 보호대상
자에게 알려야 하고, 행정안전부장관과 지방자치단체장에게 그 사실을 통보하여야 한다.
<개정 2013. 3. 23., 2014. 11. 19., 2017. 7. 26.>

④ 법무부장관은 보호대상자에게 제1항제1호의 사유가 발생한 경우 즉시 이를 통일부장관
에게 통보하여야 한다.

⑤ 통일부장관은 보호대상자에게 보호변경 사유가 있는지를 확인하기 위하여 관계 기관에
자료를 요청할 수 있다. 이 경우 요청을 받은 관계 기관의 장은 특별한 사유가 없는 한 이에
따라야 한다.

[전문개정 2010. 3. 26.]

제28조 삭제 <2014. 5. 28.>

제29조(비용 부담) ① 이 법에 따른 보호 및 정착지원에 드는 비용은 국가가 부담한다.

② 국가는 제22조제2항에 따른 보호 업무의 비용을 매년 해당 지방자치단체에 지급하며, 그
부족액을 추가로 지급하거나 초과액을 환수하여야 한다.

[전문개정 2010. 3. 26.]

제30조(북한이탈주민지원재단) ① 정부는 북한이탈주민에 대한 보호 및 정착지원을 위하여
북한이탈주민지원재단(이하 "재단"이라 한다)을 설립한다.

② 재단은 법인으로 하며, 그 주된 사무소의 소재지에서 설립등기를 함으로써 성립한다.

③ 재단의 정관에는 다음 각 호의 사항을 기재하여야 한다.

1. 목적

2. 명칭

3. 임직원에 관한 사항

4. 이사회의 운영에 관한 사항

5. 업무에 관한 사항

6. 재산 및 회계에 관한 사항

7. 공고에 관한 사항

8. 정관의 변경에 관한 사항

9. 내부규정의 제정·개정 및 폐지에 관한 사항

④ 재단은 다음 각 호의 사업을 수행한다. <개정 2014. 1. 21., 2021. 1. 5.>

1. 북한이탈주민의 생활안정 및 사회적응 지원사업

2. 북한이탈주민의 취업 및 창업 지원사업

3. 북한이탈주민에 대한 직업훈련에 필요한 사업

4. 북한이탈주민에 대한 장학사업

5. 북한이탈주민에 대한 전문상담인력의 양성과 전문상담사업

6. 북한이탈주민과 관련된 민간단체 협력사업

7. 북한이탈주민 지원을 위한 정책개발 및 조사·연구사업

8. 북한이탈주민에 관한 실태조사 및 통계구축사업

8의2. 북한이탈주민에 대한 영농정착지원에 관한 사업

9. 그 밖에 통일부장관이 북한이탈주민의 보호 및 정착지원에 필요하다고 인정하여 재단에 위탁하는 사업

⑤ 재단은 이사장 1명을 포함한 10명 이내의 이사와 감사 1명을 두며, 이사장은 북한이탈주민 문제에 관한 학식과 경험이 풍부한 사람 중에서 이사회의 제청으로 통일부장관이 임명하고, 이사와 감사의 임명절차는 대통령령으로 정하는 바에 따른다. 이 경우 이사장, 이사 및 감사의 임기는 3년으로 하되, 1차에 한하여 연임할 수 있다.

⑥ 재단의 사업과 운영에 관한 중요 사항을 심의·의결하기 위하여 재단에 이사장 및 이사로 구성하는 이사회를 두며, 이사장은 이사회를 소집하고 이사회의 의장이 된다.

⑦ 정부는 재단의 설립·운영에 필요한 경비를 예산의 범위에서 출연 및 보조할 수 있다.

⑧ 재단은 통일부장관의 승인을 받아 제4항의 사업에 필요한 자금을 차입할 수 있다.

⑨ 재단은 필요하다고 인정하는 때에는 통일부장관의 승인을 받아 「기부금품의 모집 및 사용에 관한 법률」에 따라 기부금품을 모집할 수 있다.

⑩ 재단은 다음 각 호의 재원으로 운영한다.

1. 정부의 출연금 및 보조금

2. 제8항에 따른 차입금

3. 제9항에 따른 기부금품

4. 그 밖의 수익금

⑪ 재단이 해산한 때에 잔여재산은 정관으로 정하는 바에 따라 국가에 귀속된다.

⑫ 통일부장관은 재단을 지도·감독한다.

⑬ 재단의 임직원은 이 법에 따른 사업을 수행함에 있어 「형법」 제129조부터 제132조까지

의 규정을 적용할 때에는 공무원으로 본다.

⑭ 이 법에 따른 재단이 아닌 자는 북한이탈주민지원재단 또는 이와 유사한 명칭을 사용하여서는 아니 된다.

⑮ 재단에 관하여 이 법에 규정된 것을 제외하고는 「민법」 중 재단법인에 관한 규정을 준용한다.

⑯ 그 밖에 재단의 설립·구성·운영과 지도·감독 등에 필요한 사항은 대통령령으로 정한다.

[전문개정 2010. 3. 26.]

제31조(권한의 위임·위탁) ① 이 법에 따른 통일부장관의 권한 중 일부를 대통령령으로 정하는 바에 따라 그 소속 기관의 장이나 지방자치단체장에게 위임할 수 있다.

② 이 법에 따른 통일부장관의 권한 중 일부를 대통령령으로 정하는 바에 따라 다른 행정기관의 장이나 관련 법인 또는 단체에 위탁할 수 있다.

[전문개정 2010. 3. 26.]

제32조(이의신청) ① 이 법에 따른 보호 및 지원에 관한 처분에 이의가 있는 보호대상자는 그 처분의 통지를 받은 날부터 90일 이내에 통일부장관에게 서면으로 이의신청을 할 수 있다.

② 통일부장관은 제1항에 따른 이의신청을 받은 때에는 지체 없이 이를 검토하여 처분이 위법 또는 부당하다고 인정되는 경우에는 그 시정이나 그 밖의 필요한 조치를 할 수 있다. 이 경우 미리 협의회의 심의를 거쳐야 한다.

[전문개정 2010. 3. 26.]

제33조(벌칙) ① 거짓이나 그 밖의 부정한 방법으로 이 법에 따른 보호 및 지원을 받거나 다른 사람으로 하여금 보호 및 지원을 받게 한 자는 5년 이하의 징역 또는 5천만원 이하의 벌금에 처한다. <개정 2014. 1. 21.>

② 이 법에 따른 업무와 관련하여 알게 된 정보 또는 자료를 정당한 사유 없이 이 법에 따른 업무 외의 목적에 이용한 자는 1년 이하의 징역 또는 1천만원 이하의 벌금에 처한다. <개정 2014. 1. 21.>

③ 제1항 또는 제2항에 따라 받은 재물이나 재산상의 이익은 몰수한다. 몰수할 수 없을 때에는 그 가액을 추징한다.

④ 제1항의 미수범은 처벌한다.

[전문개정 2010. 3. 26.]

제34조(과태료) ① 제30조제14항을 위반하여 북한이탈주민지원재단 또는 이와 유사한 명칭을 사용한 자에게는 500만원 이하의 과태료를 부과한다.

② 제1항에 따른 과태료는 통일부장관이 부과·징수한다.

[본조신설 2010. 3. 26.]

부칙 〈제19279호, 2023. 3. 28.〉

이 법은 공포한 날부터 시행한다.

재외동포의 출입국과 법적 지위에 관한 법률

(약칭: 재외동포법)

[시행 2020. 2. 4.] [법률 제16917호, 2020. 2. 4., 일부개정]

제1조(목적) 이 법은 재외동포(在外同胞)의 대한민국에의 출입국과 대한민국 안에서의 법적 지위를 보장함을 목적으로 한다.

[전문개정 2008. 3. 14.]

제2조(정의) 이 법에서 "재외동포"란 다음 각 호의 어느 하나에 해당하는 자를 말한다.

1. 대한민국의 국민으로서 외국의 영주권(永住權)을 취득한 자 또는 영주할 목적으로 외국에 거주하고 있는 자(이하 "재외동포"라 한다)

2. 대한민국의 국적을 보유하였던 자(대한민국정부 수립 전에 국외로 이주한 동포를 포함한다) 또는 그 직계비속(直系卑屬)으로서 외국국적을 취득한 자 중 대통령령으로 정하는 자(이하 "외국국적동포"라 한다)

[전문개정 2008. 3. 14.]

제3조(적용 범위) 이 법은 재외동포와 「출입국관리법」 제10조에 따른 체류자격 중 재외동포 체류자격(이하 "재외동포체류자격"이라 한다)을 가진 외국국적동포의 대한민국에의 출입국과 대한민국 안에서의 법적 지위에 관하여 적용한다.

[전문개정 2008. 3. 14.]

제3조의2(다른 법률과의 관계) 재외동포체류자격을 가진 외국국적동포의 대한민국에의 출입국과 대한민국 안에서의 법적 지위에 관하여 이 법에서 정하지 아니한 사항은 「출입국관리법」에 따른다.

[본조신설 2020. 2. 4.]

제3조의2(다른 법률과의 관계) ① 재외동포체류자격을 가진 외국국적동포의 대한민국에의 출입국과 대한민국 안에서의 법적 지위에 관하여 이 법에서 정하지 아니한 사항은 「출입국관리법」에 따른다. <개정 2022. 12. 13.>

② 특정 건물 또는 시설의 소재지를 거소로 신고한 외국국적동포의 성명 및 거소 변경 일자의 확인과 국내거소신고증의 진위확인에 대하여는 「출입국관리법」 제88조의3 및 제88조의4를 준용한다. 이 경우 "외국인"은 "외국국적동포"로, "체류지"는 "거소"로, "외국인체류확인서"는 "외국국적동포거소확인서"로, "외국인등록증"은 "국내거소신고증"으로 본다. <신설 2022. 12. 13.>

[본조신설 2020. 2. 4.] [시행일: 2023. 6. 14.] 제3조의2

제4조(정부의 책무) 정부는 재외동포가 대한민국 안에서 부당한 규제와 대우를 받지 아니하도록 필요한 지원을 하여야 한다.

[전문개정 2008. 3. 14.]

제5조(재외동포체류자격의 부여) ① 법무부장관은 대한민국 안에서 활동하려는 외국국적동포에게 신청에 의하여 재외동포체류자격을 부여할 수 있다.

② 법무부장관은 외국국적동포에게 다음 각 호의 어느 하나에 해당하는 사유가 있으면 제1항에 따른 재외동포체류자격을 부여하지 아니한다. 다만, 법무부장관이 필요하다고 인정하는 경우에는 제1호에 해당하는 외국국적동포가 41세가 되는 해 1월 1일부터 부여할 수 있다. <개정 2010. 5. 4., 2011. 4. 5., 2017. 10. 31., 2018. 9. 18., 2019. 12. 31.>

1. 다음 각 목의 어느 하나에 해당하지 아니한 상태에서 대한민국 국적을 이탈하거나 상실하여 외국인이 된 남성의 경우

　　가. 현역·상근예비역·보충역 또는 대체역으로 복무를 마치거나 마친 것으로 보게 되는 경우

　　나. 전시근로역에 편입된 경우

　　다. 병역면제처분을 받은 경우

2. 대한민국의 안전보장, 질서유지, 공공복리, 외교관계 등 대한민국의 이익을 해칠 우려가 있는 경우

③ 법무부장관은 제1항과 제2항에 따라 재외동포체류자격을 부여할 때에는 대통령령으로 정하는 바에 따라 외교부장관과 협의하여야 한다. <개정 2013. 3. 23.>

④ 재외동포체류자격의 취득 요건과 재외동포체류자격을 취득한 자의 활동 범위는 대통령령으로 정한다.

[전문개정 2008. 3. 14.]

제6조(국내거소신고) ① 재외동포체류자격으로 입국한 외국국적동포는 이 법을 적용받기 위하여 필요하면 대한민국 안에 거소(居所)를 정하여 그 거소를 관할하는 지방출입국·외국인관서의 장에게 국내거소신고를 할 수 있다. <개정 2014. 3. 18., 2014. 5. 20.>

② 제1항에 따라 신고한 국내거소를 이전한 때에는 14일 이내에 그 사실을 신거소(新居所)가 소재한 시·군·구(자치구가 아닌 구를 포함한다. 이하 이 조 및 제7조에서 같다) 또는 읍·면·동의 장이나 신거소를 관할하는 지방출입국·외국인관서의 장에게 신고하여야 한다. <개정 2014. 3. 18., 2016. 5. 29.>

③ 제2항에 따라 거소이전 신고를 받은 지방출입국·외국인관서의 장은 신거소가 소재한 시·군·구 또는 읍·면·동의 장에게, 시·군·구 또는 읍·면·동의 장은 신거소를 관할하는 지방출입국·외국인관서의 장에게 각각 이를 통보하여야 한다. <개정 2014. 3. 18., 2016. 5. 29.>

④ 국내거소신고서의 기재 사항, 첨부 서류, 그 밖에 신고의 절차에 관하여 필요한 사항은 대통령령으로 정한다.

[전문개정 2008. 3. 14.]

제7조(국내거소신고증의 발급 등) ① 지방출입국·외국인관서의 장은 제6조에 따라 국내거소

신고를 한 외국국적동포에게 국내거소신고번호를 부여하고, 외국국적동포 국내거소신고증을 발급한다. <개정 2014. 3. 18., 2014. 5. 20.>

1. 삭제 <2014. 5. 20.>

2. 삭제 <2014. 5. 20.>

② 제1항의 국내거소신고증에는 다음 각 호의 사항을 적는다.

1. 국내거소신고번호

2. 성명

3. 성별

4. 생년월일

5. 국적

6. 거주국

7. 대한민국 안의 거소 등

③ 지방출입국·외국인관서의 장은 대통령령으로 정하는 바에 따라 국내거소신고대장과 그 밖의 관계 서류를 작성하여 보존하여야 한다. <개정 2014. 3. 18.>

④ 제1항에 따라 국내거소신고증을 발급받은 후 분실·훼손(毁損)하거나 그 밖에 대통령령으로 정하는 사유로 재발급을 받으려는 자는 지방출입국·외국인관서의 장에게 재발급 신청을 하여야 한다. <개정 2014. 3. 18.>

⑤ 지방출입국·외국인관서의 장, 시·군·구 또는 읍·면·동의 장은 제6조에 따라 국내거소신고를 한 사실이 있는 자에게는 법무부령으로 정하는 바에 따라 국내거소신고 사실증명을 발급하거나 열람하게 할 수 있다. <개정 2008. 12. 19., 2014. 3. 18., 2016. 5. 29.>

⑥ 제1항과 제4항에 따른 국내거소신고증의 발급·재발급 및 제5항에 따른 국내거소신고 사실증명의 발급을 신청하는 자는 법무부령으로 정하는 수수료를 내야 한다.

[전문개정 2008. 3. 14.]

제8조(국내거소신고증의 반납) 외국국적동포가 국내거소신고증을 지닐 필요가 없게 된 때에는 대통령령으로 정하는 바에 따라 지방출입국·외국인관서의 장에게 국내거소신고증을 반납하여야 한다. <개정 2014. 3. 18., 2014. 5. 20., 2020. 2. 4.>

[전문개정 2008. 3. 14.]

제9조(주민등록 등과의 관계) 법령에 규정된 각종 절차와 거래관계 등에서 주민등록증, 주민등록표 등본·초본, 외국인등록증 또는 외국인등록 사실증명이 필요한 경우에는 국내거소신고증이나 국내거소신고 사실증명으로 그에 갈음할 수 있다.

[전문개정 2008. 3. 14.]

제10조(출입국과 체류) ① 재외동포체류자격에 따른 체류기간은 최장 3년까지로 한다. <개정 2008. 12. 19.>

② 법무부장관은 제1항에 따른 체류기간을 초과하여 국내에 계속 체류하려는 외국국적동포에게는 대통령령으로 정하는 바에 따라 체류기간 연장허가를 할 수 있다. 다만, 제5조제2항

각 호의 어느 하나에 해당하는 사유가 있는 경우에는 그러하지 아니하다.

③ 국내거소신고를 한 외국국적동포가 체류기간 내에 출국하였다가 재입국하는 경우에는 「출입국관리법」 제30조에 따른 재입국허가가 필요하지 아니하다.

④ 대한민국 안의 거소를 신고하거나 그 이전신고(移轉申告)를 한 외국국적동포에 대하여는 「출입국관리법」 제31조에 따른 외국인등록과 같은 법 제36조에 따른 체류지변경신고를 한 것으로 본다.

⑤ 재외동포체류자격을 부여받은 외국국적동포의 취업이나 그 밖의 경제활동은 사회질서 또는 경제안정을 해치지 아니하는 범위에서 자유롭게 허용된다.

[전문개정 2008. 3. 14.]

제11조(부동산거래 등) ① 국내거소신고를 한 외국국적동포는 「부동산 거래신고 등에 관한 법률」 제9조제1항제1호에 따른 경우 외에는 대한민국 안에서 부동산을 취득·보유·이용 및 처분할 때에 대한민국의 국민과 동등한 권리를 갖는다. 다만, 「부동산 거래신고 등에 관한 법률」 제3조제1항 및 제8조에 따른 신고를 하여야 한다. <개정 2016. 1. 19.>

② 국내거소신고를 한 외국국적동포가 「부동산 실권리자명의 등기에 관한 법률」의 시행 전에 명의신탁(名義信託) 약정(約定)에 따라 명의수탁자(名義受託者) 명의(名義)로 등기하거나 등기하도록 한 부동산에 관한 물권(物權)을 이 법 시행 후 1년 이내에 「부동산 실권리자명의 등기에 관한 법률」 제11조제1항 및 제2항에 따라 실명(實名)으로 등기하거나 매각처분 등을 한 경우에는 같은 법 제12조제1항 및 제2항을 적용하지 아니한다.

[전문개정 2008. 3. 14.]

제12조(금융거래) 주민등록을 한 재외동포와 국내거소신고를 한 외국국적동포는 예금·적금의 가입, 이율의 적용, 입금과 출금 등 국내 금융기관을 이용할 때 「외국환거래법」상의 거주자인 대한민국 국민과 동등한 권리를 갖는다. 다만, 자본거래의 신고 등에 관한 「외국환거래법」 제18조의 경우에는 그러하지 아니하다. <개정 2014. 5. 20.> [전문개정 2008. 3. 14.]

제13조(외국환거래) 재외동포가 다음 각 호의 어느 하나에 해당하는 지급수단을 수출하거나 외국에 지급하는 경우 「외국환거래법」 제15조와 제17조를 적용할 때 재외동포는 외국국적동포와 동등한 대우를 받는다.

1. 외국에 거주하기 전부터 소유하고 있던 국내 부동산을 매각하거나 수용으로 처분하였을 경우 그 매각 또는 처분대금
2. 외국에서 국내로 수입(輸入)하거나 국내에 지급한 지급수단

[전문개정 2008. 3. 14.]

제14조(건강보험) 주민등록을 한 재외동포와 국내거소신고를 한 외국국적동포가 90일 이상 대한민국 안에 체류하는 경우에는 건강보험 관계 법령으로 정하는 바에 따라 건강보험을 적용받을 수 있다. <개정 2014. 5. 20.>

[전문개정 2008. 3. 14.]

제15조 삭제 <2000. 12. 30.>

제16조(국가유공자·독립유공자와 그 유족의 보훈급여금) 외국국적동포는 「국가유공자 등 예우 및 지원에 관한 법률」 또는 「독립유공자예우에 관한 법률」에 따른 보훈급여금을 받을 수 있다.

[전문개정 2008. 3. 14.]

제17조(과태료) ① 제6조제2항을 위반하여 국내거소의 이전 사실을 신고하지 아니한 자에게는 200만원 이하의 과태료를 부과한다.

② 제8조를 위반하여 국내거소신고증을 반납하지 아니한 자에게는 100만원 이하의 과태료를 부과한다.

③ 제1항이나 제2항에 따른 과태료는 대통령령으로 정하는 바에 따라 지방출입국·외국인관서의 장이 부과하고 징수한다. <개정 2014. 3. 18.>

④ 삭제 <2008. 12. 19.>

⑤ 삭제 <2008. 12. 19.>

⑥ 삭제 <2008. 12. 19.>   [전문개정 2008. 3. 14.]

부칙 〈제16917호, 2020. 2. 4.〉

이 법은 공포한 날부터 시행한다.

외국인근로자의 고용 등에 관한 법률

(약칭: 외국인고용법)

[시행 2022. 12. 11.] [법률 제18929호, 2022. 6. 10., 일부개정]

제1장 총칙 〈개정 2009. 10. 9.〉

제1조(목적) 이 법은 외국인근로자를 체계적으로 도입·관리함으로써 원활한 인력수급 및 국민경제의 균형 있는 발전을 도모함을 목적으로 한다.

[전문개정 2009. 10. 9.]

제2조(외국인근로자의 정의) 이 법에서 "외국인근로자"란 대한민국의 국적을 가지지 아니한 사람으로서 국내에 소재하고 있는 사업 또는 사업장에서 임금을 목적으로 근로를 제공하고 있거나 제공하려는 사람을 말한다. 다만, 「출입국관리법」제18조제1항에 따라 취업활동을 할 수 있는 체류자격을 받은 외국인 중 취업분야 또는 체류기간 등을 고려하여 대통령령으로 정하는 사람은 제외한다.

[전문개정 2009. 10. 9.]

제3조(적용 범위 등) ① 이 법은 외국인근로자 및 외국인근로자를 고용하고 있거나 고용하려는 사업 또는 사업장에 적용한다. 다만, 「선원법」의 적용을 받는 선박에 승무(乘務)하는 선원 중 대한민국 국적을 가지지 아니한 선원 및 그 선원을 고용하고 있거나 고용하려는 선박의 소유자에 대하여는 적용하지 아니한다.

② 외국인근로자의 입국·체류 및 출국 등에 관하여 이 법에서 규정하지 아니한 사항은 「출입국관리법」에서 정하는 바에 따른다.

[전문개정 2009. 10. 9.]

제4조(외국인력정책위원회) ① 외국인근로자의 고용관리 및 보호에 관한 주요 사항을 심의·의결하기 위하여 국무총리 소속으로 외국인력정책위원회(이하 "정책위원회"라 한다)를 둔다.

② 정책위원회는 다음 각 호의 사항을 심의·의결한다. <개정 2021. 4. 13.>

1. 외국인근로자 관련 기본계획의 수립에 관한 사항

2. 외국인근로자 도입 업종 및 규모 등에 관한 사항

3. 외국인근로자를 송출할 수 있는 국가(이하 "송출국가"라 한다)의 지정 및 지정취소에 관한 사항

4. 제18조의2제2항에 따른 외국인근로자의 취업활동 기간 연장에 관한 사항

5. 그 밖에 대통령령으로 정하는 사항

③ 정책위원회는 위원장 1명을 포함한 20명 이내의 위원으로 구성한다.

④ 정책위원회의 위원장은 국무조정실장이 되고, 위원은 기획재정부·외교부·법무부·산업

354

부

록

통상자원부·고용노동부·중소벤처기업부의 차관 및 대통령령으로 정하는 관계 중앙행정기관의 차관이 된다. <개정 2010. 6. 4., 2013. 3. 23., 2017. 7. 26.>

⑤ 외국인근로자 고용제도의 운영 및 외국인근로자의 권익보호 등에 관한 사항을 사전에 심의하게 하기 위하여 정책위원회에 외국인력정책실무위원회(이하 "실무위원회"라 한다)를 둔다.

⑥ 정책위원회와 실무위원회의 구성·기능 및 운영 등에 필요한 사항은 대통령령으로 정한다.

[전문개정 2009. 10. 9.]

제5조(외국인근로자 도입계획의 공표 등) ① 고용노동부장관은 제4조제2항 각 호의 사항이 포함된 외국인근로자 도입계획을 정책위원회의 심의·의결을 거쳐 수립하여 매년 3월 31일까지 대통령령으로 정하는 방법으로 공표하여야 한다. <개정 2010. 6. 4.>

② 고용노동부장관은 제1항에도 불구하고 국내의 실업증가 등 고용사정의 급격한 변동으로 인하여 제1항에 따른 외국인근로자 도입계획을 변경할 필요가 있을 때에는 정책위원회의 심의·의결을 거쳐 변경할 수 있다. 이 경우 공표의 방법에 관하여는 제1항을 준용한다. <개정 2010. 6. 4.>

③ 고용노동부장관은 필요한 경우 외국인근로자 관련 업무를 지원하기 위하여 조사·연구사업을 할 수 있으며, 이에 관하여 필요한 사항은 대통령령으로 정한다. <개정 2010. 6. 4.>

[전문개정 2009. 10. 9.]

제2장 외국인근로자 고용절차 〈개정 2009. 10. 9.〉

제6조(내국인 구인 노력) ① 외국인근로자를 고용하려는 자는 「직업안정법」 제2조의2제1호에 따른 직업안정기관(이하 "직업안정기관"이라 한다)에 우선 내국인 구인 신청을 하여야 한다.

② 직업안정기관의 장은 제1항에 따른 내국인 구인 신청을 받은 경우에는 사용자가 적절한 구인 조건을 제시할 수 있도록 상담·지원하여야 하며, 구인 조건을 갖춘 내국인이 우선적으로 채용될 수 있도록 직업소개를 적극적으로 하여야 한다.

[전문개정 2009. 10. 9.]

제7조(외국인구직자 명부의 작성) ① 고용노동부장관은 제4조제2항제3호에 따라 지정된 송출국가의 노동행정을 관장하는 정부기관의 장과 협의하여 대통령령으로 정하는 바에 따라 외국인구직자 명부를 작성하여야 한다. 다만, 송출국가에 노동행정을 관장하는 독립된 정부기관이 없을 경우 가장 가까운 기능을 가진 부서를 정하여 정책위원회의 심의를 받아 그 부서의 장과 협의한다. <개정 2010. 6. 4.>

② 고용노동부장관은 제1항에 따른 외국인구직자 명부를 작성할 때에는 외국인구직자 선발기준 등으로 활용할 수 있도록 한국어 구사능력을 평가하는 시험(이하 "한국어능력시험"이라 한다)을 실시하여야 하며, 한국어능력시험의 실시기관 선정 및 선정취소, 평가의 방법,

그 밖에 필요한 사항은 대통령령으로 정한다. <개정 2010. 6. 4.>

③ 한국어능력시험의 실시기관은 시험에 응시하려는 사람으로부터 대통령령으로 정하는 바에 따라 수수료를 징수하여 사용할 수 있다. 이 경우 수수료는 외국인근로자 선발 등을 위한 비용으로 사용하여야 한다. <신설 2014. 1. 28., 2020. 5. 26.>

④ 고용노동부장관은 제1항에 따른 외국인구직자 선발기준 등으로 활용하기 위하여 필요한 경우 기능 수준 등 인력 수요에 부합되는 자격요건을 평가할 수 있다. <개정 2010. 6. 4., 2014. 1. 28.>

⑤ 제4항에 따른 자격요건 평가기관은 「한국산업인력공단법」에 따른 한국산업인력공단(이하 "한국산업인력공단"이라 한다)으로 하며, 자격요건 평가의 방법 등 필요한 사항은 대통령령으로 정한다. <개정 2014. 1. 28.>

[전문개정 2009. 10. 9.]

제8조(외국인근로자 고용허가) ① 제6조제1항에 따라 내국인 구인 신청을 한 사용자는 같은 조 제2항에 따른 직업소개를 받고도 인력을 채용하지 못한 경우에는 고용노동부령으로 정하는 바에 따라 직업안정기관의 장에게 외국인근로자 고용허가를 신청하여야 한다. <개정 2010. 6. 4.>

② 제1항에 따른 고용허가 신청의 유효기간은 3개월로 하되, 일시적인 경영악화 등으로 신규 근로자를 채용할 수 없는 경우 등에는 대통령령으로 정하는 바에 따라 1회에 한정하여 고용허가 신청의 효력을 연장할 수 있다.

③ 직업안정기관의 장은 제1항에 따른 신청을 받으면 외국인근로자 도입 업종 및 규모 등 대통령령으로 정하는 요건을 갖춘 사용자에게 제7조제1항에 따른 외국인구직자 명부에 등록된 사람 중에서 적격자를 추천하여야 한다.

④ 직업안정기관의 장은 제3항에 따라 추천된 적격자를 선정한 사용자에게는 지체 없이 고용허가를 하고, 선정된 외국인근로자의 성명 등을 적은 외국인근로자 고용허가서를 발급하여야 한다.

⑤ 제4항에 따른 외국인근로자 고용허가서의 발급 및 관리 등에 필요한 사항은 대통령령으로 정한다.

⑥ 직업안정기관이 아닌 자는 외국인근로자의 선발, 알선, 그 밖의 채용에 개입하여서는 아니 된다.

[전문개정 2009. 10. 9.]

제9조(근로계약) ① 사용자가 제8조제4항에 따라 선정한 외국인근로자를 고용하려면 고용노동부령으로 정하는 표준근로계약서를 사용하여 근로계약을 체결하여야 한다. <개정 2010. 6. 4.>

② 사용자는 제1항에 따른 근로계약을 체결하려는 경우 이를 한국산업인력공단에 대행하게 할 수 있다. <개정 2014. 1. 28.>

③ 제8조에 따라 고용허가를 받은 사용자와 외국인근로자는 제18조에 따른 기간 내에서 당

사자 간의 합의에 따라 근로계약을 체결하거나 갱신할 수 있다. <개정 2012. 2. 1.>

④ 제18조의2에 따라 취업활동 기간이 연장되는 외국인근로자와 사용자는 연장된 취업활동 기간의 범위에서 근로계약을 체결할 수 있다.

⑤ 제1항에 따른 근로계약을 체결하는 절차 및 효력발생 시기 등에 관하여 필요한 사항은 대통령령으로 정한다.

[전문개정 2009. 10. 9.]

제10조(사증발급인정서) 제9조제1항에 따라 외국인근로자와 근로계약을 체결한 사용자는 「출입국관리법」 제9조제2항에 따라 그 외국인근로자를 대리하여 법무부장관에게 사증발급인정서를 신청할 수 있다.

[전문개정 2009. 10. 9.]

제11조(외국인 취업교육) ① 외국인근로자는 입국한 후에 고용노동부령으로 정하는 기간 이내에 한국산업인력공단 또는 제11조의3에 따른 외국인 취업교육기관에서 국내 취업활동에 필요한 사항을 주지(周知)시키기 위하여 실시하는 교육(이하 "외국인 취업교육"이라 한다)을 받아야 한다. <개정 2010. 6. 4., 2022. 6. 10.>

② 사용자는 외국인근로자가 외국인 취업교육을 받을 수 있도록 하여야 한다.

③ 외국인 취업교육의 시간과 내용, 그 밖에 외국인 취업교육에 필요한 사항은 고용노동부령으로 정한다. <개정 2010. 6. 4.>   [전문개정 2009. 10. 9.]

제11조의2(사용자 교육) ① 제8조에 따라 외국인근로자 고용허가를 최초로 받은 사용자는 노동관계법령·인권 등에 관한 교육(이하 "사용자 교육"이라 한다)을 받아야 한다.

② 사용자 교육의 내용, 시간, 그 밖에 사용자 교육에 필요한 사항은 고용노동부령으로 정한다.

[본조신설 2021. 4. 13.]

제11조의3(외국인 취업교육기관의 지정 등) ① 고용노동부장관은 외국인 취업교육을 전문적·효율적으로 수행하기 위하여 외국인 취업교육기관(이하 "외국인 취업교육기관"이라 한다)을 지정할 수 있다.

② 제1항에 따라 외국인 취업교육기관으로 지정을 받으려는 자는 전문인력·시설 등 대통령령으로 정하는 지정기준을 갖추어 고용노동부장관에게 신청하여야 한다.

③ 제1항 및 제2항에서 규정한 사항 외에 외국인 취업교육기관의 지정절차 등에 필요한 사항은 고용노동부령으로 정한다.

[본조신설 2022. 6. 10.]

제11조의4(외국인 취업교육기관의 지정취소 등) ① 고용노동부장관은 외국인 취업교육기관이 다음 각 호의 어느 하나에 해당하는 경우에는 고용노동부령으로 정하는 바에 따라 지정취소, 6개월 이내의 업무정지 또는 시정명령을 할 수 있다. 다만, 제1호에 해당하는 경우에는 지정을 취소하여야 한다.

1. 거짓이나 그 밖의 부정한 방법으로 지정을 받은 경우

2. 제11조의3제2항에 따른 지정기준에 적합하지 아니하게 된 경우

3. 정당한 사유 없이 1년 이상 운영을 중단한 경우

4. 임직원이 외국인 취업교육 업무와 관련하여 형사처분을 받는 등 사회적으로 중대한 물의를 일으킨 경우

5. 운영성과의 미흡 등 대통령령으로 정하는 경우에 해당하는 경우

6. 그 밖에 이 법 또는 이 법에 따른 명령을 위반한 경우

② 제1항에 따라 지정이 취소된 외국인 취업교육기관은 지정이 취소된 날부터 1년이 경과하지 아니하면 제11조의3제2항에 따른 외국인 취업교육기관 지정신청을 할 수 없다.

③ 고용노동부장관은 제1항에 따라 외국인 취업교육기관의 지정을 취소하는 경우에는 청문을 실시하여야 한다.

[본조신설 2022. 6. 10.]

제12조(외국인근로자 고용의 특례) ① 다음 각 호의 어느 하나에 해당하는 사업 또는 사업장의 사용자는 제3항에 따른 특례고용가능확인을 받은 후 대통령령으로 정하는 사증을 발급받고 입국한 외국인으로서 국내에서 취업하려는 사람을 고용할 수 있다. 이 경우 근로계약의 체결에 관하여는 제9조를 준용한다. <개정 2021. 4. 13.>

1. 건설업으로서 정책위원회가 일용근로자 노동시장의 현황, 내국인근로자 고용기회의 침해 여부 및 사업장 규모 등을 고려하여 정하는 사업 또는 사업장

2. 서비스업, 제조업, 농업, 어업 또는 광업으로서 정책위원회가 산업별 특성을 고려하여 정하는 사업 또는 사업장

② 제1항에 따른 외국인으로서 제1항 각 호의 어느 하나에 해당하는 사업 또는 사업장에 취업하려는 사람은 외국인 취업교육을 받은 후에 직업안정기관의 장에게 구직 신청을 하여야 하고, 고용노동부장관은 이에 대하여 외국인구직자 명부를 작성·관리하여야 한다. <개정 2010. 6. 4.>

③ 제6조제1항에 따라 내국인 구인 신청을 한 사용자는 같은 조 제2항에 따라 직업안정기관의 장의 직업소개를 받고도 인력을 채용하지 못한 경우에는 고용노동부령으로 정하는 바에 따라 직업안정기관의 장에게 특례고용가능확인을 신청할 수 있다. 이 경우 직업안정기관의 장은 외국인근로자의 도입 업종 및 규모 등 대통령령으로 정하는 요건을 갖춘 사용자에게 특례고용가능확인을 하여야 한다. <개정 2010. 6. 4.>

④ 제3항에 따라 특례고용가능확인을 받은 사용자는 제2항에 따른 외국인구직자 명부에 등록된 사람 중에서 채용하여야 하고, 외국인근로자가 근로를 시작하면 고용노동부령으로 정하는 바에 따라 직업안정기관의 장에게 신고하여야 한다. <개정 2010. 6. 4.>

⑤ 특례고용가능확인의 유효기간은 3년으로 한다. 다만, 제1항제1호에 해당하는 사업 또는 사업장으로서 공사기간이 3년보다 짧은 경우에는 그 기간으로 한다.

⑥ 직업안정기관의 장이 제3항에 따라 특례고용가능확인을 한 경우에는 대통령령으로 정하는 바에 따라 해당 사용자에게 특례고용가능확인서를 발급하여야 한다.

⑦ 제1항에 따른 외국인근로자에 대하여는 「출입국관리법」 제21조를 적용하지 아니한다.

⑧ 고용노동부장관은 제1항에 따른 외국인이 취업을 희망하는 경우에는 입국 전에 고용정보를 제공할 수 있다. <개정 2010. 6. 4.>　　[전문개정 2009. 10. 9.]

제3장 외국인근로자의 고용관리 〈개정 2009. 10. 9.〉

제13조(출국만기보험·신탁) ① 외국인근로자를 고용한 사업 또는 사업장의 사용자(이하 "사용자"라 한다)는 외국인근로자의 출국 등에 따른 퇴직금 지급을 위하여 외국인근로자를 피보험자 또는 수익자(이하 "피보험자등"이라 한다)로 하는 보험 또는 신탁(이하 "출국만기보험등"이라 한다)에 가입하여야 한다. 이 경우 보험료 또는 신탁금은 매월 납부하거나 위탁하여야 한다. <개정 2014. 1. 28.>

② 사용자가 출국만기보험등에 가입한 경우 「근로자퇴직급여 보장법」 제8조제1항에 따른 퇴직금제도를 설정한 것으로 본다.

③ 출국만기보험등의 가입대상 사용자, 가입방법·내용·관리 및 지급 등에 필요한 사항은 대통령령으로 정하되, 지급시기는 피보험자등이 출국한 때부터 14일(체류자격의 변경, 사망 등에 따라 신청하거나 출국일 이후에 신청하는 경우에는 신청일부터 14일) 이내로 한다. <개정 2014. 1. 28.>

④ 출국만기보험등의 지급사유 발생에 따라 피보험자등이 받을 금액(이하 "보험금등"이라 한다)에 대한 청구권은 「상법」 제662조에도 불구하고 지급사유가 발생한 날부터 3년간 이를 행사하지 아니하면 소멸시효가 완성한다. 이 경우 출국만기보험등을 취급하는 금융기관은 소멸시효가 완성한 보험금등을 1개월 이내에 한국산업인력공단에 이전하여야 한다. <신설 2014. 1. 28.>　　[전문개정 2009. 10. 9.]

제13조의2(휴면보험금등관리위원회) ① 제13조제4항에 따라 이전받은 보험금등의 관리·운용에 필요한 사항을 심의·의결하기 위하여 한국산업인력공단에 휴면보험금등관리위원회를 둔다.

② 제13조제4항에 따라 이전받은 보험금등은 우선적으로 피보험자등을 위하여 사용되어야 한다.

③ 휴면보험금등관리위원회의 구성 및 운영, 그 밖에 필요한 사항은 대통령령으로 정한다. [본조신설 2014. 1. 28.]

제14조(건강보험) 사용자 및 사용자에게 고용된 외국인근로자에게 「국민건강보험법」을 적용하는 경우 사용자는 같은 법 제3조에 따른 사용자로, 사용자에게 고용된 외국인근로자는 같은 법 제6조제1항에 따른 직장가입자로 본다. [전문개정 2009. 10. 9.]

제15조(귀국비용보험·신탁) ① 외국인근로자는 귀국 시 필요한 비용에 충당하기 위하여 보험 또는 신탁에 가입하여야 한다.

② 제1항에 따른 보험 또는 신탁의 가입방법·내용·관리 및 지급 등에 필요한 사항은 대통령령으로 정한다.

③ 제1항에 따른 보험 또는 신탁의 지급사유 발생에 따라 가입자가 받을 금액에 대한 청구권의 소멸시효, 소멸시효가 완성한 금액의 이전 및 관리·운용 등에 관하여는 제13조제4항 및 제13조의2를 준용한다. <신설 2014. 1. 28.>　　[전문개정 2009. 10. 9.]

제16조(귀국에 필요한 조치) 사용자는 외국인근로자가 근로관계의 종료, 체류기간의 만료 등으로 귀국하는 경우에는 귀국하기 전에 임금 등 금품관계를 청산하는 등 필요한 조치를 하여야 한다.

[전문개정 2009. 10. 9.]

제17조(외국인근로자의 고용관리) ① 사용자는 외국인근로자와의 근로계약을 해지하거나 그 밖에 고용과 관련된 중요 사항을 변경하는 등 대통령령으로 정하는 사유가 발생하였을 때에는 고용노동부령으로 정하는 바에 따라 직업안정기관의 장에게 신고하여야 한다. <개정 2010. 6. 4.>

② 사용자가 제1항에 따른 신고를 한 경우 그 신고사실이 「출입국관리법」 제19조제1항 각 호에 따른 신고사유에 해당하는 때에는 같은 항에 따른 신고를 한 것으로 본다. <신설 2016. 1. 27.>

③ 제1항에 따라 신고를 받은 직업안정기관의 장은 그 신고사실이 제2항에 해당하는 때에는 지체 없이 사용자의 소재지를 관할하는 지방출입국·외국인관서의 장에게 통보하여야 한다. <신설 2016. 1. 27.>

④ 외국인근로자의 적절한 고용관리 등에 필요한 사항은 대통령령으로 정한다. <개정 2016. 1. 27.>

[전문개정 2009. 10. 9.]

제18조(취업활동 기간의 제한) 외국인근로자는 입국한 날부터 3년의 범위에서 취업활동을 할 수 있다.

[전문개정 2012. 2. 1.]

제18조의2(취업활동 기간 제한에 관한 특례) ① 다음 각 호의 외국인근로자는 제18조에도 불구하고 한 차례만 2년 미만의 범위에서 취업활동 기간을 연장받을 수 있다. <개정 2010. 6. 4., 2012. 2. 1., 2020. 5. 26.>

1. 제8조제4항에 따른 고용허가를 받은 사용자에게 고용된 외국인근로자로서 제18조에 따른 취업활동 기간 3년이 만료되어 출국하기 전에 사용자가 고용노동부장관에게 재고용 허가를 요청한 근로자

2. 제12조제3항에 따른 특례고용가능확인을 받은 사용자에게 고용된 외국인근로자로서 제18조에 따른 취업활동 기간 3년이 만료되어 출국하기 전에 사용자가 고용노동부장관에게 재고용 허가를 요청한 근로자

② 고용노동부장관은 제1항 및 제18조에도 불구하고 감염병 확산, 천재지변 등의 사유로 외국인근로자의 입국과 출국이 어렵다고 인정되는 경우에는 정책위원회의 심의·의결을 거쳐 1년의 범위에서 취업활동 기간을 연장할 수 있다. <신설 2021. 4. 13.>

③ 제1항에 따른 사용자의 재고용 허가 요청 절차 및 그 밖에 필요한 사항은 고용노동부령으로 정한다. <개정 2010. 6. 4., 2012. 2. 1., 2021. 4. 13.>   [전문개정 2009. 10. 9.]

제18조의3(재입국 취업의 제한) 국내에서 취업한 후 출국한 외국인근로자(제12조제1항에 따른 외국인근로자는 제외한다)는 출국한 날부터 6개월이 지나지 아니하면 이 법에 따라 다시 취업할 수 없다.

[본조신설 2012. 2. 1.]

제18조의4(재입국 취업 제한의 특례) ① 고용노동부장관은 제18조의3에도 불구하고 다음 각 호의 요건을 모두 갖춘 외국인근로자로서 제18조의2에 따라 연장된 취업활동 기간이 끝나 출국하기 전에 사용자가 재입국 후의 고용허가를 신청한 외국인근로자에 대하여 출국한 날부터 1개월이 지나면 이 법에 따라 다시 취업하도록 할 수 있다. <개정 2021. 4. 13.>

1. 다음 각 목의 어느 하나에 해당할 것

가. 제18조 및 제18조의2에 따른 취업활동 기간 중에 사업 또는 사업장을 변경하지 아니하였을 것

나. 제25조제1항제1호 또는 제3호에 해당하는 사유로 사업 또는 사업장을 변경하는 경우(재입국 후의 고용허가를 신청하는 사용자와 취업활동 기간 종료일까지의 근로계약 기간이 1년 이상인 경우만 해당한다)로서 동일업종 내 근속기간 등 고용노동부장관이 정하여 고시하는 기준을 충족할 것

다. 제25조제1항제2호에 해당하는 사유로 사업 또는 사업장을 변경하는 경우로서 재입국 후의 고용허가를 신청하는 사용자와 취업활동 기간 종료일까지의 근로계약 기간이 1년 이상일 것

라. 제25조제1항제2호에 해당하는 사유로 사업 또는 사업장을 변경하는 경우로서 재입국 후의 고용허가를 신청하는 사용자와 취업활동 기간 종료일까지의 근로계약 기간이 1년 미만이나 직업안정기관의 장이 제24조의2제1항에 따른 외국인근로자 권익보호협의회의 의견을 들어 재입국 후의 고용허가를 하는 것이 타당하다고 인정하였을 것

2. 정책위원회가 도입 업종이나 규모 등을 고려하여 내국인을 고용하기 어렵다고 정하는 사업 또는 사업장에서 근로하고 있을 것

3. 재입국하여 근로를 시작하는 날부터 효력이 발생하는 1년 이상의 근로계약을 해당 사용자와 체결하고 있을 것

② 제1항에 따른 재입국 후의 고용허가 신청과 재입국 취업활동에 대하여는 제6조, 제7조제2항, 제11조를 적용하지 아니한다.

③ 제1항에 따른 재입국 취업은 한 차례만 허용되고, 재입국 취업을 위한 근로계약의 체결에 관하여는 제9조를 준용하며, 재입국한 외국인근로자의 취업활동에 대하여는 제18조, 제18조의2 및 제25조를 준용한다. <개정 2020. 5. 26.>

④ 제1항에 따른 사용자의 고용허가 신청 절차 및 그 밖에 필요한 사항은 고용노동부령으로 정한다.

[본조신설 2012. 2. 1.]

제19조(외국인근로자 고용허가 또는 특례고용가능확인의 취소) ① 직업안정기관의 장은 다음 각 호의 어느 하나에 해당하는 사용자에 대하여 대통령령으로 정하는 바에 따라 제8조제4항에 따른 고용허가나 제12조제3항에 따른 특례고용가능확인을 취소할 수 있다.

1. 거짓이나 그 밖의 부정한 방법으로 고용허가나 특례고용가능확인을 받은 경우

2. 사용자가 입국 전에 계약한 임금 또는 그 밖의 근로조건을 위반하는 경우

3. 사용자의 임금체불 또는 그 밖의 노동관계법 위반 등으로 근로계약을 유지하기 어렵다고 인정되는 경우

② 제1항에 따라 외국인근로자 고용허가나 특례고용가능확인이 취소된 사용자는 취소된 날부터 15일 이내에 그 외국인근로자와의 근로계약을 종료하여야 한다.

[전문개정 2009. 10. 9.]

제20조(외국인근로자 고용의 제한) ① 직업안정기관의 장은 다음 각 호의 어느 하나에 해당하는 사용자에 대하여 그 사실이 발생한 날부터 3년간 외국인근로자의 고용을 제한할 수 있다. <개정 2014. 1. 28., 2022. 6. 10.>

1. 제8조제4항에 따른 고용허가 또는 제12조제3항에 따른 특례고용가능확인을 받지 아니하고 외국인근로자를 고용한 자

2. 제19조제1항에 따라 외국인근로자의 고용허가나 특례고용가능확인이 취소된 자

3. 이 법 또는 「출입국관리법」을 위반하여 처벌을 받은 자

3의2. 외국인근로자의 사망으로 「산업안전보건법」 제167조제1항에 따른 처벌을 받은 자

4. 그 밖에 대통령령으로 정하는 사유에 해당하는 자

② 고용노동부장관은 제1항에 따라 외국인근로자의 고용을 제한하는 경우에는 그 사용자에게 고용노동부령으로 정하는 바에 따라 알려야 한다. <개정 2010. 6. 4.>

[전문개정 2009. 10. 9.]

제21조(외국인근로자 관련 사업) 고용노동부장관은 외국인근로자의 원활한 국내 취업활동 및 효율적인 고용관리를 위하여 다음 각 호의 사업을 한다. <개정 2010. 6. 4.>

1. 외국인근로자의 출입국 지원사업

2. 외국인근로자 및 그 사용자에 대한 교육사업

3. 송출국가의 공공기관 및 외국인근로자 관련 민간단체와의 협력사업

4. 외국인근로자 및 그 사용자에 대한 상담 등 편의 제공 사업

5. 외국인근로자 고용제도 등에 대한 홍보사업

6. 그 밖에 외국인근로자의 고용관리에 관한 사업으로서 대통령령으로 정하는 사업

[전문개정 2009. 10. 9.]

제4장 외국인근로자의 보호

제22조(차별 금지) 사용자는 외국인근로자라는 이유로 부당하게 차별하여 처우하여서는 아니 된다.

[전문개정 2009. 10. 9.]

제22조의2(기숙사의 제공 등) ① 사용자가 외국인근로자에게 기숙사를 제공하는 경우에는 「근로기준법」 제100조에서 정하는 기준을 준수하고, 건강과 안전을 지킬 수 있도록 하여야 한다.

② 사용자는 제1항에 따라 기숙사를 제공하는 경우 외국인근로자와 근로계약을 체결할 때에 외국인근로자에게 다음 각 호의 정보를 사전에 제공하여야 한다. 근로계약 체결 후 다음 각 호의 사항을 변경하는 경우에도 또한 같다.

1. 기숙사의 구조와 설비

2. 기숙사의 설치 장소

3. 기숙사의 주거 환경

4. 기숙사의 면적

5. 그 밖에 기숙사 설치 및 운영에 필요한 사항

③ 제2항에 따른 기숙사 정보 제공의 기준 등에 필요한 사항은 대통령령으로 정한다.

[본조신설 2019. 1. 15.]

제23조(보증보험 등의 가입) ① 사업의 규모 및 산업별 특성 등을 고려하여 대통령령으로 정하는 사업 또는 사업장의 사용자는 임금체불에 대비하여 그가 고용하는 외국인근로자를 위한 보증보험에 가입하여야 한다.

② 산업별 특성 등을 고려하여 대통령령으로 정하는 사업 또는 사업장에서 취업하는 외국인근로자는 질병·사망 등에 대비한 상해보험에 가입하여야 한다.

③ 제1항 및 제2항에 따른 보증보험, 상해보험의 가입방법·내용·관리 및 지급 등에 필요한 사항은 대통령령으로 정한다.

[전문개정 2009. 10. 9.]

제24조(외국인근로자 관련 단체 등에 대한 지원) ① 국가는 외국인근로자에 대한 상담과 교육, 그 밖에 대통령령으로 정하는 사업을 하는 기관 또는 단체에 대하여 사업에 필요한 비용의 일부를 예산의 범위에서 지원할 수 있다.

② 제1항에 따른 지원요건·기준 및 절차 등에 관하여 필요한 사항은 대통령령으로 정한다.

[전문개정 2009. 10. 9.]

제24조의2(외국인근로자 권익보호협의회) ① 외국인근로자의 권익보호에 관한 사항을 협의하기 위하여 직업안정기관에 관할 구역의 노동자단체와 사용자단체 등이 참여하는 외국인근로자 권익보호협의회를 둘 수 있다.

② 외국인근로자 권익보호협의회의 구성·운영 등에 필요한 사항은 고용노동부령으로 정한

다. <개정 2010. 6. 4.>

[본조신설 2009. 10. 9.]

제25조(사업 또는 사업장 변경의 허용) ① 외국인근로자(제12조제1항에 따른 외국인근로자는 제외한다)는 다음 각 호의 어느 하나에 해당하는 사유가 발생한 경우에는 고용노동부령으로 정하는 바에 따라 직업안정기관의 장에게 다른 사업 또는 사업장으로의 변경을 신청할 수 있다. <개정 2010. 6. 4., 2012. 2. 1., 2019. 1. 15.>

1. 사용자가 정당한 사유로 근로계약기간 중 근로계약을 해지하려고 하거나 근로계약이 만료된 후 갱신을 거절하려는 경우

2. 휴업, 폐업, 제19조제1항에 따른 고용허가의 취소, 제20조제1항에 따른 고용의 제한, 제22조의2를 위반한 기숙사의 제공, 사용자의 근로조건 위반 또는 부당한 처우 등 외국인근로자의 책임이 아닌 사유로 인하여 사회통념상 그 사업 또는 사업장에서 근로를 계속할 수 없게 되었다고 인정하여 고용노동부장관이 고시한 경우

3. 그 밖에 대통령령으로 정하는 사유가 발생한 경우

② 사용자가 제1항에 따라 사업 또는 사업장 변경 신청을 한 후 재취업하려는 외국인근로자를 고용할 경우 그 절차 및 방법에 관하여는 제6조·제8조 및 제9조를 준용한다.

③ 제1항에 따른 다른 사업 또는 사업장으로의 변경을 신청한 날부터 3개월 이내에 「출입국관리법」 제21조에 따른 근무처 변경허가를 받지 못하거나 사용자와 근로계약이 종료된 날부터 1개월 이내에 다른 사업 또는 사업장으로의 변경을 신청하지 아니한 외국인근로자는 출국하여야 한다. 다만, 업무상 재해, 질병, 임신, 출산 등의 사유로 근무처 변경허가를 받을 수 없거나 근무처 변경신청을 할 수 없는 경우에는 그 사유가 없어진 날부터 각각 그 기간을 계산한다.

④ 제1항에 따른 외국인근로자의 사업 또는 사업장 변경은 제18조에 따른 기간 중에는 원칙적으로 3회를 초과할 수 없으며, 제18조의2제1항에 따라 연장된 기간 중에는 2회를 초과할 수 없다. 다만, 제1항제2호의 사유로 사업 또는 사업장을 변경한 경우는 포함하지 아니한다. <개정 2014. 1. 28.>

[전문개정 2009. 10. 9.]

제5장 보칙 <개정 2009. 10. 9.>

제26조(보고 및 조사 등) ① 고용노동부장관은 필요하다고 인정하면 사용자나 외국인근로자 또는 제24조제1항에 따라 지원을 받는 외국인근로자 관련 단체에 대하여 보고, 관련 서류의 제출이나 그 밖에 필요한 명령을 할 수 있으며, 소속 공무원으로 하여금 관계인에게 질문하거나 관련 장부·서류 등을 조사하거나 검사하게 할 수 있다. <개정 2010. 6. 4.>

② 제1항에 따라 조사 또는 검사를 하는 공무원은 그 신분을 표시하는 증명서를 지니고 이를 관계인에게 내보여야 한다.

[전문개정 2009. 10. 9.]

제26조의2(관계 기관의 협조) ① 고용노동부장관은 중앙행정기관·지방자치단체·공공기관 등 관계 기관의 장에게 이 법의 시행을 위하여 다음 각 호의 자료 제출을 요청할 수 있다.

1. 업종별·지역별 인력수급 자료

2. 외국인근로자 대상 지원사업 자료

② 제1항에 따라 자료의 제출을 요청받은 기관은 정당한 사유가 없으면 요청에 따라야 한다.

[본조신설 2014. 1. 28.]

제27조(수수료의 징수 등) ① 제9조제2항에 따라 사용자와 외국인근로자의 근로계약 체결(제12조제1항 각 호 외의 부분 후단, 제18조의4제3항 및 제25조제2항에 따라 근로계약 체결을 준용하는 경우를 포함한다. 이하 이 조에서 같다)을 대행하는 자는 고용노동부령으로 정하는 바에 따라 사용자로부터 수수료와 필요한 비용을 받을 수 있다. <개정 2010. 6. 4., 2012. 2. 1.>

② 고용노동부장관은 제21조에 따른 외국인근로자 관련 사업을 하기 위하여 필요하면 고용노동부령으로 정하는 바에 따라 사용자로부터 수수료와 필요한 비용을 받을 수 있다. <개정 2010. 6. 4.>

③ 제27조의2제1항에 따라 외국인근로자의 고용에 관한 업무를 대행하는 자는 고용노동부령으로 정하는 바에 따라 사용자로부터 수수료와 필요한 비용을 받을 수 있다. <개정 2010. 6. 4.>

④ 다음 각 호의 어느 하나에 해당하는 자가 아닌 자는 근로계약 체결의 대행이나 외국인근로자 고용에 관한 업무의 대행 또는 외국인근로자 관련 사업을 하는 대가로 어떠한 금품도 받아서는 아니 된다. <개정 2010. 6. 4., 2020. 5. 26.>

1. 제9조제2항에 따라 사용자와 외국인근로자의 근로계약 체결을 대행하는 자

2. 제27조의2제1항에 따라 외국인근로자의 고용에 관한 업무를 대행하는 자

3. 제21조에 따른 고용노동부장관의 권한을 제28조에 따라 위임·위탁받아 하는 자

[전문개정 2009. 10. 9.]

제27조의2(각종 신청 등의 대행) ① 사용자 또는 외국인근로자는 다음 각 호에 따른 신청이나 서류의 수령 등 외국인근로자의 고용에 관한 업무를 고용노동부장관이 지정하는 자(이하 "대행기관"이라 한다)에게 대행하게 할 수 있다. <개정 2010. 6. 4., 2012. 2. 1.>

1. 제6조제1항에 따른 내국인 구인 신청(제25조제2항에 따라 준용하는 경우를 포함한다)

2. 제18조의2에 따른 사용자의 재고용 허가 요청

3. 제18조의4제1항에 따른 재입국 후의 고용허가 신청

4. 제25조제1항에 따른 사업 또는 사업장 변경 신청

5. 그 밖에 고용노동부령으로 정하는 외국인근로자 고용 등에 관한 업무

② 제1항에 따른 대행기관의 지정요건, 업무범위, 지정절차 및 대행에 필요한 사항은 고용노

동부령으로 정한다. <개정 2010. 6. 4.>   [본조신설 2009. 10. 9.]

제27조의3(대행기관의 지정취소 등) ① 고용노동부장관은 대행기관이 다음 각 호의 어느 하나에 해당하는 경우에는 고용노동부령으로 정하는 바에 따라 지정취소, 6개월 이내의 업무정지 또는 시정명령을 할 수 있다. <개정 2010. 6. 4.>

1. 거짓이나 그 밖의 부정한 방법으로 지정을 받은 경우

2. 지정요건에 미달하게 된 경우

3. 지정받은 업무범위를 벗어나 업무를 한 경우

4. 그 밖에 선량한 관리자의 주의를 다하지 아니하거나 업무처리 절차를 위배한 경우

② 고용노동부장관은 제1항에 따라 대행기관을 지정취소할 경우에는 청문을 실시하여야 한다. <개정 2010. 6. 4.>   [본조신설 2009. 10. 9.]

제28조(권한의 위임·위탁) 고용노동부장관은 이 법에 따른 권한의 일부를 대통령령으로 정하는 바에 따라 지방고용노동관서의 장에게 위임하거나 한국산업인력공단 또는 대통령령으로 정하는 자에게 위탁할 수 있다. 다만, 제21조제1호의 사업은 한국산업인력공단에 위탁한다. <개정 2010. 6. 4., 2014. 1. 28.>

[전문개정 2009. 10. 9.]

제6장 벌칙 <개정 2009. 10. 9.>

제29조(벌칙) 다음 각 호의 어느 하나에 해당하는 자는 1년 이하의 징역 또는 1천만원 이하의 벌금에 처한다. <개정 2014. 1. 28.>

1. 제8조제6항을 위반하여 외국인근로자의 선발, 알선, 그 밖의 채용에 개입한 자

2. 제16조를 위반하여 귀국에 필요한 조치를 하지 아니한 사용자

3. 제19조제2항을 위반하여 근로계약을 종료하지 아니한 사용자

4. 제25조에 따른 외국인근로자의 사업 또는 사업장 변경을 방해한 자

5. 제27조제4항을 위반하여 금품을 받은 자

[전문개정 2009. 10. 9.]

제30조(벌칙) 다음 각 호의 어느 하나에 해당하는 자는 500만원 이하의 벌금에 처한다.

1. 제13조제1항 전단을 위반하여 출국만기보험등에 가입하지 아니한 사용자

2. 제23조에 따른 보증보험 또는 상해보험에 가입하지 아니한 자

[전문개정 2009. 10. 9.]

제31조(양벌규정) 법인의 대표자나 법인 또는 개인의 대리인, 사용인, 그 밖의 종업원이 그 법인 또는 개인의 업무에 관하여 제29조 또는 제30조의 위반행위를 하면 그 행위자를 벌하는 외에 그 법인 또는 개인에게도 해당 조문의 벌금형을 과(科)한다. 다만, 법인 또는 개인이 그 위반행위를 방지하기 위하여 해당 업무에 관하여 상당한 주의와 감독을 게을리하지 아니한 경우에는 그러하지 아니하다.

[전문개정 2009. 10. 9.]

제32조(과태료) ① 다음 각 호의 어느 하나에 해당하는 자에게는 500만원 이하의 과태료를 부과한다. <개정 2021. 4. 13.>

1. 제9조제1항을 위반하여 근로계약을 체결할 때 표준근로계약서를 사용하지 아니한 자

2. 제11조제2항을 위반하여 외국인근로자에게 취업교육을 받게 하지 아니한 사용자

2의2. 제11조의2제1항을 위반하여 사용자 교육을 받지 아니한 사용자

3. 제12조제3항에 따른 특례고용가능확인을 받지 아니하고 같은 조 제1항에 따른 사증을 발급받은 외국인근로자를 고용한 사용자

4. 제12조제4항을 위반하여 외국인구직자 명부에 등록된 사람 중에서 채용하지 아니한 사용자 또는 외국인근로자가 근로를 시작한 후 직업안정기관의 장에게 신고를 하지 아니하거나 거짓으로 신고한 사용자

5. 제13조제1항 후단을 위반하여 출국만기보험등의 매월 보험료 또는 신탁금을 3회 이상 연체한 사용자

6. 제15조제1항을 위반하여 보험 또는 신탁에 가입하지 아니한 외국인근로자

7. 제17조제1항을 위반하여 신고를 하지 아니하거나 거짓으로 신고한 사용자

8. 제20조제1항에 따라 외국인근로자의 고용이 제한된 사용자로서 제12조제1항에 따른 사증을 발급받은 외국인근로자를 고용한 사용자

9. 제26조제1항에 따른 명령을 따르지 아니하여 보고를 하지 아니하거나 거짓으로 보고한 자, 관련 서류를 제출하지 아니하거나 거짓으로 제출한 자, 같은 항에 따른 질문 또는 조사·검사를 거부·방해하거나 기피한 자

10. 제27조제1항·제2항 또는 제3항에 따른 수수료 및 필요한 비용 외의 금품을 받은 자

② 제1항에 따른 과태료는 대통령령으로 정하는 바에 따라 고용노동부장관이 부과·징수한다. <개정 2010. 6. 4.> [전문개정 2009. 10. 9.]

부칙 〈제18929호, 2022. 6. 10.〉

제1조(시행일) 이 법은 공포 후 6개월이 경과한 날부터 시행한다.

제2조(외국인근로자 고용의 제한에 관한 적용례) 제20조제1항제3호의2의 개정규정은 이 법 시행 이후 사용자가 「산업안전보건법」 제167조제1항에 따른 처벌을 받은 경우부터 적용한다.

재한외국인 처우 기본법

(약칭: 외국인처우법)

[시행 2022. 1. 25.] [법률 제18793호, 2022. 1. 25., 일부개정]

제1장 총칙

제1조(목적) 이 법은 재한외국인에 대한 처우 등에 관한 기본적인 사항을 정함으로써 재한외국인이 대한민국 사회에 적응하여 개인의 능력을 충분히 발휘할 수 있도록 하고, 대한민국 국민과 재한외국인이 서로를 이해하고 존중하는 사회 환경을 만들어 대한민국의 발전과 사회통합에 이바지함을 목적으로 한다.

제2조(정의) 이 법에서 사용하는 용어의 정의는 다음과 같다.

1. "재한외국인"이란 대한민국의 국적을 가지지 아니한 자로서 대한민국에 거주할 목적을 가지고 합법적으로 체류하고 있는 자를 말한다.

2. "재한외국인에 대한 처우"란 국가 및 지방자치단체가 재한외국인을 그 법적 지위에 따라 적정하게 대우하는 것을 말한다.

3. "결혼이민자"란 대한민국 국민과 혼인한 적이 있거나 혼인관계에 있는 재한외국인을 말한다.

제3조(국가 및 지방자치단체의 책무) 국가 및 지방자치단체는 제1조의 목적을 달성하기 위하여 재한외국인에 대한 처우 등에 관한 정책의 수립·시행에 노력하여야 한다.

제4조(다른 법률과의 관계) 국가는 재한외국인에 대한 처우 등과 관련되는 다른 법률을 제정 또는 개정하는 경우에는 이 법의 목적에 맞도록 하여야 한다.

제2장 외국인정책의 수립 및 추진 체계

제5조(외국인정책의 기본계획) ① 법무부장관은 관계 중앙행정기관의 장과 협의하여 5년마다 외국인정책에 관한 기본계획(이하 "기본계획"이라 한다)을 수립하여야 한다.

② 기본계획에는 다음 각 호의 사항이 포함되어야 한다.

1. 외국인정책의 기본목표와 추진방향

2. 외국인정책의 추진과제, 그 추진방법 및 추진시기

3. 필요한 재원의 규모와 조달방안

4. 그 밖에 외국인정책 수립 등을 위하여 필요하다고 인정되는 사항

③ 법무부장관은 제1항에 따라 수립된 기본계획을 제8조에 따른 외국인정책위원회의 심의를 거쳐 확정하여야 한다.

④ 기본계획의 수립절차 등에 관하여 필요한 사항은 대통령령으로 정한다.

⑤ 법무부장관은 기본계획을 수립함에 있어서 상호주의 원칙을 고려한다.

제6조(연도별 시행계획) ① 관계 중앙행정기관의 장은 기본계획에 따라 소관별로 연도별 시행계획을 수립·시행하여야 한다.

② 지방자치단체의 장은 중앙행정기관의 장이 법령에 따라 위임한 사무에 관하여 당해 중앙행정기관의 장이 수립한 시행계획에 따라 당해 지방자치단체의 연도별 시행계획을 수립·시행하여야 한다.

③ 관계 중앙행정기관의 장은 제2항에 따라 수립된 지방자치단체의 시행계획이 기본계획 및 당해 중앙행정기관의 시행계획에 부합되지 아니하는 경우에는 당해 지방자치단체의 장에게 그 변경을 요청할 수 있고, 당해 지방자치단체가 수립한 시행계획의 이행사항을 기본계획 및 당해 중앙행정기관의 시행계획에 따라 점검할 수 있다.

④ 관계 중앙행정기관의 장은 소관별로 다음 해 시행계획과 지난 해 추진실적 및 평가결과를 법무부장관에게 제출하여야 하며, 법무부장관은 이를 종합하여 제8조에 따른 외국인정책위원회에 상정하여야 한다.

⑤ 그 밖에 시행계획의 수립·시행 및 평가 등에 관하여 필요한 사항은 대통령령으로 정한다.

제7조(업무의 협조) ① 법무부장관은 기본계획과 시행계획을 수립·시행하고 이를 평가하기 위하여 필요한 때에는 국가기관·지방자치단체 및 대통령령으로 정하는 공공단체의 장(이하 "공공기관장"이라 한다)에게 관련 자료의 제출 등 필요한 협조를 요청할 수 있다.

② 중앙행정기관 및 지방자치단체의 장은 소관 업무에 관한 시행계획을 수립·시행하고 이를 평가하기 위하여 필요한 때에는 공공기관장에게 관련 자료의 제출 등 필요한 협조를 요청할 수 있다.

제8조(외국인정책위원회) ① 외국인정책에 관한 주요 사항을 심의·조정하기 위하여 국무총리 소속으로 외국인정책위원회(이하 "위원회"라 한다)를 둔다.

② 위원회는 다음 각 호의 사항을 심의·조정한다.

1. 제5조에 따른 외국인정책의 기본계획의 수립에 관한 사항

2. 제6조에 따른 외국인정책의 시행계획 수립, 추진실적 및 평가결과에 관한 사항

3. 제15조에 따른 사회적응에 관한 주요 사항

4. 그 밖에 외국인정책에 관한 주요 사항

③ 위원회는 위원장 1인을 포함한 30인 이내의 위원으로 구성하며, 위원장은 국무총리가 되고, 위원은 다음 각 호의 자가 된다.

1. 대통령령으로 정하는 중앙행정기관의 장

2. 외국인정책에 관하여 학식과 경험이 풍부한 자 중에서 위원장이 위촉하는 자

④ 위원회에 상정할 안건과 위원회에서 위임한 안건을 처리하기 위하여 위원회에 외국인정책실무위원회(이하 "실무위원회"라 한다)를 둔다.

⑤ 제1항부터 제4항까지 외에 위원회 및 실무위원회의 구성과 운영에 관하여 필요한 사항은

대통령령으로 정한다.

제9조(정책의 연구·추진 등) ① 법무부장관은 기본계획의 수립, 시행계획의 수립 및 추진실적에 대한 평가, 위원회 및 실무위원회의 구성·운영 등이 효율적으로 이루어질 수 있도록 다음 각 호의 업무를 수행하여야 한다.

1. 재한외국인, 불법체류외국인 및 제15조에 따른 귀화자에 관한 실태 조사
2. 기본계획의 수립에 필요한 사항에 관한 연구
3. 위원회 및 실무위원회에 부의할 안건에 관한 사전 연구
4. 외국인정책에 관한 자료 및 통계의 관리, 위원회 및 실무위원회의 사무 처리
5. 제15조에 따른 사회적응시책 및 그 이용에 관한 연구와 정책의 추진
6. 그 밖에 외국인정책 수립 등에 관하여 필요하다고 인정되는 사항에 관한 연구와 정책의 추진

② 제1항 각 호의 업무를 효율적으로 수행하기 위하여 필요한 사항은 대통령령으로 정한다.

제3장 재한외국인 등의 처우

제10조(재한외국인 등의 인권옹호) 국가 및 지방자치단체는 재한외국인 또는 그 자녀에 대한 불합리한 차별 방지 및 인권옹호를 위한 교육·홍보, 그 밖에 필요한 조치를 하기 위하여 노력하여야 한다.

제11조(재한외국인의 사회적응 지원) 국가 및 지방자치단체는 재한외국인이 대한민국에서 생활하는 데 필요한 기본적 소양과 지식에 관한 교육·정보제공 및 상담 등의 지원을 할 수 있다.

제12조(결혼이민자 및 그 자녀의 처우) ① 국가 및 지방자치단체는 결혼이민자에 대한 국어교육, 대한민국의 제도·문화에 대한 교육, 결혼이민자의 자녀에 대한 보육 및 교육 지원, 의료 지원 등을 통하여 결혼이민자 및 그 자녀가 대한민국 사회에 빨리 적응하도록 지원할 수 있다. <개정 2010. 7. 23.>

② 제1항은 대한민국 국민과 사실혼 관계에서 출생한 자녀를 양육하고 있는 재한외국인 및 그 자녀에 대하여 준용한다.

③ 국가와 지방자치단체는 제1항의 결혼이민자 및 그 자녀와 제2항의 재한외국인 및 그 자녀에 대하여 건강검진을 실시할 수 있다. <신설 2017. 10. 31.>

제13조(영주권자의 처우) ① 국가 및 지방자치단체는 대한민국에 영구적으로 거주할 수 있는 법적 지위를 가진 외국인(이하 "영주권자"라 한다)에 대하여 대한민국의 안전보장·질서유지·공공복리, 그 밖에 대한민국의 이익을 해치지 아니하는 범위 안에서 대한민국으로의 입국·체류 또는 대한민국 안에서의 경제활동 등을 보장할 수 있다.

② 제12조제1항은 영주권자에 대하여 준용한다.

제14조(난민의 처우) ① 「난민법」에 따른 난민인정자가 대한민국에서 거주하기를 원하는 경

우에는 제12조제1항을 준용하여 지원할 수 있다. <개정 2012. 2. 10.>

② 국가는 난민의 인정을 받은 재한외국인이 외국에서 거주할 목적으로 출국하려는 경우에는 출국에 필요한 정보제공 및 상담과 그 밖에 필요한 지원을 할 수 있다.

제14조의2(특별기여자의 처우) ① 대한민국에 특별히 기여하였거나 공익의 증진에 이바지하였다고 인정되어 대한민국에 거주하고 있는 외국인 및 그 동반가족으로서 국내 정착을 지원할 필요가 있다고 법무부장관이 인정하는 사람(이하 "특별기여자등"이라 한다)의 처우에 관하여는 제14조, 「난민법」 제31조부터 제36조까지 및 제38조를 준용한다.

② 국가 및 지방자치단체는 특별기여자등에게 다음 각 호의 지원을 할 수 있다.

1. 초기생활정착자금 및 그 밖에 필요한 생활지원

2. 고용 정보의 제공, 취업알선 등 취업에 필요한 지원

[본조신설 2022. 1. 25.]

제15조(국적취득 후 사회적응) 재한외국인이 대한민국의 국적을 취득한 경우에는 국적을 취득한 날부터 3년이 경과하는 날까지 제12조제1항에 따른 시책의 혜택을 받을 수 있다.

제16조(전문외국인력의 처우 개선) 국가 및 지방자치단체는 전문적인 지식·기술 또는 기능을 가진 외국인력의 유치를 촉진할 수 있도록 그 법적 지위 및 처우의 개선에 필요한 제도와 시책을 마련하기 위하여 노력하여야 한다.

제17조(과거 대한민국국적을 보유하였던 자 등의 처우) 국가 및 지방자치단체는 과거 대한민국의 국적을 보유하였던 자 또는 그의 직계비속(대한민국의 국적을 보유한 자를 제외한다)으로서 대통령령으로 정하는 자에 대하여 대한민국의 안전보장·질서유지·공공복리, 그 밖에 대한민국의 이익을 해치지 아니하는 범위 안에서 대한민국으로의 입국·체류 또는 대한민국 안에서의 경제활동 등을 보장할 수 있다.

제4장 국민과 재한외국인이 더불어 살아가는 환경조성

제18조(다문화에 대한 이해 증진) 국가 및 지방자치단체는 국민과 재한외국인이 서로의 역사·문화 및 제도를 이해하고 존중할 수 있도록 교육, 홍보, 불합리한 제도의 시정이나 그 밖에 필요한 조치를 하기 위하여 노력하여야 한다.

제19조(세계인의 날) ① 국민과 재한외국인이 서로의 문화와 전통을 존중하면서 더불어 살아갈 수 있는 사회 환경을 조성하기 위하여 매년 5월 20일을 세계인의 날로 하고, 세계인의 날부터 1주간의 기간을 세계인주간으로 한다.

② 세계인의 날 행사에 관하여 필요한 사항은 법무부장관 또는 특별시장·광역시장·도지사 또는 특별자치도지사가 따로 정할 수 있다.

제5장 보칙

제20조(외국인에 대한 민원 안내 및 상담) ① 공공기관장은 재한외국인에게 민원처리절차를 안내하는 업무를 전담하는 직원을 지정할 수 있고, 그 직원으로 하여금 소정의 교육을 이수하도록 할 수 있다.

② 국가는 전화 또는 전자통신망을 이용하여 재한외국인과 그 밖에 대통령령으로 정하는 자에게 외국어로 민원을 안내·상담하기 위하여 외국인종합안내센터를 설치·운영할 수 있다.

제21조(민간과의 협력) 국가 및 지방자치단체는 외국인정책에 관한 사업 중의 일부를 비영리법인 또는 비영리단체에 위탁할 수 있고, 그 위탁한 사업수행에 드는 비용의 일부를 지원하거나 그 밖에 필요한 지원을 할 수 있다.

제22조(국제교류의 활성화) 국가 및 지방자치단체는 외국인정책과 관련한 국제기구에 참여하거나 국제회의에 참석하고, 정보교환 및 공동 조사·연구 등의 국제협력사업을 추진함으로써 국제교류를 활성화하기 위하여 노력하여야 한다.

제23조(정책의 공표 및 전달) ① 국가 및 지방자치단체는 확정된 외국인정책의 기본계획 및 시행계획 등을 공표할 수 있다. 다만, 위원회 또는 실무위원회에서 국가안전보장·질서유지·공공복리·외교관계 등의 국익을 고려하여 공표하지 아니하기로 하거나 개인의 사생활의 비밀이 침해될 우려가 있는 사항에 대하여는 그러하지 아니하다.

② 국가 및 지방자치단체는 모든 국민 및 재한외국인이 제1항에 따라 공표된 외국인정책의 기본계획 및 시행계획 등을 쉽게 이해하고 이용할 수 있도록 노력하여야 한다.

부칙 〈제18793호, 2022. 1. 25.〉

이 법은 공포한 날부터 시행한다.

다문화가족지원법

(약칭: 다문화가족법)

[시행 2020. 5. 19.] [법률 제17281호, 2020. 5. 19., 일부개정]

제1조(목적) 이 법은 다문화가족 구성원이 안정적인 가족생활을 영위하고 사회구성원으로서의 역할과 책임을 다할 수 있도록 함으로써 이들의 삶의 질 향상과 사회통합에 이바지함을 목적으로 한다. <개정 2015. 12. 22.>

제2조(정의) 이 법에서 사용하는 용어의 뜻은 다음과 같다. <개정 2011. 4. 4., 2015. 12. 1.>

1. "다문화가족"이란 다음 각 목의 어느 하나에 해당하는 가족을 말한다.

　가. 「재한외국인 처우 기본법」 제2조제3호의 결혼이민자와 「국적법」 제2조부터 제4조까지의 규정에 따라 대한민국 국적을 취득한 자로 이루어진 가족

　나. 「국적법」 제3조 및 제4조에 따라 대한민국 국적을 취득한 자와 같은 법 제2조부터 제4조까지의 규정에 따라 대한민국 국적을 취득한 자로 이루어진 가족

2. "결혼이민자등"이란 다문화가족의 구성원으로서 다음 각 목의 어느 하나에 해당하는 자를 말한다.

　가. 「재한외국인 처우 기본법」 제2조제3호의 결혼이민자

　나. 「국적법」 제4조에 따라 귀화허가를 받은 자

3. "아동·청소년"이란 24세 이하인 사람을 말한다.

제3조(국가와 지방자치단체의 책무) ① 국가와 지방자치단체는 다문화가족 구성원이 안정적인 가족생활을 영위하고 경제·사회·문화 등 각 분야에서 사회구성원으로서의 역할과 책임을 다할 수 있도록 필요한 제도와 여건을 조성하고 이를 위한 시책을 수립·시행하여야 한다. <개정 2015. 12. 22.>

② 특별시·광역시·특별자치시·도·특별자치도 및 시·군·구(자치구를 말한다. 이하 같다)에는 다문화가족 지원을 담당할 기구와 공무원을 두어야 한다. <신설 2012. 2. 1., 2015. 12. 1.>

③ 국가와 지방자치단체는 이 법에 따른 시책 중 외국인정책 관련 사항에 대하여는 「재한외국인 처우 기본법」 제5조부터 제9조까지의 규정에 따른다. <개정 2012. 2. 1.>

제3조의2(다문화가족 지원을 위한 기본계획의 수립) ① 여성가족부장관은 다문화가족 지원을 위하여 5년마다 다문화가족정책에 관한 기본계획(이하 "기본계획"이라 한다)을 수립하여야 한다.

② 기본계획에는 다음 각 호의 사항을 포함하여야 한다. <개정 2015. 12. 22.>

1. 다문화가족 지원 정책의 기본 방향

2. 다문화가족 지원을 위한 분야별 발전시책과 평가에 관한 사항

3. 다문화가족 지원을 위한 제도 개선에 관한 사항

3의2. 다문화가족 구성원의 경제·사회·문화 등 각 분야에서 활동 증진에 관한 사항

4. 다문화가족 지원을 위한 재원 확보 및 배분에 관한 사항

5. 그 밖에 다문화가족 지원을 위하여 필요한 사항

③ 여성가족부장관은 기본계획을 수립할 때에는 미리 관계 중앙행정기관의 장과 협의하여야 한다.

④ 기본계획은 제3조의4에 따른 다문화가족정책위원회의 심의를 거쳐 확정한다. 이 경우 여성가족부장관은 확정된 기본계획을 지체 없이 국회 소관 상임위원회에 보고하고, 관계 중앙행정기관의 장과 특별시장·광역시장·특별자치시장·도지사·특별자치도지사(이하 "시·도지사"라 한다)에게 알려야 한다. <개정 2015. 12. 1., 2020. 5. 19.>

⑤ 여성가족부장관은 기본계획을 수립하기 위하여 필요하다고 인정하는 경우 관계 기관의 장에게 기본계획의 수립에 필요한 자료의 제출을 요구할 수 있다.

⑥ 제5항에 따라 자료의 제출을 요구받은 관계 기관의 장은 정당한 사유가 없으면 이에 따라야 한다.

[본조신설 2011. 4. 4.]

제3조의3(연도별 시행계획의 수립·시행) ① 여성가족부장관, 관계 중앙행정기관의 장과 시·도지사는 매년 기본계획에 따라 다문화가족정책에 관한 시행계획(이하 "시행계획"이라 한다)을 수립·시행하여야 한다.

② 관계 중앙행정기관의 장과 시·도지사는 전년도의 시행계획에 따른 추진실적 및 다음 연도의 시행계획을 대통령령으로 정하는 바에 따라 매년 여성가족부장관에게 제출하여야 한다.

③ 시행계획의 수립·시행 및 추진실적의 평가 등에 필요한 사항은 대통령령으로 정한다.

[본조신설 2011. 4. 4.]

제3조의4(다문화가족정책위원회의 설치) ① 다문화가족의 삶의 질 향상과 사회통합에 관한 중요 사항을 심의·조정하기 위하여 국무총리 소속으로 다문화가족정책위원회(이하 "정책위원회"라 한다)를 둔다.

② 정책위원회는 다음 각 호의 사항을 심의·조정한다.

1. 제3조의2에 따른 다문화가족정책에 관한 기본계획의 수립 및 추진에 관한 사항

2. 제3조의3에 따른 다문화가족정책의 시행계획의 수립, 추진실적 점검 및 평가에 관한 사항

3. 다문화가족과 관련된 각종 조사, 연구 및 정책의 분석·평가에 관한 사항

4. 각종 다문화가족 지원 관련 사업의 조정 및 협력에 관한 사항

5. 다문화가족정책과 관련된 국가 간 협력에 관한 사항

6. 그 밖에 다문화가족의 사회통합에 관한 중요 사항으로 위원장이 필요하다고 인정하는 사항

③ 정책위원회는 위원장 1명을 포함한 20명 이내의 위원으로 구성하고, 위원장은 국무총리

가 되며, 위원은 다음 각 호의 사람이 된다.

1. 대통령령으로 정하는 중앙행정기관의 장

2. 다문화가족정책에 관하여 학식과 경험이 풍부한 사람 중에서 위원장이 위촉하는 사람

④ 정책위원회에서 심의·조정할 사항을 미리 검토하고 대통령령에 따라 위임된 사항을 다루기 위하여 정책위원회에 실무위원회를 둔다.

⑤ 그 밖에 정책위원회 및 실무위원회의 구성 및 운영 등에 필요한 사항은 대통령령으로 정한다.

[본조신설 2011. 4. 4.]

제4조(실태조사 등) ① 여성가족부장관은 다문화가족의 현황 및 실태를 파악하고 다문화가족 지원을 위한 정책수립에 활용하기 위하여 3년마다 다문화가족에 대한 실태조사를 실시하고 그 결과를 공표하여야 한다. <개정 2010. 1. 18.>

② 여성가족부장관은 제1항에 따른 실태조사를 위하여 관계 공공기관 또는 관련 법인·단체에 대하여 필요한 자료의 제출 등 협조를 요청할 수 있다. 이 경우 자료의 제출 등 협조를 요청받은 관계 공공기관 또는 관련 법인·단체 등은 특별한 사유가 없는 한 이에 협조하여야 한다. <개정 2010. 1. 18.>

③ 여성가족부장관은 제1항에 따른 실태조사를 실시함에 있어서 외국인정책 관련 사항에 대하여는 법무부장관과, 다문화가족 구성원인 아동·청소년의 교육현황 및 아동·청소년의 다문화가족에 대한 인식 등에 관한 사항에 대하여는 교육부장관과 협의를 거쳐 실시한다. <개정 2010. 1. 18., 2011. 4. 4., 2013. 3. 23., 2015. 12. 1., 2017. 3. 21.>

④ 제1항에 따른 실태조사의 대상 및 방법 등에 필요한 사항은 여성가족부령으로 정한다. <개정 2010. 1. 18.>

제5조(다문화가족에 대한 이해증진) ①국가와 지방자치단체는 다문화가족에 대한 사회적 차별 및 편견을 예방하고 사회구성원이 문화적 다양성을 인정하고 존중할 수 있도록 다문화이해교육을 실시하고 홍보 등 필요한 조치를 하여야 한다. <개정 2011. 4. 4., 2013. 3. 22.>

② 여성가족부장관은 제1항에 따른 조치를 함에 있어 홍보영상을 제작하여 「방송법」 제2조제3호에 따른 방송사업자에게 배포하여야 한다. <신설 2015. 12. 1.>

③ 여성가족부장관은 「방송법」 제2조제3호에 따른 방송사업자(이하 이 조에서 "방송사업자"라 한다)에게 같은 법 제73조제4항에 따라 대통령령으로 정하는 비상업적 공익광고 편성 비율의 범위에서 제2항의 홍보영상을 채널별로 송출하도록 요청할 수 있다. <신설 2015. 12. 1., 2020. 5. 19.>

④ 방송사업자는 제2항의 홍보영상 외에 독자적으로 홍보영상을 제작하여 송출할 수 있다. 이 경우 여성가족부장관에게 필요한 협조 및 지원을 요청할 수 있다. <신설 2015. 12. 1., 2020. 5. 19.>

⑤ 교육부장관과 특별시·광역시·특별자치시·도·특별자치도의 교육감은 「유아교육법」 제

2조, 「초·중등교육법」 제2조 또는 「고등교육법」 제2조에 따른 학교에서 다문화가족에 대한 이해를 돕는 교육을 실시하기 위한 시책을 수립·시행하여야 한다. 이 경우 제4조에 따른 실태조사의 결과 중 다문화가족 구성원인 아동·청소년의 교육현황 및 아동·청소년의 다문화가족에 대한 인식 등에 관한 사항을 반영하여야 한다. <신설 2011. 4. 4., 2013. 3. 23., 2015. 12. 1., 2017. 3. 21.>

⑥ 교육부장관과 특별시·광역시·특별자치시·도·특별자치도의 교육감은 「유아교육법」 제2조 및 「초·중등교육법」 제2조에 따른 학교의 교원에 대하여 대통령령으로 정하는 바에 따라 다문화 이해교육 관련 연수를 실시하여야 한다. <신설 2017. 12. 12.>

제6조(생활정보 제공 및 교육 지원) ① 국가와 지방자치단체는 결혼이민자등이 대한민국에서 생활하는데 필요한 기본적 정보(아동·청소년에 대한 학습 및 생활지도 관련 정보를 포함한다)를 제공하고, 사회적응교육과 직업교육·훈련 및 언어소통 능력 향상을 위한 한국어교육 등을 받을 수 있도록 필요한 지원을 할 수 있다. <개정 2011. 4. 4., 2016. 3. 2.>

② 국가와 지방자치단체는 결혼이민자등의 배우자 및 가족구성원이 결혼이민자등의 출신 국가 및 문화 등을 이해하는 데 필요한 기본적 정보를 제공하고 관련 교육을 지원할 수 있다. <신설 2017. 12. 12.>

③ 국가와 지방자치단체는 제1항 및 제2항에 따른 교육을 실시함에 있어 거주지 및 가정환경 등으로 인하여 서비스에서 소외되는 결혼이민자등과 배우자 및 그 가족구성원이 없도록 방문교육이나 원격교육 등 다양한 방법으로 교육을 지원하고, 교재와 강사 등의 전문성을 강화하기 위한 시책을 수립·시행하여야 한다. <신설 2011. 4. 4., 2017. 12. 12.>

④ 국가와 지방자치단체는 제3항의 방문교육의 비용을 결혼이민자등의 가구 소득수준, 교육의 종류 등 여성가족부장관이 정하여 고시하는 기준에 따라 차등지원할 수 있다. <신설 2015. 12. 1., 2017. 12. 12.>

⑤ 국가와 지방자치단체가 제4항에 따른 비용을 지원함에 있어 비용 지원의 신청, 금융정보 등의 제공, 조사·질문 등은 「아이돌봄 지원법」 제22조부터 제25조까지의 규정을 준용한다. <신설 2015. 12. 1., 2017. 12. 12.>

⑥ 결혼이민자등의 배우자 등 다문화가족 구성원은 결혼이민자등이 한국어교육 등 사회적응에 필요한 다양한 교육을 받을 수 있도록 노력하여야 한다. <신설 2015. 12. 1., 2017. 12. 12.>

⑦ 그 밖에 제1항 및 제2항에 따른 정보제공 및 교육에 필요한 사항은 대통령령으로 정한다. <개정 2011. 4. 4., 2015. 12. 1., 2017. 12. 12.>

제7조(평등한 가족관계의 유지를 위한 조치) 국가와 지방자치단체는 다문화가족이 민주적이고 양성평등한 가족관계를 누릴 수 있도록 가족상담, 부부교육, 부모교육, 가족생활교육 등을 추진하여야 한다. 이 경우 문화의 차이 등을 고려한 전문적인 서비스가 제공될 수 있도록 노력하여야 한다.

제8조(가정폭력 피해자에 대한 보호·지원) ① 국가와 지방자치단체는 「가정폭력방지 및 피해

자보호 등에 관한 법률」에 따라 다문화가족 내 가정폭력을 예방하기 위하여 노력하여야 한다. <개정 2011. 4. 4.>

② 국가와 지방자치단체는 가정폭력으로 피해를 입은 결혼이민자등을 보호·지원할 수 있다. <신설 2011. 4. 4.>

③ 국가와 지방자치단체는 가정폭력의 피해를 입은 결혼이민자등에 대한 보호 및 지원을 위하여 외국어 통역 서비스를 갖춘 가정폭력 상담소 및 보호시설의 설치를 확대하도록 노력하여야 한다. <개정 2011. 4. 4.>

④ 국가와 지방자치단체는 결혼이민자등이 가정폭력으로 혼인관계를 종료하는 경우 의사소통의 어려움과 법률체계 등에 관한 정보의 부족 등으로 불리한 입장에 놓이지 아니하도록 의견진술 및 사실확인 등에 있어서 언어통역, 법률상담 및 행정지원 등 필요한 서비스를 제공할 수 있다. <개정 2011. 4. 4.>

제9조(의료 및 건강관리를 위한 지원) ①국가와 지방자치단체는 결혼이민자등이 건강하게 생활할 수 있도록 영양·건강에 대한 교육, 산전·산후 도우미 파견, 건강검진 등의 의료서비스를 지원할 수 있다. <개정 2011. 4. 4.>

② 국가와 지방자치단체는 결혼이민자등이 제1항에 따른 의료서비스를 제공받을 경우 외국어 통역 서비스를 제공할 수 있다. <신설 2011. 4. 4.>

[제목개정 2011. 4. 4.]

제10조(아동·청소년 보육·교육) ① 국가와 지방자치단체는 아동·청소년 보육·교육을 실시함에 있어서 다문화가족 구성원인 아동·청소년을 차별하여서는 아니 된다. <개정 2015. 12. 1.>

② 국가와 지방자치단체는 다문화가족 구성원인 아동·청소년이 학교생활에 신속히 적응할 수 있도록 교육지원대책을 마련하여야 하고, 특별시·광역시·특별자치시·도·특별자치도의 교육감은 다문화가족 구성원인 아동·청소년에 대하여 학과 외 또는 방과 후 교육 프로그램 등을 지원할 수 있다. <개정 2015. 12. 1.>

③ 국가와 지방자치단체는 다문화가족 구성원인 18세 미만인 사람의 초등학교 취학 전 보육 및 교육 지원을 위하여 노력하고, 그 구성원의 언어발달을 위하여 한국어 및 결혼이민자등인 부 또는 모의 모국어 교육을 위한 교재지원 및 학습지원 등 언어능력 제고를 위하여 필요한 지원을 할 수 있다. <개정 2013. 3. 22., 2015. 12. 1.>

④ 「영유아보육법」 제10조에 따른 어린이집의 원장, 「유아교육법」 제7조에 따른 유치원의 장, 「초·중등교육법」 제2조에 따른 각급 학교의 장, 그 밖에 대통령령으로 정하는 기관의 장은 아동·청소년 보육·교육을 실시함에 있어 다문화가족 구성원인 아동·청소년이 차별을 받지 아니하도록 필요한 조치를 하여야 한다. <신설 2015. 12. 1.> [제목개정 2015. 12. 1.]

제11조(다국어에 의한 서비스 제공) 국가와 지방자치단체는 제5조부터 제10조까지의 규정에 따른 지원정책을 추진함에 있어서 결혼이민자등의 의사소통의 어려움을 해소하고 서비스 접

근성을 제고하기 위하여 다국어에 의한 서비스 제공이 이루어지도록 노력하여야 한다.

제11조의2(다문화가족 종합정보 전화센터의 설치·운영 등) ① 여성가족부장관은 다국어에 의한 상담·통역 서비스 등을 결혼이민자등에게 제공하기 위하여 다문화가족 종합정보 전화센터(이하 "전화센터"라 한다)를 설치·운영할 수 있다. 이 경우 「가정폭력방지 및 피해자보호 등에 관한 법률」 제4조의6제1항 후단에 따른 외국어 서비스를 제공하는 긴급전화센터와 통합하여 운영할 수 있다.

② 여성가족부장관은 전화센터의 설치·운영을 대통령으로 정하는 기관 또는 단체에 위탁할 수 있다.

③ 여성가족부장관은 전화센터의 설치·운영을 위탁할 경우 예산의 범위에서 그에 필요한 비용의 전부 또는 일부를 지원할 수 있다.

④ 전화센터의 설치·운영에 필요한 사항은 여성가족부령으로 정한다.

[본조신설 2013. 8. 13.]

제12조(다문화가족지원센터의 설치·운영 등) ① 국가와 지방자치단체는 다문화가족지원센터(이하 "지원센터"라 한다)를 설치·운영할 수 있다.

② 국가 또는 지방자치단체는 지원센터의 설치·운영을 대통령으로 정하는 법인이나 단체에 위탁할 수 있다.

③ 국가 또는 지방자치단체 아닌 자가 지원센터를 설치·운영하고자 할 때에는 미리 시·도지사 또는 시장·군수·구청장(자치구의 구청장을 말한다. 이하 같다)의 지정을 받아야 한다.

④ 지원센터는 다음 각 호의 업무를 수행한다. <개정 2020. 5. 19.>

1. 다문화가족을 위한 교육·상담 등 지원사업의 실시

2. 결혼이민자등에 대한 한국어교육

3. 다문화가족 지원서비스 정보제공 및 홍보

4. 다문화가족 지원 관련 기관·단체와의 서비스 연계

5. 일자리에 관한 정보제공 및 일자리의 알선

6. 다문화가족을 위한 통역·번역 지원사업

7. 다문화가족 내 가정폭력 방지 및 피해자 연계 지원

8. 그 밖에 다문화가족 지원을 위하여 필요한 사업

⑤ 지원센터에는 다문화가족에 대한 교육·상담 등의 업무를 수행하기 위하여 관련 분야에 대한 학식과 경험을 가진 전문인력을 두어야 한다.

⑥ 국가와 지방자치단체는 제3항에 따라 지정한 지원센터에 대하여 예산의 범위에서 제4항 각 호의 업무를 수행하는 데에 필요한 비용 및 지원센터의 운영에 드는 비용의 전부 또는 일부를 보조할 수 있다. <개정 2016. 3. 2.>

⑦ 제1항, 제2항 및 제3항에 따른 지원센터의 설치·운영 기준, 위탁·지정 기간 및 절차 등에 필요한 사항은 대통령령으로 정하고, 제5항에 따른 전문인력의 기준 등에 필요한 사항은 여성가족부령으로 정한다.

[전문개정 2012. 2. 1.]

제12조의2(보수교육의 실시) ① 여성가족부장관 또는 시·도지사는 지원센터에 두는 전문인력의 자질과 능력을 향상시키기 위하여 보수교육을 실시하여야 한다.

② 제1항에 따른 보수교육의 내용·기간 및 방법 등은 여성가족부령으로 정한다.

[본조신설 2012. 2. 1.]

제12조의3(유사명칭 사용금지) 이 법에 따른 지원센터가 아니면 다문화가족지원센터 또는 이와 유사한 명칭을 사용하지 못한다.

[본조신설 2013. 8. 13.]

제13조(다문화가족 지원업무 관련 공무원의 교육) 국가와 지방자치단체는 다문화가족 지원 관련 업무에 종사하는 공무원의 다문화가족에 대한 이해증진과 전문성 향상을 위하여 교육을 실시할 수 있다.

제13조의2(다문화가족지원사업 전문인력 양성) ① 국가 또는 지방자치단체는 다문화가족지원 및 다문화 이해교육 등의 사업 추진에 필요한 전문인력을 양성하는 데 노력하여야 한다.

② 여성가족부장관은 제1항에 따른 전문인력을 양성하기 위하여 대통령령으로 정하는 바에 따라 대학이나 연구소 등 적절한 인력과 시설 등을 갖춘 기관이나 단체를 전문인력 양성기관으로 지정하여 관리할 수 있다.

③ 국가 또는 지방자치단체는 제2항에 따라 지정된 전문인력 양성기관에 대하여 예산의 범위에서 필요한 경비의 전부 또는 일부를 지원할 수 있다.

④ 제2항에 따른 전문인력 양성기관의 지정 기준 및 절차 등은 대통령령으로 정한다.

[본조신설 2012. 2. 1.]

제14조(사실혼 배우자 및 자녀의 처우) 제5조부터 제12조까지의 규정은 대한민국 국민과 사실혼 관계에서 출생한 자녀를 양육하고 있는 다문화가족 구성원에 대하여 준용한다.

제14조의2(다문화가족 자녀에 대한 적용 특례) 다문화가족이 이혼 등의 사유로 해체된 경우에도 그 구성원이었던 자녀에 대하여는 이 법을 적용한다.

[본조신설 2013. 8. 13.]

제15조(권한의 위임과 위탁) ① 여성가족부장관은 이 법에 따른 권한의 일부를 대통령령으로 정하는 바에 따라 시·도지사 또는 시장·군수·구청장에게 위임할 수 있다. <개정 2010. 1. 18., 2011. 4. 4., 2012. 2. 1.>

② 국가와 지방자치단체는 이 법에 따른 업무의 일부를 대통령령으로 정하는 바에 따라 비영리법인이나 단체에 위탁할 수 있다.

제15조의2(정보 제공의 요청) ① 여성가족부장관 또는 지방자치단체의 장은 이 법의 시행을 위하여 필요한 경우에는 법무부장관에게 다음 각 호의 정보 중 결혼이민자등의 현황 파악을 위한 정보로서 대통령령으로 정하는 정보의 제공을 요청할 수 있다. 이 경우 지방자치단체의 장은 해당 관할구역의 결혼이민자등에 관한 정보에 한정하여 요청할 수 있다.

1. 「재한외국인 처우 기본법」제2조제3호에 따른 결혼이민자의 외국인 등록 정보

2. 「국적법」제6조제2항에 따라 귀화허가를 받은 사람의 귀화허가 신청 정보

② 제1항에 따라 정보의 제공을 요청받은 법무부장관은 정당한 사유가 없으면 이에 따라야 한다.

③ 제1항에 따라 정보를 제공받은 여성가족부장관 또는 지방자치단체의 장은 제공받은 정보를 제12조제1항·제3항에 따른 지원센터에 제공할 수 있다.

[본조신설 2012. 2. 1.]

제16조(민간단체 등의 지원) ① 국가와 지방자치단체는 다문화가족 지원 사업을 수행하는 단체나 개인에 대하여 필요한 비용의 전부 또는 일부를 보조하거나 그 업무수행에 필요한 행정적 지원을 할 수 있다.

② 국가와 지방자치단체는 결혼이민자등이 상부상조하기 위한 단체의 구성·운영 등을 지원할 수 있다.

제17조(과태료) ① 제12조의3을 위반한 자에게는 300만원 이하의 과태료를 부과한다.

② 제1항에 따른 과태료는 대통령령으로 정하는 바에 따라 여성가족부장관 또는 지방자치단체의 장이 부과·징수한다.

[본조신설 2013. 8. 13.]

부칙 〈제17281호, 2020. 5. 19.〉

제1조(시행일) 이 법은 공포한 날부터 시행한다.

제2조(다문화가족정책에 관한 기본계획에 관한 적용례) 제3조의2제4항의 개정규정은 이 법 시행 후 최초로 여성가족부장관이 수립하는 기본계획부터 적용한다.

난민법

[시행 2016. 12. 20.] [법률 제14408호, 2016. 12. 20., 일부개정]

제1장 총칙

제1조(목적) 이 법은 「난민의 지위에 관한 1951년 협약」(이하 "난민협약"이라 한다) 및 「난민의 지위에 관한 1967년 의정서」(이하 "난민의정서"라 한다) 등에 따라 난민의 지위와 처우 등에 관한 사항을 정함을 목적으로 한다.

제2조(정의) 이 법에서 사용하는 용어의 뜻은 다음과 같다.

1. "난민"이란 인종, 종교, 국적, 특정 사회집단의 구성원인 신분 또는 정치적 견해를 이유로 박해를 받을 수 있다고 인정할 충분한 근거가 있는 공포로 인하여 국적국의 보호를 받을 수 없거나 보호받기를 원하지 아니하는 외국인 또는 그러한 공포로 인하여 대한민국에 입국하기 전에 거주한 국가(이하 "상주국"이라 한다)로 돌아갈 수 없거나 돌아가기를 원하지 아니하는 무국적자인 외국인을 말한다.

2. "난민으로 인정된 사람"(이하 "난민인정자"라 한다)이란 이 법에 따라 난민으로 인정을 받은 외국인을 말한다.

3. "인도적 체류 허가를 받은 사람"(이하 "인도적체류자"라 한다)이란 제1호에는 해당하지 아니하지만 고문 등의 비인도적인 처우나 처벌 또는 그 밖의 상황으로 인하여 생명이나 신체의 자유 등을 현저히 침해당할 수 있다고 인정할 만한 합리적인 근거가 있는 사람으로서 대통령령으로 정하는 바에 따라 법무부장관으로부터 체류허가를 받은 외국인을 말한다.

4. "난민인정을 신청한 사람"(이하 "난민신청자"라 한다)이란 대한민국에 난민인정을 신청한 외국인으로서 다음 각 목의 어느 하나에 해당하는 사람을 말한다.
   가. 난민인정 신청에 대한 심사가 진행 중인 사람
   나. 난민불인정결정이나 난민불인정결정에 대한 이의신청의 기각결정을 받고 이의신청의 제기기간이나 행정심판 또는 행정소송의 제기기간이 지나지 아니한 사람
   다. 난민불인정결정에 대한 행정심판 또는 행정소송이 진행 중인 사람

5. "재정착희망난민"이란 대한민국 밖에 있는 난민 중 대한민국에서 정착을 희망하는 외국인을 말한다.

6. "외국인"이란 대한민국의 국적을 가지지 아니한 사람을 말한다.

제3조(강제송환의 금지) 난민인정자와 인도적체류자 및 난민신청자는 난민협약 제33조 및 「고문 및 그 밖의 잔혹하거나 비인도적 또는 굴욕적인 대우나 처벌의 방지에 관한 협약」 제3조에 따라 본인의 의사에 반하여 강제로 송환되지 아니한다.

제4조(다른 법률의 적용) 난민인정자와 인도적체류자 및 난민신청자의 지위와 처우에 관하여 이 법에서 정하지 아니한 사항은 「출입국관리법」을 적용한다.

제2장 난민인정 신청과 심사 등

제5조(난민인정 신청) ① 대한민국 안에 있는 외국인으로서 난민인정을 받으려는 사람은 법무부장관에게 난민인정 신청을 할 수 있다. 이 경우 외국인은 난민인정신청서를 지방출입국·외국인관서의 장에게 제출하여야 한다. <개정 2014. 3. 18.>

② 제1항에 따른 신청을 하는 때에는 다음 각 호에 해당하는 서류를 제시하여야 한다.

1. 여권 또는 외국인등록증. 다만, 이를 제시할 수 없는 경우에는 그 사유서

2. 난민인정 심사에 참고할 문서 등 자료가 있는 경우 그 자료

③ 난민인정 신청은 서면으로 하여야 한다. 다만, 신청자가 글을 쓸 줄 모르거나 장애 등의 사유로 인하여 신청서를 작성할 수 없는 경우에는 접수하는 공무원이 신청서를 작성하고 신청자와 함께 서명 또는 기명날인하여야 한다.

④ 출입국관리공무원은 난민인정 신청에 관하여 문의하거나 신청 의사를 밝히는 외국인이 있으면 적극적으로 도와야 한다.

⑤ 법무부장관은 난민인정 신청을 받은 때에는 즉시 신청자에게 접수증을 교부하여야 한다.

⑥ 난민신청자는 난민인정 여부에 관한 결정이 확정될 때까지(난민불인정결정에 대한 행정심판이나 행정소송이 진행 중인 경우에는 그 절차가 종결될 때까지) 대한민국에 체류할 수 있다.

⑦ 제1항부터 제6항까지 정한 사항 외에 난민인정 신청의 구체적인 방법과 절차 등 필요한 사항은 법무부령으로 정한다.

제6조(출입국항에서 하는 신청) ① 외국인이 입국심사를 받는 때에 난민인정 신청을 하려면 「출입국관리법」에 따른 출입국항을 관할하는 지방출입국·외국인관서의 장에게 난민인정신청서를 제출하여야 한다. <개정 2014. 3. 18.>

② 지방출입국·외국인관서의 장은 제1항에 따라 출입국항에서 난민인정신청서를 제출한 사람에 대하여 7일의 범위에서 출입국항에 있는 일정한 장소에 머무르게 할 수 있다. <개정 2014. 3. 18.>

③ 법무부장관은 제1항에 따라 난민인정신청서를 제출한 사람에 대하여는 그 신청서가 제출된 날부터 7일 이내에 난민인정 심사에 회부할 것인지를 결정하여야 하며, 그 기간 안에 결정하지 못하면 그 신청자의 입국을 허가하여야 한다.

④ 출입국항에서의 난민신청자에 대하여는 대통령령으로 정하는 바에 따라 제2항의 기간 동안 기본적인 의식주를 제공하여야 한다.

⑤ 제1항부터 제4항까지 정한 사항 외에 출입국항에서 하는 난민인정 신청의 절차 등 필요한 사항은 대통령령으로 정한다.

제7조(난민인정 신청에 필요한 사항의 게시) ① 지방출입국·외국인관서의 장은 지방출입국·외국인관서 및 관할 출입국항에 난민인정 신청에 필요한 서류를 비치하고 이 법에 따른 접수 방법 및 난민신청자의 권리 등 필요한 사항을 게시(인터넷 등 전자적 방법을 통한 게시를 포함한다)하여 누구나 열람할 수 있도록 하여야 한다. <개정 2014. 3. 18.>

② 제1항에 따른 서류의 비치 및 게시의 구체적인 방법은 법무부령으로 정한다.

제8조(난민인정 심사) ① 제5조에 따른 난민인정신청서를 제출받은 지방출입국·외국인관서의 장은 지체 없이 난민신청자에 대하여 면접을 실시하고 사실조사를 한 다음 그 결과를 난민인정신청서에 첨부하여 법무부장관에게 보고하여야 한다. <개정 2014. 3. 18.>

② 난민신청자의 요청이 있는 경우 같은 성(性)의 공무원이 면접을 하여야 한다.

③ 지방출입국·외국인관서의 장은 필요하다고 인정하는 경우 면접과정을 녹음 또는 녹화할 수 있다. 다만, 난민신청자의 요청이 있는 경우에는 녹음 또는 녹화를 거부하여서는 아니 된다. <개정 2014. 3. 18.>

④ 법무부장관은 지방출입국·외국인관서에 면접과 사실조사 등을 전담하는 난민심사관을 둔다. 난민심사관의 자격과 업무수행에 관한 사항은 대통령령으로 정한다. <개정 2014. 3. 18.>

⑤ 법무부장관은 다음 각 호의 어느 하나에 해당하는 난민신청자에 대하여는 제1항에 따른 심사절차의 일부를 생략할 수 있다.

1. 거짓 서류의 제출이나 거짓 진술을 하는 등 사실을 은폐하여 난민인정 신청을 한 경우

2. 난민인정을 받지 못한 사람 또는 제22조에 따라 난민인정이 취소된 사람이 중대한 사정의 변경 없이 다시 난민인정을 신청한 경우

3. 대한민국에서 1년 이상 체류하고 있는 외국인이 체류기간 만료일에 임박하여 난민인정 신청을 하거나 강제퇴거 대상 외국인이 그 집행을 지연시킬 목적으로 난민인정 신청을 한 경우

⑥ 난민신청자는 난민심사에 성실하게 응하여야 한다. 법무부장관은 난민신청자가 면접 등을 위한 출석요구에도 불구하고 3회 이상 연속하여 출석하지 아니하는 경우에는 난민인정 심사를 종료할 수 있다.

제9조(난민신청자에게 유리한 자료의 수집) 법무부장관은 난민신청자에게 유리한 자료도 적극적으로 수집하여 심사 자료로 활용하여야 한다.

제10조(사실조사) ① 법무부장관은 난민의 인정 또는 제22조에 따른 난민인정의 취소·철회 여부를 결정하기 위하여 필요하면 법무부 내 난민전담공무원 또는 지방출입국·외국인관서의 난민심사관으로 하여금 그 사실을 조사하게 할 수 있다. <개정 2014. 3. 18.>

② 제1항에 따른 조사를 하기 위하여 필요한 경우 난민신청자, 그 밖에 관계인을 출석하게 하여 질문을 하거나 문서 등 자료의 제출을 요구할 수 있다.

③ 법무부 내 난민전담부서의 장 또는 지방출입국·외국인관서의 장은 난민전담공무원 또는 난민심사관이 제1항에 따라 난민의 인정 또는 난민인정의 취소나 철회 등에 관한 사실조사

를 마친 때에는 지체 없이 그 내용을 법무부장관에게 보고하여야 한다. <개정 2014. 3. 18.>

제11조(관계 행정기관 등의 협조) ① 법무부장관은 난민인정 심사에 필요한 경우 관계 행정기관의 장이나 지방자치단체의 장(이하 "관계 기관의 장"이라 한다) 또는 관련 단체의 장에게 자료제출 또는 사실조사 등의 협조를 요청할 수 있다.

② 제1항에 따라 협조를 요청받은 관계 기관의 장이나 관련 단체의 장은 정당한 사유 없이 이를 거부하여서는 아니 된다.

제12조(변호사의 조력을 받을 권리) 난민신청자는 변호사의 조력을 받을 권리를 가진다.

제13조(신뢰관계 있는 사람의 동석) 난민심사관은 난민신청자의 신청이 있는 때에는 면접의 공정성에 지장을 초래하지 아니하는 범위에서 신뢰관계 있는 사람의 동석을 허용할 수 있다.

제14조(통역) 법무부장관은 난민신청자가 한국어로 충분한 의사표현을 할 수 없는 경우에는 면접 과정에서 대통령령으로 정하는 일정한 자격을 갖춘 통역인으로 하여금 통역하게 하여야 한다.

제15조(난민면접조서의 확인) 난민심사관은 난민신청자가 난민면접조서에 기재된 내용을 이해하지 못하는 경우 난민면접을 종료한 후 난민신청자가 이해할 수 있는 언어로 통역 또는 번역을 하여 그 내용을 확인할 수 있도록 하여야 한다.

제16조(자료 등의 열람·복사) ① 난민신청자는 본인이 제출한 자료, 난민면접조서의 열람이나 복사를 요청할 수 있다.

② 출입국관리공무원은 제1항에 따른 열람이나 복사의 요청이 있는 경우 지체 없이 이에 응하여야 한다. 다만, 심사의 공정성에 현저한 지장을 초래한다고 인정할 만한 명백한 이유가 있는 경우에는 열람이나 복사를 제한할 수 있다.

③ 제1항에 따른 열람과 복사의 구체적인 방법과 절차는 대통령령으로 정한다.

제17조(인적사항 등의 공개 금지) ① 누구든지 난민신청자와 제13조에 따라 면접에 동석하는 사람의 주소·성명·연령·직업·용모, 그 밖에 그 난민신청자 등을 특정하여 파악할 수 있게 하는 인적사항과 사진 등을 공개하거나 타인에게 누설하여서는 아니 된다. 다만, 본인의 동의가 있는 경우는 예외로 한다.

② 누구든지 제1항에 따른 난민신청자 등의 인적사항과 사진 등을 난민신청자 등의 동의를 받지 아니하고 출판물에 게재하거나 방송매체 또는 정보통신망을 이용하여 공개하여서는 아니 된다.

③ 난민인정 신청에 대한 어떠한 정보도 출신국에 제공되어서는 아니 된다.

제18조(난민의 인정 등) ① 법무부장관은 난민인정 신청이 이유 있다고 인정할 때에는 난민임을 인정하는 결정을 하고 난민인정증명서를 난민신청자에게 교부한다.

② 법무부장관은 난민인정 신청에 대하여 난민에 해당하지 아니한다고 결정하는 경우에는 난민신청자에게 그 사유와 30일 이내에 이의신청을 제기할 수 있다는 뜻을 적은 난민불인정

결정통지서를 교부한다.

③ 제2항에 따른 난민불인정결정통지서에는 결정의 이유(난민신청자의 사실 주장 및 법적 주장에 대한 판단을 포함한다)와 이의신청의 기한 및 방법 등을 명시하여야 한다.

④ 제1항 또는 제2항에 따른 난민인정 등의 결정은 난민인정신청서를 접수한 날부터 6개월 안에 하여야 한다. 다만, 부득이한 경우에는 6개월의 범위에서 기간을 정하여 연장할 수 있다.

⑤ 제4항 단서에 따라 기간을 연장한 때에는 종전의 기간이 만료되기 7일 전까지 난민신청자에게 통지하여야 한다.

⑥ 제1항에 따른 난민인정증명서 및 제2항에 따른 난민불인정결정통지서는 지방출입국·외국인관서의 장을 거쳐 난민신청자나 그 대리인에게 교부하거나 「행정절차법」 제14조에 따라 송달한다. <개정 2014. 3. 18.>

제19조(난민인정의 제한) 법무부장관은 난민신청자가 난민에 해당한다고 인정하는 경우에도 다음 각 호의 어느 하나에 해당된다고 인정할만한 상당한 이유가 있는 경우에는 제18조제1항에도 불구하고 난민불인정결정을 할 수 있다.

1. 유엔난민기구 외에 유엔의 다른 기구 또는 기관으로부터 보호 또는 원조를 현재 받고 있는 경우. 다만, 그러한 보호 또는 원조를 현재 받고 있는 사람의 지위가 국제연합총회에 의하여 채택된 관련 결의문에 따라 최종적으로 해결됨이 없이 그러한 보호 또는 원조의 부여가 어떠한 이유로 중지되는 경우는 제외한다.

2. 국제조약 또는 일반적으로 승인된 국제법규에서 정하는 세계평화에 반하는 범죄, 전쟁범죄 또는 인도주의에 반하는 범죄를 저지른 경우

3. 대한민국에 입국하기 전에 대한민국 밖에서 중대한 비정치적 범죄를 저지른 경우

4. 국제연합의 목적과 원칙에 반하는 행위를 한 경우

제20조(신원확인을 위한 보호) ① 출입국관리공무원은 난민신청자가 자신의 신원을 은폐하여 난민의 인정을 받을 목적으로 여권 등 신분증을 고의로 파기하였거나 거짓의 신분증을 행사하였음이 명백한 경우 그 신원을 확인하기 위하여 「출입국관리법」 제51조에 따라 지방출입국·외국인관서의 장으로부터 보호명령서를 발급받아 보호할 수 있다. <개정 2014. 3. 18.>

② 제1항에 따라 보호된 사람에 대하여는 그 신원이 확인되거나 10일 이내에 신원을 확인할 수 없는 경우 즉시 보호를 해제하여야 한다. 다만, 부득이한 사정으로 신원 확인이 지체되는 경우 지방출입국·외국인관서의 장은 10일의 범위에서 보호를 연장할 수 있다. <개정 2014. 3. 18.>

제21조(이의신청) ① 제18조제2항 또는 제19조에 따라 난민불인정결정을 받은 사람 또는 제22조에 따라 난민인정이 취소 또는 철회된 사람은 그 통지를 받은 날부터 30일 이내에 법무부장관에게 이의신청을 할 수 있다. 이 경우 이의신청서에 이의의 사유를 소명하는 자료를 첨부하여 지방출입국·외국인관서의 장에게 제출하여야 한다. <개정 2014. 3. 18.>

② 제1항에 따른 이의신청을 한 경우에는 「행정심판법」에 따른 행정심판을 청구할 수 없다.

③ 법무부장관은 제1항에 따라 이의신청서를 접수하면 지체 없이 제25조에 따른 난민위원회에 회부하여야 한다.

④ 제25조에 따른 난민위원회는 직접 또는 제27조에 따른 난민조사관을 통하여 사실조사를 할 수 있다.

⑤ 그 밖에 난민위원회의 심의절차에 대한 구체적인 사항은 대통령령으로 정한다.

⑥ 법무부장관은 난민위원회의 심의를 거쳐 제18조에 따라 난민인정 여부를 결정한다.

⑦ 법무부장관은 이의신청서를 접수한 날부터 6개월 이내에 이의신청에 대한 결정을 하여야 한다. 다만, 부득이한 사정으로 그 기간 안에 이의신청에 대한 결정을 할 수 없는 경우에는 6개월의 범위에서 기간을 정하여 연장할 수 있다.

⑧ 제7항 단서에 따라 이의신청의 심사기간을 연장한 때에는 그 기간이 만료되기 7일 전까지 난민신청자에게 이를 통지하여야 한다.

제22조(난민인정결정의 취소 등) ① 법무부장관은 난민인정결정이 거짓 서류의 제출이나 거짓 진술 또는 사실의 은폐에 따른 것으로 밝혀진 경우에는 난민인정을 취소할 수 있다.

② 법무부장관은 난민인정자가 다음 각 호의 어느 하나에 해당하는 경우에는 난민인정결정을 철회할 수 있다.

1. 자발적으로 국적국의 보호를 다시 받고 있는 경우

2. 국적을 상실한 후 자발적으로 국적을 회복한 경우

3. 새로운 국적을 취득하여 그 국적국의 보호를 받고 있는 경우

4. 박해를 받을 것이라는 우려 때문에 거주하고 있는 국가를 떠나거나 또는 그 국가 밖에서 체류하고 있다가 자유로운 의사로 그 국가에 재정착한 경우

5. 난민인정결정의 주된 근거가 된 사유가 소멸하여 더이상 국적국의 보호를 받는 것을 거부할 수 없게 된 경우

6. 무국적자로서 난민으로 인정된 사유가 소멸되어 종전의 상주국으로 돌아갈 수 있는 경우

③ 법무부장관은 제1항 또는 제2항에 따라 난민인정결정을 취소 또는 철회한 때에는 그 사유와 30일 이내에 이의신청을 할 수 있다는 뜻을 기재한 난민인정취소통지서 또는 난민인정철회통지서로 그 사실을 통지하여야 한다. 이 경우 통지의 방법은 제18조제6항을 준용한다.

제23조(심리의 비공개) 난민위원회나 법원은 난민신청자나 그 가족 등의 안전을 위하여 필요하다고 인정하면 난민신청자의 신청에 따라 또는 직권으로 심의 또는 심리를 공개하지 아니하는 결정을 할 수 있다.

제24조(재정착희망난민의 수용) ① 법무부장관은 재정착희망난민의 수용 여부와 규모 및 출신지역 등 주요 사항에 관하여 「재한외국인 처우 기본법」 제8조에 따른 외국인정책위원회의 심의를 거쳐 재정착희망난민의 국내 정착을 허가할 수 있다. 이 경우 정착허가는 제18조제1항에 따른 난민인정으로 본다.

② 제1항에 따른 국내정착 허가의 요건과 절차 등 구체적인 사항은 대통령령으로 정한다.

제3장 난민위원회 등

제25조(난민위원회의 설치 및 구성) ① 제21조에 따른 이의신청에 대한 심의를 하기 위하여 법무부에 난민위원회(이하 "위원회"라 한다)를 둔다.

② 위원회는 위원장 1명을 포함한 15명 이하의 위원으로 구성한다.

③ 위원회에 분과위원회를 둘 수 있다.

제26조(위원의 임명) ① 위원은 다음 각 호의 어느 하나에 해당하는 사람 중에서 법무부장관이 임명 또는 위촉한다.

1. 변호사의 자격이 있는 사람

2. 「고등교육법」제2조제1호 또는 제3호에 따른 학교에서 법률학 등을 가르치는 부교수 이상의 직에 있거나 있었던 사람

3. 난민 관련 업무를 담당하는 4급 이상 공무원이거나 이었던 사람

4. 그 밖에 난민에 관하여 전문적인 지식과 경험이 있는 사람

② 위원장은 위원 중에서 법무부장관이 임명한다.

③ 위원의 임기는 3년으로 하고, 연임할 수 있다.

제27조(난민조사관) ① 위원회에 난민조사관을 둔다.

② 난민조사관은 위원장의 명을 받아 이의신청에 대한 조사 및 그 밖에 위원회의 사무를 처리한다.

제28조(난민위원회의 운영) 제25조부터 제27조까지에서 규정한 사항 외에 위원회의 운영 등에 필요한 사항은 법무부령으로 정한다.

제29조(유엔난민기구와의 교류·협력) ① 법무부장관은 유엔난민기구가 다음 각 호의 사항에 대하여 통계 등의 자료를 요청하는 경우 협력하여야 한다.

1. 난민인정자 및 난민신청자의 상황

2. 난민협약 및 난민의정서의 이행 상황

3. 난민 관계 법령(입법예고를 한 경우를 포함한다)

② 법무부장관은 유엔난민기구나 난민신청자의 요청이 있는 경우 유엔난민기구가 다음 각 호의 행위를 할 수 있도록 협력하여야 한다.

1. 난민신청자 면담

2. 난민신청자에 대한 면접 참여

3. 난민인정 신청 또는 이의신청에 대한 심사에 관한 의견 제시

③ 법무부장관 및 난민위원회는 유엔난민기구가 난민협약 및 난민의정서의 이행상황을 점검하는 임무를 원활하게 수행할 수 있도록 편의를 제공하여야 한다.

제4장 난민인정자 등의 처우

제1절 난민인정자의 처우

제30조(난민인정자의 처우) ① 대한민국에 체류하는 난민인정자는 다른 법률에도 불구하고 난민협약에 따른 처우를 받는다.

② 국가와 지방자치단체는 난민의 처우에 관한 정책의 수립·시행, 관계 법령의 정비, 관계 부처 등에 대한 지원, 그 밖에 필요한 조치를 하여야 한다.

제31조(사회보장) 난민으로 인정되어 국내에 체류하는 외국인은 「사회보장기본법」 제8조 등에도 불구하고 대한민국 국민과 같은 수준의 사회보장을 받는다.

제32조(기초생활보장) 난민으로 인정되어 국내에 체류하는 외국인은 「국민기초생활 보장법」 제5조의2에도 불구하고 본인의 신청에 따라 같은 법 제7조부터 제15조까지에 따른 보호를 받는다.

제33조(교육의 보장) ① 난민인정자나 그 자녀가 「민법」에 따라 미성년자인 경우에는 국민과 동일하게 초등교육과 중등교육을 받는다.

② 법무부장관은 난민인정자에 대하여 대통령령으로 정하는 바에 따라 그의 연령과 수학능력 및 교육여건 등을 고려하여 필요한 교육을 받을 수 있도록 지원할 수 있다.

제34조(사회적응교육 등) ① 법무부장관은 난민인정자에 대하여 대통령령으로 정하는 바에 따라 한국어 교육 등 사회적응교육을 실시할 수 있다.

② 법무부장관은 난민인정자가 원하는 경우 대통령령으로 정하는 바에 따라 직업훈련을 받을 수 있도록 지원할 수 있다.

제35조(학력인정) 난민인정자는 대통령령으로 정하는 바에 따라 외국에서 이수한 학교교육의 정도에 상응하는 학력을 인정받을 수 있다.

제36조(자격인정) 난민인정자는 관계 법령에서 정하는 바에 따라 외국에서 취득한 자격에 상응하는 자격 또는 그 자격의 일부를 인정받을 수 있다.

제37조(배우자 등의 입국허가) ① 법무부장관은 난민인정자의 배우자 또는 미성년인 자녀가 입국을 신청하는 경우 「출입국관리법」 제11조에 해당하는 경우가 아니면 입국을 허가하여야 한다.

② 제1항에 따른 배우자 및 미성년자의 범위는 「민법」에 따른다.

제38조(난민인정자에 대한 상호주의 적용의 배제) 난민인정자에 대하여는 다른 법률에도 불구하고 상호주의를 적용하지 아니한다.

제2절 인도적체류자의 처우

제39조(인도적체류자의 처우) 법무부장관은 인도적체류자에 대하여 취업활동 허가를 할 수 있다.

제3절 난민신청자의 처우

제40조(생계비 등 지원) ① 법무부장관은 대통령령으로 정하는 바에 따라 난민신청자에게 생계비 등을 지원할 수 있다.

② 법무부장관은 난민인정 신청일부터 6개월이 지난 경우에는 대통령령으로 정하는 바에 따라 난민신청자에게 취업을 허가할 수 있다.

제41조(주거시설의 지원) ① 법무부장관은 대통령령으로 정하는 바에 따라 난민신청자가 거주할 주거시설을 설치하여 운영할 수 있다.

② 제1항에 따른 주거시설의 운영 등에 필요한 사항은 대통령령으로 정한다.

제42조(의료지원) 법무부장관은 대통령령으로 정하는 바에 따라 난민신청자에게 의료지원을 할 수 있다.

제43조(교육의 보장) 난민신청자 및 그 가족 중 미성년자인 외국인은 국민과 같은 수준의 초등교육 및 중등교육을 받을 수 있다.

제44조(특정 난민신청자의 처우 제한) 제2조제4호다목이나 제8조제5항제2호 또는 제3호에 해당하는 난민신청자의 경우에는 대통령령으로 정하는 바에 따라 제40조제1항 및 제41조부터 제43조까지에서 정한 처우를 일부 제한할 수 있다.

제5장 보칙

제45조(난민지원시설의 운영 등) ① 법무부장관은 제34조, 제41조 및 제42조에서 정하는 업무 등을 효율적으로 수행하기 위하여 난민지원시설을 설치하여 운영할 수 있다.

② 법무부장관은 필요하다고 인정하면 제1항에 따른 업무의 일부를 민간에게 위탁할 수 있다.

③ 난민지원시설의 이용대상, 운영 및 관리, 민간위탁 등에 필요한 사항은 대통령령으로 정한다.

제46조(권한의 위임) 법무부장관은 이 법에 따른 권한의 일부를 대통령령으로 정하는 바에 따라 지방출입국·외국인관서의 장에게 위임할 수 있다. <개정 2014. 3. 18.>

제46조의2(벌칙 적용에서 공무원 의제) 제25조에 규정된 난민위원회(분과위원회를 포함한다)의 위원 중 공무원이 아닌 위원은 「형법」 제127조 및 제129조부터 제132조까지의 규정을 적용할 때에는 공무원으로 본다.

[본조신설 2016. 12. 20.]

제6장 벌칙

제47조(벌칙) 다음 각 호의 어느 하나에 해당하는 자는 1년 이하의 징역 또는 1천만원 이하의 벌금에 처한다.

1. 제17조를 위반한 자
2. 거짓 서류의 제출이나 거짓 진술 또는 사실의 은폐로 난민으로 인정되거나 인도적 체류 허가를 받은 사람

부칙 〈제14408호, 2016. 12. 20.〉

이 법은 공포한 날부터 시행한다.

재외동포기본법

[시행 2023. 11. 10.] [법률 제19402호, 2023. 5. 9., 제정]

제1조(목적) 이 법은 재외동포정책에 대한 기본적인 사항을 규정함으로써 재외동포사회와 대한민국이 함께 발전해 나갈 수 있는 환경을 조성하고 나아가 인류의 공동번영과 세계평화의 증진에 기여함을 목적으로 한다.

제2조(정의) 이 법에서 사용하는 용어의 뜻은 다음과 같다.

1. "재외동포"란 다음 각 목의 어느 하나에 해당하는 사람을 말한다.

   가. 대한민국 국민으로서 외국에 장기체류하거나 외국의 영주권을 취득한 사람

   나. 출생에 의하여 대한민국의 국적을 보유하였던 사람(대한민국 정부 수립 전에 국외로 이주한 사람을 포함한다) 또는 그 직계비속으로서 대한민국 국적을 가지지 아니한 사람

2. "재외동포정책"이란 다음 각 목의 어느 하나에 해당하는 정책을 말한다.

   가. 재외동포의 대한민국에서의 법적·사회적·경제적 권익 향상에 관한 정책

   나. 재외동포의 거주국에서의 정착 및 지위 향상에 관한 지원 정책

   다. 재외동포의 민족 정체성 제고에 관한 정책

   라. 재외동포와 대한민국 국민과의 교육·문화·경제·사회 등 교류활동 및 유대강화를 위한 지원 정책

   마. 대한민국과 재외동포사회의 공동발전을 위한 재외동포의 역량 활용을 위한 정책

   바. 재외동포 거주국 및 대한민국의 재외동포 관련 단체의 지원에 관한 정책

   사. 재외동포 관련 조사·연구에 관한 정책

   아. 재외동포를 대상으로 하는 교육·문화·홍보에 관한 정책

   자. 재외동포의 글로벌 한인 네트워크의 구축에 관한 정책

   차. 그 밖에 대통령령으로 정하는 재외동포 관련 주요 정책

제3조(재외동포정책의 기본방향) ① 국가는 재외동포가 거주국에서 모범적 구성원으로서 정착하고 그 지위를 향상시킬 수 있도록 지원하는 등 재외동포사회의 안정적인 발전을 위하여 노력하여야 한다.

② 국가는 재외동포가 한인으로서의 정체성을 함양할 수 있도록 지원하고 재외동포의 대한민국에 대한 이해와 신뢰 증진활동 장려 등 대한민국과의 유대감 강화를 위하여 노력하여야 한다.

③ 국가는 글로벌 한인 네트워크 구축 및 대한민국 방문 지원 등 재외동포사회와 대한민국 간 교류가 증진될 수 있도록 노력하여야 한다.

④ 국가는 재외동포가 대한민국에 출입국하거나 대한민국에서 체류하는 경우 관련 법령에

따라 편의를 제공하고 재외동포의 대한민국 사회 적응을 위한 지원을 함으로써 재외동포가 대한민국에서 권익신장을 할 수 있도록 노력하여야 한다.

⑤ 국가는 재외동포의 역량을 대한민국과 재외동포사회 발전에 활용할 수 있는 환경을 조성하기 위하여 재외동포의 인적자원 개발을 지원하도록 노력하여야 한다.

⑥ 국가는 재외동포정책을 추진하기 위하여 재외동포를 대상으로 다양한 교류사업 등을 실시하여야 한다.

제4조(국가의 책무) ① 국가는 재외동포의 권익보호와 대한민국과의 유대감 강화를 위한 각종 시책을 수립하고 시행하여야 한다.

② 국가는 재외동포가 거주하고 있는 지역별·국가별 현지 특성과 세대 및 연령 등 다양한 여건을 고려하여 재외동포정책을 수립하고 시행하여야 한다.

③ 국가는 재외동포정책을 수립·시행하는 경우 거주국을 기준으로 재외동포를 차별하여서는 아니 된다.

④ 국가는 재외동포정책의 원활한 추진을 위하여 인력과 조직의 확보 및 예산의 지원 등 여건을 조성하여야 한다.

⑤ 국가는 재외동포정책을 수립하는 경우 국내에 체류하고 있는 외국인에 대한 정책과 조화를 이룰 수 있도록 노력하여야 한다.

제5조(국제사회와의 조화) 국가는 국제법 및 조약을 준수하며 재외동포 거주국의 정책 및 관할권과 조화를 이루는 방향으로 재외동포정책을 수립하고 시행할 수 있도록 노력하여야 한다.

제6조(다른 법률과의 관계) 재외동포에 관하여 다른 법률에 특별한 규정이 있는 경우를 제외하고는 이 법에서 정하는 바에 따른다.

제7조(기본계획의 수립) ① 재외동포청장은 관계 중앙행정기관의 장과 협의하여 5년마다 재외동포정책에 관한 기본계획(이하 "기본계획"이라 한다)을 수립·시행하여야 한다.

② 기본계획에는 다음 각 호의 사항이 포함되어야 한다.

1. 재외동포정책의 기본목표와 추진방향
2. 재외동포정책의 추진과제, 추진방법 및 추진시기
3. 필요한 재원의 규모와 조달방안
4. 그 밖에 재외동포정책의 수립·시행 등을 위하여 재외동포청장이 필요하다고 인정하는 사항

③ 재외동포청장은 제10조에 따른 재외동포정책위원회의 심의를 거쳐 기본계획을 확정한다.

④ 기본계획의 수립·시행 등에 필요한 사항은 대통령령으로 정한다.

제8조(시행계획 등의 수립 및 평가) ① 재외동포청장 및 관계 중앙행정기관의 장은 기본계획에 따라 연도별 시행계획(이하 "시행계획"이라 한다)을 수립·시행하여야 한다.

② 관계 중앙행정기관의 장은 소관별로 다음 연도 시행계획과 전년도 시행계획에 따른 추진 실적을 재외동포청장에게 제출하여야 하며, 재외동포청장은 이를 종합하여 제10조에 따른

재외동포정책위원회에 상정하여야 한다.

③ 재외동포청장 및 관계 중앙행정기관의 장은 소관별로 시행계획에 따른 추진실적에 대하여 자체적으로 평가하고, 그 결과를 제10조에 따른 재외동포정책위원회에 제출하여야 한다.

④ 그 밖에 시행계획의 수립·시행 및 평가 등에 필요한 사항은 대통령령으로 정한다.

제9조(업무 협조) 재외동포청장 및 관계 중앙행정기관의 장은 기본계획 및 시행계획을 수립·시행하고 이를 평가하기 위하여 필요한 때에는 관계 중앙행정기관 및 지방자치단체의 장, 관련 공공단체의 장에게 자료의 제출 등 필요한 협조를 요청할 수 있다. 이 경우 협조를 요청받은 중앙행정기관·지방자치단체의 장 및 공공단체의 장은 특별한 사유가 없으면 이에 따라야 한다.

제10조(재외동포정책위원회) ① 재외동포정책의 종합적·체계적 추진을 위한 주요 사항을 심의·조정하기 위하여 외교부장관 소속으로 재외동포정책위원회(이하 "위원회"라 한다)를 둔다.

② 위원회는 다음 각 호의 사항을 심의·조정한다.

1. 기본계획의 수립·시행에 관한 사항

2. 시행계획의 수립·시행 및 평가에 관한 사항

3. 재외동포정책 관련 중앙행정기관 간 협조 및 조정에 관한 사항

4. 재외동포정책과 관련하여 국민 참여 및 민·관 협력 등에 관한 사항

5. 그 밖에 위원장이 중요하다고 인정하는 사항

③ 위원회는 위원장 1명을 포함한 25명 이내의 위원으로 구성하며, 위원장은 외교부장관이 되고, 위원은 다음 각 호의 사람이 된다.

1. 대통령령으로 정하는 관계 중앙행정기관의 차관 또는 차관급 공무원

2. 재외동포정책에 관한 학식과 경험이 풍부한 사람 중에서 외교부장관이 위촉하는 사람

④ 제3항제2호에 따른 위원의 임기는 2년으로 한다.

⑤ 위원회에 상정할 안건을 준비하고 위원회의 위임을 받은 사무를 처리하기 위하여 위원회에 재외동포정책실무위원회(이하 "실무위원회"라 한다)를 두며, 실무위원회의 위원장은 재외동포청장이 된다.

⑥ 제1항부터 제5항까지에서 규정한 사항 외에 위원회와 실무위원회의 구성 및 운영 등에 필요한 사항은 대통령령으로 정한다.

제11조(재외동포협력센터의 설립 등) ① 국가는 재외동포의 한인으로서의 정체성 함양 및 대한민국과의 유대감 강화 정책을 효율적이고 체계적으로 지원하기 위하여 재외동포협력센터(이하 "센터"라 한다)를 설립한다.

② 센터는 법인으로 한다.

③ 센터는 설립목적을 달성하기 위하여 다음 각 호의 사업을 수행한다.

1. 재외동포를 대상으로 하는 초청·연수·교육·문화·홍보 사업

2. 재외동포 이주 역사에 대한 조사·전시 사업

3. 국가 또는 공공기관 등으로부터 위탁받은 사업

4. 그 밖에 설립목적을 달성하기 위하여 필요한 사업

④ 센터는 정관으로 정하는 바에 따라 센터장과 필요한 임직원을 둔다.

⑤ 센터에 관하여 이 법에 규정한 것 외에는 「민법」 중 재단법인에 관한 규정을 준용한다.

⑥ 국가는 예산의 범위에서 센터의 설립, 사업과 운영에 필요한 경비를 출연할 수 있다.

⑦ 센터는 필요하다고 인정하면 재외동포청장의 승인을 받아 관계 법령에 따라 기부금품을 모집·접수하여 사용할 수 있다. [시행일: 2023. 6. 5.] 제11조

제12조(재외공관 등의 역할) 재외공관(「대한민국 재외공관 설치법」에 따른 대한민국 재외공관 중 대표부를 제외한 대사관과 총영사관을 말한다)의 장 및 관계 중앙행정기관의 장이 지정하는 소속기관, 공공기관의 장은 재외동포정책의 원활한 시행을 위하여 재외동포 관련 사업의 발굴, 추진 등의 과정에 참여하여야 한다.

제13조(재외동포의 의견 청취) ① 국가는 재외동포정책의 수립 및 집행 과정에서 재외동포의 의견을 청취하여 반영하도록 노력하여야 한다.

② 제1항에 따른 의견 청취의 절차 등에 필요한 사항은 대통령령으로 정한다.

제14조(실태조사) ① 재외동포청장은 재외동포정책의 수립·시행을 위하여 재외동포사회 현황에 대한 실태조사를 실시할 수 있다.

② 재외동포청장은 관계 중앙행정기관의 장에게 제1항에 따른 실태조사의 협조를 요청할 수 있다. 이 경우 협조를 요청받은 관계 중앙행정기관의 장은 특별한 사유가 없으면 이에 협조하여야 한다.

③ 제1항 및 제2항에 따른 실태조사의 대상 및 방법 등에 필요한 사항은 대통령령으로 정한다.

제15조(세계한인의 날 및 세계한인주간) ① 재외동포와 대한민국 간의 유대감을 보다 강화하기 위하여 매년 10월 5일을 세계한인의 날로 정하고, 「국경일에 관한 법률」 제2조제4호에 따른 개천절부터 같은 조 제5호에 따른 한글날까지 1주간을 세계한인주간으로 한다.

② 제1항에 따른 세계한인의 날 및 세계한인주간을 기념하는 행사 등에 필요한 사항은 대통령령으로 정한다.

제16조(국회 보고) 정부는 기본계획 및 시행계획의 추진상황 등에 관한 보고서를 작성하여 매년 정기국회 개회 전까지 국회에 제출하여야 한다.

부칙 <제19402호, 2023. 5. 9.>

제1조(시행일) 이 법은 공포 후 6개월이 경과한 날부터 시행한다. 다만, 제11조는 2023년 6월 5일부터 시행한다.

제2조(재외동포협력센터의 설립준비) ① 이 법에 따라 센터를 설립하기 위하여 행하는 준비행위는 이 법 시행 전에 할 수 있다.

② 외교부장관은 5명 이내의 설립위원을 위촉하여 센터의 설립에 관한 사무를 담당하게 하여야 한다.

③ 설립위원은 센터의 정관을 작성하여 외교부장관의 인가를 받아야 한다.

④ 센터 설립 당시의 센터장은 제11조제4항에도 불구하고 외교부장관이 임명한다.

⑤ 설립위원은 제3항에 따라 인가를 받은 때에는 지체 없이 센터의 설립등기를 마친 후 센터장에게 사무를 인계하여야 하며, 사무인계가 끝난 때에는 해촉된 것으로 본다.

제3조(설립비용) 센터의 설립준비에 소요되는 비용은 국가가 부담한다.

제4조(재외동포재단 직원의 고용에 관한 경과조치) 센터는 종전의 「재외동포재단법」에 따른 재외동포재단 소속 직원에 대해서는 정원 내에서 고용을 승계한다. 이 경우 제11조 시행 당시 재외동포재단 해산으로 직원의 수가 센터의 정원을 한시적으로 초과하면 그 초과 현원이 정원과 일치할 때까지 이에 해당하는 정원이 따로 있는 것으로 본다.

참고문헌

♣ 단행본

권영실·이탁건·김진·이상현 외 4인. (2020). '안전하고, 질서 있고 정규적인 이주를 위한 글로벌 컴팩트', 기쁨나눔재단.

김동희. (2010). 『행정법 I』 제20판, 박영사.

난민인권센터. (2020). '난민을 위한 매뉴얼 A to Z', 재단법인 동천.

문현철. (2020). 『행정법』, 박영사.

박길남·정봉수. (2019). 알기쉬운 외국인고용과 비자 실무가이드, 강남노무법인.

법무법인(유한)태평양·재단법인 동천. (2017). 『이주민법연구』, 경인문화사.

법무부. (2014). 『대한민국출입국심사 60년사』.

법무부 출입국·외국인정책본부. (2022). 『외국인체류 안내매뉴얼』.

법제처. (2021) 『행정기본법 해설서』, 법제처.

석동현. (2004). 『국적법 연구』, 동강.

_____. (2011). 『국적법』, 법문사.

석동현·김도균·김원숙·우영옥. (2022). 『저출산 초고령사회 한국이민정책론』, 박영사.

성낙인. (2015). 『헌법학』, 법문사.

스티븐 카슬·마크 J. 밀러. (2013). 『이주의 시대』, 한국이민학회(역), 일조각.

이규홍. (2019). 『한국 이민행정의 쟁점 A to Z』, 한국이민재단.

이민법연구회. (2018). 『2018 쉽게 풀어쓴 출입국관리법』, 한국이민재단.

이상영·김도균. (2022). 『법철학』, 한국방송통신대학교출판문화원.

이상영·김도현. (2022). 『법과 사회』, 한국방송통신대학교출판문화원.

이철우·이희정·곽민희·김환학 외 6인. (2017). 『이민법』 제1판, 박영사.

이철우·이희정·강성식·곽민희 외 7인. (2019). 『이민법』 제2판, 박영사.

이한기. (1983). 『국제법강의』, 박영사.

이혜경·이진영·설동훈·정기선·이규용·윤인진·김현미·한건수. (2016). 『이민정책론』, 박영사.

정종섭. (2014). 『헌법학원론』, 박영사.

정재각. (2010). 『이주정책론』, 인간사랑.

정인섭·황필규. (2011). 『난민의 개념과 인정절차』, 경인문화사.

차용호. (2015). 『한국이민법』, 법문사.

한수웅. (2015). 『헌법학』, 법문사.

한태희. (2019). 『표로 정리한 이민법제론 강의노트』, 하우.

허영. (2022). 『한국헌법론』 전정18판, 박영사.

홍정선. (2011). 『신행정법입문』, 박영사.

_____. (2015). 『민간위탁의 법리와 행정실무』, 박영사

_____. (2021). 『행정기본법 해설』 제2판, 박영사.

_____. (2023). 『행정법 원론(상)』 제31판, 박영사.

_____. (2023). 『기본 행정법』 제11판, 박영사.

황근수. (2009). 『여성과 법』, 한국학술정보.

♣ 논문

공진성. (2013). '출입국관리법상 보호 및 강제퇴거와 외국인의 기본권 보호 – 헌재 2012.8.23. 2008헌마430 결정에 대한 평석 –', 공법학연구, 14(1), pp.221 – 248.

김복기. (2019). '외국인의 사회보장법상 지위', 법제연구, 56. pp.27 – 51.

김병록. (2010). '출입국관리행정과 인권문제 – 불법체류외국인 단속, 보호를 중심으로', 조선대 법학논총, 17(1), pp.179 – 251.

김원숙. (2012). '우리나라 이민정책의 역사적 전개에 관한 고찰', IOM이민정책연구원.

김철효·설동훈·홍승권. (2006). '인권으로서의 이주노동자 건강권에 관한 연구', 지역사회학, 7(2), pp.93 – 129.

김환학. (2012). '이민행정법의 구축을 위한 시론', 행정법연구, 32, pp.193 – 221.

_____. (2013). '이주민의 지역사회 정착을 위한 정책추진체계: 독일의 분권적 사회통합체계와의 비교 고찰', 법과사회, 44, pp.207 – 238.

_____. (2016). '이민법체계의 형성과 문제점', 행정법연구, 44, pp.159 – 189.

_____. (2018). '독일 연방의회의 법규명령 통제 – 협력유보(Mitwirkungsvorbehalt)의 허용성을 중심으로', 행정법연구, 52, pp.1 – 34.

권숙도. (2014). '사회통합의 관점에서 본 북한이탈주민 정책방향 연구', 한국정치연구, pp.101 – 126.

노호창. (2018). '체류자격의 규정방식에 대한 검토', "인권·통합·국익관점에서 바라본 출입국관리법 쟁점과 과제", 제11주년 세계인의 날 기념 포럼 발표문.

류지성. (2016). '북한이탈주민 지원법제의 현황과 개선방안에 관한 연구', 통일법제 연구 16 – 22, 한국법제연구원.

박복순. (2019). '가족다양성 포용을 위한 법제도 개선방안 연구', 저출산고령사회위원회.

박진완. (2008). '세계화, 국민주권 그리고 헌법―국제법의 헌법화', 헌법학연구, 14(3), pp.1―35.

석동현. (1997). '현행 국적법의 문제점과 개정방향 연구', 법조. 494, pp.30―73.

_____. (1997). '국적법의 개정방향―입법예고(안)의 해설', 서울국제법연구, 4(2), pp.1―27.

_____. (1999). '이중국적에 관한 미국의 법제 및 정책과 미 대법원판례의 동향', 법조, 48(7), pp.213―251.

_____. (1999). '신국적법의 성립경과 및 개정의 개요', 한국법학원 저스티스 32(2), pp.140―181.

_____. (2005). '세계화 시대의 이중국적', 병무. 62. pp.12―13.

신우철. (2003). '양심적 집총거부권: 헌법이론적 쟁점과 대안', 카톨릭대학보. 94, pp.87―91.

오동석. (2011). '한국 이민법제의 헌법적 평가와 재구조화', IOM 이민정책연구원, "새로운 이민법 체계 수립을 위한 국제 심포지움", p.86.

우영옥. (2023). '외국인주민의 정주 결정요인에 관한 연구: 취업자(E7, E9, H2)와 유학생중심으로', 한국이민행정학회보, 2(1), pp.23―49.

_____. (2023). '지방자치단체 외국인주민의 정주의향 결정요인과 사회권에 관한 연구', 한국행정학회 춘계학술대회, pp.1025―1042.

이성언·최유. (2006). '다문화가정 도래에 따른 혼혈인 및 이주민의 사회통합을 위한 법제 지원방안', 한국법제연구원.현안분석06―30, pp.1―154.

이종혁. (2014). '외국인의 법적 지위에 관한 헌법조항의 연원과 의의', 서울대학교 법학 55(1), pp.522―523.

이철우. (2003). '이중국적의 논리와 유형', 법과사회 제25호, pp.111―144.

_____. (2004). '이중국적의 규범적 평가', 법과사회 제27호. pp.249―279.

이희정. (2014). '행정법의 관점에서 본 이민법의 쟁점', 고려법학, 제72호, pp.1―32.

이혜경. (2008). '한국 이민정책의 수렴현상―확대와 포섭의 방향으로', 한국사회학, 42(2).

전광석. (2010). '다문화사회와 사회적 기본권', 헌법학연구 16(2), pp.105―146.

전상현. (2014). '외국인의 기본권: 헌법재판소 결정례에 대한 비판적 검토를 중심으로', 강원법학, 43, pp.601―605.

정상우. (2016). '재한외국인 처우 기본법에 대한 사후적 입법평가', 입법평가 이슈페이퍼 16―17, 한국법제연구원, pp.1―57.

정인섭·정근식·이철우·김영석·석동현. (2004). '이중국적 문제에 관한 법리적 검토', 법무부 연구용역 과제보고서, pp.148―178.

조영희·박민정·장주영·정도희·이보연·이민진. (2019). '난민법 개선을 위한 해외 입법사례 연구: 난민인정 신청 및 심사 관련 주요 쟁점을 중심으로', 법무부 용역보고서.

차용호·우영옥. (2021). '한국 이민정책의 문제점과 개선과제―국내적 정책과정과 국내, 국제

연계 정치 반영', 다문화와 평화, 15(2), pp.1-39, 2021.

최윤철. (2010). '대한민국 국적법의 현황과 문제점', 일감법학 제17호. pp.3-35.

_____. (2013). '이주법제 정립을 위한 입법 이론적 고찰', 일감법학 제26호.

_____. (2020). '귀화제도 개편을 통한 국적정책 추진 방안 연구', 법무부 용역보고서.

_____. (2023). '헌정사적 측면에서 본 이주법제 형성과 개선방안에 관한 연구', 26(2), pp.299-340.

황필규. (2010). '이민 관련 법 기초 연구', IOM이민정책연구원 w-paper02. p.1.

한국법제연구원. (2007). '각국의 출입국관리법제와 그 동향(Ⅱ)', 워크샵 자료집.

_____. (2007). '외국인근로자 고용제도의 바람직한 방향모색', 워크샵 자료집.

_____. (2022). '국제기구 법정책 동향-국제인권-', 4.

한국이민법학회. (2013). 공동학술대회 자료, '외국인정책과 이민법제'.

Caroline B. Brettell & Hames F. Hollifield, 'Migration Theory: talking across disciplines Routledge', p.190, 2003.

IOM, Essentials of Migration Management-A Guide for Policy Makers and Practitioners, Volume Two; Developing Migration Policy, pp.2.1-9, 2004.

Kay Hailbronner, David A. Martin & Hiroshi Motomura (eds.), Immigration Admissions, (Providence·Oxford: Berghahn Books), p.256, 1997.

Thomas Alexander Aleinikoff, David Martin & Hiroshi Motomura.(2008). 'Immigration and Citizenship', 6th ed., Eagan : West Publishing, p.646.

UN. (2018). 'Global Compact on Refugees'.

Xavier Vandendriessche. (2012). 'Le Droit des etrangers', Paris: Dalloz, p.80.

국가법령정보센터 www.law.go.kr

대한민국 비자포털 www.visa.go.kr

법무부 출입국외국인정책본부 www.immigration.go.kr

법무부 하이코리아 www.hikorea.go.kr

외교부 www.mofa.go.kr

UNHCR www.unhcr.or.kr

판례색인

사항색인

405

418

사
항
색
인

저자약력

성결대학교 경영행정대학원 행정학(이민정책) 석사
성결대학교 일반대학원 행정학(이민정책) 박사

경력

이주사회통합정책연구소 소장
한성대학교 이민다문화트랙 강의교수
건양사이버대학교 다문화한국어학과 강의교수
성결대학교 행정학(이민정책) 객원교수
법무부 대구출입국·외국인사무소 사회통합위원
한국이민정책학회 학술정보위원
한국정책과학학회 운영이사
한국행정학회 정회원

연구분야

이민정책, 이민행정, 사회통합, 통일과 이민, 인적자원관리, 조직설계

저서

『저출산·초고령사회 한국이민정책론』. 박영사. 2022. 공저

발표논문·연구실적

출입국관리직공무원의 직무만족과 조직몰입에 관한 연구－전문직정체성과 조직특성의 영향을 중심으로. 2019. 성결대. 박사학위논문
한국체류 중국동포의 정주인식에 관한 연구－집단간 차이분석을 중심으로. 2017. 성결대. 석사학위논문
사회적 포용 및 정주 결정요인에 따른 외국인주민의 개방형 이민정책방안 모색. 2023년 한국행정학회 추계학술대회 발표. 2023. 단독
외국인주민의 정주 결정요인에 관한 연구 : 취업자(E7, E9, H2)와 유학생 중심으로. 한국이민행정학회보. 2023. 단독
지방자치단체 외국인 주민의 정주의향 결정요인과 사회권에 관한 연구. 2023년 한국행정학회 춘계학술 발표. 2023. 단독
외국인력의 지역사회 구성원 가능성에 관한 탐색적 연구 : 도서(섬)지역 고용허가제 실태조사를 중심으로. 한국지역개발학회. 2022. 단독
외국인지원시설 종사자의 직무스트레스 요인분석과 대응방안. 다문화와 평화. 2022. 단독
도서(섬)지역 고용허가제 운영실태와 인력정책의 방향. 한국이민정책학보. 2022. 단독
경찰공무원의 다문화 수용성에 미치는 영향요인에 관한 연구. 한국이민정책학보. 2023. 공저
한국 이민정책의 문제점과 개선과제－국내적 정책과정과 국내, 국제 연계정치 반영. 다문화와 평화. 2021. 공저
조직특성과 전문직 정체성이 출입국관리직 공무원의 직무만족에 미치는 영향 분석. 한국인사행정학회보. 2020. 공저
『금천구 외국인주민과 다문화가족 실태조사 및 중장기 발전계획 연구』. 2022. 서울특별시 금천구청. 공저
『서울시 서남권 외국인주민실태조사 및 사회통합 방안 연구』. 2021. 서울특별시. 공저
『난민체류정책 해외사례 등 연구』. 2021. 법무부. 공저
『유럽지역 한인 차세대 입양동포지원정책개발을 위한 실태조사 Ⅱ』. 2021. 외교부 재외동포재단. 공저
『전국 도서(섬)지역 외국인근로자(E－9) 근무환경 실태조사』. 2021. 고용노동부 한국산업인력공단. 공저
『서울시 외국인지원시설 재구조화 타당성 조사』. 2020. 서울특별시. 공저
『외국인지원시설 종사자 직무만족도 조사』. 2020. 서울특별시. 공저
『외국인근로자(E－9) 교육훈련 실태조사 및 개선방안』. 2020. 고용노동부 한국산업인력공단. 공저 등

감수

차용호(Cha, Yong Ho)

학력

서울대학교 정책학 박사

경력

법무부 출입국외국인정책본부 부이사관, 제45회 행정고등고시
유엔 난민고등판무관실(UNHCR) 선임정책관(Senior Policy Officer)

연구분야

이민법(국제난민법), 이민정책과 시장경제, 계량경제와 공간분석

이민법제론 Immigration Legislation Theory

초판발행	2024년 2월 13일
지은이	우영옥
펴낸이	안종만·안상준
편 집	사윤지
기획/마케팅	박부하
표지디자인	BEN STORY
제 작	고철민·조영환
펴낸곳	(주) **박영사**
	서울특별시 금천구 가산디지털2로 53, 210호(가산동, 한라시그마밸리)
	등록 1959. 3. 11. 제300-1959-1호(倫)
전 화	02)733-6771
f a x	02)736-4818
e-mail	pys@pybook.co.kr
homepage	www.pybook.co.kr
ISBN	979-11-303-4596-3 93360

copyright©우영옥, 2024, Printed in Korea

* 파본은 구입하신 곳에서 교환해 드립니다. 본서의 무단복제행위를 금합니다.

정 가   29,000원